Die Molukken

Heinrich Bokemeyer

DIE MOLUKKEN.

GESCHICHTE UND QUELLENMÄSSIGE DARSTELLUNG
DER EROBERUNG UND VERWALTUNG
DER OSTINDISCHEN GEWÜRZINSELN DURCH DIE
NIEDERLANDER.

INAUGURAL-DISSERTATION

ZUR

ERLANGUNG DER DOKTORWÜRDE

DER

HOHEN PHILOSOPHISCHEN FAKULTÄT

DER

UNIVERSITÄT ZU ROSTOCK

VORGELEGT

VON

HEINRICH BOKEMEYER

AUS VERDEN IN HANNOVER

MIT EINER KARTE

LEIPZIG

DRUCK VON F A. BROCKHAUS

1888.

Referent:

Herr Professor Dr. Schirrmacher.

VORWORT.

Die Beziehungen Deutschlands zu Ostindien haben im eigentlichen Sinne seit einem Jahre ihren Anfang genommen; durch die Entsendung eines Gouverneurs nach Neu-Guinea, durch die Eröffnung einer Reichs-Postdampferverbindung mit dem fernen Osten haben deutscher Handel und deutsche Kultur Ernst gemacht, die Resultate, welche deutsche Forschungsreisende gewonnen haben und ferner gewinnen werden, für unser Volk nutzbar zu machen.

Die Vorbedingungen für eine gedeihliche Entwickelung deutscher Kolonisierungsversuche sind vorhanden. Unser geeintes Vaterland sieht mit Vertrauen auf eine starke, zielbewußte Regierung, reiche Mittel stehen für nutzbare Unternehmungen, denen die Wissenschaft einen kräftigen Ruckhalt leiht, zu Gebote, und an Populationskraft nimmt unter den Kolonialstaaten von Europa Deutschland den ersten Platz ein, sodaß ein Teil unserer Bevölkerung für die Zwecke der Kolonisation freie Hand hat. Daher denn auch alle ernsten Bestrebungen auf diesem Gebiete Anerkennung verdienen und, soweit dies menschliche Voraussicht zu erkennen vermag, nicht verloren sein werden.

Es ist ein naturliches Verlangen, das mit dieser für unser Volksleben wichtigen Entwickelung sich verbindet und seine volle Berechtigung in der Forderung hat, uber Kolonien und alles, was damit Beziehung hat, mehr als bisher zu wissen.

Hieran schließt sich notwendig die Frage: wie haben andere Völker kolonisiert, welches waren ihre Bemühungen und ihre Erfolge

Wenn der Kolonist in unkultivierten Gegenden sich niederläßt, so wird für diese mehr oder weniger eine zwingende Gewalt zur Reform in Wirksamkeit treten; der Kolonist hat also hier eine Kulturaufgabe zu erfüllen, darf nicht allein auf die Befriedigung seiner Wünsche, Begehrungen und Ansprüche sich beschränken. In dieser Beziehung zeigt die Geschichte des Ostindischen Archipels die mannigfachsten Gegensätze und Gestaltungen. Eine Assimilierung der Urbevölkerung auf Java und zum großen Teile auf Sumatra mit den gebildeten Hindukolonisten war vollständig gelungen und durchgeführt; die Malaien hatten durch den ganzen Archipel die Küstenbewohner der Inseln zum Fleiß und zu einer bessern Lebensführung angeregt; eine Familiengemeinschaft portugiesischer Kaufleute und Kolonisten mit der einheimischen Bevölkerung hatte auf östlichen Inselgruppen, wie Ternate, Tidor, Amboina, Banda, Timor, Sumbawa und andern vorzüglichst begonnen; die Spanier haben die auf tiefster Stufe des Urzustandes vorgefundene Bevölkerung der Philippinen für die europäische Bildung gewonnen, und noch heute behaupten die Niederländer, als die fast einzigen Beherrscher, den Ostindischen Archipel von Sumatra bis Neu-Guinea, nachdem sie im Ausgange des 16. Jahrhunderts in dieser reichen Inselwelt siegreich ihre Flagge entfalteten.

Ungeachtet des bedeutenden Kolonisationstalentes der Niederländer hat ein störender und nach der ethischen Seite die rechte Wirksamkeit fast völlig aufhebender Umstand nicht so reiche koloniale Erfolge gestattet, als man erwarten sollte. Man muß natürlich absehen von den unermeßlichen Reichtümern, welche die Niederländer von früh an aus ihren Kolonien gezogen haben; denn nicht der materielle Erfolg und der Reichtum der Niederländer steht hierbei in Frage, sondern die Entwickelung ihrer Kolonien. Dadurch, daß sie den Gegensatz zwischen Weiß und Farbig zu einer Regierungsmaxime werden ließen und diese in schroffer Weise zur Geltung brachten, wurde der Farbige in den niederländischen

Besitzungen ein Mensch zweiter Ordnung, als welchen man ihn bis auf den heutigen Tag noch ansieht und behandelt.

Die alte Niederländisch-Ostindische Kompanie, welche die überseeischen Besitzungen erworben hat und über 200 Jahre behauptete, mufste zwar ihrer ganzen Anlage nach die ethischen Gesichtspunkte einer gedeihlichen Kolonisation hintansetzen; in der Verfolgung ihrer Handelsinteressen, die auf Monopole und die gewaltsame Vernichtung der Mitbewerber hinausliefen, trat sie rigoros das Wohl anderer Völker mit Fufsen und bereitete durch die Zerstörung der gesunden, selbstthätigen Volkskräfte, auf denen doch ihre eigene Existenz beruhen mufste; selber ihren künftigen Verfall vor. Man ist gezwungen zu sagen, dafs die Direktoren der Ostindischen Kompanie, die Siebzehner in Amsterdam, zu ihrer Zeit die gefährlichsten Räuber auf dem Angesichte der Erde waren, und schlimmer, als andere Nationen, weil sie zugleich Heuchler gewesen sind; während sie raubten, gaben sie vor, es geschähe zum Besten der Völker.

Dieser gefährliche Gegensatz zwischen Weifs und Farbig ist aufrecht geblieben, als die Königliche Verwaltung diejenige der Kaufherren von Amsterdam in den Kolonien ersetzte. Er bestand fort nicht nur in Handel und Wandel, sondern wurde auch mafsgebend für die Gesetzgebung und die Verwaltung. Sehr spät, erst in den sechziger Jahren, erkannten die Generalstaaten die Notwendigkeit, mit einem System zu brechen, das nur mit Rücksicht auf die Geldkasse des Mutterlandes zugeschnitten war, aber jeden Fortschritt in der Kultur und der wirtschaftlichen Entwickelung in den Kolonien selbst hemmen, ja unmöglich machen mufste.

Seitdem sind vielfache Reformen zum Schutze der inländischen Bevölkerung eingeführt, die aber aus leicht erklärlichen Gründen nur sehr langsam fortschreiten und die zu tief eingewurzelten Gewohnheiten und Rechte des alten Systems nicht sogleich beseitigen können. Die Gesetzgebung für Niederländisch-Indien bildet seit dem Jahre 1860 eine fortgesetzte Kette von Entlastungs- oder Schutzmafsregeln, und sofern durch diese Reformen die finanziellen Erträge an sich nicht geringer geworden sind, wird daraus ersichtlich, dafs

alle Uberbürdungen und Bedruckungen im ersten und letzten
Grunde auf Mifsbrauch beruhten. Es war daher unter den
neuen Mafsnahmen der Indischen Regierung die bedeutendste
und wertvollste, dafs sie ihr eigenes Beamtenpersonal vermehrt hat, und es dadurch möglich wurde, Willkur und Aus-
beutung besser zu uberwachen und zu verhindern. Auch
konnte nunmehr. wenigstens 'auf Java, wo sie so ziemlich in
allen Residentien bereits durchgefuhrt wurde, mit der Ab-
scheidung der Justiz von der Administration begonnen werden.

Eine zweite besonders heilsame Reform betrifft sodann
die Regelung der unbezahlten Herrendienste. Nach dem Adat,
dem alter heidnischer Despotie entstammenden und spater mit
islamitischen Gebräuchen durchsetzten Gewohnheitsrechte,
können die Inländer von ihren Obern zu unbezahlten Herrendiensten aufgerufen werden; diese Verpflichtung hatte sich
nicht in allen Landschaften gleich entwickelt, sie war hier und
da mehr oder weniger beschrankt. Das grofste Elend der
Bevölkerung, das entschiedenste Hemmnis allen Kulturfort-
schritts erwuchs aus diesen Lasten, welche gröfser wurden,
je mehr die inländischen Obern durch die Niederlander in
ihren Einkunften sich beschränkt sahen. Auch die neueste
gesetzliche Regelung der jahrlich zu leistenden Herrendienst-
tage hat eine freiere Entwickelung erst vorzubereiten vermocht; die Generalstaaten scheuen noch zu sehr die Kosten,
um das Tempo dieser Reform mehr zu beschleunigen. [1]

---

[1] Die erste gesetzliche Regelung der Herrendienste auf Java und
Madura trat am 1. Januar 1871 in Kraft, nach der bezüglichen Verordnung vom 7 Juni 1870 (,Indisches Staatsblatt', Beilage Nr. 2332) können
auf Java von dem Gouvernement, den inländischen Regenten und Distriktsobern jahrlich von der Bevölkerung, unter Ausnahme der selbstandigen
Furstenlande gefordert werden nicht weniger als 98 669 007 Tagdienste,
es wurden im Jahre 1871 gefordert 30 194 717 Tagdienste Die Zahl der
Dienstpflichtigen betrug circa 2 Millionen, sodafs auf den Kopf etwa
15 Tage entfallen Berucksichtigt man, dafs immer die nachsten zu den
Lasten herangezogen werden, da es in dem Belieben der indischen
Beamten steht, diesen oder jenen aufzurufen, so darf man nach der
eigenen Angabe der Indischen Regierung rechnen, dafs sich 50 Prozent
der Dienstleistung entziehen und die andere Halfte deren Dienste mit

Eine weitere wesentliche Erleichterung hat die Bevölkerung durch die Aufhebung der Zwangslieferung von solchen

---

übernimmt. Diese ungleiche Verteilung wird durch lokale Ursachen und
Hemmungen notwendig mit verursacht. Die Ziffern für Herrendienste
an die inländischen Regenten und Distriktsbeamten darf man als zuverlässig nicht gelten lassen; ihre Richtigkeit zu prüfen ist der niederländische Beamte außerstande, sodafs man die Ziffer der geleisteten
Diensttage (30 194 717) wesentlich erhöhen kann.

Die Zahl der von einem einzelnen Dienstpflichtigen zu fordernden
Diensttage beträgt 52   Die Dienste zerfallen in:

1) Besondere, circa 18 Millionen, davon werden geleistet für Besetzen von Wachthäusern ca 7 Millionen; Dienste bei den inländischen Häuptern circa 7 Millionen; Dienste anderer Art
circa 4 Millionen.

2) Allgemeine, circa 13 Millionen; davon entfallen auf den Unter-
halt von Wegen, Brücken u s w. circa 10 Millionen; auf die
Anlegung von neuen Werken circa 3 Millionen.

Alle die mitgeteilten Zahlen beziehen sich nicht auf die Fürsten-
lande; ferner sind darin nicht begriffen alle Dienste, welche für die
Gemeindeangelegenheiten gefordert werden   Es besteht leider keine Vorschrift für die Behörden, darüber zu wachen, dafs die Gemeindedienste
in gehörigen Schranken bleiben, sodafs die Regierung erst eintritt, wenn
Klagen der Bevölkerung einlaufen oder Aufruhr entsteht.

Mit der Einführung dieser gesetzlichen festen Begrenzung der
Herrendienste wurden viele vorher geforderte Lasten beseitigt. So hörten
in den Preanger - Regentschaften die Rahajatdienste in Höhe von circa
2 Millionen auf, die Provinz war nicht mehr verpflichtet, in den Glad-
daks (den Herbergen zur Aufnahme durchreisender Beamten und Militärs)
1118 Pferde zur Beförderung von Herren und ihren Bedienten zu unterhalten. Die Unterhaltung der Wohnungen der inländischen Obern, die
Dienste für inländische Post, alles unbezahlte Dienste, hörten auf   Dadurch wurde der Druck der Herrendienste sehr erleichtert, sodafs die
Bevölkerung mehr dem Landbau sich zuwenden konnte.

Dafs die Zahl der gesetzlich zu fordernden Diensttage immer noch
zu grofs ist, wird aus den mitgeteilten Zahlen leicht erkannt. Am
druckendsten waren die besondern Dienste zum Behufe der inländischen
Beamten; die Generalstaaten mufsten sich dazu verstehen, diese Herrendienste durch Geld an die Regenten abzulösen.

Die Maximalziffer 52 Diensttage ist später auf 42 ermäfsigt, wirklich gefordert wurden an Diensttagen auf Java und Madura 1882 =
28 889 844, im Jahre 1883 = 23 893 800

In den meisten Aufsenbesitzungen sind die Herrendienste noch

Produkten erfahren, womit dem Gouvernement im Grunde
nichts gedient und genutzt war, und die nun fortbestand aus
alter Gewohnheit; die Qualen und Bedrückungen der Inländer
übersah man. Das vornehmste Produkt auf Java, der Kaffee,
ist noch der gezwungenen Ablieferung an das Gouvernement
zu von ihm festgesetzten Preisen unterworfen. Diese Ablieferung geschieht seit einigen Jahren unter Aufsicht eines
niederländischen Kontrolleurs, während bis dahin der durch
seine händlerischen Beziehungen mit der Bevölkerung sehr
verdächtige Packhausmeister und der auf seinen persönlichen
Vorteil gleich eifrig bedachte inländische Obere die Abnahme
allein besorgten. Jetzt bereist der Kontrolleur nach vollen-
deter Ernte zur Abnahme des Kaffees seinen Distrikt, indes
in den Ortschaften die Ablieferungstage vorher angezeigt
werden.[1] Eine so verspätete Mafsregel findet ihre Erklärung
nur in dem alten niederländischen Regierungssystem; man
hatte wissen müssen und wufste es auch, dafs der Inländer
bei der Ablieferung seiner Ernte, wofür er das Jahr hindurch
gearbeitet hatte, regelrecht von den Packhausmeistern und
den inländischen Beamten am schmählichsten betrogen wurde.[2]

Mit der Opiumverpachtung auf Java hat die Indische
Regierung während der neuern Gesetzgebung zwecklos experi-
mentiert; sie gesteht heute den Pächtern die wirklichen Be-
darfsmaxima zu, sieht nach übler Erfahrung von dem Vertrauen auf gesetzliche Verbote ab, da die Beschränkung des .
Übels nur durch Erziehung auf christlicher Grundlage erhofft

---

druckender und weniger kontrollierbar. als auf Java und Madura. Bezüglich deren Regelung, die für unsere Betrachtung nichts Neues bietet,
sei auf den Kolonialverschlag von 1874 fg. verwiesen. Die Verhältnisse
in den Molukken werden an anderer Stelle eingehender behandelt werden.

[1] Kolonialverschlag von 1874. In den Preanger-Regentschaften,
einer Provinz von der Grofse von 385,8 Quadratmeilen, bestanden nur
7 Packhäuser für die Ablieferung der Produkte; sie wurden endlich um
3 permanente und 24 Hilfspackhäuser vermehrt, sodafs die Bevölkerung
nunmehr nicht über 6 Palen (9042 Kilometer) weit ihren Kaffee zur
Ablieferungsstelle zu tragen hatte; im Jahre 1885 betrug ihre Zahl 90.

[2] Diese Klage kehrt oft in den Jahresberichten der Indischen Regierung wieder.

werden darf, und uberwacht mit Strenge den Opiumschmug-
gel, sodafs die jahrlichen Einnahmen sich allmahlich erhoht
haben und dadurch der eigentliche Umfang des Gebrauchs
mehr und mehr deutlich wird. [1]

---

[1] In den Jahren 1863—65 war die Indische Regierung bestrebt, den
Opiumgebrauch zu vermindern Es wurden Maxima festgestellt, uber
deren Hohe hinaus die Pachter keinen Opium erhalten konnten, mit
dieser Beschrankung wuchs jedoch der Schmuggel. In den Jahren 1867
und 1868 wurden belangreiche Mengen geschmuggelten Opiums angehalten; in allen diesen Fallen fuhrte nach der eigenen Erklarung der
Indischen Regierung der Zufall die Entdeckung herbei, nicht die dazu
angestellten Beamten

Im Jahre 1870 kehrte man zu dem alten Siramsystem zuruck,
danach mufsten die Pachter eine gewisse Quantitat Opium den Katti
(1¼ amsterdamer Pfund) zu 125 Fl fur levantinischen und zu 115 Fl
fur bengalischen abnehmen, diese Verstreckung ward Tiban genannt;
den ubrigen Bedarf, unter der Bezeichnung Siram, erhielten sie zum
Handelspreise, und zwar in unbeschrankter Hohe Der gewohnte Handels-
preis jur Siramverstreckung war fur levantinischen Opium 25 Fl fur
den Katti und fur bengalischen 15 Fl, sodafs an den Preisen fur Tiban-
verabfolgung ein Betrachtliches gewonnen ward

Im Jahre 1873 wurde auch dieses System wieder verandert, von
dieser Zeit ab wird aller Opium zu dem bestimmten Preise von 30 Fl.
fur den Katti verabfolgt, bei diesem Preise gewinnt das Gouvernement
je nach den Marktpreisen in der Levante und Bengalen circa 10—15 Fl
am Katti. Die Maxima, welche das Gouvernement an die Pachter liefert,
lehnen sich jetzt an den wirklichen Bedarf an. Die Quantitat Opium,
welche auf Java und Madura an die Pachter verabfolgt wurde, betrug
im Jahre 1860 105537 Kattis; diese hohe Ziffer veranlafste die Verminderung in den folgenden Jahren, im Jahre 1869 war die Lieferung
auf 70478 Kattis gesunken, und 1870, nach Aufhebung der Beschrankung in dem Bedarf, stieg die Ziffer auf 129639 Kattis. Im Jahre 1874
nach Aufhebung des Siramsystems mit seinen hohen Opiumpreisen fur
Tiban stieg die Entnahme der Pachter auf 134971 Kattis, diese Ziffer
hat allmahlich die gegenwartige ansehnliche Hohe von circa 160000 Kattis
erreicht

Zu allen Zeiten ist der Schmuggel in Opium sehr bedeutend gewesen; auch der jetzige Gouvernementspreis macht das Geschaft noch
lohnend, das die reichen Pachter und deren Helfershelfer durch kleine
Handlanger lebhaft genug betreiben lassen. Aus den nachfolgenden
Zahlen wird ersichtlich, dafs die Zusicht auf den Schmuggel eine strengere

Mit besserm Erfolge hat die Indische Regierung in einigen
Staaten die Sklaverei zu bekämpfen vermocht· so ist es ihr
im Jahre 1879 gelungen, in den Sultanländern Ternate und
Tidor die Sklaven freizukaufen und fernerhin die Sklaverei
zu verbieten. Ob die Freigewordenen von dem Ruckfall in
Abhangigkeit oder Bedruckung genugend gesichert sind, und
ob auch die dauernde Befriedigung der gewesenen Sklaven-
halter, unter denen die regierenden Sultane die vornehmsten
waren, durch das sehr geringe Lösegeld ausreichend befestigt
wurde, kann man wohl bezweifeln; immerhin ist hier eine
strenge Uberwachung der neuen Zustande durch niederlandische Beamte moglich. Anders liegen die Verhaltnisse in
den unter niederländischer Oberherrschaft stehenden selbstandigen Staaten auf Celebes, Borneo, Timor und auch zum Teil
auf Sumatra. Die Aufhebung der Sklaverei wurde hier zwecklos sein, da es dem Gouvernement fur so tief in das Volksleben einschneidende Änderungen an den nötigen Machtmitteln
zur Durchfuhrung der neuen Ordnung gebricht; das Losegeld
der Regierung hatte nur die Bedeutung eines Geldgeschenkes
an die Konige oder Radjas. Auch lafst sich mit solcher einzelnen Reform nichts Wirksames erreichen, wenn das Reform-
werk nicht ein umfassendes ist; die Freierklärten blieben entweder in einem Abhangigkeitsverhältnisse zu ihren alten Brot-
herren, durch welche sie zur Arbeit und Zucht angehalten
würden, was auf jeden Fall das Beste fur sie ware, oder sie

----

geworden ist. Es wurden an Schmuggelopium aufgefangen· 1873. 5521,
1874: 7547, 1877. 10349, 1878 10995 1883· 13539 Kattis.
    Was endlich die jahrlichen Einkunfte aus der Pacht und dem Ge-
winn am Preise auf Java und Madura betrifft, so betrugen sie in den
sechziger und siebziger Jahren circa 7—10 Mill. Fl., sie sind dann in
der Folge gestiegen und beziffern sich seit dem Jahre 1884 auf uber
15 Millionen In den Aufsenbesitzungen bewegen sie sich zwischen
10—15 Prozent von dem Ertrage auf Java und Madura Bei dem vermehrten Bedarf auf Java und Madura mufs Rucksicht genommen werden auf die Vermehrung der Bevolkerung; im Jahre 1860 wurde die
Bevolkerung geschatzt auf 12514262 Seelen, und im Jahre 1880 ergab
sich nach einer allerdings inzwischen sehr verbesserten Zahlweise die
Ziffer 19540813.

fingen ein freies Schwarmerleben an, bei dem sie nur moralisch und sozial zuruckgehen können, da die Grundlage einer
christlichen Erziehung oder ein anderer Halt und Sporn zur
sittlichen Fuhrung fehlt, wodurch allein der heilsame Gebrauch der Freiheit gesichert wird.[1]

Fur das christliche Erziehungswerk sind die Aufsenbesitzungen (die Besitzungen aufser Java und Madura) noch ein
gutes und gewifs segenbringendes Feld; diese Arbeit sollte in
umfassender Weise begonnen werden, bevor der Islam auch
hier wie auf Java allen Fortschritt geradezu unmöglich macht.
Es konnte eine Zeit kommen, wo diese Frage aufser ihrer
ethischen und sozialen Dringlichkeit auch von besonderer
politischer Bedeutung wurde, dafs namlich die Sicherheit der
ostindischen Besitzungen mit davon abhangig ware, wie viel
christliche Unterthanen nicht von vornherein und aus religioser
Abneigung gegen das niederlandische Gouvernement sich feindlich stellen werden.

Auf Java ist ein Missionserfolg sehr schwer zu erringen,
nachdem sowohl durch die Kompanie, der nur ihr Handel am
Herzen lag, als auch durch die Konigliche Verwaltung in
diesem Jahrhundert alles verabsäumt wurde. Die letztere
hat sogar der Ausbreitung des Christentums aus politischen
Bedenken durch direkte Verbote entgegengewirkt. Als in den
Jahren 1853 und 1854 die inlandischen Regenten auf Java
wegen Zulassung der Missionare geratpflegt wurden, schrieb

[1] Im Jahre 1874 trat man der Frage näher, ob und auf welche
Weise es moglich sei, die Sklaverei in den Aufsenbesitzungen aufzuheben. Die Indische Regierung erliefs Fragebogen, in denen uber Anzahl, Umfang, Herkunft, Beschäftigung und Wohnort der Sklaven und
Dauer der Sklaverei Auskunft gefordert wurde Man legte Register an,
in denen die Sklaven und ihre Herren eingetragen wurden. Diese die
Aufhebung einleitenden Bestrebungen wurden mehrere Jahre fortgesetzt,
blieben aber im wesentlichen ohne Erfolg, sie hatten aber das Gute,
dafs man einen ersten sichern Uberblick uber den Umfang und die Art
der Sklaverei in den verschiedenen Gebieten gewann. An einzelnen
Stellen, wo das Gouvernement mehr Einflufs hat, kam es auch zu posi-
tiven Erfolgen; so beispielsweise in der Residentie Menado, dagegen
dauern der Sklavenhandel und die Sklaverei durch Schuld in den Aufsenbesitzungen im grofsen und ganzen fort

ein Regent: „Das Christentum ist nicht gut für den Javanen, weil der Dienst darunter leiden wird, ist der Javane erst Christ, so wird es für den mohammedanischen Dorfvorsteher nicht leicht sein, ihm zu befehlen." Diese Staatskunde des Regenten bezeichnet genau die ganze Schwierigkeit einer Kulturarbeit auf christlicher Grundlage, und sie fand demgemäfs die Billigung der Regierung. Die Zulassung von christlichen Missionaren ward in der Folge gänzlich abgelehnt. 1855 für die Landschaft Kudus (Residentie Japara), 1858 für die Residentie Banjumas, 1859 für die Landschaft Tomongung (Residentie Kadu), 1863 für die Preanger-Regentschaften. Die Schwierigkeiten, welche die Regierung zu diesen Verboten veranlafsten, bestehen auch heute noch fort. Im Jahre 1872 gab es auf Java in 601 Distrikten mit 56158 Dessas und Kampongs: 90023 mohammedanische Geistliche, 162474 Lehrlinge der mohammedanischen Gottesdienstschulen, 33802 Hadjis, dagegen nur 18 evangelische und katholische Missionare. Die Geistlichen, Lehrlinge und Hadjis leben auf Kosten der arbeitenden Bevölkerung. Die Hadjis, zurückgekehrte Mekkapilger, stehen wegen ihrer Kenntnis der Vorschriften des Islam bei der Bevölkerung in Ansehen und verstehen es auch, sich als Ratgeber in bürgerlichen Dingen unentbehrlich zu machen.

Einige Jahre später, im Kolonialverschlage vom Jahre 1876, findet sich die folgende Aufseiung: „Die Evangelischen breiten sich wenig aus, die bekehrten Christen stehen in Entwickelung und Moralität nicht über ihren Landesgenossen." Das letztere wird niemand verwundern; es wird vielmehr anzunehmen sein, dafs unter den obwaltenden Verhältnissen die Renegaten in Moralität unter ihren Landesgenossen stehen mussen.

Im Jahre 1882 war die Zahl der Hadjis auf Java und Madura bereits auf 48715 gestiegen, die zwei Jahre früher noch 43379 betrug. Die Anzahl Gottesdienstschulen, in denen mohammedanische Priester und Lehrer vorgebildet werden, erreichte nach dem Kolonialverschlage von 1884 die ansehnliche Höhe von 12947 mit 164953 Lehrlingen, christliche Volksschulen gab es dagegen nur 190, die von 26389 Kindern besucht wurden.

Im Jahre 1883 hat der Prediger Dr. A. Schreiber, ein Kenner indischer Verhältnisse aus langjähriger Erfahrung, seine Stimme vernehmen lassen und in einer Broschüre. „Die Kirche und die Mission in Niederländisch-Indien" (Leiden 1883), seine Meinung veröffentlicht, er verkennt nicht einige Hoffnung auf Besserung in den Aufsenbesitzungen, weist aber mit Ernst den bedenklichen Zustand des Christentums nach und mahnt nachdrücklichst zum Eifer an.

In neuester Zeit geschehen auch in den Molukken von den Sultanen auf Ternate und Tidor Bestrebungen, in ihren heidnischen Tributstaaten den Islam auszubreiten; an solchen Stellen mufste die christliche Mission zunächst voll und ganz einsetzen, bevor die mohammedanischen Priester und Hadjis eindringen und in ihrer rasch wachsenden Zahl ein Hemmnis für die Ausbreitung christlicher Kultur und eine Gefahr für die sozial-politische Entwickelung werden. Die Zahl der Hadjis ist in den Aufsenbesitzungen nicht unbedenklich im Steigen begriffen, sie betrug im Jahre 1877 noch 15413 und im Jahre 1882 schon 24719. Die Zahl der Mekkapilger, welche jährlich aus Niederländisch-Indien verzieht, beläuft sich durchschnittlich auf 5—6000, wovon mehr als die Hälfte auf Java und Madura entfällt.

Aus den bisherigen Ausführungen wird leicht erkannt, dafs auch die Niederländer gegenüber den früher vernachlassigten sozialen und Kulturaufgaben im Anfange einer neuen Kolonialepoche stehen. Die Geschichte der niederländischen Kolonien bis zum Jahre 1860 ist reicher an Warnungen, als an Beispielen zur Nachahmung. Wiederholen sich die Wechselfälle im Leben der Völker und der Menschheit kaum jemals gleichartig, so kann nichts so sehr verschieden sein, als beispielsweise der Beginn deutscher Kolonisation der Gegenwart unterschieden ist von dem Anfange der niederländischen im fernen Osten im Ausgange des 16. Jahrhunderts. Einmal gebricht es heute an allen ähnlichen Grundlagen und zum andern darf kein rechtlich denkender Mensch die Ziele der alten Niederländisch-Ostindischen Kompanie wünschen.

Die Niederländer wurden bei allen Unternehmungen von sofortigen glücklichen Erfolgen begünstigt, jedes mit Waren

ausgesendete Schiff brachte grofsen Gewinn heim, dazu arbeiteten die Zeitumstände ihnen wirksam in die Hände. Man
denke zunächst nur an die reiche Beute, welche die kriegerischen Seefahrer von den Mündungen des Rheins den portugiesischen Kauffahrern abgewannen, die gleich im Anfang sich
auf Millionen bezifferte. Auch die Schätze der Goldküste
kommen den deutschen Vorkämpfern für Kolonisation nicht
zu Hilfe. Die Amsterdamer Kompanie, welche auf Guinea
fuhr, lieferte in den ersten 15 Jahren ihres Bestehens jährlich 2000 Pfund feines Gold an die Landesmünze ab [1]; gröfsere
Mengen blieben sicherlich in den Händen der Reeder und
Privaten. Beachtung verdient sodann der grofse Gewinn am
Sklavenhandel. Im Jahre 1596 entblödeten sich niederländische Menschenhändler nicht, ihre lebende schwarze Ware
auf dem Marktplatz zu Middelburg auszustellen. [2] In der
Folge nahm in den Kolonien selbst an diesem einträglichen
Geschäft der höchste wie geringste Beamte der Kompanie
teil, der fromme Domine, wie der gemeine Kriegsknecht. [3]
Zu alledem war der Gewinn an den Spezereien so ungeheuer
grofs und blieb es auch während der Dauer des Bestehens
der Kompanie, dafs dies allein zur Begründung genügen
würde, um die bedeutende Verschiedenheit zu erkennen, welche
Damals und Jetzt voneinander trennt.

   Der Kolonist von heute mufs auf leichten Gewinn verzichten; der Erfolg ist allein durch Arbeit und Intelligenz

---

[1] „Remonstrantie door de bewindhebbers en traffiquanten op de
custe van Guinea." (Manuskript, 1607, Reichs-Archiv.) De Jonge, I, 40.

[2] Der erste Bürgermeister von Middelburg, ten Haeff, war trotz der
ihm zustehenden, sehr achtbaren Regierungsgewalt nicht mächtig genug,
den Menschenmarkt mitten im Lande der Freiheit zu verbieten. Da in
den Provinzialstaaten von Zeeland die Interessenten das Übergewicht
hatten, so konnte das Verbot erst nach längern Verhandlungen von den
Generalstaaten erlangt werden. („Verhandlungen der Generalstaaten vom
Jahre 1596.")

[3] Es bildete sich der Gebrauch aus, dafs die Soldateska mit den
Kriegsgefangenen als einer ihr zustehenden Beute beschenkt ward; diese
Gefangenen wurden gewöhnlich als Sklaven verkauft. Dieser Umstand
war von sehr ernster Bedeutung, da die eigentliche Signatur der kolonialen Blütezeit der Kompanie nicht der Handel, sondern der Krieg war.

sicherzustellen. Einer gröfsern Zahl von Mitbürgern eine neue Heimat bieten, in der sie leichter und sorgenfreier leben können, als im überfüllten Mutterlande, gilt heute als der schönste Erfolg der Kolonisation. Dieses Streben mufs mit einem betriebsamen Handel und der Erschliefsung von noch unbekannten oder in Vergessenheit geratenen, fruchtbaren Ländern für den Verkehr Hand in Hand gehen. Mit solchen Niederlassungen erstehen in den heidnischen Ländern Centren der Kultur, welche nicht ohne segenvollen Einflufs auf die umwohnende Bevölkerung bleiben werden, sobald die Kulturaufgabe nicht gänzlich verwahrlost wird.

Die Geschichte ist überall eine gute Lehrmeisterin; auch auf dem Gebiete der verschiedenen kolonialen Entwickelungsvorgänge läfst sie es nicht an reicher Belehrung und an beachtenswerten Winken fehlen. Mit diesem Augenmerk habe ich mich seit einigen Jahren, soviel meine freie Zeit es mir verstattete, dem Studium der Geschichte der niederländischen Kolonien gewidmet, als dessen Frucht ich in der vorliegenden Abhandlung versuchen werde, eine quellenmäfsige Auskunft über den frühern und jetzigen Zustand in den Molukken, der von alters her so berühmten Heimat der Spezereien, zu geben.

Die ältere Litteratur über diesen Teil des Ostindischen Archipels ist nicht besonders reich und noch weniger zuverlässig. Für die Zeit der Portugiesen kommen De Barros, Jarricus und Maffeius in Betracht, denen auch der spanische Schriftsteller Argensola gefolgt ist. Die Nachrichten werden zuverlässig und reicher erst mit dem Erscheinen der Niederländer in den Molukken, seit dem Jahre 1598.

Für die spezielle Geschichte der portugiesischen Herrschaft in den Molukken mag manches Material, das für unsere Zeit Wert haben dürfte, noch in den Archiven von Lissabon und Madrid vorhanden sein, aber wohl kaum so umfangreich und interessant, wie es sich im Kolonialarchiv der Niederländisch-Ostindischen Kompanie vorfindet. Die Sorge der Direktoren, es könne den amsterdamer Kaufherren ein Vorteil entgehen, veranlafste dieselben, auch über die unbedeutendsten Vorgänge in Indien Bericht zu fordern, sodafs

die Berichte der Gouverneure an die Indische Regierung und
diejenigen der Regierung an die Siebzehner an Vollständig-
keit, wenn man von ethnographischen Mitteilungen absieht,
nichts zu wünschen lassen. Ab und zu fehlt in der Kette ein
Glied, etwa ein geheimer Brief oder ein Blutbefehl, den die
Siebzehner Ursache hatten, vor den Regierungskommissaren
geheimzuhalten; durch solche Lücke tritt aber kein eigent-
licher Mangel ein, da der Inhalt dieser fehlenden Schriftstücke
selber in den Generalberichten in, wenn auch gemilderter
Form, doch in der Hauptsache wiedergegeben wird. Anders
verhielt es sich in dieser Beziehung mit der portugiesischen
Verwaltung, die den Abteilungsgouverneuren die ausgedehn-
teste Vollmacht und Selbständigkeit gewährte, sodafs weder
die Centralstelle in Indien, noch die Regierung im Mutterlande über Einzelheiten und alle Tagesereignisse aus den Berichten der Gouverneure Kenntnis erhielt.

Ob das Briefmaterial, das beispielsweise Argensola benutzt hat, aus spanischen und portugiesischen Archiven für
die spezielle Geschichte der Molukken sich bereichern liefse,
wird man nicht leicht erwarten können, da sich in öffentlichen
Archiven wenig davon vorfinden dürfte. Die auch nach der
ethnologischen Seite gewifs höchst interessanten Berichte der
Priester und Jesuiten, welche auf Amboina, den Uliassern,
auf Celebes und den Molukken für die Ausbreitung des
Christentums mit so grofsem Erfolge thätig waren, wurden
vorzugsweise an hervorragende Persönlichkeiten im Mutterlande gerichtet, sodafs sie kaum als kirchliche oder staatliche
Aktenstücke gesammelt sein dürften. Dieser Umstand erklärt
sich dadurch, dafs die Priester längere Zeit hindurch und
gerade in der interessantesten Epoche des Beginnes mehr aus
persönlichem Eifer und selbständig ihre Thätigkeit ausübten,
dagegen eine geregelte kirchliche Verwaltung mit Erzbischof
und Bischöfen erst verhältnismäfsig spät ins Leben trat.

Über die ältern Zustände in den uns beschäftigenden
Inselgebieten vor der Zeit der Portugiesen hat ein Beamter
der Kompanie, der zugleich namhafter Gelehrter war, Georg
Eberhardt Rumphius, wertvolle Nachrichten gegeben; dieser
eifrige Forscher ging im Jahre 1652 nach Indien und lebte

während mehierer Jahrzehnte bis zu seinem Tode auf Amboina, wo er zuletzt Kaufmann und Voisteher des Kontors in Larike war Seine beiden fur unsein Zweck in Betracht kommenden Weike, die Geschichte und die Landbeschieibung der amboinischen Lande, befindet sich als Manuskript im Institut fur Sprach-, Land- und Volkerkunde in 'sGravenhage[1], sie sind niemals gedruckt worden und haben in neuerer Zeit, in den funfziger Jahren, für die etwaige Herausgabe einer besonders berufenen Kommission zur Prüfung vorgelegen. Diese stellte fest, dafs die beiden Arbeiten durch François Valentijn in dessen Werk „Oud en nieuw Oost-Indie" unverkürzt aufgenommen wurden, und zwar ohne Nennung des Autois; es konnte daher von ihier Veiöffentlichung durch den Druck abgesehen werden.[2] Mit Valentijn, dessen Nachrichten bis etwa zum Jahie 1710 reichen, höit die Litteiatur über die Molukken für eine längeie Zeit auf, sie beginnt erst wieder in diesem Jahrhundert. Die Weike von J. Olivier, dem Reisebegleitei van der Capellens, des ersten königlichen Geneialgouverneuis in Indien, van den Bosch, P. Bleeker, H. von Rosenberg, R. Wallace und Riedel untei vielen andern minder nennenswerten sind bekannt genug, ebenso mehr allgemein gefafste Geschichtswerke von Autoien wie van der Kampen und Lauts.

Die spezielle geschichtliche Daistellung hat als Hauptquelle das noch zum gröfsten Teile unbenutzte Kolonialarchiv der alten Kompanie selbst zu benutzen. Dasselbe ist im Reichsarchiv in sGravenhage untergebracht und bedeutet eine wahre Schatzkammer von geschichtlichen, geographischen und handelspolitischen Kenntnissen Duich die Hilfsbereitschaft der Herren Aichivbeamten ist es mir vergönnt gewesen, das reiche Material, soweit es dem Zwecke meiner Aufgabe nutzen konnte, zu bearbeiten.

Bis zum Jahre 1623 durfte ich mich auf bereits geschehene Veröffentlichungen von Aktenmaterial beschränken,

[1] Ein zweites Exemplar (Manuskript) von der Landbeschieibung ist noch im Besitz des Reichs-Archivs zu 'sGiavenhage
[2] Man vgl. P A Leupe, „Biographie von G. E. Rumphius".

b*

welches J. K. J. de Jonge, früherer Archivar am Reichsarchiv, in seiner „Opkomst van het Nederlandsch gezag in Oost-Indie" gibt. In Ergänzung dieses Werkes, das im weitern Verlaufe mehr auf die Geschichte von Java Beziehung hat, ist neuerdings von dem Bibliotheksdirektor in Utrecht, P. A. Tiele, eine höchst verdienstliche Arbeit begonnen worden, der das Aktenmaterial zusammenstellt, welches für die Geschichte der Besitzungen aufser Java wichtig ist. Im Jahre 1886 ist der erste Band von diesem Werke erschienen, der für die Molukken mit 1623 abschliefst. Dies Werk, das alle Aufsenbesitzungen umfafst, kann nur sehr langsam fortschreiten.

Das von mir bearbeitete Archivmaterial glaubte ich in einem besondern Anhange zusammenstellen zu müssen, soweit ganze, noch nicht gedruckte Aktenstücke in Betracht kamen, weil deren Zerstückelung und Zerstreuung auf viele Textseiten ihren Wert herabzumindern geeignet war, indes die vorliegende Ordnung eine bessere Übersicht und zugleich eine gefällige Lektüre darbietet.

Bei der Erinnerung an meine Arbeiten im Reichsarchiv in 'sGravenhage würde ich mich einer schweren Vernachlässigung schuldig machen, wenn ich nicht rühmend und dankbar der unermüdlichen Freundlichkeit besonders Erwähnung thäte, womit die Herren Archivbeamten, so oft ich auch darum bitten mufste, mir ihren Rat und ihre Unterstützung liehen. In niederländischen Archiven und Bibliotheken erfährt im allgemeinen der Fremde eine bereitwillige Unterstützung, durch welche der Förderung der Arbeit wesentlich gedient wird.

Mit aufrichtiger Ehrerbietung danke ich auch meinem hochverehrten Lehrer, Herrn Professor Dr. F. Schirrmacher in Rostock, für seinen mir erwiesenen Beistand bei Anlage und Durchführung dieser Arbeit, welche ich hiermit dem gütigen Wohlwollen des Lesers empfohlen halte.

BERLIN, im Oktober 1887.

HEINRICH BOKEMEYER.

INHALTSVERZEICHNIS.

—

VIERTES KAPITEL.

Der siegreiche Aufgang der niederländischen Kolonial-herrschaft in den Molukken.

FÜNFTES KAPITEL.

Die gewaltsame Durchführung des Handelsmonopols.

SECHSTES KAPITEL.

Der Untergang des molukkischen Königtums.

SIEBENTES KAPITEL.

Der gegenwärtige Zustand in den Molukken.

ANHANG.

ERSTES KAPITEL.

UBER DIE ALTEN ZUSTANDE IM OSTINDISCHEN ARCHIPEL.

§ 1. Die wissenschaftliche Forschung.

Das weite Inselgebiet, welches den Süden des asiatischen Festlandes in seiner ganzen Ausdehnung und darüber hinaus umfaßt, bezeichnen wir mit dem Namen „Ostindischer Archipel".

Die Kunde von der reichen Inselwelt, von ihrer ältesten Geschichte und Kulturentwickelung leidet unter großer Unklarheit, obwohl es nicht an der Hoffnung gebricht, daß die wissenschaftliche Forschung noch zu genauern Resultaten gelangen werde.

Von Sumatra an bis zu den Philippinen und Neu-Guinea hin haben die Insulaner schon sehr früh unter einem gemeinsamen Einflusse gestanden; diese Beziehungen beruhten, wie im Nachfolgenden sich näher ergeben wird, auf Handel, Kolonisation und zeitweise auf politischer Machtvereinigung. Es liegt daher in der Entwickelung der Inselvölker ein Gemeinsames, das alle Teile der Inselwelt mehr oder minder berührt und dazu nötigt, die Schilderung der frühern Entwickelung in einem einzelnen Gebietsteile, wie den Molukken, nicht von dem Ganzen zu trennen. In diesem Ganzen treffen wir die Ausgangs- und Centralstelle des alten Kulturlebens auf der Insel Java an, von wo aus, also in der Richtung von Westen nach Osten, sich die Kultur weiter verpflanzt hat und

zwar in der Weise, dafs je weiter nach Osten Einflufs dieser
Kultur, Fahigkeit und Bildung unter den Volkern abnehmen.
Die wichtigste Quelle, aus welcher feste geschichtliche
Daten gewonnen werden konnen, ist eine Fulle von Baudenk-
malern auf Java, welche erst zum geringsten Teil untersucht
und erklart worden sind. Hieran reihen sich Überlieferungen
in Geschichte und Sage, Familienregister, Regententafeln,
Sprache, Gebräuche, Ortsverhaltnisse und Bodenconfiguration
(soweit sie zur Erklarung uberlieferter Nachrichten von Natur-
ereignissen, Vulkanausbruchen und Erdbeben oder zur Alters-
bestimmung des Geschichtsterrains selbst dient), um zu einem
lebenswahren und geschichtlichen Ganzen verbunden zu werden.[1] Es soll versucht werden, die Geschichte der bisherigen

---

[1] Die geschichtlichen Jahresangaben, unter andern von Raffles, Crawfurd, Hageman, Lassen, ruhren von Aufzeichnungen aus furstlichen Hausern her, die in der Zeitbestimmung voneinander abweichen. Lassen
in seiner „Indischen Alteitumskunde˙ (II, 1066 fg., und IV, 460 fg) folgt
Raffles, „History of Java" (London 1817, 2 Ausg 1831), der selbst
(II, 88 fg) drei verschiedene Regententafeln der Konige uber Java anfuhrt. Raffles gibt die Jahreszahlen aus der Liste, die er vom Regenten
von Demak erhalten hat, weil sie nach seinen Untersuchungen zu den
mannigfachen, fur die Geschichte zu berucksichtigenden Faktoren ihm
die passendste zu sein scheint, indes J. Hageman, „Handleiting tot de
geschiedenis van Java" (2 Bde , Batavia 1852), durchaus verschiedene
und von Raffles stark abweichende Zeitbestimmungen annimmt. Wie
Professor P. J. Veth in seinem Werke „Java" (3 Bde , Haarlem 1873,
1878, 1882, II, 21 fg) nachgewiesen hat, ist ein Streiten um die
grofsere Wahrscheinlichkeit der einen oder andern Annahme ein
mufsiges, nach seiner Meinung ist die Einzelarbeit noch nicht genugend
abgeschlossen, sodafs man von ganzen Zahlensystemen noch Abstand
nehmen soll.
Die Zahlenangaben bis zur Einfuhrung des Islam auf Java mussen
samtlich noch als unbefestigt gelten, weshalb ich von Jahresangaben fur
diesen Zeitraum abgesehen habe.
An dieser Stelle wird es nutzlich sein, darauf hinzuweisen, dafs von
Raffles' vorzuglichem Werke eine hollandische Bearbeitung existiert,
welche durch ihre Kurzungen und die Erklarung, womit diese gerechtfertigt werden, einen treffenden Beweis gibt, wie man in mafsgebenden
hollandischen Kreisen in den dreifsiger Jahren noch uber Arbeiten, wie
die Sir Raffles' dachte. Vgl. J E Sturler, „Geschiedenis van Java . . . .

Forschung und ihre Resultate in knapper Übersicht mit Hin-
weisung auf die Materialien zu geben.

Die Bewohner der ostindischen Inselgruppen zerfallen in
zwei Hauptstämme in die schwarze Rasse, welche im Innern
der grossen Inseln, der Philippinen und der Molukken, und
besonders der Neu-Guinea-Gruppe und ihren Ausläufern sich
noch unvermischt erhalten hat, und in die braune Rasse, die
Malaier im weitern Sinne. [1] Zu derselben schwarzen Rasse
gehören die Negritos im Innern der Philippinen, die Papuas
von Neu-Guinea und die Alfuren der Molukken. [2] Die braune
Rasse gliedert sich in viele Stammarten, die im Laufe von
Jahrtausenden entstanden sind, oder ihre Eigenart bei Ab-
sonderung in natürlicher Entwickelung ausgebildet haben. [3]

vertaald wat betreft de onderwerpen, welke voor Nederland en Indie
wetenswaardig zijn" (Amsterdam 1836).

[1] Unter „Malaiern im weitern Sinne" sind alle verschiedenen braunen
Stämme des Archipels verstanden, „Malaier im engern Sinne" sind die
alten Bewohner im Nordwesten von Sumatra, die später Singapore grün-
deten und malaische Reiche auf der Halbinsel Malaka stifteten

[2] W von Humboldt rechnet die Alfuren der Molukken zu der braunen
Rasse; dieselben bilden nun zwar einen Übergang von der schwarzen
zur braunen Rasse, stehen aber den Papuas näher, als den Malaiern,
sodafs sie gewöhnlich der schwarzen Rasse zugerechnet werden. Vgl
A R Wallace, „Der Malayische Archipel" (deutsche Ausgabe von Adolf
Bernhard Meyer, 2 Bde., Braunschweig 1869), II, 71, 126, 406 fg ; Veth,
I, 261. Bastian hält die Vorarbeiten noch nicht für genügend abgeschlossen, um Einteilungen systematisch zu formulieren Virchow sagt
in Beziehung auf die Papuas: „Kaum hatte man eine definitive Ordnung
hergestellt, so zeigt sich schon wieder unter den Stammen der einzelnen
Inseln und Inselgruppen eine solche Mannigfaltigkeit der Abweichung,
dafs man es aufgeben mufs, jene ihrer bequemen geographischen Anordnung wegen schnell angenommene Einteilung als eine gesicherte zu
betrachten." Dieselbe Mannigfaltigkeit der Abweichung führte Junghuhn
dazu, die Stammarten durch Rassenverschiedenheit zu erklaren   Man
vergleiche auch Rosenberg und Riedel über die Mannigfaltigkeit der
alfurischen Stamme.

[3] Der einzige Forscher, welcher die verschiedenen malaiischen
Stämme, wie die Buginesen auf Celebes, die Dajaks auf Borneo und die
Battas auf Sumatra auf ursprüngliche Rassenverschiedenheit zurückführt,
ist meines Wissens Junghuhn Vgl Junghuhn, „Java" (deutsche Übersetzung von J. K. Hasskarl, 3 Bde, Leipzig 1852—54)

In einer sehr frühen Zeit haben alle malaiischen Stämme unter einem gemeinsamen Einflusse gestanden, der ausgereicht hat, sie zu Gliedern eines Sprachstammes zu machen. Dieser Einfluß hat sich nicht nur über den Ostindischen Archipel erstreckt, sondern die ganze große Inselwelt zwischen Afrika, Asien und Amerika befaßt. soweit die Völker am Verkehr teilnahmen, sind sie Glieder des gleichen Sprachstammes geworden. [1]

Die Periode, in welche die gemeinsame Sprachenbildung fällt, ist nicht bestimmbar, jedoch muß die Entwickelung der Stammarten, d. h. die Entfremdung von der gemeinsamen Sprachenverwandtschaft, auf diese Periode gefolgt sein, indes die Inder wiederum die Stammarten vorfanden Die das Sanskrit redenden indischen Kolonisten trafen auf Java eine ausgebildete Sprache, ein Gesetzbuch und geordnete Zustände an. Dies nötigte sie, den bestehenden Verhältnissen sich anzupassen; aus der Vermischung des Sanskrit mit dem Javanischen entstand die Kawisprache; in den Sitten und dem Rechtsleben dauerten alte Gewohnheiten und Gebräuche mit neuen indischen rein oder gemischt fort. [2] Nun sollte man meinen, daß durch Entmischung. durch Abtrennung des Indischen sich die altjavanischen Verhältnisse wieder ergeben mußten. Für die Sprache hat allerdings W. von Humboldt auf die Methode verwiesen, wie aus den vorhandenen Gedichten und Schriften in Kawisprache sich das Altjavanische gewinnen lasse [3]: aber auf andern Gebieten fehlt es an allen Zeugnissen der Prüfung, weil sich nicht feststellen läßt, was spätere Jahrhunderte modifiziert haben, d. h. wie viel an bestehenden oder in frühern Schriften bekundeten Sitten und Gebräuchen wirklich altjavanisch ist und was daran neuerer Entwickelung zukommt Es bleibt daher voraussichtlich über den Zustand, welchen die indische Kultur auf Java vorfand,

---

[1] W. von Humboldt, II, 207

[2] W. von Humboldt, II, 188 fg. Crawfurd, II, 85. Vgl. Veth, II, 17 fg., der im Gegensatz zu W. von Humboldt eine sehr niedrige Kulturstufe annimmt

[3] W. von Humboldt, l. c

ein ewiges Dunkel gebreitet. Das Gleiche gilt für alle übrigen
Inseln des Archipels. Man wird dankbar sein dürfen, wenn
es der wissenschaftlichen Forschung gelingt, durch Freilegung
und richtige Erklärung der javanischen Denkmäler die Kenntnis
über den Beginn und die Ausbreitung der indischen Kultur
selbst zu erweitern Hierfür sind die Arbeiten von Raffles
und Crawfurd grundlegend gewesen. Besonders hat Raffles
während seiner kurzen Anwesenheit auf Java, zur Zeit der
englischen Zwischenregierung von 1811—16, ungemein viel
wertvolles Material zusammengebracht. Er hat es zum ersten
mal unternommen, aus den vielfachen alten Sagen und Überlieferungen der Javanen, aus den Geschlechtstabellen regie-
render Häuser einige auf etwas mehr als blofse Mythe Anspruch machende geschichtliche Daten zu gewinnen, indem er
die javanischen Überlieferungen mit den vorhandenen alten
Tempelruinen, Palastresten, Inschriften auf Stein und Kupfer,
und mit den Berichten indischer und chinesischer Geschicht-
schreiber in Einklang zu setzen versuchte.

Nach Raffles wurde auch von den niederländischen Beamten gesammelt. Von den Gouverneuren, wie Elout und van
der Capellen, welche nach Raffles kamen, bis herab zum
Residentiesekretär, haben alle Beamte privatim nach alten
Schätzen geforscht; jeder hat kostbare Altertümer mit sich
fortgenommen, sodafs durch diesen Sammelfleifs der Wissenschaft ein ganz unberechenbarer Schaden zugefügt worden ist. [1]
Denksteine wurden fortgetragen ohne Feststellung ihres Fund-
ortes, ohne Sicherung ihrer Ordnung; Zusammengehöriges

---

[1] Man vgl. „Beschrijving van de Indische oudheden" (Leiden 1885),
welche Menge von Altertümern von einzelnen Beamten von Java entführt wurde. Von steinernen Gotterbildern enthält das leidener Reichs-
museum allein von

Resident Domis	14	Nummern,
„ Rees	14	„
Scheepmaker	36	„
van der Capellen	8	„
van der Poel	9	„
Elout	8	„

hierunter sind Gotterbilder bis 1,50 m Grosse.

wurde getrennt und Falsches zusammengebracht.[1] Diesem
Unfug wurde ein Ende gemacht, als später die Ausfuhr von
Altertümern verboten ward. Herr C. G. C. Reinwardt in Leiden
war bemüht, den entstandenen Schaden einigermafsen gut zu
machen, indem er die Regierung veranlafste, aus der Hinter-
lassenschaft verstorbener Beamten die unschatzbaren Zeugen
alter Zeit zurückzukaufen oder aus den Händen anderer Be-
sitzer durch Kauf zu erwerben. Aus diesen Erwerbungen, die
auch durch Schenkungen bereichert sind, enstand das Museum
für indische Altertümer von Java zu Leiden.[2]

Von den niederländischen Beamten auf Java, welche nach
Raffles Arbeiten veröffentlicht haben, ist der Resident von der
östlichen Provinz Passuruan, H. J. Domis, zu nennen.[3] Eine
reichere Literatur beginnt aber erst mit dem deutschen Naturforscher Franz Junghuhn in niederländischen Diensten, der
im Jahre 1838 den Zugang zu dem Dieng-Plateau erschlofs[4],
wo nunmehrige Nachforschungen eine grofse herrliche Tempelstadt blofslegten, die einen reinen, unverfälschten brahma-
nischen Charakter zeigte, wodurch ein glänzendes Zeugnis
dafür gewonnen ward, dafs die Lehre Brahmas auf Java einst
mächtigen Einflufs gehabt hat.[5]

---

[1] Veth, II. 112.

[2] Man vgl. über dessen Entstehung und Geschichte: „Beschrijving
van de Indische oudheden; Vorbericht.

[3] Resident H. J. Domis; ein erster Aufsatz erschien schon im zehnten
Bande der „Verhandelingen van het Bataviaasch genootschap voor kunsten
en wetenschapen" (Jahrgang 1825). Die Resultate seiner archäologischen
Forschungen finden sich vereint in seinem Werke: „De Residentie
Passaroeang op het eiland Java" ('sGravenhage 1836).

[4] Veth, II, 54.

[5] Durch die Entdeckung von Dieng bewahrte sich vorzüglichst eine
Voraussage unseres grofsen W. von Humboldt. Er schrieb in seiner
„Kawisprache", I, 310 (1836 gedruckt), Folgendes. „Es fehlt uns an allen
direkten Beweisen, dass überhaupt je Brahmanismus auf der Insel geherrscht habe. Man würde aber dennoch meiner innigsten Überzeugung
nach sehr irren, wenn man sich auch nur den Zweifel an wahrhaft brah-
manischer Kultur auf der Insel erlaubte. Alles, was wir auf Java antreffen, trägt zu sehr das Gepräge des ursprünglichen und reinen Hinduis-

Nächst Junghuhn haben um die archäologische Forschung J. Hageman[1] und die Prediger Brumund[2] und van Hoevell[3] verdienstliche Untersuchungen ausgeführt.

Im Jahre 1843 fafste die Bataviaasch genootschap den Plan, in einem „Corpus inscriptionum Javanarum" alle Inschriften auf Java zu sammeln; infolge des Todes zweier Männer, auf deren Unterstützung man gerechnet hatte, wurde dieser Plan nicht verwirklicht.[4] Erfolgreich war dagegen ein deutscher Orientalist, Rudolf Friedrich, der in den sechziger Jahren von der indischen Regierung für archäologische Forschungen engagiert ward. Von den von ihm gesammelten 70 Tafeln sind nur vier reproduziert und mit ihren Inschriften veröffentlicht worden.[5]

Die Arbeiten Friedrichs sind in den siebziger Jahren von Cohen Stuart und Limburg Brouwer[6] fortgesetzt; über die allerneuesten Ergebnisse der Forschung unterrichten umfassend die „Verhandelingen der Bataviaasch genootschap vor kunsten en wetenschapen", „Tijdschrift voor Indische Taal-, Land- en Volkenkunde" und „Bijdragen tot de Taal-, Land- en Volkenkunde van Nederlandsch Indie". Auch wären noch zu nennen die Mitteilungen der in neuester Zeit ins Leben getretenen „Vereeniging voor de oudheidkunde, de geschiedenis en de

---

mus, als dafs man annehmen konnte, dafs ausschliefslich buddhistische Lehre ihren Sitz daselbst aufgeschlagen hatte."

Wenige Jahre später wurde Dieng entdeckt Die Tempelstadt liegt auf einem 5000 Fufs langen und 2000 Fufs breiten Plateau, in einer Höhe von 4000 Fufs (Seehöhe 6500 Fufs), zu der aus zwei Landschaften gebahnte Stufen hinaufführen Vgl Veth, II, 49—67.

[1] J. Hagemans „Geschiedenis van Java" beruht auf eigenen archäologischen Studien

[2] J F. G Brumund, „Indiana" (2 Bde, Amsterdam 1853, 1854).

[3] W R. van Hoevell, „Reis over Java" (3 Bde, Amsterdam 1849—51)

[4] Veth, II, 25

[5] l. c und S 30 Von Friedrich erschienen auch Aufsätze in der „Zeitschrift der Deutschen Morgenländischen Gesellschaft" (Bd X, XVIII). F. Spiegel hat über Arbeiten Friedrichs im fünften Bande derselben Zeitschrift berichtet.

[6] „Koloniaalverslage "

land- en volkenkunde der Vorstenlande (Java)". Neue Funde
werden auch von den jährlichen „Kolonialverschlagen" verzeichnet. Vor 1877 bis Raffles zurückgehend finden sich bei
Veth, „Java", Bd II, die in der Zwischenzeit veröffent-
lichten Aufsätze aus den verschiedenen Zeitschriften gesammelt. [1]

So reich nun das gewonnene Material auch ist, über die
Grundlegung Raffles' hat man noch nicht damit hinaus-
kommen können. Jene Zweifel, welche genaue Angaben über
die Dauer und Folge der Hindureiche nach der Invasion der
Inder verhindern. bestehen auch heute noch. Man kann sagen,
diese Zweifel sind vermehrt, da sie zunehmen, je weiter die
Forschung neues Material gewinnt. Von den entdeckten Mo-
numenten werden die widerspruchsvollsten Jahreszahlen ab-
gelesen [2], und so gelangt man über den Anfang nicht hinaus
Es lassen sich somit durch Deutung von Inschriften allein
nicht sichere historische Angaben gewinnen; man wird die

---

[1] Die wichtigsten Tempelruinen auf Java sind von Westen nach
Osten

1) die Tempelreste bei Buitenzorg,

2) die brahmanische Tempelstadt Dieng auf dem Dienggebirge auf
der Grenzscheide zwischen den Landschaften Banjumas und Bagelen,

3) die berühmte Tempelgruppe von Boro-Budor (Buddha geweiht) in
der Landschaft Kadu,

4) die Tempelgruppen von Prambanan in den Sultansländern Djokjo-
karta und Surakarta,

5) die Tempelruinen im Unarang-Gebirge,

6) die Ruinen von Modjopahit;

7) die Tempelgruppen von Singosari in der Landschaft Passuruan

[2] Friedrich entzifferte einen Zahlenspruch mit 578 Professor Kern
in Leiden denselben, nach einer gründlichen Kritik der Friedrichschen
Entzifferung (wie Veth sich ausdruckt, ohne jedoch die Richtigkeit der
Kritik selbst zu beweisen), mit 1278; dafs die letztere Zahl um eine
Stelle grofser wird, ist sehr überraschend, und die Zweifel wachsen dadurch ins Unbegrenzte. W. von Humboldt ist der Ansicht, dass die
richtige Ablesung der Zahlen, welche durch Zahlsprüche angegeben sind,
unmöglich sei, da Verwechselung oder ganz falsche Auslegung nicht ver-
hutet werden durften; er mifstraut den vorhandenen Zahlworterverzeich-
nissen. Vgl , Kawisprache", I, 38—42.

Methode, wie sie Raffles geübt hat, und die von W. von Humboldt anerkannt wurde [1], zu Hilfe nehmen müssen, dafs man namlich aus dem Gesamteindruck der Sagen, Einrichtungen, Sitten und Sprache, des ganzen Landes und Volkes Folgerungen ziehe

Die alten Nachrichten uber Java, worunter bald Java, bald Sumatra und auch Borneo verstanden wird, sollten auch darauf hin geprüft werden, wann die Meerengen, wie die Sundastrafse und die Strafse von Singapore entstanden sein können Wäre dies infolge eines Naturereignisses in späterer Zeit geschehen [2], so wurde dadurch mancher Widerspruch gelöst werden. Die alte Handelsstrafse aus dem Meerbusen von Bengalen und dem Golf von Persien nach dem Archipel hätte alsdann um den Suden von Sumatra und Java geführt, was mit der Stiftung grofser indischer Reiche im Suden von Mitteljava (Mendang Kamulan) und mit der fruhern Handelsberühmtheit der Bucht von Mataram sehr wohl übereinkäme. Wenn man bedenkt, dafs es auf Java allein 50, im Archipel ungefähr 100 thätige Vulkane gibt [3], so begreift man leicht, dafs die Umgestaltung und Veranderung der Erdoberflache im Ostindischen Archipel ein Faktor ist, den die geschichtliche Forschung sehr aufmerksam beachten mufs. [4]

---

[1] W. von Humboldt, „Kawisprache", I, 42. Auch A. Bastian warnt vor dem schablonisierenden Esprit de système· „Fruhere Verhaltnisse und Zustande kann man nicht nach dem Mafsstab der Gegenwart zustutzen, sondern mufs sich in jene hineinleben." Und Professor Kern wiederholt den Hinweis, welchen W von Humboldt in den dreifsiger Jahren besonders betonte: „Wie er belang in stelt het samenstel der Javaansche beschaving in zijn bestanddeelen te ontleden, moet beginnen de oude letterkunde, voor zoover die beschikbar is, te onderzoeken." (Vgl „Bijdragen tot te taal-, land- en volkenkunde von Nederlandsch Indie", 1887, S. 574.)

[2] Hageman, I, 11. Wallace, I, 209 fg.

[3] Nach H. von Rosenberg, „Der Malayische Archipel" (Geographischer Abriss, S 1, Leipzig 1878)

[4] Eine erste praktische Folgerung und Anwendung aus diesem Umstande zog Junghuhn, er wies das geringe Alter des Grund und Bodens einer Gegend nach, wo alte Stadte vorhanden gewesen sein sollten. Dies

§ 2. Die Blute des Hinduismus.

Wenden wir uns jetzt zu den Zuständen, wie sie aus den
Resultaten der bisherigen Forschung sich für die Hinduzeit
auf Java ergeben, so kann nichts erhebender sein, als von
einer Periode zu sprechen, welche in ihren Anfangen und
unterschiedenen Epochen gleich unbestimmbar ist, und doch
in ihren hinterlassenen Werken so ungemein viel Glanz und
Größe über viele Jahrhunderte ausbreitet.[1] Nicht tote Zahlen
sind es, welche uns geschehene Ereignisse ordnend aus einer
vergangenen Zeit vor Augen führen, nicht geschriebene, von
anerkannten und zuverlässigen Zeugen verbürgte Berichte
erzahlen uns von großen Mannern und herrlichen Thaten, —
das Gute, das sich so schwer vererbt, weist uns noch unmittelbar in dem lebenden Geschlecht auf ein edles und
tugendhaftes Volk hin[2], die Ruinen herrlicher Baudenkmäler

---

erwies sich als richtig, aber eine andere Erscheinung war noch inter-
essanter. Unweit des Strandes in derselben Gegend tauchten infolge
einer Erdbewegung aus dem Meere Inseln uber die Wasserflache empor,
auf deren Kämmen man Ruinen alter Baudenkmaler vorfand. Dieselben
waren vorzuglich erhalten; sie gehorten zwar nicht der gesuchten Zeit
an, sondern einer jungern Periode, was aber die Annahme nicht aus-
schließt, daß die Ruinen der fruhern nur noch tiefer begraben seien.
Vgl Veth, II, 131 fg Wegen der Veranderlichkeit der Erdoberflache
im Ostindischen Archipel ratpflege man auch Wallace, I, 15 fg., und
R. D. M. Verbeek, „Krakatau" (Batavia, Landesdrukkerij. 1884—85). In
dem letztern Werke behandelt der Chef-Ingenieur beim Bergwesen in
Niederlandisch-Indien den verheerenden Ausbruch des Vulkans auf der
Insel Krakatau in der Sundastraße vom Jahre 1883, die bedeutendste
Eruption, welche in der historischen Zeit vorgekommen ist

[1] W. von Humboldt. I, 5 fg Lassen, II, 1040 fg Veth, II, 16.

[2] Die gute Art der Javanen bezeugen uneigennutzige und hoch-
verehrte Manner, wie: D. van Hogendorp, van Hoevell, „Tijdschrift voor
Nederlandsch Indie". 1858, II, 187, auch an vielen Stellen in seiner „Reis
over Java", K. F. Holle in derselben Zeitschrift, 1870, I, 16. Raffles
und Crawfurd urteilen über die guten Anlagen und den Charakter gleich
gunstig. De Barros' absprechende Meinung bezieht sich nur auf javanische Kaufleute in Malaka die sich gegen die eindringenden Portugiesen wehrten. Der Englander Drake rühmt dagegen den Charakter

in eine ferne grofse Zeit. Der Inder lehrte den Insulaner den Boden mit dem Pfluge bearbeiten und die Kraft des Buffels in seinen Dienst stellen. Kunstreiche Wasseranlagen befruchteten fortab den durren Boden und verdoppelten seine Fruchtbarkeit. Der Insulaner lernte feine Gewebe wirken, die Stoffe durch Farben verschonern und die besten und echtesten Farben aus eigenen Produkten selbst gewinnen. Seine Kinder wurden von fruh auf fur alle Gewerbe herangebildet, die schonen Kunste blieben ihnen nicht mehr verschlossen.[1] Ein gluckliches Volk sieht sich auf eine nie gekannte Hohe gefuhrt, und wahrend Ackerbau und Gewerbe im Lande bluhen, wetteifert mit ihnen der Handel im betriebsamen Verkehr mit andern Völkern, die zu erhohtem Streben gleichfalls angeregt werden.[2] Reichtum, Macht und Ansehen vereinigen sich mit zahlreichen Tugenden und fullen eine grofse und herrliche Zeit aus.[3] Und obwohl das Volk alles von einem Fremden empfangt, soll es selbst von seiner Eigenart nichts aufgeben; nirgends eine Spur von Gewalt, uberall Segnungen der Tugend[4]; an Stelle des Zwanges die Erweckung hingebender Folgsamkeit, welche das Gute anerkennt. Wahrend die Sklaven in Agypten mit Peitschen an den Riesenbau der Pyramiden getrieben wurden, bauten an den Prachtwerken der indischen Baukunst auf Java die freiwilligen Hände von Abertausenden.[5]

In dem Streben nach Bereicherung des Wissens und guter Sitte, in der vollen Hingebung an die betriebsame Ausubung der Gewerbe und an die Pflege schoner Kunste knupfte man die Teilnahme an den Segnungen der Kultur nicht an ein

---

der Javanen. Junghuhn, der gegen die Javanen Partei nimmt, vermutlich weil er nicht malaisch noch javanisch sprach und daraus viele Mifsverstandnisse fortflossen, wird von Holle berichtigt.

[1] Veth, II, 181.

[2] Raffles, II, 84 fg. Lassen II, 1067. Hageman, I, 10.

[3] Lassen, II, 1064 fg.

[4] W. von Humboldt, I, 68. Lassen, III, 1064, 1065. Raffles, S. CCXXIV.

[5] W. von Humboldt, I, 220, 223.

bestimmtes religiöses Bekenntnis. Dem Kultus Brahmas baute
man schöne Tempelstädte, die Bekenner Buddhas stifteten
unvergängliche Werke hoher Baukunst, und alten javanischen
Gottheiten räumte man willig neben den indischen einen
würdigen Platz ein.[1] Nicht ein religiöses — ein tugendhaftes
Volk von oben bis unten; die königliche Würde hatte Gött-
liches, und die Götter selbst wandelten unter den Menschen[2];
in den göttlichen Geboten lagen Vorschriften der Tugend[3],
und die Fürsten und Priester waren ihre Hüter; der Tugend
gepriesenste Güter bedeuteten Kenntnis und Gesinnung, Weis-
heit und Trefflichkeit, wahrer und lauterer Wandel.[4] Laster,
üble Rede und Lügen sind dem höchsten Gotte verhaßt[5],
und das Loos der Seligen wird nur von denen erreicht, welche
das Wohl des Landes suchen, denn sie fördern das Glück
des Volkes.[6]

Dieser glückliche Zustand konnte nicht von Dauer sein.
Der zunehmende Reichtum führte zur Lockerung strenger
Sitten; die aus Tugend geborenen geheiligten Satzungen wurden durch die Macht unbeschränkter Despoten geschändet
und verloren nach und nach ihre versittlichende Kraft; und
da das rechte Gottesbewußtsein fehlte, so versiegte der einzige Quell, aus dem das Leben des tugendhaften Volkes seine
Mäßigung und Festigkeit gewann. Die Werke des Friedens
traten zurück, und bald wird der Mut des Kriegers vor allem
gepriesen.[7] Parteiungen verdrängen den Einheitsgedanken
friedlichen Wettstreits der Arbeit; blühende Landschaften verwandeln sich in den Schauplatz verheerender Kriege. Bald
findet kein Thronwechsel statt, der nicht gegen den neuen
Herrscher Rivalen bewaffnet; kriegslustige Vasallen streben
nach der Krone, und die Oberherrschaft über die Insel

---

[1] W. von Humboldt, I, 235, 287 Lassen, IV, 267 fg Veth, II, 87
[2] W. von Humboldt, I, 220.
[3] l. c, 223.
[4] l c, 226.
[5] l. c, 227
[6] l c, 231
[7] Raffles II, 91 Hageman, I, 12

wandelt von Stätte zu Stätte.[1] Durch neue Jahrhundeite zieht sich diese Epoche, in welcher ein grofses politisches Reich untergeht, damit auf seinen Trummern ein neues seine Macht befestige, bis auch dieses demselben Schicksal anheimfällt. Keines aber ging unter, ohne nicht Zeugnisse herrlicher Kriegsthaten und die Erinnerung an Macht und Gröfse zu hinterlassen.

Diese Epoche schliefst mit dem Untergange des Hinduismus im Archipel, der durch den Islam abgelöst wurde.

---

§ 3. Untergang des Hinduismus und Einführung des Islam

In dem letzten Herrscher des grofsen Hindureiches Modjopahit vereinigte sich noch einmal alle Macht und alles Ansehen vergangener Jahrhunderte. Ganz Java, mit Ausnahme des westlichen Teils, wo das Königreich Padjadjoran seine Selbstandigkeit bewahrt hatte, war ihm unterworfen, und seine Oberhoheit erstreckte sich bis an die fernsten Grenzen des Archipels.[2] In Palembang auf Sumatra regierte der von einem Kebsweibe geborene älteste Sohn des Browidjoyo[3],

---

[1] Man vgl. uber die Dynastienfolge von 800—1400 Raffles und Hageman.

[2] Raffles, II, 120, 152 Crawfurd, II, 301. Veth, II, 131. Vgl auch Ed. Dulurier, „Liste des pays, qui relevaient de l'empire Javanais de Modjopahit" („Journal Asiatique", 1846).

[3] Browidjoyo ist ein Titel, den die Konige von Modjopahit fuhrten, er kommt zum ersten mal in den javanischen Uberlieferungen bei dem Stifter des Reiches Mendang Kamulan, vor (6. Jahrhundert n Chr, nach Raffles). Abgeleitet wird der Name durch Crawfurd von Brahmâ-Wijaya (Brahma der Siegreiche; Arch. II, 307) W. von Humboldt glaubt, dafs der Titel Bhrû-Wijaya (der in den Augenbrauen Sieg Tragende, „Kawi", I, 12, 218) bedeutet; hiernach schreibt Lassen sanskritisch Bhrûwigaja („Geschichte des indischen Altertums", II, 1066). Die rechte Eiklärung des Wortes ist insofern von Bedeutung, als die Grenzen zwischen Biahmanismus und Buddhismus auf Java und ihrer Verschmelzung noch nicht gefunden sind

Namens Arjo Damar: Banjermasin und andere Landschaften auf Borneo waren dem grofsen Herrscher zinspflichtig, dem auch die Könige von Malaka und die Fürsten von Makassar und Goa auf Celebes huldigten. Die molukkischen Könige anerkannten die Macht des Browidjoyo indes Banda und andere östliche Inseln unter seiner direkten Schutzherrschaft standen.[1] Der Untergang des ausgedehnten Reiches, dessen entlegene Teile Macht und Eroberung zusammengefügt hatten. dessen Glieder keine gemeinsame Sitte und gleiche Kulturbestrebung, mehr verknüpfte, ware nur eine Frage der Zeit gewesen; das traurige Verhängnis vollzog sich aber an einem milden und gerechten König[2], und die blutige Umwälzung war kein politischer Kampf, keine überwindbare Fehde um den Besitz der Krone, sondern eine das Leben und die Zukunft der Insulaner tief erschütternde Kulturrevolution. Was konnte ein Volk, in jahrhundertelanger Bildung zur Duldsamkeit und zur friedlichen Arbeit auferzogen, dabei gewinnen als es den bildsamen Hinduismus für den fanatisierenden Islam eintauschen mufste? Von langer Hand hatte dieser sein Werk vorbereitet. Söhne und nahe Verwandte des Browidjoyo waren die Vorkämpfer und Führer der religiösen Bewegung.[3] Entgegen der Sitte früherer Despoten, die durch

---

[1] Raffles, II, 120, 152 Veth, II, 131.

[2] Über den letzten König von Modjopahit sind die Angaben nicht übereinstimmend, nach einzelnen soll unser Kronprinz Gugur schon an der Regierung gewesen sein, nach andern noch der alte König geherrscht haben, der in Übereinstimmung mit allen javanischen Überlieferungen ein hohes Alter erreicht hat. Raffles (II, 121) nimmt an dafs ein Thronwechsel in den javanischen Annalen nicht registriert sei weil sonst der letzte Browidjoyo ein Alter von über 90 Jahren erreicht haben musse. was er bezweifeln zu sollen glaubt; Lassen (IV, 502) folgt dieser Auffassung. Veth (II, 195) legt den javanischen Überlieferungen im Gegensatze zu Raffles und W von Humboldt gar keinen Wert bei, wie man annehmen darf, sonder Grund, weil die „Ungereimtheiten und Gegenstreitigkeiten' (wie Veth es ausdrückt) durch falsche Vermengung von in Zeitfolge und Ort unterschiedenen Vorkommnissen entstanden sein können, aber gewifs nicht blofses Phantasiewerk sind

[3] Raffles, II l. c Hageman, I l c

geheime Sendlinge die Statthalter uberwachen liefsen um vor
geheimen Anschlagen sich zu schutzen und sich zu versichern,
dafs den Vorschriften und Gesetzen nachgelebt werde, hatte
der greise Konig seinen Sohnen und Statthaltern in den Provinzen die weitgehendste Selbständigkeit gestattet und sich
begnugt, von Zeit zu Zeit sie der Sitte gemafs an den Hof
nach Modjopahit zu bescheiden.[1] Grobe Ubertretungen, zu
welchen seine Gute die Heifssporne der neuen Lehre ver-
leitete, verzieh er mit nie ermudender Nachsicht, sodafs die
Milde sich bald in verderbliche Schwache verkehrte.[2] Schon
hatte der Islam auf Java selbst ungeheure Fortschritte gemacht. Von Ngampel (das spätere Surabaya) bis Cheribon
waren die nördlichen Provinzen fur die neue Lehre gewonnen.[3]
In Ngampel lehrte Raden Ragmat, ein Neffe des Konigs[4],
unter dem Titel Susuhanan.[5] In der beruhmten und bevol-
kerten Handelsstadt Grisse[6], wo viele Araber ansässig waren.
bestand schon längere Zeit mit Erlaubnis des Browidjoyo
eine mohammedanische Gemeinde.[7] In Tuban hatte der Statt-

---

[1] Raffles, II, 123 fg

[2] Raffles, II, l. c Hageman, I, l. c

[3] Veth, II, 195, 196

[4] Raden Ragmat war ein Schwestersohn der Konigin, einer Konigs-
tochter aus Champa auf der ostlichen Kuste des Golfs von Siam. Vgl. Crawfurd, II, 308 Raffles, II, 118 Ragmats Vater war ein mohammedanischer Priester in Champa Ragmat hatte Ngampel gestiftet mit 300 tatjas
(Hausgesinde), welche ihm der Konig in seiner Grofsmut verlieh Vgl
Crawfurd, II, 311 Hageman, I, 24.
  Lassen (IV, 499) macht die Schwester der Konigin von Modjopahit
zur Frau des Ragmat, wahrend sie seines Vaters Frau ist, wie es S 491
auch richtig angefuhrt wurde. Es sei bemerkt, dafs, abgesehen von
diesem Lapsus, man Lassen fur die Geschichte des Indischen Archipels
nur mit grofser Vorsicht gebrauchen darf Vgl de Klerck, „Lassen's
Geschiedenis van den Indischen Archipel" (Utrecht 1862).

[5] Susuhanan nach Crawfurd soviel wie Apostel, geistlicher Nachfolger von Mohammed; nach Raffles Oberster der Glaubigen

[6] Grisse, auch Gerisik (Lassen), nach Crawfurd herkommlich von
Garsik, bedeutet im Javanischen trockener Boden, im Gegensatz zu
Sumpfgegend

[7] Raffles, II, 115.

halter, Adipati Arjo Tedjo, die mohammedanische Religion
angenommen, und ein Sohn von ihm stiftete westwärts über
Rembang hinaus eine neue Niederlassung zur Ausbreitung
der Lehre des grofsen Propheten.[1] Zwei Söhne des Susu-
hanan von Ngampel regierten in den Landschaften Sidoju und
Rembang[2], und der thatkräftigste Führer, der den gewalt-
samen Umsturz des alten Reiches plante und ausführte, war
Raden Patah, der Adipati von Demak.[3] Während diese
Anhänger der neuen Lehre gemeinsam für ihre Ausbreitung
wirkten und als ihr geistliches Oberhaupt den Susuhanan von
Ngampel anerkannten[4], hatte unabhängig von ihnen in der
Gegend des heutigen Cheribon ein mohammedanischer Priester,
Namens Ibn Maulana, bereits gröfsern Anhang gewonnen.[5]
Am Fufse eines Berges mitten in einer Wildnis gründete er
seine Lehrstätte, von wo er den neuen Glauben nach Gulu,
Limbangan und Sukapura verpflanzte, nach drei östlichen
Landschaften des Königreichs Padjadjoran. Doch ehe dieses
Reich von dem drohenden Religionskriege ernstlich erschüttert
ward, wurde zuvor das gewaltsame Reformationswerk im Osten
gegen Modjopahit vollbracht.

Auch der Umstand, dafs die ersten mohammedanischen
Apostel meistens zugleich Kaufleute waren, kam der Ein-

---

[1] l. c, S. 118.

[2] l. c.

[3] Raden Patah war der natürliche Sohn des Browidjoyo von einer
Chinesin, die, vom Könige entlassen, danach in ein Ehebündnis mit seinem
ältesten unechten Sohne Arjo Damar, dem Statthalter von Palembang
trat. Patah wurde in Palembang geboren. Raffles, II, 118. Hageman, I, 22.

Crawfurd (II, 313) ist der Meinung, dafs die Geburt des Raden
Patah eine Erfindung der Mohammedaner sei, um dem Stifter der neuen
Lehre königliche Abkunft zuzuschreiben. De Klerck („Lassen's Geschie-
denis etc.", S. 112) verneint sie, weil er es unnatürlich findet, dafs der
Sohn gegen den Vater kämpfe. Dieser Einwand ist gewifs schwächer
als der Crawfurds. Lassen endlich läfst Patah wütender gegen den
Browidjoyo kämpfen, weil dieser seine Mutter so schlecht behandelt hat
IV, 504, Note 1.

[4] Raffles, II, 118.

[5] l. c. II, 120. Crawfurd, II. 315.

fuhrung der neuen Lehre sehr zu statten. Wahrend die Hindureiche ins Innere des Landes sich gern zuruckzogen, hier in
den gebirgigen und gesunden Gegenden ihre Tempelstadte erbauten, sehen wir die Mohammedaner überall die Kusten-
strecken besetzen und neben ihrem Glaubenswerke das Handels-
geschäft betreiben, sodafs sie hierdurch uberall hin Verbindung
unterhalten und Hilfskräfte für ihren Religionskrieg herbei-
fuhren konnten, ohne dafs der Regierung des Königs dies zu
hindern möglich ward, oder sie uberhaupt von diesen Vorgangen etwas bemerkte.

Solange der Susuhanan von Ngampel lebte, hatte er das
Ansinnen des immer ungestumer zur Gewalt drängenden Patah als ein Verbrechen an der Gute des Königs zuruck-
gewiesen; auch mochte der besonnene Lehrer eine friedliche
Reform erhoffen.[1] Die Seele des entarteten Sohnes, Empfindungen der Liebe und Dankbarkeit so fremd, als fur die Be-
gierden der Herrschaft empfanglich, verzehrte sich in unbe-
zahlmbarem Fanatismus. Kaum hatte der Susuhanan die Augen
geschlossen (1463), als er. jetzt zur alleinigen Fuhrerschaft
berufen, die Haupter der mohammedanischen Partei für seine
Plane der Gewalt sehr rasch zu entflammen wusste.[2]

Schon im Jahre 1468 ruckte ein Heer der Verbundeten
von Norden her unter einem Feldherrn Patahs gegen die
Hauptstadt[3] heran, dem der König Truppen entgegensandte.[4]
In der Nähe von Sidoju kam es zum Treffen, das mit der
Niederlage und Flucht der Verbundeten endete.[5] Das königliche Heer siegreich, das Ansehen der Majestät noch unge-
brochen, jetzt wäre das drohende Unheil durch gerechte
Strenge vielleicht abzuwenden gewesen; der Browidjoyo liefs
sich durch die scheinbare Unterwurfigkeit der Empörer jedoch
zur Gnade bestimmen und befestigte die Verschworer in un-

---

[1] Raffles, II, 122
[2] l c Crawfurd, II, 311.
[3] Die Hauptstadt Modjopahit lag in der Nahe der heutigen Stadt
Modjokerta in der Landschaft Wirosobo
[4] Raffles, II, 123. Crawfurd, II, 311
[5] Raffles, II, 124. Crawfurd, II. 311 Hageman, I Veth, II, 196.

verzeihlicher Nachsicht aufs neue in ihren einflufsreichen
Stellungen.[1]

Keineswegs durch den ersten Mifserfolg entmutigt, wurden
von jenen nun desto umfassender die Vorbereitungen zu einem
neuen Kriege getroffen. Der Browidjoyo, dem Grabe nahe,
sollte die Folgen seiner verhängnisvollen Schwäche gegen Verbrechen, verubt an der Majestät. noch erleben. Im Jahre 1478
versammelten die Verbündeten ein gewaltiges Heer; Arjo Damar hatte aus Palembang Hilfstruppen gesandt, die königi-
lichen Statthalter von Tuban, Sidoju und Rembang liehen ihre
Unterstützung, und die geistlichen Führer und Fürsten hatten
ansehnliche Kontingente zu dem Heere gestellt.[2]

Unter Raden Gugur, dem Kronprinzen von Modjopahit,
Raden Husen[3], einem Sohne Arjo Damars, und dem obersten
Reichsverweser rückte die königliche Armee gegen den heran-
ziehenden Feind zu einer Schlacht aus die über den Untergang des grofsen Reiches entscheidend werden sollte. Gleich
gewaltig stiefsen die beiden Heere aufeinander.[4]

---

[1] l. c.

[2] Raffles, II, 125 Crawfurd, II, 312 Hageman, I, 14 Veth, II, 197

[3] Husen war mit Patah nach Java gekommen, er blieb äufserlich
seinem Grofsvater treu, obwohl nicht mit rechtem Eifer, Patah und
Husen waren durch ihre Mutter Halbbruder.

[4] Der Verlauf der Schlacht wird verschieden erzählt; wenn man
meistens angeführt findet, dafs der Oberbefehl über das Heer des Browidjoyo allein an Raden Husen, der schon im vorigen Kriege den Vor-
wurf der Schwäche auf sich geladen hatte, übertragen sei, so möchte
ich dagegen einwenden. dafs dies so wenig mit den spätern Ereignissen,
als dem Zusammenhange der natürlichen Beziehungen übereinzustimmen
scheint. Der Reichsoberste stand immer durch verwandtschaftliche Bande
dem regierenden Herrscher nahe, war nicht nur Staatsmann, sondern
zugleich Feldherr, es ist nicht anzunehmen, dafs derselbe ohne leitende
Führerrolle in diesem Kampfe geblieben sei, auch vereinigte an seiner
Stelle später sein Sohn die zerstreuten Teile des geschlagenen Heeres
in der Landschaft Malang und setzte noch eine Zeit lang den Kampf
fort Ebenso war der Kronprinz Gugur nach allen übereinstimmenden
Zeugnissen ein tüchtiger Krieger, der nach dem unglücklichen Ausgange
der Entscheidungsschlacht nach Bali flüchtete und hier den Hinduismus
mit Erfolg verteidigt und aufrecht erhalten hat. Auch von ihm mufs
man erwarten, dafs er an dem Kampfe hervorragenden Anteil gehabt

-

Raden Husen focht gegen seinen Halbbruder und den Freund seiner Jugend nicht mit rechtem Ernst, desto entschiedener traten der Kronprinz Gugur und der Reichsoberste den Emporern entgegen. Die beiden Feldherren kampften mit Lowenmut, und ihre Erbitterung steigerte sich, als die Mohammedaner an Terrain gewannen. Husens Heeresabteilung hatte sich in wilder Flucht aufgelost, ihre eigenen Reihen sich stark gelichtet, aber noch wankten sie nicht und fochten mit der Wut rasender Verzweiflung, dem von fanatischen Priestern angetriebenen Feinde standzuhalten. Die ganzliche Vernichtung ihres Heeres war der Preis ihrer furchterlichen Ausdauer, die den Erfolg der siegreichen Verbundeten nur vollstandiger machen konnte.[1]

---

habe, denn fur ihn handelte es sich zugleich um den Besitz der Krone. Dafs man den Gegner aber am Hofe zu Modjopahit unterschatzt haben konne, erscheint mir hochst unwahrscheinlich, dafs man ferner ehrlich hat kampfen wollen und mit Ausnahme Husens, der sogleich nach dem Kampfe zum Islam ubertrat, auch gekampft habe, beweist zur Genuge die Haltung des Reichsobersten. Man vgl. Raffles, II, l. c. Crawfurd, II, 312 fg. Hagemau, I, l. c. Veth, II, 197 fg.

[1] Lassen erzahlt IV, 508 wortlich: „Raden Patah war jetzt (nach dem Siege uber Modjopahit) im unbestrittenen Besitz der ganzen Insel Java", und im Fortgange derselben Periode, S 537, heifst es „Patah besafs nicht die ganze Insel, sondern nur die mittlern und ostlichen Provinzen derselben, wahrend in dem westlichen Padjadjoran ein unabhangiger Staat bestand, dem auch Bantam unterworfen war. Auf S 538 liest man ferner „Patah schlofs Bundnisse unter andern mit den gleichgesinnten Fursten von Bali" Dafs auf Bali gleichgesinnte Fursten des Patah gewesen sein sollen, ist aber eine Unmoglichkeit, und gewifs ein Irrtum bei Lassen Durch Irrtumer der bezeichneten Art wird aber just die Hauptsache, auf die es in der vorliegenden Entwickelung ankommt die wirkliche Machtverteilung gegenuber den widerstreitenden Interessen, unklar und gefalscht.

In Wirklichkeit war Patah noch weit entfernt, auch nur von seinen Verbundeten auf Java als Oberherr anerkannt zu werden, obwohl er sich in dem Siegesrausche huldigen liefs Im Osten, in der Provinz Passuruan, behaupteten sich noch sehr lange die Gegner des Islam Der Portugiese Mendez Pinto nahm im Jahre 1546, also 68 Jahre nach dem Falle Modjopahits, an einem Kriegszug gegen Passuruan teil (vgl. Mendez Pinto, „Reizen", Amsterdam 1652), und noch zur Zeit der ersten Hol-

Patah zog als Sieger in die Hauptstadt Modjopahit ein, wo er im grofsen Versammlungssaale auf dem goldenen Thronsessel des Browidjoyo die Huldigung der Seinen als Oberherr von Modjopahit entgegennahm. Der greise König empfing diese Kunde im Kraton (der befestigte Palast des Fürsten), welcher von den Kriegern Patahs bewacht wurde. Als die Wächter infolge einer ungeheuern Detonation, welche aus dem Innern des Kratons drang, Befehl erhielten, mit bewaffneter Hand den Palast zu stürmen, fand man die königliche Wohnung in Trümmern und suchte nach dem Browidjoyo vergeblich.[1]

Der Fatanismus der Mohammedaner feierte jetzt seine ruchlosesten Orgien; nichts von den Werken der alten Kunst blieb von seiner Vernichtungswut unverschont; alle Pracht und Gröfse in meilenweitem Umkreise wurde geschändet; kein Meisterstück der hinduschen Kunst, kein Tempel entging der Zerstörung. Tagelang wuteten die Flammen in der Hauptstadt, und um alle Spuren von Brahma und Buddha zu verwischen, wurde von den mohammedanischen Priestern ein allgemeiner vierzigtägiger Vernichtungskrieg gegen alles Bestehende vorgeschrieben, der die blühenden, überall mit reichen Bauwerken bedeckten Landschaften entvölkerte und verwüstete.[2]

Die letzten Reste des hinduschen Heeres waren nach Osten entkommen. Der Kronprinz Gugur fand mit einigen Getreuen Zuflucht auf Bali, wo der Hinduismus sich bis auf den heutigen Tag erhalten hat, und der Sohn des Reichsobersten sammelte in den wilden Bergstrecken der Landschaft Malang die zerstreuten Streitkräfte und machte noch langere

---

lander wurde die von Hindus bewohnte Stadt Balambangan von Mohammedanern belagert und eingenommen. Dies Ereignis ist das letzte, welches dem Widerstande der Hindus im Osten ein Ende machte und dieselben ganzlich auf Bali zuruckdrängte. Vgl. das Tagebuch von van der Does, Teilnehmer des ersten Schiffszuges der Hollander unter Cornelis Houtmann. De Jonge, II, 350 fg.

[1] Raffles, II. l. c.
[2] Raffles, II, 130 fg. Crawfurd, l. c. Hageman, l. c. Veth, II, 195.

Zeit den Mohammedanern zu schaffen. Raden Husen dagegen war mit vielen Grofsen des Reiches zum Islam übergetreten.[1] Vom Osten trug der heilige Krieg jetzt Schwert und Brandfackel nach dem Westen der Insel, wo das unabhängige Hindureich Padjadjoran noch weite Gebiete umfafste, hier, wie in Modjopahit, bezweckte die Reform auch einen Thronwechsel.[2] Die Vorbereitungen zum Angriff wurden von dem schlauen und gewandten Maulana betrieben, dem, wie wir oben gesehen haben, drei östliche Landschaften von Padjadjoran bereits freiwillig sich unterworfen hatten. Vor Beginn der Feindseligkeiten trafen Maulana und Patah ein Abkommen, indes Patah den durch würdiges Alter und ein hohes Ansehen in den von ihm gewonnenen Landschaften sich auszeichnenden Priester in feierlicher Fürstenversammlung als ersten Lehrer, als Susuhanan, anerkannte, krönte der nunmehrige oberste Apostel den Adipati von Demak als Sultan und Oberkönig auf Java. Beiden nützte dies Bündnis in der Folge sehr. Patah fand eine kräftige Stütze gegen seine Rivalen, die mehr als er durch ihre Geburt zur Oberherrschaft sich

---

[1] Raffles, l. c. Hageman, l. c. Veth, II, 197, 198.

[2] Die heutigen Sprachgrenzen auf Java zeigen noch die Grenzen der Reiche Padjadjoran und Modjopahit an. So wird nur in den nördlichen Küstenstrecken von Bantam, das im Westen der Insel sonst unbekannte Javanisch gesprochen, das Hussan, einer der mohammedanischen Reformatoren, mit seinen demakschen Hilfsvölkern dort um das Jahr 1481 einbürgerte. Im mittlern und südlichen Bantam, in den angrenzenden Preanger Regentschaften und in jenen drei Landschaften Gulu, Limbangan und Sukapura, welche vor der gewaltsamen Unterwerfung Padjadjorans an den Priester Maulana, den Vater von Hussan, sich freiwillig angeschlossen hatten (diese Landschaften gehören heute zur Residenz Cheribon), hier wird überall das von dem Javanischen stark abweichende Sundanesisch gesprochen; also in dem ganzen Umfange des alten Reiches Padjadjoran. Die Sprachgrenze im Norden von Java liegt zwischen Cheribon und Tagal, im Süden zwischen Preanger Regentschaften und Banjumas. In Mittel- und Ostjava, im Umfange des alten Reiches Modjopahit, wird Javanisch gesprochen, während auf Madura und in den dieser Insel gegenüberliegenden Landstrecken, wie Probolingo und Bezuki, Maduresisch gesprochen wird. Man vergleiche die Sprachenkarte von Java und Madura in Beilagen zu den Verhandlungen der Niederländischen zweiten Kammer, 1882/83.

berufen fuhlten, indes der Susuhanan die Möglichkeit gewann, mit Hilfe Patahs seine Dynastie im Westen zu begrunden. Die beiden Hauser verbanden sich dadurch noch enger, als Patah eine Tochter dem ältesten Sohne des Susuhanan, Hussan Udin, zur Frau gab.[1] Der Krieg gegen Padjadjoran, welcher mit Unterstutzung des Sultans von Demak und befreundeten Fursten auf Sumatra gefuhrt wurde, endete schon nach den ersten grössern Schlachten im Jahre 1481 mit der ganzlichen Unterwerfung des einst machtigen Westreiches.[2] Eine kleine Zahl der Bewohner blieb dem alten Glauben treu und fluchtete vor den Verfolgern in die unwirtsamen Berge von Gede; wo ihre Nachkommen noch heute in strenger Abgeschlossenheit fortleben.[3]

Die Unterwerfung Padjadjorans fuhrte zur Stiftung neuer Reiche; in dem neuen Sultanat Cheribon[4] regierte der Susuhanan Maulana, sein Sohn Hussan Udin stiftete das Sultanat Bantam, und uber das Reich Jakatra (später Batavia) regierte als Unterkonig Bantams ein Bruder von Hussan. Die direkten Nachkommen dieser Dynastien treffen wir noch zur Zeit der niederlandischen Herrschaft an.[5]

---

[1] Raffles, II. 138. Hagemann, I, 43 Veth, II, 199 fg. Veth teilt die javanische Uberlieferung mit, bezweifelt aber ihre Wahrscheinlichkeit; er glaubt, Patah habe sich nicht von dem unbedeutenden Priester am Gunung Djati kronen lassen, sondern die Priesterfursten von Grisse hatten ihm dazu naher gestanden. Diesen Zweifel Veths wird kein Politiker teilen konnen, denn die spatern Kriege Demaks zur Sicherung der Vorherrschaft, die schnell entwickelte Bedeutung der Reiche Cheribon und Bantam, diese gesicherte, um ein Menschenalter spatere geschichtliche Folgezeit zeigt doch wohl zur Genuge, dafs das Bundnis Patah-Maulana einer soliden Grundlage nicht entbehrt hat; die javanischen Uberlieferungen sagen aufserdem ausdrucklich, dafs Maulana im Osten von Padjadjoran bereits grofsen politischen Einflufs gehabt habe Der prinzipielle Gegensatz, in dem Veth gegenuber Raffles und Humboldt die javanischen Uberlieferungen beurteilt, tritt bei dieser Argumentation besonders ins Licht

[2] Raffles, l. c. Crawfurd, II, 316. Hagemann, l c

[3] De Jonge, II, 159 Raffles, II, 132

[4] Die Stadt Cheribon hatte Patah dem Maulana gestiftet.

[5] Raffles, l c Hagemann, l c

Mit der Unterwerfung Padjadjorans war die Einfuhrung des Islam auf Java vollendet, seine weitere Ausbreitung uber den Osten des Archipels folgte jetzt schnell und vollzog sich unblutig. Die Fursten nahmen desto bereitwilliger den neuen Glauben an, als sie erkannten, dafs ihr eigenes Ansehen dabei nur gewinnen konnte. Der Islam machte den Fursten in seinem Lande auch zum obersten Priester und verlieh durch eine glanzvolle Entfaltung seiner gottesdienstlichen Handlungen der Krone und Majestat ein neues, gleichsam zauberhaftes Ansehen. Auch mufste weiter nach Osten der Übergang zur neuen Religion weniger gewaltsam sein, sofern die Treue und Festigkeit der Überzeugungen hier minder tief wurzelten, als auf der Insel Java, der Centrale allen Kulturlebens im Ostindischen Archipel. Wir werden diese letztere Erscheinung naher in der Geschichte des Molukkischen Archipels ins Auge zu fassen haben, mit welcher wir nunmehr in dem folgenden Kapitel beginnen.

ZWEITES KAPITEL.

DER MOLUKKISCHE ARCHIPEL

§ 4. Geographisches. [1]

Im Osten von Celebes bildet das Indische Meer eine weite Wasserfläche, welche im Osten durch Neu-Guinea von den australischen Gewässern, im Norden durch die Philippinen von der Chinesischen See und im Süden durch die östliche Fortsetzung der Sunda-Inseln vom Ocean geschieden wird.

[1] Auf die folgenden geographischen oder naturwissenschaftlichen Werke sei besonders hingewiesen: P. P. Roorda von Eysinga, „Handboek der land- en volkenkunde etc von Nederlandsch Indie" (3 Bde, der 3. Bd. in 3 Tlen, Amsterdam 1811—50). A. R. Wallace, „Insulinde" (hollandische Ausgabe von Prof. P. J. Veth, 2 Bde, Amsterdam 1870—71). P Bleeker, „Reis door de Minahassa en den molukschen Archipel" (2 Tle, Batavia 1856). C. B. H. von Rosenberg, „Der Maleyische Archipel" (Leipzig 1878). J. Pijnappel, „Geographie von Nederlandsch-Indie" (3. Ausg., s'Gravenhage 1881). J. W. W. C. van Hoevell, „Ambon" (Dordrecht 1875). J. G. F. Riedel, „De sluik- en kroesharige rassen tuschen Selebes en Papua" (Haag 1886). Fr. Junghuhn, „Java, seine Gestalt, sein Pflanzenwuchs und sein innerer Bau" (3 Bde, Leipzig 1852—54), „Atlas" von ten Sitthof und Stemfoort. Ich gebe nur das Nötige, ohne mich auf Zahlenbestimmungen einzulassen. Die Geographie der Molukken ist wissenschaftlich noch nicht behandelt und abgeschlossen; der größte Teil der Karten ist durch Schätzung gewonnen; die geradezu verblüffenden Abweichungen in den Zahlenangaben bei den verschiedenen Autoren sind zu vielfach. Eine Areal- und Bevölkerungs-

Ähnlich ganzen Gebirgsketten, oder abgerissenen Teilen von solchen, oder einzelnen Bergkegeln ragen viele hundert Inseln aus dieser abgeschlossenen See empor; einzelne von ihnen haben den Umfang europäischer Königreiche, andere den von Provinzen oder Landschaften und wieder andere den von Gemeindebezirken. Die Inseln bilden Gruppen; sie sind auf vielen Stellen durch Seen getrennt, auf andern durch Wasserstrassen, die entweder wegen gefährlicher Klippen und Strömungen nur mit grofser Vorsicht und genauer Kenntnis des Fahrwassers passierbar sind, oder auch wohl einem ruhigen, breiten Strome mit gefahrlosen, flachen Ufern gleichen. Diese Inselgruppen bezeichnen wir mit dem gemeinsamen Namen „Molukkischer Archipel".

Obwohl unter die Region der Passatwinde fallend, steht der Molukkische Archipel, wie der Indische überhaupt, unter der Herrschaft regelmäfsiger Wechselwinde, welche West- und Ostmonsun genannt werden; man könnte sie auch Land- und Seewind nennen, da sie Luftströmungen zwischen Land und Wasser sind, in der Hauptsache zwischen der Ländermasse

berechnung ist in „Petermanns Mitteilungen" (1882, Ergänzungsheft 62) versucht worden, diese Zahlen werden selbst als Verhältniswerte keine Zuverlässigkeit beanspruchen.

Herr Professor Kan aus Amsterdam nahm bei der Naturforscherversammlung in Berlin (September 1886) Veranlassung, in einer Sektionssitzung über die Geographie der Molukken sich zu aussern; ich führe einige Sätze aus seiner Rede wörtlich an.

„Ein Teil des Ostindischen Archipels bedarf dringend der eigentlich geographischen Untersuchung, ich meine die Molukken.

„Wie viel die Kenntnis der geographischen und geologischen Verhältnisse der Inseln noch zu wünschen übrig läfst, geht daraus hervor, dafs in der kurzlich erschienenen, so vorzüglichen Arbeit meines geehrten Landsmannes Dr. Riedel über diesen Teil des Archipels die Karten, wie er mir oft mündlich versicherte, nach Berichten der Eingeborenen haben ausgefüllt werden mussen und demzufolge häufig aufserst ungenau sind; dafs ferner in dem Atlas von ten Sitthof und Stemfoort, welcher im vorigen Jahre erschienen und aus den besten Quellen zusammengestellt ist, viele Terraindarstellungen für die meisten Inseln der Molukken, um kein anderes Wort zu gebrauchen, wissenschaftlich unbegründet sind."

Asien und dem Indischen Ocean; ist während des Sommers
das Innere Asiens erhitzt worden, so strömt die kühlere Luft
vom Ocean nach dem asiatischen Kontinent, dagegen nach
dem Winter strömt vom erkalteten Lande die Luft zum Ocean
ab.[1] Der Westmonsun bringt viel Nässe, der Ostmonsun ist
trocken und weckt vielfach die Sehnsucht nach einem er-
frischenden Regen.[2] Während nun die Monsune die Jahreszeit begrenzen, alles vegetabilische und organische Leben,
Klima, Land und Bewohner beeinflussen und bedingen, weht
scheinbar unbekümmert um ihr Walten und Regieren, ihr
Schaffen und Zerstören in den höhern Luftschichten der Passat;
er entführt die Rauchwolken hoher Vulkane in ruhigem Gleich-
mafse, indes über der Erdfläche der Monsun in entgegengesetzter Richtung sturmisch dahinbraust.[3]
      Die Monsune scheiden die Jahreszeit in zwei fast gleiche
Hälften; der Übergang von einem Monsun in den andern
vollzieht sich jedoch nicht ohne langern Kampf in den Sphären.
Sturm und Unwetter toben vielfach in den Wendemonaten,
die von den Holländern die Zeit der Kentering genannt wer-

---

[1] Junghuhn (I, 166) kennt, weil der Ostmonsun mit dem Sudostpassat geht, nur den Westmonsun. Hann (in seiner „Klimatologie")
erklärt den Westmonsun als einen Wind, der vom Ocean nach Innerasien strömt und langs den Kusten Sudasiens den Archipel erreicht,
was mit der tiefen Lage des Westmonsuns übereinstimmt, auf welche
Junghuhn hingewiesen hat. Veth (I, 12) glaubt, dafs der Westmonsun
der Nordostpassat sei, der, wie er sich bildlich ausdruckt, „mit ver-
anderter Richtung in das Gebiet von seinem sudlichen Bruder eindringt".
Diese Variante wird kaum einst zu nehmen sein, zudem ist sie ohne
alle Begrundung ausgesprochen. Die Rückstromung des Windes von
Innerasien nach dem Ocean kann den Archipel nicht treffen; ist der
Ostmonsun daher, wie Junghuhn annimmt, der Sudostpassat, so mufs er
trocken sein, weil er von Australien her uber den Archipel weht, und
wird nur da Feuchtigkeit aufnehmen, wo er über grofse Seeflachen
hingeht
      [2] Wo der Ostmonsun uber grofsere Zwischenseen oder Seearme
hinweg die Inseln erreicht und auf seinem Wege Wasserdampf auf-
nimmt entwickelt er Niederschlage in zeitweisen Gewitterschauern oder
beim Herannahen gegen Gebirge
      [3] Junghuhn, I, 274, 284.

den; grofse Schwankungen in der taglichen Temperatur sind ihr vorzuglichstes Kennzeichen.[1] Soll ein Vergleich mit unsern Jahreszeiten zugelassen werden, so kann man mit Veth die Wechselmonate passend den Fruhling und Herbst der Tropen nennen.[2] Die Richtung der Monsune ist mit West- und Ostmonsun für alle Teile des Archipels nicht ganz genau bezeichnet, so ist in den Molukken der Westmonsun zu Nordwest verschoben, und der Ostmonsun weht im allgemeinen aus Sudost.[3] Nach ihrer Lage hat auch die eine Inselgruppe in der

---

[1] Vgl. Dr. J. Hartzfeldt, „Geneeskundige Tijdschrift", 1854, S 243
[2] Veth, I, 15
[3] Immer nur im allgemeinen, besondere lokale Ausnahmen finden vielfach von der Regel statt

Fur einige Gegenden mogen an dieser Stelle Notizen gegeben werden. Amboina· „Die Monsune sind verteilt in West- oder trockenen und in Ost- oder nassen Monsun. Der Westmonsun herrscht vom Monat Dezember bis ultimo Marz, während der Ostmonsun in der Regel Mitte Mai beginnt und bis Mitte September dauert. Oktober und November, April und Mai Kenteringsmonate, scharfe Grenzen sind jedoch nicht zu ziehen, nur so viel ist sicher, dafs der Monat Juli das Herz des Ostmonsun ist, und der Monat Februar mitten in den Westmonsun fallt. Im Westmonsun sind West- und Nordwestwinde vorherrschend, im Ostmonsun Ost- und Sudostwinde." (Vgl. van Hoevell.)

Amboina

1851.	1852.
„Januar westliche und nordwestliche Winde. Heftige und anhaltende Regen. Februar helleres Wetter Marz „ „ April „ „ bis Mitte, alsdann Kentering, Wetter unangenehm; beinahe taglich Sturzwellen. Mai und Juni dasselbe. Juli gegen Mitte bis September ostliche und sudostliche Winde Wetter sehr wechselnd; haufig Sturzregen.	Im Anfang des Jahres nordliche und nordwestliche Winde Regen mehr und heftiger werdend. Sturm und Unwetter. Mafsig heifse Tage und kalte Nachte. April und Mai Kentering. Temperatur steigt Ostliche Winde. Gewitter aus Osten. August. Gegen Ende gunstige Veranderung Hellerer Himmel Regen weniger Schwacher Westwind.

trockenen wie nassen Zeit mehr Regen als eine andere, und
auf jeder einzelnen Insel bildet noch die Konfiguration des

1851.	1852.
Oktober östliche Winde. Schönes Wetter. Sehnsucht nach einem Sturzregen	Oktober und November neues Leben der Natur.
November gegen Mitte Anbruch des Westmonsuns. Westliche und nordwestliche Winde wechseln mit östlichen und nordöstlichen ab.	Dezember Nach trockenem November etwas Regen Erfrischend "
	(Vgl Dr. J. Hartzfeldt)

Bontham (Süd-Celebes). „Mitte März bis Mitte November Südost-
winde. Mitte November bis März Südwestwinde Regen das ganze Jahr.
Viel Regen November, Dezember, Januar, Februar. Wenig Regen August,
September, Oktober." (Vgl Dr W Hubert van Assenraad.)

Ternate· „Der Südwestwind dauert bis September, dann tritt ein
Monat Pause ein, und im November folgt der Nordostwind bis Mai
Während der Dauer des Nordostwindes fällt der Regen reichlicher Bei
dem Übergange der Monsune, wenn der südliche Wind durchkommt, und
im November mit dem nördlichen Wind, ist der Regen reichlicher."
(Vgl A. Bastian.)

Halmahera. „Der Westmonsun von Java ist auf Halmahera fühlbar."
(Vgl Kampen)

Amahei (Elpaputibai-Ceram) „Ostmonsun oder trockener Monsun
Westmonsun oder nasser Monsun. Im Ostmonsun trocknen die Flüsse
aus, im Westmonsun strömt das Wasser mit reifsender Gewalt." (Vgl.
Rosenberg)

Südwest-Inseln „Gegen Mitte April beginnt der Südostwind und im
Monat November Südwestwind. Der Südostwind variiert zwischen Süd-
südost und Ostsüdost, er erhebt sich selten zum Sturm Der Südwestwind herrscht mit größerer Gewalt, während dieser Zeit wagen sich
die Eingeborenen nicht gern auf die See hinaus " (Vgl. C. Bosscher,
Adsistentresident im Gouvernement der Molukken.)

Tenimber-Gruppe (Südost-Inseln) „Ostmonsun von Mai bis Oktober,
Westmonsun von November bis April." (Vgl. Riedel)

Babar-Gruppe (Südost-Inseln) „Der Ostmonsun weht von April bis
September, der Westmonsun von September bis März. Das Klima ist
sehr gesund." (Vgl Riedel)

Wetter (Südwest-Inseln) „Von Mai bis November herrscht der Süd-
monsun mit trockenem Wind Das Klima ist sehr gesund." (Vgl. Riedel.)

Buru „Im Westmonsun hat man auf Nord-Buru Regen, auf Süd-
Buru Trockenheit; im Ostmonsun ist das Umgekehrte der Fall " (Vgl Riedel.)

Die angeführten Beispiele der Verschiedenheit der Wind- und Regen-
zeiten könnten bedeutend vermehrt werden; sie beweisen aber zur Ge-

Bodens über Trockenheit und Regen einen wichtigen Faktor.[1]
Ein bezeichnendes Beispiel in dieser Beziehung ist die Insel
Ceram. Eine Gebirgskette durchläuft die Insel von Westen
nach Osten und teilt dieselbe in zwei Hälften; hat nun der
Norden trockene Zeit, so regnet es auf der Südhälfte, und
umgekehrt hat der Norden sonniges Wetter, wenn im Süden
Regenzeit herrscht. Das Gebirge bildet die Regenscheide;
es nötigt die nördlichen wie südlichen Winde, vor dem Über-
schreiten ihre Wasserdämpfe zu Regen zu kondensieren.[2] Die

---

nuge, dass alle Verschiedenheiten auf lokale Ursachen zurückgeführt
werden müssen, wie sich aus einer Prüfung der Ortslage, der Verteilung
von Land und Wasser, des Einflusses der Gebirge und der Konfiguration
des Bodens überhaupt sogleich ergibt. Im grofsen und ganzen gilt für
den östlichen Teil, wie für den westlichen des Ostindischen Archipels
die Einteilung des Jahres in zwei Hälften nach den beiden im wesentlichen konstanten Luftströmungen, die mehr nach Osten einen modifi-
zierenden, nicht wahrscheinlich bestimmenden Einflufs durch die Länder-
massen von Australien und Neu-Guinea erfahren. Man mufs sich sehr
hüten, die Einzelnachrichten zur Wetterkunde zu verallgemeinern; was
Rosenberg von Amahei mitteilt, gilt nur für Amahei, ebenso der völlig
anders lautende Ausweis von Hoëvell nur für bestimmte Bezirke auf
Saparua, in denen er seine Beobachtungen machte, und auch nur für
einen genau begrenzten Zeitabschnitt. Aus der Beobachtung während
einzelner Jahre gewinnt man auch in den Tropen kein brauchbares
Mittel, dazu gehören nach den bisherigen Resultaten des Observatoriums
zu Batavia die Wahrnehmungen von mindestens 10 Jahren. Zudem mufs
man berücksichtigen, dafs in den meisten Fällen die Nachrichten über
Wetter u. s. f. auf den höchst unsichern persönlichen Eindrücken der
Beobachter beruhen, da wir leider zur Gewinnung von sicherm Material
noch nicht so weit sind, dafs Missionare, Beamte, Lehrer und Kaufleute
genügend auf die Wichtigkeit einer genauen Wetterbeobachtung hingewiesen und dazu angehalten werden, solche Einrichtung würde nicht
nur der Wissenschaft, sondern auch der Schiffahrt, dem Handel und der
Industrie den besten Dienst leisten (nach Bezold). Es wäre zu wünschen, dass unser Generalpostmeister bei Einrichtung von Reichspost-
stationen im Osten auf diese Nützlichkeit sein Augenmerk richten und
der Erfüllung dieser Aufgabe die Gewissenhaftigkeit seiner Beamten
leihen wolle, dann würden wir darin bald weiter kommen, als wir
jetzt sind.

[1] Junghuhn, I, 272.
[2] Rosenberg, S. 282.

gleiche Erscheinung findet sich auf Luçon[1] und auf Celebes
zwischen Bonthain und Makassar wieder[2], auf andern Inseln
tritt sie weniger intensiv auf, ist aber überall von der ein-
flußreichsten Bedeutung für die Beschaffenheit und Wahl
menschlicher Wohnstätten.[3]

Nun darf man sich die trockene Zeit nicht als eine unausgesetzte Dürre vorstellen; Regentage und Gewitterschauer
sind an manchen Stellen sogar nicht selten, aber die Regenmenge ist unzureichend[4], wie sie umgekehrt in der nassen
Jahreszeit leicht zu viel wird. Ohne daß es etwa tagelang
fortregnet[5], ist die Regenmenge zur Zeit des Westmonsuns
sehr groß; gewöhnlich regnet es am Nachmittag wenige Stunden heftig, oft in Strömen und meistens mit Gewitter beginnend, und über dem Abend leuchtet dann wieder ein ruhiger
und glänzender Sternenhimmel.[6]

Diese klimatischen Modifikationen geben in Verbindung
mit der geologischen Verschiedenheit der Erdrinde jeder Insel
und dem organischen Leben auf ihr ein eigenartiges Gepräge[7];
dagegen erfreuen sich gleichmäßig die Molukken, deren Grenzen sich nördlich und südlich ziemlich gleich vom Äquator

---

[1] Hann, „Klimatologie".

[2] Dr. W. Hubert van Assenraad, „Geneeskundige Tijdschrift voor
Nederlandsch Indie", 1859, S. 205.

[3] Junghuhn, I, 406 fg. Dr. G. Wassink, „Geneeskundige Tijdschrift",
1859, S. 735 fg. J. P. van der Stock, „Das magnetisch-meteorologische
Observatorium und das Klima von Batavia", in der Wochenschrift „Eigen-
haard", 1885, Nr. 20 fg.

[4] Veth, I, 14.

[5] Junghuhn (I, 162) gibt von der Regenzeit entgegen den Ergeb-
nissen einer zwanzigjährigen Beobachtung des Observatoriums zu Batavia
eine stark übertriebene Schilderung; nach Junghuhn regnet es oft circa
24 Stunden lang, auf 100 Regenschauer kommt einer von langerer
Dauer als neun Stunden; fünfstundige Dauer kommt in Batavia auf
100 Fälle etwa fünf mal vor, dagegen dauern 37 Prozent weniger als
eine Stunde. Es herrscht jedoch eine große lokale Verschiedenheit in
der Regenmenge in den Tropen. In Batavia fällt jährlich 2000 Milli-
meter Regen, in Berlin nur 590 das ganze Jahr (von Bezold).

[6] J. P. van der Stock, l. c.

[7] Junghuhn, II, 652.

erweitern, eines gesunden und glücklichen Klimas, dessen
Hitze durch die täglichen lokalen See- und Landwinde ge-
mäfsigt wird, in vielen höhern Bergstrecken herrscht ein auch
für den Europäer nicht nur erträglicher, sondern gleich ge-
sunder und angenehmer ununterbrochener Sommer.[1]

Die bergigen Inseln sind mit ewigem Grün bekleidet.
Auch in der trockenen Jahreszeit verlieren die Höhen nicht
ihren frischen und lachenden Schmuck. Die grofse Feuchtigkeit der atmosphärischen Luft, deren Einwirkungen auf die
organische Welt der Tropen, besonders in niedrigen sumpfigen
Strecken, so verheerende Krankheiten unter den Menschen
erzeugt[2], ist andererseits die Ursache der reichen Vegetation
und der ungemeinen Fruchtbarkeit des Bodens, der ohne grofse
Mühe und Arbeit leicht Millionen Bewohner ernährt.[3] Die
Natur wirkt überall rasch und wechselvoll; sie drängt gewalt-
sam zum Leben und zur Fülle, aber lauert auch heimlich auf
Vernichtung oder wütet in schrecklicher Zerstörung. Der
Ausbruch eines tückischen Vulkans, der am Morgen freundlich
still auf eine glückliche Welt niederschaute, begräbt sie am
Mittag und zerstört das Leben in meilenweitem Umkreise;
Stürme und Überflutungen verheeren ganze Landschaften.
Aber auf der Lavadecke über verschütteten Flecken und Dör-
fern grünt und frohlockt nach wenig Jahren eine neue Welt.
Wo blühende Felder in die ausgebrannte Tiefe versanken und
Seen sich bildeten, da tauchen an andern Stellen rasch grü-
nende Inseln aus dem Wasser auf; ein ewiger, sichtbarer
Wechsel von zerstörender Gewalt und reichem Schaffen der
Natur.[4] In dieser Wunderwelt lebt der Insulaner sorglos und
heiter, denn die reiche Erde gibt ihm mehr, als die zerstö-
rende Gewalt ihm nehmen kann, es müfste denn das Leben
selbst sein.

Die verschiedenen Inselgruppen, deren geologische Struk-

---

[1] J. P. van der Stock, l. c. Junghuhn, l. c. Bleeker, a. v. O.
[2] Dr. Wassink, „Geneeskundige Tijdschrift", 1859, S. 735.
[3] Junghuhn, I, 292
[4] Man vgl. Junghuhn, II, 11, 23, 44, 70, 87, 111 fg, 320 fg., 362,
919—950.

tur durchaus vulkanisch ist. seien jetzt nach Lage und Umfang noch kurz bestimmt, soweit es für unsern Zweck notwendig ist.

Die wichtigste Gruppe ist Halmahera, nicht richtig nach
dem alten Königreich auf der Insel Gilolo oder Djilolo
genannt, mit umliegenden Inseln. Die Gruppe erstreckt
sich zwischen 2° 40′ nördl. Br. bis 1° 45′ südl. Br., 127° bis
129° östl. L. (Greenwich).[1]

Halmahera ist die grösste und schönste Insel des Molukkischen Archipels, zu ihr gehören im Norden Moro, an der
Westseite Ternate, Tidor, Motir, Makjan, Batjan und Obi.
Diese Inseln sind in zweifacher Hinsicht die wichtigsten: sie
sind das eigentliche Heimatland der Gewürznelken, auf andere
Inselgruppen sind die Gewürzbäume erst verpflanzt; zum andern residieren auf ihnen von alters her die molukkischen
Könige. Ternate und Tidor, beides Inseln von einem vulka-
nischen Berge mit etwas Umland. zählen zu den kleinsten
des Archipels. und gerade auf diesen haben die beiden mächtigsten Fürsten der Molukken ihren Wohnsitz. Halmahera,
sehr fruchtbar, ebenso reich an Gebirgen wie ebenen Flächen,
gehört den Königen von Ternate und Tidor; die Insel hat wie
Celebes eine bizarre Form, weite Buchten schneiden Halb-
inseln aus und geben ihr die eigenartige pittoreske Gestalt.
Motir und Makjan haben ungefähr gleichen Umfang mit Ternate und Tidor, indes Batjan gröfser und sehr fruchtbar ist.
Auf Moro im Norden von Halmahera. gröfser als Ternate
und kleiner als Batjan, erhöben die Könige von Ternate und
Tidor gemeinsam Besitzanspruch; diese Insel war von jeher
ein Zankapfel zwischen ihnen. Im Norden und Nordwesten
von Halmahera liegen zwei Gruppen zahlreicher kleiner Inseln, die Talaut- und Sangi-Gruppe, welche nur zum geringsten
Teile bewohnt und, aufser der Insel Sangi, sehr wenig bekannt sind.

Zwei sehr wichtige Gruppen liegen dagegen im Süden:
die Amboina-Gruppe (sprich Amboana) zwischen 125° 50′ bis
131° östl. L. und 2° 45′ bis 3° 55′ südl. Br., und die Banda-

---

[1] Nach ten Sitthof und Stemfoort.

Inseln zwischen 129° 40′ bis 130° 51′ östl. L. und 4° 29′ bis
4° 36′ südl. Br.[1] Der erstern Gruppe gibt die kleine Insel
Amboina den Namen, obwohl die grofse Insel Ceram den
Mittelpunkt in dem System bildet, und die übrigen Inseln nur
Fortsetzung und Ausläufer derselben sind. Die Insel Ceram
ist, wie schon erwähnt, durch eine Gebirgskette in eine
nördliche und südliche Hälfte geschieden, ihr Inneres wird
von Alfuren bewohnt, die unter ihren eigenen Obern leben,
und die Küsten sind mit malaiischen Mischlingen besetzt[2];
die westliche grofse Halbinsel Hovamohel, welche von der
Bucht Tanuno ausgeschnitten wird, blühte einst durch den
Fleifs und die Betriebsamkeit javanischer und malaiischer
Kolonisten, welche hier Niederlassungen in umfangreichem
Mafse gestiftet hatten[3] Das Gleiche gilt von der Insel Amboina, welche der Halbinsel nach Süden gegenüberliegt. Diese
fruchtbare, durch Holzreichtum sich auszeichnende Insel mufs
die Hindukolonisten besonders von Java umfangreich zu
Niederlassungen angelockt haben; die Gewürzbäume wurden
von der Halmahera-Gruppe schon in früher Zeit hierher verpflanzt.[4] Die Insel besteht aus zwei im Osten durch einen
schmalen Landstreifen, den Pafs von Baguala, verbundenen
Teile, dem grofsern nördlichen Hitu und dem südlichen Leitimor; die Insel ist durch gutes Trinkwasser und angenehmes
Klima ebenso gesund, als durch landschaftliche Schönheit
ihrer grünen Berge und welligen Hügel ausgezeichnet Die
Alfuren, welche nicht am Verkehr teilnehmen, sind wilde
Völkerstämme ohne eigentliche Kultur; die Küstenbewohner
von Ceram sind Mohammedaner, Christen oder Heiden.
Auf den meisten übrigen Inseln der Abteilung Amboina bestehen gleichfalls Mohammedaner, Christen und Heiden nebeneinander.[5]

Im Osten von Amboina, etwa 3 Kilometer entfernt, liegt

---

[1] Nach ten Sitthof und Stemfoort.
[2] Rosenberg, S. 302 fg.
[3] Valentijn, II, 39 fg., 52
[4] l. c.
[5] Kolonialverschläge

die kleine Insel Oma oder Haruku, sehr fruchtbar und meist gut bevölkert.

An Oma schliesst sich im Osten, nur durch eine schmale Wasserstrasse geschieden, Honimoa oder Saparua, die Insel hat ein gesundes Klima und ist sehr fruchtbar. Diese Inselreihe beschliefst im Osten Nusalaut von weniger Bedeutung. [1]

Im Westen von Ceram liegt, etwa 20 Kilometer entfernt, die Insel Buru von ansehnlichem Umfange; die grofse fruchtbare Insel ist wie viele andere eine so gut wie nutzlose Besitzung für die Holländer. Das Innere der Insel ist, gleich Ceram, von Alfuren bewohnt, die Küstenländer von malaischen Mischlingsvölkern. [2]

Zwischen Ceram und Buru liegt etwas näher an Ceram die Insel Manipa, welche unbedeutend und auch ungesund ist, an der Ostseite von Buru im Süden ist noch Amblau zu erwähnen, einst gut bevölkert, jetzt verkommen und wüst.

Aus wenigen kleinen Inseln besteht nun die zweite weiter südlich gelegene wichtige Inselgruppe Banda, welche die engere Heimat des hübsch geformten, glattblätterigen, unserm Birnbaume ähnelnden Muskatnufsbaumes ist, der hier in Wäldern zusammensteht. Wie die Amboina-Gruppe, sind auch die Banda-Inseln von javanischen und malaischen Hindukolonisten bevölkert gewesen; diese zahlreiche alte Bevölkerung ist jedoch durch die Holländer gänzlich vernichtet. [3] Von den Banda-Inseln sind zu nennen Lontor (oder Grofs-Banda), Neira, Gunung-Api (Feuerberg, mit thätigem Vulkan), Ai, Run und Rosingem. Lontor und Neira, die beiden Hauptinseln in der Mitte der Gruppe, liegen sich gegenüber; westlich von ihnen schliefst sich Gunung-Api an, wodurch ein Binnenmeer gebil-

---

[1] Die drei Inseln Oma, Honimoa und Nusalaut tragen den gemeinsamen Namen „die Uliasser", womit in frühester niederländischer Zeit auch wohl Honimoa allein bezeichnet zu werden pflegte. Die Bewohner waren von jeher arbeitsame und gutwillige Unterthanen. Die Portugiesen hatten die Mehrzahl der Bewohner für das Christentum gewonnen.

[2] Kolonialverschläge.

[3] Vgl. § 15

det wird, das an der Nordküste von Lontor und an der Sudkuste von Neira gute Reeden bildet. [1]

Aufser den genannten Inselgruppen sind endlich noch
südlich und sudöstlich von Banda zu erwähnen. die Sudwest-
Inseln (125° 45′ bis 129° 15′ östl L., 7 30′ bis 8° 20′ sudl. Br),
die Südost-Inseln (129° 30′ bis 132° östl. L., 6° 30′ bis 8° 25′
sudl. Br.), Kei-Inseln (132° bis 133° 10′ östl. L., 5° 10′ bis
6° 10′ südl. Br.) und Aroë-Inseln (134° 10′ bis 135° östl. L.,
5° 20′ bis 7° sudl. Br.), sowie nördlich und östlich von Celebes die Talaut- (126° 30′ bis 127° 10′ östl L , 3° 50′ bis
4° 40′ nördl. Br.), Sangi-Inseln (125° 18′ bis 125° 50′ östl. L.,
2° 5′ bis 3° 50′ nördl. Br.), Sula-Inseln (124° 20′ bis 126° 30′
östl. L., 1° 45′ bis 2° 30′ sudl. Br) und Bangai-Inseln (122° 45′
bis 124° ostl. L., 1° 10′ bis 2° 10′ sudl. Br.). Noch völlig unbekannt sind die zahlreichen Inseln zwischen Halmahera und
Neu-Guinea.

Durch den ganzen Archipel ist die Hauptnahrung Sago.
Der Sagobaum wachst in Wäldern und bietet den Insulanern
ohne Muhe und viel Arbeit das Mittel zum Lebensunterhalt.[2]
Reis gilt als Mittel einer bessern Lebensführung. Der Reisbau wird an manchen Stellen des Molukkischen Archipels gepflegt und mufs, wie die Weberei, als eine Errungenschaft
indischer Kultur betrachtet werden: über ihren Bedarf produzieren an diesem beliebtesten Nahrungsmittel die Sula-
Inseln und einzelne Landschaften auf Halmahera (wie Sahu)
und der Ost- und Nordkuste von Celebes. An wenigen Stellen
nur und vermutlich infolge Anregung in neuerer Zeit, z. B. in
Gorontalo, kommt der Reisbau auf kunstlich bewässerten Feldern (Sawah) vor, sonst ist der Anbau auf trockenen Feldern
(Padi) allgemein; die Padifelder leiden oft unter zu anhalten-
der Durre, sodafs der Ernteertrag sehr ungleich ausfallt.[3] In

---

[1] Auf der Nordseite von Lontor und auf der Sudseite von Neira waren
von jeher gute Hafen, in welchen die fremden Schiffe zu ankern pflegten.

[2] Der Sago (das Mark der Sagopalme) wird sehr leicht gewonnen;
in den frühern Kriegen der Niederlander versorgte sich eine Armee von
uber 2000 Mann in den Sagowaldern innerhalb drei bis vier Tagen mit
Proviant. Vgl Anhang, S. XLV.

[3] Kolonialverschlage

früherer Zeit, als den Insulanern der Handel mit Spezereien noch nicht genommen war, wurde der Reis von Java und Celebes viel gegen Gewürze gehandelt, und der Gebrauch von Reis, heute ein seltener Genufs, war damals auf den drei Hauptgruppen Halmahera, Amboina und Banda sehr allgemein.

§ 5. Die molukkischen Könige.

Als die Spezereien auf den Molukken von den Indern, den javanischen und malaischen Hindus, oder von den Chinesen entdeckt wurden, sei es durch Zufall oder infolge Auffindung durch kühne Kauffahrer, erhielten diese Inseln sehr bald neue Bewohner, die aus dem Westen zuzogen.

Die Typen der Urbevölkerung, welche in den Alfuren auf Halmahera, Ceram und Buru erhalten sind, wichen vor dem malaiischen Element zurück, das von da ab die ethnologischen und sozialen Verhältnisse beherrschte. Eine friedliche Vereinigung und Vermischung der Urbevölkerung mit den Hindukolonisten fand insoweit statt, als sich Alfuren, die mit den Malaien an den Küstenstrichen in Verkehr traten, stellenweise mit diesen vermischt haben. Das Innere der gröfsern Inseln ist jedoch den Kolonisten, wie den molukkischen Königen verschlossen geblieben. Die Ternater, Tidorer und Batjaner und andere haben eine vollständige Ähnlichkeit mit den Bewohnern der westlichen Inseln [1], sodafs es als gesichert erscheinen darf, dafs die Bevölkerung der Molukken mit der auf den westlichen Inseln verwandt ist.[2]

---

[1] Wallace, II, 415 fg.

[2] Es wäre die Annahme möglich, dafs die Zurückdrängung der Alfuren von der malaischen Rasse schon lange vor der javanisch-hinduschen Periode geschehen sei, und zwar zu jener Zeit, wo ein vorherrschender Einflufs durch die ganze grofse Inselwelt von Madagaskar bis zur Südsee reichte, sodafs die Hindukolonisten aus Bengalen, von Sumatra und Java schon die malaische Rasse vorfanden, mit der sie sich danach vermischt und ihr die Hindukultur] mitgeteilt haben. Wallace

Man darf mit Valentijn (Rumphius) annehmen, dafs die
neue Bevölkerung zu Anfang unter Dorfältesten oder kleinen
Dorfkönigen stand, die durch Wahl ihr Amt erhielten, durch
Verdienste um die Verteidigung des Landes sich in ihrem
Ansehen befestigten und durch Eroberung mächtiger wurden.[1]
Das Zusammenwachsen von verschiedenen Gemeinden oder
von Inseln zu gröfsern Reichen entsprach zugleich dem Schutz-
bedürfnis, das vielfach zum Anschlufs an einen mächtigen Verteidiger nötigte, denn als der Reichtum der Gewürzinseln
erst bekannter wurde, nahm auch die Zahl der Neider und
Feinde zu, die mit Waffengewalt Besitzrechte in den Molukken
zu erkampfen suchten.

Die Wahlinstitution blieb bestehen; die Gemeinden wählten immer ihren Vorsteher und die Grofsen im Reiche den
König, die alte Institution der Thronnachfolge durch Wahl
wurde später vielfach durch Mifsbrauch der Gewalt geschändet;
die holländische Regierung bildete die Praxis aus, dafs von
ihr der Thronnachfolger bestimmt wurde [2], und die Verein-

beispielsweise hat herausgefunden, dafs die Ureinwohner, die Alfuren
von Halmahera und Ceram, mit der polynesischen braunen Rasse über-
einkamen (II, 419) Wie sich dies nun auch verhalten mag, viele Einrichtungen, Gebräuche und Gesetze sind dem Molukkischen Archipel
zur Hinduzeit, in der Java der Mittelpunkt war, von Westen gekommen.

Die Alfuren scheiden sich auch ihrerseits, wie schon gesagt, wieder in
solche, welche in jahrhundertelangem Verkehr mit Stammen der malaiischen Rasse vieles von deren Gebräuchen angenommen, sich mit ihnen
vermischt haben, und solche, welche auf den Hohen unzugänglicher
Gebirge lebten und jede Berührung nach aufsen ablehnten.

Mit Rücksicht auf die vielfachen Verschiedenheiten innerhalb der
Bevölkerung des molukkischen Archipels sprach Bastian von einem
Völkergetümmel, das aufzuhellen noch nicht möglich sei.

[1] Valentijn, I, 274.

[2] Auch auf Java wählen die Gemeinden ihre Beamten, die obersten
inländischen Beamten, die Regenten, frühere Statthalter, waren in alter
Zeit von königlicher Abkunft. Die holländische Regierung stellt sie
jetzt nach Willkür an, wählt aber aus Zweckmäfsigkeitsgründen gern
die Nachfolger in der alten Regentenfamilie, welche bei der Bevölkerung das angestammte Vertrauen hat. Im Laufe der Zeit hat man jedoch
die einflufsreichsten Familien bei passender Gelegenheit aus den hohen
Beamtenstellen hinausgedrängt. Vgl „Regeerings reglement", 1854.

barung hierüber mit dem regierenden Fürsten und den Grofsen
des Landes war eine blofse Formsache. Diese Praxis erfuhr
ihre erste Anwendung in den Molukken.[1]

Auf der Amboina- und Banda-Gruppe[2] scheint es zur
Bildung von gröfsern Monarchien nicht gekommen zu sein;
ob hier die Niederlassungen der Hindukolonisten in einer
spätern Epoche geschehen, als auf den nördlichen Molukken,
kann nicht festgesellt werden, jedoch fanden zwischen den
Bewohnern auf diesen Inseln und Java noch zur Zeit der
Holländer sehr innige Beziehungen statt, wodurch sie ihre
Unabhängigkeit von den molukkischen Königen behauptet zu
haben scheinen; nach dem Falle von Modjopahit dehnte der
König von Ternate, der von den molukkischen Fürsten zuerst
den Islam annahm, seine Herrschaft auf einzelne Teile der
Amboina-Gruppe aus, sodafs von dieser Zeit ab Statthalter
des Königs von Ternate auf einzelnen Inseln der Amboina-
Gruppe residiert haben, um die Zahlung des Tributs und der
Zollgerechtsame des Königs zu überwachen.[3]

Von alters her teilten sich vier Könige in die Herrschaft
über die Molukken. Eine bestimmte Reihenfolge ihrer Würde
und ihres Ansehens wurde genau beobachtet, wenn sie zu Be-

[1] Auf Ternate im Jahre 1610, als die Holländer den König Modafar
auf den Thron hoben. Valentijn, I, 394.

[2] Auf Amboina gab es zur Zeit der Niederländer zwar noch die
Würde eines Königs von Hitu, er hatte aber nicht mehr Rechte als
die übrigen Distriktsobern, in deren Versammlungen über die wichtigen
Regierungsgeschäfte mit Stimmenmehrheit entschieden wurde. Man mufs
bezweifeln, dafs der König von Hitu jemals gröfsere Macht etwa im
Umfange der nordischen Fürsten besessen habe, da doch wohl in Sagen
und Überlieferungen davon etwas erhalten wäre. Das Gleiche darf man
von der Banda-Gruppe annehmen, wo die Niederländer und schon die
Portugiesen die reine demokratische Staatsform vorfanden, aber auch
die Erinnerung an vier Könige fortlebte, die Könige von Labetake,
Selame, Waier und Rosingem. Um 1600 war das Königsgeschlecht von
Rosingem ausgestorben und diese Würde auf Waier durch Erbschaft
übergegangen.

[3] Es waren zur Zeit der ersten Niederländer Statthalter auf Ceram
und Buru; auch die Inseln Manipa, Amblau und Boano wurden im
Namen des Königs von Ternate verwaltet.

ratungen einmal zusammenkamen.[1] Der Herrscher über die
nördliche Halbinsel Gilolo auf Halmahera genofs in alter Zeit
unter den molukkischen Königen das höchste Ansehen, es gewann aber der König von Ternate an Einflufs und machte
in der Folge den ersten König zu seinem Vasallen, sodafs
dessen Ansehen später bis auf seinen Namen nichts mehr bedeutete. Wie grofs ehedem die Macht und der Einflufs der
Könige von Gilolo war, läfst sich aus den unsichern Quellen
die sich allein auf die ternatischen Überlieferungen beschränk-
ken, nicht feststellen. Diese Überlieferungen behaupten, dafs
die Herrschaft der molukkischen Könige schon in alleraltester
Zeit sich im Norden bis Mindanao und im Süden bis Solor
ausgedehnt habe, das Wort moloko soll in ihrer Sprache
„weitausgedehnt" bedeuten.[2] Läfst man diese unerweisbaren
Angaben auf sich beruhen, so ist doch gewifs, dafs die Titel
der Könige aus der alten Zeit stammen. Danach war der
König von Gilolo der kolano moloko (König der Molukken);
diesen vornehmsten Rang bekleidete später der König von
Ternate, und der König von Gilolo erhielt dafür den Titel
djikomo kolano (Buchtkönig)[3], da sein Hauptsitz an der nord-
westlichen Bucht von Halmahera belegen war; der König von
Tidor behielt den alten Titel kiema kolano (Bergkönig), und
der vierte und letzte selbständige Herrscher, der von Batjan,
empfing unter dem Namen kolano madehe (König am Ende —
nämlich der Molukken) königliche Ehren.[4]
  Es ist nicht unwahrscheinlich, dafs der König von Ternate, der als der erste von den molukkischen Fürsten selber
nach Grisse auf Java reiste, um die mohammedanische Lehre
anzunehmen[5], dadurch an Einflufs gewann. Dem Beispiele

---

[1] Valentijn, I, 280.
[2] Valentijn, I, 275.
[3] Bastian führt an, dass der König von Gilolo in seiner Eigenschaft
„als erster Fürst" den Titel Djikomo Kolano geführt habe. Vgl. „Indo-
nesien", S. 64. Die Titel der übrigen Könige sind nicht mitgeteilt.
[4] Valentijn, I, 275.
[5] Die Portugiesen nennen das Jahr 1495. Im Gegensatz zu den
portugiesischen Schriftstellern nimmt Rumphius an, dafs der Übertritt
des Königs von Ternate zum Islam schon 50 Jahre früher stattgefunden

Ternates sind die übrigen Könige in der Annahme der neuen Lehre gewiß rasch gefolgt, denn die ersten Portugiesen fanden auf den von den molukkischen Königen unmittelbar beherrschten Inseln den neuen Glauben vor.

Die Gewohnheiten und Sitten, welche für Nachfolge der Könige und die Besetzung der höchsten Ämter in Gebrauch waren, blieben nach Einführung des Islam bestehen; man wählte den Nachfolger aus dem Geschlechte des Königs, und zwar nicht, wie es allerdings später vielfach geschah, den Sohn, sondern einen Bruder, Bruder- oder Schwestersohn des Königs.[1]

Im Namen des Königs führte ein oberster Reichsverweser, genau wie auf Java der Adipati, hier der Gugugu die höchste Staatsgewalt. Unter ihm standen der Laut (Seevogt) und der Kimelaha (Oberrichter), und auf den entfernten Inseln regierten königliche Statthalter. Das Volk erwählte vier höchste Vertreter zum Rate des Königs, die vier Marasolis, gleichsam Tribunen, welche die Rechte des Volkes schirmten. Der große Beratungssaal hatte in seiner Mitte vier Säulen, welche das Dach des Hauses trugen, jeder der vier Marasolis hatte an einer dieser Säulen seinen Platz, sodaß sie die vier Säulen des Staats personifizierten.[2] Der Einfluß dieser Mara-

---

habe und die spätere Zeitangabe der Portugiesen auf den König von Tidor bezogen werden musse. Die Annahme von Rumphius erscheint nicht richtig im Zusammenhange der Verhältnisse und geschichtlichen Vorgänge auf Java. Vgl. § 3

[1] Ganz ohne Not und, wie mir scheint, nicht mit Glück, erklärt Kyzer, der Herausgeber Valentijns, diesen Gebrauch als eine mohammedanische Einrichtung, weil nach mohammedanischem Recht der Fürst mehrere Nachfolger bezeichne, aus denen das Volk den zukünftigen Regenten bestimmt. Vgl. Valentijn, I. 276, Anmerkung.

[2] Die Vierzahl gilt auch bei den Islamiten als eine geheiligte, sie gab den Osmanen den Teilungsgrund der ersten Staatsämter. Mohammed bildete nach den vier Evangelisten seine vier nächsten Jünger, die vier ersten Kalifen des Islam. Vier Säulen stützen das Zelt; vier Engel sind nach dem Koran die Träger des Thrones; vier Winde regieren die Regionen der Luft nach den vier Kardinalpunkten, vier Kardinaltugenden sind dieselben in der Ethik der Griechen und Asiaten. Die Vierzahl in der Staatsform auf den Molukken ist aber indischen Ursprungs. Als Patah, der Führer der Mohammedaner auf Java, im Jahre 1478 die

sohs wurde in der Folge durch die Soasivas (Distriktsobere),
welche der König in den Rat berief, gebrochen, aufserdem
hatten noch fünf Statthalter im Rate Sitz und „beratende"
Stimme.[1] Nach dem Eindringen des Islam machten die
Priester sich den Rat abhängig und nahmen am Richteramt
teil; der Titel des Oberrichters ward von da an Hukom, und
die Statthalter führten den Titel Kimelaha.[2]

Die Verwaltung und das Abgabewesen war nach festen
Gebräuchen geregelt, die nach den Zeugnissen der alten
Schriftsteller von den molukkischen Grofsen stets geachtet
wurden, ehe die Niederlandisch-Ostindische Kompanie ihr Monopol einführte.[3] Im Gegensatze zu dem Festlande Indien
wäre es hier einem Beherrscher auch gar nicht möglich gewesen, zu drückende Lasten der Allgemeinheit dauernd auf-
zuerlegen, da die unzufriedene Bevölkerung in eine dem Be-

Hauptstadt des grofsen Hindureiches, Modjopahit, zerstorte, verpflanzte
er den glänzenden Beratungssaal, dessen Dach, als Zeichen der Vier-
teilung in der Staatsverfassung, von vier herrlichen Säulen getragen
wurde, nach seiner Residenz Demak.

[1] Es ist nützlich, an dieser Stelle auf den Unterschied hinzuweisen,
der zwischen einem Soasiva und einem Statthalter (Kimelaha) bestand
Der Soasiva ward von den berufenen Organen seines Distrikts gewählt
und vom Könige bestätigt, er war Landherr, der Kimelaha wurde vom
Könige ernannt, den er in Person vertrat, ohne Landherr zu sein.

[2] Die Einrichtung in der Staatsverfassung, wie sie Valentijn für die
Molukken schildert, ist ohne Zweifel richtig; etwas mehr als 100 Jahre
später hat Raffles zwei steinerne Tafeln auf Java gefunden, welche aus
den Jahren 545 und 584 n. Chr stammen sollen (wenn die Zahlen-
spruche richtig gelesen sind), auf jeden Fall aber aus vorislamitischer
Zeit stammen, die Inschriften, welche unter anderm auf Handel, Gewerbe, Kunste, Geld, Zinsen u s. w sich beziehen, enthalten auch Angaben über die Staatsverfassung, die mit den Berichten Valentijns genau
übereinstimmen; die vier Vertreter des Volkes werden „Saulen des
Staats" genannt Vgl Raffles, II, 184—229 Valentijn, I, 241 fg. Verhandlungen und Vertragsabschlusse mit der niederlandisch-indischen Regierung vollzogen aufser dem Könige mit seinen Reichsbeamten auch
stets die Marasolis und Soasivas, wenn sie Anspruch auf Gültigkeit
haben sollten Diese Regel wurde noch zu Zeiten des Königs Amsterdam von Ternate (1675—1690) streng befolgt Vgl Anhang, S CXXXVIII.

[3] Valentijn, 1, 241 fg.

drucker unerreichbare Gegend sich zuruckgezogen haben würde,
was auf so fruchtbaren Inseln, wo die Lebensmittel fast ohne
menschliche Arbeit überall erwachsen, sehr erleichtert ist.[1]
    Die zuverlässigen geschichtlichen Nachrichten beginnen
mit der Herrschaft der Portugiesen im Molukkischen Archipel; eine Liste alter Könige, welche von einem Gugugu von
Ternate im 17. Jahrhundert aufgestellt worden ist und von
Valentijn (Rumphius) benutzt wurde, ist zu wenig zuverlässig,
sodafs man den darin gegebenen geschichtlichen Daten mifstrauen muss.[2]
    Den Umfang der Besitzungen, uber welchen die molukki-
schen Konige in alter Zeit zu gebieten hatten, war sehr bedeutend.   Zur Zeit der Portugiesen und der ersten Niederländer hatte der König von Ternate den ausgedehntesten
Besitz   Die ihm unterworfenen Inselreiche leisteten Tribut
in Naturalien, zahlten Zölle, und die waffenfahigen Manner
mufsten Kriegsdienste zur See und zu Lande für ihn verrichten; uber die Zahl der waffenfahigen Manner wurden Listen
gefuhrt und danach alle Leistungen abgeschatzt.[3]   Zur Herrschaft Ternate gehörten die folgenden Inselgruppen und Inseln:

---

[1] Als der Generalgouverneur Baud im Jahre 1842 an die Regierung von Holland berichtete, dafs durch die druckende Zwangskultur
die Rechte und alten Einrichtungen der Bevölkerung auf Java schwer
verletzt wurden, dafs es notwendig sei, sowohl im Staatsinteresse, als
aus dringenden Gründen der Billigkeit (eischen der regtvaardigheid) die
schweren Lasten zu erleichtern, mufste er zugleich hinzufugen, dafs an
vielen Stellen die Bevölkerung zu Tausenden den druckenden Lasten
sich durch die Flucht bereits entzoge   Vgl „De geschiedenis van het
Cultuurstelsel in Nederlandsch Indie" (Amsterdam, by Fred Muller, 1873),
S 114 fg.
    [2] Valentijn, I, 606 607   A Bastian, „Indonesien' (Berlin 1884), I, 65.
    [3] In der Hinduzeit auf Java wurde nach tatjas (Hausgesinden) ab-
geschatzt, auf jeden tatja wurde ein waffenfahiger Mann gerechnet; in
den Molukken zählte man noch lange Zeit wahrend der niederlandischen
Herrschaft die waffenfahigen Manner, wonach die Leistungen abgeschatzt
wurden. Vgl Bericht uber den Stand in Amboina und in den Molukken von Gillis Zeis', Anhang S XXVII „Stand und gelegenheyt
von Amboina door Artus Gijzel vom 2. Juni 1634 , Manuskript Reichs-
Archiv. Valentijn an vielen Stellen

die Südküste der Insel Mindanao, die Talaut-Gruppe; die
Sangi-Gruppe; die Schildpat-Inseln (oder Togean-Gruppe,
0° 10′ bis 0° 35′ südl. Br., 121° 30′ bis 122° 40′ östl L.), die
Ost- und Nordküste von Celebes, die Bangai-Gruppe, ein
grofser Teil von Halmahera, die Inseln Moro, Ternate, Makjan,
Motir, die Sula-Gruppe und die Mehrzahl der Inseln der
Amboina-Gruppe.[1] Die Bandanesen dagegen waren verpflichtet, ihre Nelken von den Unterthanen des Königs von Ternate zu kaufen.[2]

Der König von Tidor wurde damals als Oberherr anerkannt auf den folgenden Inseln: Tidor, Ostküste von Halmahera; Ostküste von Ceram, östlich von Ceram gelegene Inseln, papuasche Inseln, westlich von Neu-Guinea: Misol, Sala-
watti, Batanta und Waigeu (auch Waigama genannt); ferner
der westliche Teil von Neu-Guinea selbst.[3]

---

[1] An Ternate waren unterworfen. Buton, Buru. Amblau, Manipa,
Kelang, Boano, Hovamohel und ein grofser Teil von Ceram

[2] Ich finde dieser Verpflichtung bei De Barros Erwähnung geschehen.
„Asia", III, lib 8, cap 9. Der Hauptgewürzmarkt in den Molukken war
zur Zeit der Portugiesen auf den Inseln Lontor und Neira der Banda-
Gruppe Dorthin kamen vorzuglich die javanischen und malaischen
Kauffahrer, die wegen der Schiffahrtsverhältnisse aufser der Muskatblute
und den Nussen auch die Nelken gern in Banda kauften Die malaischen Kaufleute aus Bengalen und die javanischen aus den Städten
Bantam, Tuban und Grisse kamen mit dem Westmonsun nach Banda
und hatten hier zur Reise nach Ternate den Ostmonsun abwarten mussen,
mit dem sie aber auch die Heimfahrt anzutreten pflegten De Barros,
IV, lib 1, cap. 16. Im Jahre 1524 wurde zwischen Ternate und Tidor
ein Krieg geführt, weil Tidor in seinen Hafen bandanesische Schiffe
duldete wider den Vertrag zwischen den Bandanesen und Ternate, wonach jene Nelken in Ternate kaufen mufsten De Barros, l. c. Der
holländische Admiral Waerwijk schrieb am 4 April 1599 aus Amboina
an Heemskerk „Nelken sind sehr knapp, sie werden von hier viel nach
Banda geschickt." De Jonge, II, 430.

[3] In den Kriegen der Tidorer haben von früh an papuasche Verbundete mitgefochten, sowohl in den Kriegen gegen die Portugiesen als
in den spätern gegen die Ternater und Niederländer Im Jahre 1653
liess De Vlaming, der Oberbefehlshaber in den Molukken, einen Kriegszug nach den Papuas, den Inseln zwischen Halmahera und Neu-Guinea,
ausführen, mit der Aufgabe, „so viel Menschen zu rauben und Fahrzeuge

Geringfügiger war die Macht des Königs von Batjan; aufser der etwa 20 deutsche Meilen im Umkreis messenden Insel Batjan, die in alter Zeit 60 mit Nelkenbäumen bestandene Berghöhen und viele Gärten mit Muskatbäumen zählte gehörten zu seiner Herrschaft die südlich von Batjan belegenen Inseln Obi, Obi-Latu und die sie umgebenden kleinen Inseln.[1] Der König von Gilolo auf Halmahera wurde zur Zeit der portugiesischen Herrschaft Vasall des Königs von Ternate.

Wir gehen jetzt zur speziellen Geschichte der Molukken über und beginnen in dem folgenden Paragraphen mit der Entdeckung dieser Inselgruppen durch die ersten Europäer, die Portugiesen.

mitzuschleppen, als es irgend in der Macht stünde, damit der König von Tidor dieser Hilfskräfte sich nicht mehr bedienen möchte". Vgl „Bericht der Indischen Regierung an die Siebzehner Batavia, 17. Januar 1654", Anhang, S. CVIII. Der Sultan von Tidor holt noch heute von diesen Inseln seinen Tribut ein, und der niederländische Anspruch auf den Besitz dieser Inseln ist ein indirekter; ginge Tidor den Niederländern verloren, so auch die papuaschen Inselgruppen einschliefslich Neu-Guinea. Vgl die jährlichen Kolonialverschläge.

[1] Die Könige von Batjan erhoben Besitzanspruch auf Nord-Ceram; im Jahre 1624 geschah ein Kriegszug nach diesen Strecken, auf dem 230 Menschen geraubt wurden. „Der König", schrieb Gouverneur Le Fèbre, „hat viel Widerstand gefunden und grofsen Verlust erlitten " „Le Fèbre an die Indische Regierung Maleyo, 24. August 1624". Anhang, S. XII. Diese Besitzansprüche auf Nord-Ceram gingen im Jahre 1709 verloren (Valentijn, I, 266); dagegen wurde die Obi-Gruppe schon im Jahre 1678 vom Könige von Batjan an die Kompanie gegen jährliche Vergütung abgestanden „Die Indische Regierung an die Siebzehner. Batavia, 13 Februar 1679", Manuskript Reichs-Archiv. Valentijn gibt (I. 266) an. dafs die Obi-Inseln im Jahre 1683 für 800 Reichsthaler verkauft waren, der Abstand geschah jedoch im Jahre 1678, und zwar für eine jährliche Vergütung von 500 Reichsthalern, einschliefslich der früher dem Könige schon bewilligten Entschädigung von jährlich 80 Thalern (100 Thaler waren ihm versprochen; vgl Anhang, S CXXI) für die Vernichtung der Nelkenwälder auf Batjan.

DRITTES KAPITEL.

DIE PORTUGIESISCHE HERRSCHAFT

§ 6. *Entdeckung der Molukken durch Francisco Serrano und Festigung der Portugiesen auf Ternate.*

(1511—1522.) Bei Ankunft der Portugiesen in Indien war Malaka auf der östlichen Halbinsel der Hauptstapelplatz, wo auch in Sonderheit die Gewürze der Molukken zusammenflossen, die von malaischen Kauffahrern geholt oder von javanischen angebracht wurden. Vom August bis Oktober fuhren gewöhnlich die Flotten aus Bengalen nach Osten ab, in den Monaten November und Dezember wurde in den Molukken (vorzüglich auf den Banda-Inseln) die neue Ernte der Gewürze eingehandelt und im Beginn des Jahres traten mit dem Ostmonsun die Kaufleute ihre Rückreise über Bantam auf Java an, wo zu jener Zeit der bedeutendste Pfeffermarkt war. Die javanischen Kaufleute aus Grisse, Tuban, Japara brachten vorzugsweise Nelken, Muskatblüte und Nüsse auf die indischen Märkte.[1] Da die Portugiesen die alten Händler aus dem Westen, die Araber, Perser und Egypter, naturgemäfs zu Feinden hatten, so war es sehr unpolitisch von ihnen gehandelt, dafs sie durch ihren übertriebenen religiösen Bekehrungseifer auch die indischen Fürsten gegen sich aufbrachten. Es wurde ihnen bald nur durch Mittel des Schreckens und der

---

[1] De Barros, II, lib 6, cap 1.

Gewalt möglich, ihre Schiffe mit Gewürzen genügend zu beladen uberall suchten ihnen die habilen Araber und Egypter, die von den genuesischen und venetianischen Kaufleuten dazu angespornt wurden, die gewinnbringende Fracht abzuschneiden. In Malaka, Kalikut, Koschin, wo auch die Portugiesen erschienen, stiefsen sie auf offenen, oder wo man sich dazu nicht getraute, auf heimlichen Widerstand. Sowohl die Mohammedaner, als die heidnischen Inder waren gleichermafsen gegen die christlichen Religionseiferer erbittert.

Als nun Alfonso d Albuquerque im Jahre 1511 Malaka mit Gewalt genommen hatte, war die Lage des Handels eher verschlimmert als gebessert, denn die Malaier hatten die Stadt verlassen und stifteten weiter nordlich von ihrer alten Hauptstadt ihre Niederlassung, zudem wurden nun auch die Javanen die Feinde der Portugiesen. Um dem Mangel an Gewürzen daher grundlich abzuhelfen, sandte Albuquerque gleich nach der Einnahme von Malaka drei Schiffe unter Antonio d'Abreo, Francisco Serrano und Simon Afonso nach den Molukken aus, um das Heimatland der Gewürze selbst zu erkundschaften. Die Hauptleute erhielten die strenge Weisung mit auf den Weg, dafs sie sich uberall friedlich einführen sollten.[1]

Diese Flotte erreichte ihren Zweck vollkommen, zwar nicht ohne widriges Schicksal. Auf der Fahrt nach Banda ging Serranos Schiff verloren, dessen Mannschaft von D'Abreo gerettet wurde; die ubrigen beiden Schiffe langten glucklich in Banda an, wo fur Serrano ein inlandisches Schiff gekauft ward. Nach wenig Zeit waren die drei Schiffe mit Gewürzen befrachtet und fuhren wieder ab. Auf der Ruckfahrt verschlug Serrano aufs neue von D'Abreo, der seinerseits glucklich nach Malaka zuruckkam.[2]

Serranos inlandische Djonke scheiterte, er rettete sich mit seinen Gefahrten auf eine unbewohnte kleine Insel, wo er von Seeraubern, wie er erzahlt, aufgefunden ward, die er durch ein abenteuerliches und heldenmutiges Auftreten zwang,

---

[1] De Barros, II, lib 6, cap 7.
[2] De Barros, III, lib. 5, cap 6.   Valentijn, I, 294

ihn mit seiner Mannschaft nach der Insel Amboina zu bringen.[1] Von hier gelangte der Verschollene nach Ternate, wo der König lebhaft die Verbindung mit den Europaern anzuknupfen begehrte. Der Wunsch des Konigs war darauf gerichtet, Vorteil aus dem Verkehr mit den Fremdlingen zu ziehen, die er, wie die Fursten auf dem Festlande, auch in seinem Reiche Handel zu treiben einladen wollte, diese Neigung des Konigs kam den Portugiesen sehr zu statten. Serrano erfuhr die beste Aufnahme am Hofe zu Ternate „Sehet! das

---

[1] Die Erzahlung Serranos, dafs er von Seeraubern aufgegriffen worden sei und durch Mut und List sie gezwungen habe, ihn nach der Insel Amboina zu fuhren, die er gar nicht kannte, mufs auf Erfindung oder Ubertreibung beruhen Serranos Angabe, dafs die Seerauber von der Insel Batochina (Halmahera) gewesen seien, welche wenige Meilen von Amboina liegt, zeigt schon eine grobe Falschung, da Batochina oder Halmahera nicht einige Meilen, sondern mehrere Grade von Amboina abliegt. Die Seerauber hatten Serrano gewifs eher nach ihrem Schlupfwinkel gefuhrt, als nach Hitu, wo fremde Kaufleute immer willkommen waren und Seerauber verfolgt wurden. Die Sache wird daher wohl harmloser gewesen sein, als Serrano sie erzahlt hat, und wurde naturlicher erscheinen, wenn man annimmt, dafs Handler von Halmahera, welche Nelken nach Banda gebracht hatten, den Serrano mit den Seinen retteten, da sie mit demselben Sudost, den die Portugiesen nach Malaka benutzten, auch ihre Heimreise nach Norden anzutreten und ihren Weg uber Amboina zu nehmen pflegten Schon De Barros selbst verdachtigt den Serrano der Ubertreibung

Das Wort „Seerauber" wird von den alten portugiesischen Geschichtschreibern uberhaupt zu oft gebraucht Es kommt dies vermutlich daher, dafs die Portugiesen den Insulanern die Verteidigung ihrer berechtigten Interessen nicht zugestanden Die Javaner, welche Besitzungen auf der Halbinsel Malaka hatten, heifsen nur Seerauber, der Furst von Tuban Raubekonig, in den javanischen Gewassern lauern immer zahlreiche Piratenflotten auf die portugiesischen Schiffe, die Bewohner der Molukken sind tuckisch, lugenhaft, undankbar, stolz, die Inseln der Sitz alles Bosen, sie bringen nichts Gutes hervor aufser Gewurzen Man vgl. De Barros, „Asia", III, lib. 5, cap. 5—10

Im Gegensatz zu diesen harten Urteilen befindet sich die Geschichte selbst, die Aufnahme der Portugiesen auf Ternate war ebenso aufrichtig gemeint, als nachher die Ehrlichkeit gegenuber Vertragen und Verpflichtungen immer auf Seiten der Insulaner war, aber niemals auf Seiten der Portugiesen.

sind meine Freunde", sagte der König beim Empfange gegen
seine Umgebung gewendet. „die grofsen Kriegshelden, von
denen ich euch so viel vorher gesagt habe; wir wollen ihnen
Achtung erweisen und uns bemühen, sie wohl zu empfangen."[1]
Es gelang Serrano, den König in seiner freundschaftlichen
Zuneigung zu bestärken. Im Jahre 1513 langte eine Flotte
von Malaka unter Antonio de Miranda an, die reich beladen
wieder zurückfuhr, indes Serrano auf die Bitte des Königs
in Ternate verblieb.[2] Der derzeitige König hiefs Bajan, die
Portugiesen nennen ihn Boleif; er hatte eine Tochter des regierenden Königs Almansor von Tidor zur Frau.[3]

Obwohl unter den molukkischen Fürsten Neid gegen
Ternate um seinen Vorzug im Handel mit den Portugiesen
lebhaft genug erwachte, so scheinen doch zu Beginn die Könige von Tidor und Batjan die Erlaubnis, in ihren Landern
zu handeln, den Europäern gern gewährt zu haben.[4]

Die Könige auf dem indischen Festlande verhinderten jedoch die Portugiesen. die gewonnenen Vorteile kräftig zu verfolgen, zudem brachen unter den portugiesischen Befehlshabern
in Indien Zwistigkeiten aus, die der Festigung des Handels
höchst schädlich waren.[5]

Im Jahre 1519 hatte Alexo de Menezes die Ordnung in
Malaka hergestellt und sandte Tristan de Menezes mit einem
Schiffe. dem sich zwei Djonken anschlossen, nach den Molukken
ab.[6] Bei dieser Gelegenheit kam es bereits zum ersten mal
zwischen den Portugiesen und den Insulanern in den Molukken
zu Feindseligkeiten. Auf der Rückfahrt — auch Serrano hatte
sich mit eingeschifft. — trieb Sturm die Schiffe des Menezes auseinander; man sah sich genötigt, nach Ternate zurückzukehren, wo die Befehlshaber sich wieder zusammenfanden,
aufser Simon Correa. der nach Batjan gegangen war. Hier

---

[1] Argensola, 1 Buch
[2] De Barros, III, lib. 5, cap. 6.
[3] Valentijn, I, 295.
[4] De Barros, IV, lib. 6, cap. 19.
[5] De Barros, III, lib. 1, cap. 9.
[6] De Barros, III, lib. 2, cap. 9.

betrugen die Portugiesen sich so streitsüchtig und übermütig, dafs es mit den Einwohnern zum Kampfe kam und die Fremdlinge gefangen gesetzt wurden Tristan de Menezes wurde zu Hilfe gerufen, vermochte aber den Streit nicht mehr zu schlichten; die erbitterten Batjaner erschlugen bis auf einen einzigen, der an Bord schwamm, die gefangenen Portugiesen von der Djonke des Correa, und Menezes fuhr dann über Amboina nach Malaka ab[1], indes Serrano nochmals in Ternate zurückblieb.

Nach Tristan de Menezes waren Spanier die nächsten Europäer, welche mit zwei Schiffen im Oktober 1521 vor Tidor ihre Anker auswarfen. Der Umstand, welcher sie nach den Molukken geführt hatte, ist wichtig genug, um ihn näher zu kennen; er wurde auch der Anlafs zu einem heftigen Streit zwischen Portugal und Spanien um die berühmte Demarkationslinie des Papstes Alexander VI, der im Jahre 1494 die neue Welt in zwei Hälften teilte[2], die östliche an Portugal und die westliche an Spanien gab.

Als Serrano die Molukken gefunden hatte und seine Berichte an den König absandte, schrieb er gleichzeitig über die Verhältnisse ausführlich an seinen Freund Fernando Magellan, der sich damals in Indien befand.[3] Der letztere kehrte kurz darauf ins Vaterland zurück, wo er von dem Könige und der Regierung sich nicht nach Verdienst belohnt glaubte. Dies verdrofs ihn derartig, dafs er zum Überläufer wurde und seine Dienste Spanien anbot.[4] Am 10. August 1519 verliefs eine Flotte von fünf Schiffen unter seinem Befehle den Hafen von St. Lucas de Baramedo, um auf dem Wege nach Westen für König Karl die Molukken zu entdecken und sie alsdann als spanische Besitzung zu reklamieren. Die ebenso listige, als verräterische Absicht gelang, wobei der Betrug zu

---

[1] De Barros, III, lib. 5, cap. 6.

[2] Vertrag von Tordesillas, 7. Juni 1494; die Demarkationslinie wurde 2770 Kilometer westlich von den Azoren laufend festgestellt.

[3] De Barros, III, lib. 5, cap. 6. Valentijn, I, 296.

[4] De Barros, III, lib. 5, cap. 8 und 9 J. P. Maffei, „Historiae Indicae Libri XVI" (Lugduni 1637), lib. 8, p. 309. Valentijn, I, 298.

Hilfe kam. dafs man die Seekarten falschte und die Molukken mehr nach Westen rückte.[1] Magellan kam glücklich um den Süden von Amerika durch die Strafse, welche seinen Namen trägt, in die Südsee und erreichte auf dem Wege nach Westen als der Erste im Jahre 1521 die Philippinen, wo er in einem Gefechte am 27 April seinen Tod fand.[2] Von seiner Flotte erreichten dann zwei Schiffe die Molukken, wo sie, wie schon erwähnt, im Oktober desselben Jahres vor Tidor anlangten

Der König Almansor empfing die neuen Gäste mit grofser Auszeichnung und unterstutzte sie nach bester Moglichkeit in ihren Handelsgeschaften; es kam zu einem Vertrage zwischen ihnen dahin. die Portugiesen zu vertreiben und eine spanische Niederlassung auf Tidor zu grunden.[3] Im Dezember fuhren die beiden spanischen Schiffe beladen von Tidor ab, wovon eins am 7. September 1522 nach St. Lucas zurückkam, wahrend das zweite wegen Leck nach den Molukken wieder umkehren mufste, wo es im Beginn des Jahres 1522 gerade anlangte, als daselbst eine neue portugiesische Flotte unter Antonio de Brito anwesend war.

Im Ausgange 1521 war Antonio de Brito mit funf Schiffen uber Java nach den Molukken abgesegelt und kam im Anfang 1522 nach Banda.[4] De Brito hatte Nachrichten über die Absichten Magellans aus Portugal bereits erhalten Auf Banda erfuhr er nicht nur. dafs die Spanier schon anwesend seien, sondern wurde noch durch die Botschaft uberrascht, dafs die ternatischen Grofsen. unwillig über die Bevorzugung der Portugiesen durch den König. vermutlich diesen wie Serrano durch Gift ums Leben gebracht hatten.[5]

Nach Banda war auch ein zweiter portugiesischer Befehlshaber, Garsias Henrik. gekommen, der, vor Brito von Malaka dahin geschickt, sich nun mit diesem zu einer ge-

---

[1] De Barros III lib 5. cap 8
[2] Be Barros, III, lib. 6, cap. 10. Maffei. lib. 8 p. 312.
[3] De Barros, III, lib. 5. cap 7. Maffei, lib. 8, p. 313. Valentijn, I. 299
[4] De Barros, III, lib. 5, cap 7 Argensola, 1 Buch. Valentijn, I, 302 De Jonge.
[5] De Barros, l. c. Valentijn, l. c.

meinsamen Unternehmung gegen die Spanier und Ternate verband.[1]

Ende Mai 1522 kam de Brito nach Tidor. Einzelne Spanier waren des Handels wegen mit Waren dort geblieben, die König Almansor aus Furcht vor Brito an ihn auszuliefern sich erbot; Personen und Güter wurden an Bord gebracht[2], und im Beginn Juni ging De Brito mit dem Gugugu von Ternate, welcher ihm von der Königin zur Einholung entgegengesandt war, nach der Nachbarinsel hinüber.

Obwohl die Ternater bereits erkannten, dafs der Vorteil, welchen Konig Bajan von einer Verbindung mit den Portugiesen erwartet hatte, sich in Unglück für das Land zu verwandeln drohte, sahen sie sich jetzt widerwillig zur Fortsetzung dieser gefährlichen Freundschaft gezwungen. Aus der ersten Erschütterung des Gleichgewichts unter den Inselfürsten durch die Europäer flofs alles weitere Unheil. Die Einigkeit gegenüber den Fremdlingen war durch Ternate zerstört; wessen es sich nun von Tidor zu versehen hatte, war durch das Bundnis mit den Spaniern klar zu Tage getreten. Die ansehnliche Macht, mit der De Brito erschienen war, mufste die entschiedensten Gegner der Fremdlinge zur Einsicht und Besonnenheit bewegen.

Die Königin empfing De Brito daher mit grofser Zuvorkommenheit und erklärte sich bereit, die Verbindung mit den Portugiesen nach dem Willen des verstorbenen Königs fortzusetzen.[3] De Brito seinerseits, durch diesen freundschaftlichen Empfang befriedigt, schlofs nun mit der Königin-Regentin, ihrem Stiefsohne Taruwese, den sie zum Gugugu erwählt hatte, und den Reichsgrofsen einen Vertrag, der die Portugiesen ermächtigte, alle Gewürze in ihrem Reiche aufzukaufen, indes er den Vorschlag des Königs von Tidor, eine Niederlassung auf seiner Insel zu grunden, ablehnte.[4]

Am 24. Juni 1522 legte dann De Brito den Grund zu

---

[1] De Barros, l. c. Valentijn, l c.
[2] De Barros, l c. Valentijn. l c
[3] De Barros, l. c. Valentijn, I, 303
[4] De Barros, l. c. Valentijn, I, 304

einer ersten Festung in den Molukken, die auf Ternate unweit der Hauptstadt erbaut wurde.[1]

(1522—1527.) Die Partei der Mißvergnügten, welche an
den mohammedanischen Priestern einen starken Ruckhalt fand,
war durch die Ankunft De Britos eingeschuchtert und zum
Schweigen gebracht, aber nicht unterdruckt; hatte sie vorher
gegen den Konig Bajan agitiert, so richtete ihr Haß sich
jetzt gegen den Gugugu Taruwese, der mehr und mehr sich
an De Brito anschloß und von ihnen des Strebens nach der
Herrschaft beschuldigt ward.[2] Die Furcht der Königin, daß
ihre beiden minderjährigen Sohne Dayalo und Bohejat, von
denen der ältere erst sechs Jahre alt war, der Thronfolge
verlustig gehen könnten, machte sie jetzt zur natürlichen Verbundeten der Mörder ihres Gatten.[3] Ihr Vater Almansor von
Tidor wurde ins Vertrauen gezogen und die Vertreibung der
Portugiesen aufs neue beschlossen.[4] Diese feindseligen Bewegungen kamen zur Kenntnis De Britos und veranlaßten
ihn, der Königin und ihrer Sohne sich zu bemachtigen. Die
Königin entfloh, indes die Prinzen nach der Festung in Gewahrsam geführt wurden.[5]

Taruwese riet nun zum Kriege gegen Tidor, wozu sich
bald ein Vorwand darbot. Die Bandanesen, welche durch
Vertrag ihre Nelken von Ternate kaufen mußten, waren seit
einiger Zeit in Verband mit Tidor getreten. Als De Brito
dies verbot und ein Schiff nach Tidor sandte, um bandanesische Kaufleute von da fernzuhalten, wurden seine Leute
in einem Gefechte ermordet.[6] Unter Taruwese kampften die
Ternater auf Seiten der Portugiesen gegen Tidor, und da

---

[1] De Barros, III, lib 5, cap 7 Maffei, lib. 8, p 341.
[2] De Barros, III, lib 8, cap. 9 Valentijn, I. 305.
[3] Valentijn, I, 305.
[4] De Barros, III, lib. 8, cap 9. Valentijn, 1 c
[5] De Barros, III, lib. 8, cap. 9 Maffei, lib. 8, p. 350. Valentijn,
I, 308.
[6] De Barros, III, lib. 8, cap. 10 Valentijn, I, 308.

De Brito ein Kopfgeld fur erschlagene Edelleute aussetzte, so wurde der Kampf vielfach zum gemeinen Mord, der die niedrigsten Leidenschaften entfesselte.[1] Der alte befestigte Konigssitz Marieko, oberhalb der Residenz auf einem Abhange des Berges gelegen, wurde von Taruwese genommen und geschleift, dann wendete er sich gegen die tidorischen Besitzungen auf Makjan und Halmahera.[2]

Als De Brito im Begriff war, sich gegen eine neue Ortschaft des Konigs von Tidor zu rusten, traf Garsias Henrik als neuernannter Landvogt in Ternate ein, der den Befehl im Jahre 1525 ubernahm, indes De Brito am 12 Januar 1526 nach Malaka absegelte.[3]

In diesem Jahre starb auch der Konig Almansor von Tidor, mit dem Garsias einen sechsmonathlichen Waffenstillstand geschlossen hatte, den er auf verraterische Weise brach, als er Tidor uberfallen liefs, wahrend die Grofsen zur Konigswahl versammelt waren.[4]

Nach diesem Gewaltakt blieb es einige Zeit ruhig, bis im Januar 1527 ein spanisches Schiff bei Tidor seine Anker warf, das die Portugiesen beschossen, infolge dessen es sank; die Spanier, welche die Molukken als spanische Besitzung zu reklamieren gekommen waren, retteten sich nach Tidor, wo Garsias sie fur jetzt unbehelligt liefs.[5]

———

(1527—1533.) Eine der traurigsten Schwachen der portugiesischen Verwaltung bestand in dem haufigen Wechsel der Beamten; jeder neue Oberbefehlshaber besetzte die von ihm abhangigen Stellen mit seinen personlichen Freunden, wodurch der Regellosigkeit und Selbstsucht Thur und Thor ge-

---

[1] De Barros, III, lib. 8, cap 9. Valentijn, I, 309
[2] De Barros, III, lib. 8, cap 10. Valentijn, I, 311.
[3] De Barros, III, lib 10, cap. 5. Maffei, lib 9, p 382. Valentijn, I, 313.
[4] De Barros, IV. lib. 1, cap. 14. Maffei, lib. 9, p. 383. Valentijn, I, 315.
[5] De Barros, IV, lib. 1, cap. 15

öffnet wurde. Im Mai 1527 traf Georg de Menezes in Ternate zur Ablösung des Garsias ein.[1]

Der Zank, der in milderer Weise schon zwischen Garsias und De Brito darüber entstanden war, daſs De Brito möglichst viel von den Gütern und Vorräten mit sich nehmen wollte[2], wiederholte sich jetzt in verstärktem Maſse zwischen Menezes und Garsias, als dieser sein Schiff zur Abfahrt vorbereitete. Mit Hilfe ihrer Parteien verhaftete erst Menezes den Garsias, darauf dieser jenen, um danach abzureisen.[3] Garsias ward jedoch in Indien schuldig befunden und von Goa gefänglich nach Portugal gesandt.

Die Verwaltung des Menezes war im Fortgange durch dessen Rücksichtslosigkeit gegen die Eingeborenen eine den Portugiesen verderbliche. Im März 1529 erschien wieder ein spanisches Schiff und ermunterte die Tidoresen zu erneuten Angriffen gegen die Besitzungen von Ternate. In einem Seegefecht zwischen den Spaniern und Portugiesen blieben die erstern Sieger.[4]

Nach Ablauf eines Waffenstillstandes eroberte De Menezes jedoch die Stadt Tidor und die spanische Citadelle, deren Besatzung freier Abzug zugestanden ward, die sich aber verpflichten muſste, keine Feindseligkeiten wieder zu unternehmen, bis der Kaiser Karl und König Johann über den rechtmäſsigen Besitz der Molukken entschieden hatten.[5]

Während der Eroberung Tidors war der Prinz Dayalo in der portugiesischen Festung gestorben, sodaſs nun der anerkannte Thronfolger der Prinz Bohejat war.[6] Die Königin, durch den Verdacht geschreckt, daſs ihr Sohn als Opfer eines gewaltsamen Todes gestorben sei, erbat inständig die Aus-

---

[1] De Barros, IV, lib. 1, cap 16. Maffei, lib 9, p. 384. Valentijn, I, 316

[2] De Barros, III, lib 10, cap. 5. Valentijn. I, 313.

[3] De Barros, IV, lib. 1, cap. 16 und 17. Valentijn, I, 319 fg.

[4] De Barros, IV, lib 1, cap. 18.

[5] De Barros, IV, lib. 2, cap. 18. Valentijn, I, 326

[6] De Barros, IV, lib 2, cap. 19. Maffei, lib. 10, p. 411. Valentijn, I. 330

lieferung des Prinzen Bohejat von De Menezes, der ihn jedoch in Gewahrsam behielt.

Durch ein unpassendes Betragen auch gegen den Gugugu, der den Portugiesen so wichtige Dienste geleistet hatte, sowie durch grausame Verfolgung inländischer Grofsen und die Beschimpfung ehrwürdiger Gebräuche ward bald der Hafs gegen die Europäer so allgemein, dafs der König von Gilolo mit dem Gugugu Taruwese, dem Kapitänlaut und Hukom von Ternate ein Bündnis schlofs, zur Vernichtung der auf Halmahera noch anwesenden Spanier und aller Portugiesen auf Ternate.[1] Diese Verschwörung wurde entdeckt, und De Menezes trieb die Verfolgungswut so weit, dafs er den Gugugu öffentlich enthaupten liefs.[2]

Den fortgesetzten Unruhen machte die Ankunft eines neuen Gouverneurs im Jahre 1530 ein Ende. Schon kurze Zeit vorher war infolge eines Wechsels der Befehlshaber in Indien ein neuer Gouverneur nach den Molukken ausgesandt, der aber unterwegs mit seinen Leuten umkam.[3] Der Generalkapitan Nuno de Cunha sandte dann Gonzalo Pereira dahin ab, der im Oktober 1530 in Ternate anlangte.[4]

Mit ihm kamen alte Feinde des De Menezes, d. h. Freunde seines Vorgängers, sodafs dem letztern nichts Gutes ahnte. Er überreichte mit den Schlüsseln der Festung auch ein paar Fesseln seinem Nachfolger, der ihn jedoch vorderhand frei liefs. Aber die Anklagen der Königin und der Reichsgrofsen mufsten Pereira endlich veranlassen, De Menezes gefänglich nach Indien zu senden.[5]

Der neue Gouverneur bemühte sich redlich um die Wiederherstellung des alten guten Einvernehmens; da aber die

---

[1] De Barros, IV, lib. 2, cap. 20. Valentijn, I, 330 fg.

[2] De Barros, IV, l. c. Valentijn, I, 332.

[3] De Barros, IV, lib. 6, cap. 18.

[4] De Barros, IV, lib. 6, cap. 19. Maffei, lib. 10, p. 416. Nach Valentijn kam Pereira im März 1530 schon nach Ternate, die Angabe von De Barros wird richtig sein, da Pereira die Fahrt von Goa über Malaka und Borneo nach Ternate zur Zeit des Westmonsuns machen mufste. Vgl. Valentijn, I, 334.

[5] De Barros. IV, l. c. Maffei, l. c. Valentijn, I, 334.

Königin und die Grofsen eine Annäherung streng abwiesen,
solange der junge König gefangen gehalten werde, so be-
schwor Pereira einen Vertrag, nach welchem der König seiner
Mutter übergeben werden sollte, sobald die portugiesischen
Schiffe nach Portugal abgehen würden; denn man bedurfte
des guten Willens der Insulaner für eine volle Ladung.[1] Ein
Freudenfest führte die Königin und die Grofsen hiernach in
die Stadt zurück, wo Pereira sie ehrenvoll empfing und den
Kitschil Ato der Königin als Gugugu bestätigte.[2]

Während Pereira gewissenhaft nach seiner Pflicht und
seinen Instruktionen regierte, vertrugen die Verhältnisse nicht
mehr einen ehrenhaften Beamten von dem Charakter des
Pereira Die Strenge, mit welcher er die Vorschrift ausführen wollte, dafs für die privaten Händler die Gewürze nur
durch den königlichen Faktor gekauft werden sollten, brachte
die Portugiesen wie die Insulaner gleichermafsen gegen ihn
auf. Dieselben Ratgeber, welche Pereira warnten, zur Sicherung der Festung den König noch nicht freizugeben, obwohl
er es beschworen hatte, ziehen ihn bei der Königin des Verrats und der Grausamkeit.

Aufs neue in ihrem Vertrauen sich betrogen wähnend,
sann diese auf Rache. Sie beschlofs nach dem Rate ihrer
Grofsen den Tod des Pereira, wodurch sie die Freiheit ihres
Sohnes zu gewinnen hoffte

Am Tage vor dem Pfingstfeste 1531 drangen Kitschil
Ato und andere, welche Zutritt in die Festung hatten, in die
Gemächer des Gouverneurs, der dem Verrate seiner eigenen
Landsleute zum Opfer fiel.[3]

Die Partei der Verschworenen unter der Führung des
Pfarreis der Festung Fernando Lopez krönte ihr Werk, indem sie Vicenz de Fonseca, einen eigensüchtigen, gewissen-
losen Beamten, zum Nachfolger Pereiras erwählte

War die Königin betrogen, als sie ihren Mordstahl gegen

---

[1] De Barros, IV, lib 6, cap 19

[2] De Barros, IV, l. c

[3] De Barros IV, lib 6, cap 20 Maffei, lib 10, p 420. Valentijn,
I, 335 fg

einen Unschuldigen zuckte, so betrog sie Fonseca jetzt noch
schimpflicher, der an nichts weniger, als die Auslieferung des
Königs dachte, den er, wie zum Hohn, in einen Keller ein-
sperrte vor den Augen der Abgesandten der Königin, welche
seine Auslieferung fordern liefs.[1] Der Eigennutz, welcher vor
dem Verbrechen des Mordes gegen die eigenen Genossen nicht
mehr zurückschreckte, was konnte ihm die Erfüllung eines
Versprechens an eine Heidin gelten?

Die Königin geriet über diese neue Beschimpfung fast in
Verzweiflung. „Wie viel Gnade und Gutes haben wir diesen
Fremdlingen erwiesen", rief sie bitter aus, „wie viel Ehr-
bezeigungen und Vorteile haben sie genossen! Der König
verlor wegen seiner Liebe zu ihnen die Freundschaft der benachbarten Fürsten, er führte Kriege für sie, erlitt um ihret-
willen schwere Verluste und achtete selbst die Gefahr seines
Lebens nicht. Und nun sehet die Undankbarkeit dieser Fremdlinge! Meine Söhne gefangen, und die Grofsen des Landes
mussen fliehen; mein Sohn gemordet durch Gift, und der zweite
soll dasselbe Schicksal erleiden; so liebreich aufgenommen,
schänden diese Fremdlinge auch selbst euer Vermögen, eure
Häuser, eure Weiber und Tochter. Und das alles geschieht
mitten in meinem Lande und in meiner Gegenwart. Die
Drangsale häufen sich, die Fremdlinge spotten unserer Religion, beschimpfen unsere Gesetze und thun unsern Priestern
Gewalt an!"[2]

Die Liebe und Zuneigung des Volkes bewahrte sich in
dem Leid der Königin, als diese durch ihr ganzes Reich jede
Zufuhr von Lebensmitteln nach der Festung der Portugiesen
verbot. Es währte nicht lange, so wurde Fonseca, dessen
Requisitionen nach Lebensmitteln man zu vereiteln wufste,
durch Hunger gezwungen, den gefangenen König seiner Mutter
auszuliefern.[3]

Um den freien König unschädlich zu machen, sah Fonseca
unter den ehrgeizigen Grofsen sich nach einem Werkzeuge

---

[1] De Barros, IV, lib. 6, cap. 21
[2] Maffei, lib. 10, p. 418 fg.
[3] De Barros, IV, lib. 6, cap. 21. Valentijn, I, 239

für seine Pläne um. Er fand in dem Kitschil Pate Sarang
einen willigen Gehilfen, der durch seine Erhebung zum Gugugu
bereit war, zu Gunsten der Fremdlinge die Not seines Landes
zu vermehren. Da ihm jedoch der König Bohejat mit vielen
Grofsen, die zu jenem hielten, entgegen war, so betrieb er
erst heimlich, dann offen dessen Absetzung, um sich im Regiment zu erhalten

Fonseca war sehr leicht für das Projekt gewonnen, den
jüngern Stiefbruder des Königs, Namens Taberidji, auf den
Thron zu erheben, indem der König Verbrechen geziehen
ward, die die Verräter selber anstifteten [1] Dem Anschlage
Fonsecas und des Gugugu gegen seine Freiheit und sein
Leben entzog der König sich mit seiner Mutter durch die
Flucht ins Hochland von Ternate, und fand, als er auch hier
verfolgt ward, Aufnahme bei seinem Vetter, dem Könige
von Tidor.[2]

Fonseca setzte nun Taberidji auf den Thron und zog mit
einer ansehnlichen Macht nach Tidor, wo er die Auslieferung
Bohejats verlangte. Die Antwort, welche ihm zuteil ward,
befriedigte ihn nicht, sodafs er die Stadt Tidor verwüstete
und darauf nach Ternate zurückging.[3]

Fast wäre hier der unmündige König Taberidji das Opfer
für die Tücke seiner fremdländischen Gönner geworden Ein
vornehmer Gefangener in der Festung ein Richter der Stadt
Toloko, wollte Taberidji ermorden, der ihm jedoch entsprang.
Da der Richter seiner Fesseln wegen den Flüchtling nicht
einzuholen vermochte, ergriff er, um seinen Hafs zu stillen,
den siebenjährigen Sohn Fonsecas und hieb ihm den Kopf
herunter, indes herbeieilende Diener den Mörder zur Stelle
erschlugen. Mit gesteigerter Grausamkeit wurden jetzt die
Anhänger Bohejats verfolgt und die ganze Insel Taberidji
unterworfen.[4] Des jungen Königs Mutter, die mit Bohejats
Mutter nach Tidor geflohen war, wurde ausgeliefert, als Fon-

---

[1] De Barros, IV, lib 6, cap 22
[2] De Barros, IV, l c. Valentijn, I, 340
[3] De Barros, IV, l c
[4] De Barros, IV, lib 6, cap. 22

seca mit dem König von Tidor Frieden machte; sie heiratete den Gugugu, indes die Gemahlin Bohejats auf Anstiften Pate Sarangs gleichfalls nach Ternate kam und sich mit dem neuen Könige verband. Der verlassene und unglückliche Bohejat, aller Mittel beraubt, suchte Zuflucht in Gilolo.[1]

Im Oktober 1533 kam Tristan de Taide in den Molukken als neuer Befehlshaber an und machte dem wüsten Treiben des Fonseca ein Ende.[2] Da dieser die Schätze Bohejats sich angeeignet hatte, so wurde diese Unterschlagung mit seinen übrigen Verbrechen die Veranlassung, daß De Taide ihn als Gefangenen nach Indien sandte. Mit den nächsten Schiffen verliefsen auch die Spanier die Molukken, da Kaiser Karl V. seine Ansprüche für 350000 Dukaten an Johann III. abgetreten hatte.[3]

§ 7. *Fortdauernder Krieg zwischen den Portugiesen und den verbündeten molukkischen Fürsten.*

(1534—1540.) Dasselbe furchtbare Wechselspiel, welches die Machtfragen unter seinen Vorgängern geregelt hatte, nahm auch unter De Taide seinen Fortgang. Mit dem neuen Gouverneur erstand ein neuer Gugugu, der in der Person eines vertriebenen frühern Seevogts, mit Namen Sama Rau, die Zügel der Regierung ergriff und einen neuen abhängigen König schuf. Taberidji verlor den Thron, wie er ihn gewonnen hatte; unter der Anklage, Aufruhr und Verschwörung zu planen, sandte ihn De Taide mit seiner Mutter und dem Reichsobersten Pate Sarang nach Indien.[4] Taberidji wurde

---

[1] De Barros, IV, 1. c
[2] De Barros, IV, lib. 6, cap. 23. Valentijn gibt die Ankunft auf den Anfang des Jahres 1534 an, was nicht richtig sein wird. Vgl Valentijn, I, 341.
[3] De Barros, IV, lib. 6, cap. 23.
[4] De Barros, IV, lib 6, cap. 24. Valentijn, I, 341.

in Goa Christ, und als er auf der Ruckreise in Malaka starb, vermachte er sein Reich dem König von Portugal.[1]

Die neue Königswahl fiel im Interesse der unbeschränkten Herrschaft des Gugugu auf den unmundigen jungsten Sohn von Bajan mit Namen Han[2], der eine javanische Mutter hatte Diese lebte auf einem Landsitze, wo ihr die Botschaft der Erhebung ihres Sohnes auf den Thron uberbracht ward.

Die erschreckte Mutter zog den Knaben heftig in ihre Arme und wehrte dem Ansinnen, ihn den Abgesandten De Taides zu uberliefern. „Wenn ich ganz gewiſs wuſste", sagte sie bestimmt, „daſs ihr meinen Sohn abholen wollt, ihn zur Regierung zu erheben, und er in der That in Ruhe und Frieden regierte, ohne Mifsgunst und ohne Furcht, von seinen Unterthanen geliebt und geehrt, mit einem Worte in ungetrubter Gluckseligkeit, so wollte ich ihn doch lieber in der Einsamkeit aufwachsen und ein stilles Leben fuhren sehen, als durch eure Hilfe regieren. Was kann ich mir also von eurem Versprechen einbilden? Glaubt ihr, daſs ich meinen Sohn mit gutem Willen euren Handen ubergeben mag, eine Krone daraus zu empfangen, um ihn vielleicht kurz hernach auf falsche Anklage mit Ketten und Fesseln beladen zu sehen. oder daſs er sein Leben durch Gift endigen musse, wie seinem Vater und seinen Brudern geschehen ist? Welch ein Pfand der Versicherung könnte mir das Gluck geben fur die Sicherheit meines Kindes? Ihr dringt mit bewaffneter Hand in unsere Einsamkeit lasset uns doch die Schönheit und Annehmlichkeit der Natur ruhig genieſsen und erlaubt uns die unschuldige Lust, welche wir von der Pflege unserer Gärten haben, hingegen dasjenige zu fliehen, was so viel andere Menschen mit der gröſsten Sorgfalt suchen."[3]

Man achtete nicht der klagenden Mutter, riſs den Sohn aus ihren Armen, und sie selbst zahlte ihre Liebe und ihren Widerstand mit dem Leben.[4] Danach wurde Han als gekron-

---

[1] De Barros l c

[2] Nach Valentijn auch Hanon; Jarricus („Thesaurus Rerum Indicarum) nennt ihn Aerio.

[3] Diego de Conto in seinen „Decadibus‘

[4] Valentijn I, 342

ter Gefangener in die portugiesische Festung geführt und als
König ausgerufen.

Der erste Kriegszug des De Taïde war gegen den feindlichen König von Gilolo gerichtet, bei dem der unglückliche
Bohejat weilte und den Hals gegen die Fremdlinge schürte.
Die Fehde hatte kaum begonnen, als der Befehlshaber in Gilolo, Katabruno, einen schimpflichen Frieden mit den Portugiesen machte und dem kinderlosen Könige Gift beibringen
liefs, wofür er aus den Händen De Taïdes die Krone empfing.[1]
Bohejat flüchtete nach Banda.

Ein erneutes Gebot, dafs alle Gewürze an den Faktor
De Taïdes verkauft werden sollten, führte zunächst zu einem
Zerwürfnis mit dem Könige von Batjan, gegen den eine Flotte
ausgesandt wurde. Diesen ersten Angriff wies der König ab,
mufste aber einer stärkern Macht, in welcher auch die Könige
von Ternate und Tidor gegen ihn kämpften, erliegen und um
Frieden bitten.[2]

Die Freundschaft der Könige zu De Taïde war eine gezwungene, heimlich dauerte desto nachhaltiger der Hafs gegen
die Portugiesen fort, deren Ausschreitungen und Gewaltthaten
mehr und mehr die Insulaner zur Wut und Erbitterung fort-
reifsen mufsten. Der mächtigste König war ein Gefangener,
die Fürsten ohne Macht und eigenen Willen, die Priester
wurden beschimpft und das Volk gewaltsam zum Christenglauben bekehrt; und während die alten ehrwürdigen Institutionen geschändet und neue verhafste Ordnungen dem Volke
aufgezwungen wurden, litten gleicherweise Handel und Verkehr durch die fremde Gewalt, sodals die Einkünfte der indischen Grofsen sich allmählich verringerten.[3]

Die gemeinsamen Leiden verbanden die Fürsten, welche
Mifstrauen und Neid bisher zur Uneinigkeit untereinander
verleitet hatte; je gröfser das Übel wuchs, desto inniger und
fester ward das Bündnis geknüpft.[4] Inzwischen hatte Bohejat

---

[1] De Barros, IV, lib. 6, cap. 23. Valentijn, I, 343.

[2] De Barros, IV, lib. 6, cap. 25.

[3] De Barros, l. c. Argensola, „Beschreibung der Molukken" (deutsch,
Leipzig 1710), 1. Buch. Valentijn, I, 342.

[4] De Barros, IV, lib. 6, cap. 25. Argensola, 1. Buch. Valentijn, I, 347.

sich von Banda über Amboina an den Hof von Tidor begeben,
wo auch Katabruno sich einfand.[1]

Dem Scheine nach De Taide ergeben, unterstützte auch
Sama Rau die Pläne der Fürsten durch ein gut geführtes
Doppelspiel. De Taide vertraute dem Gugugu blindlings, der
keine Gelegenheit vorübergehen liefs, dies Vertrauen noch
mehr zu befestigen, indes er zugleich die Absichten Taides
an die Fürsten mitteilte, die desto sicherer auf den guten
Ausgang ihrer Unternehmung bauen konnten.[2] Auf seinen
Rat wurden Aufstände an verschiedenen Stellen ins Werk
gesetzt, zu deren Niederdrückung De Taide seine Macht zer-
splittern mufste. Der erste feindselige Akt der verbundeten
Fürsten geschah auf der Insel Moro, wo ein Sanschiak (oder
Radja, soviel wie Häuptling) Christ geworden war, und viele

---

[1] Valentijn nimmt an, dafs Katabruno zur Zeit des in Tidor ge-
planten Aufstandes der molukkischen Fürsten den Thron usurpiert habe,
während De Barros es früher geschehen läfst sodafs Katabruno schon
König war, als er gegen die Portugiesen sich erhob. Der Unterschied
in beiden Lesarten ist kein geringer, nach Valentijn erwarb Katabruno
die Krone als Feind der Portugiesen, nach De Barros mit deren Hilfe.
Valentijn gedenkt nun garnicht der Anwesenheit von Bohejat in Gilolo,
wohin er von Tidor aus flüchtete, als sein Vetter zum Frieden gezwungen ward, er erzählt auch nicht, dafs Bohejat, der zu keiner Zeit
aufhörte, Bundesgenossen gegen die Portugiesen zu werben, nach dem
Verrate Katabrunos nach Banda sich in Sicherheit brachte. Bohejat
verliert bei Valentijn den Thron, flüchtet nach Tidor im Jahre 1533
und taucht dort als die Seele des Aufstandes im Jahre 1537 plötzlich
wieder auf, ohne dafs wir erfahren was dieser mutige und eifrige Prinz,
der von seiner klugen und einflufsreichen Mutter in seiner Feindschaft
gegen die Portugiesen unterstützt ward, inzwischen begonnen hat. Vgl.
Valentijn, I. 339 fg., 347. Anders bei De Barros bei dem diese Lücke
nicht besteht und dessen Bericht über Bohejat im Einklange mit den
periodischen Ereignissen ist. Nach ihm fällt mit Katabruno, als er dem
Tidorer Bunde beitrat und an der Seite Bohejats kämpfte, ein getreuer
Freund von den Portugiesen ab. An dieser Lesart mufs man auch festhalten, weil sie aus den offiziellen Quellen, aus den Berichten der molukkischen Gouverneure geschöpft ist, und man den Ereignissen Zwang
anthut, wenn man, wie Valentijn, davon abweicht. Aus Relationen von
zeitgenössischen Jesuiten in den Molukken erzählt auch Argensola den
Vorgang wie De Barros. Vgl. Argensola, 2. Buch.

[2] De Barros IV, lib. 6, cap. 26.

Portugiesen sich angesiedelt hatten. Hier veranlafste Katabruno einen Überfall, der zu einem furchtbaren Blutbade unter
den Christen führte, das den Namen molukkische Vesper erhielt. Gleichzeitig damit wurde ein Hauptmann Corea, der
sich auf der waldreichen Insel Batjino Moro befand, wo er
Schiffbauholz fällen liefs, mit seinen Leuten überrumpelt.
So arglos wurde De Taïde umstrickt, dafs er auf den Rat
Sama Raus ein Schiff nach Mindanao und Celebes aussandte,
um Gold zu suchen[1], und dadurch an diesem gefährlichen
Zeitpunkte seine Kräfte unnütz schwächte.

Unterdessen verliefsen die Ternater heimlich die Insel,
und die Fürsten zogen aus den entlegenen Teilen ihrer Reiche
Hilfstruppen zusammen. Auf Banda, wo Bohejat nicht nutzlos gewirkt hatte, fiel ein Hauptmann Alvarez, der zum Einkauf von Muskatnussen dahin kam, mit seinen Leuten der
Volkswut zum Opfer, und sein Schiff ward an Bohejat ausgeliefert.[2] Aus Gilolo wurden die ansässigen Portugiesen und
Priester vertrieben, und nun folgte ein allgemeiner Aufstand
auch auf Makjan und Motir, indes die Könige von Tidor,
Batjan und Gilolo offen an De Taïde den Krieg erklärten.
Dieser sah sich sehr bald in harte Bedrängnis versetzt und
litt Mangel sowohl an Leuten und Kriegsbedarf wie an Lebensmitteln; die Ternater unter Bohejat hatten die Portugiesen
in die Festung Gamalama zurückgedrängt, welche sie eng
einschlossen.[3] Es kam so weit, dafs die Belagerten sich mit
dem Untergange bedroht sahen, als Hauptmann Simon Sodreo
aus Malaka zum Glück noch rechtzeitig anlangte und die
Festung entsetzte.[4]

Die Zufuhr von Lebensmitteln blieb jedoch gesperrt und
nötigte De Taïde, den Fürsten durch Sama Rau Friedens-
vorschläge anzubieten, worauf die Antwort abschlägig ausfiel.
weil der Gugugu selbst wegen der bedrängten Lage der Portugiesen dazu geraten hatte.[5] In dieser Zeit der höchsten

----

[1] De Barros, IV, lib. 6, cap. 25. Valentijn, I, 342.
[2] De Barros, l. c.
[3] De Barros, IV, lib. 6, cap. 26. Valentijn, I, 344.
[4] De Barros, IV, lib. 6, cap. 25. Valentijn, l. c. Argensola, 2 Buch.
[5] De Barros, IV, lib. 6, cap. 26.

Not kamen zwei Schiffe mit Lebensmitteln aus Banda an, sodafs die Festung fur einige Dauer ausreichend damit versorgt war.[1]

De Taide war aber gezwungen, sich auf die Defensive zu beschranken, sodafs es nur zu kleinen Scharmützeln kam, und die Lage sich nicht anderte, bis Antonio Galvano anlangte, der ihn ablöste und frische Mannschaften mitbrachte. Er kam am 25 Oktober 1536 vor Gamalama an[2], wegen seiner Ehrlichkeit und Pflichttreue vom Vizekonig Nuno de Cunha ausersehen, Ordnung in das Gouvernement zu bringen; den Gewaltthaten und Ausschreitungen De Taides, der auf seine Verwandtschaft mit dem Gouverneur von Malaka und seine Freundschaft mit dem Vizekonig zu sehr vertraut hatte, sollte ein Ziel gesetzt werden.

Unter freudigem Zuruf und Absingung eines Te Deums wurde Galvano in Gamalama empfangen, und seine Handlungen rechtfertigten das grofse Vertrauen, welches jedermann in seine Rechtschaffenheit setzte.[3]

Sein erstes Bemühen war darauf gerichtet, dafs er die Ordnung herzustellen und friedlich eine Einigung mit den Fursten zu erreichen suchte. De Taide traf vor allem der tiefste Hafs; seine Willkürherrschaft hatte die meisten Grofsen auch personlich beschimpft, sodafs die allgemeine Abneigung gegen die Fremdherrschaft hinter den persönlichen Hafs gegen Taide zurücktrat. Mit dessen Entfernung war daher ein wesentlicher Grund zur blutigen Erhebung fur viele aus dem Wege geraumt, und so kam es zu einem Waffenstillstande, der jedoch durch die Partei der Unversöhnlichen, mit Bohejat an der Spitze, gebrochen ward.[4]

Galvano wurde dadurch veranlafst, einen Angriff gegen die Fursten zu wagen. Aufser der Festung Gamalama verfugte er über den Hafen Talangam von Ternate, wo er seine

---

[1] De Barros, l. c.

[2] Valentijn nennt irrtumlich April 1537

[3] De Barros, IV, lib 9, cap 16 Argensola, 2 Buch. Valentijn, I, 346

[4] De Barros, IV, lib. 9, cap. 17. Valentijn, I, 347.

winzige Macht für den Angriff ausrüstete, während er an De Taide die Festung vertraute.[1]

Dem Heere der Fürsten, dessen Stärke die Portugiesen auf 50000 Mann angeben, konnte Galvano nur wenige hundert Krieger entgegenstellen; die Überlegenheit seiner Feuerwaffen und der Mut seiner Freunde mußste die mangelnde Zahl ersetzen.

In der Nacht vom 20. zum 21. Dezember landete Galvano seine Truppen auf Tidor, um die auf einem Bergabhange gelegene Citadelle der Stadt Tidor zu stürmen [2] Bohejat, welcher vor Ungeduld auf den Kampf entbrannte, führte seine Heeresabteilung den Portugiesen entgegen sobald er von ihrem Herannahen Kunde erhalten hatte. Mit mehr Mut, als Überlegung griff er die Portugiesen an, noch ehe die Fürsten ihm Unterstützung gewähren konnten.

Der tapfere Königssohn fiel an der Spitze seiner Truppen und vereitelte durch einen unbesonnenen Augenblick das Werk, dem er sein ganzes Leben geweiht hatte. Schon beim ersten Ansturm schwer verwundet. hatte er vom Boden sich aufgerafft, bis er zum zweiten mal hinsank, um sich nicht mehr zu erheben.[3] Der glühendste Haß erregte noch einmal die Seele des zusammenbrechenden Helden. „Traget mich von hier weg", bat er sterbend seine Leibwache. „so geschwind ihr könnt, und lasset mich das letzte Zeichen eurer Liebe sehen, damit mein Leib diesen Hunden nicht in die Hände falle!"[4]

Bohejats Arm wog eine Armee auf, sein mächtiger, alle fortreißender Einfluß ward mit seinem Sterben besiegelt. Als dieser Held gefallen war, hatten die Portugiesen schon zur Hälfte gesiegt. Bestürzung und Schrecken über seinen Fall und den Sieg der Fremdlinge ergriff und entmutigte die Fürsten derartig, daß sie nicht einmal Widerstand weiter versuchten und ohne Schwertstreich die Citadelle und Stadt den Portugiesen überließen.[5]

---

[1] De Barros, l. c. Valentijn, l. c.
[2] De Barros, IV, lib. 9, cap 17. Valentijn, I, 347
[3] De Barros, l. c.
[4] Valentijn, 1, 348. Argensola, 2 Buch.
[5] De Barros IV, lib. 9, cap. 17. Valentijn, 1, 348.

Sie hatten mit ihren Truppen sich in die Wälder zurückgezogen und mochten, als am Abend aus der brennenden
Stadt die Feuergarben zum Himmel aufloderten, von Reue
und Scham über ihren Kleinmut ergriffen worden sein, sie
beschlossen, am folgenden Morgen das Häuflein Portugiesen
zu überrumpeln Die Wachsamkeit Galvanos vereitelte diese
Absicht, und der Angriff wurde von ihm mit solchem Vorteil
zurückgewiesen, dafs die Fürsten in ihren Schiffen die Insel
verliefsen. Hiernach erneuerte Galvano seine Friedenserbie-
tung an den König von Tidor, der von seinen Räten zur
Zustimmung, mit dem siegreichen Feldherrn in Verhandlung
einzutreten, unter der Bedingung bewogen ward, dafs De Taide
zuvor die Molukken verlassen solle.

Die ausgezeichnete Aufführung Galvanos räumte darauf
rasch alle Schwierigkeiten, unter denen der Eidschwur der
molukkischen Fürsten, den Tod Bohejats zu rächen, nicht die
geringste war, aus dem Wege, sodafs ein gutes Einvernehmen
mit dem König von Tidor hergestellt wurde. [1]

Anders verhielten sich die Könige von Gilolo und Batjan,
die aufs neue rüsteten und Galvano, dessen Streitkräfte durch
den Fortgang De Taides, welcher sich auch diesmal wieder
mit Rücksicht auf Eigennutz und unter Verletzung der Interessen des Königs vollzog, geschwächt waren, in grofse Verlegenheit brachten Den Bemühungen des Königs von Tidor
gelang es jedoch, den Frieden zu vermitteln, sodafs Galvano
nunmehr die Ruhe überall hergestellt sah. [2]

Auch darin hatte er guten Erfolg, dafs er für König Hair
und Sama Rau, soweit sie von den Grofsen des Reichs nicht
in ihrem Regiment bestätigt waren, jetzt deren Anerkennung
erwirkte; zwar nach längerm Strauben, das erklärlich war,
da Hair im Gegensatz zu seinen Halbbrüdern Dayal, Bohejat
und Taberidji von einer unechten Frau des Königs Bajan ab-
stammte. [3] Überdies gab er den König und seine Regierung frei.

---

[1] De Barros, IV, lib 9, cap 18. Argensola, 2. Buch. Valentijn, I, 349.

[2] De Barros, IV, lib 9, cap. 20.

[3] Es waren Unruhen ausgebrochen, weil Hair nicht nach Landes-
brauch gewählt und bestätigt war, die Ruhe stellte Galvano erst dadurch
her, dafs er in gesetzlicher Wahlversammlung Hair anerkennen liefs.

Ebenso glücklich, wie gegen die molukkischen Könige, focht Galvano auch gegen eine Flotte aus Amboina, welche von Javanern und Makassaren verstärkt war, um dem portugiesischen Einflusse in den molukkischen Gewässern entgegenzugehen; auch machte seine Ehrlichkeit die Makassaren in der Folge zu Freunden, sodafs unter seiner Regierung die portugiesischen Niederlassungen sich weiter über den Archipel ausbreiteten [1] Sein Regiment war segenvoll; sein gutes Beispiel regte zur Nachahmung an, und bald nannten die Ternater ihn ihren Vater Landbau und Handel blühten auf, unter den niedern Klassen erwuchs auf Ternate ein sefshafter Besitzerstand [2], und mit allen Mitteln ward eine gesunde portugiesische Kolonisation zum Betriebe von Ackerbau, Viehzucht und Handel gefordert. [3]

In dem Augenblick, als die molukkischen Fürsten an Johann III eine Deputation abfertigen wollten, welche den König um dauernde Belassung Galvanos in den Molukken zu bitten beauftragt war, traf auch schon sein Nachfolger ein

---

Dieser Vorgang ist insofern höchst interessant, als er erkennen läfst, wie sehr noch damals nicht nur von den berufenen Organen auf die Ausübung des Wahl- und Bestätigungsrechtes gehalten wurde, sondern auch das Volk an diesem Gebrauch festhielt Vgl auch § 37 u 41, Anmerk 2.

[1] De Barros, IV, lib. 9, cap. 21 Valentijn, I, 352

[2] Es war ein solcher Besitzerstand bis dahin nicht vorhanden; der Grund und Boden war Eigentum der Fürsten, oder, wie auf Banda, Kommunalbesitz. Zur Zeit der Ernte erhielten nach altem Gebrauch die Ortschaften ihren Bezirk in den Gewürzwäldern zum Pflücken angewiesen, und so viel der Einzelne pflücken konnte, gehörte ihm; davon leistete er die nach Gewohnheitsrecht (Adat) feststehenden Abgaben. Das Recht auf den Grund und Boden steht überall im Archipel dem Fürsten zu, beschränkt nur durch das Gewohnheitsrecht, welches die Pflichten und Rechte der Unterthanen regelt und natürlich mannigfache lokale Verschiedenheiten hat Diese Verschiedenheiten sind beispielsweise auf Java so grofs, dafs die holländische Regierung selbst auf dieser Insel noch bis heute zu keiner einheitlichen Regelung der Grundbesitzfrage (Kommunalbesitz, Erbpacht, Eigentum) hat kommen können. Vgl W. van Assen, „De Agrarische Wet" (Amsterdam 1872) „Tijdschrift voor Nederlandsch Indie‘ (1883), I, 401 fg , II, 1 fg. Kolonialverschlage.

[3] De Barros, IV, lib. 9, cap 22. Valentijn, I, 352.

---

§ 8. *König Hair wird auf Anstiften des Gouverneurs Diego Lopez gemordet und danach die Portugiesen von Ternate vertrieben.*

(1540—1578.) Im Jahre 1540 löste Georg de Castro Galvano in den Molukken ab [1]; es beginnt mit diesem Landvogt für die Inselvölker wieder eine neue Zeit der Verfolgung. Nach einem zweijährigen Frieden, der ein kurzes Glück über den ganzen Archipel verbreitet und den Wohlstand überall durch friedliche Arbeit und ungestörten Handel zu fördern eben angefangen hatte, schufen Religionsverfolgungen neue Drangsale, die König Hair durch eine besonnene und pflichttreue Regierung zu mildern trachtete.

In seiner Selbständigkeit, die ihm Galvano zurückgegeben hatte, bewährte er grofse Tugenden; die portugiesischen Annalen nennen ihn einen weisen Herrscher und tapfern Kriegsmann.[2] Vor allem wird seine Gerechtigkeit und Treue gerühmt; streng im Nachleben eingegangener Verträge, in der Erfüllung seiner Pflichten gegen die portugiesischen Befehlshaber, übte er ebenso gewissenhaft seine königlichen Rechte aus und liefs sich in der Wahrung der ihm zustehenden Regierungsgewalt nicht beirren. Ein edler Mensch und guter König, blieb er auch seiner Religion treu und gab in der genauen Befolgung aller religiösen Vorschriften seinen Unterthanen ein Beispiel, um dessentwillen ihn die Priester und Eiferer des katholischen Glaubens am meisten hafsten.

Die Abneigung wurde in der Folge gröfser, je weiter die Bekehrungssucht in der Maxime der portugiesischen Kolonialpolitik fortschritt und das Priesterregiment unter der Leitung der Jesuiten zunahm. Während der König Hair der christlichen Religion alle Ehrerbietung bezeigte und der Vorschriften und Verbote in Glaubenssachen sich enthielt [3], bewirkte sowohl das Beispiel seines Wandels, als andererseits auch der

---

[1] Nach der nicht sehr zuverlässigen Angabe von Valentijn. Vgl. I. 538, 609.

[2] Argensola, 2. Buch. Valentijn, I, 353.

[3] Argensola, 2. Buch.

gesteigerte Eifer der Mönche und Jesuiten dazu herausforderte, dafs auf den Molukken, wie allgemein im Indischen Archipel, der Islam gleichfalls eine gröfsere Ruhrigkeit entfaltete, um sich gegen die Ausbreitung der christlichen Religion zu wehren. Hair vertrat eine gerechte Sache, indem er als Haupt der Mohammedaner die schlechten Mittel der katholischen Priester verurteilte und endlich ihren Ausschreitungen gegen seine Unterthanen sich entgegenstellte. Jene warteten daher nur auf die Gelegenheit, den unbequemen König zu beseitigen. Die vorsichtige Haltung Hairs gab aber zu einer Anklage keinen Anlafs, und so hatten schon mehrfach die Gouverneure sich abgelöst, ohne dafs es gelungen war, den König zu fangen.[1]

---

[1] Über die Zeit von 1540—70, in welcher Hair unausgesetzt regierte, sind die Mitteilungen recht verworren. Ich glaube, dafs Valentijn den Ausbruch offener Feindseligkeit zu früh ansetzt; nach ihm wird der König schon unter dem Gouverneur De Freitas (ab 1544) gefänglich nach Goa geschickt und regiert nachher weiter bis 1565. Argensola lafst dies geschehen, als Diego Lopez Gouverneur in den Molukken (um 1570) und Don Louis De Taide Vizekönig in Indien war. Dies scheint mir wahrscheinlich, einmal wegen des vorsichtigen und friedfertigen Handelns von Hair, welcher den Portugiesen in allen wirthschaftlichen und politischen Dingen Vorschub leistete und erst durch seinen passiven Widerstand in Religionssachen den Hafs der Priester in der Folge erregte; sodann spricht für die Annahme von Argensola der Umstand, dafs nur ein Mann wie De Taide, der die Priesterherrschaft verabscheute, es wagen konnte, der Wut der Priester ein verfallenes Opfer zu entreifsen. Hair, in Ketten und unter der Anklage von Jesuiten nach Goa geführt, ward auf Taides Befehl glänzend in seinem königlichen Amte wiederhergestellt, dagegen der Gouverneur der Molukken zu einer Gefängnifsstrafe verurteilt. Aber sofort nach De Taides Sturz geht Diego Lopez wieder als Gouverneur nach den Molukken, und hier angekommen, heuchelt er Versöhnung mit dem Könige, lockt ihn in die Festung und lafst ihn ermorden, als er sicher ist, dafs der Erzbischof, nicht der Vizekönig in Goa regiert. In dieser Darstellung erklären die Thatsachen sich aus natürlicher Folge; dafs die Zerwürfnisse zwischen Hair und den Portugiesen durch die Religion bewirkt wurden, gibt auch Valentijn richtig an; er sagt auch, dafs der Jesuit Franciscus Xaverius, der zur Zeit Hairs das Christentum im Molukkischen Archipel ausbreitete, im Jahre 1546 nach den Molukken gekommen sei und eine

Auf entlegenen Inseln kam es zwar wiederholt zu blutigen Aufstanden gegen die Christen, wie auf Moro, Gilolo und in der Landschaft Hitu [1], dagegen wurde auf Ternate selbst die Ruhe nicht gestort.

Die Dinge blieben daher eine langere Zeit in der Schwebe, bis etwa um das Jahr 1570, als Diego Lopez in den Molukken regierte, ein Aufstand auf einer Nachbarinsel die Veranlassung wurde, dafs der Gouverneur den Konig Hair gefangen nehmen liefs.

Der Vorgang war folgender: Des Konigs Sohn Babu horte gelegentlich der Dienstreise auf einer Nachbarinsel (vermutlich Makjan oder Motir) von dem Verbrechen eines Portugiesen und erteilte dem Geschadigten die Erlaubnis, Rache zu nehmen. Eine blutige Revolte wurde zwar noch im Keime erstickt, und der Konig hatte seinen Sohn gefangen setzen lassen, trotzdem aber wurde diese Gelegenheit dazu benutzt, um die lange verhaltene Feindschaft zu befriedigen. Man uberfiel den arglosen König in seinem Palast und führte ihn als Gefangenen in die Festung. Den Unschuldigen zu verurteilen und zu strafen, durfte man nicht wagen, und so nahm man ihm das Versprechen ab, dafs er nach Goa sich einschiffen und dort von dem Verdachte des Aufruhrs sich verantworten solle.[2]

In ihrer Hoffnung, dafs der König nicht wieder aus Indien zuruckkehren werde, sahen seine Feinde sich betrogen. Der König ward in seiner Herrschaft wiederhergestellt und Diego Lopez ging anstatt seiner als Gefangener nach Goa, wurde aber im Jahre 1571 als Gouverneur der Molukken vom Vizekonig De Neronha aufs neue bestatigt.

Seine Rückkehr auf den alten Posten wurde die Ursache zum Untergange der Herrschaft der Portugiesen in den Mo-

---

ungemein fruchtbare Thatigkeit entwickelt habe; nun ward aber infolge gerade dieser Entwickelung der friedfertige Konig fester und standhafter, und hieraus erwuchs die Abneigung der Priester zur Gewalt gegen den unbeugsamen Gegner Vgl. Argensola, 2 Buch Valentijn, I, 353—356

[1] Valentijn, I, 355.

[2] Argensola, 2. Buch.

lukken; seine erste That war das Verbrechen des Mordes an
dem Könige Mit Zustimmung der Priester wurde Hair in
der Festung, wohin ihn Diego Lopez einlud, von dessen Vetter
Antonio Pimental erdolcht.[1]

Hau hatte die Liebe seines Volkes besessen, in den ent-
legensten Gebieten seines Reiches war er hochgeehrt, und
überall war sein Regiment in der Anhänglichkeit und Treue
seiner Unterthanen befestigt. Gegen seine Landeskinder
bezeigte er sich stets als gelinder und gütiger Herr, gegen
die Krone Portugal demütig und gehorsam. Das Volk weh-
klagte uber die Mordthat, und die Portugiesen, welche in der
Stadt wohnten, verdammten sie ebenfalls.[2]

Angst und Verzweiflung trieb die Bewohner der Stadt
vor die Festung, wo sie nach dem Könige verlangten. Nicht
genug, an dem Lebenden seine Rache gestillt zu haben, hatte
Diego Lopez auch den Toten geschandet; der Gouverneur erschien in glänzender Rüstung auf der Festungsmauer und liefs
stückweise den Leichnam des Königs dem Volke zeigen; Kopf,
Rumpf, Arme und Beine waren voneinander getrennt, sie wurden
einzeln auf Stocke gepflanzt und auf der Mauer für das jam-
mernde Volk zur Schau ausgestellt. Diese furchtbare Schau-
stellung war eine Befriedigung, ein Fest, welches der be-
leidigte Hochmut eines portugiesischen Obersten und die
ungezügelte Verfolgungswut der Priester Sebastians feierten;
um diesen Freudentag zu wiederholen, wurden die Korper-
teile des Königs eingesalzen.[3]

Wahrend die Schreckenskunde dieses Verbrechens sich
durch den Archipel schnell verbreitete, hatte die konigliche
Familie Ternate verlassen und einen Gesandten an den Vizekönig nach Goa abgefertigt, der über das Geschehene Klage

---

[1] Valentijn nennt den Morder Martin Alfonso „Misquita", indes der
Morder nach Argensola, der die Namen aus Originalberichten genommen
hat, Antonio Pimental hiefs und ein Vetter des Gouverneurs Don Diego
Lopez de Mesquita war; auch die Ursache zum Morde ist bei Valentijn
eine andere, und zwar allgemeiner Unwille, aber gewifs diejenige, welche
Argensola anfuhrt, nämlich personlicher Hafs, die richtige.

[2] Argensola, 2 Buch.

[3] l. c.

führen sollte. Mit diesem kehrte ein neuer Gouverneur,
Pereira, nach den Molukken zurück, indes Diego Lopez als
Gefangener nach Goa gebracht und seine Ruchlosigkeit der
Gnade Sebastians empfohlen wurde.

Diese Strafe mochte den Grofsen von Ternate wenig be-
friedigend erscheinen, auch hatte inzwischen überall das Volk
sich gegen die Christen erhoben, sodafs noch mehr die Verhältnisse, als der Wille der Grofsen, zur That drangten.

Der zerstückelte Leichnam Haïrs war den Angehörigen
durch Pereira ausgeliefert, zu dessen Bestattung die Stände
des Reichs und die befreundeten Fürsten sich auf einer östlichen
Insel[1] versammelt hatten. Die Bestattungsfeier für den alten
König ward auch der Wahl- und Krönungstag seines Nachfolgers, der am Grabe der geschändeten Majestät Rache und
Vergeltung schwören mufste. Obwohl in Altersfolge der dritte
von den wahlfähigen Söhnen Haïrs, traf die Wahl dennoch
auf Babu, von dem man der Treue zum Islam und ehrlicher
Feindschaft gegen die Portugiesen sich versichert halten konnte.

Die Vorbereitungen zum Kriege wurden nun mit Eifer
betrieben, aus allen Teilen des Archipels eilten Hilfstruppen
herbei, um den Gewaltthaten und Lastern der Fremdlinge
ein Ende zu machen, das Vaterland von einer Tyrannei zu
befreien, unter deren Verbrechen das Volk in Elend ver-
kümmerte.

Nur ein Fürst stand auf Seiten der Portugiesen, dem der
Schrecken in Ternate eine Lust war. Der König von Tidor
hatte den gerechten Haïr gehafst, dessen weise Regierung
Ternates Herrschaft mit Glanz und Gröfse umgab, dagegen
Tidors Macht in Schatten stellte; Neid und Abgunst hatten
längst die feindseligsten Gedanken in ihm erregt[2], und der
offene Bruch war schon zu Lebzeiten Haïrs geschehen, als
dieser der alten Königin, einer Prinzessin aus dem Hause
Tidor, der Mutter Dayals und Bohejats, ihre königlichen

---

[1] Argensola nennt die Insel mit Namen Ives; da ein Lusthaus des
Königs und eine Moschee darauf gewesen sein soll, so wird sie gewifs
eine der kleinen Inseln zwischen Ternate und Halmahera gewesen sein.

[2] Argensola, 2. Buch.

Schatze und Einkunfte entzog, weil sie zum Christentum uber-
getreten war[1] Hierdurch hatte Haïr nicht nur die katholischen Priester, die auf die Schatze der Königin lustern
waren, aufs tiefste beleidigt, sondern auch dem Königshofe
von Tidor Anlafs zu offener Feindschaft gegeben. Als daher
die Portugiesen in dem jetzt folgenden Kampfe die Festung
auf Ternate an den sie belagernden Babu ubergeben und von
der Insel abzielen mufsten, fanden sie Aufnahme auf Tidor,
wo sie die alte Kriegsfeste Mabappo auf einem Abhange des
Berges zu ihrer neuen Festung ausbauten, was Babu durch
einen Angriff gegen Tidor vergeblich zu vereiteln suchte[2]
    Die portugiesische Festung auf Ternate wahlte dieser
König zu seiner Residenz

---

§ 9 Vereinigung Portugals mit Spanien. Ternate setzt den Krieg gegen die Portugiesen und Tidor fort

(1578—1587.) Unter der Regierung Babus befestigte sich
indessen die ternatische Macht durch festen Zusammenhang
aller Reichsglieder und eine gute Verwaltung, sodafs Reichtum und Wohlstand zunahmen. Rubohongi, ein Sohn des
alten Gugugu Sama Rau, verwaltete vorzuglichst die Besitzungen auf Amboina, Hovamohel, Buru, Manipa, Amblau,
Kelang und Bonoa, sodafs aus diesen Gebieten die Portugiesen uberall weichen mufsten, die sich bald auf Tidor, auf
die Landschaft Leitimor, mit den Uliassern, auf Timor und
die papuaschen Besitzungen von Tidor beschränkt sahen[3]
    Die Macht und das Ansehen der Portugiesen neigte sich
abwärts. Nicht nur in den Molukken nahmen die Dinge eine
ernste Wendung, auch in den ubrigen Teilen der Besitzungen

---

[1] Valentijn, I, 356
[2] Argensola, 3. Buch Valentijn, I, 358 Dassen, S 19 De Jonge,
II, 179
[3] Argensola, 3. Buch Valentijn, I, 358, 359. De Jonge, II, 180

sahen die Gouverneure sich hart bedrängt, sodafs der Sukkurs
von Malaka in der Folge mehr und mehr abnahm. Die
Fürsten von Malaka bis Diu planten geheime Bündnisse, über-
all garte der Aufruhr und die Gefahren stiegen [1]
Die Priesterherrschaft zeitigte ihre Früchte. Seit in Goa
ein Erzbischof herrschte, in derselben Stadt vom Jahre 1560
ab auch ein Grofsinquisitor Gericht hielt [2], in Malaka und
Koschin Bischöfe residierten, und König Sebastian, statt für
Indien besorgt zu sein, für einen Religionskrieg an der Küste
Afrikas schwärmte, ging das politische Ansehen herab. Die
Verteidigungsmittel verringerten sich, je dringender die Not
in Indien ihrer bedurfte
In den Molukken trat für die Portugiesen eine vermehrte
Sorge ein, als der König von Batjan zwischen den Königen
von Ternate und Tidor zu vermitteln suchte, um die Europäer
ihrer kräftigen Stütze zu berauben; und als diese Besorgnis
kaum gestillt war, erschien im Jahre 1578 Franz Drake vor
Ternate, der auf dem Wege des Magellan über Westen gekommen war. [3]
Auf einen Angriff gegen die Portugiesen verzichtete Drake
jedoch, da er reiche Silberschätze in Neu-Spanien erobert
hatte, die er nicht in Gefahr bringen wollte, sodafs er sich
darauf beschränkte, ein Freundschaftsbündnis mit König Babu
abzuschliefsen. [4]
In demselben Jahre hatte Louis De Taide zum zweiten
mal die Zügel der Regierung in Indien übernommen und
sandte sogleich nach seinem Regierungsantritt den noch in
Goa sich aufhaltenden Diego Lopez als Gefangenen an den
König Babu ab, um durch seine Auslieferung eine Versöhnung
zu erreichen. Das Schiff wurde jedoch bei Japara, auf der

---

[1] Argensola, 3. Buch.

[2] Aug Bouchot. „Histoire du Portugal", S. 164.

[3] Purchas, „Pilgrimes", Teil I, Buch II, Kap. 3. Valentijn, I, 358.

[4] Die Schilderung, welche Drake über den Reichtum und den Prunk
am Hofe von Ternate entwarf, war sehr glanzend, wurde aber von den
Hollandern vielfach als übertrieben verdachtigt; mir scheint nach den
Zeugnissen aus ihren eigenen Reisejournalen und Relationen mit Unrecht.

Nordküste von Java, durch die Insulaner angegriffen, und die gesamte Mannschaft, einschliefslich des gefesselten Lopez, ermordet.[1]

Die Bemühungen Taïdes, durch gerechtes und gütiges Verhalten die erzürnten Fürsten zu beschwichtigen und durch Aufhebung der Religionsverfolgung die Politik in ebene und ruhige Bahnen zu lenken, waren ebenso verspätet, als von kurzer Dauer. Nach der Vereinigung Portugals mit Spanien wurde das frühere Regiment in den Kolonien in verschärfter Weise wiederhergestellt, und kaum fühlte man sich im Besitze der Macht, so sann man auf Mittel des Schreckens, um die aufständischen Völker zu züchtigen und die Ungläubigen zum Glauben zu zwingen.

Babu, der auf einem glänzenden Seezuge, den er selber anführte, sein Reich noch durch Gewinnung neuer Inseln vermehrt hatte, in den alten Besitzungen überall mit Jubel empfangen und mit grofsen Ehrenbezeigungen überschüttet war[2], sah sich auf der Höhe der Macht, als ihm die Kunde von dem besorgnisweckenden Vorgange in der europäischen Welt überbracht wurde.

Es fehlte ihm nicht an Verstandnis für die politischen Veränderungen, welche durch diesen Wechsel herbeigeführt wurden, und er wufste einsichtig genug zu würdigen, dafs er ohne den Antagonismus, welcher die Spanier auf den Philippinen und die Portugiesen in den Molukken stets entfremdet hatte, nicht so leicht über die letztern gesiegt haben würde, um nicht auch seinerseits frühzeitig gegenüber dieser veränderten Lage Stellung zu nehmen.

Wenn sie die Macht bekamen, mufste die Rache der Jesuiten eine blutige werden, da seit seiner Regierung in seinem Reiche die Christen heftig verfolgt und die Insulaner, welche zum Glauben sich bekehrt hatten, gezwungen waren, davon wieder zurückzutreten; desto dringlicher fühlte sich Babu zu Sicherungsmafsregeln veranlafst.

Seine Entschliefsungen zeugen von grofser politischer

---

[1] Argensola, 3. Buch.
[2] Valentijn, I, 358.

Einsicht und ebenso viel Festigkeit und Mut Er rüstete eine
glänzende Gesandtschaft an Philipp aus, die unter Führung
eines vornehmen Grofsen, mit Namen Naik, von Ternate absegelte und die Aufgabe hatte, Philipp zur Erwerbung der
Krone Portugals zu beglückwünschen.[1] Gelang es Naik nicht,
ein Freundschaftsbündnis mit Philipp zustande zu bringen, und
blieb dann nur der Kampf übrig, so sollte derselbe mit
Elisabeth von England oder mit Oranien wegen eines Bünd-
nisses unterhandeln und schon auf der Hinreise nach Europa
die Inselfürsten im Indischen Archipel als Alliierte von Ternate
zu gewinnen suchen

Naik fuhr über Makassar (West-Celebes), Borneo, Java
und Sumatra, wo er mit den vornehmsten Fürsten, auf Sumatra besonders mit dem von Atjin (nach niederländischer
Schreibart Atjeh) Bündnisse abschlofs, die erkennen lassen,
dafs Babu von vornherein wenig Vertrauen auf eine friedliche Verständigung mit Philipp hegen mochte.

Ein ausführlicher Bericht über die Gesandtschaft hatte
die spanische Regierung schon von allem unterrichtet, als
der Unterhändler im Jahre 1584 in Lissabon eintraf und bald
nach seiner Ankunft eine Audienz beim Könige selbst erwarb.

Philipps kategorische Forderung ging dahin, dafs die Insulaner den Mafsnahmen seiner indischen Regierung in allen
Stücken sich zu fügen hätten, sodafs Naik sehr gedemütigt
das königliche Schlofs verliefs[2] Oranien, den kurz vor seinem
Tode die Verteidigung des Landes wie die Erwerbung der
Grafenkrone von Holland ganz in Anspruch nahm, vermochte
der molukkischen Gesandtschaft kein rechtes Interesse ent-
gegenzubringen, wie auch bei dem englischen Kabinett die
kontinentale Politik gänzlich im Vordergrunde stand, und man
statt direkten Eroberungen in den Kolonialgebieten selbst sich
hinzugeben, in der Unterstützung der portugiesischen Nationalpartei unter Antonio von Orato billiger im Trüben zu fischen
hoffte[3]

---

[1] Argensola, 4 Buch.
[2] l c
[3] Bouchot, S 166

Naik trat daher unverrichteter Sache die Rückkehr an, mit der traurigen Erfahrung bereichert, dafs der Gesandte eines heidnischen Inselkönigs aus Ostindien an den Fürsten-höfen Europas sehr wenig bedeutete.

Unterdessen waren in den Molukken grofse Veränderungen vor sich gegangen. Während die Zeitumstände des starken Armes und der kraftvollen Staatsleitung Babus am meisten bedurften, wurde der König das Opfer des Verrats. Die Kriegsvorbereitungen des Gouverneurs der Philippinen und die Ankunft dreier portugiesischer Kriegsschiffe vor Ternate im Jahre 1583 mochten den König mehr, als gut war, ver-anlafst haben, eine Versöhnung mit den Portugiesen zu suchen. Er folgte der Einladung des Kommandanten des Geschwa-ders, zu Schiff zu kommen, und blieb danach Gefangener auf Betreiben des Gouverneurs in der Festung Victoria auf Am-boina, wo damals ein Jesuit. Namens Marta, den grofsten Ein-flufs ausübte.[1] Man ward an dem ehrlichen König, der dem . Rufe zur Unterhandlung gefolgt war, zum Verräter und führte ihn nach Goa. Auf der Reise starb der blühende Mann, und sein Leichnam ward, wie der seines Vaters, in Stücke ge-hackt.[2] Diesem thatkräftigen Regenten folgte im Jahre 1584 sein Sohn Saíd auf dem Throne nach[3], der den König von Tidor im Verdacht hielt, dafs er um die Gefangennahme seines Vaters gewufst habe, oder gar daran beteiligt war.

König Gava von Tidor. der die Wahl Saíds zum König begünstigt hatte und dessen Verdacht nicht ahnte, zeigte sich dagegen um dieselbe Zeit zu freundschaftlicher Annäherung bereit; es mag zweifelhaft sein, ob er es ehrlich damit meinte oder durch dies Verhalten die wirkliche Teilnahme am Ver-brechen verdecken wollte.[4] Als die beiden Könige bei einem

---

[1] Argensola, 4 Buch.

[2] Valentijn, I, 359. Man weifs nicht, woher Valentijn diese Nach-richt hat, Argensola hat sie nicht; doch lassen die Umstände wohl ver-muten, dafs Babu eines gewaltsamen Todes gestorben sei

[3] Vollständig ist der Name Salud Berkat; malaisch, soviel wie Ge-zeuge des Segens. Valentijn, I, 359.

[4] Weil es an äussern Umständen, welche sie erklären konnten, fehlt, hat es etwas Unnatürliches, dafs gerade zur Zeit, als die Macht seiner

Gastmahle vereinigt waren, benutzte Said diese Gelegenheit
und ließ den König von Tidor mit seinem Gefolge nieder-
machen. Die alte Feindschaft zwischen Ternate und Tidor
brach jetzt aufs neue und heftiger als zuvor aus. In Tidor
trat ein Bruder Gavas die Regierung an, indes sein Sohn,
Mole, noch minderjährig war. In einer Seeschlacht, die zwischen Ternate und Tidor darauf stattfand, blieb Said Sieger.
Der junge Prinz Mole fiel in seine Hände und wurde gefangen nach Ternate geführt. Durch einen kühnen Anschlag
wurde dieser jedoch von einem tidorischen Großen aus der
Gefangenschaft befreit. Die Überlieferung erzählt, daß die
schöne Schwester des gefangenen Königs demjenigen als Lohn
ihre Hand zugesagt habe, der ihren Bruder aus der Gefangenschaft erlösen, ihn lebend oder tot ihr überbringen werde.
Kitschil Saloma, der den köstlichen Preis erringen wollte,
führte in einer Nacht mit fünf getreuen Tidorern das Wagnis
der Befreiung aus. In einem kleinen Boote setzte er über
die schmale Meerenge, welche Tidor von Ternate trennt. Die
Bewohner von Gamalama lagen in tiefem Schlummer, als er
in einem von dem Gefängnisse des Königs entfernten Stadt-
teile eine rasch um sich greifende Feuersbrunst entzündete
und nun in dem entstehenden Tumult das von den Wachen
verlassene Gefängnis des Königs sprengte, diesen befreite und
ihn glücklich in seinem schnellen Boote nach Tidor rettete.[1]
    Die Feindseligkeiten nahmen danach mit wechselndem
Erfolge, aber ohne eine ernste Entscheidung, ihren Fortgang;
die größere Kriegsmacht Ternates wurde auf der Seite der
Tidorer durch die Hilfe der Portugiesen ausgeglichen.
    Als dann im Jahre 1588 zum zweiten mal englische Schiffe
in den Molukken erschienen, hätte ihre Unterstützung an Ternate, wie es Drake versprochen hatte, den Portugiesen und
Tidorern leicht gefährlich werden können; jedoch scheint es,

---

europäischen Freunde so mächtig im Aufsteigen war, der König von
Tidor den Ternatern eine freundschaftliche Annäherung bezeigte; es
scheint hiernach, daß der Verdacht Saids nicht ganz ungerechtfertigt
gewesen sein wird

[1] Argensola, 4. Buch

dafs die englische Regierung auch jetzt zu kolonialen Erwerbungen noch nicht geneigt war, sondern auf Seekrieg und
Beutemachen gegen die Spanier sich beschränken wollte, denn
der Führer jener Schiffe, Admiral Candish, vermied es, Ternate anzulaufen [1] Er hielt sich nur wenige Tage an der Kuste
von Halmahera auf und segelte dann nach Ost-Java weiter.
Diese Unentschlossenheit der englischen Politik kam den
Niederländern sehr zustatten, welche, nachdem sie einmal
zum Handeln entschlossen waren, durch ihre reichen Mittel
im stande waren, ihre überseeischen Unternehmungen mit
allem Nachdruck zu fordern.

---

[1] Argensola, im 4 Buche, und Valentijn (I, 42 und 360) hat es nach-
geschrieben, teilt mit, dafs Candish in Ternate war, und Abgesandte des
Konigs sich dem Admiral auf der Heimreise angeschlossen hatten, darüber sagt Candish in seinem Reisebericht an die Lords Hunsdon und
Chamberlaine jedoch nichts, und auch nach dem Tagebuche eines Reise-
begleiters, Francis Pratty, ist der Aufenthalt bei Halmahera so kurz
und die Weiterreise nach Westen erfolgt so bald, dafs ein Besuch auf
Ternate völlig ausgeschlossen erscheinen mufs. Auch die Jahresangabe
1587 ist falsch; Candish hat erst im Januar 1588 die Philippinen verlassen, lief am 8. Februar 1588 Halmahera an (er nennt diese Insel
Batachina) und befindet sich am 14 Februar 3° 80′ südl. Br ; am 1. März
passiert er die Strafse zwischen Bali und Java (Bali nennt er Java mi-
nor), um in der Bai von Blambangan (bei Candish Bolamboam) vor Anker
zu gehen; auch in einem Briefe des Konigs Said an Konig Jakob I. von
England erinnert derselbe nur an den Besuch von Drake, und schreibt
ausdrücklich, dafs er seitdem vergeblich auf die Wiederkunft der Engländer gehofft habe. Vgl Purchas, „Pilgrimes", Teil I. Buch IV, Kap 5
und Teil I, Buch V. Kap. 14

VIERTES KAPITEL

DER SIEGREICHE AUFGANG DER NIEDERLÄNDISCHEN KOLONIALHERRSCHAFT IN DEN MOLUKKEN.

§ 10. *Die Bildung von Handelskompanien in den Niederlanden zur Fahrt nach Ostindien.*

Der Untergang der spanischen Armada im Jahre 1588
hatte wegen der belangreichen Teilnahme der vereinigten Provinzen der Niederlande an dem Siege für den weitern Ausbau
deren Selbständigkeit und ihre Lostrennung von der noch
durch Vertrag vom Jahre 1584 bestehenden gewissen Oberhoheit Englands [1] eine wesentliche Bedeutung. Nach jenem
Erfolge geht die Entwickelung zu politischer Unabhängigkeit
rasch vorwärts in dem Vertrauen, dafs die Niederländer auf
dem Meere mit ihren zum Kriegsdienst gut ausgerüsteten
Handelsflotten niemand zu fürchten brauchten.

Schon seit Jahrzehnten waren die Provinzen Holland und
Seeland den seefahrenden Nationen durch den Umfang ihrer
Handelsmarine weit überlegen [2], aber die grosse Bedeutung
und Wichtigkeit, und die rechte Zusammenfassung und Ver-

---

[1] Hooft, „Nederlandsche Historien" (4 Aufl), S 1036 fg. A. Kluit,
„Historie der Staatsregeeringe" (5 Bde) III, 40 fg

[2] Im Jahre 1596 durfte die Regierung von Amsterdam, als sie ein
Handelsverbot Englands nicht anerkennen wollte, stolz sagen, dafs die
Republik unabhängig von England sei. dafs sie mehr Schiffe habe, als

wertung ihrer Seekräfte zum Schutze des Staates fand erst die volle Anerkennung und Würdigung in den weitesten Schichten des Volkes nach der glücklichen Seeschlacht vom Jahre 1588. Gleichzeitig damit reifte nun auch in den Handelskreisen besonders der Provinz Holland der Plan, den Handel zu erweitern, den Zwischenhandel aufzugeben und den direkten Handel mit dem Orient zu gewinnen. [1] Die reichen Mittel, welche für solche Unternehmung zu Gebote standen, führten die Plane rasch zur Verwirklichung; dazu gewährte die Verfassung denselben den breitesten Spielraum. Die Republik war ein Handelsstaat im vollsten Sinne des Wortes, gleichsam eine freiwillige Vereinigung reicher und selbständiger Handels- und Industriestädte, welche durch gemeinsame Feinde besser, als durch gleiche Ziele und Interessen verbunden wurden und deshalb in ihren Unternehmungen mehr Festigkeit und Einheit versprachen, als etwa der alte Hansabund der Ostseestädte.

Die Herrschaft und Gewalt lag im wesentlichen in den Handen der Kaufherren in den Städten. Die Verfassung, auf Grundlage der Vereinigung von Utrecht, ließ den lokalen Autoritäten die weiteste Selbständigkeit. Die Provinzen wur-

---

das Doppelte der Königreiche Frankreich und England zusammen betrage. Vgl. Brief von Bürgermeistern und Schöffen von Amsterdam an die Allgemeinen Staaten vom 1 November 1596; zu finden in den Verhandlungen der Generalstaaten vom genannten Jahre.

[1] Noch immer wird in Geschichtswerken und Schulbüchern als Anlaß für die Eröffnung der indischen Reisen der Niederlander die gewaltsame Schließung des Hafens von Lissabon durch Philipp II. angegeben, auch R. Metelerkamp, in seiner neuen für den Schulgebrauch eingerichteten „Geschiedenis van de Nederlandsche Kolonien in Oost-Indie" (Zwolle 1884), beschränkt sich darauf, diesen Grund zu nennen, während doch die Erschwerung des Handels von Philipp II. nicht einseitig und erst 1584 erfolgte, sondern schon in früheren Jahren sowohl auf spanischer, als englisch-niederländischer Seite wiederholt geschehen war. Nicht Not, sondern Gunst der Verhältnisse, nicht Bedrängnis, sondern ein wohldurchdachter, durch die reichsten Mittel unterstützter Handelsplan bezeichnet den Anfang der niederländischen Fahrt nach Ostindien. Schon De Jonge hat darauf hingewiesen, endlich das alte Schulmärchen fallen zu lassen.

den völlig unabhängig vom Ganzen verwaltet; die städtischen Regierungen waren in dem vollen Umfange ihrer Stadtgebiete souverän.

Da nun in den Provinzial- und Generalstaaten die Städte gegen das flache Land oder die Ritterschaft im Übergewicht und durch ihren Reichtum geradezu bestimmend waren, die städtischen Regierungen aber die Vertreter zu den Staaten ernannten [1], so lag bei diesen die eigentliche Gewalt. Die festen Kreise von Regentenfamilien, wie sie in den Städten allen Einfluß ausübten, fanden sich in derselben Geschlossenheit in den Provinzial- und Generalstaaten wieder.

Unter den Städten bildete das Mehr oder Weniger des Einflusses auf die Leitung der Geschäfte des Staatsganzen den gewöhnlichen Kampf, der aber dank des gemeinsamen Landesfeindes niemals eine so bedrohliche Wendung nahm, daß der Bestand der Republik dadurch gefährdet ward. [2]

Amsterdam trat von vornherein mit dem Übergewicht seines Handels und Reichtums als Führerin unter den Städten auf und hat seinen maßgebenden Einfluß durch Jahrhunderte auch behauptet. [3] Von hier beginnen die ersten Fahrten nach Ostindien, und diese Stadt behielt hervorragend die Leitung der berühmten Ostindischen Kompanie, welche siegreich die Portugiesen aus ihren Besitzungen verdrängt und den Handel des Orients an die Mündungen des Rheins verpflanzt hat.

Die Herren Siebzehner, die 17 Direktoren dieser Kompanie, welche in Indien Gouverneure anstellten, über Armeen verfügten, Kriege führten, Könige ein- und absetzten und eine höchste Regierungsgewalt ausübten, waren Kaufherren und städtische Regenten, deren Macht nur erklärt werden kann, wenn man berücksichtigt daß diese Interessenkreise ihre Ver-

---

[1] Der Wahlkörper in den Städten war immer die Vertretung der Bürgerschaft, vroedschap oder raad genannt. Die „vroedschap", einmal von der Bürgerschaft gewählt ergänzte sich durch eigene Wahl. Die Bürgerschaft kam nur zu Neuwahl, wenn einmal Unruhen ausbrachen und die bestehende „vroedschap" gesprengt wurde, was während der Religionsunruhen einigemal geschah.

[2] Kluit, III, 35 fg.

[3] Kluit III, 3

treter in den höchsten Stellungen der Staatsleitung selbst
hatten.[1]

Sobald nun die grofse Schiffahrt von den Niederländern
begonnen wurde, bildeten sich Gesellschaften, Handelskompanien für diesen Zweck, um mit vereinigten Kräften das Ziel
desto sicherer zu erreichen.

Unter den Gesellschaften, die sich durch den grofsen Gewinn an dem überseeschen Handel schnell vermehrten, brach
bald ein Neid aus, der die unterschiedenen Städte in die heftigste Feindschaft zu werfen drohte, indem die eine Stadt der
andern den Handel zu erschweren suchte zum Schaden der
Nation. Um daher eine weitere Konkurrenz unmöglich zu
machen, gaben die Generalstaaten zum indischen Handel vom
Jahre 1602 ab keine neue Konzession und fafsten die bis
dahin entstandenen Gesellschaften zu einem Handelskörper
zusammen.

In dieser vereinigten Ostindischen Kompanie[2] waren acht
Anteile gegeben, davon entfielen allein vier auf Amsterdam,
zwei auf Middelburg, ein Anteil auf die Städte der Maas, auf
Rotterdam und Delft, und ein Anteil auf die Städte des Nordquartiers, Hoorn und Enkhuizen. In diesem Verhältnisse nahmen die Städte an den Ausrüstungen der Schiffe, an der Verwaltung, an allen Pflichten und Rechten des indischen Handels
teil. Diese Verteilung sicherte Amsterdam die Nachfolge
Lissabons, der reichsten und herrlichsten Stadt jener Zeit.

Die Ostindische Kompanie eröffnete eine glänzende Thätigkeit; ihre Macht war durch Gesetze geschützt, keinen Angriff
gegen ihre bevorzugte Stellung durfte sie fürchten; sie hatte
nicht nur Gewalt genug, jeden Gegner niederzuwerfen, mit
dem wachsenden Reichtum und der zunehmenden Gröfse des
Handels, welcher in ihr die eigentliche Schöpferin und Bewahrerin hatte, stieg auch ihr Ansehen und ihre Bedeutung;
sie verknüpfte mit ihrem steigenden Wohlstande und ihrer

---

[1] Kluit, III, 3 fg.

[2] Vgl. J. A. van der Chijs, „Geschiedenis der Stichting van de Nederlandsche Vereenigde Oost-Indische Kompagnie" (Leyden 1857) Valentijn, I, 93 fg. De Jonge, Bd. I.

Herrschaft aufs engste das Wohl und Wehe des Landes. Den reichsten Handelsgewinn zog sie aber im Beginn wie Fortgange ihres Bestehens aus den Molukken, auf die wir die Betrachtung jetzt zurücklenken.

§ 11. Die ersten Niederländer im Molukkischen Archipel. Die Portugiesen machen vergebliche Anstrengungen zur Sicherung der Gewürzinseln.

(1588—1602.) Obgleich Philipp II. bei seiner Huldigung in Lissabon beschworen hatte, die portugiesische Verwaltung unter Wahrung der nationalen Interessen intakt zu lassen [1], so konnte eine Rivalität unter den beiderseitigen Beamten nicht ausbleiben und die Leitung der Geschäfte zu spanischen Gunsten in der Folge kaum vermieden werden.

In den Molukken bestanden nun Verhältnisse lokaler Art, welche diesen Gegensatz besonders deutlich zur Erscheinung brachten. Jahre hindurch waren die ansässigen Portugiesen von der Regierung in Malaka ohne Hilfe gelassen, die Grundbesitzer waren durch die siegreichen Ternater von ihren Gütern verjagt, und die Kaufleute hatten ihren einträglichen Handel verloren.

Diese Interessenkreise richteten daher naturgemäfs ihre hilfesuchenden Blicke auf die spanische Verwaltung der Philippinen und wurden darin von den zu Philipp stehenden Jesuiten ermuntert.

In ausgedehntem Mafse hatten einzelne portugiesische Grofse Grundbesitz erworben; ein Graf Paul de Lima besafs

---

[1] Diesen Eidschwur leistete Philipp II. am 15. November 1582 zu Lissabon; in dem auf die Kolonien bezüglichen Hauptstuck war vorgeschrieben, dafs Gerechtigkeiten zu Wasser und zu Land an erobeiten und noch zu erobernden Orten nicht von der Krone Portugal abgetrennt werden sollten, gleicherweise alle Ehrenstellen, Ämter, Verwaltungen u. s. f. Vgl. Argensola, 4. Buch.

allein auf Ternate neun Dörfer, auf Makjan acht Dörfer und auf Motir verschiedene Landgüter. [1] Dieser De Lima begab sich wiederholt nach Manila und vermochte mit jesuitischem Beistande die Gouverneure zu Unternehmungen gegen Ternate zu bewegen, ohne dafs jedoch diese Flotten etwas Besonderes ausrichteten.

Solche Bestrebungen wurden in Malaka mit scheelem Auge angesehen; hatte man, soweit es die eigene Verlegenheit noch gestattete, sonst einige Hilfe geboten, so unterblieb dies jetzt aus Ärger über die unpatriotische Haltung der Landsleute auf den Molukken

Andere Gegenströmungen verhinderten hinwiederum öftere Zusendungen von den Philippinen; hier wollten die Spanier die Hilfskräfte nicht wegen der Molukken den eigenen Interessen entzogen wissen, und da gerade zu jener Zeit eine drohende Haltung Chinas und Japans zur Vorsicht mahnte, besonders aber spekulative Raubzüge an der chinesischen Küste auf Luçon beliebt waren, die den Unternehmern, Beamten und Privaten, reiche Beute eintrugen [2], so blieben auch auf den Philippinen die Notrufe von den Molukken meistens ungehört

Diese traurigen Zustände wurden für den portugiesischen Besitz in den Molukken verhängnisvoll, die Lage wurde zudem noch mehr durch die alte Regierungsregel erschwert, die bewirkt hatte, dafs jedes Gouvernement immer für sich arbeitete; jeder Beamte war für seine Interessen und die seiner nächsten Umgebung besorgt, wodurch die schädlichsten Trennungen und Entfremdungen unter den benachbarten Gebietsteilen und Beamtengruppen sich entwickelt hatten. In einer allgemeinen Not mufste es darum an einem festen gemeinsamen Zusammenhalt gleichermafsen gebrechen.

Unter solchen Umständen erwies sich die so sehr gefürchtete Machtvereinigung der Spanier und Portugiesen den Ternatern eher günstig, als schädlich, denn in den unausgesetzten Kriegen, welche durch mehrere Dezennien fort-

---

[1] Argensola, 5. Buch
[2] l c

dauerten, vermochten sie die Spanier von ihrer Insel fernzuhalten und manchen Erfolg auch über die den Europäern
verbundeten Tidorer zu erringen.

Mitten in diese Kämpfe fiel nun die Ankunft der Niederländer, deren erste Schiffe am 3. März 1599 nach Amboina
(Küste Hitu) gelangten. Dieselben gehörten zu einer zweiten
Expedition aus Amsterdam, die auf dem Wege der Portugiesen um das Kap der guten Hoffnung die Reise gemacht hatte [1]
Über die vier Schiffe befehligten die Admirale Warwijk und
van Heemskerk. Der letztere, ein ausgezeichneter Seeheld
und kluger Unterhändler, hatte einige Jahre zuvor den berühmten Nordzug nach Nowaja-Semlja unter Barenszoon mitgemacht, und war durch Befähigung und Charakter gleich be-
vorzugt, den Niederländern eine vorteilhafte Einführung zu
bereiten. Die Schiffe ankerten vor Hitulama und wurden von
dem ersten Radja, einem würdigen Greise, der den Namen
Kapitän Hitu von den Portugiesen angenommen hatte, mit
grofser Freundlichkeit empfangen.

Heemskerk, der zur Unterhandlung an Land ging, wurde
der Sitte gemäfs unter den geheiligten Wangirinbaum geführt,
wo die Ältesten aus den verschiedenen Distrikten der Landschaften versammelt waren und mit ihm einen Freundschafts-
und Handelsvertrag vorbehaltlich der Zustimmung des Königs
von Ternate gern eingingen. [2]

---

[1] „Begin en voortgang Tweete Schepvaart' Valentijn, I, 82. De
Jonge, II, 203.

[2] Journal Heemskerk; bei de Jonge, II, 385 fg Die Landschaft
Hitu umfafste damals mit Ausnahme des westlichen Teils mit den Hauptnegereien Wakasihu Larike und Urien, welcher an Ternate gehörte, ganz
Nord-Amboina Die Landschaften wurden von vier Häuptlingen regiert,
die entsprechende Besitzteile hatten Die Regierungsform war die aristo-
kratische Republik Die einzelnen Bezirke behandelten ihre innern
Angelegenheiten selbständig, die Jurisdiktion übte jedes der Häupter in
seinem Gebiete und nur in allen Sachen, die das ganze Land angingen,
wie Krieg und Handel, war jedes Haupt an die Beschlüsse gebunden,
welche aus den gemeinsamen Beratungen hervorgingen. An den letztern
nahmen auch die Distriktsobern und Orangkajas der Hauptnegereien teil
Der König von Hitu, Tanahitumessen, hatte wohl bei den Versammlungen
den Vorsitz, aber Kapitän Hitu, mit Geschlechtsnamen Cape tapis, war

Während Warwijk vor Amboina mit zwei Schiffen verblieb, ging Heemskerk mit seinen Schiffen nach Banda, wo er
vor der Stadt Ortatan auf Lontor seine Anker auswarf.

Die fremden Handler hatten auf den Banda-Inseln Abgaben (Ruba-Ruba) zu zahlen, die vorher mit dem Hafen-
meister (Sabandar) festgesetzt wurden; indes in javanischen
Städten, wie Bantam, Tuban, Grisse und in den Ländern der
molukkischen Fürsten diese Abgabe nach Prozenten von den
verhandelten Waren erhoben wurden.[1] Es kam zwischen
Heemskerk und dem Sabandar von Ortatan daruber zu langwierigen Vorverhandlungen, die aber endlich einen guten Ab-
schluss fanden.[2]

In Ortatan auf Lontor und in der Stadt Neira auf der
gleichnamigen Insel war damals der Hauptmarkt; weil jedoch
die Muskatnusse und Gewurze, da es schon etwas zu spät
zum Einkauf war, meistens von javanischen, malaischen und
arabischen Handlern aufgekauft waren, so musste Heemskerk
mit diesen schlauen und zum Teil betrugerischen Kaufleuten,
die von den Chinesen gelernt hatten, handeln. Dazu waren
auf den Inseln blutige Fehden zwischen den Bewohnern ausgebrochen, hier standen sich noch vielfach Mohammedaner
und die Anhänger des alten heidnischen Glaubens feindlich
gegenuber, die strengglaubigen Mohammedaner waren die
Partei der Uhlimas und die Heiden von der Partei der Uh-
sivas. Auf der Insel Lontor gehörten die Städte Lontor,
Ortatan und andere kleinere Städte zur ersten Partei, da-

---

der einflufsreichste unter den Häuptern, sodafs er in Wirklichkeit die
Geschäfte des Landes nach aufsen leitete Durch Vertrag infolge fruherer
Kriege mit dem Konige von Ternate erkannten die Hituesen denselben
als ihren Oberherrn an, ohne ihm jedoch Zoll oder andere Leistungen
schuldig zu sein Daher bedurfte es auch der Zustimmung dieses Konigs
zu dem mit den Niederlandern geschlossenen vorläufigen Handelsvertrage
Vgl. auch Anhang, S LXXIII.

[1] „Begin en voortgang Tweete Schepvaart." Journal Heemskerk, l c.

[2] Heemskerk mufste fur die Ladung eines Schiffes (200—250 Last)
4 Bar Fuli (Muskatblute) zahlen, der Durchschnittspreis fur den Bar
(550 amsterdamer Pfund) war damals auf Banda circa 75 Thaler, der
Ruba-Ruba fur ein Schiff betrug demnach circa 300 Thaler.

gegen die Städte auf der östlichen Hälfte der Insel zu den
Ulisivas; ebenso schied sich auf Amboina die mohammedanische Landschaft Hitu von der heidnischen und christlichen
Landschaft Leitimor. Dieselbe Trennung bestand ferner auf
Ceram und den östlich liegenden Inselgruppen, wie Ceramlaut, Goram; überall, wo der Islam in Gegenden, die am Handel und Verkehr teilnahmen, sich Bahn gebrochen hatte.[1]

Heemskerk kaufte soviel als möglich war Gewürze ein
und hinterließs bei seiner Abreise nach Bantam (Java) in den
Städten Lontor und Neira Faktoreien; in Neira Adriaan
van Veen mit neun Mann, in der Stadt Lontor August Stal-
paert mit ebenso viel Leuten.[2]

Inzwischen war Warwijk von Amboina nach Ternate ge-
segelt und traf hier eine erste Verabredung mit dem König
Said, der sich aber erst auf Verhandlungen einließs, nachdem
auf beiden Seiten, vom Admiral und von Said selbst, feierlich Treue und Freundschaft beschworen ward.[3]

Said kannte keinen andern Wunsch, als die Portugiesen
zu verjagen und die verhafsten Tidorer zu unterjochen.
Seit dem Besuche von Francis Drake im Jahre 1578 trug
er nach der Wiederkunft der Engländer grofses Verlangen,
um ihrer Hilfe sich zu bedienen; wenn er jetzt Freundschaft
mit den Niederlandern schlofs, so rechnete er auf ihre gleich
wirksame Unterstützung. Der Wunsch, mit reicher Ladung
schnellmöglichst wieder die Heimat zu gewinnen, bestimmte
Warwijk, den König wegen Kriegshilfe gegen die Portugiesen
auf später zu vertrösten; er hinterließs aber, wie Heemskerk
es auf Banda gethan hatte, einen Faktor, Franz van der Does[4],

---

[1] Vgl Anhang, S LXV.
[2] Journal Heemskerk l c
[3] Valentijn, I 361 Bericht Warwijk, bei de Jonge, II 381 fg
[4] Van der Does hatte auch den ersten Schiffszug (1595—97) mitgemacht und sich durch ein gut geführtes Tagebuch ausgezeichnet Vgl.
de Jonge, 287—372

mit sechs Leuten für den Einkauf und Handel auf Ternate zurück.

Sehr befriedigt verließ Waiwijk Ternate; Said hatte den Niederländern Feste gegeben und sich sehr aufmerksam gegen sie bewiesen; nach der auch an den Höfen auf Java geübten Sitte waren zu Ehren der Gäste Ritterspiele von der Jugend des Adels oder Scheingefechte aufgeführt; außerdem hatten reiche Gastmähler zu ihren Ehren stattgefunden.

Der Handelsvorteil dieser Expedition war gleichfalls bedeutend. Bei den kriegslustigen Ternatern, den Hituesen auf Amboina und den Bewohnern von Banda wurden vorteilhaft alte Waffen und Kriegsgerät gegen die kostbaren Gewürze verhandelt; dagegen mußte von den gebildeten ostländischen Kaufleuten auf Banda nur gegen Geld gekauft werden, da diese den Handel so gut wie die Niederländer verstanden.

Auf Banda verkehrten damals in der Mehrzahl javanische Kaufleute aus Tuban, Jurtan und Grisse, von denen die Gewürze nach Bantam, wo stets großer Markt war[1], oder nach Indien (Malaka, Koschin u. s. w.) gebracht wurden.

Außer dem guten Empfange und den vorteilhaften Ge-

---

[1] Bantam wurde viel von Arabern und Persern besucht; die Stadt hatte große Handelsbedeutung gewonnen, weil hier viel Pfeffer angebracht ward, zumeist von der benachbarten Insel Sumatra aus den Tributlandern des Sultans von Bantam. Zudem war die Stadt für die Araber und Perser auch günstig gelegen, weil die Reise dahin aus dem Roten Meere oder dem Persischen Golf in einem Jahre getban werden konnte, und hier ein freier Markt geblieben war, wo die Autorität des Sultans nicht durch die Portugiesen beschränkt ward. Alle diese Umstände bewirkten, daß in Bantam die Handelsartikel und Produkte des Orients in großer Menge zusammenflossen. Die Abgaben betrugen von allen ein- und ausgeführten Waren durchschnittlich 6 Prozent (von dem eigenen Pfeffer 5 Prozent, von den molukkischen Gewürzen 4 Prozent; diese verschiedenen Zollsätze zeugen von guter Handelspolitik). In Alexandrien betrug der Zoll früher 16 Prozent und die meistbegünstigten Venetianer mußten dort durch Jahrhunderte 10 Prozent zahlen. Über die Marktverhältnisse in Bantam im Anfange des 17. Jahrhunderts findet man Ausführliches angegeben in „A Discourse of Java" von Edmund Scot, der von 1602—5 Faktor der englischen Ostindischen Kompanie in Bantam war, bei Purchas, Teil I, Buch III, Kap. 4 und in ‚Observations' von seinem Nachfolger (1605—9) John Saris, ebenda, Teil I, Buch IV, Kap. 2.

schaffen war es jedoch zu bestimmten bindenden Verträgen
zwischen den Niederländern und dem König von Ternate diesmal nicht gekommen

Im Mai des Jahres 1600 traf in den Molukken für eine
neue amsterdamer Kompanie der Admiral Steven van der
Hagen ein, der eine Mannschaft von 27 Personen unter dem
Faktor Sonneberg in Hitulama auf Amboina zurückließs, nachdem er etwa acht Wochen lang die Portugiesen in ihrer
Festung auf der Nordküste von Leitimor belagert hatte ohne
ihnen jedoch Schaden zuzufügen. [1] Diese Besatzung unter
Sonneberg schiffte sich gelegentlich des bald nach Hagen im
Juni 1601 Hitu anlaufenden Seevogts Cornelis van Heemskerk [2] mit diesem nach dem Vaterlande ein, und zwar zu
ihrem Glücke, da eine starke portugiesische Flotte von Malaka nach den Molukken bereits unterwegs war, die das alte
Prestige des portugiesischen Regiments wiederherstellen sollte. [3]
Der Kampf, der zwischen den Hituesen und Portugiesen unaufhörlich fortdauerte, hatte Heemskerk Gelegenheit gegeben,
ein Dorf vor der Zerstörung durch die Portugiesen zu schützen,
wofür der Kapitän Hitu ihm Zollfreiheit zusicherte. [4] Danach
segelte im Juni 1601 Heemskerk nach Bali ab. [5]
Auf Ternate hatte dagegen im Juni des Jahres 1600

---

[1] „Begin en voortgang Reise van der Hagen“, S 12 fg.

[2] Valentijn nennt irrtümlich Jacob van Heemskerk, der 1601 für
eine neue vereinigte Kompanie (Oude Kompagnie en Nieuwe-Brabantsche)
seinen zweiten Schiffszug that; Sonneberg wurde aber von Cornelis van
Heemskerk mitgenommen, der am 21 Dezember 1599 für die alte Kompanie ausgelaufen war Jacob van Heemskerk segelte auch erst April
1601 aus Texel ab konnte also nicht im Juni desselben Jahres bei Amboina sein Der Fehler bei Valentijn wird dadurch entstanden sein,
dals „Begin en voortgang den Schiffszug unter Cornelis van Heemskerk
nicht enthalt Vgl Valentijn, I, 88 und II, 406.

[3] Argensola, 8 Buch

[4] Kontrakt zwischen Kapitän Hitu und Cornelis van Heemskerk
vom Juni 1601, bei de Jonge. II, 473 fg.

[5] De Jonge II, 238

van Neck einen Besuch gemacht der mit vielen Freundschafts-
bezeigungen von König Said empfangen ward.[1] Zur Be-
lustigung des kriegerischen Königs von Ternate mehr, als im
Ernst, beschofs van Neck das Fort der Portugiesen auf Tidor;
er löste 450 Kanonenschusse in 2½ Stunden, ohne jedoch
mehr damit auszurichten, als die Hoffnung des Königs Said,
der dieser Feuerprobe mit besonderm Wohlgefallen anwohnte,
auf künftige gröfsere Thaten zu erwecken.[2] Glänzende Mahl-
zeiten und Feste[3] wurden den Niederländern wieder ausgerichtet, die aber wegen Mangel an Handelsprodukten schon
am 21. Juli Ternate wieder verliefsen

Um diese Zeit hatte endlich die Regierung in Goa eine
gröfsere Flottenmacht aufgeboten, um dem Fortschreiten der
niederländischen Eroberungen ein Ziel zu setzen, und die-
jenigen Inselfürsten zu strafen, welche Verbindung mit den
Niederländern gepflogen hatten: dieser Flotte sollten sich
Streitkräfte aus den Philippinen in den Molukken anschliessen.[4]
Furtado, der Oberstkommandierende, langte mit seiner
Flotte im Dezember 1601 vor Bantam an, bestand gegen
fünf niederländische Schiffe unter Wolfert Hermanszoon ein
Seegefecht, das ohne Entscheidung verlief[5], und segelte zum
Zwecke der Vereinigung mit den philippinischen Hilfskräften
nach den Molukken weiter.

Am 10. Februar kam er nach Amboina[6] und sandte, als

---

[1] Valentijn, I, 362. De Jonge, II, 240.

[2] De Jonge, II, 241

[3] In „Begin en voortgang" wird erzählt dafs der König und die
Niederländer der Hochzeitsfeier der Tochter des Sabandars von Ternate beiwohnten; besonders sind die reichen Schätze und Juwelen erwähnt, welche im Hochzeitszuge in vergoldeten Kästen getragen wurden
Vgl. „Zweite Reise van Neck", S. 9

[4] Vgl Brief Furtados an Don Pedro, Gouverneur der Philippinen,
und des letztern Sendung an Philipp III , bei Argensola im 8 Buche.

[5] De Jonge, II, 262

[6] Argensola, 8. Buch. Valentijn, II, 398

er die Unterstutzung Don Pedros noch nicht vorfand, sogleich
Boten nach den Philippinen mit dem Gesuche um sofortige
Abfertigung der versprochenen Streitkrafte ab.[1] Inzwischen
unterwarf er Hitu und verwustete viele Dorfer, deren Bewohner zum gröfsten Teile in die Berge geflohen waren.[2]

Von Amboina ging Furtado nach Hovamohel und setzte
hier Brand und Plunderung zur Strafe für die aufstandischen
Insulaner fort.[3]

Die Kunde von seinem Herannahen eilte ihm nach Ternate voraus, wo er am 10. Oktober vorbeilief, um vor Tidor
Anker zu werfen.[4]

Während Furtado auf Amboina und Ceram die portugiesische Herrschaft herstellte, war der Admiral Heimanszoon,
den man wegen seines mutigen Angriffes gegen die überlegene
portugiesische Flotte vor Bantam hoch feierte, am 17. Februar 1602 nach Ternate gekommen.[5] Er fand die niederlandische Faktorei in gutem Zustande, konnte aber volle Ladung erst mit der neuen Ernte erwarten, weshalb er am
7. Marz nach Banda fuhr, ohne besondere Unternehmungen
gegen die Tidorer und Portugiesen veranlafst zu haben.[6] Am
10. Marz passierte er Amboina und bekam Furtados Flotte
zu Gesicht[7], an der er diesmal ohne Kampflust voruberfuhr,
obwohl er die Faktorei unter Sonneberg (zwar für eine Kon-
kurrenzgesellschaft in Amsterdam[8]) auf Hitu noch anwesend
wahnen mufste. Er kam am 14. Marz vor Banda an[9], wo
Veen noch der Faktorei für die alte Kompanie vorstand.

Die bedrangten Hituesen sandten wiederholt und dringend
an Hermanszoon um Hilfe, die dieser aus Sorge für seine

---

[1] Argensola, l. c.
[2] Argensola, 8. Buch. Valentijn, II, 398.
[3] Argensola, l. c. Valentijn, II, 400.
[4] Argensola, l. c.
[5] Valentijn, I, 364. De Jonge, II, 262.
[6] Valentijn, l. c.
[7] „Begin en voortgang“, S. 22. Argensola, 8. Buch.
[8] De Jonge, II, 225.
[9] „Begin en voortgang“, S. 22. Valentijn, I, 91. De Jonge,
II, 264.

reiche Ladung nicht gewähren mochte.[1] Die Hilferufe der hartbedrängten Insulaner, die um ihrer den Niederländern bewiesenen Treue willen bestraft wurden, beantwortete der Admiral mit einem Briefe an Furtado[2], dafs dieser die gefangenen Holländer glimpflich behandeln wolle, wie er ein Gleiches gegen Portugiesen und Spanier üben werde; der tapfere Held und ehrliche Kriegsmann war ein Kramer geworden, der die Freiheit und das Leben seiner Verbündeten um eine Ladung Muskatnüsse preisgab.[3]

Die niederländische Faktorei auf Banda fand Hermanszoon in keiner vorteilhaften Lage; Veen hatte schon in einem Briefe[4], den er mit van der Hagen an seine Kompanie übersandte, Klage darüber geführt, wie schwer die Niederländer unter den Nachstellungen der ostländischen Kaufleute zu leiden hatten; der Adipati von Tuban (Java) schickte sogar Kriegsschiffe (Korakoras) zu ihrer gewaltsamen Aufhebung aus.[5] Die Ankunft van Hermanszoons befreite die Faktorei daher aus grofser Bedrangnis.

Nachdem der Admiral für drei Schiffe Ladung eingenommen und zwei nach Ternate zum Abwarten auf die neue Ernte entsandt hatte, schlofs er im Mai 1602 den ersten Vertrag mit den Bandanesen. Diesem Vertrage traten jedoch nicht die Einwohner von den Städten Lontor, Ortatan und Neira bei, er wurde vielmehr mit der Partei der Ulisivas geschlossen, mit den Stadten Labetaka, Celamme, wo die neue

---

[1] De Jonge, II, 264 Tagebuch eines Beamten der Flotte; bei De Jonge, II, 530 fg., besonders S 535

[2] Argensola, 8. Buch.

[3] Steven van der Hagen hatte fur erlangte Vorteile ein Jahr vorher den Hituesen dauernde Hilfe gegen die Portugiesen gelobt, nicht im Namen seiner Kompanie von sechs oder acht Reedern und Kaufleuten, sondern im Namen der Generalstaaten und der Niederlande. Das Gleiche that Hermanszoon mit den Bandanesen in demselben Augenblick, als er die Amboinesen verriet. Vgl Vertrag Hagens mit Hitu, bei De Jonge, II, 226, und Vertrag Hermanszoons mit Banda, ebenda. S 536

[4] Brief Veens vom 15. September 1600 an Heemskerk, bei De Jonge, II, 465

[5] l. c

Niederlassung ihren Sitz erhielt [1], mit Waier und der Insel Rosingem. In dem Vertrage versprachen die Insulaner und Niederlander sich gegenseitig Hilfe, mit der ausdrücklichen Ausnahme, dafs die Niederlander in Streitigkeiten der Bandanesen untereinander sich nicht einmischen sollten; ihre Produkte wollten die Insulaner ausschliefslich an die Niederlander verkaufen [2]

Inzwischen hatte Furtado auf Ternate, wo die Entscheidung wegen des Besitzes der Molukken fallen mufste, lange Zeit müfsig verharrt. Im Oktober 1602 war Makjan unterworfen, hier eine feste Schanze errichtet, welche er mit 50 Mann [3] belegte; seitdem ankerte er unthatig im Hafen von Talangam auf Ternate im Abwarten der Unterstützung aus den Philippinen.

Dieselbe traf am 16 Februar 1603 in dem genannten Hafen ein [4] und brachte Furtado eine betrachtliche Machtverstärkung

Trotzdem erwog man fast ängstlich die zu treffenden Mafsnahmen, wobei sich sogleich Meinungsverschiedenheiten zwischen Furtado und dem spanischen Kommandanten Gahnato geltend machten. Während der letztere der Insel die Zufuhr abschneiden wollte, bestand Furtado auf einem sofortigen Angriff

Es kam denn auch am 3. März zu einer Feldschlacht auf der ebenen Fläche zwischen Talangam und Gamalama, zu welcher Said den Feinden mutig entgegengegangen war. [5] Sie blieb ohne Entscheidung, notigte aber die Ternater zum Ruckzuge in die Festung, welche nunmehr belagert ward Die Portugiesen und Spanier versäumten nicht, von ihrem Belagerungsgeschütz reichlichen Gebrauch zu machen, erreichten aber nur dafs Said jeden zugefugten Schaden durch einen blutigen Ausfall rächte.

---

[1] De Jonge, II, 264.
[2] De Jonge, II, 536.
[3] Argensola, 8 Buch
[4] l. c.
[5] l. c

Die Belagerer erlitten dabei große Verluste, zudem raumte auch Krankheit im Heere Furtados schrecklich auf, und da er von der Regierung in Malaka seit seiner zwei-jährigen Abwesenheit von Indien ohne allen Sukkurs gelassen war, fing allgemach die Munition an auszugehen, sodafs die Belagerung am 21. März aufgegeben werden mufste.[1] So endigte diese aussichtsvolle Unternehmung damit, dafs Furtado nach Malaka, und Galmato nach den Philippinen unverrichteter Sache zurückging, um sich dann darum zu streiten, ob die Spanier mutiger, als die Portugiesen, seien, und die letztern ihre Schuldigkeit gethan hatten.[2]

Der klägliche Ausgang der mit so viel Sorgfalt in Goa vorbereiteten Expedition bestimmte die Regierung Philipps III., fortab dem Gouverneur der Philippinen die Sorge um die Molukken zu übertragen.[3] Man konnte von hier aus leichter und sicherer Hilfe bieten und legte auf den Besitz der Molukken im Interesse des Reiches und der Religion den grofsten Wert: diese Erwägungen mufsten den Verfassungs-bruch entschuldigen. Wenn in der Umgebung Philipps Per-sonen thätig waren, welche diesen Wechsel aus eigennützigen Absichten betrieben, wie es solche früher schon unter den Höflingen Karls V. gegeben hatte, so ward die Entscheidung des Königs doch streng zum wohlverstandenen Besten des Reiches und der Religion getroffen.

An den Gouverneur der Philippinen ergingen Befehle[4], dafs er zur Unterwerfung Ternates umfassende Vorbereitungen treffen sollte. Bevor diese jedoch ins Werk gesetzt waren, vertrieb Said, begünstigt vom Kriegsgluck und diesmal mit Hilfe der Niederländer, die Portugiesen gänzlich aus den Molukken.

---

[1] Argensola, 8. Buch.

[2] l. c.

[3] Argensola, 9. Buch.

[4] König Philipp III. schrieb einen eigenhändigen Brief an Don Pedro; vgl. Argensola im 9. Buch.

§ *12. Die Vertreibung der Portugiesen aus den Molukken und die Wiedereroberung von Tidor und Ternate durch die Spanier.*

(1603—1606.) Die Gesellschaften, die zur Fahrt nach Ostindien sich um die Konzession bewarben, waren in den Niederlanden auf eine beträchtliche Zahl, wie schon in § 10 erwähnt wurde, angewachsen[1], als man die bis dahin bestehenden Kompanien im Jahre 1602 zu einer einzigen mit unterschiedenen Anteilen für die interessierten Städte zusammenfasste.[2] Oldenbarneveldt hatte diese Angelegenheit kräftigst gefordert und Sorge getragen, dals die vereinigte Kompanie mit allen Vollmachten und Vorrechten ausgestattet wurde. Der ausziehende Kaufmann durfte nunmehr unbestrittene Akte der höchsten Regierungsgewalt in den überseeischen Territorien vollziehen.

Die Gouverneure und Beamten schwuren Treue den Generalstaaten, dem Prinzen-Statthalter (in seiner Eigenschaft als höchster Kriegsherr zu Lande und zu Wasser) und den Herren Siebzehnern; sie waren verpflichtet, den Generalstaaten Rechenschaft von ihren Handlungen abzulegen, empfingen ihre Aufträge und Instruktionen für alle Unternehmungen von den Siebzehnern die unbeschränkt regierten, sodals die Generalstaaten und der Prinz in Wirklichkeit nur ihren Namen borgten und erst dann mit den Geschäften der Kompanie sich bemühten wenn etwa diplomatische Verwickelungen mit Kontinentalmachten oder Zank im eigenen Lager eintraten.[3]

---

[1] Verhandlungen der Stände von Holland 1601, 15. bis 21 Mai. De Jonge, I, 138 Die Zahl der konzessionierten Kompanien war im Jahre 1601 auf acht gestiegen; davon entfielen zwei auf Amsterdam, die schon 1601 zu einem gemeinsamen Schiffszug unter Jacob van Heemskerk und Wolfert Hermanszoon sich verbunden hatten, zwei auf Middelburg, drei von minderer Bedeutung auf Rotterdam und eine auf Delft.

[2] Verhandlungen der Stände von Holland, 1601, 22. bis 31. Oktober. De Jonge, I, 140.

[3] Es ist in der langen Zeit von 1610—1795 nur einmal vorgekommen, dals ein Generalgouverneur den Siebzehnern den Gehorsam ver-

Die Teilhaber an den alten Gesellschaften wurden die
gesetzlich befugten Leiter der Geschäfte der vereinigten Kompanie [1], und die beteiligten Städte bildeten aus jenen Mitgliedern Kammern zur Erledigung der Lokalgeschäfte [2], aus
denen wiederum, immer im Verhältnis ihres Anteils, Depu-
tierte auf Lebenszeit, zum Direktorium der Siebzehner hervorgingen [3]; die Kammern ergänzten sich durch eigene Wahl,
sodafs der Kreis der Privilegierten abgeschlossen blieb.

Weil man jedoch so weit gehende Vorrechte einer bestimmten Anzahl von Mitbürgern der Republik angeblich im
Interesse des Landes einräumte und mit Verfolgung, Konfiskation der Güter und mit Leibesstrafen jeden aufserhalb der
Kompanie stehenden Kaufmann, der Handel nach Indien trieb,
bedrohte [4], so sah man doch auch ein, dafs in irgend einer
Weise, wenigstens dem Scheine nach, die Gleichheit aller vor
dem Gesetze beachtet werden müsse. Als Auskunftsmittel
diente die Bestimmung des Artikel X der Konzession, wonach
allen Bewohnern der Lande Anteil an der Kompanie versprochen wurde, jeder Bürger hatte das Recht, sich Kompanie-
aktien zu kaufen [5]; ein Vorrecht, das aufserordentlich proble-

---

sagte, mit Rücksicht auf seine Verantwortlichkeit gegen die Generalstaaten. Es war Generalgouverneur Valckenier, der rasch beseitigt wurde.

[1] Artikel XVIII—XXVI der Konzession.
[2] Artikel XVIII—XXVI der Konzession.
[3] Artikel II der Konzession.
[4] Artikel XXXIV und XLVI der Konzession.
[5] Die Siebzehner bestimmten die Auflage der Aktien, die Anteile
mit wirklichem Nutzen flossen dem Volke sehr spärlich zu, überhaupt
wurden Aktien nur für den unbedeutenden Betrag von 6600000 Gulden
ausgegeben, diese Summe fiel zum geringsten Teile in die Hände des
Volkes, das demnach in seiner finanziellen Anteilnahme nur sehr mäfsig
an den Geschäften der Kompanie interessiert war. Die Kammermitglieder durften jedes 30000 Gulden von der obigen Summe zeichnen,
ich zähle im ganzen 74 Mitglieder, die sicherlich von ihrem Vorrechte
Gebrauch gemacht haben, sodafs schon für diese allein 2220000 Gulden
abgehen. Gewifs ist es, dafs sodann die Standemitglieder, Freunde und
Verwandte zunächst berücksichtigt wurden, sodafs man annehmen darf,
von den ersten Anteilen mit Nutzen blieb für das Volk sehr wenig übrig.
Die edierte Summe erscheint auch viel zu klein, ganz gewifs wurden

matisch war, da die Aktien der Kompanie sehr bald nur zu einem Preise zu haben waren, der keinen Vorteil mehr gewährte, sondern großes Risiko in sich schloß.[1] Dieses Mittel sollte auch keineswegs befriedigen, es hatte genutzt, wenn es die erste Aufregung, welche über die ungeheuerliche Konzession in weiten Kreisen des Volkes sich zu äußern begann, beschwichtigte, dieser Zweck ward auch erreicht.

Von der vereinigten Kompanie wurden die Eroberungen nun systematisch und mit großer Energie betrieben. Die Instruktionen, welche die Siebzehner ihren Gouverneuren und Admiralen erteilten, lauteten sehr kriegerisch; die Spanier und Portugiesen wurden als arge Feinde erklärt und sollten mit allen Mitteln bekämpft und aus ihren Besitzungen vertrieben werden.

Die Wichtigkeit des Gewürzhandels bewog die Siebzehner, vor allem den Besitz der Molukken zu gewinnen und zu sichern. Diese Politik wurde von dem ungeheuern Nutzen

---

Vorschüsse geleistet natürlich von den Kammermitgliedern, die nachher und immer zu guter Zeit sie mit dem entsprechenden Nutzen zurückzogen. Die bunteste Verrechnungsweise fing schon gleich damit an, daß die Flotte Warwijks, welche nach der Konzessionserteilung auslief, nochmals eine Privatunternehmung für besondere Mitglieder darstellte und außer der ersten zehnjährigen Abrechnung bleiben sollte. Daß aber das Aktienkapital eine Lüge war, läßt sich aus den nächsten Flotten, welche für Rechnung der Kompanie ausliefen, leicht berechnen. Die Flotte van der Hagens bestand aus 13 Schiffen, deren Ausrüstung man jedes mit circa 150000 Gulden nicht zu hoch veranschlagt, das macht

zusammen	1 950 000
Baares Geld hatte Hagen	738 000
An Waren	99 300
Ausrüstungskosten dieser Flotte . . . . Gulden	2 787 300

Die beiden nächsten Flotten 1605 und 1606 unter Matelief und van Caerden enthalten neue Schiffe und vier Schiffe aus der Flotte Warwijks, die ja aber jetzt erworben werden mußten. Die beiden Flotten bestanden zusammen aus 20 Schiffen.

Und endlich muß man auch noch die neuen Schiffe vom Jahre 1607 als von dem Stammkapital zu erbauende anrechnen, sodaß die hieraus sich ergebenden Summen an Ausrüstung schon mehr betragen, als die ganze Auflage von 6 600 000 Gulden.

[1] Der Kurs der Aktien unterlag der Spekulation.

diktiert, den die Gewürze damals abwarfen[1]; im Gegensatz
zu den Portugiesen schützten die Niederländer diesen wichtigen Handelszweig zu allererst und mit dem gröfsten
Nachdruck.

Im Anfang des Jahres 1605 traf Steven van der Hagen
zur Eroberung der Molukken vor Amboina ein. Am 23. Februar richtete er an den portugiesischen Festungskomman-
danten in Victoria die Aufforderung zur Uebergabe der Festung.[2] Diese ward ohne den Versuch einer Verteidigung
zugestanden, da es in der Festung an Munition fehlte, sodafs
man dem ersten Angriff des starken Feindes hatte erliegen
mussen.[3] Durch ihre Kapitulation erwarben die Portugiesen
freien Abzug, indes 46 Familienhäupter dem niederlandischen
Gouverneur Houtmann[4], der in der Festung durch van der
Hagen auf Befehl der Siebzehner eingesetzt wurde, den Eid
der Treue ablegten.[5] Auch nahm van der Hagen eine Huldigung von den Hituesen entgegen, obwohl diese Unterthanen
des Königs von Ternate waren, mit dem Hinweis, dafs diese
Lande von Furtado erobert und nun von den niederländischen
Waffen den Portugiesen abgewonnen seien. Man liefs diese
Sache aber in der Schwebe, um das gute Verhältnis mit dem
Könige von Ternate nicht zu storen.[6] Die Bewohner von
Leitimor dagegen wurden als die Unterthanen der Nieder-
länder in Pflicht genommen.[7]

---

[1] Der Nutzen an Gewürzen war unglaublich grofs. Beispielsweise
Nelken, die in den Molukken der grofse Bar (625 amsterdamer Pfund)
im Durchschnitt hochstens 180 Gulden kosteten, wenn gegen Geld gekauft
war, hatte in den Niederlanden einen durchgängigen Marktpreis von 1200.

[2] „Begin en voortgang", S. 35. Argensola, 9. Buch. Valentijn, II, 406.

[3] De Jonge, III, 36.

[4] Friedrich Houtmann war ein Bruder von Cornelis Houtmann, dem
Fuhrer der ersten Expedition nach Ostindien um das Kap der guten
Hoffnung, Friedrich hatte die erste Expedition mitgemacht.

[5] „Begin en voortgang" und Valentijn geben 46 Familien an, Argensola 40; in dem Journal vom Oberkaufmann Craen (bei De Jonge, III,
164—204) finde ich 30.

[6] M. Dassen, „De Nederlanders in de Molukken" (Utrecht 1848),
S. 28.

[7] Vertrag bei De Jonge, III, 208.

Von Amboina, wo er 100 Mann Besatzung zurückließ,
ging van der Hagen nach Banda und erneuerte hier den Vertrag vom Jahre 1602, den Heimanszoon geschlossen hatte,
dem jetzt noch die Städte Neira, Ortatan und die Bewohner
der Inseln Ai und Run beitraten.[1]

Der Inhalt dieser Bündnisse ist immer darauf gerichtet,
daß Freundschaft und Beistand einander gelobt und den
Niederländern ausschließlich der Verkauf der Gewürze zugesagt wird.

Als Gouverneur auf Banda blieb der Oberkaufmann Hen-
derik van Bergel, und Niederlassungen wurden in der Stadt
Celamme, Ortatan und Neira errichtet; die wichtige Stadt
Lontor blieb also noch außer dem Vertrage, mit dessen
Schlußbestimmung, daß Übertreter desselben, es seien Bandanesen oder Niederländer, von der Obrigkeit der später an-
kommenden niederländischen Schiffe bestraft werden sollten,
der Keim des Unglücks gelegt war, das bald über die Insulaner hereinbrach

---

Während Hagen diese Vereinbarungen auf Banda traf,
war sein Vizeadmiral Sebastianszoon von ihm gegen die portugiesische Festung auf Tidor entsendet, wo er mit 5 Schiffen
am 2. Mai anlangte.[2] Englische Schiffe, die um diese Zeit
in den molukkischen Gewässern sich des Handels wegen auf-
hielten, hatten die Portugiesen auf Tidor von dem Herannahen der niederländischen Flotte verständigt und ihnen Munition verkauft[3], sodaß die Niederländer hier eine tapfere
Verteidigung erwarten durften. Vergeblich hatten diese denn
auch vermittelst der Feuerwirkung von ihren Schiffen die
Übergabe der Festung zu erreichen gesucht, und zwar zunächst mit Absicht ohne Kenntnisgebung an den König von
Ternate[4], mit dem sie sich nunmehr zu einer Landung auf

---

[1] Vertrag zwischen Hagen und den Hauptlingen von Banda vom
Jahre 1605 bei De Jonge, III, 210—212
[2] Valentijn, I, 364. De Jonge, III, 36.
[3] Argensola, 9 Buch Valentijn, I, 364.
[4] l. c.

Tidor vereinigten.[1] Diese geschah am 17. Mai; der Angriff
ward aber von den Portugiesen mit der altgewohnten Tapferkeit zurückgewiesen, sodafs der Kampf bis zum 19. Mai un-
entschieden fortdauerte. Als dann die Niederländer im Begriff waren, die Insel wieder zu räumen[2], schlug eine Kugel
in das Pulvermagazin der Portugiesen ein und setzte der
heldenmütigen Verteidigung ein jahes Ziel. Nicht nur verloren bei dieser Katastrophe viele Portugiesen das Leben,
auch die Festung ward zum Teil zerstört und ihre Rettung
unmöglich.[3]

Die Portugiesen entflohen in die Stadt Tidor und erlangten
durch Vermittelung des Königs, der sich auch seinerseits
unterwarf, freien Abzug.[4]

Sobald die Portugiesen von Tidor abgesegelt waren, liefs
Sebastianszoon auch die Bewohner der Feste Tafesoho auf
der Westseite von Makjan ausplündern, sodafs diese Unglücklichen, die erst im Jahre 1602 die Rache Furtados
wegen ihrer Treue zu den Niederländern schwer empfunden
hatten, jetzt wieder die Befreiung mit ihrer Habe bezahlen
mufsten[5]

Bei seiner Abreise liefs der Vizeadmiral den Wunsch des
Königs von Ternate, auf Tidor eine ausreichende Besatzung
zurückzulassen, oder den bezwungenen König in Ternates Abhängigkeit zu stellen, unerfüllt. Diese Unterlassung wurde
die Ursache, dafs die Spanier im nächsten Jahre Tidor leicht
wiedernahmen und auch Ternate unterwarfen. Ein Tadel kann

---

[1] Valentijn, I, 365.

[2] Bericht von Craen, Teilnehmer am Kriegszuge, bei De Jonge, III,
146—204. Argensola, 9 Buch. „Begin en vooitgang", S. 38.

[3] l. c.

[4] l. c.

[5] Sebastianszon erklärte die Tafesauer für Verbündete der Portugiesen
und stützte darauf den Gewaltakt, dafs er den Insulanern, ohne Zahlung dafür zu leisten, ihre Nelken abnehmen liefs. Die Beute betrug
16 Bar (jeder 625 Pfund). Craen, Kommandant des Schiffes Gelder-
land, hatte diesen Befehl des Vizeadmirals, welcher auch auf Konfiskation
des Goldes und Silbers lautete, zu vollziehen. Vgl. dessen Journal bei
De Jonge, III, 146—204.

jedoch den Vizeadmiral nicht treffen, der genau nach vor-
geschriebener Instruktion zu handeln hatte.[1] Der Fehler lag
in der Politik der Siebzehner, die zu sehr dem ausschliefslichen Interesse des Handels folgten. Für sie lag zunächst
der Schwerpunkt in dem Besitz von Amboina und Banda, weil
von hier aus die meisten Gewürze über Java oder Makassar
(Celebes) an fremde Kaufleute verfrachtet wurden, was sie
zu stören hofften, indem sie an dieser Stelle zuerst festen
Fuſs faſsten[2] Darüber wurde die Wichtigkeit Ternates und
Tidors, wo das Centrum der politischen Macht und das Recht
des Besitzes ruhte, unterschätzt und ein Fehler gemacht, der
jahrzehntelange Kämpfe nach sich zog.

Den Weisungen Philipps III an Don Pedro, den Gouverneur der Philippinen, worin er ihm die volle Besitzergrei-
fung der Molukken als seine Hauptaufgabe bezeichnete, war
sogleich ein Befehl an den Vizekönig in Neuspanien gefolgt,
von wo ausreichende Unterstützungen nach den Philippinen
gesandt werden sollten.[3]

Die Erfüllung des königlichen Willens hatte für Don
Pedro zu jener Zeit grofse Schwierigkeit Im Jahre 1603
verheerte eine furchtbare Feuersbrunst die ansehnliche Hauptstadt Manila und im folgenden Jahre war ein allgemeiner
Aufstand der Chinesen ausgebrochen, zu dessen Niederwerfung
selbst die Priester, Greise und Knaben hatten mitkämpfen
mussen. Monatelang tobte der Kampf, zahlreiche Klöster,

---

[1] De Jonge bürdet gewiſs mit Unrecht Sebastianszoon ein Ver-
säumnis auf; die Verrichtungen van der Hagens auf Amboina und Banda
sprechen dagegen; der Plan für die Niederlassungen war den Admiralen fertig auf den Weg mitgegeben, die Anstellungspatente von den
Siebzehnern sämtlich vorgesehen Auch muſs Sebastianszoon mit van der
Hagen die betreffenden Maſsnahmen im Fall des Sieges besprochen
haben

[2] Diese Politik war insofern nicht unrichtig, als Muskatnusse und
Blüte in ausreichender Menge nur auf den Bandainseln wuchsen.

[3] Argensola, 9. Buch

Flecken und Dörfer gingen in Feuer auf, und über 20000 Chinesen mufsten ihre Erhebung mit dem Leben büfsen.[1] In den Nachwirkungen dieser Schreckensereignisse mufste Don Pedro sich für den Krieg in den Molukken vorbereiten. Nichtsdestoweniger war er bereit, als im Jahre 1605 die Unterstützungen aus Neuspanien eintrafen

Am 15. Januar 1606 ging eine stattliche Flotte nach den Molukken ab.[2] Im März wurde Tidor ohne Schwertstreich genommen[3], wo die Spanier sehr willkommen waren, und am 1. April landeten sie auf Ternate zum Angriff gegen Gamalama.

Der König sah sich wiederum auf seine eigene Kraft angewiesen, ein niederländisches Schiff aus der Flotte Sebastianszoons, welches nach Ternate zurückgekommen war, segelte ab, um sich vor der überlegenen spanischen Flotte in Sicherheit zu bringen. Nicht ohne Sorge führte Said seine Truppen den Spaniern entgegen, um ihren Vormarsch auf die Festung zurückzuweisen. Da die Vorbereitungen aber sehr unzureichende gewesen waren, mufste er bald vor dem tapfer vordringenden Feinde sich in die Festung zurückziehen.

Die Prinzen und Führer thaten nach dem Beispiele ihres heldenmütigen Königs ihr Möglichstes, den Verlust der Festung abzuwenden, was ihnen indes nicht gelang.[4] Der König flüchtete mit seinen Grofsen nach Gilolo und liefs die Festung und Insel in den Händen der siegreichen Spanier.

Diese konnten jetzt über das Land, aber nicht über die Bewohner herrschen, die ihrem Könige nach Gilolo folgten[5] Vorstellungen Don Pedros, in die Residenz zur Unterhandlung zurückzukehren, wurden vom Könige anfangs abgewiesen; als sie wiederholt wurden unter Anbietung eines ehrenhaften Friedens, kehrte er, den Thronfolger auf Gilolo sichern Handen

---

[1] l. c.

[2] l. c. Zu dieser Flotte hatten aus eigenen Mitteln auch reiche Privatpersonen Schiffe ausgerüstet; unter ihnen auch Paul de Lima, der vor dem Verlust von Tidor die Artillerie der Festung befehligt hatte.

[3] Argensola, l. c. Valentijn, I, 367 De Jonge, III, 53

[4] Argensola, 9. Buch.

[5] Argensola, 9. Buch. Valentijn, I, 367

vertrauend, mit einem Teil seines Gefolges nach Gamalama zurück, entschlossen, einem Bündnisse mit den Spaniern sich zu fügen Nicht wenig hatte an diesem Entschlusse seine Gemahlin, die Mutter des Thronfolgers, Anteil [1], da sie ihm den geringen Wert der Freundschaft der Niederländer vorstellte. Sie wurde in ihrer Anschauung von einem Teil der Grofsen unterstützt, denen die eigennützige Aufführung der Niederländer nicht entgangen war; und der König selbst neigte desto eher zu einem Bündnisse mit den Spaniern, als ihn der heimliche Angriff der Niederländer gegen Tidor und des Admirals Ablehnen seiner dringenden Vorstellungen zur Sicherung des Errungenen sehr erbittert hatte.

Die Spanier, statt dieses Vorteils sich recht zu bedienen [2] und ehrlich gegen den König zu handeln, setzten Said mit seinem Gefolge, sobald er Gamalama betreten hatte, gefangen und führten ihn nach Manila. [3]

Dieser Verrat mufste alle alten Wunden schmerzlich aufreifsen, sodafs in dem Thronfolger, der auf Gilolo die Insulaner um sich scharte, den Spaniern ein erbitterter Feind erstand, um die seinem Vater angethane Schmach zu rächen. Zweifellos war es in diesem Falle beabsichtigt, den König nur eine Zeit lang in Manila festzuhalten [4], um ihm in beschaulicher Ruhe den heiligen katholischen Glauben aufzunötigen; aber das geängstigte Volk mufste glauben, der Entführte werde nicht wiederkehren, wie es mit seinen Vorgängern geschehen war. Darum wählte man auch sogleich nach der Wegführung

---

[1] Argensola, 9 Buch.

[2] Bei der engen politischen Beziehung von Ternate mit Hitu und Hovamohel waie ein ternatisch-spanisches Freundschaftsbundnis den Niederländern auf Amboina aufserst gefährlich geworden; die Spanier schadeten sich daher durch ihre Vergewaltigung nicht nur auf Ternate selbst, sondern arbeiteten den Niederländern auch in den ternatischen Tributländern wirksam in die Hände.

[3] Argensola, l. c.

[4] Said wurde zu grofsem Verdrusse der Jesuiten sehr ehrenvoll behandelt, und Don Pedro liefs sein Bild malen, das er an den König nach Spanien übersandte. Vgl. Argensola, 9. Buch.

des Königs den Kronprinzen Modafar zu seinem Nachfolger
und begann zum Kriege zu rüsten.[1]

Nach Bantam, wo die Niederländer eine Niederlassung
besaßen, und ihre Schiffe meistens anzulaufen pflegten, ging
eine Gesandtschaft mit dem Auftrage ab, von den geschehenen
Vorfällen Nachricht zu geben und um Unterstützung zu bitten.[2]

§ 13. Die Niederlassung der Niederländer auf Ternate.
Erster Vertrag und die Erbauung einer Festung.

(1607—1609) Die ternatische Gesandtschaft hatte vor
Bantam niederländische Schiffe nicht vorgefunden und ihren
Rückweg in die Heimat eben angetreten, als der Admiral
Matelief der Jüngere mit sechs Schiffen auf der Reede vor
Anker ging. Die böse Zeitung aus Ternate ließ ihn unverzüglich wieder von Bantam aufbrechen und mit seiner gesamten Macht nach den Molukken weiter fahren.[3] Am 26. März
1607 traf er im Hafen vor Victoria (Amboina), der alten
Festung der Portugiesen, ein, wo er die ternatischen Gesandten
noch vorfand, die er mit Botschaft an den König Modafar
nach Gilolo vorausschickte.[4]

Auf Amboina waren die Zustände infolge des besten Einvernehmens mit Ternate sehr gute, Houtmann hatte mehr mit
der schlechten Führung der eigenen Leute zu schaffen, als
daß ihm die heimische Bevölkerung irgend welche Sorge machte.
Um dem wüsten Treiben der Europäer zu steuern, verkündigte Matelief die Erlaubnis der Siebzehner, daß die Europäer
Ehen mit inländischen Frauen eingehen konnten, und traf Vor-
kehrungen für einen christlichen Schulunterricht.[5] Nach diesen

---

[1] Valentijn, I, 368.
[2] Valentijn, l. c. De Jonge, III, 53.
[3] „Begin en voortgang", S 53 Valentijn, I, 368. De Jonge, III, 53
[4] „Begin en voortgang", S 54 Valentijn, I, 369 De Jonge, III, 53.
[5] De Jonge, III, 54.

Verrichtungen ging er nach Ternate und langte hier am 10. Mai an.[1]

Die leichten Siege van der Hagens und Sebastianszoons hatten ihm großes Vertrauen gegeben und ihn hoffen lassen, er brauche mit seinen vortrefflich ausgerüsteten Schiffen sich nur sehen zu lassen, um zu siegen. In der That hatten die Niederländer ihren guten Schiffen und der überlegenen Artillerie die bisherigen Erfolge zu danken. Dieser Umstand war auch für die Politik der Siebzehner bestimmend, und wurde von ihnen desto wertvoller gehalten, als sie gern von Sendung kostspieliger Truppenkontingente absahen.

Die spanische Besatzung auf Tidor und Ternate und ihre Verteidigung machten die Hoffnung Matelefs auf einen leichten Sieg zu Schanden, daher er auf eine ernste Unternehmung für jetzt verzichtete, zumal seine Instruktion der Siebzehner eine Reise nach China vorschrieb, von der man sich großen Vorteil versprach.[2]

Das Elend der Ternater sollte fortdauern, eine schwache Regierung unter einem unmündigen Könige unterwarf sich jetzt willenlos der Leitung der Niederländer. Während Matelief allein im Interesse des Handels eine befestigte Niederlassung stiftete und einige Stationsschiffe bestimmte, welche bei eintretender Gefahr Gut und Mannschaft aufnehmen und in Sicherheit bringen konnten, ließ er diesen eigenen Vorteil von den Ternatern sich durch einen Vertrag abkaufen, der den Mißbrauch des Elends an der Stirn trug.

Nach Artikel 1 dieses Vertrages stiftete er die erwähnte Niederlassung im Dorfe Maleyo, das auf der Nordseite mitten in der gewürzreichsten Gegend der Insel lag; in Artikel 2 versprach er 30—40 Mann Besatzung, eine Mannschaft, welche zum Betriebe des Handels eben ausreichte, in Artikel 3 genügendes Geschütz; in Artikel 4 zum künftigen Jahre neue Stationsschiffe; in Artikel 5 gelobte der Admiral, günstige Fürsprache in der Heimat für die Ternater zu thun. Dagegen erkannten in Artikel 6 die Ternater die Oberhoheit der Gene-

---

[1] „Begin en voortgang."
[2] De Jonge, III, 55

ralstaaten an, auf deren Wunsch sie den Eid der Treue zu
leisten haben sollten; nach Artikel 7 bezahlten sie alle entstehenden Kriegskosten, deren Berechnung wiederum den
Generalstaaten zustand; nach Artikel 8 sind die Kosten der
Besatzung aus den Zöllen zu verguten; Artikel 9 legte dem
Konige die Verpflichtung auf, aus allen Teilen seines Reiches
die Hilfstruppen zum Dienste der Niederländer bereit zu halten;
nach Artikel 10 mufsten alle Nelken an den Faktor der Generalstaaten verkauft werden zum Preise, den die Staaten mit dem
Konige festsetzen würden; Artikel 11 bestimmte gegenseitige
Ehrlichkeit, Artikel 12 Glaubensfreiheit, Artikel 13 Auslieferung
von Überlaufern und Artikel 14 endlich, dafs keine Macht fur
sich allein Frieden mit Tidor oder den Spaniern schliefsen durfe.[1]

Nur Not und blindes Vertrauen haben solchen Vertrag
möglich gemacht, durch den die Inselvölker ihre Freiheit,
ihren Wohlstand und ihr Glück an habsuchtige Kaufleute verlieren sollten.

Nachdem Matelief die Festung Maleyo in einen einigermafsen verteidigungsfahigen Zustand gesetzt und einige Stationsschiffe zur Ladung von Gewürzen und zum Beistande der
Festung bestimmt hatte, setzte er seine Handelsreise nach
China im Juni fort.[2]

Gleich nach seiner Abreise versuchten die Spanier die
Festung in ihre Gewalt zu bringen, bei ihrer Verteidigung
verloren viele Ternater das Leben, auch der erste Richter,
der Hukom, fiel.[3] So traurig nun auch der Zustand der Ternater war, wufsten sie doch die Festung in allen Gefahren zu
behaupten.

---

[1] Der Vertrag findet sich im Wortlaut bei Valentijn, I, 376, 377,
und De Jonge, III, 226, 227. In den Vertragen der Kompanie ward fur
deren Namen stets die Landeshoheit als kontrahierende Partei genannt;
so heifst es: der Faktor der Staaten, Festsetzung der Preise durch die
Staaten u. s. w. Der Betrug ist hier leicht zu erkennen. Die Kompanie
durfte ihn ausuben, weil ihre Mitgheder und Hauptinteressenten nicht
der Form, aber dem Wesen nach die Macht und Herrschaft in den
Niederlanden ausubten.

[2] „Begin en voortgang", S. 72. De Jonge, III, 57.

[3] Valentijn, I, 377.

Auf seiner Rückreise in die Heimat traf Matelief im Jahre 1608 im Januar vor Bantam mit dem Admiral van Caerden zusammen, den er anwies, nach den Molukken zu fahren.[1] Dieser zeigte wenig Geneigtheit, auf den Vorschlag einzugehen, erst nach vergeblichem Bemühen, seinen eigenen Weg fortzusetzen, entschloß er sich dazu, den günstigen Monsun nach den Molukken zu benutzen.[2] Er langte am 10. März vor Amboina an, sandte von da seinen Vizeadmiral nach Banda[3] und ging selber mit seinen übrigen Schiffen nach Ternate, wo er am 18. Mai mit den Stationsschiffen in einer Gesamtstärke von circa zehn Schiffen vereinigt war.[4]

Gegen Tidor oder Gamalama zu operieren, erschien Caerden zu gewagt, dagegen versprach eine Unternehmung gegen Makjan, die gewürzreichste Insel unter den Molukken, einen guten Ausgang. Die spanische Feste Tafosoho fiel am 21. Juni, die Niederländer erbeuteten viel Geschütz und etwa 60 Bar Nelken.[5] Makjan war damit wieder an die Ternater unterworfen, und Tafosoho erhielt eine niederländische Besatzung unter Hauptmann Schott.[6]

Die Freude über diesen Sieg wurde durch einen Verlust getrübt, der zwei Schiffe kostete Bei heiterm Wetter und blauem Himmel erhob sich plötzlich das Meer mit furchtbarem Seegang und schleuderte zwei Schiffe gegen die Klippen. Auf das Meerbeben folgte ein Ausbruch des Vulkans auf Ternate.[7]

Im August fertigte Caerden einige Schiffe nach Bantam ab und segelte selber nach einer kleinen Insel nordöstlich von Halmahera, wo die Spanier eine Feste errichtet hatten. Caer-

---

[1] De Jonge, III, 60.

[2] Valentijn, I, 380. De Jonge, III, 65

[3] „Begin en voortgang", S. 44. Valentijn, I, 381.

[4] Valentijn, I, 382. De Jonge, III, 65

[5] „Begin en voortgang", S 47 De Jonge, III, 66.

[6] De Jonge, l c Argensola, 3. Teil (11—15 Buch), von einem ungenannten Autor, ist aus „Begin en voortgang" geschöpft, sodaß Argensola nicht mehr zitiert wird. Vgl Argensola, 11. Buch, die Berechnung der Streitkräfte auf Amboina; in „Begin en voortgang, Reise Matelief".

[7] „Begin en voortgang", S 47. Brief Caerden an die Siebzehner, bei De Jonge, S 262 fg

den gelang es dieselbe aufzuheben, er selber fiel aber auf der Ruckfahrt nach Ternate in die Hande der Spanier und wurde gefangen nach Gamalama gefuhrt.[1]

Wahrend diese Ereignisse in den Molukken geschahen, drohte in der Heimat den Siebzehnern ein Friede zwischen dem Erzherzog und Moritz. Um vor dessen Abschlufs den Besitzstand in Indien moglichst zu erweitern und das Gewonnene mehr zu sichern, ward am 22. Dezember 1607 eine Flotte von 13 Schiffen unter dem Admiral Verhoefen [2] abgeschickt, fur welche die Generalstaaten zwei Schiffe auf Landesunkosten gestellt und Geschutz und Munition geliefert hatten.[3]

Die geheimen Instruktionen der Siebzehner lauteten auf Krieg gegen die Portugiesen und Spanier, auf Beutezuge und Abschlufs fester Vertrage, die eine Sicherung gegen den ausstehenden Frieden boten.[4]

Am 18. Februar 1609 segelte der Vizeadmiral dieser Flotte, Wittert, von Bantam uber Makassar, wo er ein Kontor in Sanappo stiftete, nach Ternate, indes Verhoefen mit sechs Schiffen direkt nach Banda ging.

Eine neue Instruktion der Siebzehner vom 29. Marz 1608, welche kurz darauf anlangte, lautete: „Die Inseln von Banda und die Molukken sind das vornehmste Weifs, wonach wir schiefsen . . . suchen Sie die Inseln, auf welchen die Nelken, Muskatnusse und -Blute wachsen, durch Vertrag oder mit Gewalt an die Kompanie vor dem 1. September 1609 zu ver-

---

[1] De Jonge, III, 67. Brief von Kommandant Corszen in Tacomi (Willemstadt auf Ternate) an die Siebzehner; bei De Jonge, III, 267 fg.

[2] Verhoefen ist eine Korrumpierung des Namens Van der Hoefen, die im 16. Jahrhundert ublich war; ebenso bei Van der Hagen in Verhagen; Van der Beek in Verbeek Diese Namen kommen in beiderlei Art von den Zeichnern selbst in den alten Dokumenten vor.

[3] De Jonge, III, 68 fg.

[4] De Jonge, III, 71.

binden, und bauen Sie an den nötigen Stellen Festungen."[1]
Dieser Anweisung gemäfs wollte Verhoefen eine Festung auf
Neira errichten, wogegen die Bandanesen sich widersetzten
und den Niederländern nur ihre gesicherte Faktorei und friedlichen Handel wie bisher zustehen wollten. Da nun Verhoefen
von seinem Vorhaben nicht abstand und Gewalt anwendete,
so verurteilten die Häupter der Bandanesen in einem geheimen Kriegsrate ihn und seinen Anhang zum Tode.

Gelegentlich der nächsten Zusammenkunft zur Besprechung
über den streitigen Punkt wurde Verhoefen mit etwa dreifsig
seiner Gefährten am 22. Mai 1609 gefangen genommen und
auf der Stelle hingerichtet.[2] Von den Häuptern in Ortatan
ward hienach die Bedingung zur Einstellung des Baues erneuert, aber gleichwohl von dem an Stelle Verhoefens durch
den grofsen Schiffsrat gewählten Admiral Hoen abgelehnt.
Infolge dessen verfielen auch die auf Lontor anwesenden Niederländer dem Tode[3] Hoen antwortete darauf mit einer
Kriegserklärung[4], verwüstete Neira und begann das alte Fort
der Portugiesen statt des begonnenen neuen auszubauen, worüber Jakob de Bitter zum Kommandanten gesetzt wurde[5]

Von Neira aus geschah dann ein Versuch, auch der Insel
Lontor sich zu bemeistern, der gänzlich mifslang. Verhoefen
hatte bei dem Bemühen, auf Grund der alten Verträge die
Bandagruppe für seine Kompanie zu sichern, auch Widerstand
durch die Anwesenheit von Vertretern der englischen Ostindischen Kompanie gefunden, die sich nach dem Muster der

---

[1] Instruktion der Siebzehner vom 11. April 1608, bei De Jonge,
III, 307 fg
[2] Valentijn, III, 73. De Jonge bekundet, dafs die Briefe aus Indien
über den Streit zwischen Verhoefen und den Bandanesen verloren sind,
und die vorliegenden Berichte und Darstellungen parteiisch seien; dies
glaubt er auch von den Reisejournalen in „Begin en voortgang", welche
unter Zustimmung der Siebzehner ediert wurden.
[3] Valentijn, III, 75. De Jonge, III, 19
[4] Valentijn, III, 75.
[5] Das Fort lag auf der Südwestspitze der Insel, gegenüber Gunung
Api, und erhielt den Namen Fort Nassau, das neue hatte man auf der
südlichen Reede erbauen wollen Valentijn, III, 72.

niederlandischen inzwischen gebildet hatte, und ihr Hauptkontor in Bantam besafs. War im Anfange von den Englandern das Recht des Besitzes der Niederlander auf Banda anerkannt worden, so suchten sie später aus den Zerwurfnissen,
die zwischen den Niederlandern und Bandanesen erstanden,
Vorteil zu ziehen.

Es kam jetzt, im Jahre 1609, zum eisten mal zwischen
dem englischen Kapifan Keeling und Hoen zu einer ernsten
Begegnung. Als Verhoefen am 22 Mai von den Bandanesen
ermordet wurde, mufsten die Niederlander um die moralische
Unterstutzung, welche die Insulaner durch die Anwesenheit
der Engländer erfuhren, besorgt sein; auch mochten sie zudem wohl begrundete Ursache zu dem Verdachte haben, dafs
die Engländer dem Feinde materielle Hilfe boten. Keeling
zog von Ort zu Ort, machte uberall Geschenke und schlofs
ein heimliches Bundnis ab mit den Bewohnern von der Insel
Ai. Als er dann am 25 Mai nach Labataka ging, war Hoen
inzwischen als Nachfolger Verhoefens gewahlt, der ihm das
Verlangen eröffnen liefs, seinen Handel wahrend der Anwesenheit der Niederlander einzustellen.

Es ist merkwurdig genug, dafs Keeling dieser Forderung
zu entsprechen bereit war; er beanspruchte seinerseits nur
eine Vergutung von 12—1300 Dollars als Schadlosstellung fur
Verluste aus bereits eingeleiteten Handelsgeschaften. Hoen,
der diese Ausgabe sparen wollte, gab nun jenem die Erlaubnis zum Handel, stellte aber die Bedingung, dafs die Englander weder Munition, noch Lebensmittel an die Insulaner, mit
denen er im Kriege sei, liefern durften.

Im Verlaufe von Juni und Juli reiste nun Keeling wieder
auf der Bandagruppe umher, als am 26. Juli die Niederlander
durch eine unvorsichtige Landung auf Lontoi eine schwere
Niederlage erlitten.

Hoen wiederholte jetzt mit mehr Nachdruck sein Verlangen an die Englander, die Inseln zu verlassen, bewilligte
zugleich die geforderte Vergutung, welche aber nunmehr von
Keeling, der weitere Niederlagen der Niederlander erhoffen
mochte, abgeschlagen wurde. Danach schritt Hoen, wozu er
zweifellos berechtigt war, zur Gewalt; am 28. Juli richtete

er an Keeling ein Ultimatum, und Keeling, der sich auf die Insulaner, welche aus Mangel an Lebensmitteln zum Frieden mit den Niederlandern neigten, nicht mehr verlassen konnte, mufste sich fugen. In den ersten Tagen des Monats August verliefs er Banda, nachdem ihm Hoen fur seine ausstehenden Forderungen einen Kreditbrief auf das niederlandische Kontor in Bantam behandigt hatte.[1]

---

[1] Man vergleiche das eigene Journal von William Keeling, bei Purchas, Teil I Buch III, Kap. 6 Uber die Geschichte der Niederlander auf Banda nach niederlandischen Quellen ist J. A. van der Chijs, „De vertiging van het Nederlandsche gezag voor de Banda-eilanden" (Batavia 1886), zu ratschlagen Chijs, der die Meinung vertritt, dafs Keeling beim Verlassen Bandas nicht so viel Zwang erfahren habe, als es gemeinhin angenommen wird und auch wirklich der Fall gewesen sein mufs, begrundet diese Meinung durchaus unzureichend Mit mehr Selbstbewufstsein, als Rechtfertigung, zeiht er De Jonge der Ungenauigkeit, „De voorstelling", heifst es in der Note auf S. 50, „welke De Jonge van het vertrek van Keeling geeft, is onjuist." Chijs ist nun bei Durchfuhrung seiner Ansicht so wenig genau, als grundlich Einmal scheint er zu ubersehen, dafs Keeling dadurch schon eine Demutigung und Zwang erfuhr, als er fur seine ausstehenden Forderungen von den Niederlandern sich befriedigen lassen mufste; die Englander hatten danach bei den Inlandern nichts mehr zu suchen. Es war aber damals ein beliebter Brauch bei den Handlern, durch Forderung die Inlander auf die nachste Ernte und kunftige Geschafte sich zu verbinden; etwa wie in unserm heutigen Deutschland der Wollhandler dem Produzenten gern Vorschusse auf die anstehende Schur leistet, auch diesen Vorteil gab Keeling auf Es mufs ferner verwundern, dafs Chijs den Satz im Journal von Keeling: „The Dutch and we came to some accord for the time of our stay, and for our debts, the Monson also inuiting us thereto, and the Trade which already we had", dahin mifsverstehen konnte, anzunehmen, Keeling habe nach dem 28 Juli nach seinem Belieben weiter gehandelt, den passenden Monsun abgewartet u. s. w Die Sache lag doch sehr einfach Am 28. Juli wurde an Keeling eine funftagige Frist zum Verlassen Bandas gestellt, am 30 Juli eine Ubereinkunft uber die Abfindung getroffen und am 11 August ankerte der englische Admiral bereits vor Makassar Berucksichtigt man die Entfernung von Banda nach Makassar, so kann der funftagigen Frist nicht viel zugelegt sein, und Chijs vergewaltigte die einfachsten Thatsachen zu Liebe seiner abweichenden Ansicht, wenn er nach den Begebenheiten vom 28 Juli berichtet „Eindlijk, toen de Mouson begon te kenteren, en Keeling voldaende lading had ingenomen,

Durch Vermittelung eines Makassaren kam es zwischen den Bandanesen und Niederländern zum Frieden, in dem Vertrage vom 10. August 1609 mußten die Insulaner anerkennen, daß ihre Freiheit durch die niederländischen Waffen bezwungen sei, und Neira fortab als Eigentum des Siegers gelten solle.[1] Von diesem Vertrage hielten sich jedoch die Bewohner der Stadt Lontor, die Inseln Ai und Run[2] fern, die den Feindseligkeiten sich nicht angeschlossen hatten und ihre Gewürze nach ihrem eigenen freien Willen an Makassaren, Javanen und Engländer verkauften, was die Niederländer besonders beeifert waren zu verhindern. Inzwischen war der für die Banda-Gruppe erwählte Kommandant Bitter seinen Wunden erlegen, die er im Kampfe auf Lontor erhalten hatte, zu dessen Nachfolger Henrik van Bergel ernannt ward, indes Hoen nach Amboina weiter segelte.[3]

Nach dem Willen der Siebzehner wurden auch hier die alten Verträge erneuert. Die Hituesen verpflichteten sich zu dem schon früher bewilligten Handels- und Freundschaftsbundnisse unter dem Vorbehalt der Zustimmung ihres Oberherrn, des Königs von Ternate[4] Mit den Landschaften von Leitimor hatte Houtman schon im März die alten Verbände aufgefrischt[5], und auch mit dem wichtigen Dorfe Rumakai (Süd-Ceram, gegenüber der Insel Oma) das Bündnis befestigt[6],

---

liet hij zich vinden Hij kreg eenen crediet-brief u. s. w." Daß aber die Niederländer deutlich genug gewesen sein werden, erweist sich wenige Monate später, als im Februar 1610 der englische Kapitän David Midleton nach Banda kam, dem jeder Handel und Verkehr mit den Insulanern von vornherein verboten wurde.

[1] De Jonge, III, 315 fg J A van der Chijs, „Bijlage", IV. 175.

[2] Auf Ai und Run wurden die Engländer begünstigt Im Vertrage Hoen heißt es zwar, daß alle Bandanesen sich verpflichten; es war diese Fassung aber in keiner Weise gerechtfertigt, da die Häupter von Neira, Ortatan, Celamma u s w nicht das Recht hatten, über die Freiheit und die Rechte der Bewohner von Ai und Run mit zu verfügen.

[3] Valentijn, III, 76. De Jonge, III, 101 Chijs, S 52.

[4] Valentijn, II, 412 fg. Vertrag bei De Jonge, III. 317 fg.

[5] Valentijn, II, 413 fg

[6] Valentijn, l c.

sodafs Hoen nach einem kurzen Aufenthalte von nur drei Wochen seinen Weg nach Ternate fortsetzen konnte.

Einen Tag zuvor war der Vizeadmiral Wittert, der von Makassar am 22. Juni 1609 [1] vor Ternate angekommen, von hier abgereist, um einen Raubzug nach den Philippinen zu thun [2], als Hoen am 23. September vor Maleyo anlangte.

Wittert war in der Zwischenzeit nicht unthätig gewesen. Im Juli 1609 erneuerte er mit dem Könige den Vertrag Matelief vom Mai 1607, gegen welchen der neue sich nur dadurch unterschied, dafs die Ternater dringender die versprochene wirksame Unterstützung gegen die Spanier forderten, die Wittert feierlich zusagte. [3] Auf Motir hatte sodann Wittert eine Festung angelegt, welche er Fort Nassau benannte und mit etwa 60 Mann besetzte. [4]

Makjan und Motir waren somit in Händen der Niederländer; da auf diesen Inseln mehr Landbauer wohnten, während auf Ternate und Tidor besonders die Kriegskunst gepflegt ward, hatte ihr Besitz wegen Gewinnung von Lebensmitteln grofsen Wert, zudem war Makjan damals die beste Nelkeninsel. [5] Auf diese Verrichtungen hatte Wittert sich beschränkt.

Hoen legte jetzt noch eine zweite Festung im Nordwesten auf Ternate an, im Dorfe Tocomi, welcher er den Namen

---

[1] De Jonge, III, 103.

[2] Es war auf Beute abgesehen, einige Schiffe abzufangen.

[3] Vertrag bei De Jonge, III, 324 fg.

[4] Valentijn, I, 386.

[5] Eine Aufstellung aus dem Jahre 1610 ergibt folgendes Verhältnis in den Nelken-Produkten der nördlichen Gewürzinseln:

	Gute Ernte	Schlechte Ernte
Ternate . . .	1200—1600 Bar	600—1000 Bar
Makjan . . .	1600—2000 ,,	800—1200 ,,
Tidor	800—1000 ,,	400— 600 ,,
Motir	300— 400 ,,	200— 300 ,,
Batjan . . .	60— 70 ,,	20— 30 ,,

Diese Zahlen finden sich in einem Briefe des Kommandanten Corszen von Willemstadt (auf Ternate) an die Siebzehner; bei De Jonge, III, 267 fg.

Willemstadt beilegte; diese Festung hatte zur Sicherung des ganzen nördlichen reichen Nelkenlandes eine vorzugliche Lage.[1] Im Dezember erweiterte Hoen dann den niederlandischen Besitz wesentlich durch die Eroberung der Insel Batjan. Am 30. November griff er das Fort der Spanier an; da eine freiwillige Unterwerfung abgelehnt wurde, so endete der Kampf mit der Niedermetzelung der Verteidiger der Festung, welche eine niederländische Besatzung unter Hauptmann van der Dussen aufnahm und den Namen Barneveldt erhielt.[2]

Im folgenden Monate, als der Admiral eine Blockade gegen Tidor vorbereitete, starb er plötzlich, wie man allgemein glaubte, an Gift[3], und hinterliefs die Schiffsfuhrer in Zwietracht wegen der Wahl seines Nachfolgers.[4]

Das Erscheinen einer spanischen Flotte aus Manila brachte den Streit unter den Befehlshabern zum Schweigen, und es gelang ihnen sogar, zweier spanischer Schiffe sich zu bemächtigen.[5]

Es erfolgte im März die Auslieferung der Gefangenen, wodurch Caerden, der solange in Gamalama interniert gewesen war, die Freiheit, und das verwaiste Geschwader wieder ein Oberhaupt gewann, das den Unternehmungen eine einheitliche Leitung zurückgab.[6]

Ein trauriges Verhangnis waltete jedoch uber diesem Admiral, der schon wenige Wochen nach seiner Befreiung unter gleichen Umständen, wie das vorigemal, gelegentlich einer Fahrt von Ternate nach Makjan, aufs neue den Spaniern in die Hande fiel und nunmehr nach Manila entfuhrt wurde.[7]

Der alte Zwist brach darauf wieder im grofsen Schiffsrate aus und verhinderte, dafs weitere wirksame Verrichtungen geschahen. Zudem kam aus den Philippinen die Kunde von dem Tode Witterts, der seiner Raubsucht und Kuhnheit zum

[1] Valentijn, I, 388, De Jonge, III, 104.
[2] Valentijn, I, 390. De Jonge, III, 105.
[3] Valentijn, I, 390. De Jonge, l c.
[4] De Jonge, III, 105.
[5] Valentijn, I, 390. De Jonge, III, 106
[6] l. c.
[7] l c

Opfer gefallen war. Er hatte seine mit eroberten Schatzen reich beladenen Schiffe verloren und war mit seiner Mannschaft in der Verteidigung umgekommen; ein harter Verlust fur die Kompanie und eine herbe Enttauschung fur die ternatischen Grofsen und Niederlander in den Molukken, die auf seine Zuruckkunft mit grofsem Verlangen gewartet hatten.[1]

Die Flotte Verhoefens war die letzte, welche von einem Admiral mit der bisherigen umfangreichen Machtvollkommenheit gefuhrt ward; mit der nachsten Expedition entsandten die Siebzehner einen Generalgouverneur nach Indien, der nunmehr die oberste Leitung der Geschafte ubernahm. Die verschiedenen Stationen erhielten damit eine centrale Regierung, und die Mafsnahmen zur Eroberung, wie Verteidigung bestimmte fortab ein einheitlicher Wille. Mit diesem Zeitpunkt schliefst die erste Epoche der niederländischen Eroberungen ab. Der Besitzstand in den Molukken hätte nicht mehr mit den Spaniern geteilt zu werden brauchen, wenn nicht jeder neu ankommende Admiral neue Eroberungen hätte machen wollen, statt dafs er den alten Besitzstand sicherte. Immerhin war aber das Verhaltnis fur die Niederlander kein ungunstiges. Wahrend die Spanier nur die Insel Tidor, die Festung Gamalama und den Hafen Talangam auf Ternate und einige Punkte auf Halmahera besafsen, hatten die Niederländer zwei Forts auf Ternate, behaupteten die Inseln Makjan mit drei Forts (Nord-, West- und Ostseite), Motir mit Fort Nassau und Batjan mit Fort Barneveldt. Im Suden war die Amboina-Gruppe ihrer Gewalt unterworfen und auf Neira konnten sie aus ihrer Festung den Krieg gegen die Unabhängigkeit der Bandanesen mit Vorteil beginnen. Die Freundschaft mit dem Konige von Ternate sicherte zunachst noch allen Unternehmungen eine vorzugliche Hilfe und Stutze, wodurch sie von vornherein den Spaniern uberlegen waren. So standen die Verhaltnisse in den Molukken, als ein Generalgouverneur die Verwaltung uber dieses Gebiet antrat.

---

[1] Valentijn, I, 394. De Jonge, III, 107

FÜNFTES KAPITEL.

DIE GEWALTSAME DURCHFUHRUNG DES HANDELSMONOPOLS

---

§ 14. Die Entsendung eines Generalgouverneurs.

(1610—1613.) Liefsen Ordnung und Einheit in der Verwaltung der überseeischen Besitzungen eine centrale Leitung in Indien unter einem Generalgouverneur notwendig erscheinen, so veranlafste die Siebzehner noch ein anderer Grund, mit dieser Einstellung nicht länger zu warten. Jeder ins Vaterland heimkehrende Admiral gab über alle Vorfälle und Angelegenheiten in Indien umständlichen Aufschlufs, wodurch jedesmal unter der Bevölkerung ein Sturm von Aufregung und Leidenschaft erregt wurde. Die Angelegenheiten der Kompanie hörten nicht auf besprochen, entweder gelobt, noch mehr aber beschimpft zu werden, und hielten eine Aufmerksamkeit im Volke rege, welche die Siebzehner allen Grund hatten zu vermeiden. Eine Regierung in Indien bot den grofsen Vorteil, dafs sie ihre Berichte sekret an die Siebzehner vermittelte, in deren Hand es dann lag, so viel Kenntnisse über die indischen Zustände zu verbreiten, als ihnen nützlich schien.

Während die Verrichtungen der Kompanie unaufhörlich besprochen wurden, drängte sich auch immer wieder die Frage in den Vordergrund, ob nicht die Konzession, an eine feste Gruppe von Kaufleuten erteilt, unbillig sei und den allgemeinen Interessen widerstreite, die besser durch freien Handel gefördert würden. An der Spitze dieser Bewegung stand gerade vor Entsendung eines Generalgouverneurs ein altes Kammermitglied der Kompanie, ein eingewanderter brabanter Kaufmann in Amsterdam, Namens Isaac Lemaire [1], der sich mit den Siebzehnern überworfen hatte. Er deckte Geheimnisse der Direktoren auf, durch welche diese geradezu des Betrugs beschuldigt wurden. In seiner Eingabe an die Generalstaaten wies er nach, dafs die Leiter der Kompanie eine ungleiche Rechnung führten [2], und forderte von den Generalstaaten im Interesse der nicht privilegierten Kaufmannschaft, dafs wohl der gegenwärtige Besitzstand der Kompanie in Asien ihr garantiert werden mochte, aber Amerika und Afrika für freien Handel allen Niederländern überwiesen wurden.

Der Schutz des allmächtigen Oldenbarneveldt und die Anstrengungen der Siebzehner befreiten die Kompanie von diesem lästigen Feinde, der sich an den Hof Heinrichs IV. zurückzog, wo er mit seinen Plänen und Anträgen ähnlich einem Moucheron oder Usselinx unter den Nachstellungen Oldenbarneveldts und der Siebzehner eines langsamen Todes starb. [3]

---

[1] Lemaire ward Mitglied der amsterdamer Kammer bei Begründung der Vereinigten Kompanie; er war aber nicht unter den Siebzehnern. Die Bewegung gegen diese wurde auch von andern bedeutenden Männern geteilt, so hatten hochverdienstvolle Admirale, wie Jacob van Heemskerk und Matelief, unter vielen andern, sich gleichfalls von der Kompanie abgewendet. Die Einsichtigen jener Zeit erkannten, dafs die Gewalt der Siebzehner bereits anfing, mehr und mehr alle Machtgebiete zu terrorisieren. Vgl. Lemaires Eingabe an die Generalstaaten, zu Handen Oldenbarneveldts, bei De Jonge, III, 364 fg.

[2] Bei der ersten zehnjährigen Abrechnung geschahen vor deren Abschlusse die Verluste in den Flotten Mateliefs und Caerdens, auf welche die Anschuldigung Lemaires Bezug hat. Diese Verluste drückten zu jener Zeit gerade sehr auf den Kurs der Aktien.

[3] Lemaire, welcher später seinen Wohnsitz zu Egmont nahm, sandte im Jahre 1615 in Verbindung mit Stadtregenten von Hoorn unter französischer Flagge eine Expedition nach Australien aus; im Jahre 1617 liefen die Schiffe Batavia an, wo sie von dem Generaldirektor der Ostindischen Kompanie, Coen, unter der Anschuldigung der Freibeuterei beschlagnahmt, und die Bemannung gefangen in die Heimat transportiert wurde. „Begin en voortgang: Fahrten durch die Strafse Magellan", S. 70 fg. De Jonge, Bd. IV, S. XLIV.

Die Kompanie ging also aus diesen Kämpfen am häus-
lichen Herd siegreich hervor, und die Siebzehner durften
hoffen, durch Herstellung einer Indischen Regierung, durch
Geheimhaltung aller auf ihre Geschäftsführung und die indischen Zustände bezüglichen Angelegenheiten und durch ihren
zunehmenden Einfluſs neuen Aufregungen und Störungen für
die Folge besser zu begegnen.

Durch Erlaſs der Generalstaaten vom 27. November 1609
wurde nun auf Vorschlag der Siebzehner Pieter Both zum
Generalgouverneur ernannt, und die Instruktionen für die Indische Regierung (Gouverneurgeneral en Raaden van Indie)
wurden ebenfalls von den Generalstaaten festgestellt.[1]

Diese erste Einrichtung einer veränderten Verwaltung in
Indien lieſsen die Siebzehner aus kluger Berechnung durch
die Generalstaaten vollziehen, die sich im weitern mit Anstellung der Gouverneure oder neuen Veränderungen in der
Verwaltung nicht bemühten.

Durch Artikel 35 der Konzession vom 20. März 1602
war der Leitung der Kompanie die Anstellung der Gouverneure, der Kriegsmannschaften, der Beamten für Verwaltung
und Justiz ein für allemal übertragen; wenn die Siebzehner
trotzdem die Ernennung des ersten Generalgouverneurs an
die Generalstaaten überlieſsen, so trugen sie damit nur nach
ihrer Gewohnheit der Volksmeinung Rechnung, indem sie für
alle ihre Handlungen auch im einzelnen gern die gesetzliche
Anerkennung der höchsten Autorität gewannen, da sie diese
so leicht haben konnten; es war, je mehr der Privilegien-
schwindel alle Rechtszustände durchwucherte, desto nötiger,
die erworbenen Vorrechte bei sich darbietender Gelegenheit
immer wieder bestätigen zu lassen; denn damit wurde das
Ungerechte derselben von der Macht der hohen gesetzlichen
Sanktion aufgewogen.

Nach dem gesetzlichen Erlaſs der Generalstaaten für die
Indische Regierung sollte diese aus dem Generalgouverneur

---

[1] P. Mijer, „Verzameling van Instructien, Ordonnantien en Regle-
menten voor de Regeering van Nederlandsch Indie" (Batavia 1848),
S. 3 fg

und vier Raten bestehen. Nach Boths Ankunft in Bantam hörte der große Schiffsrat (Admirale, Kapitäne, Hauptleute und Steuerleute der vereinigten Schiffe) zu regieren auf. Der Rat von Indien sollte in allen wichtigen Dingen nach Stimmenmehrheit entscheiden. Der Generalgouverneur hatte den Vorsitz; ihm wurden auch einige besondere Ernennungsrechte eingeräumt. Wichtig waren besonders die Artikel 30, 31, 32, wonach der Generalgouverneur und die Räte das Anstellungs- und Entlassungsrecht über die Beamten der Kompanie und das Recht der Beschickung aller Schiffe erhielten; hierdurch ward es ermöglicht, unbequeme Diener zu beseitigen und fatale Gäste vom Vaterlande fernzuhalten.

Nach Artikel 33 hatten die Räte von Indien den Diensteid an den Generalgouverneur abzulegen, indes ein besonderer Erlaß[1] der Generalstaaten bestimmte, daß bei dessen Ableben der neue Generalgouverneur seinen Eid an die Räte leistete.[2]

Der neue Gouverneur kam mit acht Schiffen am 19. Dezember 1610 vor Bantam an und richtete die neue Regierung

---

[1] P. Mijer, S. 22.

[2] Diese Instruktion wurde im Jahre 1619 von den Siebzehnern ergänzt, ihre Bestimmungen erhöhten die Zahl der Mitglieder des Rats auf neun und schrieben vor, daß von diesen Mitgliedern möglichst immer vier außer dem Generalgouverneur am Regierungssitze anwesend sein sollten, und zwar:

    1. der erste Rat, für Handel,

    2. der zweite Rat, Befehl zur See unter dem Titel Vizeadmiral;

    3. der dritte Rat, Oberster der Landmacht;

    4. der vierte Rat, für Justiz.

Diese vier ernannte der Generalgouverneur, wodurch demselben in der Folge eine große persönliche Macht zufiel. Außer den vier vom Generalgouverneur ernannten Raten war das fünfte Mitglied des Kollegiums der Generaldirektor, welcher die Leitung aller Kontore in Indien hatte; der sechste Rat war der Gouverneur von Ternate, der siebente der Gouverneur von Koromandel; der achte der Gouverneur von Amboina, der neunte der Gouverneur auf Banda.

ein, die zunächst hier residieren sollte, wo die naturliche Verbindung und Mitte zwischen den verzweigten Besitzungen lag.
In nächster Zeit wollte man ihren Sitz definitiv bestimmen;
man dachte auch an Jakatra, wo billigere Zölle, als in Bantam, und freie Einfuhr der Lebensmittel durch L'Hermite,
den Vorsteher in Bantam, schon in einem Vertrage vom November 1610 mit dem Konige von Jakatra für diesen Zweck
gesichert war. [1]

Both fuhr von Bantam nach den Molukken, um überall
die Neuordnungen der Verwaltung herzustellen, er lief unterwegs Jakatra an, wo er den Vertrag L'Hermites bestatigte.
Am 11. Februar 1611 kam er nach Amboina.

Hier bestand seine Verrichtung in der Hauptsache darin,
dafs er eine niederländische Volkspflanzung stiftete, wozu er
eine Anzahl Hausgesinde aus Europa mitgebracht hatte. [2] Es
war der Versuch damit beabsichtigt, nach dem Vorbilde der
Portugiesen mit europaischen Familien zu kolonisieren, eine
europaische Bevölkerung zu gewinnen, welche in friedlichem
Nebeneinander mit den inlandischen Christen durch Vorbild
und gute Gesittung auf diese von gutem Einflusse werden
sollte; zugleich hoffte man aus diesen Elementen die Kolonial-
armee zu verstarken und die niedern Beamten zu gewinnen.
Der Versuch scheiterte völlig. Das Material war ganzlich ungeeignet, und die Bedingungen der Existenz und wirtschaftlichen Entwickelung wurden von den Siebzehnern nicht genugend gewahrleistet. Die Kolonisten wurden Werk- und
Tagelöhner der Kompanie und verfielen einer zugellosen Lebensweise.

Von Amboina begab sich Both nach Banda und bestrafte
hier die an dem Tode Verhoefens besonders schuldigen Einwohner von Celamme auf Lontor. Auf Neira ward das Fort

---

In den Jahren 1632 und 1650 erfuhren die Instruktionen einzelne
Veranderungen, die von 1617 blieben jedoch dabei in Geltung Vgl.
C. P. K. Winckel, „De Raad von Neerlandsch Indie" (Utrecht 1868).

[1] De Jonge, Bd IV, S II.
[2] De Jonge, Bd IV, S V Der Vertrag findet sich bei De Jonge,
III, 352—354.

Nassau verstärkt und ein neues, Belgica, auf der Südküste errichtet. Er schlofs mit den Bandanesen eine neue Über-einkunft, wonach die Insulaner während fünf Jahre ihre Pro-dukte ausschliefslich an die Kompanie verkaufen sollten, un-geachtet dessen aber die Einwohner von Ai und Run fortfuhren, mit den Javanern und Engländern zu handeln. [1]

Von Banda begab Both sich nach Ternate, wo er an den Gouverneur von Gamalama wegen Erfüllung des zwölfjährigen Waffenstillstandes, der im April 1609 zwischen Spanien und den Niederlanden zustande gekommen war, eine Aufforderung richtete. Von beiden Seiten suchte man eine Verständigung zu erschweren, da niemand dem Waffenstillstand nachleben wollte. Die Niederländer wünschten die Zufuhren aus den Philippinen abzuschneiden und mochten auf die reiche Beute nicht verzichten, die sie vermöge ihrer besser ausgerüsteten Schiffe den Spaniern leicht abgewannen, dagegen die letztern auf Ternate und Tidor von ihren Bedrängern so eng einge-schlossen waren, dafs sie schon für Bestreitung ihres Lebens-unterhalts und Sicherung ihres Besitzstandes zu Unterneh-mungen gezwungen waren.

Im Jahre 1613, als Adr. Martensz Block Unterstützung aus den Niederlanden anbrachte, griff Both das Fort Marieko auf Tidor an und verwüstete es. Ein erneuter Angriff gegen Tidor führte zur Vernichtung einer zweiten spanischen Festung auf der Insel, wonach Both infolge schwerer Mifsbräuche unter den Beamten in Bantam und Jakatra die Molukken verlassen mufste. [2] Kurze Zeit darauf wurde er im Amte abgelöst.

---

[1] Es bleibt zweifelhaft, ob die Bewohner der beiden Inseln Ai und Run in jenen Vertrag, der in den Archiven fehlt, mit eingeschlossen waren; bei den frühern Verträgen wollen sie sich nicht zur Lieferung an die Niederländer verpflichtet haben. Vgl. Brief von Hendrik Brou-wer an die Siebzehner; bei J. A. Thiele, „Bouwstoffen voor de Ge-schiedenis der Niederlandes in den Malayischen Archipel" (s'Graven-hage 1886) Als der englische Kapitän Courthop im Jahre 1616 form-liche Verträge mit den Bewohnern von Ai und Run abschlofs, wollen die Engländer konstatiert haben, dafs die Bewohner noch nicht durch Vertrag an die Niederländer verpflichtet waren. Vgl. § 15.

[2] Durch die Einrichtung, dafs man die Beamten der Kompanie

§ 15. Die Eroberung Bandas.

(1614—1621.) Gegen Ende des Jahres 1614 traf vor Bantam der Nachfolger von Both ein, der Generalgouverneur Gerard Reijnst, dessen Instruktion im wesentlichen ihn anwies, in Bantam billige Zölle zu erwirken und die Banda-Gruppe völlig zu unterwerfen. [1] Er überließ die erstere Aufgabe dem Generaldirektor Coen und fuhr mit einem Teil seiner Flotte im Dezember nach Banda weiter, um hier die widerstrebenden Bewohner von Ai und Run, welche den Engländern aufs neue Aufnahme gewährt hatten, unter den Willen der Siebzehner zu beugen und den englischen Einfluß auf Banda gänzlich zu unterdrücken

Er hatte hierin keinen Erfolg. Eine Landung auf Ai am 14. Mai 1615, welcher er selber nicht anwohnte, endete mit völliger Zurückweisung und dem Verluste des vierten Teils seiner aus etwa 900 Köpfen bestehenden Macht. [2] Ohne den Versuch zu machen, die gekränkte Waffenehre wiederherzustellen, segelte Reijnst, der die Nachricht von der Niederlage im Fort Nassau auf Neira empfing, über Amboina nach Ternate ab [3]

Erst im nächsten Jahre entsandte der Indische Rat unter dem Einflusse Coens den Kommandeur Lam mit 12 Schiffen und 1000 Mann nach Banda ab, um für die erfahrene Niederlage Vergeltung zu üben. Die Insel Ai ward am 10. April erobert und gänzlich verwüstet Auf den Ruinen der bandanesischen Festung erstand das niederländische Fort, welches den Namen Revengie (Revanche) empfing. [4] Der weitere Ei-

---

schlecht besoldete, dagegen sie an der Beute, die gemacht wurde, teilnehmen ließ, war eine ungemeine Verrohung und Entsittlichung eingerissen, Both schrieb an die Siebzehner: „Fürwahr, meine Herren, es ist nicht allein schändlich, sondern auch schrecklich und verabscheuungswürdig, was von Ihren Dienern in diesen Ländern auf verschiedenen Plätzen geschieht." De Jonge, Bd IV, S. X

[1] De Jonge, Bd IV, S. XII.
[2] Valentijn, III, 77
[3] Valentijn, III, 78. De Jonge, Bd. IV, S XXI.
[4] Valentijn, III, 78. De Jonge, Bd. IV, S. XXX.

folg dieser blutigen Vergeltung war ein neuer Vertrag, den zu halten die Insulaner aufserstande waren, wollten sie nicht dem Elende des Hungers und der Verkümmerung sich ausliefern. Der Vertrag untersagte ihnen allen Tauschhandel mit Java und Celebes, von wo Reis gegen Gewürze nach Banda gebracht wurde. Das notwendige Lebensmittel für die dichtgedrängte Bevölkerung in genügender Menge einzuführen, konnten die Bandanesen nicht allein den Niederlandern uberlassen, sodafs sie den Vertrag notwendig brechen mufsten. Dies geschah denn auch schon wenige Monate, nachdem er geschlossen war. [1]

Von den Häuptern auf Ai, welche durch ihre Feindseligkeiten gegen die Niederländer sich besonders hervorgethan hatten, waren die meisten nach der Insel Run entflohen, wo bald nach der Einnahme von Ai durch Lam zwei Schiffe der Englischen Kompanie eintrafen, Swan und Defence, die den Insulanern Schutz und Unterstützung zusagten. Die Engländer hatten nach der Vertreibung des Kapitäns Keeling im Jahre 1609 sich wieder auf Banda eingenistet und besonders auf Ai und Run Aufnahme gefunden.

Bereits im Jahre 1610 war der Admiral David Midleton nach Banda gekommen. Als die Niederlander ihm den Aufenthalt und Handel verwehrten, bot der englische Admiral ihnen für die Erlaubnis Ladung zu nehmen 1000 Pfund. Heimlich sandte er jedoch nach Ai und liefs den Bewohnern anzeigen, dafs er ihre Früchte kaufen und gut bezahlen werde, die Engländer seien Feinde der Niederlander. [2]

Die Insulaner waren diesem Bündnisse gegen den verhafsten Feind mehr, als geneigt; sie gewährten Midleton Zuflucht und Unterstützung und liefsen sich zu einem fruchtlosen Angriff gegen die niederländische Festung auf Neira hinreifsen.

---

[1] Der Vertrag bei Chijs, Beilage V, S. 178 fg. Diesen Vertrag sollen die Orangkajas von Ai und Run mit unterzeichnet haben; das mufs bezweifelt werden, denn die Englander haben den Anspruch auf Run behauptet und die Orangkajas von Ai waren im April 1616 nicht in der Gewalt des Siegers. Vgl. uber die Eroberung von Ai Chijs, S. 82 fg.

[2] Brief Midletons an die Englische Kompanie; bei Purchas, Teil I, Buch III, Kap. 10.

Als Midleton dann im September 1610 Banda verliefs, blieb Spalding als Faktor auf Ai zurück. [1]

Die Engländer trieben seitdem ihren Handel fort, schlossen aber keine Verträge auf Erwerb und Besitznahme mit den Insulanern ab. [2] Erst jetzt im Dezember 1616 auf der Reede von Run kam es zu einem ersten förmlichen Vertrage zwischen dem englischen Befehlshaber Courthop und den Bewohnern von Run, die sich darin als Unterthanen des Königs von England bekannten. Zum Zeichen, dafs sie auch ihr Land dem Könige überwiesen, traten sie den Engländern einzelne Bäume mit dem zugehörigen Erdreiche ab. [3] Einen gleichen Vertrag, wie die Häupter von Run, trafen auch die Flüchtlinge von Ai mit Courthop, obwohl sie dazu nach ihrer Flucht nicht befugt sein konnten, da an ihrer Stelle neue Häupter inzwischen durch die siegreichen Niederländer angestellt waren; auch hatte Ai eine neue Bevölkerung erhalten, da die alte zumeist geflohen war. [4]

Diese Verträge waren kaum abgeschlossen, als auch schon mehrere niederländische Schiffe vor Run erschienen und an die Engländer die Aufforderung zum Verlassen der Reede richteten. Statt diesem Ansinnen zu entsprechen, landeten die Engländer auf Run Geschütze und warfen mit Hilfe der Eingeborenen zwei Forts auf der Insel auf. Zudem suchten sie mehr Anhang zu gewinnen; im Januar 1617 schlossen sie einen weiteren Vertrag mit der Insel Rosingein und der Ortschaft Waier auf Lontor ab. [5]

Die Niederländer entschlossen sich nunmehr, sicherlich gemäfs den Anweisungen des Generaldirektors Coen und dem Willen der Siebzehner, die Ausbreitung des englischen Einflusses mit Gewalt zu verhindern. Das Schiff Swan, das die Verbindung mit Rosingein unterhielt, wurde von ihnen ge-

---

[1] l. c.

[2] Thomas Spurway, Kaufmann, an die Englische Kompanie 20. November 1617; bei Purchas, Teil I, Buch V, Kap 3.

[3] l. c.

[4] Auf Ai wurden am 8. März 1716 446 Personen von Siau und 100 von Solor mit Gewalt überführt. Vgl § 21.

[5] Spurway an die Englische Kompanie, l. c.

nommen, worauf die Besatzung von der Defence alle Munition und Lebensmittel auf Run landete und das Schiff verließ, um die Insel zu verteidigen. Hierdurch wurde Run für die Engländer gerettet. [1]

Während diese bedeutungsvollen Vorgänge sich auf Banda abspielten, fielen auch im Westen wichtige Ereignisse vor, von denen wir den inzwischen erfolgten Tod des General-gouverneurs Reijnst zu verzeichnen haben. Sobald im Juli des folgenden Jahres der Rat von Indien beisammen war, wurde die Wahl seines Nachfolgers vollzogen und der Gouverneur auf Ternate, Dr. Laurens Reael, mit Stimmenmehrheit zur höchsten Würde berufen. [2]

Er begab sich mit Coen im Jahre 1617 nach Banda, wo nach dem Abzuge Lams die Verhältnisse wieder in volle Gärung getreten waren. In ihrem Widerstande gegen die un-mäßigen Forderungen der Niederländer wurden die Banda-nesen jetzt von Engländern offen unterstützt. [3] Auch die Insel Ai war den Engländern wieder zugefallen. In dieser Lage war Reael mehr Rechtsgelehrter und zu wenig kriegerischer Kaufmann, um rücksichtslos nur der Stimme des eigenen Interesses zu folgen. Im Gegensatze zu Coen, der zu den schärfsten Gewaltmaßregeln drängte und schon am 10. Oktober des vorigen Jahres an die Siebzehner geschrieben hatte, daß man von Banda die Engländer und indischen Nationen mit allen Mitteln fernhalten solle, und die Bandanesen aus der Hand der Kompanie essen mußten [4], stritten solche Pläne zu sehr gegen seine Rechtschaffenheit und ließen bei ihm das politische Bedenken aufkommen, daß Gewaltthätigkeiten wider die Engländer dem Mutterlande ernste Verwickelungen verursachen könnten. [5] Um die Insel Ai zur Unterwerfung zu

---

[1] Vgl. Journal von Nathaniel Courthop; bei Purchas, Teil I, Buch V, Kap. 9. Die bezüglichen Verträge vom Jahre 1616/17 befinden sich bei Purchas, Teil I, Buch V, Kap. 14.

[2] De Jonge, Bd IV, S. XXVIII.

[3] Valentijn, II, 79. De Jonge, Bd. IV, S. XXXI.

[4] Coen an die Siebzehner am 10. Oktober 1616; bei De Jonge, IV, 41 fg.

[5] De Jonge, Bd IV, S. XXX. Reael war Arminianer und Günstling

nötigen, schnitt er ihr die Zufuhr ab, sodafs sehr bald der Hunger allen Widerstand brach Indes er die Engländer auf Run unbehelligt liefs, mufsten die Bewohner von den Inseln in niederländischer Gewalt, Neira, Lontor und Ai, aufs neue einen Vertrag beschworen, über welchen Reael selber an die Siebzehner berichtete: „Die Bandanesen beloben Dinge, deren Erfüllung ihnen unmöglich ist."[1]

Darüber dachten die Siebzehner anders[2], und schon im Juni des Jahres 1618 traf die Ernennung Coens zum General-gouverneur ein[3], der bei seiner Ernennung durch die Siebzehner (November 1617) noch nicht das Alter von 30 Jahren erreicht hatte.[4] Der neue Gouverneur empfing gleichzeitig ein geheimes Schreiben mit dem Auftrage, dafs Reael mit den ersten Schiffen nach den Niederlanden gesandt werde.[5]

Oldenbarneveldts, der damals für ein Bündnis mit England war, ganz im Gegensatz zu den Siebzehnern

[1] De Jonge, Bd. IV, S. XXXII.

[2] Im Jahre 1614 schrieben die Siebzehner an die Indische Regie-rung, ob es nicht ratsam wäre, um die Bandanesen zu bezwingen und den Überflufs an Nüssen zu verhindern, die Inseln Ai und Run zu ver-wüsten. Im folgenden Jahre wiesen sie direkt die Regierung an, ihre Macht zu gebrauchen, die Bandanesen zu unterwerfen, die Bevölkerung auszurotten und zu verjagen, das Land mit Heiden wiederum zu be-völkern. Auch die nicht minder lästigen und nicht minder gehafsten Engländer mufsten für immer aus den bandanesischen Gewässern ver-wiesen werden; wenn nicht im Guten, so mit Gewalt (Chijs, S. 75) Der Monopolkampf war damit eröffnet, auch gegen die Engländer, während noch im Jahre 1612 die Siebzehner schrieben, die Regierung habe zu verhüten, mit den Engländern „in Offentie" zu kommen

[3] De Jonge, Bd. IV, S. LXIII. Coen war bereits im Jahre 1613 zum Generaldirektor aller Kontore in Indien und zum Präsidenten der Kontore Bantam und Jakatra ernannt worden, und zwar auf den Rat L'Hermites, seines Vorgängers in Bantam. Vgl. De Jonge, III, 384, An-merkung, und Bd. IV, S. XIII.

[4] Coen war 1587 geboren, Du Bois, „Vies des Gouverneurs-Generaux des Indes" (La Haye 1760).

[5] De Jonge, Bd. IV, S. LIX

Die Zügel der Regierung ergriff jetzt ein Mann nach dem Herzen der Siebzehner.[1] Ein glühender Hals gegen die Eng-

---

[1] Zur Beurteilung des Charakters von Coen vergleiche man vor allem seine eigenen Briefe, in welchen er die zu treffenden Mafsnahmen an die Siebzehner empfiehlt. Es mögen hier einige Stellen Erwähnung finden, welche erweisen, dafs Coen konsequent nach einem festen Plan handelte, für dessen Durchführung er die nötigen Mittel von den Siebzehnern forderte und sich durch nichts von der Ausführung abbringen liefs.

So schrieb er am 27. Dezember 1614: „Es ist für unsere Nation ebenso schändlich, als für die Kompanie schädlich, dafs wir die Engländer in Bantam dulden müssen" (De Jonge, IV, 26.)

Brief vom 3. März 1615: „Was, Donner und Blitz! müssen wir uns hier in Bantam von dem inländischen Gouverneur bieten lassen." (De Jonge, IV, 28.)

Brief vom 5. Januar 1616: „Wollen wir nicht auf Java bleiben, so können wir den Bantamern den Pfeffer durch Piraterie, statt für Geld abnehmen" (De Jonge, IV, 38.)

Brief vom 16. Oktober 1616: „Gewalt gegen die Inselvölker ohne Ausnahme! Die Bandanesen müssen aus der Hand der Kompanie essen! Gewalt gegen die Engländer! Kampf gegen Bantam—Ternate—Amboina—Banda und alle Mohammedaner; je eher, desto besser!" (De Jonge, IV, 45, 51, 53.)

Brief vom 22. August 1617. Hierin meldet er, dafs er gegen Bantam schon einen Vorwand zur Gewalt gefunden habe (De Jonge, IV, 63.)

Brief vom 18. Dezember 1617: Er dringt heftiger auf Gewaltmafsregeln gegen die Engländer. (De Jonge, IV, 67.)

Brief vom 12. November 1618. Er meldet, dafs der Festungsbau in Jakatra beendigt, und spricht die Hoffnung aus, dafs er Java von jeder Gewalt nunmehr befreien werde.

Hierauf findet dann im nächsten Jahre die Vertreibung der Engländer statt. Immer ist es ein fester Plan, nach welchem Coen handelt; aber immer auch weifs er, wenn er in dessen Befolgung zu Gewaltmafsregeln schreitet, den Anlafs dazu mit bewunderungswürdigem Geschick dem Gegner aufzubürden. Die Biographien, bei Du Bois, Vies des Gouverneurs-Généraux", in „Tijdschrift voor Nederlandsch Indie', 6 Jahrg., I, 130 fg. u. a. zählen die Kriegsthaten und Regierungsmafsnahmen Coens auf und so fort, ohne dafs man von der Persönlichkeit des Gouverneurs eine klare Vorstellung daraus gewinnen wird. Wer nicht den Erfolg, sondern auch die Beweggründe seiner Handlungen kennen lernen will, wird die Geschichte seiner Verwaltung und seine Berichte an die Siebzehner prüfen müssen.

Coen wurde zwar ein anderer nach seiner Repatriierung, als er

länder und jeden, der nicht Niederländer war, aber dennoch
auf Rechte Anspruch machte; eine rücksichtslose Grausamkeit,
die jeder Schranke des Mitleids spottete; eine Lust am Morden, wenn sie zum Ziele führte; eine heftige und despotische
Natur, welche nur in der Treue für den Dienst der Kompanie ein höheres Gebot anerkannte: das waren Eigenschaften, welche den neuen Generalgouverneur den Siebzehnern
besonders wertvoll machten. Verächtlich hatte dieser das
Halbwerk Reaels auf Banda verurteilt [1], nun er die Macht
hatte, sollte das Versäumte schnell und durchgreifend erfüllt
werden.

Wider seinen Willen mußte er die Ausführung seines
Wunsches jedoch für einige Zeit noch aufschieben. Die Verhältnisse in Bantam und Jakatra bedurften zuvor einer Regelung, die desto dringlicher war, als die Engländer in Bantam
den niederländischen Einfluss bereits gänzlich zurückgedrängt
hatten.

Es lag im Plane Coens, die befestigte Hauptniederlassung
auf Java in Jakatra zu begründen [2], wie die Englisch-Ostindische
Kompanie sich auf Bantam stützte. Im November 1618 er-

---

dann zum zweiten mal nach Indien ging und die oberste Leitung der Geschäfte übernahm; seine Gesinnung wurde humaner, sein Streben richtete
sich auf ein edleres Ziel, indem er den Vorteil seiner Nation über den
der Siebzehner stellte. Aus diesem Grunde war seine zweite Regierung
aber auch von kurzer Dauer, und wir haben es aufserdem für unsere
Betrachtung nur mit dem Manne zu thun, der rücksichtslos alles Bestehende niederrifs, wo es dem Vorteile seiner Herren und Meister
im Wege war.

[1] De Jonge, Bd. IV, S. XXXIII. Chijs, S. 103.

[2] Über die Wahl des Hauptstapelplatzes schwankten die Siebzehner
sehr lange, bis diese Frage dann durch Coen entschieden wurde. Dieser
war selbst noch im Jahre 1615 für Johor (Brief vom 25. Dezember an
die Siebzehner; De Jonge, IV, 36 fg.), im Jahre 1616 fafste er den Plan
auf, Malaka zu wählen (Brief vom 10. Oktober 1616; De Jonge, IV,
41 fg.), im Jahre 1617 entschied er sich dann zunächst für Jakatra,
weil ihm zu jener Zeit eine Festung von dem Könige bewilligt wurde
(Brief vom 10. Januar 1618, De Jonge, IV, 72 fg.). Vgl. auch J. A. van
der Chijs, „De Nederlanders te Jakatra". Chijs stimmt vielfach nicht
mit den offiziellen Berichten Coens überein.

schien nun eine englische Flotte vor Bantam, deren Admiral
Dale von dem Gouverneur des Sultans einen Vertrag auf
ausschliefslichen Handel erwarb.[1] Als danach einige niederlandische Schiffe auf die Reede kamen, um Handel zu treiben,
nahm sie der Admiral, nach dem Beispiele der Niederlander
in den Molukken, weg[2], worauf Coen den Krieg gegen die
Englander eroffnete.

---

[1] De Jonge, Bd. IV, S. XXV

[2] Uberall in den Molukken waren die Englander mit Waffengewalt
an der Landung und am Handel verhindert Die Englander zogen stets
den kurzern, weil die Niederlander ihnen an Macht weit uberlegen
waren. Coen konnte von seiner Macht sagen. „Wenn Alexander der
Grofse wieder aufstande, wir wurden ihn unsere Macht fuhlen lassen!"
(Brief vom 13 Januar 1619 an die Siebzehner; De Jonge, IV, 133) Und
in Abschatzung der Macht zwischen Englandern und Niederlandern in
Indien heifst es an anderer Stelle· „Die Englander werden in Bantam
und Jakatra allein gehafst, wir werden aber obendrein auch gefurchtet."
(Brief vom 29 September 1618 an die Siebzehner; De Jonge, IV, 104)
Die von den Niederlandern verbreitete Behauptung, dafs Konig Jakob
an Dale die Ermachtigung zu Feindseligkeiten ausgefertigt habe, mag
wahr sein oder nicht, Dale folgte einfach dem von den Niederlandern
eingefuhrten feindseligen Handelsbrauche in den Molukken

Das Recht des Ausschlusses war von den Niederlandern zuerst praktisch gehandhabt; die Portugiesen hatten vorher gewifs niemals daran
gedacht, die Englische Kompanie aber war viel zu schwach, um damit
den Anfang zu machen In der ersten Zeit des Nebeneinander hatte
ein freundschaftliches Verhaltnis zwischen der Englischen und Niederlandischen Kompanie bestanden Der englische Faktor in Bantam, Edmund Skot, ruhmte im Jahre 1602 die Zuvorkommenheit Warwijks gegen
die Englander. „We are very much beholding to this General for
wine, bread and many other necessaries and courtesies received of him,
there was nothing in his ships for the comfort or sicke men, but we
might command it, as if it had beene our owne." Im Jahre 1604 schrieb
derselbe Faktor an seine Kompanie „For it is to be noted, that though
we were mortall enemies in our Trade, yet in all other matters we were
friends, and would have lived and dyed one for the other." (Purchas,
Teil I, Buch III, Kap. 4, § 3 fg.)

Das gute Einvernehmen hatte sich im Laufe der Zeit vollig verandert, und als die Feindseligkeiten in einen gegenseitigen Vernichtungskrieg auszubrechen drohten, bemuhten sich die Prediger auf beiden
Seiten, wiewohl vergeblich, den Frieden wiederherzustellen. In einem

Zuerst griff er ihre Niederlassung bei Jakatra an, die er vollständig zerstörte, und holte danach Verstärkung aus den Molukken, um ihre Flotte zu bekämpfen. Im Juni 1619 kehrte er mit gröfserer Macht zurück, sodafs die Engländer ihre Niederlassung aufgeben und abziehen mufsten. [1]

Desto unangenehmer wurde Coen durch ihre Wiederkehr überrascht, als unter den Kabinetten in Europa inzwischen ein Vertrag am 7./17. Juli 1619 abgeschlossen war, welcher bestimmte, dafs die beiden feindlichen Kompanien nunmehr friedlich und freundschaftlich nebeneinander in Indien Handel treiben und gemeinsam gegen die Feinde dieses Handels wirken sollten. [2]

So widerwillig diesem Vertrage die Siebzehner sich gefügt hatten, die jetzt einen Vorteil mit den Engländern teilen mufsten, den sie den Kaufleuten des eigenen Landes zu wehren die Macht hatten, in gleichem Mafse forderte er den Widerstand und die Wachsamkeit Coens heraus, von dem die gegnerischen Unterhändler in London behauptet hatten, dafs der höchste Galgen in England für ihn nicht hoch genug sei. Er wufste zunächst eine freundschaftliche Annahrung der Engländer an den Hof von Bantam zu vereiteln und nötigte die unliebsamen Verbündeten, unter seiner Jurisdiktion bei Jakatra auf niederländischem Terrain sich niederzulassen, wo jede freie Bewegung ihnen unmöglich war. [3]

Antwortschreiben des englischen Predigers Capland an den niederländischen Prediger Hulsebus zeiht jener die Niederländer der Undankbarkeit, welche so rasch die Hilfe vergessen hatten, die den bedrängten Provinzen von den Engländern gegen die Spanier geleistet sei, er weist darauf hin, dafs die Lehre Grotius von der Freiheit des Meeres in Ostindien keine Gultigkeit hatte, und zeigt aus den Vorgangen, dafs Coen nicht den Frieden suche, sondern ihn brechen wolle. (Purchas, Teil I, Buch V, Kap. 11.) Dies verhielt sich in der That so und konnte nicht anders sein, da das Streben der Siebzehner auf den Alleinhandel mit den Produkten des Ostindischen Archipels und den Krieg gegen die Englische Kompanie gerichtet war.

[1] De Jonge, Bd. IV, S. CXIX.

[2] Nach dem Vertrage (Artikel 8 und 9) sollte die Englische Kompanie ein Drittel von den Spezereien der Molukken erhalten.

[3] De Jonge, Bd. IV, S. CXXIX.

Eine erste gemeinsame Unternehmung richtete sich sodann auf Gewinnung des Handels in China, indes die Engländer auf den Vorschlag Coens, Banda mit Gewalt zu unterwerfen, nicht eingehen wollten, weil ihnen der friedliche Handel dort nicht gewehrt ward, und sie zudem fürchten mußten, durch Feindseligkeiten mehr zu verlieren, als sie gewinnen konnten. [1]

Dem Generalgouverneur war diese Ablehnung willkommen, denn den Erfolg seiner Waffen mit den Engländern zu teilen, war er selbstverstandlich nicht gewillt. Er schritt daher jetzt zu dem Werke, dessen Erfüllung die Siebzehner langst mit Sehnsucht erwartet hatten. War am 30. April 1615 zum ersten mal von ihnen der Befehl ergangen, die Bevölkerung auf den Banda-Inseln auszurotten und diese mit gefügigen Stämmen oder Sklaven neu zu bevölkern, so wurde der Blutbefehl, welcher 15000 glückliche Menschen für einen Handelsvorteil zum Opfertode verdammte, dringender im Jahre 1617 an Coen wiederholt. [2]

Dieser gehorchte desto bereitwilliger weil er die Maß-

---

[1] De Jonge, Bd. IV, S XXXIII.

[2] Der erste Befehl findet sich im Auszuge bei De Jonge, Bd. IV, S. XXXIII, Chijs, S 75; er wurde dringender wiederholt bei der Ernennung Coens zum Generalgouverneur. De Jonge, Bd. IV, S. LXIII

Der Ratgeber in dieser Politik war L'Hermite, von 1608—11 Vorsteher in Bantam, und Vorganger Coens. In einer Resolution vom 20 August 1612 bezeichnete er die Ausrottung der Bandanesen als notwendig, und gab andere schone Mittel an, um den Alleinhandel in Gewürzen zu sichern; so riet er zu der Vernichtung von Nelkenwäldern auf schwer zu uberwachenden Inseln Er empfahl auch dringend die Offensive gegen die Spanier während des Waffenstillstandes; Waffenruhe war nach seiner Meinung gleichbedeutend mit Untergang der Kompanie. Als Both nach Indien kam, wurde im Rate, dem L'Hermite angehorte, in seinem Sinne uber die Haltung gegen die Spanier beschlossen, Both griff dann auch unter einem bald gefundenen Vorwande die Spanier auf Tidor 1613 an Vgl Resolutie von L Hermite an die Siebzehner; bei De Jonge, III, 380—391. Diese Eingabe von L Hermite ist mit Randbemerkungen von Hugo Grotius versehen, der sie im Auftrage der Siebzehner zu einer Geschichte der Kompanie benutzen sollte, von welcher Arbeit dieser spater wieder zurucktrat

regel gleichfalls fur nutzlich erkannte. Im März 1621 traf er
mit einer 12 Schiffe und 1500 Mann starken Flotte[1] vor
Lontor ein.

Aus ihren duftigen Wäldern eilten die Insulaner erschreckt
in ihre Stadte und Dorfer, als der Kriegsruf durch die Berge
hallte; zum letzten mal sollten sie fur ihre Freiheit streiten,
um im Kampfe fur ihre Unabhangigkeit zu verbluten. Ihr
friedlicher Wohlstand, dem die unbeschränkte Gewahrung von
Handel und Verkehr wohlthatig gedient und die milde Handhabung guter Gesetze eine allgemeine Zufriedenheit hinzu-
gefugt hatte[2], sollte dem erobernden Kaufmann zum Opfer
fallen, die Gluckseligkeit, welche als das anmutige Abbild des
bluhenden Zustandes ihrer kleinen Inseln durch alle Schichten
der Bevölkerung ging, machte ihn nur feindseliger, und was
die Natur in den reichen Gewurzhainen als ein einziges und
kostliches Geschenk den glücklichen Besitzern darreichte,
reizte begehrlicher seine Habsucht zur Gewinnung einer so
lohnenden Erwerbsquelle. Darum war auf das grausame
Mittel, welches die Siebzehner in Amsterdam ausfanden, um
das Ziel ihrer Begehrlichkeit zu erreichen, vor ihnen noch
kein Eroberer gekommen, weil ihm die Habsucht fehlte, die
ihre Opfer nicht zählt und vor keinem Verbrechen zuruck-
schreckt. Vorsätzliche Ausrottung durch Schwert und Hungertod war das Mittel der Siebzehner[3]; als sie durch ihren Gou-

----

[1] De Jonge, Bd. IV, S. CXLIII.

[2] Auf der Banda-Gruppe hatten die Landschaften die Erwerbsquellen
so unter einander verteilt und geregelt, dafs Neid und Abgunst der einen
Landschaft gegen die andere dadurch ausgeschlossen wurden; oftmals
freilich entstanden wegen der verschiedenen Gerechtsame auch Streitigkeiten, die hin und wieder einen blutigen Ausgang nahmen, der Zweck
der Einrichtung war jedoch auf den Frieden gerichtet. Vgl. Valentijn,
„Banda". Auf östlichen Inseln, wie auf Ceramlaut, Goram u. a., hat
sich dieser Gebrauch erhalten; bestimmte Ortschaften haben bestimmte
Gerechtsame. Einzelne Negereien durfen nicht fischen, andere keine
Schmiedearbeiten verrichten, wieder andere durfen keine Fischnetze bereiten u. s. w. Vgl. Kolonialverschlage (1884)

[3] Solange das Archiv der alten Kompanie unzuganglich war, wurde
angenommen, dafs die Siebzehner die Ausrottung der Bandanesen nicht
gewollt und ein Vernichtungsurteil von vornherein nicht gefallt hatten,

verneur dem Könige von Ternate feierlich unter Anrufung des Höchsten die Errungenschaften ihrer Unabhängigkeit vom spanischen Joche verkündigen liefsen [1], gaben sie wenige Jahre später an ihren Kriegsrat den Blutbefehl gegen 15000 freie Bürger [2], weil diese ihre Selbständigkeit und ihr Glück geniefsen und bewahren wollten. Das Schwert war gezuckt, um diesen Befehl nach so viel vorangegangenen Mifserfolgen jetzt gründlich zu vollziehen; die Hand, welche es führte, versprach einen entscheidenden Erfolg.

Zuerst sollte auf Lontor, der wichtigsten und gröfsten Insel der Banda-Gruppe, die Freiheit mit ihren Kämpfern fallen. Die steilen Ufer der etwa 2½ Meilen langen und 1½ Meilen breiten Insel erschwerten die Landung, sodafs, wo sie versucht ward, die Niederländer überall abgeschlagen wurden und unter dem Spotte der Bandanesen abziehen mufsten. [3]

Am 11. März 1621 gelang Coen eine Kriegslist, um seine Truppen zu landen. Er vereinigte seine grofsen Schiffe auf der Nordseite der Insel und begann hier einen Angriff; er wufste einen gröfsern Teil seiner Truppen dann auf der Südküste von Lontor an Land zu bringen, nachdem die Bandanesen getäuscht waren und die Südseite unbesetzt liefsen. [4] Von Süden her über Land fielen die Niederländer unter Führung von F. Houtman nun die am Nordrande kämpfende Streitmacht der Insulaner im Rücken an, sodafs diese entsetzt auseinander stob. Jeder Krieger eilte nach seiner Stadt, um den heimatlichen Herd, Hab und Gut zu schützen. Hierauf drangen nun auch von Norden her die Niederländer auf die

---

ein gewissenhafter Schriftsteller, wie Dassen, konnte im Jahre 1848 daher noch die Meinung aussprechen „Die Siebzehner wollten keineswegs die Vernichtung eines freien Volkes" Vgl. Dassen, S 66. Aus den offiziellen Aktenstücken geht aber hervor, dafs die Siebzehner über alle Einzelheiten genau unterrichtet waren und sie selbst die Blutbefehle gaben

[1] Brief, von Moritz gezeichnet, an den König von Ternate vom 16. September 1609; bei Valentijn, I, 392.

[2] Instruktion an die Siebzehner vom 30 April 1615; De Jonge, Bd IV, S XXXIII

[3] Chijs, S 122 fg

[4] Valentijn, III, 80 Chijs, S 125

Insel und fuhrten ihre vereinte Streitmacht von Stadt zu Stadt. Was sich jetzt widersetzte, ward niedergemacht, wer sich ergab, in Fesseln auf die Schiffe gefuhrt; die Mehrzahl der Bewohner flüchtete jedoch in die Berge und hielt sich in unzugänglichen Schlupfwinkeln verborgen.[1]

Rasch war der Westen der Insel unterworfen, die Städte Lontor, Ortatan, Madjangi, Lakui und Samar waren entwaffnet; die Städte im Osten, Kambir, Selamme, Waier und die Insel Rosingein boten freiwillig ihre Unterwerfung an.[2]

Dem Gebote Coens, an den Strand zu kommen, wagten viele Verzweifelte jedoch zu trotzen[3], sodafs der Admiral beschlofs, die Schuldigen und Unschuldigen sonder Gnade zu vernichten. Dieser Beschlufs wurde von 21 Personen des Kriegsrats am 24. April unterzeichnet. Am 1. Mai waren alle Städte durch Gottes Gnade eingenommen, geplundert und verbrannt, und 1200 Bandanesen gefangen.[4]

Ein Transport von 834 Gefangenen[5] ging in den nächsten Tagen nach Batavia[6] ab, dann ward die Insel unter strenge Bewachung gestellt, und wo Hunger die Hartbedrängten aus den Bergen an den Strand und in die Gewalt ihres Henkers trieb, verfielen sie dem Tode. Ein geringer Teil entkam zur Nachtzeit auf Booten und suchte Rettung auf entfernten Inseln[7], die Armen entgingen nur dem sichern Tode, aber das einstige freie und gluckliche Leben löste Elend und Ver-

---

[1] Valentjin, III, 81. Dassen, l c Van de Graff en Meyland in „Tijdschrift voor Nederlandsch Indie" (Jahrg. 1856), I, 114.

[2] Chijs, S. 137.

[3] Chijs, S 131

[4] Chijs, S 148.

[5] Coen entfuhrte 45 Hauptlinge und 789 Manner, Frauen und Kinder nach Batavia; vgl. Brief vom 16. November 1621 an die Siebzehner, bei De Jonge, IV, 253, am 26. Marz 1622 gibt er Nachricht, dafs er 11 Hauptlinge mit dem Tode gestraft, 210 Manner als Kettenstraflinge verurteilt und 307 Frauen und Kinder als Sklaven verkauft habe. Brief an die Siebzehner, bei De Jonge, IV, 260; Chijs nennt die Zahl 789.

[6] Jakatra hatte infolge Bestimmung der Siebzehner vom 4 Marz 1621 den Namen Batavia erhalten. De Jonge, Bd. IV, S CXXXVII

[7] Chijs, S 162.

zweiflung ab, sie lebten fort, damit der Haſs und Abscheu gegen die Europäer, die Zerstorer ihres Gluckes, nicht aussterben mochte.

Bevor Coen den Vernichtungskrieg gegen die Insel eröffnete, hatte der englische Faktor auf Run, Robert Hayes, am 24. November 1620 einen Vertrag mit Lontor abgeschlossen, wie es im Jahre 1616 17 mit Ai, Run und Rosingein geschehen war. Die Engländer hatten sodann auf Lontor Geschütz ausgeladen. Solche Verträge achtete Coen nicht, konnte sie auch nicht respektieren und schritt rücksichtslos gegen jeden Engländer vor, der mit den Inländern gemeinsame Sache machte. Trotz ihrer Proteste sahen sich die Engländer dadurch genötigt, die Insulaner so wie auf Lontor, so auf Run und Rosingein ihrem Schicksale zu überlassen.[1]

Die Inseln Run und Rosingein unterwarfen sich freiwillig; was mit den Bewohnern geschah, ist nicht bekannt, die beiden Inseln waren gleich Lontor kurz darauf entvölkert. Da Neira und Ai schon vorher bezwungen und gesaubert waren, so herrschte nun überall auf der Banda-Gruppe volle Ruhe; sie war menschenleer und Eigentum der Kompanie. Dieser Sieg wurde im Laufe des folgenden Jahrhunderts an jedem 11. März durch Freudenböller und Gottesdienst auf Banda und Amboina gefeiert.[2]

Vor seinem Fortgange am 16. Mai 1621 übertrug Coen an den Gouverneur Martin Sonck die Regelung des neuen Besitzes. Die bereits bestehenden Parzellen, abgegrenzte Teile

---

[1] Journal von Robert Hayes Brief der englischen Faktoren in Batavia an die Kompanie in London, Februar 1621. Die englischen Anspruche auf Banda wurden in den folgenden langwierigen diplomatischen Verhandlungen nur für die Insel Run zugestanden; die Insel, welche kein Sufswasser hat, blieb eine zwecklose Besitzung der Englander, die sie im Frieden von Breda 1667 an die Niederlandische Kompanie abtraten. Zur Geschichte Bandas und des Konflikts zwischen Englandern und Niederlandern vergleiche man auch P. A. Tiele in „Bijdragen tot de taal-, land- en volkenkunde van Nederlandsch Indie" (1887).

[2] Valentijn, III, 81.

in den Gewürzwäldern, welche man Spezerei-Perken nannte, wurden an frei erklärte Bürger, meistens gediente Soldaten und niedere Beamte, gegeben, die zu einem festgesetzten Preise die Gewürze an die Packhäuser der Kompanie liefern und hier ihre Lebensmittel, wie Reis, Salz, Arrak, Öl u. s. w. kaufen mußten.[1]

Die Arbeiten in den Fruchthainen, wo bisher freie Männer und Frauen froh ihr Tagewerk vollbracht und fröhliche Kinderstimmen gejubelt hatten, verrichteten fortab Verbannte, Sträflinge und Sklaven; für diese Arbeitskräfte zahlten die Perkeniers an die Kompanie eine Vergütung.

Ein Rat aus den ersten Beamten unter Vorsitz des Gouverneurs führte die Verwaltung und handhabte die Justiz; die höhern Beamten ernannte die Regierung in Batavia, die niedern Chargen der Gouverneur.

Nachdem Coen auch der Instandsetzung der Festungswerke seine Sorge geschenkt hatte, verließ er Banda und fuhr am 16. Mai 1621 nach Amboina weiter.

---

§ 16. Die Unterwerfung Amboinas.

(1622—1647.) Auf Amboina sollte jetzt die Zerstörung des freien Handels den sichern Fortschritt machen, welchen nach ihren reichen Machtmitteln die Siebzehner für ihre Monopolpolitik erwarten durften. Der Blutpfad, einmal beschritten, machte eine Umkehr schwer möglich, und mehr, als sie Verlust furchtet, haßt die Habgier Schonung. Die Landschaft Leitimor (Süd-Amboina) und die Uliasser-Inseln, wo zuvor die Portugiesen Hoheitsrechte ausgeübt hatten, betrachtete die Kompanie bereits als ihren Besitz; Hitu (Nord-Amboina) und das dichtbevölkerte Hovamohel (Klein-Ceram), wo die reichen Ortschaften Luhu, Lessidi und Kambelo einer hohen wirt-

---

[1] Diese Einrichtung bestand solange die Kompanie dauerte und auch zur Zeit der königlichen Verwaltung fort.

schaftlichen Blute sich erfreuten, waren den Freunden ihres Oberherrn, des Königs von Ternate, verbündet, und dessen Beispiel folgten auch die Bewohner der Inseln Manipa, Amblau und Buru Die ersten Jahre verliefen daher in ungestörtem Frieden.[1]

Im Jahre 1611 gelang es infolge der guten Beziehung zu dem Statthalter Sabadijn[2] von Ternate, der in Luhu residierte, die Engländer von da zu entfernen, die dann noch eine Zeit lang in Kambelo und Lessidi handelten, von wo sie durch Reijnst im Jahre 1615 vertrieben wurden.[3]

Mit der Bevölkerung auf Amboina und Hovamohel bestand unter den beiden ersten Gouverneuren Houtman (1605 bis 11) und Caspar Janszoon (1611—15) das beste Einvernehmen, unter Block (1615—17) entstand unter einer Anzahl von Orangkajas auf Leitimor (Häuptlinge der Distrikte und Dörfer) eine erste Bewegung gegen die Niederländer. Block hatte den Landrat, der bis dahin aus drei vornehmen Orangkajas bestand und unter Vorsitz des Gouverneurs alle Angelegenheiten der Landschaft, die Verwaltung und Justiz besorgte, um mehrere Mitglieder vermehrt; darüber wurden andere Orangkajas, welche bei der Wahl übergangen waren, mifsvergnügt und nahmen eine feindliche Haltung gegen Block an Durch Vermittelung des Kapitan Hitu wurde diese Differenz beseitigt und der Landrat nochmals durch den Gouverneur Herman van Speult, der im Jahre 1618 auf Block gefolgt war, um mehrere Mitglieder vermehrt, sodafs nun vierzehn Orangkajas[4] darin Sitz und Stimme hatten. Kam es

---

[1] Valentijn. II, 417

[2] Sabadijn war ein Urenkel des Gugugu Sama Rau, aus dem Hause Tomagola, das grofse Verdienste um die Ausbreitung der ternatischen Krone hatte

[3] Valentijn, II, 417

[4] Diese Orangkajas sind bei Valentijn, II, 420 mit Namen aufgeführt, die Namen sind sämtlich portugiesisch Auf Amboina, den Uliassern und sogar auf den Aru- und Key-Inseln fand der Engländer Wallace noch im Jahre 1857 viele portugiesische Wörter in Gebrauch, wie lenço — Tuch; faca — Messer; vela — Segel; accolô — gethan; ponabo — Taube, milo — Mais, testa — Stern, horas — Stunden, alfinete

vor, dafs Ortschaften wegen Ungehorsam oder Raub gestraft
werden mufsten, so befahl der Gouverneur den Orangkajas
von Leitimor, Hitu und Hovamohel und den Uliassern, Korakoras (Kriegsfahrzeuge) zu versammeln, mit denen er die
rebellischen Dörfer besuchte, ausplunderte und zuchtigte
Solche Schiffszuge wurden Hongizuge genannt; zu dieser
Kriegshilfe waren die Orangkajas ohne Entschadigung verpflichtet.[1]

Bevor nun Gewalt gegen die Inlander gebraucht wurde,
um die durch den ausschliefslichen Handel hervorgerufenen
Übertretungen zu verhindern, geschah auf Amboina ein blutiger Gewaltakt gegen die Englander. Infolge des Vertrags
vom Jahre 1619 wurden denselben auf Leitimor, Hitu und
Hovamohel Niederlassungen gewahrt, und Coen selber wies im
Jahre 1621, als er von Banda nach Amboina gekommen war,
die Plätze den Englandern an, zugleich empfahl er van Speult
strenge Aufsicht uber die unliebsamen Freunde, worauf er
im Juli 1621 seine Ruckreise nach Batavia antrat.[2]

Dieser Mahnung waren weitere Warnungen der Indischen

— Stecknadel, cadena — Stuhl, frasco — Kuhle, trigo — Weizenmehl,
sono — Schlaf, familia — Familie, histori — Gesprach, cuñhado —
Schwager; senhor — Herr; sigora fur signora — Madame Diesen Erfolg der portugiesischen Kolonisten mufs man um so mehr anerkennen,
als ihre Arbeit auf Amboina nur etwa 60 Jahre gedauert hat (seit
Xaverius). Vgl Wallace, „Der Malayische Archipel" (2 Bde, deutsch
von B A. Meyer, Braunschweig 1869), I, 430; II, 178, 196, 215 In
einem Bericht uber eine Kirchenvisitation vom Jahre 1708 durch Valentijn, der Prediger auf Ambon war, finde ich Eigennamen, wie Ursula de
Lima, Levinus Misquita, Lucretia Lopez, Angela und Martha Alfonso,
Mattheus Raphael, Laurens de Fretis, Joseph Quelbo, Bartholomaeus
Lopez, Andreas Gomez auf Leitimor, Jakob de Lima auf Boano und
Ioris Rodrigos auf Ceram
  [1] Vgl. die Vertrage mit den verschiedenen Landschaften, bei Valentijn, II, 408, 412—114 Anhang a. v. O.
  [2] Biographie Coens in „Tijdschrift voor Nederlandsch Indie" (1844),
I, 196
  Der Biograph Coens in „Tijdschrift voor Nederlandsch Indie" nennt
bei Anfuhrung der Verrichtungen des Generalgouverneurs auf Amboina
die Ortschaften Luhu und Kambelo auf Hovamohel irrtumlich Inseln

Regierung gefolgt; zudem war van Speult ein Mann, der das Vertrauen des Generalgouverneurs im vollsten Mafse besafs. So geschah es im Februar des Jahres 1623, dafs die Engländer der Verraterei beschuldigt und sämtlich gefangen gesetzt wurden. Durch Anwendung der Tortur[1] erlangte man für die Engländer schwer belastende Aussagen, und nun folgte eine strenge Prozedur, indem alle Angeklagten aufser zweien hingerichtet wurden; der Leichnam des Kapitäns der Engländer ward aufserdem gevierteilt und die Körperteile auf Stöcke gepflanzt.[2] Die Begnadigten waren zwei Männer, die später zu Gunsten der Niederländer aussagten, der eine war vom Gouverneur bestimmt, der zweite durch das Los, und hier spielte der Zufall so glücklich, dafs er gerade denjenigen von den Engländern sich heraussuchte, der ausnahmsweise nicht gefoltert war.[3]

Dieser Vorfall hatte schwere Verwickelungen zwischen den Kabinetten in Europa im Gefolge; die Siebzehner schrieben jedoch unterm 24. April 1625 beruhigend an ihre Indische Regierung, „sie solle sorglos fortfahren, wie bisher ihre Pflicht zu thun, es werde der Gerechtigkeit der Kompanie im allgemeinen, wie deren Dienern im besondern weder in Indien, noch in Europa an dem nötigen Schutze gebrechen".[4] So durfte um jene Zeit eine Anzahl niederländischer Kaufleute über Englands Macht spotten, und als die Sprache des englischen Gesandten Carleton im Haag dringlicher ward, konnten die Siebzehner ihm durch die Generalstaaten solchen Ton verbieten. Erst unter der Regierung Karls II. fand die Gewaltthat auf Amboina ihre Erledigung, für die Molukken war die Angelegenheit jedoch mit ihrem Vollzuge entschieden.[5]

---

[1] Die Tortur, welche zur Anwendung kam, war die Wasser- und Feuertortur; die letztere geschah, indem man mit brennenden Kerzen das Opfer unter den Achselhöhlen und Ellbogen peinigte. De Jonge, Bd. V, S. XV.

[2] De Jonge, Bd. V, S. XVI.

[3] De Jonge, Bd. V, S. XV.

[4] De Jonge, Bd. V, S. XXIX.

[5] Die Verhandlungen über diese Gewaltthat auf Amboina finden sich mit den offiziellen Akten ausführlich in Arends „Allgemeine ge-

Kaum war die gewaltsame Entfernung der Englander geschehen, als auch die Feindseligkeiten gegen die Insulaner
auf der Amboina-Gruppe begannen. Die Abneigung gegen die
Niederlander hatte zunachst dazu gefuhrt, dafs der Handel
mit den Makassaren und andern Nationen zuerst in den ternatischen Schutzlandern eine weitere Ausdehnung annahm.
Die ternatischen Statthalter erkannten mit tiefem Unwillen,
wie sehr die Anmafsungen der Niederländer ihr Ansehen ver-
minderten, und wahrend die Hoffnungen auf eine thatkraftige
Hilfe gegen die Spanier und die Herstellung einer friedlichen
Ordnung unerfullt blieben, verletzte es die betrogenen Völker
desto empfindlicher, dafs sie so weitvolle Rechte an die Niederlander ausgeliefert hatten, welche statt Erkenntlichkeit und
ehrliche Freundschaft zu bezeigen, nur eifriger sich bemühten,
die erworbenen Vorrechte zu erweitern und auszubeuten. Es
war im Jahre 1624 schon so weit gekommen, dafs die Bewohner gezwungen wurden, ihre Spezereien gegen Tausch-
objekte, wie Kleider, Wirtschaftsgegenstande u. s. w. an die
Niederlander zu liefern, wahrend die Vertrage den Preis in
Geld zu leisten vorschrieben. Diese Gewaltmafsregel und
Schädigung beschworener Vertrage brachte die Insulaner in die
bitterste Bedrangnis, sodafs die Hovamohelesen endlich offen
erklarten, ihre Fruchte fernerhin an fremde Handler liefern
zu wollen, bei denen sie fur dieselben den doppelten Preis
erlangten, Reis und andere Bedurfnisse dagegen um die Hälfte
billiger fänden, als bei den Niederlandern.[1] Vergewaltigung
und Bedruckung trieben die Insulaner zum Äufsersten. Der
Sinn fur Gerechtigkeit war zudem unter ihnen lebendig genug, um nicht schwer die Krankung zu empfinden, welche
ihrer Existenz durch das rucksichtslose Gebaren der Bundesgenossen täglich zugefugt ward. Dazu kam, dafs das Schicksal der unglucklichen Bandanesen Schrecken und Abscheu erweckt hatte und uberall den Trotz der Mutigen zum Widerstande wachrief.

---

schiedenis des Vaterlands", Teil III, 3. Stuck, S 528 fg, 636 fg, 672,
678 fg., 740—773, ferner Teil III, 4 Stuck. S 343 fg, 479 fg.
[1] „Van Speult an die Indische Regierung", Anhang, S II

Mit diesen Bewegungen stand der ternatische Statthalter in Luhu (Hovamohel) selber in Beziehung, es war ein Prinz Hidajat, der voll Unmut über die Schwäche der Regierung Modafars Ternate verlassen und im Jahre 1620 den Statthalterposten übernommen hatte; dieser lebte zwar nur noch vier Jahre, ward aber durch Prinz Leliato, einen getreuen Gesinnungsgenossen, abgelöst.[1]

Die Distrikte, welche den fremden Handlern ihre Hafen öffneten und geneigt waren, ihre Rechte gegen die Niederländer mit den Waffen zu verteidigen, waren anfangs nur einzelne auf Klein-Ceram gelegene Landschaften; doch verlieh der ternatische Statthalter durch sein königliches Ansehen und seinen Einflufs der Bewegung eine ernste Bedeutung, trotzdem seine feindliche Haltung vom Hofe zu Ternate abgesprochen wurde[2], und auch Kapitän Hitu an dem Bündnisse mit den Niederländern festhielt.[3]

Solange van Speult zu schwach war, die widerstrebenden Hovamohelesen mit Gewalt zu unterwerfen, versuchte er durch gütliche Unterhandlung mit dem Statthalter und den Orangkajas sein Ziel zu erreichen. Der Statthalter Leliato wollte sich jedoch auf nichts einlassen, bevor nicht alle dem Könige von Ternate gehörigen Gebietsteile, welche von den Niederländern widerrechtlich besetzt waren, restituiert wurden. So sollten die Inseln Buru, Manipa und Amblau von den Niederländern verlassen, und die reichen Ortschaften Hatuboa, Lotohovi, Larike und Wakasihu, auch West-Amboina von ihnen geräumt werden. Indes van Speult diese Unterhandlungen nur einleitete, um Zeit zu gewinnen, schrieb er im September 1624 wegen Unterstützung nach Batavia, um Luhu (Hovamohel) mit Ernst anzutasten und diese Landschaften zu ver-

---

[1] Valentijn, II, 424, 436
Im April 1624 war Leliato schon an der Regierung; van Speult schrieb im April an die Indische Regierung „Leliato ist mit den Aufständischen (Verschworenen) im Bunde und hat die Bewohner von Lessidi zum Abfall gezwungen." (Manuskript Reichs-Archiv.)

[2] „Le Febre an die Indische Regierung", Anhang, S. X, XII

[3] „Van Speult an die Indische Regierung", Anhang, S. VII

wusten. Diese Feindseligkeit konnte um so leichter von ihm geübt werden, als er angeblich den Aufstand im Interesse Modafais bekämpfte; den Aufstand der Hovamohelesen erklärte er für einen Abfall von ihrem Könige und aus Leliato machte er einen Rebellen der Krone. Schon nach wenigen Monaten trafen die ersehnten Streitkräfte ein.

War es Zufall oder auch diesmal ein teuflischer Plan, welcher eine Flotte L'Hermites zur Ausführung herbeirief? Dieser Berater der Siebzehner, welcher den Untergang der Bandanesen und die Verwüstung der unentbehrlichen Gewürzwälder zuerst empfohlen hatte, war im Jahre 1623 mit einer Flotte von Amsterdam ausgelaufen, die am 4. April 1625 vor Victoria (Amboina) erschien. L'Hermite selber sollte die Freude an der gelungenen Durchführung seiner Aufgabe nicht erleben, er war auf der Reise in der Südsee gestorben, sodafs an seiner Stelle nun der Vizeadmiral Schapenham mit dem Gouverneur van Speult nach Hovamohel zur Bestrafung der Aufständischen ausging.[1] Städte und Dörfer wurden auf diesem Zuge verwüstet und verbrannt, ein Flammenmeer wälzte sich von Landschaft zu Landschaft auf der Küste hin, Feuer und Axt vernichteten die Gewürzwälder; die blühende Heimat der Insulaner verwandelte sich in eine öde Brandstätte. Dem Zerstörungswerke im Innern des Landes setzten die Berge und die heftige Gegenwehr der Bewohner jedoch eine Schranke entgegen.

Die Schrecken des Krieges boten ein neues, fürchterliches Schauspiel dar; Dörfer waren schon oft zerstört, das Eigentum geraubt, Blut im Kampfe vergossen — aber die schönen Gewürzhaine frevelnd vernichten, Baum um Baum töten und

---

[1] Schapenham war auf direkte Anweisung der Indischen Regierung nach Amboina gegangen, sodafs diese der Absicht zustimmte, deren Ausführung van Speult ihr im September 1624 vorgeschlagen hatte. Der Vizeadmiral meldete im April 1625 nach Batavia „Ich bin auf die von Euer Edlen empfangene Ordre nach Amboina gegangen, um mich mit meiner Macht dem Gouverneur van Speult zur Verfügung zu stellen. Die getroffenen Entscheidungen sind in allen Stücken mit der Meinung und Anweisung Euer Edlen in Übereinstimmung.“ (Manuskript Reichs-Archiv.) Valentijn, 1 c.

die einzige Erwerbsquelle zerstören, wodurch eine zahlreiche
Bevölkerung in dauerndes Elend fiel, das war eine Bosheit,
die man bis dahin noch nicht kannte. In wenigen Wochen
waren sieben befestigte Negereien nebst vielen Dörfern in
Asche gelegt und über 35 000 Nelkenbäume vernichtet. Schon
war in den Gewürzhainen alles zur Ernte vorbereitet gewesen,
der Boden war von Zweigen und Unkraut gesäubert, das
Pflücken der reifen Frucht sollte eben beginnen, als die Horden der Siebzehner ihr wüstes Zerstörungswerk eröffneten,
bei dem über tausend Inländer, die Verbündeten von Leitimor und den Uliassern, den Fremdlingen Hilfe leisten mußten.
Nicht beschränkte man sich nur auf die Zerstörung von
Nelkenbäumen, auch ebenso viel Fruchtbäume, Sagopalmen,
Pisangbäume u. s. w. fielen der Axt zum Opfer; zudem wurden
an den Küstenplätzen mehr als 200 Fahrzeuge verbrannt.[1]
„Wir müssen“, so hatte van Speult am 16. September 1624
an die Indische Regierung geschrieben, „Luhu mit Ernst antasten, und sobald wir durch Gottes Beistand Herr ihres
Platzes sind, alle Nelken- und Fruchtbäume ruinieren, damit
die Einwohner von da verziehen.“[2]
    Hatten die Bewohner von Hovamohel gehofft, durch ihren
Oberherrn, den König von Ternate, Recht gegen die Vergewaltigung des niederländischen Gouverneurs zu erlangen, so
sahen sie sich darin bitter getäuscht. Die Unterhandlungen,
welche darüber in Batavia geführt wurden[3], endigten mit der
Verpflichtung an den König, den Hovamohelesen allen fremden
Handel zu verbieten und den Befehlen der niederländischen
Gouverneure zu gehorsamen. Der Verlust der unglücklichen
Insulaner, die Schädigung ihrer heimatlichen Haine und Wohn-
stätten, die Vernichtung ihrer Fahrzeuge und der Raub ihrer
Habe empfing die königliche Sanktion. und jede Möglichkeit
wurde ihnen abgeschnitten das Verlorene je wiederzuge-

---

[1] „Journal auf dem Zuge gegen Hovamohel gehalten“, Anhang.
S XI
[2] „Von Speult an die Indische Regierung“, Anhang, S. III
[3] „Brief des Königs Modafar an den Generalgouverneur Carpentier“.
Anhang, S XXI

winnen. Ihre Zukunft war trostlos, denn die Kompanie forderte, dafs sie sich nur dürftig ernähren sollten.

War diese Mafsregel an sich eine harte und ungerechte, so wurde sie es noch mehr durch die Ausführung, welche sie von Gouverneuren erfuhr, deren Gesinnung auch die niedrigsten Mittel zur Erreichung des vorgesteckten Ziels nicht scheute Nachdem van Speult durch vielfachen Wortbruch und schliefslich durch das Zerstörungswerk auf Hovamohel unmöglich geworden war, löste ihn Gorcom im Juli 1625 in der Verwaltung des Gouvernements ab, ein Mann ohne Menschlichkeit und Mitgefühl, würdig des Vorbildes seines Oberfeldherrn, unter dem er in leitender Führerrolle auf Banda mitgefochten hatte. Selbst gegen die eigenen Leute war dieser wüste Gesell rücksichtslos bis zur Roheit. Als einst seine Offiziere über die geringe Beköstigung ihrer Leute Klage bei ihm führten, gab er zur Antwort: „Laet de honden steen eeten ende drinken, dat sij bersten." Ein andermal ward einer seiner Offiziere wegen Widersetzlichkeit zum Tode verurteilt, für welchen er aus blofser Roheit selber den Strick flocht, an dem der Unglückliche gehängt wurde; er rieb auch den Strick mit Speck ein, damit die mohammedanischen Henker, deren religiöse Vorschrift diese Berührung verbot, eine widerliche Handlung zu verrichten hatten.[1]

In solchen Händen wufsten die Siebzehner in Amsterdam die Verfolgung ihrer Interessen sorglich aufgehoben.

Eine Bevölkerung, welche den Wohlstand gekannt hatte, und in genügendem Mafse noch Thatkraft und Intelligenz zum Schaffen besafs, konnte sich nicht ohne Widerstand dem Elende preisgeben; der verbotene Handel fing bald wieder leise und heimlich an und belebte sich mehr und mehr, sodafs die Kompanie aufs neue mit harten Mafsregeln dagegen einschritt. Im September 1627 schrieb der Kommissar Gillis Zeis, welcher die östlichen Gouvernements inspizierte, an die Indische Re-

[1] Chijs, S 153

gierung: „Nach meiner Meinung darf kein makassarisches, malaiisches oder javanisches Schiff hier (Amboina) geduldet werden; wir müssen alle fremden Fahrzeuge wegnehmen oder verbrennen, damit die Fremdlinge gezwungen werden, nicht hierher zu kommen. Wie ich höre, läfst sich dies auf verschiedenen Plätzen auch recht wohl ins Werk setzen."[1]

Während der Regierung des Gouverneurs Lucaszoon (1628 —31), der auf Gorcom folgte, wurden die fremden Händler scharf bekämpft „Auf zwei unterschiedenen Zügen", heifst es in seinem Bericht über den Stand von Amboina[2], „haben wir das erste mal 21 Djonken mit einer grofsen Zahl Toter und Verwundeter und das zweite mal 22 Djonken bei geringfügigem Widerstande auf Buru, Manipa, Kelang und Erang verbrannt, wodurch ein grofser Verlust an Volk dem Feinde beigebracht ist und kein geringer Schaden für die partikulären Händler. Solche Züge verdienen von Zeit zu Zeit erneuert zu werden."

In der Bekämpfung des fremden Handels, den die ternatischen Statthalter und befreundeten Orangkajas auf Hovamohel und den westlichen Inseln fortgesetzt begünstigten, wurden die Gouverneure durch den Hof von Ternate unterstützt, ungeachtet hier ein Thronwechsel im Jahre 1627 geschah, der einen den Niederländern gegnerischen Kandidaten an die Regierung gebracht hatte.[3] König Hamza mufste aus Not dem Willen der Niederländer sich fügen, als er die Haltung seiner Statthalter, die für seine Rechte kämpften und keine Kränkung seines Ansehens dulden wollten, verurteilte. Im Oktober 1628 erschien des Königs Bruder, Kapitänlaut Ali, mit 28 Korakoras vor Victoria, um den Streit zwischen dem ternatischen Statthalter und dem Gouverneur über die beiderseitigen Gerechtsame zu schlichten. Der Statthalter Lehato und die Orangkajas erschienen in Victoria und mufsten ge-

---

[1] „Gillis Zeis an die Indische Regierung", Anhang, S. XXVI.

[2] „Bericht über den Stand von Amboina, dem Gouverneur Gijzel mitgegeben zur Belehrung über das Gouvernement", Anhang, S. XXXV.

[3] „Gillis Zeis über den Stand der Molukken", Anhang, S. XXXII

loben, den fremden Handel auszuschliefsen [1] Diese Ver-
sprechung war eine erzwungene, mufste gebrochen werden,
weil die fremden Händler die bessern Freunde der Inländer
waren, welche die Niederlander „durch Armut und Elend vertreiben wollten, damit ihnen eine gute Beute von den Ternatern zufallen mochte". [2]

Der Gouverneur Gijzel leitete seine Regierung im Jahre
1631 mit der Erteilung einer Instruktion ein, die für die
Schiffe bestimmt war, welche auf fremde Fahrzeuge fahndeten;
darin heifst es: „Feindlichen Schiffen mufs mit Kanonen-
schüssen und Musketenfeuer derartig zugesetzt werden, dafs
sie sich auf Gnade oder Ungnade ergeben Es ist Vorsicht
beim Entern der feindlichen Fahrzeuge zu gebrauchen und
der Verzweiflungskampf der Feinde zu fürchten, sodafs ein
Kampf Mann gegen Mann besser vermieden wird, damit der
Edeln Kompanie kein Verlust an Schiffen und Mannschaften
entsteht. Gröfsere Beute an Nelken und Gütern soll direkt
nach Batavia geführt werden." [3]

Hierauf langten am 12. Januar 1632 fünf Schiffe mit
320 Soldaten und 280 Matrosen aus Batavia vor Amboina
an, welche fortab zwischen Buru, Amblau, Manipa und Kelang
auf fremde Fahrzeuge kreuzen sollten. [4]

Diese strenge Verfolgung des fremden Handels hatte nicht
den erwünschten Erfolg; derselbe verlegte sich mehr nach
Osten, wo die reichen Negereien auf der Westküste von
Ceramlaut die besuchtesten Plätze für den verbotenen Nelkenhandel bildeten.

„Um nicht die Verachtung gegen die niederländische Nation zu vermehren und den Hafs der Einwohner und anderer
indischer Völker zu vertiefen" [5], hatte Lucaszoon die Wiederholung eines Zuges, wie er im Jahre 1625 geschehen war, für

---

[1] „Bericht über den Stand von Amboina von Gouverneur Lucaszoon",
Anhang, S XXXIV
[2] Lucaszoon, l c
[3] Tagesjournal Amboina, 27. Juli 1631. (Manuskript Reichs-Archiv.)
[4] Tagesjournal Amboina, 1632. (Manuskript Reichs-Archiv.)
[5] Lucaszoon, l c.

den äußersten Notfall aufgespart. Als die Verfolgung auf der See nicht die erwünschte Wirkung that, schreckte Gijzel nicht länger vor der Ausführung zurück. Am 28. Februar 1633 hatte der Gouverneur eine ansehnliche Macht beisammen; seine Flotte bestand aus 7 gut armierten Schiffen und Jachten, 4 Schaluppen und 29 Korakoras und war bemannt mit 500 Soldaten, 250 Matrosen mit Beilen und gegen 1000 Amboinesen.[1] Diese ansehnliche Macht wurde im Verlaufe der Unternehmung noch durch 9 weitere Schiffe verstärkt, welche der Kommissar van Heuvel von Banda her zuführte.

Widriger Wind, hoher Seegang und unaufhörliches Unwetter bereiteten dem Zuge große Hindernisse; dies alles vermochte die Soldlinge der Siebzehner nicht zu entmutigen; mit der Schwierigkeit wuchs der Eifer der Befehlshaber, die Wut und Beutegier der Soldateska wurde wilder und begehrlicher.

Am 5. März wurde die Negerei Massavoi (Manipa) in Asche gelegt, am 7. die Feste Kelang (Insel Kelang) nach verzweifeltem Widerstande genommen und in Brand gesteckt, und am 16. fiel auch die Festung Erang, die nach der Zerstörung im Jahre 1625 wieder erblüht war, wo bis zum Ende des Monats über 1000 Mann thätig blieben, die umliegenden Ortschaften zu verwüsten und die erbeuteten Fahrzeuge zu verbrennen.[2]

Langsam und verheerend ging der Hongizug die Südküste von Ceram entlang weiter, um am 19. April bei Ceramlaut, dem eigentlichen Ziele, Halt zu machen. Die Flotte ankerte zwischen Ceram und Ceramlaut bei der kleinen Insel Gisser (bei Gijzel Gnioffa) und eröffnete alsbald von den Schiffen ein mörderisches Feuer gegen die feindlichen Hauptfestungen, welche auf der Westseite von Ceramlaut gelegen waren. Von elf befestigten Negereien behaupteten sich nur zwei, Rumaro und Rumeri, bis zum 25. April gegen den Angriff, der nun auch aus den gewonnenen Stellungen auf dem Lande gegen

---

[1] „Bericht über den Zug des Gouverneurs Gijzel u. s. w. Vom 28. Februar bis 20. Mai des Jahres 1633", Anhang, S. XLII.

[2] l. c.

sie eröffnet ward. Das entsetzliche Jammergeschrei in den
eroberten Negereien, die nacheinander in die Hande der Belagerer gefallen waren[1], das grausame Blutbad gegen wehrlose
Frauen und Kinder[2] und die ruchlosen Zerstörungen des
Feindes[3] hatten die Verteidiger von Rumaro und Rumeri
schon der Unterwerfung geneigt gemacht, als sie durch die
Verzweiflung der fremden Händler, die zahlreich in ihren
Negereien mitfochten, für Fortsetzung des Kampfes sich gezwungen sahen.[4] Nur noch wenige Tage konnten die Mutigen
widerstehen, am 28. April sandten die Belagerten eine Pisang-
schale, auf deren Grunde Sand mit eingegrabenen Zeichen
auf weifser Decke ruhte, eine Darbietung, womit sie ihr Land
dem Gouverneur zum Opfer anboten.[5]

Ein neuer Kontrakt machte die Bewohner zu Unterthanen
des Prinzen von Holland, und aufser dem Verluste an geraub-
ten Gütern und Menschen zahlten sie eine Bufse von 50 Pfund
Gold und 200 Sklaven. Die Soldateska und die Orangkajas
hatten reiche Beute gemacht: die letztern hielten zudem
250 geraubte Menschen in ihren Korakoras verborgen, die sie
vor der Ruckfahrt mit den Soldaten teilen mufsten.[6] Als am
6. Mai die Flotte von Ceramlaut aufbrach, konnte der Gouverneur feststellen, dafs er noch in wenig Tagen 13 Djonken,
17 Korakoras, 32 Orangbais und mehr als 180 Prauen, im
ganzen 242 grofse wie kleine Fahrzeuge vernichtet habe.

Die Ruckfahrt ging über Wermama und Hatumette, zwei
Negereien auf Sud-Ceram, die bestraft werden mufsten, weil
sie gleichfalls zu den Ternatern hielten, und erst am 20 Mai
traf die Flotte bei schwerem Unwetter und mit grofsem Verlust an inlandischen Fahrzeugen und Mannschaften in Victoria
ein, wo „alles in gutem Zustande war".[7]

Die Unterthanen von Leitimor und den Uliassern waren
in ihre Dörfer zurückgekehrt und hatten den hauslichen Ar-

---

[1] l. c.   [2] l. c.   [3] l. c.   [4] l. c.   [5] l. c.
[6] l. c.   [7] l. c.

beiten sich eben gewidmet, als sie nach kaum drei Monaten ihre heimatlichen Walder fur den Hongidienst schon wieder verlassen mufsten Die Landschaften an der Bucht von Kaibobo sollten fur ihre Unterstutzung, welche sie Leliato gewahrten, gezuchtigt und Waiputi aufs neue verwustet werden, wozu Gijzel eine Flottenmacht versammelte, die am 1 September bereits beisammen war.

Es ging zunachst gegen die heidnische Negerei Serulam auf der Westseite der Bucht. Die häuserreiche Ortschaft lag eine halbe Stunde landeinwarts auf einem Berge. Der Weg fuhrte durch einen offenen, schönen Wald bis an den Fufs des Gebirges, das sich ziemlich steil erhob. Uberall grünten Nelkenbäume, selbst auf Abhangen und in Schluchten; es war eine Lust, die vielen herrlichen Fruchtbaume zu sehen; es gab keine Stelle in weitem Umkreise, die nicht von der reichen Fruchtbarkeit des Landes und dem Fleifse der Bewohner zeugte. [1]

Die Negerei fand Gijzel von den Einwohnern verlassen sie wurde den Flammen preisgegeben, und nur ein grofser Tempel blieb davon verschont, in dem 5—600 Soldaten einlogiert werden konnten. Wahrend vier Tagen ubten die Horden der Siebzehner ihr Zerstörungswerk; zwischen 11- und 12 000 Nelkenbaume und aufserdem noch viele andere Fruchtbaume wurden gefallt, und die Gegend zur Wustenei umgewandelt, damit den Bewohnern die Ruckkehr in ihre Heimat unmöglich gemacht werde

Von hier ging die Flotte am 11. September nach der Ostseite der Bucht hinuber vor die drei nahe beisammen gelegenen Negereien Heneëla, Pelissa und Henesamme, deren heidnische Bewohner mit Leliato den Mutakau getrunken hatten. [2] Von diesen Negereien war Heneëla mit uber 400 Hau-

---

[1] „Journal des Gouverneurs Gijzel uber den Hongizug vom 1. bis 19. September 1633“. Anhang, S LIV

[2] Der Mutakau wurde mit heidnischen Stammen bei Bundnissen auf Leben und Tod getrunken, diese Sitte besteht noch heute im ganzen ostlichen Archipel. Der Becher wird, darin unterscheiden sich die Landschaften, aus Palmwein oder Wasser mit oder ohne Blut gemischt; man

sern, worunter sich stattliche Gebäude befanden, die gröfsere. Die fleifsigen Landleute in diesen Distrikten pflegten den Reisbau; ausgedehnte Fruchtfelder mit Bohnen und dergleichen Fruchten standen in Blütenpracht, als Gijzel seine Truppen vor Heneela führte. Die Aufforderung, ihre Festung zu übergeben, wurde von den Verteidigern abgewiesen, weil sie der Mutakau zum Kampfe gegen die Feinde Leliatos verpflichtete. Stürmender Hand wurde am 11 September die Negerei genommen, in der Mord und Brandfackel aufraumten. In den stattlichen Häuserreihen, die rasch ein einziges Flammenmeer übergofs, standen viele Tempelgebaude, auf deren Altaren frische Opfer rauchten Pelissa und Henesamme erfuhren andern Tags das Schicksal ihrer Schwesterstadt; hier wie dort tobte ausgelassenste Zerstorungswut, sodafs in wenig Stunden 1400 fruchttragende Kokospalmen und viele andere Fruchtbaume vernichtet, alle bluhenden Acker verwüstet waren Da es Nelkenbäume in den Distrikten von Heneela nicht zu fallen gab, die auf Grofs-Ceram nicht vorkommen, so verliefs die Flotte am 13. September die Reede von Kaibobo, um nach Waiputi zu gehen Die Ausfuhrung dieser Unternehmung unterblieb jedoch, als Gijzel unterwegs Nachricht von einem Anschlage des Kimelaha empfing, der die Negerei Suli (Amboina) überrumpelt hatte. Zur Sicherung der Besitzungen auf Leitimor eilte der Gouverneur nach Victoria, wo er am 19 September anlangte. [1]

Je weiter das Jahr 1633 sich seinem Ende näherte, desto feindlicher wurden die Bewegungen unter der Bevölkerung des Gouvernements, die allgemein in offenen Widerstand überzugehen drohten Der Anhang Leliatos auf Ceram wuchs von Tag zu Tag, auf den westlichen Inseln war man langst

---

thut in den Becher etwas Gold und Erde, taucht die Spitze des Schwertes oder Dolches in den Trunk und wirft eine Gewehrkugel hinein Dieser Trunk, verbunden mit einem Schwur, verpflichtet zum gemeinsamen Kampfe wider jeden Feind. (Vgl Valentijn. Riedel, a v. O)

[1] Journal des Gouverneurs Gijzel, l. c

geneigt sich gegen die Niederländer zu erheben, und die bis dahin so getreuen Orangkajas von Leitimor und den Uliassern murrten laut wider den erfahrenen Zwang und die Bedrückung mit schweren Lasten und Hongidiensten. „Sie sagen offen", schrieb Gijzel schon im Jahre 1631 an die Indische Regierung, „dafs sie nicht gedacht hätten, dafs die Niederländer so gewaltthätig wären; die Erbitterung ist so grofs, dafs die Leute ihre Korakoras selber in Brand stecken und ins Gebirge flüchten wollen, wenn sie wieder zum Hongidienst gerufen werden." [1]

Jetzt, nach dem Zuge gegen Serulam, hielt Gijzel eine grofsere Macht nötig, um die eigenen Unterthanen zum Gehorsam zu bringen. [2] Durch die Zerstörung Serulams war auch der Kapitän von Hitu schwer beleidigt, und als Gijzel Vorstellungen darüber mit der Bemerkung abwies, dafs Hitu gleiches Schicksal erfahren werde [3], fing der Kapitän an zu rüsten.

Die Lage in Hitu hatte sich durch den im Laufe des Jahres 1633 erfolgten Tod des alten Kapitän Hitu ohnehin verändert. Wenn auch mehr aus Berechnung und im eigenen Vorteil, als aus Neigung, hatte der alte Kapitän doch fortgesetzt treu zu den Niederländern gehalten, ihnen sowohl auf Banda, als auf Hovamohel wichtige Dienste geleistet; ein zur Nachfolge berufener Sohn, der gleichfalls die Fremdlinge begünstigt hatte, war ihm im Tode vorangegangen, und nun hatten alle Künste der Politik nicht verfangen wollen, Uneinigkeit unter den Häuptern von Hitu zu erregen [4] und die Wahl Kakialis, eines jüngern Sohnes des Kapitäns, zu seinem Nachfolger zu vereiteln. Der junge Kapitän war kein listiger Diplomat, wie sein Vater, sondern ein tapferer Kriegsmann und mutiger Verfechter der Freiheiten und Rechte seines Landes, deren Verletzung er bereit war mit dem Schwerte abzuwehren.

---

[1] „Bericht vom 18. September 1631", Anhang, S XXXVII.

[2] „Gijzel über den Stand von Amboina". Anhang, S. LIX

[3] „Bericht des Gouverneurs Gijzel über den Hongizug vom 1. bis 19 September 1633", Anhang, S LV.

[4] „Gouverneur Lucaszoon über den Stand von Amboina", Anhang, S. XXXV.

Die Gefahren eines allgemeinen Aufstandes zu beschwören, sandte König Hamza eine besondere Gesandtschaft nach Amboina, deren Führer den König in Person vertrat Der Botschafter überbrachte Briefe des Königs. Den Orangkajas von Luhu wurde der Handel mit den Makassaren und Javanen verboten[1]; in einem zweiten Schreiben wurde der Kimelaha Fakiri auf Buru angewiesen, seine beiden Söhne Luhu und Leliato, die Statthalter von Hovamohel[2], zum Gehorsam zu bringen, die Makassaren und Javanen abzuhalten, und daſs er mit seinem Kopfe für die Ruhe in den amboinischen Distrikten hafte[3]; in einem spätern Schreiben berief der König die Statthalter Luhu und Leliato zur Verantwortung nach Ternate.[4]

Trotz dieser Bemühungen des königlichen Willens scheiterten die Friedensunterhandlungen, weil Gijzel hartnäckig an Anspruchen auf Gebietsteile des Königs festhielt, die der Gesandte nicht zugestehen wollte, sodaſs dieser endlich auf die Seite der Statthalter überging[5]

Eine nicht unbedeutende Stärkung der Macht der Aufständischen war sodann zu fürchten, als sie anfingen, nach auswärtiger Hilfe sich umzusehen. Die schwankende Haltung des Königs Hamza veranlaſste den Kapitän von Hitu, mit dem Hofe von Makassar in Verbindung zu treten, dessen Unterthanen schon seit Jahren so viel Verfolgung von den

---

[1] Brief Hamzas an die Orangkajas von Luhu (Manuskript Reichs-Archiv. Bundel Amboina 1633.)

[2] Luhu war im Jahre 1628 von Kitschil Ali. dem derzeitigen auſserordentlichen Gesandten des Königs, eingeführt; er sollte Leliato ersetzen, machte aber gemeinsame Sache mit ihm.

[3] Brief Hamzas an Fakiri. (Manuskript Reichs-Archiv. Bundel Amboina 1633.) In diesem Briefe nennt der König die beiden Statthalter Luhu und Leliato Söhne von Fakiri; damit ist die Geschlechtstabelle, welche Valentijn für das Haus Tomagola gibt, nicht in Übereinstimmung. Vgl. Valentijn, I, 293 Es ist jedoch möglich, daſs in der Übersetzung des Briefes des Königs ein Fehler ist, der für Neffen Söhne gesetzt hat, und Valentijn somit recht hat; nach ihm waren Luhu und Leliato Vettern und Fakiri ihr Onkel.

[4] Manuskript Reichs-Archiv. Bundel Amboina 1633.

[5] „Gouverneur Gijzel über den Stand von Amboina", Anhang. S. LIX.

Niederländern erlitten Er übersandte Geschenke und ließ nach der Landessitte in silberner Dose einen Brief überreichen, worin der König um Unterstützung gebeten ward.[1] Diesem Schachzuge Kakialis suchte Gijzel dadurch zu begegnen, daß er den König von Hitu, Tanahitumessen, gegen den Kapitan aufbrachte und auf die Seite der Niederländer zu ziehen wußte, wodurch eine Spaltung im eigenen Lager auf Hitu entstand.[2]

In gleicher Weise hatte er in Luhu auf Hovamohel Erfolg, wo er die Orangkajas unter Führung eines Ternaters von königlichem Blute, Namens Sibori, zum Abfall von Leliato bewog.[3]

Die Gegensätze waren daher in vieler Beziehung verschärft, als im Mai 1634 van Heuvel, der Gijzel in der Leitung der Geschäfte ablösen sollte, mit einer ansehnlichen Flotte auf der Reede von Hitu erschien und vor Hila, dem niederländischen Kontor, ankerte. Van Heuvel hatte, wie früher bereits berichtet wurde, den Zug gegen Ceramlaut mitgemacht, war dann über Ternate nach Batavia gegangen, wo er der Indischen Regierung über den Stand von Amboina und den Molukken einen ausführlichen Bericht überlieferte. Er vertrat darin die Meinung, den Defensivstand in Ternate zu erhalten, die Ceramer fortgesetzt zu beunruhigen, die Hituesen auszurotten und die Makassaren mit Gewalt der Waffen zu bezwingen.[4]

Sein Erscheinen auf der Reede von Hitu konnte demnach nicht zweifelhaft sein. „Bei meiner Ankunft", schrieb er nach Batavia, „habe ich die Dinge hier in schlechtem Stande gefunden, infolge der Verrätereien zwischen den Statthaltern Luhu und Leliato und den perfiden Handlungen des Sadaha

---

[1] l. c.

[2] l. c.

[3] „Van Heuvel an die Indische Regierung", Anhang, S. LXI. Gijzel that einen Zug gegen Luhu, vom 6. Februar bis 16. März 1634, infolge dessen Sibori und die Orangkajas sich unterwarfen (Tagesjournal Amboina 1634. Manuskript Reichs-Archiv.)

[4] Kommissar van Heuvel über den Stand von Amboina und den Molukken. (Manuskript Reichs-Archiv. Bundel Amboina 1633.)

(Botschafter und Oberstatthalter) und des neuen Statthalters Fakiri, im Bunde mit dem hochmutigen Kakiali. Im Angesicht unserer Flotte, gleichsam zum Hohn, liefen 34 grofse und kleine makassarische und malaiische Fahrzeuge aus, wie auch einen Monat zuvor 14—15 makassarische und javanische Fahrzeuge nach Solor, Ceram, Ceramlaut und den Kai-Inseln ausgelaufen waren."[1]

Van Heuvel, entschlossen den Widerstand Hitus zu brechen, wollte der vornehmsten Rebellen sich zunächst versichern. Während er sich Kakiali gegenüber stellte, als ob er von den Zerwürfnissen zwischen ihm und Gijzel nichts wisse, brachte er den Kapitan und die vornehmsten Orangkajas mit Hilfe des verräterischen Tanahitumessen und seines Anhangs gelegentlich einer Beratung am 10. Mai ohne Blutvergiefsen in seine Gewalt.[2] Die Orangkajas von Hitu mufsten danach den Eid der Treue an die Kompanie leisten, indes Kakiali und drei andere Häupter gefangen nach Batavia geführt und ihre Ämter an gefügige Werkzeuge übertragen wurden.[3]

Durch diesen raschen Gewaltakt war eine allgemeine Erhebung für jetzt im Keime erstickt, aber die Unzufriedenheit wurde nur vermehrt, Not und Bedrückung bestanden fort. Wer es vermochte, umging den Handel und Verkehr mit den Niederländern und suchte Verbindung mit makassarischen Händlern oder Javanen. Als daher Gijzel im Jahre 1635 als Kommissar wieder nach Amboina kam, wo er van Deutecom an Stelle van Heuvels als Gouverneur einführte, überzeugte er sich zum andern mal, dafs der fremde Handel nur durch Krieg und Verwüstung in den widersetzlichen Landschaften zu vernichten sei: „Ich teile die Ansicht unserer Herren und Meister (Siebzehner), dafs wir nur durch Krieg, durch Ver-

---

[1] „Van Heuvel an die Indische Regierung", Anhang, S. LXI
[2] l. c
[3] l. c Van Heuvel schlofs mit Tanahitumessen am 28. Mai einen neuen Kontrakt; danach mufsten die Hituesen nach Artikel 2 dem Gouverneur gehorsamen; nach Artikel 4 Hongidienste thun, wie die Unterthanen auf Leitimor, und nach Artikel 6 durften sie keine Zusammenkünfte mit Feinden halten (Manuskript Reichs-Archiv. Bundel Amboina 1634.)

wusten ihrer Nelken-, Sago- und anderer Fruchtbäume am ehesten zu dem gewünschten Ziele kommen werden; um so mehr, wenn etwas Ordentliches durch unsere batavische Flotte ausgerichtet wird." [1]

Während nun Gijzel die Zerstörung der ternatischen Schutzländer empfahl, glaubte er die Zeit für die Verwüstung Hitus noch nicht gekommen: „wir haben sonst", so folgerte er, „ein Land ohne Handel und Vorteil zu bekriegen". [2] Diesen Ratschlägen folgte denn auch der Generalgouverneur van Diemen, der selber im Beginn des Jahres 1637 mit großer Flottenmacht vor Victoria erschien.

Bei ihrer Ankunft hatte der Statthalter Leliato überall die Oberhand. Dieser war seit dem Abfalle der Luhnesen in Luciéla gefestigt und hatte noch wenige Tage vor dem Eintreffen van Diemens mit 30 Korakoras einen Rundzug gethan, auf welchem ihm viele Orangkajas auf der Küste von Ceram Gehorsam gelobten. Auch die christlichen Unterthanen von Soya, Ema, Kelang, Utemuri, alles wichtige Negereien auf Leitimor, waren abgefallen. „Es war die höchste Zeit", schrieb Präsident Ottens an die Siebzehner, „daß in diesem Jahre unsere Macht erschienen ist. Es spottet jeder Beschreibung, wie fest, wie stark und einträchtig alle unsere christlichen Unterthanen bereits mit den Mohammedanern der nahegelegenen Plätze, mit den Kimelahas und deren Anhang auf Ceram, mit den Frevelmütigen auf Hitu und denen von Ihamau und Hatuaha [3] gegen die Edle Kompanie verbunden waren." [4]

Nachdem van Diemen Luciéla, die Festung der Kimelahas, genommen und zerstört hatte, schickte er Gesandte mit Gnadenbriefen an alle abgefallenen Inseln und Plätze, was freilich wenig fruchtete. Man fuhr aber fort, Freundschaft

---

[1] „Gijzel über die Maßnahmen, welche gegen Amboina anzuwenden sind. Batavia 1636", Anhang, S. LXIII.

[2] l. c

[3] Ihamau und Hatuaha waren mohammedanische Landschaften auf den Uliassern, die zu den Kimelahas hielten.

[4] „Präsident Ottens an die Siebzehner", Anhang. S. LXV.

zu heucheln, weil man die Bewohner, welche überall ins steile
Gebirge flüchteten, nicht züchtigen konnte, wie man es gern
gethan hatte. [1]

Im Februar bestrafte van Diemen die Abtrünnigen auf
den Uhassern, und als er dann nochmals nach der Reede von
Luciela zog, traf er hier den ternatischen Kapitanlaut Sibori,
der einen Brief von seinem Könige überbrachte mit der Zusage, daſs er seinerseits den Kimelaha und seinen Anhang
strafen werde; alle Angelegenheiten betreffend den Nelkenhandel und die Fernhaltung der Fremdlinge wollte Se. Majestät mit aufrichtigem Eifer unter Assistenz und mit Rat
seiner Edelheit schlichten [2]

Trotz dieser Botschaft wurde das Zerstörungswerk fortgesetzt sein, wäre nicht der Regenmonsun zu zeitig eingetreten und die Erschöpfung der Soldaten so vollständig gewesen. [3]
Van Diemen kehrte deshalb nach Hitu um, wo er die Orangkajas mit groſser Mühe zusammenbrachte und ihnen die Zusage abnahm, daſs sie sämtlich zu einem groſsen Landtage
in Victoria sich einfinden würden. [4]

Dieser Landtag dauerte von Mitte bis Ende Mai, zu dem
die Orangkajas von Hitu nicht eher erschienen waren, als
van Diemen den noch immer gefangen gehaltenen Kakiali
ihnen ausgeliefert hatte. Denn das Volk hing seinen angestammten Obern an, während es die von den Niederländern
angestellten Beamten in ihrer Würde weder anerkannte, noch
ihnen gehorsamte. [5]

Van Diemen gestattete den versammelten Orangkajas,
ihre Beschwerden und Klagen vorzubringen. Diese baten
den Generalgouverneur, die fortdauernde Kränkung ihrer Rechte
zu verhüten und die drückende Belastung, durch welche die
Bevölkerung zu verzweifeltem Widerstande immer aufs neue
gedrängt werde, zu erleichtern. Die Beseitigung ihrer Be-

---

[1] l. c.
[2] „Brief Hamzas an den Generalgouverneur“, Anhang, S. LXVIII.
[3] Ottens, l. c.
[4] l. c.
[5] l. c.

schwerden sei für die Wiederherstellung der Ruhe und des
alten guten Verhältnisses zu der europäischen Regierung
durchaus notwendig In erster Linie forderten sie, dafs die
Kompanie die Hongidienste beschränke; denn, so führten sie
aus, diese Verpflichtung, welcher sie sich gegen einen gemeinsamen und aufsern Feind unterzogen hatten, werde nun dazu
angewendet, das eigene Volk zu zerfleischen. Auch über die
lange Dauer der Hongizüge beklagten sie sich. Ferner durfe
die Regierung nicht mehr den Hongidienst zur Zeit der Ernte
oder während der Bestellung[1] der Baumgärten fordern Dann
rügten sie mit harten Worten das ungezügelte, rohe Verhalten der niederländischen Offiziere und Soldaten, welche auf
den Korakoras Befehl führten, der Inländer, beteuerten sie,
behandle besser seine Sklaven, während ihre Leute der Kompanie doch freiwillig zu dienen auf sich genommen hätten.
Sodann drangen sie darauf, dafs fortab ihre Nelken ehrlich
bezahlt würden, die Mafs- und andern Fälschungen der Beamten aufhören mufsten; und endlich stellten sie dem Generalgouverneur den Jammer vor Augen, den die Beutesucht seiner
Beamten auf den Hongizügen über so viel tausend Unschuldige verhänge; während die Bevölkerung eines Dorfes mitten
im Frieden, gehorsam den Befehlen ihrer Obern und der Regierung, sich bei der Arbeit befinde, lande an ihrem friedlichen
Gestade unverwacht die Hongiflotte, damit die rohe Soldateska
in ihre Garten einbreche, um Hab und Gut zu rauben.

Der Generalgouverneur nahm diesen Vortrag sehr übel
auf und verwies den Orangkajas solches Gebaren, das dem
Anspruche ähnlich sahe, als hätten sie Gesetzesvorschriften
zu machen; ihre Beschwerden hielt er für blofsen Vorwand;
nach seiner Meinung war die Bewegung eine allgemeine, zügel-
lose und mutwillige Revolution.[2]

Die Umstände nötigten jedoch dazu, einer friedlichen Erledigung für jetzt vor der Anwendung von Gewalt den Vorzug

---

[1] Um eine volle und schöne Frucht zu erzielen, mufsten die Baumgärten (Muskat- wie Nelkenbäume) einige Zeit vor der Blüte von allem
Unterholz und dem stark wuchernden Unkraut gesäubert werden

[2] Ottens, l c.

zu geben, sodafs van Diemen sanftere Saiten aufzog, die
Orangkajas zu beschwichtigen suchte und in Hitu Kakiali und
die übrigen Häupter in ihren Ämtern wiederherstellte, worauf er die Orangkajas mit Geschenken entliefs. [1]

„Es waren somit", schrieb Ottens an die Siebzehner, „die
vielen Trubeln und Unruhen in diesen Quartieren in der
Hauptsache abgethan. Dies war durch das sanfte Mittel
von Pardongewährung erreicht; die Rebellen zu bestrafen,
mufste vorbehalten bleiben, sodafs vom Generalgouverneur
und dem Rate beschlossen wurde, im nächsten Jahre mit ansehnlicher Macht zu diesem Zwecke wiederzukommen. Mochten
wir dann finden, dafs den neu geschehenen Gelobnissen wieder
Einbruch geschähe, alsdann ohne Gnade und Barmherzigkeit
alle Rebellen nach unserm äufsersten Vermögen mit den
Waffen so kräftig anzufallen, zu verfolgen und zu vernichten,
als es nach den Umständen nützlich gefunden werde." [2]

Am 4. Juni ging der Generalgouverneur mit der Flotte
nach Batavia zurück, nachdem er den Präsidenten Ottens als
Gouverneur in Amboina angestellt hatte, der im September
an die Siebzehner berichten konnte: „Viele Anzeichen zum
Guten treten in den amboinischen Verhältnissen hervor; der
feste Friede mit den Unterthanen und Bundesgenossen ist im
Wachsen und Blühen begriffen." [3]

Der Hafs Kakialis war durch die erfahrene Verräterei
und Freiheitsberaubung so tief gewurzelt, sein Abscheu gegen
die Bedrücker seines Volkes so grofs, um nicht alsbald eifrig
jede Gelegenheit zu suchen, welche seiner Rache Befriedigung
und seinem glühenden Wunsche, die Fremdlinge zu vernichten, Aussicht auf Erfüllung versprach. Die Niederländer hatten
ihrem gefährlichsten Feinde die Freiheit zurückgegeben, und
es schien der Ausspruch Gijzels sich zu bethätigen: „es wäre
besser gewesen, van Henvel hätte den Todesspruch gegen

---

[1] l. c.   [2] l. c.   [3] l. c.

Kakiah durch den Landrat, als er damals versammelt und günstig dafür war, aussprechen lassen".[1]

Es waren denn auch nur wenige Monate seit dem großen Landtage in Victoria vergangen, als Ottens bereits von der feindlichen Gesinnung Kakialis die unzweideutigsten Beweise erhielt. Als der Generalgouverneur im Oktober 1637 die Hongiflotte versammelte, verweigerten viele Ortschaften auf den Einfluß Kakialis die Heerfolge. Er selbst hielt sich auf der im Jahre 1633 neu erbauten Bergfeste[2] Wawani auf, wo er Bitscharinge mit Lehato pflegte; auch knüpfte er aufs neue Unterhandlungen mit dem Könige von Makassar an. Der abtrünnige Tanahitumessen und sein Anhang fühlten sich seit der Rückkunft Kakialis auch nicht mehr sicher, sodaß sie militärischen Schutz von den Niederländern erbitten mußten.[3]

Ottens kam im November nach Hila und berief die übrigen Häupter, Barros, Tottehatu und Pati Tuban, die er wegen der Umtriebe Kakialis verwarnte, worauf sie mit der Zusicherung antworteten, für die Aufrechterhaltung des neuen Friedens sorgen zu wollen.[4]

Auf Hovamohel hatte Ottens bei seinem letzten Besuche einigen Erfolg gehabt. Durch Vermittelung des Kapitanlaut Sibori, der in Amboina geblieben war, wurden die Orangkajas von Lessidi gewonnen, und den fortgesetzten Bemühungen des Seevogts war es in der Folge auch gelungen, noch einige andere Distrikte auf Hovamohel, wie Waiputi, Liela, Saluko neben anderen für die Niederländer zu verpflichten[5], als der Generalgouverneur van Diemen zum zweiten mal mit einer Flotte in Amboina erschien.

Van Diemen war noch vor Beginn des Jahres 1638 von Batavia mit 6 großen Schiffen, 2 Schaluppen und 4 Jachten

---

[1] „Raad ordinaris Gijzel über die Maßnahmen u. s. w. Batavia 1636", Anhang, S. LXIV.

[2] „Gouverneur van Heuvel an die Indische Regierung", Anhang, S. LXI.

[3] „Gouverneur Ottens an die Siebzehner", Anhang, S. LXX.

[4] l. c.

[5] l. c.

mit 750 Matrosen, 615 Soldaten, 15 Freiburgern, 65 bandanesischen Sklaven und 160 Leibeigenen, insgesamt mit 1650
Köpfen, ausgelaufen[1]; unterwegs war Buton, wo die Makassaren siegreich ihre Fahnen aufgepflanzt hatten, feindlich angetastet und die Stadt beschossen worden, sodafs die Flotte erst
am 24 Februar bei Manipa anlangte, wo Ottens zum Empfange
bereits einige Zeit gekreuzt hatte. Die Flotte ging nach Victoria weiter, und hier nahm der Generalgouverneur von Ottens
dessen schriftliche Erklärungen über die anzuwendenden Mittel
für die Unterwerfung Amboinas entgegen.[2]

Zum ersten mal seit den Tagen van der Hagens und
Houtmans regierte in Amboina ein Gouverneur, der einigermafsen billig über die Rechte der Eingeborenen und ehrlich
über die Verpflichtungen der Kompanie dachte. Es war die
Meinung Ottens eine versöhnliche; er gedachte den alten Kimelaha, der sich unmöglich gemacht hatte, zu entfernen, die
bleibende Bevölkerung auf Grundlage der alten Kontrakte zu
befriedigen und die vorzüglichsten Aufsenposten mit steinernen
Forts zu befestigen. Wie er hinzufügte, sollten die Forts ohne
Kosten für die Kompanie errichtet werden. Der König von
Ternate musse im Ansehen erhalten werden und seinen gerechten Forderungen Genüge geschehen; aufser den gewöhnlichen
Zöllen seien den Statthaltern Geschenke zu machen, damit
man ihrer Unterstützung sicher sein könne. Wenn dies alles
geschähe, so würde Friede sein und die Lieferung der Nelken
an die Niederländer erfolgen.[3]

Da der König von Ternate erwartet wurde, so entschlofs

---

[1] Journal, gehalten auf dem zweiten Zuge des Generalgouverneurs
van Diemen, vom 20 Januar bis 4 Juli 1631. (Manuskript Reichs-
Archiv. Bundel Amboina 1631) Das Journal ist besonders interessant
wegen einer Fülle von geographischen Aufzeichnungen

[2] Es war der Gebrauch, dafs jede Meinung, jedes Urteil schriftlich aufgezeichnet werden mufste, dies geschah auch in den untern In-
stanzen und erstreckte sich auf alle Vorkommnisse, sodafs hierdurch
selten im Archiv der Kompanie es an einem schriftlichen Zeugnis für
geschehene Amtshandlungen gebricht, diese mögen noch so unbedeutend sein

[3] „Ottens an die Siebzehner", Anhang, S LXX

sich van Diemen, ohne ihn nichts zu unternehmen. In der Zwischenzeit wurde Banda besucht, von wo der Generalgouverneur am 18. April zurückkam, und mit den Schiffen auf der Reede von Hitu vor Anker ging. Von dem Eintreffen des Königs war noch nichts zu hören, sodafs es nicht nötig befunden wurde, länger auf ihn zu warten, und die Flotte nach Kambelo, dem Sammelplatze fremder Händler, weiter segelte. Hier kam am 28. April Nachricht, dafs Se. Majestät vor Tuban (Manipa) erschienen sei. Ottens ging sogleich zur Begrüfsung und Unterhandlung dahin ab und hatte am folgenden Tage eine Zusammenkunft mit dem Könige, der ihn mit dem Bescheide sogleich zurücksandte, in zwei Tagen mit dem Generalgouverneur selbst unterhandeln zu wollen [1]

Am 4. Mai traf der König auf der Reede von Kambelo ein. Er wurde auf dem Generalsschiffe festlich vom Generalgouverneur und den anwesenden Räten empfangen und ihm eine goldene Kette, sowie ein aus gediegenem Golde gearbeitetes Schiffsmodell überreicht. Am andern Tage kam der König zur Unterhandlung wieder an Bord. Der Generalgouverneur führte aus, dafs Makassaren, Malaien und Javanen hier Handel trieben, wo die Niederländer allein berechtigt waren, gegen Zahlung von 60 Realen für den Bar alle Nelken zu empfangen; mehr als die Hälfte aller Frucht wurde ihnen vorenthalten. Der König wurde gebeten, den Kimelaha Leliato [2] und die vornehmsten Orangkajas vorzuladen, die Schuldigen zu strafen, die Fremdlinge anzufallen, ihr Volk, ihre Güter und Fahrzeuge zu vernichten, einige Plätze am Strande mit Forts zu versehen und den Inländern auf Leibesstrafe den Handel mit Fremdlingen fortab zu verbieten. Dem Könige wurden 4000 Thaler jährlich gelobt, wenn er dafür sorge, dafs alle Nelken in die Hände der Niederländer fielen.

Diese Vorstellungen pries der König aufs höchste und wufste seine und der Kompanie Vorteile aufs verbindlichste zu erläutern. Bei seinem Scheiden versprach er, in seinem Rate alles zu erwägen und den Bescheid durch seinen

---

[1] l. c.
[2] Kimelaha Luhu befand sich in dem Gefolge des Königs.

Sekretar Alfonso Cardinosa an den Generalgouverneur mitzuteilen Die Antwort fiel zustimmend aus Alsbald forderte
der Generalgouverneur die Auslieferung der beiden Kimelahas,
welche der Konig zugestand Am 9. Mai kam der Konig
wieder an Bord, und nun wurde abgemacht, dafs die Fremdlinge
ihr Gut und ihre Gewehre verlieren und mit ihren Djonken
abziehen sollten. Als dem nicht sogleich Folge gegeben ward,
wurde der König am 14. Mai gebeten, die Landung zu gestatten, um die Fahrzeuge zu vernichten. Der Konig konnte
dieser Forderung nicht wehren, nur bat er um Schonung für
die unschuldigen Frauen und Kinder.

Am 16. Mai wurde mit aller Kriegsmacht gelandet, wonach Plünderung und Zerstörung sogleich begannen; 50 Fahrzeuge wurden vernichtet, und nur auf Intervention des Konigs
behielten die Fremdlinge das Leben.

Als van Diemen jetzt nichts weiter verrichten konnte,
bat er den König, ihm mit den Orangkajas nach Hitu folgen
zu wollen. Am 25. Mai lag die Flotte vor Hitu, und am
5. Juni erschien Hamza mit 40 Korakoras.

Bei der nächsten Zusammenkunft am 9. Juni im Fort
Hila hielt der Generalgouverneur eine zündende Rede; er beleuchtete die Freundschaft und die Dienste der Niederländer,
die Segnungen des Friedens und hielt dem Könige unter andern
die Prätension vor, mit der er Ansprüche auf Hitu machte.
Der Konig ersuchte den Generalgouverneur, die Häupter von
Hitu in seiner Anwesenheit zu befragen, ob sie sich als Unterthanen des Königs von Ternate bekennen müfsten, und als
der Generalgouverneur diesem Wunsche Folge gab, erklärten
jene, dafs sie den Konig von Ternate als ihren Herrn erkennen müfsten, aber ihm keinen Zoll oder Abgaben zu zahlen
schuldig seien.

Am 12 Juni forderte der Konig, dafs Urien, Asilulu,
Larike, Wakasihu, Alang und Lileboi hergestellt wurden, und
die Orangkajas von Luhu ersuchten, dafs ihre Nelken fortab
statt mit 60 Thalern mit 100 bezahlt werden mochten, dies
wurde rundweg abgeschlagen

Erst am 18. Juni fand wieder eine Sitzung statt. Dem
Könige wurde zugestanden: die ganze Insel Ceram, die mo-

hammedanischen Distrikte auf den Uliassern, und die Souve-
ränität über Hitu, unter Vorbehalt. dafs alle Nelken an die
Kompanie geliefert würden; dazu sollte der König jährlich
eine Verehrung von 4000 Thalern erhalten. Doch wurde an
der gesamten Lieferung nur etwas gebrechen, so sollten alle
Zugeständnisse tot, fruchtlos, nichtig und ohne allen Wert
sein. [1] Hierüber wurde in Arabisch und Niederländisch ein
Kontrakt aufgenommen und beiderseitig durch Handschrift
und Siegel beglaubigt

Bevor van Diemen am 20. Juni nach Batavia die Rückreise antrat. gewährte er dem Könige die Wiederauslieferung
des Kimelaha Luhu und eines andern Parteigängers von königlicher Abkunft. Namens Laximana [2]; dagegen bat der König,
über Leliato in Batavia abzuurteilen. [3] Diese feindliche Gesinnung seines Herrn hatte Leliato durch den Verdacht sich
zugezogen, im Bunde mit Kakiali Unterhandlungen mit dem
Könige von Makassar gepflogen zu haben, zu einer Zeit, als
jener Ternate mit Krieg überzog und der Krone wertvolle
Besitzungen. wie die Inseln Buton, Sula, Tahabu, Karaboina
und andere [4], bewaffneter Hand entfremdete. So lebhaft Luhu
und Laximana gegen die niederländische Zwangsherrschaft auf
Hovamohel sich erhoben hatten, den kompromittierenden Beziehungen mit Makassar waren sie fern geblieben. Auch Kakiali vermied eine Zusammenkunft mit dem Könige wohl aus
der gleichen Ursache; „ich wünsche nicht", wie er selber erklärte, „gleich Lehato nach Batavia ausgeliefert zu werden". [5]
Durch den Hukom von Ternate, Namens Limusi, liefs der
König sich bewegen. aufs neue Luhu als Kimelaha nach Ceram
zu senden [6] obwohl Ottens dagegen Protest erhob. [7] Luhu
nahm seinen Wohnsitz in Kambelo, indes der vorher von

---

[1] Ottens, l. c.

[2] „Brief des Gouverneurs Ottens an König Hamza", Anhang,
S LXXIV

[3] „Ottens an die Siebzehner", Anhang, S LXXIV.

[4] l. c.

[5] l. c.

[6] „Gouverneur Caen an Gouverneur Ottens", Anhang, S. LXXVI

[7] „Ottens an den König", l c.

Hamza ernannte Statthalter Sabadijn seine Residenz in Luhu
hatte.

Erschienen durch den Vertrag von Hitu die Einkünfte
und das Interesse des Königs genügend gewahrt, sodafs Hamza
sich befriedigt erklärte, so stand es um die Lande selbst
doch anders, die aller Unbill, womit die Habgier der Fremdlinge nicht geizte, auch fernerhin ausgesetzt blieben. Kakiali
verharrte daher in seiner widersetzlichen Haltung, Luhu und
die ihm anhängenden Orangkajas von Kambelo knüpften mit
ihm aufs neue Beziehungen an, um den verbotenen Handel
zu begünstigen.

Vergeblich kämpfte Ottens mit Warnungen und friedlicher
Intervention dagegen an, indem er zugleich die Indische Regierung aufs ernstlichste zu einer gerechten Behandlung der
schwer bedrückten Bevölkerung anzuhalten suchte. Auf solche
Vorstellungen antwortete die Indische Regierung sehr streng
und zurechtweisend. „Wir empfehlen Euer Edlen“, schrieb
sie am 20. September 1640, „in der Folge bessere Ausdrücke
und Ihre Feder nur insoweit zu gebrauchen, als es zum Dienste
der Kompanie nötig ist Die Siebzehner sind die Herren,
wir ihre Diener. Ihre Ansichten betreffs der Regelung der
amboinischen Unruhen sind nicht diejenigen der Herren; diese
fordern, dafs Sie in einem Jahre alle Feinde verderben und
das Gouvernement mit allen Mitteln in solchen Stand bringen,
dafs Sie es Ihrem Nachfolger in Ruhe und Ordnung überliefern können.“[1] Zugleich wurde an Ottens aufgetragen,
Luhu und Kakiali in seine Gewalt zu bringen.

---

[1] „Die Indische Regierung an Gouverneur Ottens“, Anhang, S LXXV
Ich habe den Bericht von Ottens, auf welchen in dem Schreiben der
Regierung Bezug genommen wird, unter den Dokumenten vom Jahre
1640 nicht gefunden und mochte vermuten, dafs er vernichtet wurde
Mit Bezug auf diesen Bericht sagt Gouverneur Caen, dem Ottens sein
Zerwürfnis mit der Regierung vertraulich mitgeteilt hatte. „Wir wollen
nicht nachlassen, auf Euer Edlen umständlichen Bericht zur Verant-
wortung wegen Beschwerden mit einem Worte zu kommen, unsers Er-

Durch den Tod wurde Ottens der Durchführung einer Aufgabe entzogen, für welche er keine Anlage und zu viel Gewissen hatte, ihn ersetzte Caen der Gouverneur von Ternate. [1]

Die Mafsregeln gegen den verbotenen Handel wurden jetzt strenger. Nach seiner Ankunft versammelte Caen den Landrat und teilte die Korakoras der dienstpflichtigen Orangkajas in 4 Eskadres, die nacheinander einberufen wurden, sodafs beständig ca. 18 Korakoras im Dienste waren, zu deren Vervollständigung er Unterstutzung von Ceram, Boano, Manipa, Buru und Amblau heranzog. [2] Am 23. März gelang es bereits seiner Wachsamkeit und seinem Eifer, 26 fremde Fahrzeuge abzufangen.

Um diese Zeit stand Madira, der seit kurzem als ternatischer Statthalter an Stelle des verstorbenen Sabadijn in Luhu residierte [3], mit Luhu in Kambelo in vollem Zerwürfnis; Luhu wandelte jetzt ganz und gar die Wege Lehiatos; die Verbitterung zwischen beiden Parteien wuchs zum Vorteile der Niederländer. [4]

Der Kimelaha Luhu besafs jedoch mehr Verschlagenheit, als Mut; hatte er sich redlich genug bemüht, durch Gift und Dolch unter seinen Feinden aufzuräumen [5], so verlor er doch bald das Herz, als er gegen die Niederländer kämpfen sollte. Noch im Laufe des Jahres 1642 bot er seine Unterwerfung an.

Jetzt stand Kakiali der vereinten Macht der Niederländer

---

achtens haben Euer Edlen zu viel über frühere Mifsstände und Fehler gesprochen; wir fürchten, dafs der Bericht keine gute Aufnahme findet." Vgl. „Brief des Gouverneurs Caen an Gouverneur Ottens", Anhang, S. LXXVI.

[1] Ottens starb am 14. August 1641; am 26. Januar 1642 empfing Caen die Berufung „Caen an die Indische Regierung", Anhang, S. LXXVIII.

[2] „Gouverneur Caen an die Indische Regierung", l. c. Es erhellt aus dem Bericht Caens, dafs jede Abteilung drei Monate hindurch unter den Waffen blieb; diese Dienste geschahen natürlich ohne alle Vergütung, allein auf Kosten der Bevölkerung.

[3] „Die Indische Regierung an Superintendent Caen", Anhang, S. LXXX.

[4] „Gouverneur Caen an die Indische Regierung", l. c.

[5] l. c.

und Ternater allein gegenüber, nur unterstützt durch einige Hilfe von Makassar und den Orankajas von Lokki, die sich mit Luhu nicht sogleich unterwarfen, sodafs der Zeitpunkt zur Bekampfung Hitus niemals so günstig wiederkehren konnte. Mit Hitus Fall war die Ruhe und Herrschaft in Amboina gesichert.

Die Indische Regierung hatte die Umsicht und Festigkeit Caens damit belohnt, dafs sie ihn zum Superintendenten über den Osten ernannt, dagegen das Gouvernement Amboina an Demmer übertragen hatte. Am 16. Februar 1643 sandte sie ihm ihre Instruktion zur Unterwerfung Hitus [1], nachdem der Superintendent mit gröfserer Flottenmacht am 28 Januar bereits in Amboina eingetroffen war. [2] „Diejenigen“, heifst es darin, „welche die Partei von Kapitän Hitu halten, müssen zu Schwert und Feuer verdammt und ihre Nelkenwälder verwüstet werden. Wir haben durch Gottes Gnade nun weiter keine Feinde auf Ceram, als die von Lokki. [3] Auch die Inseln Kelang, Buru, Manipa und Amblau stehen mit uns im Frieden. Um nun Hitu, wie es unsere Principale gern wollen, unter unsere Gehorsamheit zu bringen, werden Euer Edlen sich Kakialis und seines perfiden Parteigängers Baros bemächtigen, dort strafen oder nach hier senden, um sie los zu sein, ebenso Iman Radjah, Pati Tamatelo und andere principale Aufrührer, unter welchem Vorwande es immer sei Tubanbesi in Capaha, der in der einen Hand das Feuer und in der andern das Wasser trägt, mufs in seiner Autorität erniedrigt werden. Die Distrikte Alang, Lileboi, Wakasihu und Asilulu müssen mit ihren Nelkenhainen untergehen, sonder Gnade! Die von Hila, Massapel und Wakel sind aus Furcht vor den Makassaren und Kakiali nach Hitulama und Capaha verlaufen. Sie

---

[1] „Die Indische Regierung an Superintendent Caen“, Anhang, S. LXXIX fg

[2] „Gouverneur Demmer an die Indische Regierung“, Anhang, S. LXXXI.

[3] Die Orangkajas von Lokki hatten sich nach der Unterwerfung Luhus auch sehr bald ergeben. Demmer berichtet an die Indische Regierung unterm 27. April 1643, dafs die Orangkajas von Lokki am 20 September um Gnade gefleht hatten. Vgl Anhang, S. LXXXI.

müssen gegen alle die Todesstrafe anwenden; dies Volk mufs durch Schrecken zum Gehorsam gebracht werden. Wenn Gottes Hilfe Ihnen gnädig ist, so mufs die Würde von Kapitän Hitu aufhören, die souveränen Ämter der vier Haupter Tanahitumessen, Nusatapi, Pati Tuban und Totolatu werden eingezogen, jede Negerei steht unter ihrem Obern, der vom Gouverneur abhängig ist. Die Oberhoheitsrechte des Königs von Ternate sind als durch die Waffen verwirkt zu betrachten."[1]

Nach der Unterwerfung der letzten Hovamohelesen, der Orangkajas von Lokki, wurde es Kakiali immer schwerer, sich mit Nahrung ausreichend zu versehen, die zum grofsten Teile von aufserhalb angebracht werden mufste. Zudem besetzte Demmer im Oktober 1642 den Strand von Hitu und liefs vom Kontor zu Hila aus das Land ablaufen, sodafs in kurzer Zeit 30 Köpfe und 32 Lebende in seine Hände fielen. Am 28. November wurden von ihm die Ortschaften Nau und Binau überfallen, die etwa zwei Wegstunden fern vom Strande im Gebirge lagen und die besten Nelkenplätze Kakialis waren. 2—300 schöne Häuser und 100—150 Bar Nelken wurden ein Raub der Flammen.[2] Als Demmer dann nach Victoria zurückgekehrt war und im Dezember die Nachricht von dem Anzuge der Armada unter Caen empfing, berief er sofort die Orangkajas wieder zum Hongi, von denen viele erst vor fünf Tagen von einem langdauernden Zuge nach Hause gekommen waren. Ihre Fruchte, die schon reiften, mufsten verkommen: doch war niemand ausgeblieben, und kein Murren wurde vernommen.[3]

Die Hongiflotte Demmers vereinigte sich mit der Flottenmacht Caens am 28. Januar 1643 in der Bucht Lenalo an der Küste von Hitu, wo auch Fakiri, Luhu und Madira gegenwärtig waren.

In der folgenden Nacht erhob sich ein heftiger Sturm aus Nord, der die ganze Flotte in Gefahr brachte, gegen die Klippen geworfen zu werden. Durch das Geheul des Sturmes

---

[1] „Die Indische Regierung an Caen", l. c.
[2] „Gouverneur Demmer an die Indische Regierung", l. c.
[3] l. c.

gellte das Geschrei auf den Korakoras, von welchen zwei mit ihrem Volk (120—160 Mann) zu Grunde gingen. [1] Die gefahrliche Reede mufste verlassen werden; die Flotte suchte hinter dem Kap von Labalehu Schutz und begann danach sogleich ihre Thätigkeit.

Um den Feind durch Hunger und Not zu ermuden, wurde er von allen Seiten eingeschlossen, was an Nelken- und Fruchtbaumen erreichbar war, wurde zerstört Die verstarkten Besatzungen der Ortschaften Hila, Urien und Larike fuhren fort, ihre Schuldigkeit im Plundern und Morden zu thun; nichts wurde geschont, taglich erbeuteten die Marodeure Köpfe und Gefangene. [2]

In Wawam herrschte bald Hunger und Elend. Von Überlaufern wurde berichtet, dafs Tote zur Speise ausgegraben, Lebende heimlich zu diesem Zwecke geschlachtet wurden. [3] Obwohl einzelne Negereien wider Kakiali murrten, blieb er hartnäckig und zum Tode entschlossen; jede Meuterei, auf welche die Niederlander sehr gehofft hatten, jede einstliche Opposition wufste er niederzuhalten. [4]

Während die Soldateska Caens täglich das Land durchschwarmte und verheerte, uberall brandschatzte und mordete, boten einzelne Ortschaften, die bisher treu zu Kakiali gehalten, in aufserster Verzweiflung ihre Unterwerfung an; es waren dies die Negereien Nau, Binau, Latua, Henelala und Henehela. Und als Caen eine Probe ihrer Anhänglichkeit sehen wollte, mufsten die unglucklichen Bewohner unter Unterstutzung von 8 Kompanien Soldaten, 150 Matrosen und etwa 2000 Inlandern die Ortschaften Capaha und Mamalo uberfallen, wo sie in zwei Tagen 20000 Nelkenbaume, 5000 Kokospalmen und 600 Muskatbaume mit vorzuglichem Eifer verwusten halfen. [5]

---

[1] „Superintendent Caen an die Indische Regierung", Anhang, S. LXXXIII
[2] l. c.
[3] l. c.
[4] l. c.
[5] l. c

Die Staatskunst der Siebzehner benutzte das Mittel Verzweiflung, damit Freunde und nächste Nachbarn sich einander
bekriegten; die Eingeborenen mufsten die Wege in das Innere
ihres Landes zeigen und mit eigener Hand dessen Wohlstand
und Blüte begraben helfen; bald verriet der Unterthan den
Obern, der Freund den Kampfgenossen.

Aber dabei blieb man nicht stehen; Hafs und tödliche
Zwietracht wurde auch in die Familie getragen. Ein Sohn
Luhus hatte gegen den Vater auf der Seite der Niederländer
gefochten und ihnen die Mittel des Kimelaha verraten[1];
einem der vornehmsten Grofsen von Hovamohel, dem Adipati
von Kambelo, der in Victoria enthauptet wurde, dessen Frauen,
Sklaven und Güter man konfiszierte, folgte im Amte ein Sohn
des Gerichteten, welcher treu zu den Niederländern hielt.[2]
Die heiligsten Bande wurden mit Schande befleckt, Ströme
Bluts flossen, Elend und Erniedrigung wurden für immer über
Tausende glücklicher Landbauer verhangt, damit den Siebzehnern in Amsterdam ein Dividendenvorteil gesichert bliebe.

Am 27. April zog Caen mit seinen Schiffen von Hitu vor
Wawani, um die Bergfeste Kakialis anzutasten. Rasch wurde
alles zur Landung vorbereitet, sodafs am frühen Morgen des
2. Mai 482 Soldaten, 286 Matrosen und 800 Inlander landen
konnten, die ohne gesehen zu werden das Gestade erreichten. Die Verbundeten Kakialis, die Makassaren und Butonei,
welche nicht allzu hoch im Gebirge befestigte Stellungen inne-
hatten, wurden zurückgeworfen und ihre Häuser in Asche gelegt. Höher hinauf wurden reiche Packhauser erobert, uber
600 Bar Nelken, meistens in schönen Säcken, verbrannt, und
viel chinesische Seide, Kleider von Malabar und Koromandel
erbeutet.

---

[1] „Gouverneur Caen an die Indische Regierung", Anhang, S. LXXIX.

[2] Gouverneur Demmer an den Gouverneur von Ternate Seroyen.
Victoria 13. September 1644. (Manuskript Reichs-Archiv. Bundel Amboina.) „Der Adipati von Kambelo", heifst es, „wurde mit dem Tode
bestraft; seine Frauen, Sklaven und Güter wurden konfisziert; danach
ward sein Sohn in Kambelo als Orangkaja angestellt, der ein folgsamer
Anhanger von uns ist."

Nach dreitägigen Kämpfen näherten die Truppen sich am 4. Mai der Festung, wo Kakiali kommandierte. Alsbald that dieser einen mutigen Ausfall, der zum Kampfe Mann gegen Mann führte. Auf beiden Seiten entstanden große Verluste; Kakiali war genötigt, in die Festung sich zurückzuziehen, und die Niederländer entschlossen sich gleichfalls, den Kampf einzustellen. Kaum hatten sie jedoch ihren Abmarsch begonnen, als eine Explosion in der Festung erfolgte und eine so große Panik unter der Besatzung verursachte, dass diese in wüstem Durcheinander aus der Festung entfloh. Dies Unglück öffnete den Niederländern die Thore der unbezwinglichen Bergfeste, an der sie ihre Waffengewalt vergeblich erprobt hatten. Mit einem Rest Getreuer hatte Kakiali sich trotz Hungersnot und Verzweiflung höher ins Gebirge hinauf gerettet, wo er aufs neue Befestigungen aufwarf.[1]

Am 8. Mai ging Caen mit den Verwundeten nach Victoria. Zuvor kamen Abgesandte aus Nau, Binau und den übrigen unterworfenen Ortschaften zu ihm, um noch einmal um Gnade zu flehen. „Die Zwiesprache", schrieb Caen an die Regierung, „geschah auf den Schiffen im Angesicht der brennenden Negereien, sodaß unsere Warnungen den rechten Eindruck nicht verfehlten."[2] In Victoria angekommen, vereinigte Caen die Orangkajas aus allen Distrikten zum Zwecke der Beratschlagung, was zum Besten des Landes zu unternehmen sei. Auch teilte der Superintendent den versammelten Orangkajas Briefe des Königs mit, welche er so lange verheimlicht hatte, um der Opfer, welche die Siebzehner vom Könige gefordert hatten, sich zuvor erst zu bedienen. Kimelaha Luhu, sein Halbbruder Aliwani und mehrere andere Großen wurden in der Versammlung verhaftet und ins Gefängnis abgeführt; es war der Wille des Königs, daß sie sterben sollten.[3] Sie hatten sämtlich an der Seite Caens auf Hitu mitgefochten, von Luhu rühmte der Oberfeldherr selbst, „daß er sich sehr beliebt mache und mit seinem Anhange

---

[1] Caen, l. c
[2] l. c
[3] l c

gute Dienste leiste".[1] Zu derselben Zeit war bereits das Schicksal der verurteilten Waffenbrüder entschieden, nur wurde um ihrer guten Dienste willen der Vollzug verschoben. Auch alle ihre Mittel, ihre Frauen, Kinder und Sklaven sollten sie verlieren; mit dieser Ausführung wurde Madira, jetzt der alleinige Statthalter auf Hovamohel, und der getreue Radja Sopi betraut.

Am 3. Juni brachte Madira Luhus Frauen, eine Schwester und eine Tochter, auch die Frauen Aliwanis und etwa 40 Sklaven und die Güter nach Victoria, ohne dafs sich erkennen liefs, was von ihm schon auf die Seite gebracht war. Die Tochter von Luhu hatte der König zu erhalten gewünscht, weshalb diese mit Ehrfurcht empfangen und nach Ternate gesandt wurde. Luhu, sein Halbbruder, seine Mutter und Schwester wurden hingerichtet.[2]

Diesen traurigen Ereignissen waren andere Blutgerichte schon vorhergegangen. „Am 3. April", berichtete Caen, „haben wir die Hauptverschwörer von Kambelo im Gefängnisse zu Hila ermordet und am 4. April ein Blutgericht in Victoria vollzogen."[3] In allen Stücken erwies sich der Superintendent dem Vertrauen seiner Regierung würdig, das er durch seine Handlungen als Gouverneur in reichem Mafse gewonnen hatte. Er konnte die weitern Verrichtungen in Amboina an Demmer überlassen und der Regierung melden: „Am 1. Juni werden wir mit unserer Macht nach Ternate gehen, um zu sehen, was dort verrichtet werden kann, da Kakiali jetzt zu äufserster Not gebracht ist. Mit dem nächsten Berichte werden wir Ihnen die Mitteilung machen können, dafs Kakiali vor Not und Elend umgekommen sei; was Gott geben wolle!"[4]

Vergeblich war das Bemühen Demmers, Kakialis habhaft zu werden, der hartnäckig mit seinen Getreuen oberhalb Wawam sich gegen alle Verfolgung behauptete. Ein Anschlag,

---

[1] l. c.   [2] l. c.   [3] l. c.   [4] l. c.

der von der Landseite her zur Unterwerfung des todesmutigen
Hituesen gemacht wurde, schlug fehl, und auch das Mittel
verfing nicht, dafs Demmer die neutralen Haupter von Hitu
unter Strafe der eigenen Freiheitsberaubung zur Einlieferung
des gefährlichen Rebellen verpflichtete.[1] Da half, wie so oft,
der Zufall, den der Gouverneur gierig benutzte. Ein Vertrau-
ter Kakialis, Namens Francisco de Peira, fiel in seine Hände,
der gegen Pardongewährung für sich und seine Freunde und
eine Belohnung von 200 Realen zum Meuchelmorde an seinem
Herrn sich bereit finden liefs.

Am 14. August wurde Francisco bei Nacht in aller Stille
durch den Kommandeur von Hila am Strande von Wawani
abgesetzt, und in der Nacht vom 16. zum 17. August hatte
der Meuchelmörder alles für die Ausführung vorbereitet; er
schlich sich in die Wohnung seines Opfers und ermordete den
auf seiner Lagerstätte schlummernden Kakiali mit drei Stichen
in Kopf und Brust.[2] Der Mörder entkam, wurde aber bis
an den Strand verfolgt, wo die Niederlander ihn rettend
empfingen.

Am Abend des nachsten Tages hallte Kanonendonner von
den Höhen Wawanis, wo seine Krieger den Freiheitshelden
begruben[3], der niemals gewankt hatte, niemals mutlos gewesen war, weil ihm die Ehre uber alles ging und Untergang
im gerechten Kampfe lieber war, als schimpfliche Unterwerfung. Just zwei Monate war es her, dafs Luhu unter die
Erde gebracht ward, der zum Verräter an seinen Verbündeten
geworden war und wider Willen ihm im Märtyrertode voranging.

Der Tod des Helden war für die Aufständischen ein
herber Verlust, aber sein hohes Beispiel blieb nicht ohne
Nachahmung, sein kriegerischer Geist loderte in der Brust

---

[1] „Gouverneur Demmer an die Indische Regierung", Anhang,
S. LXXXVII.
[2] l. c.
[3] l. c.

seiner Kampfgenossen fort, deren Hauptführer jetzt Iman Radjali und Pati Ussin wurden. [1] Diese gewannen bald grofsen
Anhang, als Demmer nach den Instruktionen der Regierung die
Neuwahl eines Kapitäns, wozu Tanahitumessen ausersehen war,
mit Gewalt verhinderte, ferner den Hituesen die Gerichtsbarkeit nahm, die souveränen Ämter der vier Häupter einzog
und die Bewohner nötigte, ihre Früchte ohne die Vermittelung
ihrer Obern, wie es doch die alte Sitte war, direkt an die
niederländischen Kontore abzuliefern [2] Pati Tuban und Talucobesi, der Obervorsteher von Capaha, gingen aus ihrer abwartenden Haltung jetzt zu offener Feindschaft gegen die
Niederländer über; auch der ternatische Grofse Laximana
war unter den Führern, unter denen von nun an Talucobesi
durch Mut und Bedeutung hervorragte; ihm zur Seite Tehsema, ein Halbbruder Kakialis, indes Pati Tuban, Iman Radjali, Radja Ussin, Pati Laximana und der greise Backer (ein
Bruder des alten Kapitans) nicht minder tüchtig die Waffen
zu führen wufsten, als sie besonnen und umsichtig im Kriegsrate waren.

Nach diesem Vorgange fuhr Demmer eifriger fort, die
Hituesen zu beunruhigen, und erfand ein neues teuflisches
Mittel dazu, indem er die Unterthanen von ihren Obern zu
entfernen suchte; jeder Einwohner wurde mit dem Tode bestraft, der nur den Verdacht auf sich lud, mit den Verschworenen zu halten. „Hiernach", schrieb Demmer an die Regierung, „richten sich die Garnisonen auf der Küste von Hitu." [3]
Viele Unschuldige wurden dadurch getroffen und die raub-
gierige Soldateska erhielt eine lohnende Gelegenheit zu Plünderung und Erpressung, wenn reiche Angeklagte sich los-
kaufen wollten. Inzwischen wurden so viel Gefangene und
Köpfe ermordeter Hituesen angebracht, dafs Demmer darüber
frohlockend berichtete: „wenn das so fortgeht, wird bald eine
gehörige Säuberung eintreten". [4]

Aus dem Gebirge von Wawani, wo die Aufständischen

---

[1] Demmer, l. c

[2] l. c.

[3] l. c.

[4] l. c.

unausgesetzt grofse Not und Entbehrung zu erleiden hatten, retteten sie sich nach Capaha, nachdem Talucobesi sich zum bewaffneten Widerstande entschlossen hatte.[1] Friedensunterhandlungen ohne die Garantie der Selbständigkeit Hitus waren von ihm ausgeschlagen, sodafs Demmer im April 1644 gegen Capaha auszog, 210 Soldaten stark und 35 Korakoras Verbündeter.

Ein Anschlag der über Land gesandten Soldaten mifsglückte völlig; die Hongiflotte zog vor Hitulama und von da vor Capaha.[2] Die Festung lag im Gebirge und war mit der Macht Demmers, selbst wenn diese dreimal gröfser gewesen wäre, nicht zu bezwingen, es blieb daher kein besseres Mittel, als sie einzuschliefsen. Von früh bis zum Abend wurden jetzt die Nelkenwälder und Fruchtbäume verwüstet, wie vordem in den Landschaften Kakialis. „Wir haben nichts geschont", berichtete Demmer, „die Haine waren viele Tausende weit, in 12—15 Jahren werden wir in diesen Strecken nicht viel Sago, Nelken und Kokosnusse zu erwarten haben."[3] Die Grausamkeit, mit der Demmer die Befehle seiner Herren zur Ausführung brachte, kannte keine Grenzen, sodafs verschiedene Ortschaften in aufserster Verzweiflung zu dem Entschlusse getrieben wurden, mit Capaha noch einmal für die Unabhängigkeit zu kämpfen.

Während Demmer die Bezirke Hitulama, Jaluli und Mamalo nur durch Nachsicht und gut geheuchelte Freundschaft erhalten konnte, fingen die Bewohner von Alang und Lileboi an, ihre Orangkajas zu töten, sobald diese Neigung zu den Niederländern verrieten. Auch die mohammedanischen Landschaften auf den Uliassern, wie Ihamau u. a., versagten den Hongidienst gegen Capaha, nur die ternatischen Schutzländer bewährten auch in diesem Kampfe ihre Treue, wie beim Untergange Wawanis.[4]

---

[1] l. c.

[2] l. c

[3] l. c

[4] „Gouverneur Demmer an die Indische Regierung Victoria 8 September 1644", Anhang, S. XCI.

Freilich wurden andere Ortschaften auch durch die Grausamkeit von allem Widerstande abgeschreckt und zum willigen Gehorsam gebracht, so hatten zehn Negereien westlich von Hila, und andere im Westen von Capaha sich bereits nach der Weise der Unterthanen auf Leitimor gefugt und gaben an die vier Haupter kein Gehor mehr. [1]

Unter grofsen Opfern an Gut und Leben blieb Capaha wahrend mehrerer Jahre der beste Hort der Freiheit in den amboinischen Landen; mit seinem Fall ging auch der letzte Rest von Selbstandigkeit in Trummer und das Herz der Mutigen hörte zu schlagen auf. Viel Gröfse und Herzhaftigkeit ging unter, als fur die tapfere Schar auf den Bergen von Capaha die Unglucksstunde anbrach, in der sie durch Verrat dem Feinde erliegen sollte.

Es war im Juli 1646, in den Machtverhaltnissen hatte sich wenig geandert, als man zu Demmer einen Gefangenen fuhrte, der sich erbot, die Truppen auf einem geheimen Wege nach der Feste zu fuhren, wo sie leicht zu uberfallen sei. In aller Stille zog der Gouverneur aus den verschiedenen Garnisonen seine besten Krieger zusammen, uber die er den Befehl an Kapitän Verheiden ubertrug. Am Abend des 24. Juli um 11 Uhr, der Mond war eben aufgegangen, fuhrte Verheiden die versammelte Streitmacht in einem ausgetrockneten Flufsbette das Gebirge hinan, und stand, als der neue Tag anbrach, unter dem steilen Felsen, auf dem die Feste gelegen war.

Wie der Fuhrer gesagt hatte, wurde ein offener Einlafs entdeckt; zudem waren die Bollwerke unbesetzt und die Wachen schliefen in Sorglosigkeit. Noch hatte erst die Spitze des Vortrupps die Festung erreicht, als eine alte Frau aus einem nahestehenden Hause trat und uber den Anblick der Krieger in lautes Geschrei ausbrach. Der Schrecken in der Festung, welcher jetzt entstand, war so grofs, dafs die Besatzung die geringe Anzahl Soldaten, welche den einzigen Ein- und Ausgang der Feste besetzt hielt, nicht zu bemerken schien. Uberall aufser diesem einzigen Ausgange standen die Festungs-

---

[1] Demmer, l. c

mauern auf schroffer 40—50 Fufs hoher Felswand, und als Männer, Frauen und Kinder in entsetzlicher Flucht über die Mauern sprangen, erlitten die meisten im Absturz von der steilen Höhe den Tod.

Einige Führer wurden gefangen, auch zwei Knaben, Söhne Talucobesis von 6—7 Jahren. Unermefsliche Beute fiel den Soldaten zu; viel Gold, Seide, Kleider und köstliches Porzellan; auch 15 Stück Geschütze und 1000 Fafs Pulver[1] wurden erbeutet. Die Festung war für eine zehnjährige Belagerung mit Pulver und Blei versehen und durch ihre Lage uneinnehmbar. In der folgenden Nacht wurde grofses Geschrei gehört; es rührte von den Unglücklichen her, die in den Abhängen unter der Festung lagen und starben. Den Orangkajas wurde erlaubt, die Halbtoten zu holen, denen zum Teil die Arme oder Beine gebrochen waren.[2]

Demmer verkündigte jetzt eine allgemeine Amnestie, davon waren jedoch Talucobesi, Iman Radjah, Pati Tuban (diese drei waren von den vier Häuptern auf Hitu noch am Leben), Wam, ein Sohn von Kakiali, Tehsema und Backer ausgeschlossen. Die ganze Küste von Capaha ab bis Urien hatte den Verschworenen Beistand geleistet. Auch von den Bewohnern von Hitulama und Mamalo war Demmer hintergangen worden; wenn von diesen Köpfe angebracht waren, so stammten sie nicht von Personen, welche sie abgefangen hatten, sondern von solchen, die von Talucobesi wegen Fluchtversuchs mit dem Tode bestraft waren.[3]

Der Fall von Capaha brachte alle Feinde und zweifelhaften Freunde zum Gehorsam, einzelne Häupter, die nach Kelang geflüchtet waren, wo Söhne Leliatos und Laximanas eine Anzahl rebellischer Ternater um sich geschart hatten, wurden ausgeliefert, und auch die Ternater baten um Gnade.[4] Im Jahre 1647 herrschte auf allen Plätzen vollkommene Ruhe

---

[1] Das Pulver war von den Insulanern selbst gefertigt; Schwefel und Salpeter wurde im Gebirge von Wawani reichlich gefunden. Demmer, l. c.

[2] Demmer, l. c.

[3] l. c.

[4] l. c.

und in Hitu war alle Selbständigkeit beseitigt. „Die ganze schädliche Regierung", bekannte Demmer in seiner Memorie vom Jahre 1647, „ist völlig abgeschafft. Die souveranen Ämter und die richterliche Gewalt hat aufgehört; die Häupter und andere unruhige Geister sind ausgerottet; ihre nächsten Blutsverwandten sind zum ewigen Aufenthalt nach Batavia transportiert, sodaſs das Land von diesen schädlichen Geschlechtern gesäubert ist. Von Kakiali, von Talucobesi und deren Brüdern sind Nachkömmlinge nicht zurückgeblieben, auſser einem Neffen von Kakiali, Namens Bulang, welcher sich immer treu der Kompanie, erwiesen und seine Wohnung nach wie vor beim Fort Hila hat." [1]

Die Regierung Demmers in Amboina endigte mit der völligen Unterwerfung aller Gebietsteile, und als er sein Amt im Jahre 1647 an seinen Nachfolger Arnold de Vlaming van Outhoorn überantwortete, konnte dieser an die Siebzehner berichten: „Das Gouvernement ist Dank dem Eifer des Herrn Demmer in vollkommener Ruhe, überall wurden die Bewohner gezwungen, aus ihren Bergen an den Strand herabzukommen." [2]

---

[1] Memorie des Gouverneurs Demmer an seinen Nachfolger De Vlaming. (Manuskript Reichs-Archiv. Bündel Amboina 1647.)

[2] De Vlaming an die Siebzehner. Victoria 1. September 1647. (Manuskript Reichs-Archiv Bündel Amboina 1647.)

SECHSTES KAPITEL.

DER UNTERGANG DES MOLUKKISCHEN KÖNIGTUMS.

---

§ 17. Die Ausrottung der Nelkenwälder.

(1648 — 1656.) Die Erfolge auf Hovamohel und Hitu mufsten ein Halbwerk bleiben, wenn man nicht fortfuhr, jeden Schleichhandel in Gewürzen überhaupt unmöglich zu machen. Die Niederländer konnten nicht alle Gewürze kaufen, weil die Menge für ihre Packhäuser und ihren Bedarf zu grofs werden mufste, so blieb nur der Entschlufs übrig, die überflüssigen Wälder vollständig auszurotten. Für diese Ausführung kamen die Schutzländer des Königs von Ternate in Betracht, nachdem Hitu eine niederländische Besitzung geworden war.

Feindseligkeit, Krieg und Verwüstung waren bisher das billigste Mittel gewesen, die Rechte dritter aufzuheben und die Anforderungen der Siebzehner zu verwirklichen; es blieb daher die Politik auf dieses Ziel gerichtet und der Wahlspruch L'Hermites: „Waffenruhe ist der Tod der Kompanie!" in Geltung.

Der mindere oder lebhaftere Fortschritt, den dieser Plan nehmen konnte, hing von den Verhältnissen ab, sodafs wir unsere Betrachtung zunächst eingehender auf die politische Entwickelung und Lage auf Ternate zurücklenken müssen.

Unter der Regierung Modafars war das Ansehen der Krone von Ternate sehr gesunken. Der jugendliche König führte ein lasterhaftes Leben und überliefs die Regierungs-

sorgen seinem Oheim Ali, der in engster Freundschaft mit
den Niederländern verkehrte; nicht ohne die Hoffnung, durch
ihre Hilfe einmal die Krone zu gewinnen.[1] So schalteten
die Niederländer im Lande, als wären sie die geborenen Herren
von Ternate. Sie nutzten die günstigen Zeitumstände aus,
die Verträge zu erneuern, sodafs die Insulaner mehr und mehr
an Rechten und Wohlstand verloren.

Im Jahre 1613 verpflichtete Both die Häuptlinge von
Makjan, die Nelken zu dem schimpflichen Preise von 50 Thalern für den grofsen Bar (625 Pfund) zu liefern; und zwar
„ad perpetuitatem".[2] Als Übertretungen die notwendige Folge
dieser Erpressung waren, da die Spanier 100 und 120 Thaler
für den Bar zahlten, ward das Verbot des Handels unter
Todesstrafe gestellt und auf Übertretungen mit Nachdruck
gefahndet.[3]

Während die Insulaner die einzige Quelle ihres Wohlstandes preisgeben mufsten, geschah es für ein nichtiges Ge-
löbnis auf den niederländischen Schutz bis zum äufsersten
Blutstropfen Dafs dieser Schwur eine Lüge war, bekannten
die Gouverneure offen in ihren Berichten an die Indische Regierung und die Siebzehner[4]; es erwies sich zudem durch die
Thatsachen selbst Es konnte geschehen, dafs Gilolo, schon
seit Babus Zeit, nach dem Tode Katabrunos, Vasallenstaat
Ternates, im Jahre 1611 abfiel und an die Spanier sich an-
schlofs[5]; im Jahre 1616, als Admiral van Spilbergen und
Reael mit 17 grofsen Schiffen vor Ternate lagen[6], unterblieb
ein Angriff gegen Tidor oder Gamalama, wozu man mehr als
ausreichend gewaffnet war, weil der Vorteil und Wohlstand

---

[1] „Gouverneur Le Fèbre an die Indische Regierung", Anhang,
S VIII Derselbe an dieselbe, Anhang, S. IX.

[2] Valentijn, I, 399.

[3] Le Febre, l. c. „Gillis Zeis über den Stand der Molukken",
Anhang, S XXVII. „Jeder Tidorer wird bei Antreffen auf Makjan
totgeschlagen" Die Tidorer holten die Nelken von Makjan und verkauften sie an die Spanier weiter.

[4] Anhang, a v O.

[5] Valentijn, I, 395.

[6] Valentijn, I, 404, 405.

der Kompanie im Kriege der Ternater mit den Spaniern und Tidorern beruhte. „In diesem Zustande", so schrieb Gillis Zeis, der Präsident-Gouverneur der Molukken, „mufs man es alle Zeit lassen; in Friedenszeiten möchten uns unsere Hunde (die Ternater) am meisten beifsen."

Da die Niederländer von den besten Nelkengebieten die Spanier abgedrängt hatten, so konnten sie sich darauf beschränken, nur die nötigen Streitkräfte zur Defensive gegen dieselben zu unterhalten, und liefsen den König von Ternate dafür eintreten, dafs die Spanier und Tidorer nicht zu mächtig wurden, der König selbst zugleich seine Kriegslust an dieser Feindschaft befriedigte.

Es war immer eine Sorge, wenn der Krieg einmal ins Stocken geriet, die besonders lebhaft in den Jahren 1623 und 1624 gefühlt ward, als die Statthalter auf Hovamohel anfingen eine drohende Haltung anzunehmen.[1] Dieselben hatten, wie mit Recht gefürchtet wurde, mit einflufsreichen Personen auf Ternate Beziehungen; jedoch stellte sich heraus, dafs der König und sein Rat dabei nicht beteiligt waren, sondern am Bündnisse festhalten wollten. Es bekannte sich denn auch Modafar in einem Briefe an den Generalgouverneur vom Jahre 1625 als ehrlichen Feind der Tidorer und Spanier und bedauerte aufrichtig die Trubeln in Amboina.[2] Am 16. Juni 1627 starb der schwächliche König, ohne dafs es bis dahin zum Kriege gegen die Tidorer gekommen war. Zu dieser Zeit hielt der Superintendent Zeis eine Inspektion über das Gouvernement ab, und die obersten Beamten in Maleyo mit Gouverneur Le Fèbre an der Spitze befanden sich mit ihrem Vorgesetzten auf einer Rundreise. Als Zeis am 26. Juli nach Maleyo zurückkam, war die Neuwahl eines Königs bereits vollzogen.[3]

---

[1] Le Fèbre, l. c.

[2] Anhang, S. XXI

[3] „Gillis Zeis über den Stand der Molukken", Anhang, S. XXXII.

So wenig die getroffene Wahl den Niederländern genehm sein konnte, jetzt zu versuchen, sie mit Gewalt rückgängig zu machen, ware mit der Vernichtung des niederländischen Einflusses gleichbedeutend gewesen. Der Erwählte, Kitschil Hamza, war wie Ali ein Bruder des in Manila gefangen gehaltenen Königs Saidi; da dieser zu kränklich war, um zur Übernahme der Krone die Reise nach Ternate zu unternehmen, wozu die Spanier ihre Zustimmung nicht verweigerten, und Hamza an Adel der nächste zur Krone war, so liefs sich gegen seine Wahl eine begründete Einwendung nicht erheben.[1] „Wir haben", schrieb Zeis an die Regierung, „wegen des neuen Königs ernstliche Bedenken, da er in Manila Christ geworden ist und dort von den Spaniern gut unterhalten wurde. Die Schwierigkeit ist grofser, wenn der Friede mit Tidor erhalten bliebe" Es kam also darauf an, diese Schwierigkeit zu beseitigen. Dies gelang Zeis; noch ehe er von Maleyo schied, gestand der König ihm ein Dekret zu, durch welches die Verfolgung der Tidorer auf Makjan angeordnet ward[2] Hamza hatte sich dadurch den Niederländern verbunden, deren Stärke er mehr fürchten mufste, als er die Freundschaft der Spanier wert hielt

Hamza war ein Prinz, aufs beste befähigt, wenn es nicht schon zu spät gewesen wäre, den tiefen Verfall des Reiches zu neuem Glanze zu erheben. Erst im Beginn 1627 war er aus Manila, wohin er dem König Said im Jahre 1606 folgen mufste, in die Heimat zurückgekehrt; gerade rechtzeitig, um zu verhindern, dafs ein willenloses Werkzeug der Niederländer den Thron besteige.[3]

---

[1] Zeis, l. c.

[2] l. c.

[3] Hamza soll Modafar durch Gift beseitigt haben (nach Valentijn, 1, 115, der angeblich spanischen Quellen folgt, ohne sie zu nennen, Argensola enthält davon nichts) Diese Ansicht wird vornehmlich ihre Entstehung aus dem Umstande ableiten, dafs Hamza über 20 Jahre in Manila verweilte, dort Christ geworden war und einige Zeit in Gamalama sich aufhielt, bevor er im Laufe Mai 1627 nach Maleyo ging. Es konnte daraus gefolgert werden, dafs er den Spaniern geneigter als den Niederländern war, die ihre Hauptstützen in Modafar und Ali erkannten.

Nach seinem Verhalten in Manila hegten die Spanier anfangs grofse Hoffnung auf ihn, welche er geflissentlich nährte
und andererseits sich auch den Niederländern gegen die Spanier geneigt zeigte. Im Grunde hafste er mit glühender Seele
beide, hütete aber besonders sorgfältig seine Gedanken vor
den Niederländern, weil er deren Macht am meisten zu fürchten hatte und gezwungen war, in dem Bereich ihrer Kanonen
zu wohnen.

In dem Bestreben, das Vaterland von der Fremdherrschaft
zu befreien, fand er in der königlichen Familie manche Wider-
sacher, die seine Erhebung auf den Thron heftig genug be-
neideten, um am eigenen Volke zu Verratern zu werden.
Seine Geschicklichkeit bekämpfte solche Rivalen, indem er sie
mit Aufträgen, welche ihrem Ehrgeize schmeichelten, aus dem
Lande entfernte.[1]

Während dafs Hamza am Sitze seiner Regierung vorsichtig seine wahre Gesinnung verbarg, solange ihm im Centrum des Staats jede freie Bewegung unmöglich war, mochte
er nicht ohne innere Befriedigung wahrnehmen, dafs an der
südlichen Peripherie seines Reiches unaufhörlich die Flamme
des Aufruhrs wider die niederländische Zwangsherrschaft zün-
gelte. Der Augenblick, in welchem die Fremdlinge die erste
gröfsere Niederlage erlitten, sollte ihm den rechten Zeitpunkt

---

Nun sagt Zeis, der die Verhältnisse unmittelbar und am Orte prüfte,
über solche Vermutung nichts, die ihm bei nur geringer Wahrscheinlichkeit nicht hatte verborgen bleiben können bei den intimen Beziehungen zu Ali, der seinen Halbbruder Hamza mit Feindschaft betrachtete. Nach Valentijn war Hamza nicht ein Bruder, sondern ein
Vetter von Said, dafs er ein Bruder von Ali war, führt Zeis ausdrücklich an; auch nennt ihn Hamza selbst seinen Bruder. (Vgl „Gouverneur Gijzel über den Stand von Amboina", Anhang, S. XXXIV.) Dafs
Ali nur ein Halbbruder von Hamza war, schliefse ich daraus, dafs dieser
nicht als älterer Bruder Ali voranging, sondern wegen hohern Adels
zur Krone berufen ward
[1] Ali ging im Jahre 1628 mit 28 Korakoras nach Amboina, wo er
Statthalter Luhu auf Hovamohel einsetzte; er kehrte nicht nach Ternate
zurück, kämpfte vielmehr gegen die Makassaren, welche Eroberungen
auf Sula Buton u. s. w. zu machen suchten, während einiger Jahre und
kam auf Buton ums Leben.

fur seine Erhebung auf Ternate anzeigen eine Hoffnung, in welcher ihn die Wachsamkeit des vorsichtigen Bundesgenossen und dessen umfassende Machtentwickelung betrog.

Die Indische Regierung zog aus dem schlau berechneten Schachzuge Hamzas, der einen Anlafs zur Gewalt gegen Ternate vermeiden wollte, indem er seine Statthalter preisgab, den gefährlichsten Nutzen; unter königlicher Autorisation verfolgten sie in der Bestrafung der Aufstandischen nur desto erfolgreicher ihre Plane, welche Hamza zu vereiteln gedachte. Zudem hatten die Niederlander von den Portugiesen gelernt, ihre gefahrlichsten Gegner unter der Hand zu beseitigen, und weil sie mit hartester Grausamkeit ihre Gegner bestraften, dagegen an ihre Freunde in einflufsreichen Stellungen nicht mit reichen Geschenken geizten, so gewannen sie mit diesen Maximen die Furchtsamen und die Ehrgeizigen, welche ihnen die Guten vernichten halfen.

So erfuhr Hamza mit seiner abwartenden Politik nur Enttauschungen; der Bundesgenosse stand ihm von Jahr zu Jahr kraftvoller und gefahrlicher im Wege. Seine besten Krafte hatte er unausgesetzt im Kampfe gegen die Spanier und Tidorer abgenutzt; wobei die Politik der Niederlander standig darauf gerichtet blieb, den Krieg nicht durch zu kräftige Unterstutzung vorzeitig zu beendigen Ersuchte der König einmal um die Unterstutzung von Schiffen, welche auf der Reede von Maleyo lagen, so entschuldigte man sich damit, dafs diese Schiffe bereits andere Ordre hatten [1] Auch mit der Abgabe von Munition wurde aus der gleichen Ursache gegeizt. „Wir haben beschlossen", schrieb Gouverneur van Lodenstein 1631 an die Regierung, „ihnen Pulver zu verkaufen, um sie aber abzuschrecken, wollen wir uns 120 Thaler für das Fafs geben lassen."[2] Gegen diesen Betrug protestierte der König in einem Schreiben an den Generalgouverneur Specx vom 10. August 1631, worin er unter anderm sagte: „Sie enthalten mir die Waffen vor, welche ich obendrein bezahlen und

---

[1] „Gouverneur van Lodenstein an die Indische Regierung", Anhang, S. XL.
[2] l c

gegen unsern gemeinsamen Feind benutzen will. Ich bitte
mir Waffen im Betrage von 100—200 Bar Nelken zu übersenden, welche dann gleich bezahlt werden mögen. Aufserdem mufs ich bitten, dafs Euer Edlen eine eigenhändig unter-
zeichnete Liste mitsenden, worin die Preise für die Waffen
festgesetzt sind. Es ist ein Gebrauch unter Freunden, ihre
Meinung sich offen und ohne Umwege zu offenbaren, warum
ich mein Herz vollkommen vor Euer Edlen öffne, damit wenn
die Verhältnisse hier einmal sich ändern, ich von Verantwortung frei bin. Ich ersuche um keine grofse Schiffsmacht; es
genügen 4—5 Schiffe, oder wenigstens 2—3, die aber ein
volles Jahr hier bleiben, und nicht, wie es gewöhnlich geschieht, einfach kommen und gehen. Unsere Anhänglichkeit
wird danach sich richten müssen, ob Euer Edlen mein billiges
Ersuchen gewähren oder abschlagen."[1]

Als dem Wunsche des Königs kein Gehör gegeben und
infolge dessen im Jahre 1633 aufs neue Friedensunterhandlungen zwischen den Ternatern und Tidorern gepflogen wurden,
wufste Lodenstein dafür zu sorgen, dafs von den Tidorern totgeschlagen wurde, was irgend gefafst werden konnte; dazu
wurden auch in jeder Weise die Sengadjis von Gamacanora
angehalten, die zu dem Zwecke mit Pulver und Blei und
anderm Kriegsbedarf versehen wurden. Dieses Mittel, welches
schon vordem öfter angewendet wurde und gut gewirkt hatte,
sollte die Feindschaft anfachen.[2]

Das Mittel wirkte auch jetzt, denn der König mufste
aus Furcht die Freundschaft der Niederländer suchen, als die
Tidorer für die erlittene Unbill Rache nahmen und in die
Landschaft Tocomi (Ternate) einfielen.[3]

Vergeblich suchte der König immer wieder Gerechtigkeit
bei der Indischen Regierung, bei der er im folgenden Jahre
ernste Vorstellungen über den Mangel an Freundschaft erhob.
„Sie fordern", klagt er, „dafs ich Krieg führe, — es geschieht;

---

[1] „Brief Hamzas an Generalgouverneur von Specx", Anhang, S. XLI.
[2] „Gouverneur van Lodenstein an die Indische Regierung", Anhang,
S. LVI.
[3] Lodenstein, l. c.

Sie verlangten, dafs ich nicht die Tochter von Tidor zur Frau nehmen solle, — ich habe es unterlassen; Sie fordern, dafs ich fur die Nelken Sorge trage, — das thue ich auch, und nichts von allem ist unterblieben, was Sie sonst noch gefordert haben. Jedoch von alledem, um was ich Sie so manches Jahr schon ersuchte, geschieht nichts Keine Macht von Schiffen, keine Unterstutzung an Waffen, Pulver oder Blei ist erfolgt. Ich will zum letzten mal noch darum gebeten haben."

In diesem Schreiben beruhrte der Konig auch die Wirren in Amboina, wo Gijzel die Zuchtrute schwang· „Wahrend Sie wiederholt an mich schreiben die Amboinesen wegen verbotenen Handels zu bestrafen, uberziehen Sie mein Volk selber mit Krieg Es ware in der Ordnung, dafs Sie solchen Krieg verbieten; sollten dann fur die Folge meine Unterthanen gegen meine Gebote handeln, so mogen wir miteinander die Schuldigen bestrafen."

„So Sie einige Liebe zu mir in sich tragen", heifst es dann am Schlufs, „so senden Sie die erbetene Unterstutzung. Auch wollen Sie die Gouverneure belasten, dafs nicht mit dem neuen Gelde, den Doppelstuvern, sondern mit unverfalschten silbernen Realen bezahlt werde."[1]

Im Jahre 1637 ist der Konig in lichter Verzweiflung. „Mir fehlt", klagt er van Diemen, „geradezu alles, was zur ernsten Kriegfuhrung gehort"[2], und im Februar 1642 wendet er sich wiederum an den Generalgouverneur mit der Bitte um Unterstutzung zu dem Kriege, den er auf Wunsch der Niederlander fuhre.[3]

So blieb der Konig in Entbehrung und Abhangigkeit, die nur grofser wurde, als sein hartbedrangter Statthalter Lehato und Kapitan Hitu Hilfe und Schutz in Makassar suchten. Zudem wurde der Konig auch in seinen Einkunften aufs scham-

---

[1] „Brief Hamzas an den Generalgouverneur Brouwer", Anhang, S. LVIII.

[2] „Brief Hamzas an den Generalgouverneur van Diemen", Anhang, S. LXVIII

[3] „Brief Hamzas an den Generalgouverneur van Diemen", Anhang, S. LXXIX.

loseste betrogen; während durch die Kriegführung seine
Schuldenlast von Jahr zu Jahr wuchs, wofür er teilweise seine
Zölle verpfänden mufste [1], wurden die Nelken mit minder-
wertigem Gelde bezahlt [2], ja man ging so weit, ihm schuldige
Zölle mit List zu hinterziehen. „Ich habe", schrieb van Lodenstein an die Regierung, „dem Könige seinen Zoll bezahlen
mussen, habe aber ca. 236 Bar seiner Kenntnis entzogen. Wir
werden in Zukunft besser abziehen" [3] Auch diente zur Erpressung ein anderes Mittel, worüber Lodenstein einige Jahre
später berichtete: „Wir haben den Makjanern Fleifs im Nelken-
pflücken sehr empfohlen. Es ist wohl öfter geschehen, dafs
wir uns den Anschein gaben, als seien wir mit Nelken über-
füllt, um am Preise zu zwacken oder andern Vorteils halber;
von solchen Prozeduren sehen wir jetzt ab, um sie nicht zu
zwingen, ihre Fruchte dem Feinde zuzutragen." [4]

Eingeengt zwischen die Feindschaft der Tidorer und die
Abhängigkeit von seinem treulosen Bundesgenossen, hatte
König Hamza Muhe genug gehabt, sein königliches Ansehen
und seine Rechte äufserlich wenigstens aufrecht zu halten,
als der Tod endlich im Mai des Jahres 1648 seiner einund-
zwanzigjährigen leidvollen Regierung ein Ende machte. [5]

Schon längere Zeit hatte der König gekränkelt, sodafs
die Indische Regierung sich rechtzeitig mit der Frage wegen
seines Nachfolgers bemuhte. Der Superintendent Caen wurde
im Jahre 1643 angewiesen, „dafur zu sorgen, dafs der bequemste von den drei Sohnen Modafars an die Regierung
komme, und demgemafs den Vizegouverneur Seroyen, der zu
dieser Zeit das Gouvernement leitete, zu instruieren; auch
des neuen Konigs Räte sollten getreue Männer sein". [6] Der
spatere Plan, einen Prinzen aus dem Hause Gilolo auf den
ternatischen Thron zu setzen, mufste aufgegeben werden, da

---

[1] „Gouverneur van Lodenstein", Anhang, S. LVII
[2] „Brief Hamzas", l. c.
[3] Anhang, S. XL
[4] Anhang, S. LVII.
[5] Gouverneur Bogaerde an die Indische Regierung. Maleyo, Juni
1648. (Manuskript Reichs-Archiv. Briefe Ternate 1648)
[6] Anhang, S. LXXX.

es zu grofse Unzufriedenheit auf Ternate erweckt hätte [1] Am
1. Juni 1647 schrieb Seroyen an die Regierung: „Wir halten
den mittlern Sohn für den bequemsten; er ist uns geneigt
und spricht ziemlich gut Niederdeutsch, Manila, der älteste
Sohn von Modafar, zeigt keine Besserung, und Kalamata ist
ein junger, aufgeblasener, habgieriger Schelm."[2] So wurde
denn Mandersaha, der mittlere Sohn, unter dem Schutze der
Niederländer zum Könige gewählt und ausgerufen, nicht zu
geringem Verdrusse einer einflufsreichen Partei, die zu Manila stand, dem sie mehr vertrauen durfte, die Interessen des
eigenen Landes gegen die Bedrückungen der Niederländer zu
schirmen.

An der Spitze dieser Partei standen der Kapitanlaut
Saidi, ein Bruder Hamzas, und der Sadaha (oberster Statthalter) des verstorbenen Königs. [3]

Die ersten Regierungsakte des jungen Königs liefsen sofort
dessen ganze Ohnmacht und Unterwerfung unter den Willen
seiner europäischen Freunde deutlich erkennen, an die er
Rechte preisgab und Gebietsteile auslieferte, wodurch die
nationale Partei aufs tiefste verletzt und erbittert ward. Wenn
unter Hamzas Regierung ein gewissenloser Gouverneur, wie
Lodenstein, noch sagen mufste: „dafs der König uns Land
mit den Bewohnern für seine Schulden verkauft, ist wohl
frivol zu denken"[4], so hatte mit dem Regierungsantritt Mandersahas alle ängstliche Erwägung aufgehört. Die das königliche Ansehen beschimpfenden Vorgänge geschahen in
Amboina.

---

[1] Gouverneur Seroyen an die Indische Regierung. Maleyo, 1. Juni
1647. (Manuskript Reichsarchiv Briefe Ternate 1647)

[2] l. c Valentijn (I, 444) macht Mandersaha unbegreiflicherweise
zu dem ältesten Sohne Modafars.

[3] Gouverneur Bogaerde an die Indische Regierung Maleyo, Mai
1650. (Manuskript Reichs-Archiv Briefe Ternate 1650.)

[4] Anhang, S LVII.

Gouverneur De Vlaming, der dort, wie wir gesehen haben, Demmer in der Regierung ablöste, hatte mit großem Trieb und besonderer Befähigung das Interesse der Kompanie wahrgenommen. Diese genoß gemäß ihrer vornehmsten Aufgabe und Maxime den Nelkenhandel mit Ausschluß aller fremden Handler einzig und allein; der Handel und der weitere Verkehr wurden gut reguliert, allem Unterschleif gewehrt und der größte Nutzen erlangt, zur Versicherung von diesem Handel und Verkehr, zur Abwehr von Fremden und Widersachern wurden Festungen unterhalten, und endlich geschah alles, die Ausbreitung des Reiches Christi zu befördern und die Diener der Kirche zur Schuldigkeit zu ermahnen. Zu der Erfüllung dieser Pflichten, welche ihm von Demmer vorgezeichnet waren [1], fügte der begabte und thatkräftige De Vlaming noch eine neue Aufgabe, indem er mit List oder Gewalt die Ernte oder Ablieferung der Nelken vermindern wollte. Mußten die Eingeborenen ihre Ernte ungeschmälert an die Niederländer liefern, so sollten sie diese Ernte jetzt unbezahlt für sie vernichten oder ihre Wälder freiwillig preisgeben, soweit die Siebzehner dies etwa fordern würden.

Um sicher zu diesem Ziele zu gelangen, erwarb De Vlaming weitgehende Zugeständnisse von Mandersaha und ließ sich auch Gebiete abtreten, aus denen er später nach Gefallen die Bevölkerung lichten und verpflanzen konnte. Um den König dazu zu drängen, brauchte De Vlaming das Mittel der Schuldforderung. Sobald der junge Prinz die Regierung angetreten hatte, erhob der Gouverneur eine Forderung von 12 328$\frac{1}{8}$ Realen für Schulden Hamzas. [2] Der König antwortete darauf, daß es ihm nicht bewußt sei, daß Hamza in Amboina Schulden gemacht habe, die der Kimelaha nicht verrechnet hatte, bat aber seine amboinschen Einkünfte auf die Schuld zu verrechnen. Auch gestattete der König auf das Ansuchen Sr. Edlen, „alle Ternater auf Hovamohel, welche

---

[1] Memorie van Demmer für seinen Nachfolger De Vlaming 3 September 1647. (Manuskript Reichs-Archiv. Bundel Amboina 1647.)

[2] Tagesregister Amboina 1649—50. (Manuskript Reichs-Archiv Bundel Amboina 1650.)

nicht gut thun wollten, sowie 200 Heiden als Sklaven nach Ternate zu senden".[1]

Brachte der König durch diese unbesonnene Handlung die Statthalter und Orangkajas seiner Schutzländer in die Abhängigkeit des Gouverneurs, dem er das Recht der Verhaftung und Beseitigung widerwilliger Elemente unbeschränkt überantwortete, so ging er noch weiter, als er an De Vlaming die ganze Bucht von Kaibobo und mehrere Dörfer auf der Südküste von Ceram abtrat[2], wodurch der Gouverneur seinem Ziele sich bedeutend genähert sah.

Um nun ohne Blutvergiefsen seine Pläne durchzusetzen, suchte De Vlaming den Statthalter Madira, dessen Rechte durch die Verfügungen des Königs am meisten gekränkt wurden, durch Förderung dessen persönlicher Interessen und durch das Mittel der Bestechung zu versöhnen. Er lud den Statthalter nach Victoria ein, wo dieser am 3. Mai mit Mutter, Frau und Schwester und einem Gefolge von Orangkajas erschien und prächtig eingeholt wurde.[3]

Die Besprechungen De Vlamings mit dem Statthalter behandelten die Frage, dafs die Lieferung der Nelken zu viel werde.[4] Am 5. Mai wurde zu einer Beratung der Grofse Landrat versammelt, dem der Gouverneur erklärte, dafs die ganze Welt, so als Gott, der Herr, sie in der Runde geschaffen, nur 1500 Bar Nelken verzehren könne, dagegen die Lande 2500 Bar lieferten, sodafs demnach 1000 Bar in die See geworfen oder verbrannt werden müfsten.[5]

Die Orangkajas antworten darauf, wenn die Kompanie nicht alle Nelken gebrauchen könne, weil die ganze Welt, so wie gesagt werde, nicht so viel zu verzehren imstande sei,

---

[1] Brief Mandersahas an De Vlaming. Tagesregister Amboina. (Manuskript Reichs-Archiv. Bündel Amboina 1650.)

[2] Der Generalgouverneur schrieb am 22. September 1650 an Mandersaha. „Eure Majestät seien herzlich bedankt für den Abstand der Bucht Kaibobo und einiger Dörfer auf der Binnenküste von Ceram." (Manuskript Reichs-Archiv. Briefe Ternate 1650.)

[3] Tagesregister Amboina 1650. (Manuskript Reichs-Archiv.)

[4] l. c.

[5] l. c.

es nach den Kontrakten recht und billig wäre, dafs es ihnen
beliebe, was die Kompanie nicht wolle, anderswo zu verkaufen.
Die Kompanie müsse sonst auch fernerhin die Nelken mit
70 Thaler für den Bar abnehmen.[1] Voll neuer Sorge uber
die Zukunft kehrten die Orangkajas in ihr Land zuruck, indes
De Vlaming darauf sann, den Kimelaha enger an die Kompanie zu verbinden. Aufs gastfreieste wurde der auf äufsere
Ehrenbezeigung wie Besitz gleich eitle Statthalter noch vom
6. bis 12. Mai mit seiner Familie unterhalten; herrliche Feste
fanden zu seinen Ehren statt und durch reiche Geschenke
wurde seine Anhänglichkeit befestigt, wonach er am 13 Mai
die Ruckreise uber Hitulama nach Luhu antrat.[2]

De Vlaming war jetzt uberzeugt, dafs die weitere Er-
fullung seiner Absichten sich in Ruhe vollziehen werde; er
ubertrug das Gouvernement ad interim an den Oberkaufmann
Simon Cos und ging nach Batavia, um hier als ordentliches
Ratsmitglied an der Regierung teilzunehmen.[3]

So ruhig die Verhältnisse in Amboina sich nun auch
durch die Geschicklichkeit De Vlamings zu gestalten begannen,
in Ternate selbst führte die schimpfliche Fuhrung des Königs
zum Aufruhr[4]; die Verletzung, an der Grenze dem Ansehen
und Bestande des Reiches zugefugt, schlug, anders als zu Zeiten
Leliatos und Kakialis, diesmal im Herzen des Königreichs
die tiefere Wunde.

Die Nationalpartei berief ihre Anhanger unter Saidi nach
den Sula-Inseln, wo ein Prinz Terbile aus altem Geschlechte

---

[1] l. c. Es wurden um diese Zeit 70 Thaler für die Nelken gegeben, während der fruhere Preis 60 Thaler war; 1638 wollten die von
Kambelo statt 60 Thaler 100 haben. 1667 und spater wurden nur 55 Thaler gezahlt. Vgl. § 20.

[2] l. c.

[3] „Die Indische Regierung an Gouverneur Bogaerde", Anhang, S. XCIV.

[4] „Die grofse Mifsstimmung", schrieb Bogaerde im August 1650 an
die Regierung, „kommt daher, dafs Mandersaha an De Vlaming die
oberste Leitung in Amboina abgestanden und Besitzungen und Dorfer
uberliefert hat." (Manuskript Reichs-Archiv. Briefe Ternate 1650.)

Statthalter war, und die sowohl durch grofse Fruchtbarkeit und günstige Lage, als ihre damalige ansehnliche Kriegsstärke von 60 Korakoras[1] für die Zuflucht der Verschworenen besonders günstig waren.

Nur wenige Zaghafte blieben fern, als die Berufung zu einer neuen Königswahl erlassen wurde, zu der die meisten Grofsen des Reiches sich auf Sulabesi zusammenfanden Nach altem Brauch fanden die Beratungen, deren Ausgang von vornherein bestimmt war, in Grofser Versammlung statt; sie endigten mit der Thronentsetzung Mandersahas, an dessen Stelle Manila als König gekrönt wurde [2] Von nun an fühlte Mandersaha sich nicht mehr sicher; er verliefs seinen Landsitz nahe Maleyo und rettete sich zu den Niederländern in deren Festung.[3]

Bereits im Mai (1650) hatte Bogaerde, der frühere Vorsteher des Hauptkontors Gnofikia auf Makjan und seit kurzem Gouverneur, als Nachfolger Seroyens, die Regierung von den gefahrdrohenden Bewegungen gegen Mandersaha benachrichtigt[4]; die Kunde von seinem Sturze konnte demnach in Batavia nicht überraschen, sie kam vielmehr sehr gelegen Man entschlofs sich sofort zum Kriege gegen die vornehmen Rebellen, und dies desto leichter, weil deren Vermögen und Besitz mehr als die Kosten decken konnte, und man durch einen kostenlosen Krieg in den ausersehenen Gebieten am

---

[1] Demmer berichtete an die Indische Regierung· „Terbile, der Statthalter, wohnt in Fatumata (Westseite) auf Sulabesi Diese Insel mit 11 Negereien . . . . stellt 43 Korakoras

Sula Taliabu, die grofste Insel,
     aber nur mit 4 Negereien .   „   12   „
     Sula Manguli mit 3 Negereien .,   5   „ "

(Manuskript Reichs-Archiv Bundel Amboina 1644)

[2] „Die Indische Regierung an Gouverneur Bogaerde", Anhang, S. XCIV.

[3] l. c

[4] Bogaerde berichtete an die Indische Regierung im Mai 1650· „Der Kapitänlaut Saidi. Bruder Hamzas, und der Sadaha von dem verstorbenen Könige sind übereingekommen, dafs anstatt Mandersahas der ältere Bruder Manila zum Könige gemacht werde" (Manuskript Reichs-Archiv Briefe Ternate 1650)

raschesten und bequemsten die lebhaft gewünschte Exstirpation der Nelkenwälder erreichen würde

Diese Erwägungen hatten mehr als hinreichend die Mafsnahmen der Regierung zu rechtfertigen vermocht, zudem liefs
noch die durch den Münster Traktat von 1648 inzwischen geschaffene Friedenslage gegenüber den Spaniern die Entsendung einer gröfsern Macht nach dem Osten wünschenswert
erscheinen; es war nützlich, überall die Wachtposten und
Besatzungsmannschaften zu verstärken, um die Spanier, welche
man nicht mehr bekriegen konnte, desto sorgfältiger zu überwachen Dieser Dienst erforderte, so auffallig es erscheint,
mehr Mannschaft, als der Krieg; denn diesen hatten die Eingeborenen allein geführt, jetzt kamen aber die Spanier, obwohl sie nicht landen durften, in alle Gewässer und die Europaer wie Eingeborenen mufsten zugleich wegen verbotenen
Handels überwacht werden.

Da die Regelung der Dinge einen Mann erheischte, der
mit Umsicht auch die gröfstmögliche Erfahrung und Thatkraft verband, so fiel die Wahl der Regierung auf De Vlaming, der, wie wir schon wissen, kürzlich aus Amboina gekommen war. Die Ernennung desselben zum Superintendenten
des Ostens und Oberbefehlshaber wurde den Siebzehnern in
rühmender Weise angezeigt· „Wir können uns verlassen auf
die Kapazität, die Erfahrung und Suffisance des Herrn Vlaming, und dürfen nicht zweifeln, dafs er in Ternate alles in
gehörige Ordnung bringen werde."[1]

In der That war De Vlaming berufen, die gewaltsamsten
Handlungen seiner Vorgänger in tiefen Schatten zu stellen
Alle Grausamkeiten der van Speult, Gorcom, Gijzel, Caen
und Demmer traten weit hinter den blutigen Ruhm dieses
Mannes zurück, der am Morden Wohlgefallen fand, an den
Martern seiner Opfer sich weidete, und, was gewifs das
Schlimmste war, jede Blutthat mit Gebet eröffnete und be-
schlofs. Er war ein echtes Kind seiner Zeit und ein Urtypus
für die Gesinnung, welche die Lenker der indischen Geschäfte

---

[1] Die Indische Regierung an die Siebzehner. Batavia, 20 Januar
1651. (Manuskript Reichs-Archiv Bundel Allg. Bestuur 1651.)

und die Herren in den Niederlanden damals beseelte: in der rechten Hand das Schwert, in der linken das Gebetbuch, im Herzen Rachsucht und Begierde. Indem seine Bigotterie die Vernichtung und Ausrottung der verfolgten Insulaner als ein gottgefälliges Werk anstrebte und pries, erstarb alles Erbarmen, das seine Vorgänger an dem hingesunkenen Feinde noch geübt hatten, in dem Fanatismus dieses letzten grofsen Henkers der Molukken, unter dessen ruchloser Faust die Selbstandigkeit der Fürsten und der Wohlstand auf diesen Iuseln für immer zu Grunde ging.

De Vlaming verstand sich bereitwillig zu dem Auftrage der Regierung; diese ehrte ihn damit, und sein Eifer für die Kompanie liefs nicht zu, so gute Gelegenheit, neuen Ruhm zu eruten, auszuschlagen, obwohl er erst vor wenig Wochen seine Hochzeit gefeiert hatte, und sein schmächtiger und kränklicher Körper fast zu weit hinter seinem eisernen Willen und unerbittlichen Charakter zuruckblieb.[1] Am 23. Dezember 1650 verliefs er mit einer Flottenmacht von 6 grofsen Schiffen mit dem nötigen Schiffsvolk und 500 Soldaten die Reede von Batavia und nahm Wilhelm van der Beek als neuen Gouverneur nach Amboina mit sich, wo Cos noch ad interim die Geschäfte leitete.[2]

Aus der Instruktion, welche die Regierung an De Vlaming für den anstehenden Zug mitgab, lernen wir näher ihre Absichten und Mafsregeln kennen. De Vlaming sollte in Ternate die vornehmsten Grofsen in seine Gewalt bringen und vom Könige ihre Verurteilung erwirken; die Strafe mufste abschreckend wirken: die Verurteilten verloren ihre Habe, und ihre Nelkenhaine verfielen der Zerstörung. Manilas mufste man sich bemächtigen, der Abstand von Dörfern auf Ceram

---

[1] „A De Vlaming van Outhooins Oorlogen in Ambon door L. Bor" (Delft 1663), S. 19 Ich werde Gelegenheit haben, auf dieses Werk öfter zu verweisen, das sehr gewissenhaft die Begebenheiten in den Kriegen, welche De Vlaming von 1650—56 fuhrte, mitteilt L. Bor war während dieser Zeit der Privatsekretar (Geheimschrijver) von Vlaming und meistens in seiner Nahe.

[2] „Instruktion an De Vlaming", Anhang, S XCVI.

noch verbessert, auch an van der Beek die oberste Gewalt
über des Königs Lande in Amboina übertragen werden Der
Krieg zwischen den Ternatern und Tidorern war anzuschüren,
und ein Handelsbündnis mit den Spaniern, die alle Bedürfnisse von den Niederländern zu kaufen sich erboten hatten,
abzulehnen, da der Preis der Nelken in Makassar 280 spanische Realen betrug In Amboina mußte damit fortgefahren
werden, durch Schonthun zu erreichen, daß die Bewohner
nicht nur neue Bäume nicht anpflanzten, sondern alte Bäume
umschlügen. In Makassar endlich mußte Kundschaft unterhalten werden, damit nicht die Spanier mit dem Könige Verträge wegen Nelken abschlössen, welche auf Gebieten des
Königs von Makassar oder Tidor fielen [1] Diese Weisungen
erteilte die Regierung, wie sie ausdrücklich hervorhob, als
Ratschläge, ohne an Se Edlen damit eine feste Ordre zu
geben; sie legte die Geschicke der Molukken ganz in eine
Hand, auf die sie blindlings vertrauen zu dürfen sicher war.

De Vlaming wurde auf seiner Fahrt nach Ternate sehr
durch Gegenströmung aufgehalten, auch lief er unterwegs
noch Buton an, wo der kürzlich gekrönte König Ali wegen
seiner Freundschaft zu den Niederlanden seine eigenen Großen
fürchten mußte und in Batavia um Schutz gebeten hatte.
Die Bitte des Königs um Garnison wurde zwar abgeschlagen [2],
doch versicherte der Superintendent ihn der Freundschaft und
des niederländischen Schutzes, worauf er seine Reise fortsetzte, indes van der Beek direkt nach Amboina fuhr, weil
De Vlaming fürchtete, daß dort etwas Widriges geschehen
mochte. [3]

Am 21. März (1651) traf De Vlaming vor Gnofikia auf
Makjan ein, als aber die Orangkajas sich weigerten, mit ihm

---

[1] l. c.
[2] Brief der Indischen Regierung an König Ali Batavia, 22. Dezember 1650. (Manuskript Reichs-Archiv. Bundel Amboina 1650.)
[3] „De Vlaming an die Indische Regierung", Anhang, S. XCVII

zu unterhandeln, ging er zunächst nach Maleyo weiter, weil noch nicht alle Schiffe herangekommen waren. Von hier aus erließ er an Saidi die Aufforderung zur Unterwerfung.

Die Aufständischen waren in der Zwischenzeit nicht unthätig gewesen; sie hatten sich vor zwei Monaten von Sula nach Gilolo begeben und die Festungen auf der ganzen Westküste von Halmahera in Verteidigungszustand gesetzt; Saidi befand sich zur Zeit in der Festung Gilolo. Auf die Forderung des Superintendenten gab er zur Antwort, daß Mandersaha nicht mehr König sei; wollten die Niederländer Manila nicht als König anerkennen und mit dessen hoher Regierung unterhandeln, so hatten sie mit ihnen nichts weiter zu thun; zugleich verbaten sie sich alle Gemeinschaft mit dem Gouverneur Bogaerde und andern, welche die Zwietracht verschuldet hatten [1]

De Vlaming sah nun ein, daß friedlich nichts erreicht werden konnte, und entschloß sich, um die Kräfte Mandersahas nicht zu zersplittern, die Bundesgenossenschaft der Tidorer den Aufständischen zu entziehen und an Mandersaha zu verbinden; diese gewiß kluge Vermittelung wurde durch ein Ehebündnis zwischen dem Könige und einer tidorischen Prinzessin befestigt [2]

Als hierauf ein Angriff, der gegen Gilolo unternommen wurde, von Saidi kräftig abgewiesen ward, wendete sich De Vlaming wieder nach Makjan zurück, wohin er Mandersaha mitnahm.

Der König erteilte ohne Zögern seine Zustimmung zu dem Verlangen des Feldherrn, an die vornehmen Aufrührer von Makjan keinen Pardon zu geben, sie ohne Ausnahme zu enthaupten, ihre Güter zu konfiszieren und die Nelkenhaine zu zerstören. Dasselbe sollte auf Motir geschehen. Hierzu waren die Vorbereitungen eben ins Werk gesetzt, als De Vlaming, mit Mandersaha von einem Spazierritt nach Haus zurückkehrend, die Nachricht empfing, daß in Amboina gleichfalls der Aufstand ausgebrochen, und dort alles in Bewegung sei.

---

[1] l c   [2] l c

Jetzt galt es die Besonnenheit und feste Ruhe nicht
verlieren. Der Superintendent nahm zunächst die Boten in
Versicherung, um ein weiteres Bekanntwerden der bösen Zeitung zu verhindern; sodann heuchelte er den Orangkajas von
Makjan Gnade und Vergebung, sodafs diese, nachdem sie vergeblich nach Unterstutzung von Gilolo ausgesehen, Mandersaha
aufs neue huldigten und auch das Bundnis mit der Kompanie
erneuerten. Ein Abkommen mit den Spaniern zu treffen,
damit diese den Niederlandern alle Nelken gegen 100 Realen
für den Bar lieferten, wollte dem Superintendenten nicht gelingen, sodafs er an den Gouverneur in Gamalama nur noch
eine Verwarnung richtete, nicht mit den Aufstandischen zu
konspirieren. Gegen diese selbst wachsam und wehrhaft zu
bleiben, uberliefs er dann der Sorge Bogaerdes und Mandersahas und eilte nach Amboina.[1]

Am 11. April ankerte De Vlaming vor Kambelo, wohin
er sich direkt gewandt hatte; seine Ankunft liefs er durch
Boten in Victoria und Hila melden. Van der Beek, der mit
wenigen Korakoras vor Lessidi stand, begab sich alsbald nach
Kambelo. Nur geringe Hilfskräfte brachte er dem Superintendenten zu, die meisten Orangkajas weigerten sich, Hongidienste zu thun, und standen mit dem abtrunnigen Madira
in Verbindung. Dieser hatte sich schon im Beginne des Jahres
verdächtig gemacht, dafs er seine Guter von Luhu nach
Lessidi in Sicherheit bringe, jedoch fand Cos, der sich persönlich zur Untersuchung nach Luhu begeben hatte, das Gerucht unbegrundet. Hierauf war völlig unerwartet am 11. Marz
der Aufstand ausgebrochen. Die niederländischen Kontore in
Laala, Lessidi, Assahudi, Hitumaha, sowie auf Manipa, Amblau,
Nusatelo und Boano wurden überwältigt, wobei 159 Diener
der Kompanie das Leben einbufsten, Guter aber nur im Betrage von 22594 Gulden verloren gingen.[2]

---

[1] „De Vlaming an die Indische Regierung", l. c „Die Indische
Regierung an die Siebzehner. Batavia", Anhang, S XCIX.

[2] „Die Indische Regierung an die Siebzehner", Anhang, S. C

Der erste Anschlag war auf die Kontore in Luhu und
Kambelo gemünzt gewesen, die mit genauer Not vor dem
Untergange gerettet blieben. In Kambelo war das Fort seit-
dem von den Aufständischen belagert worden, sodafs die
Besatzung durch das Erscheinen des Feldherrn aus grofser
Bedrängnis befreit wurde.[1]

Auch die eigenen Unterthanen auf Amboina schienen zum
Abfall vorbereitet zu sein. Selbst auf den wenigen Korakoras, die sich eingefunden hatten, war man vor Meuterei
nicht sicher. Ein Hauptmann Murlach, der auf einer Korakora Befehl führte, hatte sich zum Ausruhen niedergelegt und
las in einem Gebetbuche, als ein inlandischer Oberer von
Urien ihn überfiel, ohne jedoch den Hauptmann tödlich zu
treffen. Ein Mitverschworener des Thaters, nachdem dieser
sofort niedergeschlagen war, Namens Lakatuli, wurde ergriffen und vor De Vlaming geführt. Er kam zu dem Bekenntnis, dafs die christlichen Orangkajas von Leitimor mit
Madira verschworen seien.

Unter diesen Orangkajas war damals Jan Pays von Hative
der vornehmste und geachtetste, der seine Erziehung in den
Niederlanden genossen hatte und zum Prediger ausgebildet
war. Als Pays auf die Anschuldigung des Hochverrats seine
Treue und die der übrigen christlichen Orangkajas beteuerte,
liefs der Superintendent durch einen Angehörigen seiner Familie den falschen Anklager zur Stelle enthaupten, um dadurch für spater besser begründete Aussagen von dem Anhange des Gerichteten gegen Pays zu gewinnen. Dieser selbst
wurde gefänglich nach Victoria gebracht und auf seinen Wunsch
kurz darauf nach Batavia überführt, um gegen die Anklage
De Vlamings sich zu verteidigen. Ihn zu beseitigen, durfte
der Feldherr nicht wagen, da seine sofortige Verurteilung eine
zu gefährliche Aufregung in der christlichen Bevölkerung verursacht haben würde, die der Feldherr vermeiden mufste, im
Gegenteil erwies er dem Gefangenen die nötige Ehrenbezeigung.[2]

---

[1] l. c.

[2] „De Vlaming an die Indische Regierung", Anhang, S. CV. L. Bor,
S. 31 fg.

Die Ursache der Erhebung in Amboina konnte nicht zweifelhaft sein; „die Erklärung der Bewohner lautet", meldete die Regierung darüber an die Siebzehner, „dafs sie nicht Christen werden, nicht ihre Nelkenwälder, ihre angestammten Rechte und ihre Freiheit verlieren wollen". In dieser Lage erschien es De Vlaming das Nötigste, zunächst die eigenen Besitzungen zu sichern.[1]

Er sandte, nachdem die Negereien Kambelo und Lessidi in Asche gelegt waren, van der Beek nach Victoria und ging selbst nach Hitu, um alle Befestigungen zu inspizieren. Dann wendete er sich zu dem gleichen Zweck nach den Uliassern und von hier nach Victoria, wo er van der Beek als Gouverneur einführte. Am 27. April wurde der Garnison und den Bürgern auch die Ernennung des Generalgouverneurs Renierszoon und des Superintendenten feierlich mitgeteilt, und am 29. mufsten alle Orangkajas von der Kuste Hitu den Eid der Treue leisten.[2]

Hierauf wurden alle Krafte zusammengefafst, und diese Macht zog nach Manipa und Amblau aus, um hier die Aufständischen zu strafen. Die Negereien auf Manipa wurden verwustet, und wo nur eine Spur oder der Schein andeutete, dafs Nelken oder Nahrung gefunden werde, da liefs De Vlaming alles durchforschen und das Gefundene verwusten. Die Bewohner hatten sich aus ihren Negereien hoher ins Gebirge gerettet, sodafs nur wenig Menschen umkamen.[3]

Die Zerstörung der Insel Amblau trug De Vlaming an den Kapitan Verheiden auf und fuhr selbst inzwischen nach Banda, um auch hier von dem Stande der Dinge sich persönlich zu uberzeugen.

Während seiner Abwesenheit verfuhr Verheiden auf Amblau, wie auf Manipa verfahren war, und zerstörte aufser-

---

[1] „Die Indische Regierung an die Siebzehner", Anhang, S. C.

[2] Gouverneur van der Beek an die Indische Regierung. Victoria. 4. Mai 1651. (Manuskript Reichs-Archiv. Bundel Amboina 1651.)

[3] „Die Indische Regierung an die Siebzehner", Anhang, S. CI. L. Bor, S. 37 fg.

dem auf der Küste von Kambelo in der Zeit vom 31. Juli bis 16. September gegen 150000 Nelkenbäume.[1]

Nach des Superintendenten Rückkehr von Banda waren alle Plätze gegen Überfall gesichert, sodafs er eine Reise nach Batavia unternehmen konnte, um neue Macht zu holen und mit der Regierung über die weitern Mafsnahmen persönlich zu unterhandeln.

Er hatte der Regierung bereits am 4. Mai angezeigt, dafs er Mandersaha mitbringen werde, und dieser traf denn auch in Amboina ein, um De Vlaming zu begleiten.[2]

Sie kamen zuerst nach Buton, wo inzwischen in feindlicher Absicht die Gegenpartei nach dem Süden der Insel sich zurückgezogen hatte, sodafs Mandersaha einige Bewaffnete zum Schutze des Königs Ali zurückliefs. Der König von Ternate fuhr darauf direkt nach Batavia weiter, indes De Vlaming noch Makassar anlief, wo er die Zusicherung strenger Neutralität erwarb, worauf allerdings wenig Vertrauen zu setzen war, da ein kluger und weitblickender Reichsverweser, der Prinz Patengolo, die Geschäfte leitete. Des Feldherrn Aufenthalt in Makassar dauerte nur wenige Tage, sodafs er bereits am 18. Oktober in Batavia anlangte

Einen Tag zuvor war Mandersaha in der Hauptstadt eingetroffen und auf das glänzendste empfangen.[3] Ehrenpforten waren errichtet, und auf den Wegen, welche der König passierte, bildeten bewaffnete Bürger und Soldaten in blitzender Rüstung Spalier; Ehrensalven donnerten zum Empfange der ternatischen Majestät, die durch die Spitzen der Behörden in eine besonders stattlich hergerichtete Wohnung geleitet ward. Einem Triumphzuge nach grofsartigen Siegen glich die Einholung des Königs in Batavia[4], wo er im Begriffe stand, eine Akte zu zeichnen, durch welche er seine Krone an die Bundesgenossen auslieferte.

In den Beratungen, welche die Regierung über die ferner

---

[1] Die Indische Regierung an die Siebzehner", l. c.
[2] „De Vlaming an die Indische Regierung", Anhang, S XCVIII.
[3] „Die Indische Regierung an die Siebzehner", Anhang, S XCIX.
[4] L. Bor, S. 65

zu treffenden Mafsnahmen mit De Vlaming pflog, kam man
zu dem Entschlusse, den Krieg mit allen Mitteln fortzusetzen.
Die Regierung war voll guter Hoffnung, als sie an die Siebzehner das Folgende berichtete: „Wir haben uns vorgenommen, dieses Werk weiter zu verfolgen, und alle Macht zusammenzunehmen, um neue Kriegsschiffe abzusenden. Die
Feinde haben nur noch Nelken um Erang, in der Bucht Laala
und dort landeinwärts nach Henetela und um Waiputi, welche
wir mit Gottes Gnade alle ausrotten. Haben wir erst die
Rebellen zu armen Bettlern und Vagabonden gemacht, so wird
dies der Kompanie zu grofsem Vorteil gereichen. Wegen
Ternate und Makjan brauchen wir nicht bekummert sein, diese
Revolte wird zum Besten der Kompanie ausfallen."[1]

Mandersaha zeigte sich in allen Verhandlungen dem Verlangen der Regierung gefugig; er gestand zu, dafs uberall nach
dem Wunsche der Niederlander die Nelkenwälder ausgerottet
wurden und die ternatische Statthalterschaft in Amboina gänzlich aufhöre. Fur diese Zugeständnisse wurde dem Konige
eine jährliche Vergutung von 6000 Thalern (einschliefslich
der bisher bezogenen 4000 Thaler) bewilligt, und weitere
6000 Thaler, wenn es ihm gelänge, auch die in Frieden an-
genommenen Orangkajas von Makjan zum Fallen ihrer Nelkenhaine zu bestimmen. An seinen Bruder Kalamata wurden
500 Thaler und an die getreuen Grofsen 1500 Thaler jährliche Zahlung gewährt, solange sie bei ihrer Treue verharren
wurden.[2] Nachdem dieser fur die weitern Unternehmungen
bedeutungsvolle Vertrag geschlossen war, segelte De Vlaming
im Februar mit grofser Macht nach Amboina ab. Auch Mandersaha verliefs mit ihm die gastfreie Hauptstadt, wohl kaum
ahnend, dafs sogar die Kosten seines Aufenthalts von ihm
selber bezahlt werden sollten.[3]

---

[1] „Die Indische Regierung an die Siebzehner", Anhang, S. CI

[2] Die Indische Regierung an die Siebzehner. Batavia, Februar 1652.
(Manuskript Reichs-Archiv. Allg Bestuur 1652.)

[3] Am 24 April 1652 bestatigt Bogaerde der Indischen Regierung,
dafs er die geleisteten Vorschusse sich bemerkt habe an den Konig
10000 Realen, an Malay 500, an Duane 500, an Sopi 500, an den

(1652.) Die Fahrt der zweiten Expedition war durch widrigen Wind langsam und muhsam; sie ging zunächst nach Buton, wo die Grofsen bedrohlicher gegen den Konig zu murren begannen, aber doch von Thatlichkeit sich noch fern hielten. Ihren Weg setzte sie dann nach Buru fort, wo alle Ortschaften Madira anhingen. Die Negereien Fogi, Waimte, Palmata, Tomalehu, Hukomma, Bara und Liciela wurden abgelaufen und allesamt verbrannt.[1] Am 4. April erreichte der Superintendent Kambelo und begab sich von da uber Land nach Luhu, von wo er nach Hila ubersetzte. Hier wurde das Fort verstärkt, wie gleichfalls die ubrige Küste von Hitu. Mit 350 Weifsen und aufserdem 24 Korakoras, die van der Beek in Hila vereinigt hatte, zog der rastlose Feldherr darauf gegen Laala.[2]

Während der Abwesenheit De Vlamings hatte der Gouverneur einen Hongizug nach Waiputi gethan, wo alles von Grund auf vernichtet wurde; die Bewohner waren nach Luciela geflüchtet.[3] Verwustung der Nelkenwalder und Fruchtbaume war auch der nachste Zweck der Unternehmung des Superintendenten gegen Laala. Hier wurde gelandet und die Truppen marschierten zuerst gegen Henekelang; dann erfolgte die Zerstörung Laalas, Serulams und funf anderer Negereien mit ihren Nelkenhainen, sodafs auf der Ostseite von Hovamohel aufser um Lokki keine Nelken mehr zu finden waren.

Mit klug berechneter Absicht beschrankte der Superintendent sich auf dies Zerstorungswerk, ohne den Feind in seinen starken Festungen selbst anzugreifen: er rekognoszierte zwar persönlich die Stellungen des Feindes bei Lokki, wo auch Saidi mit 11 Korakoras und 3 Djonken im Februar zur Unterstutzung von Sula angekommen war, ohne jedoch auf eine ernstliche Unternehmung sich fur jetzt einzulassen. Seine Aufmerksamkeit war darauf gerichtet, den Feind nach aufsen zu isolieren und ihn auf seine Festungen zurückzudrangen.

Sengadji von Gnofikia 200, an den Dolmetscher 100 Realen, fur deren Ruckzahlung er Sorge tragen werde Anhang, S CII

[1] „De Vlaming an die Indische Regierung", Anhang, S CIV

[2] l c.

[3] l c

Um dies zu erreichen, stellte er an den dazu nötigen Stellen Beobachtungsposten aus oder warf Schanzen auf, sodafs ihm nicht nur jede Bewegung des Feindes hinterbracht wurde, sondern es ihm auch möglich ward, etwaige Unternehmungen desselben nach aufsen schnell mit Gewalt zu verhindern. Dies war desto eher möglich, als die Niederländer mit ihren rasch segelnden und gut armierten Schaluppen überall zu Wasser die Stärkern blieben. [1]

Durch die strenge Bewachung und Einschliefsung hatte Madira, der in Lokki befehligte, während Saidi die bei Erang gelegenen Bergfesten Hulong und Nula besetzt hielt, ganz besonders zu leiden. Die Niederländer verhinderten jede Zufuhr und fingen seine Leute ab, wenn er solche auf Kundschaft, oder Nahrung zu holen aussandte. Durch Gefangene war inzwischen auch die Lage und Stärke der Festung bekannt geworden, was dazu führte, den Sturm auf die Festung zu wagen.

Der Feldherr war kaum von einem ernsten Fieberanfall genesen und ging noch am Stocke, als er zu dem Werke persönlich vor Lokki erschien; Mandersaha dagegen war nach Ternate zurückgekehrt, da man von seiner Anwesenheit keinen Vorteil hatte.

In der Nacht zum 30 Juni sollte der Berg zu der feindlichen Festung erstiegen und diese bei Anbruch des Tages erstürmt werden Um Mitternacht trat der Feldherr mit 400 seiner besten Krieger den Marsch an; zu Führern diente eine Anzahl Gefangener, die unter Androhung der Todesstrafe zu diesem Dienste gezwungen wurden.

Die Wege waren beschwerlich, gefährliche Klippen mufsten überstiegen und unbekannte Bäche durchwatet werden. Eben wurde die Sonne sichtbar, als die Truppen unter der Hauptfestung des Feindes anlangten, deren Wachen alsbald die Besatzung alarmierten. Aber zur Verteidigung war es zu spät; die schwach besetzten Wälle wurden beim ersten Ansturm erstiegen, jeder Widerstand war danach vergeblich.

Madira rettete mit den Seinen nur das nackte Leben durch die Flucht; alle seine Güter fielen in die Hände der

---

[1] l. c

Sieger, darunter war ein silbernes Tafelgeschirr, das De Vlaming dem Statthalter in Victoria im Jahre 1650 zum Geschenk gemacht hatte. Nach einem feierlichen Dankgottesdienste gingen Boten in alle Länder aus, die diesen herrlichen Sieg verkunden mufsten.[1]

Madira war mit den Seinen nach Erang entflohen, wo er hilflos und arm sich zu Saidi rettete, der in der Festung Nula sich aufhielt.[2]

Vor Erang lag am Strande in einer Schanze Verheiden, zu dem De Vlaming seine Schiffe sandte, indes der Feldherr selber am 23. Juli mit einer kleinen Zahl auserlesener Soldaten über Land durch Dickicht und über unwegsame Gebirge gegen Hulong marschierte Hier wurde die Besatzung durch die Anwesenheit des Admiralsschiffes auf der Reede von Erang getäuscht, die nichts weniger als einen Angriff von der Landseite her vermutete, sodals die Feste überrumpelt und fast ohne Schwertstreich in die Hande der Niederländer fiel. Wohl gegen 200 Bar Nelken wurden erbeutet, die zur Abfuhr nach Makassar bereit lagen; man verbrannte sie, da ihr Transport nach Erang auf die Schiffe jetzt zu beschwerlich war; auch die Festung wurde eine Beute der Flammen.[3]

Von Hulong zog De Vlaming nach dem nahegelegenen Nula. Sogleich wurde Saidis kraftige Führung erkannt; die Belagerten fochten als Verzweifelte. Es geschah auch bald ein Ausfall, der dem Feldherrn funf seiner besten Fuhrer nebst einer betrachtlichen Anzahl mutiger Soldaten raubte; es war ein Kampf Mann gegen Mann gewesen, in welchem die Nularesen die Sieger blieben

Der Feldherr war nach diesen Anstrengungen der Erholung dringend bedurftig, und da er auch seinen Truppen etwas Ruhe gönnen wollte, so zog er an den Strand von Erang hinab und vereinigte sich hier mit Verheiden.

Kurze Zeit darauf sandte er diesen tuchtigen Offizier,

---

[1] „De Vlaming an die Indische Regierung", Anhang, S. CIII. Relation von De Vlaming (Manuskript Reichs-Archiv Allg Bestuur 1656)
[2] l. c.
[3] l. c.

der inzwischen zum Major befördert war, wieder mit 400 Soldaten auf die Höhe von Nula und gab ihm den Auftrag, nicht die Festung anzugreifen, sondern sie einzuschliessen und in der Umgebung Nelken und Fruchtbäume zu zerstören.

Verheiden fand die Feste jedoch geräumt, Hunger und Not hatte die Besatzung auf die Flucht getrieben. Es begann unverzüglich eine wütende Verfolgung, um dem halb zu Tode gehetzten und ausgehungerten Feinde gänzlich den Garaus zu machen. In den Wäldern wurden neben den gefallenen Kriegern die zahlreichen Leichname der durch Hunger und Entbehrung umgekommenen Flüchtlinge gefunden. [1]

Madira und Saidi waren glücklich nach Buru entkommen, indes die übriggebliebene Bevölkerung nach den Inseln Kelang und Boano sich rettete. [2]

Nachdem De Vlaming hierauf den Befehl vor Erang wiederum an Verheiden übertragen hatte, ging er nochmals nach Assahudi, um zu sehen, ob das Zerstörungswerk in den Sagowäldern in seinem Sinne ausgeführt war, und zog von hier nach Hila, wo er die Zeit zum Strafgericht über verdächtige und schuldige Unterthanen jetzt für gekommen hielt.

Über den Ausfall dieses Strafgerichts berichtete De Vlaming am 16. September an die Regierung das Folgende: „Wir haben auf Nusatelo 28 Personen in unsere Hände bekommen, davon sind in Hila und Hitulama, um ein abschreckendes Beispiel zu geben, 25 hingerichtet. Vier Orangkajas wurde die Zunge aus dem Halse geschnitten, dann wurden sie gerädert. Drei andere Orangkajas wurden geflügelt und mit brennenden Kerzen gepeinigt, die übrigen auf die Schiffe gebracht und von den Soldaten mit Stöcken und Hauern oder Bratspiessen getötet. Ein anderer Orangkaja wurde gerädert, nachdem ihm die rechte Hand abgehackt war. Andere weniger Schuldige wurden gegeisselt und gebrandmarkt. 50 Verdächtige beabsichtige ich noch mit dem Tode und weniger Verdächtige mit Sklaverei zu strafen." [3]

---

[1] L. Bor, S. 108.
[2] l. c.
[3] „De Vlaming an die Indische Regierung", Anhang S. CV.

Nach geschehenem Strafvollzuge auf Hitu ging De Vlaming. mit seinen Schiffen nach den Uliassein, wo die abtrunnigen Mohammedaner zur Unterwerfung gebracht werden
sollten. Das Gerucht uber die Siege auf Hovamohel und die
Flucht Saidis und Madiras hatte den kampftuchtigen Ihamaulesen allen Mut zum Widerstande genommen, sodafs sich alle
Stamme freiwillig unterwarfen; auf sein Begehren wurden an
De Vlaming die drei Hauptrebellen ausgeliefert, die Konige
von Iha und Nollot und der Oberpriester Lisaboan. Den
Bewohnern bewilligte er fur jetzt Gnade, um nicht Zeit zu
verlieren. Schon am 16. September befand der Superintendent
sich wieder vor Hila, wo inzwischen die Hongiflotte versammelt war, sodafs er ohne Verweilen die Fahrt nach Sula
antrat, um auch auf den nördlichen Inseln die Rebellen in
Schrecken zu setzen.[1]

In der Bucht von Kajeli, wo die Landschaften von Ost-
Buru durch Reichtum an Sagowaldern sich auszeichneten,
machte De Vlaming fur einige Tage Halt, um hier soviel
wie möglich die Nahrungsquellen des Feindes zu vernichten;
dasselbe geschah auch in der Umgebung von Liciela, worauf
der Feldherr seinen Weg nach Sula fortsetzte. Auf Sulabesi,
der bedeutendsten, wiewohl nicht gröfsten Insel dieser Gruppe,
residierte in Fatumata der Statthalter Terbile. Etwas sudlich
von der Residenz landete der Feldherr mit der Blutfahne,
nachdem er vorher die Friedensfahne entfaltet, aber von den
Bewohnern zum Bescheid erhalten hatte, dafs sie auf Gebot
Saidis mit der Kompanie keine Gemeinschaft halten durften.

Da die Eingeborenen in die Berge entflohen waren, so
mufste De Vlaming sich damit begnugen, die Negereien und
ihre Fahrzeuge zu verbrennen, die Garten und Fruchtbäume,
meistens Kokospalmen, zu verwusten. Mit der Negerei Gai
wurde begonnen, dann ging es nordwarts auf nach Fatumata
und den Ortschaften Talage, Gaban und Patabai. Fahrzeuge,
Garten, Fruchtbaume wurden uberall in grofser Menge zerstört, auch 7 Kriegsfahrzeuge verbrannt. Monatelang dauerte
das Zerstörungswerk auf den Sula-Inseln fort, bis endlich die

[1] l. c

Bevölkerung, zur Verzweiflung gebracht, Terbile und 10 vornehme Ternater auslieferte. Der gefangene oberste Beamte des Königs wurde mit Ehrerbietung behandelt, als man ihn aufs Admiralsschiff führte. wo er an den Feldherrn einen seiner beiden goldenen Krisse, die er im Gurtel trug, mit tiefer Verbeugung überreichte. De Vlaming begegnete dem Statthalter mit seltener Artigkeit, da es ihm nicht allein um dessen Person zu thun, sondern sein Wunsch war, auch den glänzenden Hofstaat des reichen Ternaters, seine Frauen, Sklaven und Güter in seine Hände zu bringen. Er bot daher dem Statthalter Freiheit und Frieden an und ersuchte ihn, um den Verkehr zu erleichtern, Wohnung in seinem Lusthause am Strande zu nehmen. Terbile schenkte den Worten des listigen Feindes Vertrauen, bezog seine königliche Wohnung am Strande und wurde darauf mit seinem ganzen Hauswesen überwältigt und auf die niederländischen Schiffe geschleppt. An Stelle Terbiles setzte De Vlaming einen Schwager des Statthalters ein, den Sengadji Mangoh, der bei der Gefangennahme der Ternater besonders behilflich gewesen war. Als Beirat wurden ihm drei ergebene Männer zur Seite gesetzt, die Amtsherren von Fatumata, Waitma und Falu. [1]

Inzwischen ging das Gerücht, dafs die Makassaren an Madira Unterstutzung gewähren und nach Ceram Truppen senden wurden, weshalb De Vlaming sich von Sula nach Amboina zurückwandte, wo seine Anwesenheit für diesen Fall nötiger war, als augenblicklich in Ternate. Er fuhr mit seiner Korakorasflotte über Buru zunächst nach Manipa, wo die Aufständischen unter den Befehlen ihres kriegerischen Sengadji Kawassa ungeachtet der geschehenen Verwüstung an ihren Negereien und Besitzungen in Widersetzlichkeit verharrten. Aber welchen Widerstand sollten die armen, durch Hunger und Entbehrung aller Art ermatteten Insulaner bieten, als in den Bergen ihre befestigten Stellungen durch den Feind von benachbarten Höhen erst wirksam beschossen wurden? Die Unglücklichen suchten ihr Heil in der Flucht, soweit sie nicht

---

[1] „Die Indische Regierung an die Siebzehner", Anhang, S. CVI, CVIII. L. Bor, S. 120 fg.

in die Hände ihrer Verfolger gefallen oder umgekommen waren.

Unter den Gefangenen, welche man vor De Vlaming führte, befand sich auch der Orangkaja von Tomelehu, Namens Kalabu. Der Mann zitterte, als er sich dem Feldherrn gegenüber befand, dieser aber behandelte ihn freundlich, denn er gebrauchte einen Furchtsamen und wußte, daß der Orangkaja zugleich ein schlauer Unterhändler war. Darum bot er ihm Leben und Freiheit an, wenn seiner Vermittelung es gelange, Kawassa, den durch seine Tapferkeit dem Feldherrn besonders verhaßten Sengadji, lebend oder tot zu überbringen. Kalabu gelobte den Willen des Feldherrn zu erfüllen, in dessen Händen er den Sohn als Bürgen zurückließ.

Der Verräter mochte wohl durch eine eigenartige List sein Ziel erreicht haben, als er bereits nach kurzer Zeit den Sengadji, gefolgt von den Amtsherren von Manipa, dem triumphierenden Feldherrn zuführte, vor dem die Betrogenen auf den Knien um Gnade flehten.[1]

Anders als auf der Insel Manipa gestaltete der Kampf sich auf der Insel Boano, deren Inneres, ein schwer zugängliches Gebirge, dem eindringenden Feinde verschließt. Jedoch mußte De Vlaming daran gelegen sein, diese Zwischenglieder sicherer Zuflucht zwischen Makassar und Ceram dem Feinde zu nehmen und daraus ebenso viel nützliche Wachtposten für sich selbst zu schaffen; zudem lagerten auf dem Gebirge von Boano, wie wir schon wissen, viele Flüchtlinge von Hovamohel.

Um seinen Zweck ohne zu großen Verlust an Mannschaft zu erreichen, bediente De Vlaming sich eines Befehlshabers auf der Insel, welcher den ersten Sengadji seit langem tödlich haßte. Dieses Werkzeug zu gebrauchen, konnte der christliche Feldherr nicht übersehen, der den besten Asiaten in Verschlagenheit und Tücke weit übertraf, und dessen Geschicklichkeit in der Kunst der Bestechung nur aufgewogen wurde durch das Talent, womit er Verräter zu entdecken und klug zu benutzen verstand. Lemone, so war der Name des Befehlshabers, wollte für eine Summe Geldes und Beförderung

---

[1] „Die Indische Regierung an die Siebzehner“, Anhang. S CIX.

die unbezwingliche Bergfeste der Boanesen den Niederländern ausliefern; zu diesem Zwecke sandte er aus der Festung an den Feldherrn einen Vertrauten, Namens Toalele, der als Führer beim Verrate dienen sollte. [1]

Am Abend des 21. Dezember landete De Vlaming seine Truppen. Die Boote liefen eine weitere Strecke einen Fluss aufwärts und passierten glücklich drei Wachthäuser, womit die Einfahrt gegen Feinde versichert war. Als die Krieger den Booten entstiegen waren, folgte dem Führer Toalele Mann auf Mann. Langsam ging es die steile Höhe hinan durch einen Mangustanwald, dessen Schlinggewächs am Boden das Fortschreiten sehr hinderte. Darauf wurden Sagowälder durchschritten, in denen volle Finsternis herrschte, da die dichten Baumkronen den Sternenschein nicht durchdringen liessen; hier wurde der Boden glatt und schlüpfrig und das Gestrüpp hörte auf.

Nur langsam kamen die Truppen vorwärts und schon dämmerte der neue Tag, als sie unter der feindlichen Festung anlangten. Sie lag auf einem Bergkegel, an dessen Fuss sich das umfangreiche Lager der Flüchtlinge von Ceram ausbreitete. Alsbald wurde zum Sturm auf das befestigte Lager geschritten, indes Lemoire das Werk in der Festung fordern half. Der Sieg war ruhmlos. Schrecken und Bestürzung ergriff die Bewohner, die waffenlos entflohen und die Feste ohne den Versuch der Verteidigung preisgaben.

Der zeitige Anbruch des Tages hatte verhindert, der Hauptrebellen habhaft zu werden, die man auf ihren Ruhelagern zu überraschen gedachte. Der Sengadji und der Pati von Kambelo waren mit ihrem Anhang entkommen. Eine grössere Zahl der Bevölkerung bot dagegen willig ihre Unterwerfung an; über sie wurde als oberster Beamter der getreue Lemoire gesetzt, mit dem Titel Sengadji. Auch der junge Toalele wurde für seine Verdienste belohnt; als der Feldherr sich teilnehmend nach des Führers Familie erkundigte, musste sich dieser als Waise bekennen; er hatte seine Eltern in Victoria ver-

---

[1] l. c. L. Bor, S. 130 fg.

loren, wo sein Vater von den Niederlandern hingerichtet und seine Mutter zur Sklavin gemacht wurde.[1]

Nachdem De Vlaming die nötigsten Anordnungen für Boano und Manipa selber noch getroffen hatte, übertrug er die weitere Verfolgung der Flüchtlinge an Major Verheiden und ging darauf weiter nach Kambelo, um die Gelegenheit zur Eroberung der Insel Kelang zu ersehen, die jedoch noch eine Zeit lang ein wichtiger Stützpunkt der Feinde blieb.[2]

(1653.) Das Jahr 1653 begann mit neuen Verbrechen und Hinrichtungen. Mit dem Fortgange des Krieges wurde des Feldherrn düstere Gesinnung noch finsterer und seine Rachsucht unersättlicher. Die Ereignisse der gewaltthätigen Epoche wurden blutiger und die Episoden dunkler, die aller gütigen Lenkung einer höhern Macht zu entbehren schienen. Kein Lichtblick des Erbarmens traf das kalte Herz des Mannes, der in seiner mörderischen Kunst einen Alba himmelweit übertraf. Hatte dieser für den gesetzlichen König und für die rechtmäfsige Kirche gestritten, so mordete und verwüstete Vlaming im Nutzen niederländischer Kaufleute; Alba schlachtete Hunderte hin, Vlaming Tausende.

Als De Vlaming im Januar nach Victoria kam, hielt er sogleich Gericht ab über Terbile mit seinem Anhang und die drei vornehmsten Gefangenen von Honimoa. Am 6. Februar fand deren Hinrichtung statt. Terbile und seine 10 Komplicen wurden enthauptet, ebenso die Könige von Iha und Nollot, indes der Oberpriester gerädert ward. An den leitimorschen Orangkajas und besonders an Jan Pays, der aus Batavia nach Victoria zur Aburteilung zurückgesandt und nunmehr nach der Meinung des Feldherrn zum Bekenntnis gebracht war, mufste der Richtspruch ausgestellt werden, da die Sorge De Vlamings jetzt von den Makassaren in Anspruch genommen

---

[1] l. c.
[2] „Die Indische Regierung an die Siebzehner", Anhang, S. CIX.

wurde, die eine Flottenmacht zum Beistande der Amboinesen inzwischen abgesandt hatten [1]

Die Beweggründe der Makassaren, den Krieg gegen die Kompanie aufzunehmen, lenken unsere Betrachtung zunächst auf Ternate und die Entwickelung, welche die Parteistellung unter den rivalisierenden Mächten hier inzwischen genommen hatte.

Als De Vlaming im März 1651 nach Amboina berufen wurde, verfugten die Aufständischen noch über Sula und hatten Gilolo und die ganze Kuste von Halmahera besetzt, wo aufser der Festung Gilolo ihre Hauptstutzpunkte die befestigten Negereien Sahu, Gamacanora, Laloda, Talatoa, Sula und Kakomi waren. Manila und die Häupter residierten in Gilolo. Nachdem dann im Januar 1652 Saïdi nach Amboina gegangen war, entfernte sich Kalamata heimlich aus Maleyo und trat am 22. Mai zu den Aufständischen uber. Er warf sich sehr bald an Stelle Manilas, ohne diesen aus Gilolo zu entfernen, zum Könige auf und unterhielt Beziehungen mit den Tidorern und Spaniern, die nunmehr Nelken und andere Produkte in Gilolo kauften, wohin auch die Bewohner der nelkenreichen Insel Mau (nahe Ternate) ihre Gewurze brachten. Dieser Handel belebte sich sehr rasch, sodafs auch bald Djonken von Makassar zahlreich vor Gamalama erschienen. [2]

Gegen diesen Handel erliefs Bogaerde Verbote bei schwerer Strafe und verfolgte die Makassaren, wo sie sich blicken liefsen. Auf Makjan und Motir wurden die Posten vermehrt, und Spionerprauen lauerten unablassig am Gestade dieser Inseln. [3] Auch ordnete De Vlaming Schiffe ab, welche im Norden von Celebes auf makassarsche Fahrzeuge kreuzen mufsten [4]

Diese unausgesetzte Verfolgung der Unterthanen hatte am Hofe zu Makassar grofse Erbitterung erregt, sodafs der König und Prinz Patengolo den Vorstellungen der Aufständischen seitdem williger Gehör gaben, als vordem. Nun lebten

---

[1] l. c.
[2] „Gouverneur Bogaerde an die Indische Regierung", Anhang, S. CII.
[3] l c
[4] „De Vlaming an die Indische Regierung", Anhang, S. CIV.

14*

am Hofe zu Makassar auch zwei hituesische Flüchtlinge, Iman Radjali und Telisema[1], welche der Verfolgung unter Demmer entgangen waren; wie diese für die Befreiung Hitus wirkten, so suchte nach dem Falle von Lokki und Nula der Statthalter Madira, der sich bald darauf nach Makassar begeben hatte, Unterstützung zur Befreiung Cerams zu erwerben. Madira handelte im Einverständnis mit Saïdi, als er dem Könige von Makassar die Souveranität über die zu erobernden Landesteile in Amboina als Preis für seine Hilfe anbot.[2]

Während nun Madira in Makassar weilte, ging Saïdi nach dem Falle von Nula sehr bald nach Gilolo, um hier neue Kriegsrüstungen ins Werk zu stellen. Seine Ankunft daselbst fand zu der Zeit statt, als De Vlaming die Sula-Inseln verwüstete und diese Zuflucht den Aufständischen raubte.[3]

Nicht wenig war Saïdi von der Veränderung in Gilolo überrascht, wo Kalamata König war, es kam darüber zum Zerwürfnis, dessen Ursache im einzelnen nicht aufgeklärt ist. Vielleicht daß Saïdi die Usurpierung der Krone nicht guthiefs oder in seinen Zugeständnissen an Makassar zu weit gegangen war. Das letztere erscheint fast wahrscheinlicher, denn als Kalamata an der Sache der Freiheit zum Verräter ward, fiel mit ihm auch Manila von ihr ab. Beide boten Mandersaha ihre Unterwerfung an und lieferten am 10. Januar 1653 an Bogaerde und den König die Festung Gilolo aus.[4]

Saïdi und der Hukom Tomagola entkamen glücklich und flüchteten nach der Bergfeste Sahu, indes der Gugugu Moffa nebst vier andern vornehmen Ternatern gefangen und auf Andrängen Bogaerdes am 29. März enthauptet wurde.[5] Manila und Kalamata, welche vor dem Könige einen Fufsfall thaten und ihre Beihilfe zur Unterwerfung der Landschaften auf Halmahera gelobten, wurden in Gnaden angenommen.

Gleich nach der Einnahme von Gilolo unternahm Bo-

---

[1] l. c

[2] „Die Indische Regierung an die Siebzehner", Anhang, S. CXV.

[3] Anhang, S. CVI.

[4] Anhang, S. CXII.

[5] l. c

gaerde einen Zug gegen Sahu, der aber wegen zu starken
Regens abgebrochen werden mufste; ein zweiter Versuch, Sahu
zu überrumpeln, scheiterte an dem Widerstande der ternatischen Krieger, die gegen ihre Brüder nicht kämpfen wollten. [1]
Sobald Manila und Kalamata sich von Saidi getrennt
hatten, traten, vermutlich auf Saidis Betreiben, die Tidorer
jetzt offen auf die Seite der Aufständischen, sodafs der Krieg
mit ihnen unvermeidlich schien; dagegen verhielten die Spanier sich nach wie vor friedlich. [2]

In dieser Lage befanden sich die Dinge auf Ternate, als
Makassar den Krieg gegen die Kompanie eröffnete. Um ihn
zu vermeiden, hatte die Indische Regierung den Oberkaufmann
Hustard, den frühern ersten Vorsteher auf Makjan und de-
signierten Nachfolger von Bogaerde, am 16. Januar 1653 nach
Makassar zur Unterhandlung abgefertigt, der für die genommenen Schiffe Satisfaktion geben, dagegen aber die Auslieferung
Madiras erwirken sollte. Für diese Sendung kam Hustard
schon zu spät; Madira war bereits mit einer Unterstützung
von 30 Fahrzeugen und 1600 Mann nach Amboina abgegangen,
denen sich 9—10 Djonken angeschlossen hatten, welche von
Privaten ausgerüstet waren. Den Befehl über diese Flotte
führte der Makassare Daim de Bulekau. Hustard setzte, ohne
dafs er bei Makassar an Land kommen durfte, seine Reise
nach Ternate fort, nachdem er über die Vorgänge an De Vlaming Nachricht abgeschickt hatte. [3]
Zum Empfange der makassarschen Flotte begab der
Superintendent sich im Februar nach Manipa. Da die feindlichen Schiffe den Kurs zwischen Buru und Manipa nach Hitu
oder Luhu halten mufsten, so wurde ihnen überall die Durchfahrt versperrt, und nur der Weg nach Assahudi blieb offen [4]

[1] l. c.
[2] l. c.
[3] Anhang, S. CXV.
[4] Anhang, S. CIX.

Am 17. Februar wurden die ersten beiden Djonken abgefangen
und etwas später noch zwei im Flusse Waisama auf Süd-Buru;
dann erschien am 27. März die Hauptflotte von 40 Fahrzeugen
mit etwa 2000 Mann.[1]

Trotz der eifrigsten Verfolgung, die De Vlaming persönlich leitete, gelang es den Makassaren, nach Assahudi sich
durchzuschlagen, wo sie ihre Fahrzeuge schleunig in den Fluß
brachten und Schanzen aufwarfen. Den Feind zu Lande anzugreifen wäre gewagt gewesen, sodaß De Vlaming sich darauf beschränkte, ihn zu Wasser und zu Lande einzuschließen,
nachdem Verhandlungen mit Dain de Bulekan, dem er freien
Abzug unter vorteilhaften Bedingungen anbot, ohne Erfolg geblieben, und ebenso ein Angriff auf eine vordere Schanze
ohne allen Vorteil verlaufen war. Die Cernierung wurde daher vervollständigt und für eine längere Dauer vorgesehen.
Den Befehl vor Assahudi vertraute der Superintendent an
Major Verheiden, als andere Geschäfte ihn am 21. April nach
Victoria abriefen.[2]

Die nächste Sorge De Vlamings war die Befestigung der
Küste Hitu. Diese Landschaften verdienten nach seiner Meinung das größte Mißtrauen, das desto gerechtfertigter erschien, als Iman Radjah auf der makassarschen Flotte mit-
gekommen war, woraus er folgerte, daß eine Landung auf
Hitu beabsichtigt gewesen war.[3]

Die Anlage von drei neuen steinernen Forts hielt De Vlaming gegenüber den verräterischen Neigungen der Bewohner
für keine ausreichende Sicherheit; „ihm hat es auch nützlich
geschienen", berichtete die Regierung an die Siebzehner, „alle
fruchttragenden Bäume, wie Kokospalmen und Sagobäume zu
vernichten, damit keine Lebensmittel auf Hitu gefunden werden. Und weil es zweifelhaft ist, daß die Eingeborenen geduldig das Joch der Kompanie tragen werden, hat De Vla-

---

[1] l. c.
[2] „De Vlaming an die Indische Regierung", Anhang. S. CVII.
[3] „Die Indische Regierung an die Siebzehner", Anhang, S CIV.

ming alle Nelkenhaine aufnehmen lassen, mit dem Vorgeben, eine neue Anpflanzung danach zu regeln, in Wahrheit aber, um genau die Plätze kennen zu lernen, wo sie ihre Nelkenhaine haben, wovon wir bisher wenig Kenntnis hatten. Es ist dies eine Vorbereitung, wenn wir auf Hitu extirpieren wollen, sobald sich herausstellt, dafs Leitimor genug Nelken hervorbringt, als die bekannte Welt verzehren kann".[1]

Dies alles geschah eines Verdachtes wegen, der aber dazu diente, die geplante Ausführung einer neuen Zerstörung vorzubereiten.

Die christlichen Orangkajas schreckte De Vlaming auf eine ganz neue Weise, dazu diente ihm der Strafvollzug an Jan Pays. In aller Heimlichkeit waren der kluge Hituese und ein Oberorangkaja von Wakesihu in der Nacht vom 20. zum 21. Mai hingerichtet und ihre Körper geviertteilt. Am folgenden Tage war der Landrat beisammen, und nun wurden den versammelten Orangkajas die Köpfe und Körperteile der Gerichteten gezeigt. „Ihr Entsetzen", schrieb die Regierung nach Amsterdam, „offenbarte genügend ihre Schuld, aber die Zeit zu weitern Hinrichtungen war nicht günstig, darum wurde die Bestrafung noch vorbehalten."[2]

De Vlaming erteilte allen Schuldigen für jetzt Vergebung, jedoch gegen die Verpflichtung, dafs die Bewohner der Landschaft Ihamau ihre Insel verlassen und bei Luhu in der Nähe des niederländischen Forts Wohnung nehmen mufsten. Etwa 3—4000 Personen wurden durch diesen Verbannungsbefehl betroffen, die Unglücklichen hatten die teure Heimat ihrer schönen Insel für immer zu verlassen. Aber sie zogen nicht nach Luhu, sondern zu ihren Freunden, den Feinden der Niederländer, nach Haloi und Rumakai, wo ihrer neue und schwerere Leiden warteten.

Die frei gewordenen Landschaften von Ihamau verteilte De Vlaming an die christlichen Unterthanen auf Honimoa, deren neuen Besitz er durch zwei steinerne Forts schützte. Die noch auf Oma übriggebliebenen Mohammedaner, welche

---

[1] l. c.
[2] l. c.

die Waffen gegen die Kompanie nicht erhoben hatten, wurden bei Strafe ewiger Verbannung zum Christenglauben gezwungen. „Wenn wir die durch solche Mittel Gezwungenen nun auch nicht taufen können", schrieb die Regierung den Siebzehnern, „so sind uns doch ihre Kinder gewiß. Jetzt versprechen Leitimor und diese drei Inseln eine köstliche Perle an der Krone der Kompanie zu werden."[1]

Die Angelegenheiten in Amboina waren damit für jetzt sichergestellt, und De Vlaming konnte daran denken, auch auf Ternate selber nachzusehen, welche Regelung die Dinge dort erheischten. Er hatte nach einem Besuche auf Banda bereits zu diesem Zwecke 100 frische Soldaten mitgebracht und ließ weitere 150 Mann nachkommen, sodaß er mit guter Macht am 22. Juni nach Ternate verziehen konnte. Dieser Zug hatte nebenbei den Zweck, nach Madira zu forschen, der noch nicht mit Dain de Bulekan in Amboina erschienen war, sodaß De Vlaming um Sula fürchtete.[2]

Es lag im Nutzen der Kompanie, Verwüstungen in denselben Landschaften von Zeit zu Zeit zu wiederholen und den Eingeborenen keine Zeit zur Erholung zu gönnen[3], deshalb nahm De Vlaming seinen Weg über Buru, wo er die neuerbauten Negereien Fogi, Palmata und Bara wieder plünderte und in Asche legte.

Während er noch mit der Verwüstung Baras beschäftigt war, gingen Schiffe nach Sula voraus, die ihn am Südostende von Sula-mangoli erwarten sollten. Heftige Strömungen vertrieben diese Schiffe nach Batavia, Banda und Batjan, sodaß De Vlaming bei seiner Ankunft keins vorfand und selber besseres Wetter abwarten mußte.

Sehr bald erkannte der Feldherr, daß seine Befürchtung wegen der Treue der Sulanesen begründet war; alle Ort-

---

[1] Anhang, S. CX
[2] l. c
[3] l. c

schaften waren wieder abgefallen und hatten Madira, der inzwischen dort gewesen, unterstützt. Mangel an Lebensmitteln und Verfolgung nötigten ihn, nach Sulabesi zum Sengadji Mangoli sich zu retten, der aber auch als Flüchtling, von den eigenen Angehörigen als Verräter verstofsen, beim Orangkaja von Nailina weilte. Hier hat De Vlaming sich in einer Palissadenfestung in Armut und Misère bis zum 6. August aufgehalten, bis eins der verschlagenen Schiffe von Batjan ankam und ihn erlöste. Die besonders schuldige Negerei Mangoli wurde nun abgestraft, danach auf Sulabesi ein Nelkenhain gefällt, von dessen Vorhandensein man bis dahin gar nichts gewufst hatte, sodafs endlich De Vlaming nach grofsen Beschwerden seine Reise nach Ternate fortsetzen konnte.[1]

Inzwischen war Bogaerde durch Hustard ersetzt, einen Beamten, der zu dem Feldherrn mit Bewunderung aufsah und diesem durch das Verständnis, welches er dessen Planen entgegenbrachte, nicht unähnlich war. Mit ihm beriet sich De Vlaming sogleich nach seiner Ankunft über die zu ergreifenden Mafsnahmen, und beide kamen darin überein, dafs die Gelegenheit zum Kriege gegen Tidor benutzt werden müsse, um zugleich die Spanier zu treffen, da in der allgemeinen Lage sich inzwischen nichts geändert hatte. Gilolo war von Mandersaha behauptet, die Orangkajas von Makjan und Motir bewahrten ihre Treue und der schwächliche König von Batjan fügte sich in allen Stücken dem Willen der Niederländer, sodafs man stark genug zur Offensive war.

Alsbald nach seiner Besprechung mit Hustard richtete De Vlaming die Kriegserklärung an den König von Tidor und machte dem spanischen Gouverneur davon Anzeige, mit dem Hinzufugen, wenn er die Tidorer unterstütze, werde er gleichfalls als Feind behandelt.[2]

---

[1] Anhang, S CXI.

[2] Es war den Siebzehnern von vornherein unangenehm, den Munster Frieden mit den Spaniern in Indien halten zu müssen, die Indische Regierung war auch entschlossen, sich daran gar nicht zu binden, wenn es das Interesse der Kompanie erheischen sollte, d. h. wenn es kein anderes Mittel gab, ihr Ziel, nämlich die Hinausdrängung der Spanier aus dem Molukkischen Archipel, zu erreichen.

Unterdessen fuhrten Hustard und Mandersaha mit 100 Soldaten und 20 Korakoras eine Unternehmung gegen Sahu aus.

Am 10 Dezember 1650 bestätigte die Regierung den Siebzehnern den Empfang der Friedensordre· „Die Ordre, dafs wir den Frieden mit den Spaniern und Portugiesen aufrecht halten mussen, wie es von den Generalstaaten befohlen und von den Herren Siebzehnern bekräftigt wurde, werden wir erfullen, solange nicht andere Bestimmung kommt. Es wäre nur zu wunschen gewesen, dafs wir die gute Gelegenheit, welche in vielen Jahren vielleicht nicht wiederkommt, benutzt hatten, um sie von Ceylon und ganz Indien zu vertreiben, woran der Kompanie so viel gelegen sein mufs." (Batavia, 10 Dezember 1650. Manuskript Reichs-Archiv Allg Bestuur 1650)

Am 22 Dezember 1650 schrieb sie dann an Bogaerde: „Mit Andacht haben wir gelesen, dafs Euer Edlen glauben, den Krieg zwischen den Ternatern und Tidorern zu kontinuieren; wir machen darauf aufmerksam. dafs wir mit den Spaniern im Frieden (Munster 1648) sind und keine Unannehmlichkeiten hervorrufen durfen; wir stimmen mit Euer Edlen uberein, dafs wir dies anders gewunscht hatten. Das Mittel der Korruption wird nicht versagen Es kann sonst nicht ausbleiben, dafs die Kompanie grofsen Nachteil im Nelkenhandel erleiden wird. Achten Sie darauf, dafs den Kontrakten durchaus punktlich nachgekommen werde und keine Verbindung zwischen den Spaniern und Ternatern ohne Ihre spezielle Kenntnis geschieht. Lassen Sie die Spionierprauen zwischen Makjan und Motir unterhalten und seien Sie achtsam, was wir Ihnen als ein gutes Mittel rekommandieren und befehlen." (Anhang, S. XCIV.)

Im Jahre 1653 will man dann zum Kriege gegen die Tidorer ubergehen Als aber dieser Krieg gegen Bundesfreunde der Spanier verboten ward, wufste die Regierung auch dagegen ein Mittel

Im August 1656 schrieb Cos an die Regierung· „Der Nelkenbäume des Konigs von Tidor Herr zu werden gelingt noch nicht. Der König ist sehr krank Die Spanier lassen ihn ohne ihr Beisein von niemandem sprechen. Wir hoffen, dafs, wenn der König stirbt, die Wahl eines Nachfolgers Gelegenheit bieten wird zur Zwietracht zwischen den Ternatern und Tidorern, damit der Eine durch den Andern klein gemacht werde. Auch durfen Euer Edlen sich uberzeugt halten, dafs wir alles thun, um Zwietracht zwischen den Tidorern und Spaniern zu säen. um auch Herr der tidorischen Nelken zu werden." (Manuskript Reichs-Archiv. Briefe Ternate 1656)

Ein Jahr später war die Vernichtung Tidors bereits geschehen Im Januar 1658 berichtete die Regierung an die Siebzehner „Am 7. Januar 1657 ist Saidi, der König von Tidor, gestorben. Es entand ein Streit wegen der Nachfolge. Cos schlief nicht und sandte auf Wunsch

Die Feste selbst wurde nicht angegriffen, dagegen eine vordere Schanze genommen, die spater vom Konige von Gilolo besetzt gehalten wurde, um dem Feinde die Zufuhr abzuschneiden.

Bessern Erfolg hatte eine zweite Unternehmung gegen Gamacanora; diese Negerei wurde uberrumpelt und der gröfste Teil der Bewohner getotet oder gefangen, nur der Sengadji mit 100 Mann war nach Sahu entkommen Die Nelkenwalder von Gamacanora verfielen der Axt. Nach diesem Siege unterwarfen die Bewohner von Talafoa und Lolale sich freiwillig, jedoch ging der Sengadji von Lolale nach dem Abzuge der Truppen und sobald Saidi erschien, wieder zu den Aufständischen uber. [1]

Im Allgemeinen war auf diesen Zugen die Bevölkerung glimpflich behandelt, um die widersetzlichen Landschaften nicht von der Unterwerfung abzuschrecken, anders konnte dagegen mit der Insel Mau verfahren werden, die den Niederlandern ein Dorn im Auge war und wegen ihrer reichen Nelkenhaine, deren Fruchte in die Hande der Spanier fielen,

---

der Tidorer Mandersaha, um den Streit zu schlichten. Cos blieb wegen der Spanier im Verborgenen. Er unterstutzte Mandersaha mit Waffen und Munition, trat ihm auch 25 Soldaten ab, die in den Dienst des Konigs ubergingen Nun wurden zuerst die Nelkenbaume der Gegenpartei umgehauen, und danach gegen eine jahrliche Vergutung von 3000 Realen (9000 Gulden) mufste auch unser Gunstling Golofino bewilligen, die Nelkenhaine der eigenen Strecken zu vernichten Jetzt werden auf der ganzen Welt keine Nelken mehr gefunden, als in den Landern von Euer Edlen. Die Castilianer sind naturlich aufser sich. Sollten weitere Differenzen daraus entstehen, so werden wir gegen ihre Waffen, wie ihre diplomatischen Anklagen in gleicher Weise gerustet sein, sodafs Euer Edlen kein Bedenken gegen die Beschuldigung haben brauchen, wir hatten die Offensive ergriffen und den Frieden gebrochen " (Manuskript Reichs-Archiv. Allg Bestuur 1658)

Hiemit war denn auch den Spaniern der weitere Aufenthalt unmoglich gemacht; wie wir an spaterer Stelle sehen werden, verliefsen die letzten in bitterer Not Teinate, es sollte nur jetzt gezeigt werden, dafs die Niederlander durch den Munster Frieden sich nicht darin beirren liefsen, dies Ziel mit allen Mitteln zu verfolgen

[1] „Die Indische Regierung an die Siebzehner", Anhang, S CXIII

langst den Untergang verdient hatte. An der kleinen, ganz
in der Nahe von Ternate gelegenen Insel, die nur von 300
tapfern Mannern verteidigt wurde, ubte die Soldateska jetzt
ein Werk nach ihrer Kunst, die bluhenden Landschaften
wurden zur Wustenei, die schönen Walder zur öden Steppe,
die fur Lebende nicht mehr zum Aufenthalt dienen sollte; die
Bevolkerung, welche im Kampfe nicht umkam, wurde nach
Ternate ubergefuhrt, und die Vornehmen erlitten hier den Tod.[1]

Dem gewaltsamen Untergange der Nelkenhaine auf Mau
folgte durch friedliche Ubereinkunft die Exstirpation auf Motir
und Batjan. Obwohl die Nelkengärten auf Batjan nicht dem
Konige oder den Gemeinden, sondern Privatbesitzern gehorten,
so hinderte dies De Vlaming nicht an deren Vernichtung,
wozu er das Recht in diesem Falle dem Konige zuwies.[2]

Auch auf Ternate willigte Mandersaha in die Zerstorung
seiner Haine. „Der König", schrieb die Regierung an die
Siebzehner, „mufs gänzlich nach unserer Pfeife tanzen, im
nachsten Jahre werden wir machtig genug sein, davon den
rechten Vorteil zu ziehen" Nur die Bewohner von Makjan
blieben hartnackig bei ihrer Weigerung, mit ihren Waldern
ihre wahre Heimat und ihre Existenz zu vernichten.

Während noch De Vlaming deswegen mit ihnen unter-
handelte, lief von Assahudi eine Nachricht von Verheiden ein,
der wegen starker Krankheit unter seinen Truppen um schleu-
nigen Ersatz bat, sodafs der Feldherr veranlafst wurde, unverzuglich nach Assahudi zu eilen. Er trug an Hustard auf,
den Krieg auf Tidor inzwischen defensiv zu fuhren, um die
gute Gelegenheit nicht zu verlieren, und nahm die entbehr-
liche Macht mit sich.[3]

Am 10. September langte De Vlaming vor Assahudi an,
wo inzwischen zu seiner besondern Befriedigung durch die
Ankunft neuer Truppen und Nahrung aus Banda die Not ge-

---

[1] Anhang, S. CXIII.
[2] l. c.
[3] Anhang, S. CXI

hoben war. Nach vergeblicher Erneuerung von Unterhandlungen mit den Makassaren nahm daher die Belagerung ihren
Fortgang, und De Vlaming wendete sich nach Victoria.[1]

Durch die Ankunft Madiras, der über Bangai und Sula
nach Amboina gekommen war und auf Kelang sich niedergeschlagen hatte, erheischten neue Erfordernisse seine Umsicht, jedoch vermochte keine Mühe und Schwierigkeit die
Thatkraft des unverwüstlichen Superintendenten zu erschüttern
Einem wilden Fieber glich sein rastloser Trieb, und doch
mußte man die besonnenen, umsichtigen und weitblickenden
Entschlüsse bewundern, in denen alle möglichen Fälle vorbe-
dacht waren. Immer bemißt er die Verteilung oder Zusammenfassung seiner Kräfte richtig, und wenn irgendwo ein
Unfall dennoch sich ereignete, so hatte seine Stimme schon
im voraus davor gewarnt

Madira war mit Streitkräften nach Amboina gekommen,
die er auf Bangai, Sula und Buru ausgehoben hatte. Gegen
ihn erhielt nun Präsident Cos, der neben van der Beek noch
in Amboina geblieben war, den Auftrag, eine Hongiflotte zu
versammeln, mit der er Kelang angreifen, zugleich Assahudi
unterstützen und später einen Zug nach den Papuas thun
sollte, um die Hilfskrafte der Tidorer zu schwächen.

Van der Beek blieben die Geschäfte in Victoria überlassen, indes De Vlaming selbst nach Batavia ging, um neue
Macht zu holen. Schon am 22. September stach der Feldherr in See mit dem Vornehmen, Buton und Makassar anzulaufen.[2]

König Ali bewahrte seine Treue, doch hatte der Zwie-
spalt zwischen beiden Parteien auf der Insel sich vertieft,
sodaß der König bereits um sein Leben furchtete; es konnte
nur in geringem Maße seine Beruhigung erwecken, als De
Vlaming nicht mehr als zwei Soldaten zu seinem persönlichen
Schutze zurückließ und ihn mit 100 Pfund Pulver beschenkte.[3]

Am 4. Oktober ankerten die Schiffe vor Makassar, wo

---

[1] l c

[2] l c.

[3] l c.

der König jede Gemeinschaft und Unterhandlung zuruckwies. De Vlaming erfuhr jedoch von dem Gerucht, dafs mit dem anstehenden Westmonsun eine Flotte von 100 Schiffen und 5000 Soldaten nach Amboina entsendet werden sollte, und kam mit dieser Botschaft nach Batavia.[1]

Weder De Vlaming, noch die Regierung waren durch die starken Rustungen Makassars besonders beunruhigt. Es mufste der Regierung durchaus einleuchten, dafs man den Einflufs, welchen Makassar seit einiger Zeit auf den Handel gewonnen hatte, zerstoren musse, sodafs es De Vlaming nicht schwer fiel, sie von dem Vorteil zu uberzeugen, womit ein Krieg gegen Makassar fur die Kompanie endigen wurde. Diese Grunde, welche der grofse materielle Vorteil stutzte, waren auch ohne Zweifel den Siebzehnern genehm. Man konnte zudem mit gutem Nutzen die Makassaren im eigenen Lande angreifen; denn schon Hustard hatte im Januar darauf aufmerksam gemacht, dafs drei bis vier Jachten genugen wurden, die eine kleine Meile breite Bai von Makassar zu blockieren und die Strafse von Salijer zu bewachen, wo alle Schiffe nach und von Amboina passieren mufsten.[2]

Die Zurustungen für die neue Flotte wurden denn auch mit solchem Eifer und so gutem Erfolge betrieben, dafs De Vlaming bereits am 8. November (1653), nachdem er am 18. Oktober erst angekommen war, mit 8 Schiffen, nebst dem notigen Schiffsvolk und 500 Soldaten nach Amboina abgehen konnte.[3]

Unterwegs lief der Feldherr Japara an, um Rinder und Lebensmittel anzukaufen. Händler aus Makassar, die hier anwesend waren, erzahlten, dafs der König gestorben sei, die Rustungen aber vom Reichsverweser kraftig fortgesetzt wurden.

Auf Buton hinterliefs De Vlaming auf Bitten des Konigs

---

[1] Anhang, S. CXI
[2] Anhang, S. CXV.
[3] „Die Indische Regierung an die Siebzehner", Anhang, S. CXVI.

Ali, der nun auch einen Überfall der Makassaren zu fürchten hatte, 14 Soldaten und setzte dann seine Reise nach Amboina fort, wo die Flotte am 24. Dezember anlangte. [1]

(1654.) Die feste Entschiedenheit, mit der die Regierung zur Fortsetzung des Krieges sich entschlossen hatte, und die Bereitwilligkeit, womit sie die Mittel für denselben gewährte, blieben nicht ohne vorteilhafte Einwirkung auf den Geist der Truppen, denen sich in allen Zweigen eine Kampfeslust mitteilte, wie sie so lebhaft sich kaum zu irgendeiner Zeit vorher gezeigt hatte.

Auch dem Feldherrn mufste die einmütige Annahme seiner Pläne die gröfste Befriedigung gewähren, wie seinem Ehrgeize nicht minder die Auszeichnungen schmeichelten, mit denen die Regierung und die Burgerschaft in Batavia ihn gleichsam überschüttet hatten. Er verstand es nur zu gut, seinen dadurch gehobenen Eifer auf seine Truppen zu übertragen. Er hatte niemals weder mit Strafen noch mit Anerkennung an seine Untergebenen gegeizt, in beiden Richtungen wurde er nun noch freigebiger, nur wurde durch den guten Ausgang seiner Unternehmungen die Belohnung beträchtlicher. Grofsmütiger teilte er von jetzt ab die Beute aus und zahlte gute Dienste reichlicher mit Prämiengeldern und Beförderung, und da er niemals auf Namen und Herkunft des Mannes sah, sondern allein die That schätzte, auch in allen, selbst den geringsten Dingen sein Urteil sich durch eigene Anschauung bildete, so entstand sehr bald nach seiner Gunst und Anerkennung ein geradezu zügelloser Wettbewerb, der ebenso sehr seiner Eitelkeit wohlgefiel, als er das Gelingen seiner Absichten fördern half.

In Victoria fand De Vlaming die Zustände wenig verändert. Cos hatte im Oktober und November den befohlenen Zug gegen Kelang und die Papuas ausgeführt, ohne dafs es

---

[1] Tagesjournal Amboina 1653—54 (Manuskript Reichs-Archiv. Briefe Amboina 1654.)

ihm gelungen war, grofsen Erfolg zu erringen. Am 2. Oktober
war er mit den Korakoras nach Kelang ausgezogen, hatte das
Fort in Kambelo versorgt und war am 8. zur Verprovian-
tierung der Besatzung nach Assahudi gegangen. Am 10. ging
er mit 37 Korakoras nach Kelang zurück und überrumpelte
in der Frühe des nächsten Tages die Negerei Kelang, wobei
37 Gefangene und 13 Köpfe gewonnen wurden. Noch einmal
liefen darauf die Schiffe vor Assahudi, wo Cos 10 Korakoras
an Verheiden abgab und mit 27 Fahrzeugen dann seinen Zug
nach Osten fortsetzte, von dem er mit geringer Beute im
November nach Victoria zurückkehrte. [1]

Der Superintendent hatte nur eben Zeit gehabt, sich über
den Stand in Amboina berichten zu lassen, als am 2. Januar
die Meldung einlief, dafs 20 makassarsche Schiffe in den
Flufs Ramaite (Buru) eingelaufen seien Er eilte auf diese
Botschaft nach Manipa, wo der Kapitän-Lieutenant De Vla-
ming Befehl führte, und sandte diesen zur Einschliefsung und
Absperrung der feindlichen Schiffe nach Ramaite, indes er
Major Verheiden, der vor Assahudi entbehrt werden konnte,
nach Manipa rief. Er selbst ging nach Buton, wo Kapitän
Roos zurückgeblieben war, um auf die Makassaren zu kreuzen.

Es war diesem mutigen Schiffsführer in einem Rencontre
mit Makassaren geglückt, ihnen an der Küste Celebes 10 Fahrzeuge abzunehmen, die er verbrannt hatte, deren Mannschaft
aber entkommen war Bei einem spätern Zusammentreffen
mit sechs Djonken am 29. Dezember hatte Roos einen Verlust erlitten; ein Boot ging verloren, dessen Mannschaft, aus
32 Köpfen bestehend, bis auf fünf niedergemacht wurde. Als
dann am 11. Januar Roos nach Manipa ging, folgte ihm De
Vlaming am 16. dahin nach und fertigte ihn kurz darauf nach
den Sula-Inseln ab, deren Besitz tüchtigen Händen gegen die
Gefahr eines makassarschen Überfalls anvertraut werden
mufste. De Vlaming selbst fuhr am 20. Januar über Kambelo, wo er den Abbruch des gefährdeten Forts befahl, nach
Victoria. [2]

---

[1] Tagesregister Ambon.
[2] l. c.

Hier rüstete er sich alsbald zu einem frommen Ausfluge. Die anwesenden Domines nahm er nach den Uliassern mit sich, wo er überall predigen und taufen liefs. Mitten in diesen heiligen Handlungen wurde er am 12. Februar durch Botschaft von Roos überrascht, der meldete, dafs die Makassaren auf Sula erschienen seien, Schiffe im Flusse Fatumata (Sulabesi) lägen, andere auf dem Wege nach Sole (Kelang) und Kajeli (Buru) sich befänden. Gleichzeitig lief auch böse Zeitung von Ramaite ein, wo die Makassaren auszubrechen versucht hatten. Unverzüglich begab sich De Vlaming nach Manipa und sandte Verheiden nach Kajeli zum Empfange der Makassaren, die von Sula kommen sollten. Der Feldherr selber eilte nach Assahudi weiter, nachdem er noch von der Wachsamkeit der Besatzung vor Ramaite sich überzeugt hatte.[1]

Vor Assahudi befand die Besatzung sich in zufriedenem Zustande, sodafs De Vlaming Zeit genug zu haben glaubte, um einen Abstecher nach Ternate zu machen. Bis Manipa war er gekommen, als ihm gemeldet wurde, dafs die Makassaren unter ihrem Oberfeldherrn Krain Butatua aus dem Flusse Ramaite am 29. Mai entkommen seien. Die Reise nach Ternate war jetzt unmöglich, mit allem Nachdruck wurde die Verfolgung der Makassaren betrieben; es liefs sich aber nicht verhindern, dafs ihre Schiffe entschlüpften und glücklich in einen Flufs oberhalb Erang einliefen. Unterhandlungen mit Krain Butatua, um ihn zum Abzuge zu bewegen, waren ebenso erfolglos, als die frühern mit Dain de Bulikan; die günstigen Anerbietungen De Vlamings wurden mit der sehr offenen Erklärung abgewiesen, dafs sie doch nicht ehrlich gemeint seien.[2] Es war in dieser Lage das Verständigste, den Feind auch hier einzuschliefsen und zu bewachen, mit welcher Aufgabe wiederum Verheiden betraut wurde.

Auf seiner danach unternommenen Rückkehr nach Victoria verbesserte De Vlaming nochmals die frühere Vorsicht, welche ihn bestimmt hatte, den Hituesen ihre Nahrung zu nehmen und die Ihamaulesen zu verpflanzen, indem er jetzt überall

---

[1] Tagesregister Ambon.
[2] „Die Indische Regierung an die Siebzehner", Anhang, S. CXVII.

die verdachtigen Grofsen in Gewahrsam nahm, sodafs er mit
88 vornehmen Häuptern von Hitu, Luhu, Manipa u. a. O. in
Victoria ankam, die hier unter militärische Bewachung gestellt wurden.[1]

In Victoria empfing der Feldherr böse Nachricht aus
Luhu von einem blutigen Überfall der Makassaren unter Krain
Butatua und Madira. Sie hatten sich vom Flusse oberhalb
Erang auf die Höhen von Kambelo begeben und waren am
27. März nach der Seite von Luhu übers Gebirge gekommen,
an welchem Tage sie die Festung überwältigten und die ganze
Umgebung von Luhu verheerten. Die zahlreich um Luhu
wohnenden Freunde der Niederländer hatten furchtbar gelitten; „die Zustände in der Landschaft", berichtet Bor, „waren
so erbarmenswürdig, dafs es auch ein Herz von härtestem
Stein zum Mitleiden hätte bewegen mussen".[2]

Um die geängstigten Bewohner vor ähnlichen Unfällen zu
schutzen, veranlafste sie De Vlaming, die gefährdete Landschaft zu verlassen und auf Hitu Wohnung zu nehmen. Diese
Mafsregel hatte allerdings nicht ihre Sicherung für die Kriegs-
dauer zum Zweck, sie sollten in ihre Heimat überhaupt nie
mehr zurückkehren. „Wir werden sie nicht wieder in ihre
Heimat zurückkehren lassen", schrieb die Regierung an die
Siebzehner, „damit Luhu, wie wir es wünschen, mehr und mehr
wüste werde."[3]

Nach diesem glücklichen Erfolge fingen die Makassaren
an, sich auf den Bergen von Hovamohel auszubreiten; die
Abteilung von Kambelo lagerte sich vorzugsweise in und um
Laäla, wo noch ziemlich viel Nahrung zu finden war, und unterhielt über Land Gemeinschaft mit Assahudi. De Vlaming
spornte darum zu doppelter Wachsamkeit an; er besuchte in
Person alle wichtigen Posten und ermahnte die Befehlshaber
zu strenger Pflichterfullung.

---

[1] l. c.
[2] L. Bor, S. 223.
[3] Anhang, S. CXVII.

Der Verlust von Luhu wurde durch grofsere Erfolge, in
Ternate uber die Aufstandischen errungen, leicht verschmerzt.
Am 19. April war die Feste Sahu gefallen [1], nach deren Einnahme die Aufstandischen in rascher Folge auch allen andern
Besitz auf Halmahera einbufsten. Saidi war mit einer kleinen
Zahl seiner Anhanger entkommen und begab sich uber Sula
und Buru später zu den Makassaren nach Laala. Erhielten
diese in dem unverzagten Freiheitshelden eine kraftige Stütze,
so konnte Hustard dagegen nunmehr Hilfstruppen aus Ternate senden.

Im September war De Vlaming entschlossen, einen An-
fall auf Laala auszufuhren, um dem Feinde die Nahrungs-
quelle der reichen Sagowalder dieser Landschaft zu nehmen.
Am 13. traf er uber Land von Kambelo am Strand vor Laala
ein und landete nach drei Tagen seine Truppen. worauf er
sehr bald die Feinde aus ihren vordern Schanzen vertrieb.

Inzwischen war auch Mandersaha eingetroffen, doch nur
mit kleinem Gefolge, da seine Hauptmacht von 12 Korakoras
und etwa 1000 Mann unter Kalamata und dem Könige von
Gilolo noch erwartet wurde. Der König verweilte vor Assahudi, da er mit seiner geringen Mannschaft an der Unternehmung gegen Laala sich nicht beteiligen wollte. [2]

Hier waren inzwischen die Vorbereitungen so weit gediehen, dafs De Vlaming den Sturm auf die Hauptfestung am

---

[1] Anhang, S. CXX.

[2] Die Angabe der Regierung: „Mandersaha erschien am 11. September, ehe De Vlaming nach Laala abgegangen, mit 12 Korakoras und
etwa 1000 Mann" (Anhang, S. CXVIII), ist nicht richtig; im Tagesregister
von Ambon heifst es: „12. September. Konig Mandersaha erscheint vor
Assahudi; 1000 Ternater sollen folgen. Der Konig will nicht mit nach
Laala, da er ohne Macht ist. Simon Cos blieb mit Mandersaha vor
Assahudi. Die Reede blieb blockiert." L. Bor stimmt hiermit uberein,
nur dafs er sagt, Mandersaha hatte gern nach Laala mitgewollt, sei aber
von De Vlaming zuruckgehalten. Nach der ublichen Sitte der Fursten nicht
ohne Macht aufzutreten, verdient die Angabe im Tagesregister den Vorzug. De Vlaming war es aber wohl sehr recht wegen der Beute, dafs
Mandersaha mit seiner geringen Mannschaft nicht an der Unternehmung
teilnahm.

19. September für die folgende Nacht vorbereitet hatte. Um 2 Uhr traten die Truppen den Marsch auf die Höhe an. Die Eifersucht unter den Befehlshabern, wer den Vortrupp kommandieren sollte, war so lebhaft gewesen, dafs De Vlaming diese Streitsache durch das Los schlichten mufste; es hatte für den Lieutenant Smalen entschieden, der auf den Wällen der Festung auch der Erste war, und die beste Prämie im Betrage von 100 Realen sich erwarb. [1]

Der Sieg, den die fanatisierte Soldateska davontrug, war über Erwarten grofs und vollständig. Die Festung wurde genommen und ein furchtbares Blutbad raubte dem Gegner 700 wehrbare Männer. „700 Makassaren wurden in die Pfanne gehauen", berichtete die Regierung an die Siebzehner „diese grofse Zahl von Toten erklärt sich dadurch, dafs die geflüchteten Krieger unten am Strand von unsern Leuten, empfangen und niedergemacht wurden." [2]

Aufser dieser grofsen Zahl Toten, die man, um die Mühe des Begräbnisses sich zu sparen, einfach in die See warf [3], verloren die Verbundeten auch 400 Gefangene, meistens Frauen und Kinder, die als lebende Beute den Kriegern überlassen wurden. Auch viele vornehme Gefangene fielen in die Hände der Niederländer, darunter der Pati von Luhu mit seiner Frau, einer Schwester Madiras, der Orangkaja von Amin aufser andern Führern. Der Oberfeldherr Kraïn Butatua war entkommen. [4]

Für diesen herrlichen Sieg wurde in ganz Amboina ein Dank- und Freudentag gefeiert, und zu seiner weitern Vervollständigung trug De Vlaming an Cos die Sorge auf, die Sagowälder um Laäla mit Fleifs zu zerstören. Er selber ging mit Mandersaha und den inzwischen eingetroffenen Prinzen Kalamata und Gilolo nach Buton, um persönlich die Lage hier und in Makassar zu prüfen. [5]

---

[1] „Die Indische Regierung an die Siebzehner", Anhang, S. CXVIII. L. Bor, S. 238.

[2] Anhang, l. c.

[3] Tagesregister Ambon

[4] l. c.

[5] l. c.

Als der Feldherr am 8. Oktober nach Buton kam, fand er sogleich Gelegenheit, vier feindliche Fahrzeuge abzufangen, deren Bemannung sich jedoch rettete. Am nächsten Tage sprach er den König

Die Verhältnisse hatten sich auf Buton jetzt völlig zu Gunsten der Makassaren gestaltet, und da De Vlaming den König verdächtig hielt, nicht streng genug gegen offenkundige Verräter vorzugehen, so ließ er die Bitten des Königs um militärischen Schutz unerfüllt und stellte die Forderung, daß dieser zuvor eine Anzahl Verräter an den Feldherrn ausliefern solle, wozu er jedoch gänzlich unvermögend war.[1]

Mandersaha und die ternatischen Prinzen ließ De Vlaming auf Buton zurück, und als er selber die Insel verlassen wollte, sprach er noch buginesische Abgesandte, die ihm ein Bündnis gegen Makassar antrugen und den Tod des Prinzen Patengolo meldeten. Er gab ihnen freundlichen Bescheid und fuhr darauf nach Makassar weiter, wo die Wachtschiffe unter Roos die Reede blockiert hielten. Die hier empfangenen Berichte über neue Truppenaussendung und die schroffe Abweisung, die er bei dem Versuche zu unterhandeln erfuhr, bestimmten den Feldherrn nach Batavia sich zu begeben, wo er am 6. November ankam.[2]

Die Regierung, an deren Spitze für den inzwischen verstorbenen Renierszoon der Generalgouverneur Maatzuiker getreten war, nahm wiederum alle Kräfte zusammen, um den Superintendenten raschmöglichst nach Amboina zurückkehren zu lassen. Schon am 21. November konnte De Vlaming mit 5 großen Schiffen, 4 Schaluppen und 500 frischen Soldaten nach dem Osten abfahren.

Über die Hoffnungen, welche man in Batavia auf die Verrichtungen dieser Flotte hegte, schrieb die Regierung umständlich genug an die Siebzehner das Folgende: „De Vlaming wird mit Eifer überall das Vernichtungswerk fortsetzen, da-

---

[1] l. c.
[2] l. c.

mit die Makassaren durch Mangel gezwungen werden, die östlichen Gewässer zu verlassen. Wir wollen versuchen durch Vertrag die Makassaren zu bewegen, dafs sie alle Fahrt auf Amboina und die Molukken aufgeben. Dafs auch auf der Insel Makjan die Nelkenbäume verschwänden, sahen wir von Herzen gern. Ausgezeichnete Geschenke haben bis jetzt noch nicht ihre Wirkung gethan, sodafs es den Anschein hat, dafs wir gütlich nicht dazu kommen. Wir haben nun bereits König Mandersaha, welcher die Exstirpation bewilligen wird, unter der Hand dazu anmiert, dafs wenn die Makjaner einmal wieder opponieren, was häufig zu geschehen pflegt und vermutlich auch während dieser Expedition geschieht, diese Gelegenheit zum Werke zu benutzen. De Vlaming hat den Plan, die Ternater und Tidorer nach geschehener Exstirpation der Nelkenbäume nach Buru zu bringen, wodurch die Kompanie die köstlichen und profitlichen Plätze der Ternater gänzlich für sich hatte. Dagegen ist Hustard der Meinung, selbst wenn es gelingen würde, Tidor gänzlich zu ruinieren und die Ternater und Makjaner zu entfernen, was ihm beschwerlich und fast unmöglich scheint, dafs dann die Spanier und Tidorer sich auf Makjan niederlassen. Dies, meint der Admiral, würden die Spanier nicht thun, da sie in frühern Jahren solche Gelegenheit niemals benutzt hatten; er will die Lasten so oder so vermindern, ob sich die Ternater nun freiwillig wegführen lassen nach Buru oder nicht."[1]

Auf seiner Fahrt machte der Feldherr vor Japara kurze Rast und sandte von hier den Prediger Brouwer, einen sprachgewandten und auf Staatssachen besonders gewitzten Unterhändler, mit Briefen nach Makassar voraus, um über die Lage zu erkundschaften, ob es nützlich sei, bei Buton auf guten Fang zu warten oder nach Amboina durchzulaufen. Er selber ging von Japara nach Bima (Sumbawa), einem Schutzstaat von Makassar, wo aber nichts verrichtet wurde. Roos, den der Feldherr schon vorher dorthin beordert hatte, war bereits nach Buton gegangen; dahin wendete sich nun auch De Vla-

---

[1] Anhang, S. CXIX.

ming unverzuglich und kam am 17. Dezember auf der Reede
der Hauptstadt an. [1]

Die Sachen standen hier ganz anders, als er gehofft hatte.
Konig Ali hatte nicht umsonst um Thron und Leben gefurchtet. Eine Revolution, welche von der feindlichen Adels-
partei ausging, kostete ihn den Thron; sein Palast war nieder-
gerissen, er selber der Gefangene seiner Grofsen, und an
seiner Stelle war der Hukom bereits zum König ausgerufen.

Einmal entfesselt, war die Wut des Volkes zu leiden-
schaftlich, um ihr ohne Nachteil fur die eigene Sache zu
widerstehen, daher gab De Vlaming Ali preis, nachdem die
neue Regierung an Mandersaha, der die Trubeln nicht hatte
beschwichtigen können, Treue gelobt und den gleichen Eid
der Kompanie geleistet hatte. De Vlaming behandigte die
Geschenke seiner Regierung nun an den neuen Konig und
konnte es nicht einmal verhindern, dafs der verstofsene treue
Bundesgenosse von dem erbitterten Volke grausam ums Leben
gebracht und der Tote noch gräfslich geschandet ward. [2]

Was der Feldherr in bosem Argwohn der Freundschaft
Alis nicht hatte zugestehen wollen, mufste er jetzt gegenuber
der Feindseligkeit der neuen Regierung gewahren; die Stadt
Buton wurde durch ein neues Fort gesichert, in das er als Besatzung 23 Niederlander und 12 Ternater legte und es mit
Proviant auf fünf Monate versah. Danach setzte De Vlaming
mit Brouwer, der inzwischen von Makassar angekommen war,
wo er wenig auszurichten vermocht hatte, seine Reise fort,
kam am 22. Dezember nach Manipa und am 24 nach Victoria,
wo bis dahin noch nichts von der Ankunft der Makassaren
gehort war. [3]

(1655) Unter Roos waren genugend Schiffe bei Buton
zuruckgeblieben fur eine Unternehmung gegen Tiboie, einen
Bundesstaat von Makassar auf der Westseite der Insel Pange-

----

[1] „Die Indische Regierung an die Siebzehner", Anhang, S. CXXII
[2] l c L. Boi, S 254 fg
[3] l. c

sane bei Buton. Von alters her tributär an Ternate verpflichtet, hatten seit einiger Zeit die Makassaren mit Zustimmung der Inselfürsten, welche den Freunden der Niederländer im höchsten Grade abgeneigt waren, sich hier niedergelassen und empfingen zum Kriege nicht unwesentliche Unterstützung von Tibore. Zu dem Zuge gegen seinen abtrünnigen Vasallenstaat schloß Mandersaha sich Roos an. [1]

Die Festung Tibore lag etwa eine Meile landeinwärts, nahe einem Flusse, auf einer Anhöhe [2], der Fluß war bis zur Festung mit den Schaluppen befahrbar. Aus Stein gebaut, mit starken Bollwerken und schwerem Geschütz versehen, erschien die Feste fast uneinnehmbar; aber der Umstand, daß durch die Abwesenheit von 400 Kriegern die Besatzung sehr geschwächt war, lieferte sie mit geringem Verlust an Mannschaft in die Hände der Niederländer. Die Festung wurde demoliert, gegen 50 Fahrzeuge verbrannt und die Negerei nur zu früh in Brand gesteckt, sodaß große Partien Kleider, viel Reis und andere Lebensmittel von den Flammen verschlungen wurden. 200 wehrbare Männer waren niedergemetzelt, und 300 Gefangene, meistens Frauen und Kinder, fielen der Soldateska zur Beute. [3]

Als Roos eben den Fluß Tibore verlassen wollte, trat unerwartet früh die Ebbe ein, sodaß drei seiner Fahrzeuge auf den Grund gerieten. Dies wurde ein glücklicher Zufall, dem es zu danken war, daß man 40 makassarsche Schiffe in Sicht bekam, welche denselben Fluß nach Tibore einliefen. Roos, der inzwischen an der Küste Celebes kreuzte, wurde davon bald verständigt, wonach er sofort die Mündung des Flusses besetzte und durch ein schnelles Schiff den Superintendenten aus Victoria herbeiholte. Dieser hieß die getroffenen Maßnahmen gut und ließ Roos vor Tibore, indes er mit Mander-

---

[1] l. c.
[2] Die Regierung sagt (Anhang, S. CXXII), daß die Negerei „5 Wegstunden" den Fluß aufwärts gelegen habe. L. Bor dagegen spricht von einer Meile, was richtig sein wird.
[3] Anhang, S. CXXIII

saha die Ostküste von Celebes aufwärts zog, um andere abfällige Tributstaaten Ternates zu zuchtigen.[1]

Mandersaha blieb sehr bald zu langsam zuruck, sodaſs ihm De Vlaming uber Bangai nach Sula vorausfuhr. Auf dieser Fahrt fielen bei der Insel Gapi acht feindliche Kriegsboote eine seiner Schaluppen an, die den Angriff jedoch zurückschlug und ein Boot uberwaltigte, dessen Bemannung, gegen 60 Kopfe, niedergemacht wurde. Zu seiner nicht geringen Uberraschung entdeckte De Vlaming auch auf der Insel Gapi etwa 128 schone Nelkenbaume, wovon man zuvor niemals etwas gehort hatte.[2]

Auf Sula traf De Vlaming die ersten Rate des Königs und die Prinzen an, unter denen keine Einigkeit mehr bestand. Während der immer getreue Gugugu Duane den von De Vlaming geforderten Beistand fur Amboina gern gewahren wollte, verweigerten dies der Hukom, der Kapitanlaut und besonders Kalamata, sodaſs deren Zustimmung erst zu erlangen war, als De Vlaming mit Gewalt sie dazu nötigte.

Die Anderung in der Sinnesweise der Prinzen war durch ein neues schimpfliches Schriftstuck des Königs hervorgerufen, durch das derselbe in der Form der Bitte an De Vlaming die Exstirpation auf Makjan auftrug. Die Regierung schrieb an die Siebzehner daruber das Folgende:

„De Vlaming suchte Mandersaha gegen die Orangkajas von Makjan aufzuhetzen, er überzeugte den König, daſs deren Hochmut nur eine Folge ihres reichen Besitzes an Nelkenhainen sei, die Seine Hoheit vernichten musse, wonach sie in Gehorsam verharren wurden. Durch solche Grunde wurde Mandersaha bewogen, ein schriftliches Ersuchen an die Kompanie zu richten, ob sie nicht mit ihrer Macht, da die seine zu schwach sei, das Zerstorungswerk ubernehmen wolle. Von den Einwohnern, die in Ruhe bleiben wurden, sollte angenommen werden, daſs sie stillschweigend den Verrat gebilligt hatten. Dieses Gesuch des Königs an uns, welches im Grunde schandlich ist und so sehr zum Verderben seiner Länder und

---

[1] l. c.
[2] l. c

Unterthanen gereicht, war gewifs zur Kenntnis Kalamatas gekommen."[1]

Durch dieses Schriftstück wurde denn auch der Aufstand erweckt, für welchen es berechnet war, denn bis zur Stunde wurde nicht die Spur einer Widersetzlichkeit gegen Mandersaha auf Makjan beobachtet. Wahrscheinlich ist es, dafs De Vlaming selber für dessen Bekanntwerden Sorge trug; wufste er, dafs der Inhalt die tiefste Erbitterung erzeugen werde, so kam noch der krankende Umstand hinzu, dafs der König seine Befugnisse mit solchem Auftrage überschritt, zu dem es der Zustimmung des grofsen Rates bedurft hatte. Durch die Krankung ihrer altehrwürdigen Rechte schuf De Vlaming sich die Rebellen, welche er vernichten wollte.

Die Bucht von Kajeli (Buru) wurde der Schauplatz des blutigen Dramas, bei dem der talentvolle Dirigent die Parteien nach seiner Absicht geleitet hatte. Nicht lange, nachdem De Vlaming Sula verlassen hatte, traf Mandersaha dort ein und ging auch bald darauf mit seinen Korakoras nach Amboina. Kalamata war bereits nach Kajeli vorausgefahren, als Mandersaha und Duane ihm dahin nachfolgten. Bei ihrer Ankunft wurde der Gugugu ermordet, und der König entging nur mit genauer Not dem gleichen Schicksal. Auch des Königs Zahlmeister Sopi, der seit vielen Jahren an seinem Lande Verrat geübt und zehnfach den Tod verdient hatte, wurde bei dieser Gelegenheit gefangen und später wegen Hochverrats auf Befehl Kalamatas fusiliert.[2]

De Vlaming ging auf das Gerücht von diesem Aufstande am 6. April nach Kajeli, liefs die Bucht besetzen und den Rebellen, unter denen Kalamata, der König von Gilolo und, wohl wider seinen Willen, der König von Batjan die vornehmsten waren, alle Verbindung nach aufsen abschneiden.

Der Superintendent war noch mit dieser Verrichtung be-

---

[1] l. c.
[2] l. c.

schäftigt, da kam auch böse Zeitung von Roos, der den gelungenen Ausbruch der Makassaren aus dem Flusse Tiboie
meldete. Schnell wurden Schiffe zur Verfolgung abgefertigt,
zugleich sandte De Vlaming über alle Vorfälle Nachricht an
Hustard und begab sich mit der entbehrlichen Macht nach
Assahudi, von wo er zuletzt im September (1653) geschieden war.[1]

Bis zum 17. Mai, dem Tage seiner Ankunft, waren neue
Hilfskräfte für die Verbundeten von Assahudi und Laala nicht
eingetroffen, sie litten an allen Bedürfnissen grofsen Mangel.
Cos hatte seine Obliegenheiten so gut wahrgenommen, dafs er
die Zufriedenheit seines Chefs in hohem Mafse durch die errungenen Vorteile sich erwarb. Die Sagowälder von Laala
waren total verwüstet, alle Lebensmittel, die dem Feinde
nutzen konnten und Cos erreichbar gewesen waren, vernichtet,
und noch vor wenig Tagen hatte der Präsident acht feindliche Fahrzeuge, die zur Gewinnung von Lebensmitteln ausgefahren waren, abgefangen und unbrauchbar gemacht. Ein
vornehmer Luhuese ward bei diesem Rencontre gefangen, der
im Angesicht der Feinde an einer grofsen Rae eines Schiffes
gehängt ward.[2]

Den Mut seiner Truppen zu beleben, entschlofs sich De
Vlaming zu einer Landung bei Assahudi; er befestigte sich
in einer schon früher innegehabten Stellung und forderte den
Angriff der Makassaren heraus, der auch sehr bald erfolgte.
Ihr Führer Kraïn Butatua fand nach kurzem Gefecht den
Tod, sodafs die Makassaren in ihre Stellungen zurückgingen,
indes auch die Niederländer sich wieder auf ihre Schiffe ver-
fügten, da die Verbundeten noch zu kräftig waren, sodafs ein
Kampf aufs aufserste zu gewagt erschien.

Während er die Not des Feindes noch erst grofser werden
liefs, nahm De Vlaming seine Zeit und Machtmittel wahr, um
mit Mandersaha nach Ternate zu gehen. Nach dem Abfall

[1] l. c.
[2] Tagesregister Ambon. L. Bor, S. 279

Kalamatas und einzelner Orangkajas war die Gelegenheit zur Durchführung der Exstirpation auf Makjan so günstig wie möglich. Cos und der von Tidore kürzlich eingetroffene Vizeadmiral Roos blieben vor Assahudi. Am 16. Juni segelte De Vlaming nach Ternate ab.[1]

In Ternate hatte Hustard unterdessen das Ziel verfolgt, eine Erweiterung zwischen den Tidorern und Spaniern herbeizuführen; der Krieg gegen Tidor war nicht fortzusetzen, da sich Mandersaha mit seiner gesamten Macht in Amboina befand, aufserdem suchten die Spanier allen Grund zu Feindseligkeiten aus dem Wege zu räumen. Auf Anweisung seiner Regierung mußte Hustard den Tidorern für ihre Nelken den gleichen Preis zusagen, den die Spanier ihnen zahlten, und obendrein dem Könige für ausschliefsliche Lieferung eine jährliche Vergütung von 2000 Thalern anbieten. Hustard hielt aber die Dinge absichtlich in der Schwebe; während er ihnen vorteilhafte Angebote machte, gab er doch die Kriegsgelegenheit gegen die Tidorer nicht aus den Händen. Auch der spanische Gouverneur hielt sich überzeugt, dafs der Krieg beginnen werde, sobald die Makassaren niedergeworfen seien, für welchen Fall er bereits in Manila um Instruktionen gebeten hatte.[2]

Einige Besorgnis trat in der Lage ein, als die Nachricht von dem Abfalle Kalamatas einlief. Die allgemeine Abneigung gegen Mandersaha liefs einen Aufstand befürchten. Zur Aufrechterhaltung der Ruhe verbreitete Hustard die Meinung, dafs es der Kompanie gleich sei, ob Mandersaha oder Kalamata regiere, wenn den Kontrakten nachgelebt werde. Diese Zusicherung bewirkte denn auch eine freudige Stimmung unter der Bevölkerung, bis am 2. Mai frische Truppen in Maleyo anlangten, die der vorsichtige Feldherr für den Ausbruch einer Erhebung nach Ternate abgefertigt hatte, und

---

[1] l. c.
[2] Anhang. S CXXVII.

Hustard nun wieder sein wahres Gesicht zeigte. Und als dann am 10 Juni nochmals 68 Soldaten eintrafen, kamen an den Gouverneur schon Erbietungen, ihm die Köpfe einzelner Parteigänger Kalamatas zu liefern. In dieser befriedigenden Lage fand der Superintendent die Dinge auf Ternate, als er mit Mandersaha anlangte. [1]

Ein Blutgericht, das De Vlaming begehrte, war die erste Handlung des Königs in Maleyo; er liefs sechs vornehme Ternater krissen. Sodann wurde Halmahera gegen eine Überkunft Kalamatas gesichert; Sahu wurde mit 40 Mann, Gilolo mit 30 und Gamacanora mit ebenso viel Mannschaft belegt

Nach Erfüllung dieser Vorsorge schritt man zum Werke auf Makjan, über dessen Ausführung die Siebzehner von der Regierung genauen Bericht empfingen. „Die Makjaner waren nun so weit", schrieb sie im Dezember 1655, „dafs sie einsahen, willig oder mit Gewalt ihre Nelkenhaine verlieren zu müssen. Da sie bei weiterer Widersetzlichkeit keinen Stüver Entschädigung erhalten haben würden, so zogen sie vor, freiwillig der Exstirpation zuzustimmen. Die Makjaner mufsten selber in Verbindung mit unsern Madijkern unter Aufsicht von dem Kapitän Paulus Andrissen mit Macht ans Fällen der Nelkenbäume gehen. Nach dem Bericht des Kapitäns sind 58 000 Baume niedergestreckt." [2]

Kaum war die Ausrottung geschehen, so stellten auch schon Vlaming und Hustard der Regierung vor, dafs die durch Kontrakt bedungenen 12 000 Realen jährliche Vergütung nicht zu zahlen seien, da die Vernichtung nicht freiwillig, sondern jure belli erfolgt wäre. Diese frivole Gesinnung ging aber selbst der Regierung zu weit, die ihre abweichende Meinung an die Siebzehner mit folgenden Worten anzeigte: „Wir haben nicht gutfinden können, von vornherein den Kontrakt mit Mandersaha, wonach ihm jährlich 12 000 Realen zukommen, und welche Ausbezahlung mit 1656 zu beginnen hat, zu brechen.

---

[1] l. c.
[2] Anhang, S CXXVIII

sondern haben bestimmt, dafs ihm 12000 Realen fur 1656 bezahlt werden möchten."[1] Mit blutendem Herzen hatten die armen Insulaner das Zerstörungswerk verrichtet, mit wehen Empfindungen die Axt geführt, welche ihnen aufgedrungen war, um ihre grüne Heimat zu vernichten. Noch ehe die Zerstörung geschehen war, hatte De Vlaming die Bevölkerung zum Verlassen der Insel zu bewegen gesucht, indem er darauf hinwies, wie Cholera und Pockenkrankheiten die Bevölkerung der Insel seit Jahren dezimiert habe, und es zu ihrem Besten sein werde, in gesunde und gute Strecken sich fuhren zu lassen. Auf diese Vorstellungen antworteten alle Ortschaften einmutig mit dem Entschlusse, lieber auf ihrem Geburtsgrunde zu sterben.[2]

Des teuersten Besitzes, der schönsten Zierde beraubt, was konnte ihnen der Geburtsgrund jetzt noch wert sein. De Vlaming prüfte ihre Anhänglichkeit aufs neue, wiewohl vergeblich, indem er seine Aufforderung zum Verlassen der Insel nochmals wiederholte.[3]

Aufser auf Tidor waren in den Molukken jetzt keine Nelken mehr, da auf Halmahera von Hustard alles gesäubert war was Bogaerde noch nicht niederzulegen vermocht hatte. Mit den Tidorern abzurechnen, fand De Vlaming keinen schicklichen Vorwand, sodafs er Hustard auftrug, diese Angelegenheit auch ferner noch in der Schwebe zu halten, und danach wieder nach Assahudi verzog.

Vor Assahudi kam im Laufe Juli eine grofsere Macht beisammen, sodafs De Vlaming über 800 Weifse und ebenso viel Inländer verfugte. Die Verbundeten hielten sich trotz ihrer dürftigen Lage noch immer tapfer, bis endlich am 29. Juli ihre Festung bestürmt und genommen ward.

Der Superintendent hatte seine Truppen in fünf Abteilungen gegliedert, über welche Kapitän-Lieutenant De Vlaming, die Lieutenants Smalen und Buitendijk und der Radja

[1] l. c.   [2] l. c.   [3] l. c.

Toalele, der Verräter von Boano, Befehl führten, indes die
fünfte Abteilung als Nachhut von dem Feldherrn selbst kommandiert wurde.

In der Frühe des 29. Juli, noch stand der Mond hoch am
Himmel, schritt man zum Angriff, nachdem alle Truppen gelandet waren.

Nach seiner Gewohnheit verrichtete De Vlaming zuvor
ein ernstes Gebet. Lautlos knieten die Mannschaften um
ihren Feldherrn nieder, dessen Stimme weithin vernehmbar
war. Er rief inbrünstig Gott um Beistand an, indem er die
Niederländer als sein Volk pries, das ausgezogen sei wider
Gottesleugner und Heiden, er wies auf die Rechtfertigkeit
seiner Handlungen und schloß mit dem Vaterunser. Dann
wendete er sich mit Ermahnungen zum Mut an seine andäch-
tigen Krieger, forderte sie auf, allen Neid und Haß abzulegen
und als Freunde in den Streit zu gehen, in allen Stücken
aber mit ihm auf Gott zu vertrauen!

Diese Anrede des Feldherrn, in dem die Geschichte ein
abschreckendes Beispiel hinterlassen hat, wie sich die größte
Niedertrachtigkeit so leicht mit demutsvoller Frömmigkeit
verbinden kann, wirkte hinreißend auf die Truppen; Schwert
und Brandfackel schienen nach so hohen Worten geweiht und
ganz anders ging man mit heiligen Gebeten ans Morden.
Dieser Eindruck drang desto tiefer, als Soldaten und Beamte
sich längst gewöhnt hatten, in dem Feldherrn einen heiligen
Mann zu verehren: er galt ihnen so viel wie ein Abraham,
der gegen die Sodomiter stritt, oder wie ein Josua gegen die
Amiter oder ein David wider die Philister. Und damit alle
Handlungen den Stempel strenger Rechtlichkeit trugen, wurde
auf Ambrosius oder Augustinus verwiesen, wenn man die
Kampfmittel, wie Hinterhalt und Verrat, rechtfertigen, oder
erklären wollte, daß alle Beute, die lebende und die tote,
dem Sieger gehöre. [1]

Alsbald nach verrichtetem Gebet ward zum Sturm auf die
Hauptfestung geschritten, deren Besatzung, durch Entbehrung
tief ermattet, dem wütenden Angriffe der fanatisierten Truppen

---

[1] L Bor, S 50 fg, 291.

nicht lange standhalten konnte. Die Mehrzahl der Besatzung, welche einen Verlust von 50—60 Toten hatte, rettete sich jedoch durch die Flucht und lagerte sich später, vornehmlich unter Saidis Führung, auf dem Berge Kalike. In der Festung wurden 30 Stuck Geschütz erbeutet, darunter ein Achtzehnpfünder und ein Zwölfpfunder. [1]

Den Flüchtlingen war nur eine kurze Frist der Erholung beschieden, sobald De Vlaming unter den Gefangenen einen Priester von Kelang für Pardongewährung zum Verräter gedungen hatte. Mit 350 Weifsen zog der Feldherr selbst unter Führung dieses Priesters in der Nacht zum 5. August auf die Höhe von Kalike.

Der Weg war steil und beschwerlich zu erklimmen, sodafs bereits der Morgen graute, als der Überfall im Angesichte des feindlichen Lagers vom Feldherrn bestimmt ward. Es kam vor allem darauf an, Saidi nicht entwischen zu lassen, auf den De Vlaming einen tödlichen Hafs geworfen hatte.

Der Priester war einer der Ersten beim Eindringen in das Lager und eilte nach dem Zelte Saidis voraus. Dieser war bereits ermuntert und empfing den Verräter, den er im Ringkampf eben zu Boden warf, als er selbst, von nachdringenden Soldaten schwer durch einen Sabelhieb am Beine getroffen, niedersank. Unfähig sich zu erheben, begann die Plünderung an seinem Körper, um bequemer einen Ring zu lösen, schnitt man ihm einen Finger ab. Dann wurde der blutüberströmte Prinz dem sich nahenden Feldherrn entgegengetragen und zu dessen Fufsen niedergelegt.

Wut und Zorn schäumten in der rachsüchtigen Seele Vlamings beim Anblick des Verhafsten auf; er entrifs einem Soldaten den Speer und stiefs die Waffe mit wilder Geberde dreimal dem gefallenen Freiheitshelden in den Mund, sein elendes Opfer mit hohnenden Worten anrufend. Der Prinz offnete die Augen und richtete auf seinen Peiniger einen Blick voll tiefster Verachtung, um sie danach wieder zu schliefsen. Kein Laut kam über seine Lippen, als De Vlaming seine teuflische Wut weiter an ihm ausliefs, und als der Feldherr seine

---

[1] „Die Indische Regierung an die Siebzehner", Anhang, S CXXVI.

Rachelust befriedigt, seinen machtlosen Feind in seinem Elende
genugend gehöhnt und gepeinigt hatte, überliefs er ihn seinen
Soldaten, die den Unglucklichen, der noch lange genug lebte,
von unten auf langsam räderten Sein Leichnam wurde haupt-
los in die Tiefe hinabgeworfen. [1]

Über der zu grofsen Sorgfalt, Saidis habhaft zu werden,
war der allgemeine Kampf vernachlässigt, sodafs beinahe das
ganze Lager sich durch die Flucht retten konnte. Die Zahl
war gegen 600 Personen, die versuchten auf den von den
Niederländern besetzten Pafs Tanumo durchzubrechen; dies
war ihnen bereits gelungen, als De Vlaming die Fluchtlinge
am 18. August bei Lisebata, wo sie passieren mufsten, uberfiel und ihre vollständige Vernichtung herbeifuhrte. Von den
600 Personen wurden 320 fur immer unschädlich gemacht,
280 Personen ergaben sich auf Gnade und Ungnade. Unter
den Toten war Dain de Bulekan nebst andern Hauptfuhrern,
der Pati von Kambelo und viele angesehene Amboinesen und
Ternater; unter den Gefangenen zählte man vier oder funf
Angehorige Leliatos, Madiras Bruder und Halbschwester und
andere Personen von Namen. [2] Es war ein entscheidendes
Treffen, von welchem Bor rühmte: „es war ein herrlicher Tag,
ja der herrlichste, den wir je in Amboina erlebt haben", und
das die Regierung den Siebzehnern mit den Worten pries:
„Gott der Herr sei fur diesen herrlichen Sieg in alle Ewigkeit gedankt."

Alle Landschaften unterwarfen sich jetzt mit der Hoffnung
auf Gnade. Die Bewohner von der Insel Kelang brachten dem
Feldherrn in einem Korbe das Haupt ihres ersten Anfuhrers,
eines Bruders von Madira; niemand versäumte, dem Unersatt-
lichen sich ergeben zu erweisen, wenn auch das Mittel noch
so blutig und entsetzlich war. [3]

Während die siegreichen Ereignisse fur die Niederlander
auf Ceram geschahen, erlitten sie im Westen, auf Buton, einen

---

[1] L. Bor, S 298 fg Bor selbst focht in diesem Kampfe mit.
[2] Anhang, S. CXXIV
[3] Anhang, S. CXXV. Bor, l. c

Verlust. Hier hatten die Makassaren, unter Führung ihres Königs, im Einverständnisse mit der neuen Regierung die Festung überrumpelt und die Besatzung niedergemacht; das Wachtschiff hatte sich dagegen noch rechtzeitig nach Amboina in Sicherheit begeben. Dieser Verlust war in Ansehung der errungenen Vorteile gering, um so mehr, als die Makassaren sich auf diese Unternehmung beschränkt hatten. Gegen ihre neue Überkunft traf De Vlaming sofort Maßnahmen zu ihrem Empfange. Er sandte Roos nach Gapi und ging selber über Kajeli, wo die Rebellen noch belagert wurden, nach Buton. [1]

Roos verlor auf seinen Zügen an der Küste von Celebes eine Schaluppe, auf welcher Lieutenant Buitendijk befehligt hatte; dieselbe wurde von makassarschen Kriegspraüen überwältigt, und die gesamte Mannschaft verlor das Leben.

Eine andere schmerzliche Nachricht traf mit diesem Unglücksfalle zusammen. Verheiden, der vor einiger Zeit in Amboina verwundet war und Heilung in Batavia gesucht und gefunden hatte, war nach seiner Wiederherstellung als Befehlshaber nach Solor und Timor geschickt, um dort gegen die Portugiesen zu kämpfen. Sehr bald nach seinem Eintreffen war er gelegentlich einer Landung auf Timor ums Leben gekommen. Zu seinem Ersatze sandte De Vlaming Roos nach Solor ab, indes Kapitän-Lieutenant Keler an Stelle von Roos nach Sula gesandt wurde. [2]

Am 15. Dezember ankerte auch De Vlaming bei Sula. Er fand die Verhältnisse hier zum Nachteil verändert. Kalamata war seit zwei Monaten anwesend, nachdem er sich von Kajeli mit 11 Korakoras glücklich durchgeschlagen hatte; ein Anschlag desselben auf Manipa war abgewiesen in einem heißen Treffen, das den König von Batjan das Leben kostete.

Sobald De Vlaming bei Sula erschienen war, zog Kalamata sich wieder nach Buton zurück. Der Prinz hatte auf Sula viele Bundesfreunde der Niederländer mit dem Tode gestraft, unter andern den Amtsherrn von Falu; mancher andere Verlust war noch zu beklagen, der aber aufgewogen

---

[1] l. c.
[2] l. c.

wurde durch die Verrichtungen Kelers, der viele feindliche
Fahrzeuge verbrannt und unbrauchbar gemacht hatte. De
Vlaming folgte Kalamata nach Buru, wo er Kenntnis von
einem inzwischen mit Makassar getroffenen Frieden erhielt,
durch den das Zerstörungswerk der Nelkenwälder den be-
stätigenden Abschlufs fand.

(1656.) In den Anschauungen der Indischen Regierung
war seit kurzer Zeit die Friedensmeinung vorherrschend geworden; sie wünschte den Krieg zu beendigen und dazu die
entgegenkommende Haltung von Makassar zu benutzen. Ganz
entgegengesetzter Ansicht war De Vlaming, der den Krieg
nach Makassar selbst verpflanzen wollte, weil er noch an der
Erwartung festhielt, dafs dieser Krieg für die Kompanie von
Vorteil sei. Während also die Regierung die errungenen Vorteile in friedlicher Entwickelung ausbeuten wollte, gedachte
De Vlaming zuvor allen Handel Makassars zu zerstören.

In ihrer Friedenspolitik wurde die Regierung besonders
durch van der Beek beeinflufst, der seit einem Jahre wegen zu
wenig kriegerischer Eigenschaften aus Amboina entfernt war,
wo in Abwesenheit des Feldherrn Präsident Cos die Geschäfte
leitete. Obwohl nun De Vlaming später mit seiner Ansicht
bei den Siebzehnern Recht behielt und der Vernichtungskrieg
gegen Makassar nur für kurze Zeit aufgeschoben wurde, so
drang doch für jetzt die Friedensmeinung der Regierung durch,
die in ihrer Machtvollkommenheit ohne Mitwissen und Zustimmung De Vlamings van der Beek als Unterhändler zum
Friedensabschlufs nach Makassar entsandt hatte.

Die Nachricht von dem vollzogenen Abschlufs gelangte
nach Amboina in demselben Augenblick, als es De Vlaming
gelungen war, die Rebellen von Kajeli zu vertreiben. Kalamata und Madira entkamen glücklich nach Makassar, dagegen
wurde der König von Gilolo mit etwa der Hälfte seiner Leute
gefangen, die andere Hälfte war in der Verteidigung umgekommen. Um nun den König von Gilolo und die Hauptrebellen nicht an der Begnadigung in dem zu proklamieren-

16*

den allgemeinen Frieden teilnehmen zu lassen, gab der Feldherr Befehl, den König und etwa 30 Anhänger auf der Fahrt nach Victoria ins Meer zu werfen. [1]

In keiner Weise fand der durch van der Beek geschlossene Friede des Feldherrn Billigung; er trat darüber in eine scharfe Polemik mit der Regierung, die aber auf den Gang der Ereignisse keinen Einfluss mehr hatte Die weitere Thatigkeit De Vlamings mufste sich darauf beschranken, auf Grundlage des Friedens die gewonnene Alleinherrschaft in Amboina in einer neuen Ordnung zu festigen. Diese letzten sein Werk beschlirfsenden Handlungen lernen wir aus seiner Relation kennen, die er uber seine sechsjährige Thätigkeit in den Molukken verfafst hat, und folgen wir am besten genau seinen eigenen Aufzeichnungen [2].

Da die allgemeine Zerstorung der Nelkenwalder bereits einen Mangel an Fruchten furchten liefs, so hielt De Vlaming die Anpflanzung neuer Baume in den nunmehr ausschliefslich fur den Nelkenbau bestimmten Bezirken, auf den Inseln Amboina und den Uliassern, fur wunschenswert. Als er im Mai (1656) Amboina verliefs, hatte er bereits 4000 neue Baume setzen lassen, und weitere 6000 sollten im Juni gesetzt werden.

Zur Forderung des Christentums erliefs er fur Leitimor und die Uliasser die Bestimmung, dafs jedermann, ob Niederlander oder Inlander, binnen 12 Monaten seine mohammedanischen oder heidnischen Sklaven taufen lassen musse, bei Strafe des Verlustes der Leibeigenen. Durch diese Bestimmung kam er bereits in 4 Monaten weiter, als bis dahin in 53 Jahren erreicht war.

Die Schiefsgewehre wurden allen Bewohnern abgenommen und ihnen die Waffen nur verabreicht, wenn ein Hongizug geschah.

Von den 150 in Amboina anwesenden makassarschen Gefangnen, die nach dem Friedensabschlufs in ihre Heimat zuruckkehren durften, thaten dies 47, die ubrigen 103 wufste De Vlaming zu uberreden, im Dienste der Kompanie zu blei-

---

[1] „Die Indische Regierung an die Siebzehner , Anhang, S CXXX.
[2] Anhang, S CXXXI fg

ben, gegen 2 Realen (6 Gulden) monatlichen Sold und 40 Pfund
Reis, sie waren gute Schmiede, Steinhauer, Maurer, Holz-
faller u. s. w. Da es aber bei einem neuen Ausbruch von
Krieg mit Makassar nicht geraten war, sie in Amboina zu
lassen, so verpflanzte er sie nach Batavia, sobald sie sich
zum Dienste hatten überreden lassen.

Statt Todesstrafen, die seit dem Frieden vermieden werden sollten, verhing er Geldstrafen

Ganz Hovamohel, ferner die Inseln Kelang und Boano
wurden von ihm gänzlich entvölkert. Die Bewohner wurden
gezwungen auf Hitu, Leitimor und auf Manipa sich niederzulassen. Und zwar auf Hitu alle Mohammedaner von Hovamohel, und auf Leitimor alle Heiden sowohl von Hovamohel
als den Inseln Kelang, Manipa und Boano, um sie zu Christen
zu machen, wie es der König von Ternate im Jahre 1648 zugestanden hatte. Die Bewohner von Assahudi, Boano und
Kelang, soweit sie Mohammedaner waren, wurden nach Manipa gebracht, wo sie am Strande bei Tomelehu wohnen
mußten.

Alle vornehmen Orangkajas von diesen Inseln wurden gezwungen, nach Victoria zu ziehen; später wurden sie in entlegene Gegenden geschafft, wo sie ihr Leben endigen mochten.
Die amtierenden neuen Orangkajas mußten Geiseln nach Victoria senden

Zur Sicherung der neuen Bevölkerung ließ Vlaming die
aufgehobenen Ortschaften nicht beisammen; die Landorte wurden neu zusammengesetzt, damit alle alten Namen und alles
alte Wesen gänzlich verloren ginge.

Mit besonderer Vorsicht wurde endlich auf Hitu verfahren. Von den 12 Orangkajas, welche den Landrat von Hitu
bildeten, mußten 6 mit ihren Frauen abwechselnd in Victoria
auf ihre Kosten leben. Diese 6 bestimmten mit dem Gouverneur alle Geschäfte, wonach die übrigen in Hitu verblie-
benen Mitglieder sich zu richten hatten.

Auch die Orangkajas von Hovamohel wurden mit ihren
Familien in Gewahrsam genommen, sodaß De Vlaming den
Besitzstand der Kompanie jetzt so gesichert glaubte, wie er
es noch niemals vordem gewesen war. Die Großen waren

durch die Waffen im letzten Kriege oder durch Todesurteil beseitigt, sodafs nichts mehr zu furchten blieb, nur der Makassare war noch ein mächtiger Gegner.

— — — — —

Diese letzten Handlungen De Vlamings zeigen noch einmal in grellem Lichte seine ganze Verworfenheit. Nicht genug, dafs er alles zerstört, viele Tausende gemordet und die Überlebenden elend gemacht hatte; als er die Armen aus ihrer angestammten Heimat vertrieb, zerrifs er mit roher Hand die heiligsten Bande, die den Menschen mit dem Menschen verknüpfen. Er sah es als ein natürliches Gebot der Vorsicht an, dafs man bei der Verteilung der Bevölkerung die Mitglieder der Familie voneinander entfernte; so wurden Gatten und Geschwister getrennt, Kinder aus den Armen jammernder Eltern gerissen, um an fernen Orten und in fremder Umgebung, mit der das gleiche traurige Schicksal sie vereinte, ihre schöne Vergangenheit zu beweinen. Der Hafs überhörte den Jammer der Unglücklichen, und die blinde Wut sah ihre Thränen nicht, als die beutegierigen Horden der niederländischen Kaufherren aus dem Abschaum der europäischen Bevölkerung diese Arbeit verrichtete, und diejenigen, welche die Ausführung solcher Befehle überwachten, handelten als pflichttreue Beamte der Kompanie, sahen sie für heilsam und gut an, weil sie von den Siebzehnern, den angesehensten Männern ihres Landes, kamen. So befriedigte jeder seine Habgier, seinen Hafs oder seine Lust an einem Volke, dessen Kraft im Widerstande gebrochen war. Seine Vorzüglichsten waren dahin; sie waren im Kampfe für ihre Unabhängigkeit gefallen; nun waren Sklaven übriggeblieben, welche auch wider das Schwerste nicht mehr zu murren wagten. Willig folgte der Insulaner, wenn er während der Ernte zum Herrendienst oder Hongizuge gerufen ward; soviel er hatte, gab er ohne Widerspruch und war zufrieden, weil ihm für Reis nichts übrigblieb, sich dürftig fortab mit Sago zu nähren; die Orangkajas hatten jede Selbständigkeit verloren und erhielten sich nur so lange im Amte, als sie dienstwillig den Befehlen ihrer europäischen Vorgesetzten nachkamen.

Alles war daher ruhig und in gutem Zustande, und die neue Ordnung aufrecht zu erhalten, das war nunmehr die Aufgabe der jährlichen Hongizuge.

§ 18. Der rasche Verfall der königlichen Macht.

(1657—1674.) Der Nelkenwälder Tidors Herr zu werden blieb noch in den Molukken die letzte Aufgabe, welche zu lösen war, um den Willen der Siebzehner voll und ganz zu erfüllen. Ihre Durchführung gelang im Jahre 1657. Nach der Abberufung De Vlamings aus den Molukken hatte Hustard das Gouvernement Amboina erhalten, und dessen Nachfolger in Ternate war Cos geworden. Aufmerksam suchte dieser nach einer Gelegenheit, um das Zerstörungswerk durchzuführen. Dieselbe bot sich beim ersten Thronwechsel auf Tidor.

Als König Saïdi am 7. Januar 1657 starb, wufste Cos die Parteien wegen der Wahl des neuen Königs zu entzweien; dem Kandidaten der Nationalpartei stellte er einen niederländischen Gunstling gegenuber. Als dann die Anhänger des letztern Mandersaha zur Beilegung des Streits herbeirufen mufsten, ging der König mit größerer Macht nach Tidor, wurde in allen Stucken von Cos geleitet und heimlich, da die Niederländer wegen der Spanier im Verborgenen bleiben mufsten, mit Munition und sogar mit Soldaten, die vorhei in den Dienst des Königs übergingen, unterstutzt.

Jetzt wurden erst die Nelkenhaine der Gegenpartei gewaltsam zerstört, und Golofino, der Günstling der Niederländer, bewilligte nach seiner Erhebung auf den Thron die Zerstörung in seinen Gebieten gegen eine jährliche Vergütung von 3000 Realen (9000 Gulden). Nachdem dies geschehen war, wurden auf der ganzen Welt keine Nelken mehr gefunden, als in den Landern der Edlen Kompanie [1]

---

[1] Die Indische Regierung an die Siebzehner. Batavia, Januar 1658. (Manuskript Reichs-Archiv. Allg Bestuur 1658.)

Die Spanier waren natürlich aufser sich über die Aufführung der Niederländer, mufsten aber deren frivolem Treiben
ohnmächtig zusehen. Die Indische Regierung war ihretwegen
ohne jede Ängstlichkeit; sie schrieb an die Siebzehner, dafs
sie gegen die Waffen der Spanier, wie gegen ihre diplomatischen Anschläge in gleicher Weise gerüstet sei.[1] Die neue
Wendung, welche die Dinge nahmen, legte den Spaniern oftmals Mangel und Entbehrung auf; als die Niederländer anfingen, jede Zufuhr abzuschneiden, hörte man von den traurigsten Verbrechen unter ihnen.

Im Jahre 1662 berichtete die Regierung an die Siebzehner,
dafs die Spanier aus Mangel an Geld den Sold an ihre Soldaten in Porzellan bezahlten und die Festung Chiobbe verlassen mufsten, weil ihnen das Volk zur Besatzung fehlte.[2]
So blieben dieselben seit längerer Zeit auch von ihrer eigenen
Regierung vergessen, und als dann im folgenden Jahre am
2. Juni die letzten, welche Pflicht und Soldatentreue noch auf
ihrem verlorenen Posten hatten verharren lassen, hungernd
und im tiefsten Elende aus den Molukken abzogen, gaben
sie sich nicht einmal die Mühe, ihre herrliche Festung Gamalama zu zerstören.

Bei der Teilung des spanischen Besitzes entstand zwischen
den beiden Königen von Ternate und Tidor ein Streit um
diese Festung, zu deren Besitz jeder von beiden sich berechtigt glaubte, der König von Ternate, weil seine Vorgänger
den Platz immer innegehabt hatten, der König von Tidor,
weil sie auf dem Gebiete lag, das ihm bei der Teilung des
Besitzes auf Ternate zugefallen war. Da die Regierung nicht
wünschte, dafs die starken Festungen der Spanier überhaupt
bestehen blieben, schon darum nicht, dafs die Spanier keinen
Anlafs zur Rückkehr hatten, ordnete er die Zerstörung von
Gamalama, wie auch der stärksten spanischen Festung Rom
auf Tidor an, deren Niederlegung die Könige selber kosten-
los besorgen mufsten. Damit war denn auch der Streit

---

[1] l. c.

[2] Die Indische Regierung an die Siebzehner. Batavia, 30. Januar
1662. (Manuskript Reichs-Archiv. Allg. Bestuur 1662.)

zwischen Ternate und Tidor beseitigt, doch gab fur die Folge der Besitz des Konigs von Tidor auf Ternate die beste Gelegenheit ab, wenn man einmal Zank oder Krieg wieder gebrauchte [1]

Als die Niederländer nun daran denken mufsten, eine feste und bleibende Ordnung in den Sultanstaaten herzustellen, kam es darauf an, die Verwaltung so billig wie möglich einzurichten; da man der Herrschaft genugend versichert war, konnte man die Lander, die jetzt nichts mehr einbrachten, vielmehr durch die baren Zugestandnisse eine Burde und Last geworden waren, sich selbst uberlassen. Es genugte am Hofe von Ternate einige Beamten zu unterhalten, welche die Sultane uberwachten, und so viel militärische Besatzung, welche fur den Fall einer Palastrevolte zum ersten Widerstande ausreichend war.

Im Jahre 1661 war die gesamte Garnison in Ternate, Beamte und Militar einschliefslich aller besoldeten Diener, auf 200 Personen ermafsigt [2], und im Jahre 1664 war die Garnison 160 Personen stark, die Zahl, auf welche die Regierung sie herabgebracht zu sehen gewunscht hatte. [3]

Mit dieser geringen Zahl liefs sich zwar dauernd nicht auskommen, denn als die Verwaltung von Menado und Ost-Celebes und die Vertreibung der Spanier aus diesen Strecken, vor allem von der Insel Siau, mehr Mannschaft erforderte, war im Jahre 1675 das Personal in Ternate und seiner Dependenzen wieder auf 388 Köpfe angewachsen [4]; davon befanden sich 286 in Maleyo, 5 auf Tidor, 24 auf Makjan, 27 auf

---

[1] Die Indische Regierung an die Siebzehner Batavia, 5 September 1663. (Manuskript Reichs-Archiv Allg Bestuur 1663) Dieselbe an dieselben. 27 Januar 1664 (Manuskript Reichs-Archiv Allg. Bestuur 1664)
[2] Die Indische Regierung an die Siebzehner. Batavia, 20 Dezember 1661. (Manuskript Reichs-Archiv Allg Bestuur 1661.)
[3] Dieselbe an dieselben Batavia, 23 Dezember 1664 (Manuskript Reichs-Archiv Allg. Bestuur 1664)
[4] Dieselbe an dieselben. Batavia, 28 Februar 1675. (Manuskript Reichs-Archiv Allg Bestuur 1675)

Batjan, 8 auf Obi und 36 in Menado. Der Person des Sultans von Ternate versicherte man sich später durch eine Leibwache aus Europäern, die ihn überall hin begleitete, sollte sie angeblich dazu dienen, der Majestät besondern Glanz zu verleihen, so bedeutete sie in Wirklichkeit ihre strenge Überwachung, da der Befehlshaber der Leibgarde in täglichen Rapporten über alle Vorgänge im Palast an den Gouverneur berichtete. Der Ausfinder dieser Einrichtung bewies seine gute kaufmännische Schulung mit der Verpflichtung des Sultans, die Leibwache auf seine Kosten zu unterhalten. [1]

Die Festungen, welche bis dahin zur Sicherung des Gewürzhandels gedient hatten, wurden nunmehr eingezogen, dagegen auf einigen Stellen, wie auf Tidor, Makjan und Batjan, militarische Überwachungsposten in geringer Stärke errichtet.

Im übrigen wurden die bestehenden Gebräuche und Einrichtungen dem Volke gelassen, wie sie waren. Ihre unwichtigen Tributländer nahm man den Sultanen nicht ab, die für deren Verwaltung nach wie vor die Beamten ernannten. Die Dorfbewohner wählten ihre Häuptlinge fort, und diese ihren Regenten, den der Sultan zu bestätigen hatte. Die Abgaben und Tribute, welche früher in Gold, Silber und kostbaren Waren und in einträglichen Zöllen bestanden hatten, verringerten sich freilich; die alten Händler beschäftigten sich jetzt vornehmlich mit dem Fischfang und zahlten mit den Erzeugnissen, die sie dem Element abgewannen; die Ackerbauer gaben statt Geld und Gewürzen jetzt Reis, Sago, Öl oder Kokosnüsse.

---

[1] Die Indische Regierung schrieb am 23. November 1675 an die Siebzehner: „Der König erhält eine holländische Leibwache aus 12 Mann, Se Hoheit unterhält sie selbst.· (Manuskript Reichs-Archiv Allg. Bestuur) Bei dem raschen Sinken der Bedeutung der Sultane und ihrer Macht wurde die Leibwache in der Folge unnötig, die Einrichtung ist zwar der Form nach erhalten geblieben, noch heute stolziert eine Leibwache in abgetragener europäischer Militärkleidung vor dem Sultan einher, wenn er den Palast einmal verläfst, sie besteht aber aus Eingeborenen und natürlich ohne den Zweck der Überwachung Dagegen ist in den Sultanländern auf Java die Einrichtung noch in ihrer alten Bedeutung und Form vorhanden.

Während also in der Verwaltung, im Reichs- und Kom-
munalwesen alle althergebrachten Einrichtungen bestehen
blieben, die Grundlagen des Wohlstandes dagegen vernichtet
waren, auf denen Rechte und Pflichten einst erwuchsen, so
mußten die letztern jetzt schwerer werden, weil diese in vollem
Umfange bestehen blieben, jene aber aller materiellen Wohlfahrt beraubt waren.

Dieses Mißverhältnis ward in der Folge noch druckender,
nachdem die Großen des Landes ihren aus bessern Tagen
gesammelten Besitz[1] zum Teil durch die Intriguen der europäischen Beamten verloren[2], oder selber aufgezehrt hatten;
von diesem Zeitpunkt ab ward die Harte beim Eintreiben der
Tribute und Abgaben unerbittlicher.

Die Abgaben selbst konnten nun zwar nicht erhöht werden, aber die unentgeltlichen Dienstleistungen aller Art, zu
denen nach altem Herkommen die Regenten und Dorfvorsteher
die Einwohner berufen durften, wurden zahlreicher und haben
oft zu Widerstand und Aufruhr geführt. Solche Erhebungen
schlug man blutig nieder[3], ohne daß man in der Lage war,
den berechtigten Klagen Abhilfe zu schaffen, denn das Übel
lag in der Einrichtung, die man nicht beseitigen konnte.

---

[1] Wie groß noch trotz der vielen Erschütterungen der Wohlfahrt
und der unausgesetzten Kriege im einzelnen der Reichtum war, erhellt
aus einigen Angaben Valentijns; danach hatte die Prinzessin Gamalama,
eine Tochter Mandersahas, einen Gold- und Silberschatz von 3—4 Pikol
(Pikol = 125 Pfund), deren Halbbruder Toluko besaß beim Regierungsantritt (1692) noch 500000 Thaler bares Vermögen. Als im Jahre 1681
König Amsterdam gefangen genommen wurde, und die Königin ihn mit
Öl zu salben gerade beschäftigt war, hatte sie zu diesem Zwecke zwei
Brillantringe vom Finger gestreift, die in der Verwirrung von ihr vergessen und danach von den Soldaten gestohlen wurden; sie hatten einen
Wert jeder von 5—6000 Thalern. Zwei Könige von Tidor, Hamza (um
1700) und Garcea (um 1708) hatten an die Gouverneure, welche ihnen
zum Throne verhalfen, ein fürstliches Vermögen geschenkt. Vgl. Valentijn, I, 205, 249, 259, 261, 511; II, 625.

[2] Jeder Thronwechsel kostete der obsiegenden Partei reiche Gaben
an den Gouverneur, der für die nötige Zwietracht unter den Großen
sorgte. Vgl. Valentijn, I, 276.

[3] Hongizuge der Sultane.

Mit der Durchfuhrung des Monopols, dem Verbote alles
Handels und aller freien Betriebsamkeit; mit der Exstirpation
der besten Erwerbsquellen waren die Grundlagen des Wohlstandes der Bevolkerung fur immer vernichtet; mit dieser Zerstorung verloren zugleich die Fursten die reichen Hilfsmittel,
durch welche sie ihr Ansehen bisher gestutzt hatten. Ihren
Widerstand gegen die Fremdherrschaft, welchen die Grofsen
in der Folge noch versuchten, mufsten sie aus dem eigenen
Besitz unterhalten, der desto rascher zusammenschmolz, je
weniger die zum Herrschen gewohnte Natur das harte Joch
der Abhangigkeit anfangs vertrug. Die kriegerische Anlage,
welche Erziehung und Ubung tief in die Natur der ternatischen
Bevolkerung gepflanzt hatte, ruhte nicht eher, bis sie auch
die letzten Krafte und Mittel in nutzlosen Kampfen vergeu-
det hatte.

Konig Mandersaha blieb wahrend seiner langen Regierungszeit der treue Freund und Bundesgenosse der Kompanie.
Wie er fur dieselbe seine Schutzlander von Amboina preisgegeben und hatte verwusten helfen, so zog er auch an ihrer
Seite in den Jahren 1667 und 1669 gegen die Selbstandigkeit
von Makassar zu Felde, um in diesem Kriege seine Hilfsmittel
zu vergeuden und seine Finanzen zu erschopfen.

Der Krieg gegen Makassar war, wie es De Vlaming vor-
hergesagt hatte, unumganglich geworden, wollte die Kompanie
dessen Mitbewerb um den Handel ganzlich vernichten. Langere
Zeit hatte man die Eroffnung desselben zwar hinzuhalten gesucht, und als schon die Makassaren durch Verfolgung, welche
sie durch Hustard auf Ceramlaut und Goram erfuhren, bewogen wurden, den dienstfuhrenden Kaufmann der Kompanie
aus Makassar zu vertreiben [1], suchte die Regierung die Aufregung zu beschwichtigen und den Frieden noch weiter auf-

---

[1] Die Indische Regierung an die Siebzehner. Batavia, 13 Dezember
1658. „Am 24. Mai ist der dienstthuende Kaufmann aus Makassar gefluchtet, da er seines Lebens nicht sicher war." (Manuskript Reichs-
Archiv. Allg Bestuur 1658.)

recht zu halten.[1] Der Kampf der Interessen hörte jedoch
nicht auf, auf beiden Seiten fortdauernd böses Blut zu erregen, und die Makassaren suchten durch Bündnisse gegen
die Übermacht der Niederländer sich zu verstärken. Schon
im Oktober 1661 kam ein makassarscher Gesandter nach
Gamalama, der um die Hand der Tochter des verstorbenen
Königs von Tidor für Kitschil Kalamata bat; diese Prinzessin
wurde von dem spanischen Gouverneur streng in Gewahrsam
gehalten. Es bestand der Plan, dafs Kalamata König von
Ternate und Tidor werden sollte. Man sandte in dieser Angelegenheit nach Manila, um Instruktionen einzuholen, jedoch
ging das Schiff auf der Fahrt unter, sodafs der Gesandte unverrichteter Sache nach Makassar zurückkehrte.[2]

In Makassar selbst reizten die Portugiesen und Engländer
den König und seine Regierung zum Widerstande gegen die
übertriebenen Anmafsungen der Niederländer auf. Die Portugiesen[3] waren vornehmlich in Makassar ansässig, und die
Engländer fingen um jene Zeit wieder an, ihre alten Besitzrechte auf Run (Banda-Gruppe) zu beleben, wobei sie sich
in Makassar Ratschläge holten.[4] Der rührigste von allen

---

[1] Dieselbe an dieselben. Batavia, im Januar 1659· „Wir haben
wieder mit dem König von Makassar unterhandelt und suchten den
Frieden noch einstweilen aufrecht zu halten." (Manuskript Reichs-
Archiv. Allg. Bestuur 1659.)

[2] Die Indische Regierung an die Siebzehner. Batavia, 26 Dezember 1662. (Manuskript Reichs-Archiv. Allg. Bestuur 1662)

[3] Die Indische Regierung an die Siebzehner. Batavia, 13. Dezember
1658. „Die Portugiesen sind bei der Feindseligkeit der Makassaren im
Spiele." (Manuskript Reichs-Archiv. Allg Bestuur 1658.)

[4] Die Indische Regierung an die Siebzehner. Batavia. 26 Dezember 1662· „Englische Schiffe sind von Makassam nach Run gefahren,
aber vom Korporal abgewiesen. Sie haben Protest erhoben und
124215 Pfd. St Schadenersatz gefordert. Sie warteten vor Nena, ohne
an Land zu kommen, den passenden Monsun ab und kehrten dann nach
Bantam zurück. Beide mal sind sie in Makassar gewesen, wo jedenfalls ihr Ratgeber Madna war der inzwischen gestorben ist. Auch
Kalamata haben sie schon bearbeitet. er hat aber eine Verbindung abgeschlagen. Am 6. Juli sind die Schiffe nach Bantam zurückgekommen."
(Manuskript Reichs-Archiv. Allg Bestuur 1662)

aber war Kalamata, der am Hofe von Makassar lebte. Im
Jahre 1664 beabsichtigte er in Verbindung mit den Englandern einen Anschlag auf Banda und Ceram[1], und als aus
dieser Unternehmung nichts wurde, uberfiel er im folgenden
Jahre mit etwa 1500 Mann die Sula-Inseln, nachdem er vorher seinen Bruder Mandeisaha zum Abfall von den Niederlandern aufgefordert hatte.[2]

Die Indische Regierung entschlofs sich gleichzeitig mit
der Vertreibung der Englander von Run im Jahre 1666[3] endlich zum Kriege und entsandte am 24. November 1666 eine
Flotte nach dem Osten, die 20 grofse und kleine Fahrzeuge
stark und aufser dem zahlreichen Schiffsvolk mit 500 Weifsen
und 300 inlandischen Soldaten bemannt war.[4] Den Befehl

---

[1] Die Indische Regierung an die Siebzehner Batavia, 23. Dezember
1664 „Kalamata soll den Englandern angetragen haben, sich mit ihnen
zu verbinden und sich auf Ceram niederzuschlagen. Wir haben nach
Banda Ordre geschickt, auf Kalamata zu fahnden und ihn im Betretungs-
falle mit seinen Leuten gefangen zu nehmen Banda wird mit 100 Mann
verstarkt." (Manuskript Reichs-Archiv. Allg. Bestuur 1664.)

[2] Die Indische Regierung an die Siebzehner. Batavia, 25 Januar
1667 „Im Jahre 1665 haben die Makassaren die Sula-Inseln uberfallen
und Sulabesi abgelaufen Der Konig von Ternate war vorher darum
angegangen, von den Niederlandern abzufallen Kalamata fuhrte danach
1000—1500 Mann nach der Sula-Gruppe, um sich hier festzusetzen,
spater verlautete, dafs zwei vornehme Makassaren die Fuhrer gewesen
seien" (Manuskript Reichs-Archiv. Allg. Bestuur 1667.)

[3] Die Indische Regierung an die Siebzehner Batavia, 25 Januar
1667 „Am 10 Dezember 1666 haben wir uns der Englander auf Run
bemachtigt; die Insel ist demnach wieder in den Besitz der Kompanie
gekommen Die Englander hatten bereits 6000 Muskatbaume angepflanzt, davon waren 1000 Stuck schon ausgeschlagen " (Manuskript
Reichs-Archiv Allg. Bestuur 1667.)

[4] Die Indische Regierung an die Siebzehner. Batavia, 25 Januar
1667 „Zur Sicherung unserer ostlichen kostbaren Besitzungen mufsten
wir aufs neue eine navale Macht ausrusten, eine Flotte von 20 Fahrzeugen so grofs als klein, mit 500 Weifsen und 300 inlandischen Soldaten Wir hatten uber diese bedeutende Macht Johann van Dam zum
Befehlshaber designiert, da er aber auf seinem Verlangen beharrt, ins
Vaterland zuruckzukehren, so ist nun Cornelis Speelman, gewesener
Gouverneur von der Kuste Koromandel, zum Superintendenten der ost-

über diese Flotte führte Cornelis Speelman als Superintendent der östlichen Provinzen Makassarsche Gesandte erschienen aufs neue am Hofe zu Tidor und suchten den König zum Abfall zu bewegen, und da ohnehin eine Neigung bestand, dafs Tidor den Krieg gegen Ternate beginnen wollte, so sandte die Regierung besondere Kommissare nach den Molukken ab, welchen es glückte, den Frieden zwischen beiden Königen und die Freundschaft Saifodins (Regententitel von Golofino) neu zu befestigen.

Für den Kommandeur auf Ternate, van Voorst, der viel Schuld an dem Ausbruch des Zwistes getragen, trat Maximilian de Jong mit dem Titel Präsident an die Spitze der Verwaltung. [1]

In dessen Begleitung erschien der Superintendent Speelman am 14. März 1667 in Ternate. Ein neues und näheres Bündnis wurde mit dem Könige von Tidor gemacht und die beiden Könige völlig versöhnt. [2]

---

lichen Provinzen und Admiral ernannt Am 24 November 1666 ist die Flotte nach Makassar abgegangen Es ist unsere Meinung, dafs Speelman ihnen den möglichsten Schrecken einjage und es danach bald zum Frieden komme Wir versichern als gute Position Buton, dessen Vizekönig ein Vasall von Mandersaha und uns sehr zugethan ist." (Manuskript Reichs-Archiv. Allg. Bestuur 1667)

[1] Die Indische Regierung an die Siebzehner. Batavia, 25 Januar 1667 „Es waren makassarsche Gesandte in Tidor, um den König zum Abfall zu bewegen. Van Voorst, der dem König nicht traut, hat ihm Vorwürfe gemacht, dafs er die Gesandten nicht an die Kompanie ausgeliefert habe. Der König von Tidor hält sich für einen freien König, van Voorst ist zu weit gegangen, der König will nicht mehr im Kastell erscheinen. Die Neigung zum Kriege zwischen Ternate und Tidor war sehr hoch gestiegen, wir haben besondere Kommissare gesandt, um den Frieden aufrecht zu halten Van Voorst hat auf ihren Rat nicht hören wollen, und der König weigert sich, mit ihm zu unterhandeln. Wir haben daher an Stelle van Voorsts den Oberkaufmann Maximilian de Jong mit dem Titel Präsident in Ternate angestellt." (Manuskript Reichs-Archiv. Allg. Bestuur 1667.)

[2] Die Indische Regierung an die Siebzehner. Batavia, 5. Oktober 1667 „Speelman und Maximilian de Jong waren am 14 März 1667 in Ternate angekommen Ein neues und näheres Bündnis ist mit dem Könige von

Mandersaha wurde nun eingeredet, dafs die Makassaren seine Aufsenbezitzungen gefährdeten, sodafs der König rustete; die Kriegsbedurfnisse wurden ihm teuer angerechnet [1] Speelman wufste den König auch zu veranlassen, dafs er schriftlich die Kompanie darum ersuchte, den Krieg gegen die Makassaren mitmachen zu durfen, er schlofs sich darauf den niederländischen Schiffen mit seinen Korakoras an [2]

Während 2½ Jahre, welche der Krieg gegen Makassar dauerte, half ihn Mandersaha unaufhörlich mit treuer Anhanglichkeit fordern, er hatte seine Mittel bedeutend dadurch erschopft, sodafs ihm die Regierung Vorschüsse leisten mufste. [3]

Die schimpfliche Regierung Mandersahas erreichte ihr Ende mit dessen Tode am 3. Januar 1675 [4] Die Krone Ternates war durch diesen schwachlichen Fursten in den Staub erniedrigt; die besten Provinzen hatte er an die Niederländer

---

Tidor gemacht Die Könige sind versöhnt." (Manuskript Reichs-Archiv. Allg Bestuur 1667.)

[1] Die Indische Regierung an die Siebzehner. Batavia, 25. Januar 1667: „Mandersaha kampft gegen die Makassaren. Es ist ihm eingeredet, dafs diese seine Aufsenbesitzungen gefährden, die Kriegsbeduifnisse werden ihm teuer angeiechnet." (Mannskript Reichs-Archiv. Allg. Bestuur 1667)

[2] Die Indische Regierung an die Siebzehner Batavia, 5. Oktober 1667: „Mandersaha macht auf sein Ersuchen den Krieg gegen Makassar mit und hat sich unsern Schiffen mit seinen Korakoras angeschlossen, er ist stark 500 ternatische, tidorische und batjansche Krieger. · (Manuskript Reichs-Archiv. Allg. Bestuur 1667)

[3] Die Indische Regierung an die Siebzehner Batavia, im Januar 1669: „Der König Mandersaha hat wahrend der drittehalb Jahre, welche der Krieg gegen Makassar gedauert hat, ihn unaufhorlich mit treuer Anhanglichkeit fordern helfen. Er hat seine Mittel dadurch bedeutend erschopft Wir haben ihm daher Vorschusse leisten mussen." (Manuskript Reichs-Archiv. Allg Bestuur 1669.) Der Rest dieser Schuld betrug im Jahre 1679 noch 102000 Gulden.

[4] Die Indische Regierung an die Siebzehner Batavia, 25 September 1675 „Am 3. Januar ist Mandersaha gestorben Prinz Amsterdam, durch Mandersaha selbst zur Krone bestimmt ist ihm nachgefolgt Er hat den Vertrag, zwischen seinem Vater und der Kompanie bestehend, bekraftigt. Er ist uns zugethan und durfen wir das Beste von ihm hoffen. Wie Kalamata in Makassar sich zu dieser Wahl stellen wird, mufs die Zeit lehren " (Mannskript Reichs-Archiv. Allg Bestuur 1675.)

verraten, alle Einkünfte, Zölle und Abgaben, ihnen ausgeliefert und sein Volk arm und elend gemacht; er war ohne Widerstand zu versuchen so weit gekommen, wie es Coen einst von den indischen Fürsten verlangt hatte, als er den Siebzehnern schrieb. „wir müssen sie dahin bringen, dafs sie ihr Brot aus der Hand der Kompanie essen". Was diese ihm für seine schimpfliche Ergebenheit zugebilligt hatten, das mufste er gleichfalls nach ihren Wünschen verzehren; sie liefs ihm nichts übrig, als Mangel. Wollte der König seine Jahresgelder besser anwenden, seine Einkäufe nach seinem Willen ausführen, so wurde ihm solche Freiheit nicht gewährt; die Kaufleute der Kompanie sorgten dafür, dafs seine Einkünfte auf alte Schuld abgerechnet, seine Bedürfnisse auf neue Schuld angerechnet wurden. [1]

Dem drückenden Mangel zu entgehen, hatten die ternatischen Grofsen im Jahre 1663 nach der Vertreibung der Spanier darum ersucht, wiederum Nelken zu bauen, da kein Grund nach der Entfernung der Spanier für die Verweigerung mehr bestunde, dies wurde ihnen natürlich abgeschlagen, da man Bettler aus ihnen machen wollte. [2]

Vergeblich wiederholte der König während seiner ersten

---

[1] Gouverneur Cos an die Indische Regierung. Batjan, 31. August 1656: „Der König hat seine 6000 Realen in Kleidern zum üblichen Preise angelegt. Zur Heirat mit einer Tochter von Tidor, welche uns so sehr angenehm gewesen wäre, hat er gar keine Lust. 4—5000 Realen, welche er der Prinzessin verehrte, hat er unnütz verschwendet. Mandersaha und andere haben so viel Geld in Kleidern angelegt, dafs unsere Kasse einen Barbestand von 30000 Realen (90000 Gulden) hat wir haben 20000 Realen nach Amboina gesandt.' (Manuskript Reichs-Archiv. Briefe Ternate 1656.)

Die Indische Regierung an die Siebzehner. Batavia, 23 Dezember 1664: „Mandersaha will zum Einkauf nach Batavia senden, weil ihm unsere Preise in Ternate zu teuer seien und er seine jährlichen 12000 Realen besser verwenden möchte Dies wird ihm aus dem Sinn gebracht werden " (Manuskript Reichs-Archiv. Allg. Bestuur 1664.)

[2] Die Indische Regierung an die Siebzehner. Batavia, 5 September 1663: „Die ternatischen Grofsen haben darum ersucht, jetzt wieder Nelken zu bauen, da die Spanier fort seien, was ihnen abgeschlagen wurde." (Manuskript Reichs-Archiv. Allg Bestuur 1663.)

Regierungszeit den Versuch, der Last und Sorge sich zu entschlagen, indem er die Krone bei Lebzeiten an seinen Sohn
Amsterdam abtreten wollte[1]; die Niederländer verhinderten
dies, weil sie nicht vor der Zeit ein so gutes Werkzeug verlieren mochten, erst der Tod erlöste den König von der
Knechtschaft und Not, womit er die Krone und sein Volk
selber beladen hatte.

(1675—1690.) Der neue König Sibori, oder Amsterdam,
wie er von den Niederländern gewöhnlich genannt wird, versprach im Anfange seiner Regierung durch die Fügsamkeit,
womit er sich den Wünschen der Niederländer bequemte, das
beste Einvernehmen mit denselben zu unterhalten. Er half
das Interesse der Kompanie fordern, die ihr Augenmerk auf
die Nord- und Ostküste von Celebes damals gerichtet hielt
und die Garnison von Ternate zu dem Zwecke verstärkte, um
den Einfluß des Königs in seinen Schutzländern und Tributstaaten auf der genannten Küste und den derselben nahe
gelegenen Inselgruppen Sangi, Talaut und Siau kräftig zu
unterstützen. Dieses Bemühen der Indischen Regierung mußte
Amsterdam und den Grofsen von Ternate desto angenehmer
sein, als ihr vermehrter Einfluß in ihren Schutzländern in
etwas den Verlust zu ersetzen versprach, welchen sie durch
die Exstirpation der Nelkenwälder erlitten hatten.

Diese Gebiete waren noch wenig durch die Kriege in den
Molukken geschadigt und den Niederländern erst während der
Kämpfe mit den Makassaren bekannter geworden.

Menado (Nord-Celebes) zeichnete sich durch einen Reichtum an Reis, dem in den indischen Tropen so unentbehrlichen
Lebensmittel, aus; man kaufte dort eine Last (30 Hektoliter)
für den geringen Preis von 12—13 Realen (36—39 Gulden)
und konnte statt baren Geldes mit Kleidern zahlen, an denen
über 100 Prozent Nutzen gewonnen wurden.[2]

---

[1] Dieselbe an dieselben, l c, 1663. „Mandersaha hat schon verschiedene mal die Regierung an seinen Sohn Amsterdam abtreten wollen,
was wir jedoch zu verhindern suchen.“

[2] Auf Menado wird zum ersten mal in dem Berichte der Regierung

Auch die Landschaften an der Tomini-Bucht produzierten viel Reis und waren gleich Menado durch eine arbeitsame Bevölkerung bewohnt.[1]

In den Landschaften Gorontalo und Limbotto bestand ein Uberfluſs an Büffeln, die der Bevolkerung als Last- und Schlachtvieh dienten; für einen feisten Büffel zahlte man mit Kleiderstoffen gegen 2 Faden (3 Meter) oder in Geldeswert etwa 8—10 Gulden.[2]

Die Erwerbung so billiger Lebensmittel bei ausgezeichneter Güte lieſs vermuten, daſs jenen Gegenden besondere Fruchtbarkeit eigen sein musse. Das Gleiche muſste von den genannten Inselgruppen gelten, die zwar nicht Reis und Schlachtvieh hervorbrachten, aber schon durch ihre Kokospalmen beruhmt waren, die sonst nirgends so gut und hier ohne menschliche Hilfe vorzüglichst gediehen.[3]

Ein anderer Grund, weshalb die Regierung diese Strecken enger an die Kompanie verbinden wollte, lag in dem teilweisen Besitz. den die Spanier hier noch hatten; ihnen gehörte die Insel Siau, auf der auch Nelken wuchsen.[4]   Mit

---

an die Siebzehner vom Jahre 1654 hingewiesen· „Es ist Aussicht vorhanden, daſs Ternate' aus Menado eine gute Quantitat Reis erhalt, gegen 13—14 Realen in Kleidern für die Last." Anhang, S. CXIV.

Dieselbe an dieselben. Batavia, 20. Dezember 1661: „Der Reis kostet in Menado 12 Realen (36 Gulden) die Last." (Manuskript Reichs-Archiv. Allg Bestuur 1661.)

Dieselbe an dieselben. Batavia, 30. Januar 1662: „Nach Menado hat Gouverneur Cos eine Expedition unternommen, um die Einwohner zu zwingen, daſs sie an den Strand kommen und fur uns Reis bauen; es hat aber nicht glücken wollen." (Manuskript Reichs-Archiv. Allg. Bestuur 1662.)

[1] Valentijn, I, 204, 207.

[2] Valentijn, I, 219.

[3] Valentijn, I, 184.

[4] Auf der Insel Siau gab es vier Dorfer. In Pehe, auf der Westseite, residierte der König; ferner lagen Onder und Lehu auf der Westseite; Ulu mit groſser Reede auf der Ostseite Im Jahre 1705 konnten diese vier Ortschaften 1070 Bewaffnete stellen, Ulu 500, Pehe 300, Onder 160 und Lehe 110. Die Insel hatte also gegen 4000 Bewohner. Der König von Siau besaſs auch die Insel Kabruang, die südlichste der Talaut-Gruppe, die 300 Bewaffnete stellen muſste, und ferner auf der

ihrer Hilfe hatte der König dieser Insel bereits auf Sangi [1]
sich festgesetzt, wo er die Landschaft Tamako mit der gleichnamigen Negerei im Südwesten besafs, und auf der Küste von
Celebes die Landschaft Bolan Itam erworben Hierzu kam
noch, dafs die Spanier selbst in Menado Anspruch auf Tribut
im Namen ihres Königs erhoben [2]

Die Spanier nun aus diesen Strecken zu verdrangen,
konnte nichts so geeignet sein, als wenn Amsterdam die alten
ternatischen Besitzrechte mit Waffengewalt wiederherstellte.
Auf dieses Ziel richtete sich daher zunächst die Politik der
Indischen Regierung.

Ostkuste Celebes die Landschaft Bolan Itam Die Insel ist sehr gebirgig
und hat in ihrer Mitte einen thatigen Vulkan Jesuiten wirkten fur die
Ausbreitung des Christentums, einer lebte in Pehe, ein anderer in Ulu
und ein dritter in Bolan Itam. Mit Hilfe der Spanier hatte der König
von Siau auf Sangi die Landschaft Tamako erobert, und da er ein
Schwiegersohn des mächtigsten Fursten auf Sangi, des Konigs von Tabukan, war, so hatte er Aussicht genug, diesen Besitz mit der Zeit zu
erweitern.

Im Jahre 1616, wie bekannt, raubten die Niederlander Personen
auf Siau, um Banda zu bevölkern.

Vgl. Valentijn, I, 183

[1] Auf Sangi waren von alters her zwei Konige Calongan' und Tabukan; um das Jahr 1670 gab es deren sieben· Candahar, Taruna, Calongan, Mangenitu, Cajuhi, Limau, Tabukan und Saban. Von diesen
kleinen Reichen horten nach 1680 Saban, Limau und Cajuhi zu existieren auf; Saban wurde völlig ausgerottet, Limau kam wieder zu Taruna
und Cajuhi wieder zu Mangenitu, wozu sie fruher gehort hatten Von
den Fursten auf Sangi war der Konig von Tabukan der machtigste; er
hatte auch den meisten Besitz auf der Talaut-Gruppe. Wahrend er
gegen 3000 Bewaffnete stellen konnte, verfugten die ubrigen Fursten
insgesamt etwa uber 8000 wehrbare Manner, einschliefslich der Kontingente von Talaut Tabukan auf der Ostseite und Taruna auf der
Westseite bildeten gute Hafen; die sehr gebirgige Insel besitzt einen
thatigen Vulkan Vgl. Valentijn, I, 180 fg

[2] Die Indische Regierung an die Siebzehner, 1654· In Menado war
der Spanier Barthelo de Saisa um Tribut in Reis im Namen des Konigs
von Spanien zu fordern. Der Furst von Menado hat uns Freundschaftsbundnis angetragen und um Errichtung eines Kontois in seinem Lande
gebeten, was zugestanden wurde." Anhang, S CXIV

Schon während der Regierungszeit Mandersahas waren die ersten Schritte geschehen zu dem Werke, das Amsterdam ausfuhren und vollenden sollte. Nachdem die Völker von Siau, Taruna und Saban im Jahre 1666 bewogen waren, um die niederlandische Protektion nachzusuchen, war ihnen diese unter der Bedingung zugesagt, dafs die Nelkenbäume auf Siau ausgerottet werden mufsten [1] Mit Tabukan war gleichfalls unterhandelt; auch gab Mandersaha seine Zustimmung zu einer Heirat seines Sohnes Amsterdam mit einer Tochter jenes Königs. Als diese Verbindung im Jahre 1675 vollzogen ward, hatte man etwaigen Erbanspruchen, die der König von Siau als Schwiegersohn etwa auf Tabukan erheben möchte, damit begegnet, und, was mehr wert war, man hatte den König von Tabukan als Freund gewonnen, dem es keine geringe Ehre war, der Schwiegervater seines Oberherrn zu sein. [2]

Nach diesen vorbereitenden Schritten sah die Regierung bald ihren Anhang genügend gewachsen, um zu der gewaltsamen Vertreibung der Spanier fortzuschreiten; der König von Siau selbst war für den Plan gewonnen. [3] Mit diesem Bundesgenossen konnte wirksamer und mit mehr Heimlichkeit

---

[1] Die Indische Regierung an die Siebzehner Batavia, 25. Januar 1667. „Die Völker von Taruna, Saban und Siau, welche den Spaniern unterthan waren, haben um unsere Protektion ersucht Taruna und Saban bringen Klappusol fort Auf Siau sind noch zwei romische Priester anwesend, die wir benutzen konnen, wenn die spanische Regierung, was zu erwarten steht, Beschwerde fuhrt Auf Siau sind noch viel Nelkenbaume, welche ausgerottet werden sollen, als Bedingung, unter der wir die Insel in unsern Schutz nehmen " (Manuskript Reichs-Archiv Allg Bestuur 1667)

[2] Dieselbe an dieselben Batavia, 23 November 1675 „Konig Amsterdam hat eine Tochter des Konigs von Tabukan geheiratet, wozu sein Vater schon die Zustimmung gegeben hatte." (Manuskript Reichs-Archiv Allg Bestuur 1675)

[3] Dieselbe an dieselben Batavia, 13 Februar 1679· „Die Spanier sollen von Siau vertrieben, ihre Festung vernichtet werden, der Konig von Siau ist im Bunde " (Manuskript Reichs-Archiv Allg Bestuur 1679)

der Uberfall in Scene gehen, der denn auch durch eine entsetzliche Metzelei alle Spanier auf der Insel beseitigte.[1]
Waren die Niederländer bei diesem Blutdrama nur die
unsichtbaren Leiter gewesen, so wollten sie die Fruchte doch
ganz allein geniefsen. Kaum war die Anerkennung Amsterdams in den kleinen Reichen hergestellt, so wurde der König
auch schon genötigt, alle gewonnenen Landschaften an die
Kompanie abzutreten. Er wurde dazu durch das Mittel gezwungen, das immer wieder verfing, indem man ihn wegen
seiner Schulden drängte und damit drohte, die jahrlichen
Unterstutzungsgelder nicht weiter zu zahlen. Auf diese Weise
kam es am 11. November 1677 zu einem ersten Vertrage,
in dem der König die Landschaften Gorontalo und Limbotto
auf Celebes und Tabukan auf Sangi an die Kompanie abtrat.[2]
Gleich nach dem Morde der Spanier folgte dann auch die
Abtretung Siaus und Menados.[3]

---

[1] Dieselbe an dieselben. Batavia, im Januar 1680. „Das was uber
den Mord der Spanier auf Siau aus Ternate mitgeteilt worden ist, hatte
durch sekreten Brief geschehen mussen." (Manuskript Reichs-Archiv
Allg. Bestuur 1680.)

[2] Die Indische Regierung an die Siebzehner Batavia, 19. Marz 1683:
„Mit König Amsterdam und seinen Bobatis wurde im Jahre 1676 verhandelt und ihnen die Artikel 7 und 8 des Vertrags vom Jahre 1607
vorgelesen, welche lauten :
    Artikel 7. Die Unkosten, welche gethan sind und noch gethan
        werden im Kriege, mussen die Ternater bezahlen, sobald sie
        dazu das Vermogen haben, woruber die Entscheidung den Herren
        Staaten zustehen soll.
    Artikel 8. Die Garnisonen, welche hier gelassen werden, sollen aus
        den Zollen von den Ternatern oder in den Landen von der
        Krone Ternate bezahlt werden.
Wir stellten dem König vor, dafs hieraus folge, dafs die den Ternatern
fruher zugebilligten 4000 Realen jahrlich mit Unrecht gezahlt seien. Es
kam zu Hin- und Herreden hieruber. In Gegenwart des Gouverneurs
Hurdt aus Amboina wurde dann am 11. November 1677 ein Vertrag gezeichnet, worin Gorontalo und Limbotto, sowie Tabukan an uns abgetreten wurden." Anhang, S. CXXXVII.

[3] Dieselbe an dieselben. Batavia, 13. Februar 1680· „Die Radjas
von Menado haben im Marz 1679 einen Besuch im Kastell gethan; sie
haben sich der Hoheit des Konigs Amsterdam entzogen und sich unter

Der Konig und die Grofsen erlitten dadurch an ihren
Einkunften eine empfindliche Einbufse, indes die Schuldenlast durch den Krieg gewachsen war; zudem war das Reich
in seinem Bestande aufs neue beschrankt worden. Um die
ernsten Gedanken, welchen der König uber seine Kriege sich
hingab, die seine Schulden vermehrten, sein Reich verklei-
nerten, und ihm somit nur Schaden und den Bundesgenossen
den Vorteil eintrugen, zu beschwichtigen, entschlofs sich die
Regierung, ihm die Halfte seiner Schulden, die sich insgesamt
auf 102 000 Gulden beliefen, zu erlassen.[1] Glaubte sie damit
genug gethan zu haben, so konnte mit dieser geringen Abfindung weder dem Konige, noch den Grofsen gedient sein,
die wohl wufsten, dafs die Regierung es in ihrer Macht hatte,
nach ihrem Willen die Schulden durch einen neuen Krieg
wieder anwachsen zu lassen. Die winzige Summe konnte auch
in keiner Weise als ein entsprechendes Äquivalent fur die
verlorenen eintraglichen Provinzen betrachtet werden. Es be-
machtigte sich daher der Gemuter eine tiefgehende Erbitterung, die zu dem verzweifelten Entschlusse zu reifen schien,
dem machtigen Bedrucker den letzten Raub wieder abzu-
trotzen.

Die ersten Anzeichen einer auflehnenden Haltung wurden schon im Laufe des Jahres 1679 erkennbar, als die
Grofsen und selbst der Konig die Briefe aus Batavia anzunehmen verschmahten, und niederlandischen Unterthanen von
ternatischen Burgern ubel begegnet ward.[2]

---

unsere Herrschaft begeben. Die bezuglichen Kontrakte sind bereits gezeichnet, die Euer Edlen sicherlich behagen werden. Die Billigung von
Konig Amsterdam in den Abstand von Menado und Siau findet bei
den Grofsen ernsten Widerstand." (Manuskript Reichs-Archiv. Allg.
Bestuur 1680.)

[1] Dieselbe an dieselben. Batavia, 13 Februar 1679 „Se Hoheit
schuldet der Kompanie 102 000 Gulden, aufserdem hat er Schulden bei
Partikulieren Es entstehen daruber ernste Bedenken bei dem Konige,
sodafs wir glauben, um ernsten Verwickelungen zuvorzukommen, dafs wir
ihm die Halfte seiner Schuld, also 51 000 Gulden erlassen. Danach
wollen wir ein Drittel seiner Jahreseinkunfte zuruckbehalten.· (Manuskript Reichs-Archiv. Allg. Bestuur 1679.)

. [2] Die Indische Regierung an die Siebzehner. Batavia, im Dezember 1679.

Diese feindseligen Äufserungen genugten dem Gouverneur Padbrügge, der derzeit die Verwaltung in Ternate fuhrte, eine ernste Erhebung fur nahe bevorstehend und deren rasche gewaltsame Unterdrückung für geboten anzusehen. Am 11. Juni, einem Sonntage, liefs er unter dem Schein der sonntaglichen Parade seine Truppen an den Strand von Maleyo fuhren und bemächtigte sich der ternatischen Korakoras, die samtlich verbrannt wurden. Auf ihrem Rückmarsch in die Festung griff dann der ternatische Hauptmann Beccari die Truppen an, um die geschehene Vergewaltigung zu rächen, wobei es zu einem regelrechten Kampfe kam.[1]

Allerdings war Padbrugge durch sein rasches Handeln einer Erhebung der Ternater zuvorgekommen, wenn eine solche wirklich beabsichtigt war, zugleich hatte er aber dadurch den Krieg unvermeidlich gemacht. Er konnte zwar mit kaltem Blute einen Kampf beginnen, bei dem die Ternater in jedem Falle zu kurz kamen, die wie Verfolgte und Rauber aus dem Hinterhalte fechten, in Schluchten und Waldern Zuflucht suchen mufsten, weil ihnen jede Moglichkeit fehlte, ihre Streitkrafte zu sammeln oder Bundesgenossen zu werben, und sie obendrein ohne die Niederlander nichts mehr zu einer ordentlichen Kriegfuhrung besafsen, weder Waffen und Munition, noch auf die Dauer genugend Lebensmittel.

Bestand die Absicht, die Konige kleiner zu machen, so kam es nicht auf das Mittel an, das dazu dienen mufste Die Absicht, die Konige aufs neue in ihrem Ansehen zu erniedrigen, war aber durch Padbrugge in den letzten Jahren standig verfolgt. Wie Ternate seine westlichen Besitzungen

---

„Der Konig und die Grofsen verachten die Briefe, welche aus Batavia kommen Es sind verschiedene Feindseligkeiten gegen unsere Unterthanen gepflogen." (Manuskript Reichs-Archiv Allg. Bestuur 1679.)

[1] Dieselbe an dieselben, l c, 1679 „Am 11 Juni, einem Sonntage, hat Padbrugge unterm Schein der allsonntaglichen Parade durch eine Kompanie die ternatischen Korakoras verbrennen lassen Als die Kompanie davon zuruckkehrte, ist auf dieselbe von einem ternatischen Kapitan Beccari geschossen, wobei es zu einem regelrechten Kampfe gekommen ist."

hergeben mufste, so wurde der König von Batjan dazu gedrängt, gegen die leicht corrigierbare Entschädigung einer
jährlichen Vergütung von 420 Realen die Obi-Gruppe an die
Kompanie abzutreten [1], und nur weil man die fernab liegenden
östlichen Besitzungen Tidors nicht zu nutzen wufste, beschränkte man sich hier darauf, des Konigs und seiner Regierung sich immer versichert zu halten und auf die geeignete
Thronnachfolge zu achten.[2]

Gegen Ternate war ein nochmaliger Krieg das beste und
billigste Mittel, die ungerechtfertigsten Ansprüche wirksam
durchzusetzen.

Mit bittern Worten klagte denn auch der König in einem
Briefe, den er von Sula aus an den Gouvernem richtete,
wohin er mit den Seinen zunächst geflohen war, diesen als
den Urheber der neuen Truheln an und beschuldigte ihn einer
hinterlistigen Regierungsweise.[3] Dies Unrecht mochte auch
der Indischen Regierung bei ihrem Entschlusse nicht fern
liegen, als sie in kurzem Padbrugge aus Ternate abberief,
damit die Friedensunterhandlungen durch einen Beamten ge-

---

[1] Die Indische Regierung an die Siebzehner Batavia, 13. Februar 1679
„Der König von Batjan hat Obi und dabei gelegene Inseln Bellanbellau,
Lapa, Saombay (oder Obi-Latu) und die Schildpat-Inseln, Cilelia oder
Maicha, Awonoa und Bacassasamu an uns abgetreten Hierfur geben
wir dem König jährlich 500 Thaler, einschliefslich der 80 Thaler, welche
er für Nelken bisher bezogen hat “ (Manuskript Reichs-Archiv. Allg.
Bestuur 1679)

[2] Dieselbe an dieselben, l. c., 1679: „König Saifodin hat ein Gespräch mit dem Sekretär Lofsang gehabt, dem Könige ist es Ernst damit,
seinem Sohne, dem Prinzen Ceram, die Krone nachzulassen, obwohl sein
Sohn Gariano und noch zwei andere mannbare Söhne von vornehmeren
Frauen abstammen. Es wird derjenige König, welcher der Kompanie
Unterstützung auf seiner Seite hat Prinz Ceram wird arger Schelmerei
beschuldigt.“

[3] Dieselbe an dieselben Batavia, im Dezember 1679 „Der König
ist geflohen, er hat an Padbrugge einen Brief gerichtet, worin er denselben beschuldigt, dafs er durch seine hinterlistige Regierungsweise der
Anstifter der Unruhen sei Der König will nur mit dem Generalgouverneur unterhandeln. Er ist mit den Seinen nach den Sula-Inseln entwichen.“ (Manuskript Reichs-Archiv. Allg. Bestuur 1679.)

führt wurden, gegen den der König und die Grofsen nicht eingenommen waren.[1]

Mit erschreckender Genauigkeit befand sich dieser Vernichtungskrieg auch in Ubereinstimmung mit dem Punkte des Programms der Siebzehner, der auf die Verringerung der Jahresgelder und auf Erreichung der Vasallenschaft der Krone Ternates gerichtet war. Dies beweist der Ausgang, welchen der Krieg nahm, nicht allein, sondern die eigene Erklarung der Indischen Regierung, die dieses Ziel von vornherein als die Bedingung für den neuen Frieden aufstellte.[2]

Wie es in allen bisherigen Kriegen die Gewohnheit gewesen war, derjenigen Elemente sich zu versichern und möglichst unter der Hand lastige Gegner zu beseitigen, welche am meisten zu fürchten waren, die den Krieg vielleicht kostspieliger machten oder dem erwunschten Friedensabschlusse hinderlich sein mochten, so versuchte man auch jetzt der besonders feindlichen Prinzen Latibi, Gilolo, Maleyo und Toluko habhaft zu werden, wahrend gegen einen andern gefahrlichen Gegner, eine hohe Personlichkeit „N. N.", von der Indischen Regierung Befehl nach Ternate erging, diese Personlichkeit mit Vorsicht auf die Seite zu schaffen.[3] Die Genossenschaft

---

[1] Dieselbe an dieselben. Batavia, im Januar 1680. „Padbrugge haben wir nach Banda versetzt, die neuen Verhandlungen fuhrt besser ein neuer Beamter, gegen den der Konig nicht eingenommen ist." (Manuskript Reichs-Archiv. Allg. Bestuur 1680.)

[2] Die Indische Regierung an die Siebzehner. Batavia, im Januar 1680 „Kommt es mit Ternate zum Frieden, so wird der Gouverneur beim Friedensschlufs die jahrliche Vergutung, welche der Konig und seine Grofsen aus den alten Vertragen genossen, der nahern Entscheidung der Regierung in Batavia vorbehalten und dies ausdrucklich in das Friedensinstrument aufnehmen " (Manuskript Reichs-Archiv. Allg. Bestuur 1680.)

[3] Dieselbe an dieselben, l. c., 1680. „Es wird zweckmafsig sein, die Hauptrebellen, die Prinzen Latibi, Gilolo, Maleyo und Toluko, nach hier kommen zu lassen, auch andere noch, welche den Konig verleitet haben. Es ist auch nach Ternate Befehl ergangen, dafs es wunschenswert ware, eine bestimmte hohe Person N. N. auf die Seite zu bringen, jedoch mit Vorsicht "

Ich nehme an, dafs unter dieser Person N. N. der Prinz Rotterdam gemeint war, ein begabter, kriegstuchtiger Furst, der den Niederlandern Sorge machte Vgl. Valentijn, I, 516 Rotterdam starb in der Ver-

beruhmter niederlandischer Kaufleute, auf deren Reichtum, Glanz und Gröfse die gebildete Welt Europas staunend sah, schreckte nicht mehr vor Gift und Dolch zurück, wo es dem Nutzen der Edlen Kompanie dienlich sein konnte. Hatte das damalige Europa von den Strömen Blutes und den Verwustungen in Indien mehr gewufst, woraus ihre Macht und Gröfse sich so glanzvoll erhob, es wäre mit seiner Bewunderung gegen die vornehmen Manner der Niederlande gewifs zuruckhaltender gewesen; weil man aber die indischen Kriege und Eroberungen als Unternehmungen zur Wahrung berechtigter Interessen ansah, oder wohl gar zum Heile der indischen Volker selbst dienlich hielt, diese Kriegsthaten ihren Urhebern gerade das gröfste Lob eintrugen und alle aufsern Erfolge als das Produkt bedeutender Thatkraft und weitblickenden Unternehmungsgeistes bewundert wurden, so galten die leitenden Kreise in den Niederlanden fur die besten und vorzuglichsten in dem civilisierten Europa.

Die geheimen Nachstellungen nach unbequemen Personen in der Umgebung und im Rate des Konigs von Ternate wurden mit Eifer fortgesetzt und auch die militärische Verfolgung durch umfassende Unterstutzung aus Batavia gefordert.[1] Trotzdem gelang es erst im Jahre 1681 des Konigs und der meisten Prinzen und Grofsen sich zu bemächtigen, da infolge der Erhebung in den westlichen Provinzen, die sich gleichfalls gegen die niederlandische Herrschaft auflehnten, der Aufruhr über weite Gebiete sich ausgedehnt hatte, wodurch eine mehrfache Teilung der Streitkrafte bedingt ward. Als ein besonders gunstiger Umstand mufste die absolute Ruhe in Tidor und Amboina betrachtet werden, wo alle Neigung zur Auflehnung gegen den fremdlandischen Bedrucker bereits erstorben war.[2]

---

bannung auf Ceylon im Jahre 1707, sein Ableben zeigte die Regierung den Siebzehnen an in ihrem Berichte vom 25. November 1708. (Manuskript Reichs-Archiv. Allg. Bestuur 1708.)

[1] Die Indische Regierung an die Siebzehner. Batavia, im Januar 1681 „Wir haben mit Ernst die Verfolgung der Ternater fortgesetzt, und daher 500 Soldaten nach Ternate und Amboina geschickt." (Manuskript Reichs-Archiv Allg Bestuur 1681.)

[2] Dieselbe an dieselben Batavia, im Dezember 1679 „Der alte

Durch die Gefangennahme des Königs konnte der Krieg als beendigt gelten, da die wenigen Flüchtlinge, welche sich danach nicht sogleich unterwerfen wollten, zu einer feindlichen Äufserung zu ohnmächtig waren, sie durften dagegen nicht auf Gnade rechnen, man fing und fusilierte sie einzeln.[1]

Die erste besondere Ratsversammlung, in der die Regierung in Batavia über die Bedingungen des Friedensschlusses beriet, fand am 29. Januar 1682 statt. Sie hatte vornehmlich die Frage zum Gegenstand, ob es nicht im Interesse der Kompanie liege, das Königtum in Ternate gänzlich zu beseitigen und Ternate wie Amboina durch einen Rat von Orangkajas zu regieren, in dem der Gouverneur präsidierte. Von dieser Mafsregel wurde jedoch abgesehen, und zwar gerade des Ansehens wegen, welches das Königtum Ternate in der ganzen Welt genofs.[2] Es mochte die Regierung wohl weniger die Gewalt furchten, dies Ansehen zu zerstoren, als sie bei ihrem Entschlusse von dem Gedanken geleitet ward, selber aus diesem Ansehen für ihre Verwaltung im Osten Nutzen zu ziehen; denn wenn sie dieses Ansehen zerstörte, so mufste sie desto mehr Soldaten hinsenden, welche Ruhe und Ordnung aufrecht erhielten.

Auf diese erste Versammlung folgte eine weitere und zwar abschliefsende Beratung am 17. Februar. Die Regierung entschied sich für Amsterdam als die geeignetste Personlichkeit, der man die Krone wieder ubertragen konnte, die er aber nunmehr als ein jederzeit widerrufbares Lehn aus der

---

Konig Saifodin von Tidor ist auch sehr mifsgestimmt hat aber doch sich bemuht, die Eintracht herzustellen." (Mauuskript Reichs-Archiv. Allg. Bestuur 1679.)

Dieselbe an dieselben Batavia, im Januar 1680 „Wir haben auch die Tidorer gewarnt, sich von den ternatischen Trubeln fernzuhalten." (Manuskript Reichs-Archiv. Allg Bestuur 1680.)

[1] Artikel 14 des Vertrags von 1683· „Die Rebellen des letzten Aufstandes, welche noch fluchtig sind, sollen spater gestraft werden." Anhang, S. CXXXIX

[2] „Die Indische Regierung an die Siebzehner. Batavia, 19. Marz 1683", Anhang, S. CXXXVII.

Hand der Kompanie mit der Verpflichtung empfangen sollte, jedes Jahr den Eid der Treue zu erneuern.

Es wurde sodann nötig erachtet, dafs alle bosartigen Elemente von Ternate nach Batavia geschafft und zum warnenden Beispiel für andere gestraft wurden. Die minderstrafbaren Reichsgrofsen sollten mit dem Könige den neuen Vertrag beschwören.

Auch mufste der König noch weitern Besitz verlieren, ihm sollte Sangi gänzlich abgenommen und seine Ansprüche auf Solor und Saljer ein für allemal abgethan werden.

Die Rekognitionsgelder wurden als verfallen erklärt, der König erhielt fortab eine Gnadenpension, die er ohne Verpflichtung der Kompanie nur so weit geniefsen sollte, als es nötig geurteilt werde.

Und der letzte Beschlufs dieser Sitzung sprach eine Anerkennung an Padbrügge aus, der für seinen redlichen Eifer mit der Ernennung zum Gouverneur von Amboina, der Kompanie wertvollsten und teuersten (dierbarst) Besitzung, belohnt ward.[1]

Um mit Amsterdam in Person den neuen Vertrag zu schliefsen, gab die Regierung nach Ternate Befehl zur Überführung des Königs und seiner Grofsen. Unter diesen traf die Regierung eine Auswahl; die gefährlichen Elemente wurden von der Rückkehr nach Ternate ausgeschlossen, die minder strafbaren Reichsgrofsen durften als Räte des Königs in ihre Heimat zurückkehren.

Der Abschlufs des Vertrags verzögerte sich bis zum 9 Juli 1683, da die Regierung für wünschenswert hielt, dafs alle Grofsen ohne Ausnahme den neuen Vertrag ausdrücklich anerkennen sollten, einzelne Standemitglieder aber wegen ihrer völligen Schuldlosigkeit an den letzten Trubeln in Ternate zurückgeblieben waren, so entbot die Regierung auch diese nach Batavia, nach deren Eintreffen der neue Vertrag vom Könige und allen Grofsen beschworen und gezeichnet ward.[2]

Mit der Zeichnung des Vertrags hatte das selbständige

---

[1] „Die Indische Regierung an die Siebzehner", Anhang, S. CXXXVI fg
[2] „Die Indische Regierung an die Siebzehner", Anhang, S. CXXXVIII fg

Königtum in Ternate aufgehört, Ternate war ein Lehn der
Kompanie geworden. Nach alter Weise sollte zwar fortregiert
werden und die inlandische Justizgewalt blieb aufrecht[1]; aber
jeder Rechtsspruch, jede Verwaltungsmafsregel konnte vom
Gouverneur aufgehoben und korrigiert werden.

Aufser diesen weitgehenden Befugnissen im Frieden wurde
die Gewalt des Gouverneurs für den Krieg erst recht er-
weitert; jede Ausrustung, ein neuer Festungsbau oder die geringste Unternehmung nach aufsen bedurfte seiner vorherigen
jedesmaligen Zustimmung.[2]

So regierte in Wirklichkeit der Gouverneur im Lande,
indes der König und die Grofsen nach seinen Befehlen für
Ruhe und Ordnung sorgten, wie sie von der Kompanie begehrt ward. Der König war der bezahlte Beamte der Kompanie, seine Jahresgelder sah die Regierung sich gezwungen
fortzuzahlen, weil dem Könige alle Einnahme aus Zollen genommen und ihm nur übriggeblieben war, seine verarmten
Unterthanen mit Abgaben in Produkten und mit unbezahlten
Herrendiensten oder Lieferung von Sklaven zu belasten. Soweit es ging, druckte die Regierung jedoch diese Unterstützung
auf das aufserste Mafs herab; sie bestimmte gleichfalls durch
Vertrag, dafs fortab unter dem Titel „Unterstutzung für den
königlichen Haushalt" an den König eine jahrliche Erkennung
von 6900 Realen, an seine Rate 600, an die Sengadjis von
Makjan 2000, an die von Motir 150 Realen gezahlt wurden;
damit war die bisherige Zahlung um 5950 Realen verkurzt.[3]

Mit der Niederwerfung der Selbstandigkeit Ternates hörte

---

[1] Auch die westlichen Provinzen erhielten die ihnen 1680 entzogene
Justizhoheit zuruck, aber erst viele Jahre spater. In dem bezuglichen
Berichte der Regierung an die Siebzehner vom 30. November 1709 heifst
es: „Auf Sangi und den nordlichen Inseln steht alles wohl. Die Radjas
von Taruna, Candahar, Tagalanda, Maugemtu, Tabukau und die von
Siau waren der Gewohnheit gemafs im Kastell erschienen. Die crimi-
nelle Justiz, welche ihnen 1680 entzogen war, ist ihnen durch Akte vom
14 Februar 1707 wieder zugestanden." (Manuskript Reichs-Archiv. Allg.
Bestuur 1709.)

[2] „Vertrag vom 9 Juli 1683", Anhang, S. CXXXIX.

[3] l. c.

das molukkische Königtum überhaupt auf, Gilolo existierte
nicht mehr, Batjan war längst abhängig von dem Willen der
Kompanie, und Tidor fügte sich gleichfalls gehorsam allen
Befehlen, die aus Batavia kamen.[1]

Der so tief gedemütigte König Amsterdam lebte nur
noch einige Jahre; er starb am 27. April 1690, nachdem ein
Schlaganfall am 3. März ihm die rechte Seite gelähmt und
die Sprache geraubt hatte. Die Ordnung seiner Nachlassenschaft wie der Thronnachfolge hinterließ er der sorgsamen
Hand des Gouverneurs.[2]

(1691—1712.) Unter dem verschwenderischen Nachfolger
Toluko, dem reichern von zwei Bewerbern um die Krone, ging
auch der Privatwohlstand zu Grunde, der noch zu Amsterdams
Zeit in der königlichen Familie und in den Häusern der Grofsen
geherrscht hatte.[3] Im Jahre 1708 fertigte der König eine

---

[1] Wichtige Staatsgeschäfte hatten die Tidorer in der Festung zu
Malejo zu vollziehen Am 30. November 1709 berichtet die Regierung
an die Siebzehner. „Am 4 Dezember 1708 ist der König von Tidor,
Abdul Falahl Mansim, gestorben; 37 Reichsgrofse erschienen zur Wahl
eines neuen Königs im Kastell.“ (Manuskript Reichs-Archiv Allg.
Bestuur 1709.)

[2] Die Indische Regierung an die Siebzehner. Batavia, 27 März 1691:
„Die Grofsen von Ternate haben den Tod von König Amsterdam angezeigt; er ist am 27 April 1690 gestorben, seit dem 3 März war er auf
der rechten Seite gelähmt, er war bis zu seinem Tode bei voller Besinnung, aber sprachlos Für die Nachlassenschaft des Königs trägt der
Gouverneur Sorge, soweit es nach ihren Gesetzen zulässig ist “ (Manuskript Reichs-Archiv Allg. Bestuur 1691.)

[3] Es wurde schon in der Anmerkung auf S. 251 gesagt, dafs Toluko
beim Regierungsantritt in gemünztem Gelde einen Schatz von circa
500000 Reichsthalern besafs Valentijn, der für die Vermögensfragen
ein besonderes Interesse bewies, berichtet über das immense Vermögen,
welches in jener Zeit die Gouverneure in Ternate noch gewannen Er
bezeugt (I, 259), dafs manche Gouverneure mit Schulden kamen und in
4 oder 5 Jahren ein Vermögen von 2—300000 Gulden erwarben Von
Gouverneur Cos (1656—62), der 1664 in Amboina starb, berichtet er,

Gesandtschaft nach Batavia ab, die um unverkurzte Zahlung der Nelkengelder bitten sollte.[1] Am 3. Mai des folgenden Jahres stellte der König an den Gouverneur die gleiche Bitte und erschien wenige Monate darauf am 17. August mit seinen Raten, seinen Frauen und Kindern in der Festung zu Maleyo, um nochmals um die Zahlung zu bitten.[2]

Obwohl die Indische Regierung ihre Zustimmung geben wollte und in diesem Sinne an die Siebzehner berichtet hatte, so lehnten diese trotzdem die Zubilligung ab[3], sodafs die

---

daſs derselbe seiner Witwe 400000 Gulden vermachte, an seinen Bruder 48000, einem Freunde 30000 und weitern Verwandten 108000 Gulden, sodafs diese Nachlassenschaft allein die ansehnliche Summe von 586000 Gulden ausmacht. Gouverneur Roselaar, der unter Toluko von 1700—1706 das Gouvernement Ternate innehatte, nahm 50000 Thaler mit sich, zumeist in ungemunztem Silber. Vgl. Valentijn, I, 534, 625.

[1] Die Indische Regierung an die Siebzehner. Batavia, 18. Februar 1709. „Des Konigs von Ternate Gesandter forderte den vollen Betrag der ihm zustehenden Nelkengelder, nicht nur für die Folgezeit, sondern verlangte auch den seit 1683 gekurzten Betrag. Der Gesandte erklärte, durch den Generalgouverneur Speelman, den Direkteurgeneral Bont und den Rat Hurdt wäre belobt, dafs nach drei Jahren, namlich von 1683 ab, der volle Betrag wieder bezahlt werden solle. Der Betrag, welcher jahrlich gekurzt wurde, beziffert sich auf 5950 Thaler. Wir haben dem Gesandten geantwortet, dafs wir von einem derartigen Versprechen in den Papieren nichts fanden, wir wollten uber diese wichtige Sache an den König und den Gouverneur Claaszoon naher Bericht geben. Am 29. Januar 1709 haben wir im Rate beschlossen, aus Rucksicht auf die Armut der Ternater, um sie naher an uns zu verbinden und nicht in die Hande der Englander zu treiben, das volle Jahresgeld, welches der König 1680 genofs, fur die Folge zu bewilligen." (Manuskript Reichs-Archiv Allg. Bestuur 1709.)

[2] Dieselbe an dieselben. Batavia, 30 November 1709. „Am 3. Mai 1709 war der König Toluko im Kastell, um Naheres uber die Vermehrung seiner jahrlichen Einkunfte zu horen." (Manuskript Reichs-Archiv. Allg. Bestuur 1709.)

Ebenda: „Am 17. August erschien der König von Ternate mit allen seinen Raten, Frauen und Kindern, um nochmals um die Zahlung zu bitten. Wir hoffen, dafs Euer Edlen uns bald einen Bescheid geben werden auf unser geheimes Schreiben vom 10. Februar 1709 in dieser Sache."

[3] Valentijn, 1, 535, 536.

Könige und Grofsen durch Bedruckung ihrer Unterthanen den
Mangel, welchen das karge Gnadengeld der Kompanie ihnen
auferlegte, möglichst zu decken suchten. Ein gutes Volk verlor damit alles, auch die Liebe zu seinen angestammten Fürsten. Alles Leben siechte dahin; die Tugenden der Arbeitsam-
keit, der Treue und Ehrfurcht erstarben unter dem Drucke
des Kompaniemonopols und der Härte der eigenen Obern.

Auch die unter Amsterdam so wesentlich geschmälerten
Regierungsrechte des Königs wurden noch einmal im Jahre
1712 weiter beschränkt, als Toluko die Königswahl in einer
Landschaft der Tomini-Bucht ohne vorherige Zustimmung
des Gouverneurs bestätigte und auch selbständig auf Ternate
Verbote wegen Wegebenutzung erliefs, zu welchen er sich
kraft der ihm zustehenden Regierungsgewalt berechtigt hielt.
Es war dieser Vorfall gleichsam der letzte bestätigende Abschlufs, dafs die königliche Regierungsgewalt in den Molukken
aufgehört hatte. [1]

---

[1] Die Indische Regierung an die Siebzehner. Batavia, im November 1712. „Der König von Ternate hat sich herausgenommen, einen
König von der Bucht Tomini ohne Vorkenntnis und gegen den Rat des
Gouverneurs anzustellen.... . Der gemeinsame Gebrauch des Wegs
über Dodingo, der den Tidorern wie Ternatern von altersher zustand,
hat der König von Ternate trotz unseres Briefes vom 5. Januar 1712
verboten . Der König von Ternate hat erklärt, wenn der König
von Tidor statt an den niederländischen Gouverneur, sich direkt an ihn
gewandt hätte, er ihm die Erlaubnis zur Benutzung des Wegs gern gewahrt haben würde. Ein solches Benehmen kommt wenig mit dem
schuldigen Respekt überein, den er der Edlen Kompanie schuldig ist.
Wir sind gezwungen, über eine neue Ordnung der Regierung nach-
zudenken und unsere Autorität noch zu vermehren."

SIEBENTES KAPITEL.

DER GEGENWÄRTIGE ZUSTAND IN DEN MOLUKKEN.

§ 19. Der Wechsel der Regierungen.

Die Umwälzungen, welche am Ende des vorigen Jahrhunderts auf dem europäischen Kontinent eine staatliche Neuordnung schufen, brachen auch über den lockern Verband der Union von Utrecht herein und machten damit zugleich der Herrschaft der Siebzehner und Hauptparticipienten der Kompanie in den Niederlanden ein Ende. Indem man die Sonderrechte der einzelnen Provinzen aufhob und den Blick auf das Staatsganze heftete, mußte man vornehmlich die Regentenfamilien treffen, denen jene zum Schaden der Allgemeinheit ausgeliefert waren.

Der Abstand zwischen Besitz und Abhängigkeit war eine längere Zeit hindurch so grell beleuchtet, daß alle Gemüter aufs heftigste erregt wurden und das Mißverhältnis zwischen Überfluß und Mangel, welches im Grunde zu allen Zeiten dasselbe ist, mehr als gewöhnlich eine abschreckende Gestalt annahm. Weniger aus Liebe zur Gerechtigkeit, denn aus dem Drange der Hoffnung auf eine bessere persönliche Lage, schritt die Gewalt der Massen zur That, um die alten Zustände aufzuheben. Die neue Form, welche aus der Volkserhebung geboren ward, hatte aber doch das eine Gute, daß sie den Staat vom Besitze lostrennte und dadurch die Scheidewand zwischen Vorrecht und Volk entfernte; der Staat gewann eine mehr ideale Gestalt. Mit der politischen Herrschaft der Gewalthaber der Kompanie horte diese selbst auch zu existieren auf; mit einer Schuldenlast von circa 150 Millionen Gulden lief ihr Ende in einen vollendeten Staats- und Handelsbankrott aus. Das notwendige Verhangnis ereilte den zum Krieger und Souveran erhobenen Kaufmann, dessen Wirksamkeit in den Kolonien eine destruktive gewesen war. Das ausschliefsliche Streben nach Gewinn hatte dahin gefuhrt, die Aufsenbesitzungen vollig zu erschopfen; die radikalen Mittel, welche fur die Zwecke der Siebzehner zur Anwendung gekommen waren, endeten uberall mit dem Elend der betroffenen Lander; die Besitzungen waren ausgeraubt und die Völker auf die tiefste Stufe der Armut herabgedruckt. War die Kompanie durch zwei Jahrhunderte nur darauf bedacht gewesen, gegenwärtiger Vorteile halber alle freie Bewegung und Betriebsamkeit in den Kolonien mit Gewalt zu unterdrucken, so hatten Dauer und Härte ihrer Herrschaft ausgereicht, um auch die Lebenskeime kunftiger Wohlfahrt auf lange Zeit zu ersticken Die Blute der Kompanie war zu allen Zeiten eine ungesunde gewesen, denn mit ihrem Aufgange säete sie die Keime zu ihrem Verfall, weil sie die Grundlagen zerstorte, auf denen sie doch fortleben wollte.

Mit dem Zeitpunkte, als Piraterie, Raub, Konfiskation und Geldstrafen, alles Zwecke, fur welche stets kleine Kriege zum Nutzen der Kompanie und deren Diener unterhalten waren, wegen der ganzlichen Verarmung der Völker aufhörten, gute Einnahmen zu liefern, hatte die Kompanie ihren Hohepunkt bereits überschritten. Noch einmal trat dann eine vorteilhafte Periode ein, als das noch ungeschwachte Reich Mataram (Java) der Kompanie zum Opfer fiel. Kontributionen und gezwungene Lieferungen „om niets" oder zu äufserst niedrigen Preisen[1] fullten aufs neue die Kassen der Kompanie.

---

[1] Diese erzwungenen Lieferungen waren sehr betrachtlich. Dirk van Hogendorp, Gouverneur von Ost-Java und spater Mitglied der Kommission, die ein neues Regierungsreglement fur Indien feststellte, sagte:

bis auch diese letzte Quelle mehr und mehr zu versiegen begann und gleichfalls der Erschöpfung anheimfiel.

Der Verfall trat danach desto rascher ein, als der Handel in den meisten Zweigen sich vielfach vermindert hatte. Die Völker, früher konsum- und kauffähig, hörten auf gute Abnehmer für die Waren der Kompanie zu sein; die Produktion

---

„Die Regierungsmaxime der Kompanie war die von gewaltthatigem Raub und Plünderung." Generalgouverneur Mossel schrieb am 30. November 1750, als er etwas freierer Bewegung für den indischen Handel das Wort redete, an die Siebzehner „Der augenblickliche Profit steht in allen Dingen in den Niederlanden immer im Vordergrunde, weil dort nur der glückliche Gewinner angesehen wird, aber nicht die Tausende Unglücklichen vor Augen stehen, welche für das Glück eines Einzelnen leiden müssen." Das Schriftstück findet sich bei De Jonge (1878), X, 223, abgedruckt. Einige Angaben aus den offiziellen Berichten über die Lieferungen selbst mögen hier eine Stelle finden:

Der Kaffee beispielsweise wurde zuerst am Ende des 17. Jahrhunderts auf Java eingeführt. Generalgouverneur Zwaardenkroon (1718—25) mutigte zum Anbau an; er zahlte für den Pikol (125 Pfund) 15 Reichsthaler. In der Folge, als das Kaffeegeschäft aufblühte, wurde den Regenten die Anpflanzung von Kaffeebäumen aufgezwungen; jedes Hausgesinde (tatja) mußte zuerst 300, später 1000 Kaffeebäume unterhalten Die Kompanie drückte nun aber auch den Preis auf 4½ Thaler herunter, wovon der Pflanzer nicht ganz die Hälfte behielt nach dem, was für die inländischen Beamten abging; obendrein mußte er aber noch statt 125 Pfund jetzt 180 Pfund für den Pikol liefern

Ost-Java bezahlte die Kontribution besonders in Reis; als Grundlage für alle Abgaben u s. f. galt nach altem Herkommen das Tatja. Ohne irgend welche Zahlung dafür zu erhalten, entrichteten jährlich schon um die Mitte des 18. Jahrhunderts und noch im Jahre 1796:

Die Regentschaft oder Residentie Sumanap auf Madura. 80 Kojangs Bohnen (Kojang = 3400 Pfund), 17500 Kannen Palmöl, 25 Pikols Garne und in Zöllen 3375 Thaler Dazu mußte der Regent auf seine Kosten die niederländischen Forts unterhalten

Die Residentie Surabaya leistete ohne irgend welche Bezahlung jährlich 1000 Kojangs Reis und brachte 10275 Thaler in Zollen u. s. f. auf.

Die Residentie Samarang brachte ungefähr und nicht minder als 49000 Thaler an Zollen auf.

Die Residentie Cheribon circa 50000 Thaler an Pachtgeldern; in dieser Residentie hausten besonders die chinesischen Pächter.

Im ganzen betrug die gezwungene jährliche Lieferung an Pro-

der degenerierten Bevölkerung wai gleichfalls bedeutend gesunken, und der indische Lokalhandel, soweit er noch ubriggeblieben war, sowie die sonstigen Einkunfte aus Pachten und
Zollen, litten unter dem schamlosesten Diebstahl dei Kompanie-
beamten[1], die sich fur ihren schlechten Sold durch verbotenen

---

dukten fur Ost-Java (von Samarang bis einschliefslich Madura, zusammen
auf circa 80000 Tatjas geschatzt) im Jahre 1796

   5524 Kojangs Reis, davon circa 1100 ohne Bezahlung;
    170   „   Bohnen, samtlich fur nichts,
    371 Pikols Garne, circa 67 Pikols ohne Bezahlung;
     93 „   Indigo;
 39500 Kannen Ol, samtlich ohne Bezahlung,
    800   „   Erdol, desgleichen;
    $12\frac{1}{2}$ Pikols Wachs,
      2   „   langen Pfeffer;
  9300 Balken.

Diese Lieferungen geschahen zum Teil ohne Entgelt, zum andern Teil
zu niedrigen Preisen; mehr als 20 Thaler sind niemals fur den Kojang
Reis bezahlt worden, wohl aber an vielen Orten nur 10 Thaler und gewohnlich 15 Thaler.

In den Residentien von Ost-Java waren aufser Cheribon 1134 Dorfer
grofs und klein fur 41462 Thaler verpachtet; die Dorfherren erhielten
von dem Residenten und dem Regenten Vollmachten, um nach Willkur
uber den Grund und Boden und die Bevolkerung zu beschicken. Der
Druck dieser Dorfherren, welche zumeist Chinesen, aber auch vielfach
niederlandische Beamte waren, wurde stellenweise so schwer, dafs die
Bevolkerung fluchtete, oder Aufstande erweckt wurden.

Man vergleiche hieruber die offiziellen Listen der Gouverneure und
Residenten, bei De Jonge, Bd. X, XI und XII, aus denen ich die an-
gefuhrten Zahlen entnommen habe, aufser aus der Memorie von Gouverneur Grewe (1787—91), welche sich bei De Jonge nicht findet, obwohl
ich das Manuskript auf dem Reichs-Archiv im Haag anwesend gefunden habe.

Ferner vergleiche man Dirk van Hogendorp, „Bericht van den
tegenwoordigen toestand der Bataafsche bezittingen etc." (2. Druck,
Delft 1800). Derselbe, „Stukken raakende den tegenwoordigen toestand etc." (Haag und Delft 1801). H W. Daendels (Generalgouverneur 1807—11), „Staat der Nederlandsche Oostindischen bezittingen"
(Haag 1814).

[1] Van Hogendorp in den Abschnitten uber Handel, Verwaltung und
Chinesen. Daendels, S 6, 35, 39. G. Lauts, „Geschiedenis der Neder-

Handel oder Betrug schadlos hielten, was durch Raub an der verarmten Bevölkerung nicht mehr möglich war.

So endete die Kompanie, deren Geschichte ein trauriges Beispiel gibt von den furchtbaren Folgen, welche ungezügelte

---

landers in Indie" (7 Bde., Amsterdam 1852—66), IV, 175, 181, 312, 321; V, 165.

Der Handelsgewinn an den in Indien verkauften Waren blieb unausgesetzt ein sehr hoher und wurde auch gegen die Zeit der Endschaft der Kompanie kaum geringer. Für die Hauptkontore sind diese Ziffern ziemlich konstant. Auf Ceylon war der Gewinn an den Handelsartikeln, die dort eingeführt und verkauft wurden 1764 durchschnittlich 142 Prozent, 1783 durchschnittlich 145⅛ Prozent. In Suratte und Malabar wurden 1764 durchschnittlich 176⅞ Prozent gewonnen, und in Malakka 1647 durchschnittlich 52½ Prozent und 1781 durchschnittlich 40½ Prozent. Daneben wurde auch die Piraterie mit Vorteil bis in die späteste Zeit betrieben Beispielsweise heißt es in einem Bericht der Indischen Regierung vom Jahre 1764 an die Siebzehner. „Durch gute Verstandhaltung mit dem Sultan Maldiron (Ceylon) machen wir lohnende Jagd auf fremde Fahrzeuge. Im Jahre 1764 haben wir wiederum 11 Fahrzeuge abgefangen und 200 369 Pfund Kanel erbeutet, das Pfund im Werte von Gulden 3 12, den Katti (1¼ Pfund)."

Infolge der verteuerten Wirtschaft wurden dagegen die Sendungen aus dem Mutterlande zur Versorgung der verschiedenen Kontore in Indien umfangreicher. Während im 17 Jahrhundert noch Überschüsse in Indien selbst erzielt wurden, sodaß nach Bestreitung der Beamtengehälter, des Soldes für die Truppen und aller sonstigen Unkosten noch Geldsendungen nach dem Mutterlande geschehen konnten, wurden im 18 Jahrhundert größere Unterstützungen aus dem Mutterlande mehr und mehr notwendig Diese Zusendungen bestanden in Contanten, woran 20 Prozent profitiert wurden infolge der verschiedenen Valuta, und in Materialien, an deren Lieferung die Direktoren und Kammermitglieder wiederum verdienten, welche Besteller und Lieferanten in einer Person waren Das Verhältnis der Zunahme wird aus einigen Zahlen ersichtlich. Im Jahre 1666 konnte die Indische Regierung einen Überschuß von Fl. 1 842 667. 5. 8. nach dem Mutterlande absenden; gegen hundert Jahre später, um 1776—77, ist schon ein Zuschuß von Fl 603 891. 5. ¾. notwendig, und im Jahre 1784—85 bereits Fl. 4 554 570 2 4

In der letzten Zeit ihres Bestehens wuchsen auch die Restanten der Kompanie in Indien. Für das Jahr 1764 berechnete die Indische Regierung die Restanten des Kontors Batavia auf Fl. 11 596 158. 12 3. und für das Jahr 1784 auf Fl 12 431 478 8 8. In Bengalen betrugen die Restanten 1684 Fl 1 979 912 8 12., und 1764 Fl 6 953 349.

Habsucht mit sich bringt, durch ihre Wirksamkeit hatte sie ihren ursprünglichen Charakter verloren, gab der gröbsten Sittenlosigkeit Vorschub und lud den Fluch der Völker auf sich, die ihr mit Aufopferung ihrer Kräfte gedient hatten.

Im Jahre 1796 trat an die Stelle der Siebzehner ein Staatskomitee. Die Republik übernahm die Kolonien, so wie sie waren, gegen die Schuld der Kompanie und gegen Er-

---

Die Erhöhung der Bedürfnisse der verschiedenen Kontore war ganz bedeutend. Das Hauptkontor Batavia gebrauchte im Jahre

1666	. Fl. 1 784 147	13	3
1764	. „ 2 954 138.	1	2
1783	„ 3 286 853.	13.	—

und in dem gleichen Verhältnisse steigerten sich die Unterhaltungskosten der andern Kontore, indes der Warenumsatz sich durchweg verringerte.

Damit kontrastiert die auffallende Erscheinung, dafs die Sendungen an Privatwechseln nach dem Mutterlande stärker wurden. Im Jahre 1705 nicht höher als Fl 274434 8. —, stieg dieser Betrag im Jahre 1746 auf Fl 1 209 586. — 4 und im Jahre 1764 auf Fl. 1 333 419. 19 —. Einzelne Inhaber wiesen ganz bedeutende Beträge an. In der Berechnung vom Jahre 1746 zahlt ein ins Vaterland zurückgewanderter Fiskal 55 386 Fl. auf Wechsel ein, den Waisenhausmeistern in Amsterdam werden Fl. 74 808. — 7., denen zu Utrecht Fl. 117 766, denen zu s'Gravenhage Fl 37 839 12 — , denen zu Delft Fl 33 253 —. 4 überwiesen. Ferner kommen Sendungen von Beamten an ihre Verwandten vor in Höhe von 13-, 17- und 18 000 Fl. In diesen Thatsachen, welche ich Manuskripten des Reichs-Archivs im Haag entlehnt habe, liegt die Erklärung dafür, dafs Nederburgh 1792 die Nebenverdienste der Beamten so enorm beziffern konnte, die er zu Gunsten der Kompaniekasse besteuerte, während Daendels sie etwa 15 Jahre später als schamlosen Betrug mit Todesstrafe bedrohte. Der letztere sagt (S. 39) „Ich fand auf meiner Reise über Java die Regierung in den Händen beinahe unabhängiger Gouverneure und Residenten; ich fand ein ausgedehntes Gebiet ohne Einkünfte oder besser, ohne dafs dieselben in die Kasse der Regierung flossen Ich fand endlich überall unterdrückte Inländer" S 47 heifst es „In vielen Residentien auf Javas Nordostküste werden die gezwungenen Lieferungen an den gemeinen Javanen entweder gar nicht oder weit unter den von der Regierung festgesetzten Preisen bezahlt." S 35 sagt er über die Regentschaften Jakatra und Preanger· „In der einen Regentschaft wird der Kaffee an die Regenten geliefert der Pikol mit 250 Pfund, in der andern mit 222 Pfund · Der java-

stattung des Aktienkapitals.[1] Das nur provisionell angestellte Komitee wurde im Jahre 1798 durch eine definitive Insti-

nische Pflanzer erhielt zu Daendels' Zeit fur diese Quantität Kaffee 2 Thaler 13 Stuver.
Einzelne Nebeneinkunfte beziffert van Hogendorp auf:

150 000	Thaler	fur	den	Gouverneur	von Java;
30 000	„	„	„	„	der Nordostkuste;
80 000	„	„	„	ersten Residenten am Kaiserhof zu Solo;
70 000	„	„	„	Residenten am Sultanhof zu Djokjokarta,
40 000	„	„	„	„	von Tagal;
25 000	„	„	„	„	„ Pekalongan,
30 000	„	„	„	„	„ Japara;
30 000	„	„	„	„	„ Joana,
40 000	„	„	„	„	„ Rembang,
30 000	„	„	„	„	„ Grisse.

Dies sind die Zahlen welche spater befestigt wurden, als der Monopolist Nederburgh, der Erste Advokat der Kompanie, 1791 als Generalkommissar nach Indien ging, um den Stand der bankrotten Kompanie an Ort und Stelle zu untersuchen; er fuhrte, wie schon angefuhrt wurde, ein Amtgeld, eine Abgabe auf die Nebeneinkunfte der Beamten ein, und machte damit den Betrug gesetzlich. Anders verfuhr Generalgouverneur Daendels, der den Unterschleif der Beamten im ersten Falle mit 1000 Thaler, bei Wiederholung mit der Amtsentsetzung und sogar mit Todesstrafe bedrohte, wenn der unterschlagene Betrag auf 30 000 Thaler sich belief. Diese rechtschaffene Gesinnung teilte auch van Hogendorp; er sagt in seinem Entwurfe zu einer neuen Verwaltung Artikel 19, Regelung der Gehalter „das Annehmen von Geschenken, Mifsbrauch der Amtsgewalt u. s. w. mufs auf das allerschwerste bestraft werden. ohne jede Nachsicht nach den strengsten Gesetzen" Hiernach richtete sich Gouverneur Daendels, dessen Thatkraft an De Vlaming erinnert, nur in besserm Sinne. Man vgl van Hogendorp, l. c., Daendels, l c., Lauts, l c

[1] Die Siebzehner hatten fur Aufrechthaltung ihrer Herrschaft das Privatrecht angezogen; sie betrachteten die Kolonien mit allen Staaten, Volkern u. s. w. als ihr Eigentum, das sie an jeden Dritten veraufsern konnten, wie etwa der Gutsherr seine Besitzung mit den Horigen und Kossaten. Als sie aber sahen, dafs es zu Ende gehen musse, suchten sie Zeit zu gewinnen; im Jahre 1791 ging eine Kommission unter dem Monopolisten Nederburgh nach Indien ab zur Untersuchung der Lage. Ihre Handlungen glichen von jetzt ab denen von Leuten, welche wissen, dafs sie bestohlen werden sollen, und nun soviel wie moglich ist in Sicherheit bringen. Die Schuld wuchs; 1779 hatte sie 8 506 567 Fl.

tution ersetzt; durch einen „Rat für die Asiatischen Besitzungen", der aus neun Mitgliedern bestand.[1] Man bot den
Siebzehnern und Hauptparticipienten der alten Kompanie in
diesem Rate Sitze an und wollte die Parteien versöhnen; es
wurde aber jede Teilnahme von ihnen abgewiesen[2], da einmal ihr Reichtum ihnen eine Konzession an den Frieden mit
ihren Gegnern erschwerte, und sie zum andern sich nicht
binden wollten, weil die herrschende Bewegung noch nicht
als abgeschlossen anzusehen war. Dies letztere zeigte sich
sehr bald durch unangenehme Nachrichten aus Indien. Die
englische Regierung hatte im Jahre 1794 im Haag anbieten
lassen, die niederlandischen Kolonien gegen Frankreich zu
schützen und zu diesem Zwecke die Aufsenbesitzungen mit
Hilfstruppen zu unterstutzen. Als dieses Anerbieten abgelehnt wurde, bewog oder zwang das englische Kabinett den
Erbstatthalter Wilhelm, der Zuflucht in England gesucht hatte,
zum Ausstellen von Briefen, worin er die Kommandanten der
hauptsächlichsten Besitzungen anwies, englische Hilfe aufzunehmen und dem Schutze der Englander gegen Frankreich sich
zu überliefern.[3]

Mit diesen Briefen ging ein Geschwader nach Indien ab,
auf Grund deren oder mit Anwendung von Gewalt die Engländer sich im Jahre 1795 in Besitz von der Kapkolonie und

---

betragen, 1782 circa 20 Mill. Fl., 1791 war der Betrag 92 Mill. Fl.,
nach drei Jahren in 1794 bereits 112 Millionen und mit circa
150 Millionen übernahm der Staat im Jahre 1796 die Leitung. Ungeachtet dieser Schulden wurde eine Dividende von 12½ Prozent noch
bis 1800 fortgezahlt und die Aktien behielten einen Kurs von 328 Prozent. Zwischen den einzelnen Kammern entdeckte man Preisverschie-
denheiten beim Einkauf u. s. w. von 10—100 Prozent. Dies alles sah
man den Siebzehnern und Hauptparticipienten nach, weil die Kompanie
für das Mutterland Grofses geleistet hatte. Man vgl. J. Allart, „Staat
der Generale Nederl. O. I. Comp." (Amsterdam 1792). Lauts, Bd V.
G. J. A van Berckel, „Bijdrage tot de Geschiedenis van het Europeesch
Opperbestuur over Nederlandsch Indie 1780—1806" (Leiden 1880).

[1] Lauts, V, 79 fg.; van Berckel, S. 128 fg.

[2] Van Berckel, l. c.

[3] Lauts, IV, 208. Der Brief des Erbstatthalters befindet sich im
Wortlaut abgedruckt unter den Beilagen zu Bd. IV.

von Ceylon setzten [1] und im Jahre 1796 die Molukken
annektierten [2] Java entging mit knapper Not dem gleichen
Schicksal.

Als nun der Friede von Amiens vom 25. Mai 1802 die
Herausgabe der genommenen Kolonien von England an die Republik vorschrieb, blieb Ceylon davon ausgeschlossen [3], sodafs
die Niederländer die Hilfe ihrer freundlichen Nachbarn teuer
genug zu bezahlen hatten.

Der Friede war kaum gezeichnet, als die Republik eine
Kommission niedersetzte, die über die Zukunft der Kolonien
beraten und eine definitive Lösung für die Frage suchen
sollte: „Regelung von Handel und Verwaltung der Ostindischen Besitzungen, in der Weise, dafs dadurch den Kolonien
der höchstmögliche Stand von Wohlfahrt, dem Handel der
Republik der höchste Nutzen und den Finanzen des Landes
der meiste Vorteil gesichert werde."

Die Arbeiten dieser Kommission blieben ohne praktischen
Erfolg; in den Kolonien wurde in alter Weise weiter regiert,
bis im Jahre 1806 die Staatsveränderung in den Niederlanden
auch der Verwaltung der Kolonien eine erste entschiedene
Wendung gab, als Napoleon die vereinigten Niederlande an
seinen Bruder Ludwig verlieh und sie unter dem Namen ihrer
vornehmsten Provinz zu einem Königreich Holland machte.

In Betreff der Kolonien bekannte sich König Ludwig als
aufrichtiger Feind der Monopolverwaltung und sandte einen
energischen Mann, den General Daëndels, als Generalgouverneur nach Indien, der, beseelt von Pflichtgefühl und Ge-
rechtigkeitsliebe, in dem Augiasstall der indischen Mifswirt-
schaft gründlichst aufräumte. [4] Seine Handlungen und Schö-

---

[1] Lauts, IV, 216 fg.

[2] l c

[3] Lauts, V, 119.

[4] Infolge der Verhandlungen der Kommission vom Jahre 1802 waren
zwei Generalkommissare, C. T. Elont und C. H. van Grasveld, nach
Indien abgeschickt, welche durch Daëndels zurückgesandt wurden. Die
Führer der beiden feindlichen Parteien waren Nederburgh für ausschliefs-
lichen Handel durch eine bevorrechtigte Gesellschaft und Dirk van
Hogendorp für freien Handel mit Ausschlufs einiger weniger Artikel,

pfungen sichern ihm einen ehrenden Platz in der Geschichte,
so wenig er ihm auch von den Fuhrern des spätern nationalen Königtums gegonnt wurde.[1]

Als Napoleon sich mehr fur die Kolonien Hollands zu
interessieren begann[2] und der Idee sich zuwendete, die englische maritime Weltherrschaft zu brechen, sah er seine Plane
ebenso in den Aufsenbesitzungen fehlschlagen, wie sie auf
dem europäischen Festlande in der Kontinentalsperre scheiterten. Gegen das französische Konigreich Holland hatten
die Englander aufs neue den Krieg aufgenommen und, wie
in den Jahren 1795 und 1796, gegen die Ostindischen Kolonien eine ansehnliche Flottenmacht aufgeboten. Der Stutz-
punkt fur diese Unternehmungen war Bengalen.

Zum Ungluck fur Java war die Leitung der Regierung
nicht in der Hand des unersetzlichen Daendels geblieben,
sodafs auch diese vornehmste Besitzung im September des
Jahres 1811 von den Englandern erobert wurde, nachdem das
Kap der guten Hoffnung und die Kustenlander Sudasiens

---

uber welche der Staat verfugen sollte. Konig Ludwig nahm die Schriften
van Hogendorps zur Grundlage fur die neue Verwaltung, sodafs die
Participienten der alten Kompanie unterlagen. Man vgl. Lauts, V, 284
—322 P J. Elout, „Bijdragen tot de Kennis van het Koloniaalbeheer"
(1861). Elout bekampfte spater das Monopol der Handels-Maatschappij.

[1] Die Leistungen Daendels waren ganz aufserordentliche, dadurch,
dafs alle Einnahmen unter seiner Verwaltung in die Kasse der Regierung flossen, lernte man erst den Wert der reichen Insel Java kennen
Indem er die Leistungen der Inlander erleichterte und ihre Einnahmen
geradezu verdoppelte, vervielfältigten sich zugleich die Einkunfte der
Regierung. Man kann dies an den Verschlägen von 1808 und 1810
nachrechnen. Hatte Java zu seiner Zeit eine bare Zusendung von
700000 Fl. (Lauts, V, 314) aus dem Mutterlande gebraucht, so hat
Daendels nicht nur keine Barsendung empfangen, sondern noch die grofs-
artigsten und kostspieligsten Schopfungen, wie eine Armee, Festungs-
bauten, Kasernen, Krankenhauser, Wegebauten ins Leben gerufen, Ausgaben, welche sich auf viele Millionen bezifferten Es konnte aber nicht
ausbleiben, dafs er unter den Vertretern des alten Systems und den
hohen Beamten gerade deshalb seine erbittertsten Feinde hatte.

[2] Im Jahre 1810 leisteten die Beamten in den Kolonien den Eid
der Treue auf den Namen des Kaisers

schon früher und die Molukken im Jahre 1810 den Engländern sich hatten ergeben müssen.[1] Hatten die Engländer früher die Kolonien im Namen des Prinzen von Oranien genommen, so bedurften sie jetzt nicht mehr dieses Vorwandes. Bis zum Jahre 1816 blieben die samtlichen Besitzungen unter englischer Herrschaft. Nach dem Sturze Napoleons stellte England die Selbständigkeit Hollands her als Königreich unter dem Hause Oranien, fügte dem alten Verbande der unierten Provinzen noch Belgien hinzu, um dem neuen Reiche bessere militärische Grenzen zu geben, und behielt dafür als Lohn die Hälfte der kostbaren holländischen Kolonien.

Die holländischen Unterhändler und der neue König von Holland, Wilhelm I., waren voll Dank gegen das gütige England[2], denn die besonnensten Staatsmänner mußten, selbst wenn sie England den neuen Besitz mißgönnten, anerkennen, daß der kleine Staat Holland in der Großstaatenentwickelung der neuen Ära eine von der frühern Machtfülle verschiedene Stellung einnehmen werde. Geld und Handel hatten aufgehört, allein die grundlegenden Faktoren nationaler Größe und staatlicher Macht zu sein; dem kleinen Dreimillionen-völkchen blieb auch an Außenbesitz noch immer mehr, als seiner Regierung bei dem besten Willen zu genießen und mit Segen zu fruktifizieren je möglich sein wurde.

Ein separater Vertrag mit England vom 13. August 1814 bestimmte, daß Holland im Osten nur die Inselgebiete des Indischen Meeres zurückerhalten, die übrigen Besitzungen an England abstehen sollte. Um diesem Vertrage in etwas die Härte des Verlustes zu nehmen, bewilligte England an Wilhelm I. außer 24 Millionen Gulden[3] noch die Hälfte der Bau-

---

[1] Daendels trat im Mai 1811 an General Janssen die Regierung ab; der Kommandant Filz, der Amboina im Jahre 1810 an den englischen Admiral Tucker ohne rechten Widerstand übergeben hatte, war noch von Daendels zum Tode verurteilt worden.

[2] J. H. J. Hoek, „Het Herstel van het Nederlandsch Gezag voor Java en Onderhoorigheden (1816—1819)" (Haag 1862), S. 47, 66.

[3] Hoek, l. c.

kosten fur Festungen, welche Holland an seiner Westgrenze zum Schutze gegen Frankreich bauen sollte. Die Hälfte belief sich auf 25 Millionen Gulden. Als aber das Unglück es wollte, dafs 1830 dieselbe englische Regierung Holland um seinen westlichen Zuwachs wieder verkleinern half, kam Holland auch um seine auf den Rat Englands verbauten Millionen

Infolge der geringen Kenntnis der verschiedenen Gebietsteile der Kolonien waren in den Vertrag von 1814 so viel Unklarheiten über die lokalen Grenzbestimmungen gekommen [1], dafs im Jahre 1824 der Vertrag revidiert werden mufste, wobei England noch einige Vorteile sich zu verschaffen wufste.[2]

Die Ubergabe von Java und dem zugehörigen Inselgebiete erfolgte dagegen im Jahre 1816—17, mit Ausnahme einzelner Landschaften auf Sumatra und einiger Inseln, worüber der Vertrag von 1814 ebenfalls formelle Fehler enthielt.

Die englische Zwischenregierung hatte manche freiheitliche Besserung auf Java angestrebt, sie war jedoch zu kurz, um die Bevölkerung selbst besonders zu beglücken. Eine heilsame Entwickelung zur Freiheit des Individuums auf Java konnte nur eine allmähliche sein, und das Verhältnis zwischen inländischen Regenten und Gemeinen mufste gebessert, aber nicht aufgehoben werden. Die Wohlthaten der englischen Verwaltung stritten mit der Ehrfurcht, welche der Inländer für seine Obern empfand, auch wufste der innerlich wie aufserlich Unfreie nichts mit der Freiheit anzufangen, die ihn beunruhigte, statt ihn glücklich zu machen.

Weder nach der politischen, noch nach der sozialen Seite konnte daher die englische Regierung von wirklichem Erfolg sein; dagegen schuldet die Wissenschaft den englischen Beamten unvergefslichen Dank; denn seit ihrer Anwesenheit auf Java hebt die geschichtliche und geographische Forschung an, und wenige Engländer thaten für die Kenntnis des Indischen

---

[1] Hoek, S. 69.

[2] Man vgl. C. M. Smulders „Geschiedenis van het tractaat van 17. Maart 1824". England empfing noch Singapore, das im Vertrage von 1814 Holland vorbehalten war

Archipels in einigen Jahren so viel, dafs es die Bewunderung der ganzen gebildeten Welt erregen mufste.[1]

Mit der Regierung Wilhelms I. treten wir in den Zeitpunkt ein, welcher zu dem gegenwärtigen Zustande in den Molukken überleitet.

Die Verfassung des Königreichs Holland übertrug dem Könige die Verwaltung der Kolonien ohne Mitwirkung der gesetzgebenden Körperschaft der Generalstaaten.[2] Durch dieses Mittel beseitigte man das Mitbestimmungsrecht der neuen Provinzen und verband wieder enger die Geschicke der Kolonien mit den alten privilegierten Kreisen, aus denen der König seine Ratgeber erwählte. Der Generalgouverneur in Indien empfing fortab die Befehle des Königs durch den Minister der Kolonien, und diese Befehle waren Gesetz. Hatte diese Einrichtung von Segen sein können, so ward sie durch das steigende Geldbedürfnis des Königs zum Fluch, weil ihm die Kolonien aufgeopfert wurden. Sodann war eine Handels-Maatschappij, an welche die Regierung fortab die Produkte Indiens zum weitern Vertrieb verkaufte, aus den bevorzugten Kreisen der alten Kompanie gebildet, welche durch ihren Reichtum auf die Mafsnahmen des Ministers der Kolonien bestimmend wirkten. Die Maatschappij mufste die nötigen Vorschüsse an die Schatzkiste geben und empfing dafür die Produkte aus Indien. Die Schuldenlast war 1839 auf 236 Millionen gestiegen.[3] Je mehr Geld im Mutterlande gebraucht wurde, desto strenger regierte man auf der Insel Java, deren unerschöpfliche Fruchtbarkeit und Ergiebigkeit zuerst durch Dirk van Hogendorp zahlenmäfsig nachgewiesen, durch Daendels nachher praktisch erwiesen war.

---

[1] Raffles, Gouverneur auf Java, Crawford, Resident zu Surabaya, und Marsden auf Sumatra haben den Grund gelegt zu allen spätern Forschungen

[2] Pekelharing, S. 55. Artikel 60 der Grondwet von 1815 bestimmte „De koning heeft bij uitsluiting het opperbestuur over de volkplantingen en bezittingen van het Rijk, in andere werelddeelen" Vgl. auch Johann Albert Spengler, „De Nederlandsche Oost-Indische Bezittingen onder Baron van der Capellen 1819—1825" (Utrecht 1863).

[3] „Geschiedenis van het Cultuurstelsel", S. 109

Die Verfassung von 1815 wurde im Jahre 1848 geandert und in Artikel 59 und 60 bestimmt, dafs fortab die Reglements fur Indien sowie das Munzwesen [1] durch Gesetz festgestellt und jährlich an die Generalstaaten uber Stand und Verwaltung der Kolonien ein ausfuhrlicher Bericht zu geben sei. Diese Anderung in der Machtverteilung unter den regierenden Gewalten hat die monopolistische Verwaltung in den Kolonien jedoch bestehen lassen; das Abhangigkeitsverhältnis der Regierung zur Handels-Maatschappij blieb das alte und das Cultuurstelsel auf Java in Wirksamkeit, denn die holländische Schatzkiste gewann von 1841 — 63 nicht weniger als 468½ Millionen Gulden. [2]

Der Einbruch in das Monopol der Gouvernementskulturen, welche dem liberalen Minister De Waal mit seiner Agrarischen Wet im Jahre 1870 gelang, hat den eigentlichen Zweck, einen freien Landbauer zu schaffen, nicht erreicht. Die Harten des Cultuurstelsels wurden gemindert, indem man einige Produkte freigab, und die Vorrechte der Maatschappij erfuhren eine geringe Einbufse, indem ein Teil der Produkte auf Auktionen in Indien selbst verkauft wurde. Im ubrigen beschrankte man sich auf Untersuchungen daruber, ob ein freier Landbauerstand auf Java uberhaupt moglich sei, in Ansehung der tiefen Abneigung der Insulaner gegen die Europaer. Diese Untersuchungen sind noch nicht abgeschlossen, sie werden aber gewifs aufs tiefste den Mangel an christlichen Kirchen und Schulen auf Java empfinden lassen, denn so wenig eine starke, wird noch weniger eine schwache Regierung, wie sie der kleine Staat Holland heute zu bieten vermag, bei so einschneidenden Reformen nicht der Hilfe entbehren konnen, welche Erziehung und Glaube fur die gesellschaftliche Ordnung bedeuten.

Je mehr das Interesse der Regierung auf die reichen

---

[1] Die Verschiedenheit der Geld- und Wechselkurse zwischen Holland und Java war stets eine ebenso beklagenswerte, als lohnende Erwerbsquelle fur die Geldmanner gewesen. In Birmingham gab es eine Fabrik fur javanische Munzen. Vgl J. Ph. van Bosse, „Het Munzwezen op Java" (Leiden 1863)

[2] „Geschiedenis van het Cultuurstelsel", S. 157. Vgl auch § 20, S 310.

Einkünfte, welche Java auflieferte, gerichtet blieb, desto weiter
bildete sich in der Vorstellung von den Kolonien der Gegensatz zwischen Java und den Aufsenbesitzungen aus; unter den
letztern werden alle Inselgruppen aufser Java und Madura
verstanden. Auch die Molukken blieben von der Aufmerksamkeit der Regierung ausgeschlossen, da sich in den Spezerei-
produkten keine andern Vorteile gewinnen liefsen, als die alte
Ordnung geschaffen hatte, welche man beibehielt.

Zur nähern Prüfung des Zustandes, wie er jetzt in den
Molukken besteht, lenken wir auf diese noch einmal unsere
Betrachtung zurück und scheiden die Inselgruppen nach der
Verwaltungsregel der holländischen Regierung in drei Abtei-
lungen, in die Residentie Amboina, die Assistentresidentie Banda
und die Residentie Ternate. Wir behandeln in dem nächsten
Paragraphen die Residentie Amboina.

§ 20. Die Residentie Amboina.

Die Abkömmlinge der durch De Vlaming dezimierten und
neu verteilten Bevölkerung der Amboina-Gruppe waren unter
der Verwaltung der Kompanie rasch auf den tiefsten Grad
der sittlichen und physischen Verkommenheit herabgedrückt,
auf dem sie auch in dem gegenwärtigen Jahrhundert leider
stehen geblieben sind.

Die unzureichende Ernahrung von Sago und Fisch hat
die Bewohner von Geschlecht zu Geschlecht physisch erniedrigt und alle sittliche Ordnung ist aufgelöst durch den Mangel
an Unterweisung und gutem Vorbild. Schlimmer noch steht
es um die christlichen Dörfer auf Leitimor und den Uliassern,
als in den mohammedanischen auf Buru, Hitu und Ceram.
Während hier ein heilsamer Einfluss durch die Lehre des
Koran in etwas erhalten blieb und schon das Festhalten an
einer überlieferten Ordnung einigen sittlichen Halt zu bieten
vermochte, schwand in den christlichen Landschaften jede Spur
des Christentums dahin; und so wurde das Nichts vom Christen-

tum verhängnisvoller, während das Etwas vom Islam seinen
Bekennern doch noch ein Gemeinsames erhielt, was ihren
Rückschritt zu verlangsamen ausreichte.

Als van der Hagen im Jahre 1601 die Portugiesen vertrieben hatte und im Jahre 1616 als Gouverneur nach Amboina kam, schrieb er am 14. August 1617 an die Siebzehner:
„Ich habe nach den Uliasser-Inseln einen Krankentröster gesandt, um die Christen, zu lehren und zu taufen, was seit der
Vertreibung der Portugiesen noch nicht geschehen ist. Auch
auf Amboina ist seit zwei Jahren keine Schule gehalten. . . .
Die Alten, welche von den Portugiesen unterwiesen wurden,
sind tot, und die Jungen wissen nichts; wenn das so fortgeht,
ist in wenig Jahren alles wieder heidnisch!"[1]

Die Bemühungen van der Hagens blieben unzureichend
und nutzlos, und die nächsten Jahrzehnte gehorten dem Kriege
und der Zerstörung an, wiewohl man es zeitweise an äufsern
Zeichen christlichen Eifers nicht fehlen liefs, und besonders
De Vlaming den Predigern grofsen Einflufs zugestand.

In der zweiten Hälfte des 17. Jahrhunderts, zu Valentijns
Zeit, als die Kompanie zur Pflege und Hutung des geistigen
Wohls der Bevölkerung rechtlich und moralisch verpflichtet
war, gab es für die ganze Landvogtei 4 Prediger, 4 Kranken-
besucher und 61 inländische Schullehrer. Diese letztern
empfingen eine Monatsgage von 4 Thalern für die ersten drei
Jahre und 6—8 Thaler bei fernerm Dienst ohne ein weiteres
Kostgeld. Schon aber im Jahre 1676 ermahnten die Siebzehner den Gouverneur, als die höhern Gehaltssätze mehr zur
Anwendung kamen, dafs nicht die Schullehrer über ihre Qualität besoldet würden[2]

Im Laufe des 18. Jahrhunderts wurde der Eifer für die
Religion und den Schulunterricht noch geringer, die Prediger
machten sich des Sklavenhandels schuldig, und die Schullehrer
waren Handwerker, meistens Tischler, welche ohne Entscha-

---

[1] Der Brief findet sich bei P. A. Tiele, „Bowstoffen etc", I, 217 fg.
Valentijn sagt (II, 304)· „Vor dem Jahre 1621 finde ich nichts
von einem Prediger aufgezeichnet "   •

[2] Valentijn, II, 287, 304.

BOKEMEYER   19

digung zu empfangen für ihre geistlichen Inspektoren Gerat-
schaften und Mobel für den Handel arbeiteten.[1] Dabei war
das Gebiet so grofs, dafs der Prediger im besten Falle einmal im Jahre seine Gemeinde besuchen konnte[2], um die
Schulen zu inspizieren.

Immer blieb es das Augenmerk der Indischen Regierung.
die Kosten fur Kirche und Schule zu verringern. „Wir haben
angefragt", teilt sie im Jahre 1747 an die Siebzehner mit, „ob
die Zahl der Schulmeister (65) nicht vermindert werden kann;
sie kosten der Kompanie jährlich 7300 Gulden Die Pastoren
haben es nicht gut gefunden. so bleibt es demnach dabei"[3]

Während die Bevölkerung weder das Christentum besafs,
noch seine Lehren begriff, hing es den alten heidnischen
Göttern an, welche in den guten und bösen Dämonen auf den
Bergen fortlebten, weil die menschliche Seele wegen ihrer
Ohnmacht zur Anbetung ein Übersinnliches gebraucht. Die
Grausamkeit, mit der an einzelnen Stellen die Prediger diesen
Aberglauben bestraften, war hart genug und übte sich in Mar-
tern aller Art und Todesstrafen[4] aber die Dämonen auf den
Bergen lebten fort[5], weil nicht christliche Grausamkeit, son-
dern christliche Liebe sie nur wirksam bekämpfen konnte

---

[1] Valentijn hielt sich fur seinen Haushalt 20 Sklaven und erzahlt
(II, 368 fg) ebenso ausfuhrlich als grausam naiv, wozu man eine so
giofse Zahl gebrauchte und wie man mit ihnen umzugehen pflegte. Es
bildete sich aber spater auch ein Sklavenhandel der Prediger aus, der
besonders von Osten nach Batavia gefuhrt und in Makassar seinen
Hauptausgangspunkt hatte, aber auch zwischen Amboina und Banda
(nach den Berichten der Regierung an die Siebzehner) lebhaft betrieben
ward Makassar lieferte noch gegen Ende des 18 Jahrhunderts jährlich gegen 250—300 Sklaven nach Batavia zum Durchschnittspreise von
70 Fl., fur die Deckung dieses Bedarfs sorgten die Beamten in Makassar. Uber die niedeitrachtigen Mittel, womit dieselben die Menschenware gewannen, vergleiche man Eschels-Kroon (Resident der Kompanie),
„Beschreibung der Insel Sumatra, mit Anhang betreffend Borneo, Banda,
Amboina und Ceylon (Hamburg 1783). S 156 fg.
[2] Valentijn, I, 333, 555 fg
[3] Manuskript Reichs-Archiv Allg Bestuur
[4] Dassen, S 153 Riedel. S 36.
[5] Hoevell, „Ambon", S 121 Riedel, a v O

So erklärt sich der sittliche Rückgang der Bevölkerung[1]
zur Genüge, und wie könnte man ferner zweifeln, dafs nicht
auch physisch ein Volk zurückgehen mufste, dessen Ernährung
durch Zwang und Mifsbrauch durch zwei Jahrhunderte eine
ungenügende war.[2]

Das Monopol hatte der Entwickelung keinen Raum ge-
gönnt, daher mufste die Volkskraft hinsiechen. Nach den
Marktpreisen in Amsterdam wurde in Victoria über das Mehr
und Minder des Elends entschieden

Die unter De Vlaming begonnenen Neuanpflanzungen auf
Amboina und den Uliassern wurde die Indische Regierung genötigt mit aller Anstrengung fortzusetzen, während man anderswo gleichzeitig alte Bäume ruinierte. Im Jahre 1667
schrieb darüber die Regierung an die Siebzehner das Folgende.

„Die Anpflanzungen werden wir jetzt etwas aufhören lassen
Wir können die Bewohner nicht mehr überladen, sie würden
mutlos werden, und es wurde uns überhaupt an Menschen
gebrechen, welche die Bäume gehörig besorgen. Wenigstens
für ein oder zwei Jahre wollen wir mit dem Anpflanzen aufhören. Auf Euer Edlen Meinung, ob wir nicht die alten
Bäume auf Ceram schonen sollen für eine Reserve, möchten
wir lieber empfehlen, dafs auf Manipa die Bäume, welche

---

[1] Kontrolleur Hoevell (l. c. S. 124) sagt „Lügen und Betrügen gehören unzertrennlich zur Natur des Amboinesen, fragt man ihn etwas,
dann ist seine erste Antwort in der Regel eine Lüge. Je bestimmter er
etwas versichert, desto mehr lügt er, und schlägt ein Inländer auf diesen
Inseln seine Augen zum Himmel auf unter Anrufung Gottes, so kann
man sicher sein, dafs alles, was er versichert, mit der Wahrheit in
Streit ist.“

[2] J Olivier, „Reizen in den Molukkischen Archipel“ (2 Bde, Amsterdam 1834) Olivier begleitete den Generalgouverneur van der Capellen
im Jahre 1824 auf dessen Reise in den Molukken, Bd. I, S 100, 101, heifst
es über die Insel Haruku „In dem Christendorf Wasu haben die Kinder alle ein kränkliches Fortkommen, die meisten waren mit Haut-
krankheiten bedeckt und zeigten einen krankhaften Gliederbau. In
Pelahu (circa 1600 Einwohner) gab es kein menschenwürdiges Antlitz,
wiederum die abscheuliche Hautkrankheit. Den elenden Korperbau, den
die Bewohnerschaft dieser Insel Haruku aufweist schreibt man dem Ge-
nusse von Seeschlacken und kleinem Fisch zu“

dort noch gefunden werden, für diesen Zweck bewahrt bleiben.
In der Generalmissive vom 23. April 1665 sprechen Euer
Edlen die höchste Verwunderung aus, dafs im Jahre 1663
auf Luhu 5700 alte Nelkenbäume gefällt wären, zu einer Zeit,
wo die Kompanie so sehr um Nelken verlegen war. Es wird
schwer sein, immer genau den Ausfall der Ernte vorher zu
bestimmen; Regen und Unwetter können in kurzem die besten
Aussichten verderben. Das Umfallen der Bäume auf Ceram
lag aber in der Maxime der Kompanie und mufste seinen
Fortgang nehmen. Wir werden uns bemühen, soviel es möglich ist, stets das Bedürfnis zu decken, dafür zu sorgen, dafs
nicht zu viel und nicht zu wenig von dem Produkt vorhanden
ist. An die Einwohner wird jetzt 55 Reichsthaler für den
Bar (550 Pfund) bezahlt."[1]

Die Sorgfalt, das Produkt stets in der begehrten Menge
zu beschaffen, hat die Indische Regierung gewissenhaft erfüllt.
Im Jahre 1675 berichtete sie an die Siebzehner: „Die Ordre,
die Exstirpation auf den verbotenen Platzen in Acht zu
nehmen, erfahrt sorgfältige Erfüllung."[2] In den Jahren 1725,
1727, 1750, 1753, 1755 und 1765 wurde die Bevölkerung an-
getrieben zu gröfserer Produktion, und mit Gewalt oder List
ward in den Jahren 1700, 1703, 1709, 1710, 1713, 1743, 1759,
1768, 1773, 1780, 1782 und 1786 die Ernte der Nelken ver-
ringert.[3]

Die Bevölkerung war hilflos, ohne Rat und Schutz, denn
ihre eigenen Regenten waren ihre ärgsten Bedrücker. Die
Regentenstellen wurden gleich den Sergeanten- und Korporal-
posten von dem Gouverneur in Victoria verkauft[4], der von
seinem Gehalte nichts hatte erübrigen können; selbst die

---

[1] Die Indische Regierung an die Siebzehner. Batavia, 25. Januar
1667 (Manuskript Reichs-Archiv Allg Bestuur.)

[2] Die Indische Regierung an die Siebzehner Batavia, 23. November
1675 (Manuskript Reichs-Archiv Allg Bestuur.)

[3] J. G. F. Riedel (Resident in Indien), „De Sluik en kroesharige
rassen tuschen Selebes en Papua" (Haag 1886), S. 36. ‚Realia Register
der Verordnungen·

[4] J. S. Stavorinus (Seeoffizier der Kompanie), „Reize naar Samarang Makassar, Amboina etc" (2 Bde, Leiden 1797), I, 286

bessern Gouverneure machten Mifsbrauchs und unerlaubten
Gewinns sich schuldig. [1] Wenige blieben auf dem Wege der
Schande stehen, bevor sie fur die verlorene Ehre nicht Schatze
eingesammelt hatten; von der so tief schon erniedrigten Bevölkerung wucherte ein Gouverneu noch jährlich 60000 Thaler
zusammen [2] Auch die Siebzehner haufteu neue Lasten auf
die alten, weil sie fürchteten, dafs die Bevölkerung Gewinn
aus unerlaubtem Handel zöge Im Jahre 1745 gaben sie Befehl, die vaterländischen Artikel mit 75 Prozent, die inländischen mit 50 Prozent Nutzen [3] der Bevolkerung auf ihre
Nelken zu berechnen, und einige Jahre spater machten sie
den Diebstahl ihrer ungenugend besoldeten Beamten dadurch
gesetzlich, dafs sie verfugten, ein Funftel dessen, was der Inländer fur Nelken empfange, ihm fur eine Zulage an die Beamten abzuziehen. [4]

Die Abnahme der Bevolkerung [5], die von Geschlecht zu

---

[1] Stavorinus, I, 245.

[2] Eschels-Kroon, S. 140.

[3] Riedel, S 36.

[4] Stavorinus, I, 288

[5] Uber die Verminderung der Bevolkerung sind genaue Zahlen nicht
zu geben. Die Abnahme zerfallt in zwei Perioden; man wird die Einwirkungen der Kriege und Verwustungen von 1625—56 und die Folgen
der Entkraftung durch das Monopol unterscheiden mussen. Fur die Zeit
der zweiten Halfte des 16 Jahrhunderts haben wir Bevolkerungsziffern
von einem Pater Marta auf Amboina (von Argensola aufgenommen); sie
durfen bestimmt als zu hoch gegriffen gelten Marta teilte sie an den
Gouverneur nach den Philippinen mit, den er dadurch bestimmen wollte,
Hilfskrafte zu senden. Auch die Zahlen, welche Valentijn gibt, mussen,
abgesehen davon, dafs sie unvollständig sind, als wenig zuverlassig gelten,
da wir nicht wissen, genau wann und wie sie gewonnen sind

Dassen berechnet, dafs in den Kriegen 65000 Bewohner der Landvogtei umgekommen seien, und die Bevolkerung durch Entkraftung noch
um circa 30 Prozent, namlich von 78000 auf 45000 sich vermindert
habe. (Dassen, S. 163 fg.)

Dassen, der aus Valentijn geschopft hat, nimmt zu seiner Berechnung dessen früheste Zahlung der Bevolkerung vom Jahre 1688, es ist
aber schon im Jahre 1667 auf den Befehl der Siebzehner eine genaue
Zahlung auf den Nelkeninseln vorgenommen Diese gleich nach Been-
digung der Kriege erhobene Zahlung kann man zur Grundlage fur die

Geschlecht sich ausbreitenden Mifsgestaltungen und Haut-
krankheiten unter den Insulanern sind das nicht zu mifs-

Berechnung der im Kriege Umgekommenen für Hovamohel, Amboina,
die Uhasser, Kelang, Boano, Manipa und Amblau nehmen.

Ich glaube nun annähernd genaue Zahlen liefern zu können, da es
mir gelungen ist, auch für die Zeit des Beginns des Krieges eine von
dem Gouverneur Gijzel besorgte, als ziemlich zuverlassig anzuerkennende
Bevölkerungsstatistik für die beregten Landesteile im Kolonial-Archiv
zu finden. Da diese Liste anderweitig noch nicht gedruckt ist, so führe
ich die Ortschaften bei Namen auf, deren falsche Schreibweise in der
Liste von Gijzel ich jedoch nach Rumphius und den Kolonialverschlägen
berichtigt habe.

Aufstellung von den Platzen, welche zu dem Gebiete von dem Kastell
Amboina gehören, von Artus Gijzel. Victoria, 2. Juni 1634. (Manuskript Reichs-Archiv. Briefe Amboina 1634.)

1. Amboina.

A Leitimor.

Nusanive	3 Korakoras,	130	wehrbare Manner.
Latuhalat	⎱	150	., ,,
Amahussen	3 ..	60	., .,
Amatelo	⎰	20	., ,,
Tuta	⎱	80	,, ,,
Capaha	3 .,	30	,, ,,
Seri	⎰ .	10	,, ,,
Hative	⎱ 4	90	., ,,
Taviri	⎰ .,	60	., ,,
Soya	3 .,	150	., ,,
Ahussen	⎱	50	.. ,,
Amantello	3 ,	20	,,
Uriteko	⎰	10	.. ,,
Mardijker der Kompanie	3 .,	90	, ,,
Mardijker der Burgerschaft	2 .,	40	,, ,,
Halong	3 .,	150	.. ,,
Hative-Kitschil	2 .,	40	., ,,
Nako	⎱	80	,, ,,
Hateloa	4 .,	60	., .,
Kilang	⎰	120	.. ,,
Ema	⎱	220	.. ,,
Hukarila	4	90	.. ,,
Ruton		40	,,
Lehari	⎰	10	.. ,,
		1800 wehrbare Männer.	

kennende Merkmal der jahrhundertelangen Bedrückungen und
Leiden, welche als ein Fluch auf diesen schönen Landen ruhten.

			Übertrag 1800	wehrbare Männer.	
Utemuri	 4	Korakoras,	250	„	..
Suli	 2	„	40	„	.,
Wai	 2	.,	60	„	.
Baguala	 3	..	80	„	.,
Rumatigas	. . . . . —	„	20	„	„
			2250	wehrbare Männer.	

B. Die niederländischen Ortschaften auf Nord-Amboina.

Lileboi	. . . .	} 4 Korakoras,	{	100	wehrbare Männer.	
Alang	. . . . .			180	„	„
Tapi	. . . .	} 3	{	25	.,	„
Larike	. . . . . .			200	„	.,
Wakasihu	 3	„		220	..	„
Asilulu	. . . .	} 4	{	80	.	„
Urien	. . . .			70	.,	„
				875	wehrbare Männer.	

C. Die Ortschaften von Hitu.

Tiel	. . . .	200	wehrbare Männer.	
Tulehu	. . . .	50	„	.,
Wai	. . . .	110	„	..
Hausihol	. . . .	300	.,	..
Capaha	. . . .	100	,.	„
Loyen	. . . .	50	,	„
Latu	. . . .	80	„	.,
Hitulama (die alte Hauptstadt von Hitu, Hitulama, bestand aus den Kampongs Tomu und Humut, deren wehrbare Männer unter Hausihol und Capaha mitgezählt sein müssen)	—	,.	..
Tolut	. . . .	30	.,	.:
Masapel	. . . .	50	„	„.
Wakal	. . . .	80	.,	„
Eli	. . . .	120	„	„.
Seualo	. . . .	150	„	..
Pelissa	. . . .	30	.,	..
Hila	. . . .	150	.,	..
Theala	. . . .	200	„	.,
Nokohuli	. . . .	60	.,	„
		1760	wehrbare Männer.	

Die englische Zwischenregierung handhabte das Monopol
milder und hob die Sklaverei auf, sodafs sich schnell der

		Übertrag 1760	wehrbare Männer.
Keiteko	70	.,	..
Rosenive	25	..	.,
Essen	20		.
Wawani	30	.	..
Ceyt	200	.,	..
Hautuna	100	..	.,
Labalehu	100	..	.,
Wauselea	20		..
Layn	180	,,	,.
Nau	90	.,	..
Binau	100		,.
Henehelu	70	..	,.
Henelatua (oder Latua)	70	..	..
Henelulu	50	,.	..
	2885	.,	..
Amboina zusammen A.	2250	..	,,
B.	875	..	.,
C.	2885	,	,,
	6010	wehrbare Männer.	

2. Hovamohel.

A Nordseite. Von Siel bis Assahudi.

Siel					gehörte unter Lessidi,	— wehrbare Männer.	
(die Ortschaft war 1634 verlassen)							
Mulut	,,	,.	.,	40	..	..
Henetawali	,,	,,	..	50	..	,.
Hatuaha	.,	..	..	120	,.	..
Amahussen	.,	,,	..	10	,.	,,
Essan *vermutlich*	,.	.,	.,	—	,.	,.
Alt-Lessidi *unter Hatuaha*	,,	,,	,.	—	,,	.,
Amaholo *gerechnet*	..	.,	..	—	.,	..
Kampong Telli (?) (vermutlich Kambelo	,,	..	Kambelo,	100	,.	,,
Nuhatu	,,	..	,.	40	,,	.,
Masuli	,,		..	50	,,	,,
Heneeto (?)	,,	.	..	30	..	,.
Toulou Hiello (?)	,,	.,	..	20	,,	,,
				460	wehrbare Männer.	

Handel belebte und die Einfuhr bedeutend wuchs. Als dann im Jahre 1817 die Ubergabe erfolgte und das alte Regiment wiederhergestellt wurde, brach bald nach dem Abzuge der

				Ubertrag 460	wehrbare Manner
Lessidi . .	gehorte unter	Kambelo,	300	„	„
Nibore (?)	„	„	„	10	„	„
Erang	„	„	„	120	„	„
Nula .	„	„	„	70	„	„
Ulutua (?) . . .	„	„	„	60	„	„
Kulong, Tubimola und 5 andere kleine Dorfer	„	„	„	130	„	„
Hataputi . .	„	„	Assahudi,	30	„	„
Assahudi .	„	„	„	120	„	„
Henetelo	„	„	„	100	„	„
Noa (?) . .	„	„	„	40	„	„
Samuro (?) .	„	„	„	30	„	„
				1470	wehrbare Manner

B. Sudseite von Hovamohel. Von Waiputi bis Serulam.

Waiputi .	gehorte unter	Luhu,	200	wehrbare Manner
Liela	„	„	„	50	„	„
Saluku	„	„	„	—	„	„
Luhu .	„	„	„	300	„	„
Luciela	„	„	„	300	„	„
Hulong . .	„	„	Henelesi,	100	„	„
Lokki . .	„	„	„	200	„	„
Sutela .	„	„	„	50	„	„
Henelesi (oder Anim)	„	„	„	60	„	„
Henewali.	„	„	„	25	„	„
Pawail	„	„	„	100	„	„
Hattau (?) . . .	„	„	Laala,	30	„	„
Henetuban .	„	„	„	40	„	„
Henekelang .	„	„	„	80	„	„
Laala . . .	„	„	„	30	„	„
Nulehu . . .	„	„	„	60	„	„
Serulam . . .	„	„	„	100	„	„
				1725	„	„

Hovamohel zusammen A. 1470 „ „
B. 1725 „ „
3195 wehrbare Manner.

Engländer ein Aufstand auf Saparua aus, wo der holländische Resident und seine Familie ermordet wurde.

3. Die Uliasser.

A. Oma oder Haruku.

Christenortschaften				
Oma	3 Korakoras,	180 wehrbare Männer.		
Samet.	} 3	.	{ 80	,, ,,
Haruku			{ 100	, ,,
Aboro.	} 3	.	{ 100	., .,
Krieu			{ 60	., ,,
Mohammedanerortschaften				
Hatuaha			350	., .,
Kabam			100	., ,,
Kailolo.			320	., .,
Wailapea			80	., ,,
			1370 wehrbare Männer.	

B. Honimoa oder Saparua.

Christenortschaften				
Haria	} 4 Korakoras,	{ 180 wehrbare Männer.		
Boi		{ 150	. ,,	
Paperu	} 4	.,	{ 100	,, .,
Tibun			{ 80	,, ,,
Tuahu.	3	,	100	, ,,
Sirisori	4	.,	300	,, ,,
Ow	}		{ 150	., ,,
Ulat	} 5	.,	{ 250	,, ,,
Titowuko			{ 30	., ,,
Mohammedaner der Landschaften Nollot und Iha				
zusammen			1000	,, ,,
			2340 wehrbare Männer.	

C. Nusalaut.

Titawoi	} 5 Korakoras,	{ 800 wehrbare Männer.		
Abobeo		{ 120	,, ,,	
Amet	}		{ 180	,, ,,
Nalahia	} 3	.,	{ 80	., ,,
Sila.	}		{ 60	., .,
Lenitu	} 2	.,	{ 70	,, ,,
Akon	}		{ 40	,, .,
(Alles Christen.)			1350	., .,
Die Uliasser zusammen	A.	1370	., .,	
	B.	2340	,, ,,	
	C.	1350	,, ,,	
		5060 wehrbare Männer.		

Im Juli erhielt man von der Erhebung, die sich mehr und mehr ausbreitete, in Batavia Nachricht, sodafs General-

4 Kelang

Hataputi	150	wehrbare Männer.
Tono oder Swangi	. 40	,,
Kelang	. 300	,, ,,
Tahaluhu	50	,, ,,
	540	wehrbare Manner.

(Die Dorfer Salatti, Heneloa und Henehelu mussen in der Zahl 540 enthalten sein)

5. Boano.

Sukku	300	wehrbare Manner.
Tessu	400	,, ,,
Nuruloa	80	,, ,,
Uzul (?)	50	,, ,,
Sea	40	,, ,,
Senog.	60	,, ,,
Katulih	50	,, ,,
	980	wehrbare Mauner.

6. Manipa.

Tuban	. 250	wehrbare Manner.
Tomilehu	150	,, ,,
Foat	140	,, ,,
Tamuwara	200	,, ,,
Tebalat	. 100	,, ,,
Ceyt	80	,, ,,
Massavoi	70	,, ,,
Lurelih	100	,, ,,
Luhu	100	,, ,,
Kissamehu	80	,, ,,
	1270	wehrbare Manner.

Es ergibt sich hiernach an wehrbaren Mannern die folgende Gesamtzahl·

Amboina	. 6010
Hovamohel	. 3195
Uliasser	5060
Kelang	. 540
Boano	. 980
Manipa	. 1270
	17055.

kommissar und Admiral Buyskes sogleich mit einer Flotte
nach Amboina abfuhr, seinen Weg über Ternate nahm, wo er

Um die gesamte Bevölkerung zu ermitteln, mufs diese Zahl mindestens mit 4 multipliziert werden, wonach sich im Jahre 1634 für die
aufgeführten Landschaften eine Bevölkerung von 68220 Seelen herausstellt. Valentijn verfährt ganz willkürlich und unkritisch bei seinen
Zahlenangaben, beispielsweise gibt er für Hovamohel 12000 Seelen und
nur 2030 wehrbare Männer an, dagegen für Honimoa 11453 Seelen und
3300 wehrbare Männer. Die Zahlen von Ortschaften und Distrikten wirft
er durcheinander, einmal haben die Ortschaften die ihnen zukommenden
Zahlen, ein andermal die von Distrikten (Soas). Ein recht deutliches
Beispiel, wie unkritisch er verfuhr, findet sich in Bd II, S. 33; an dieser
Stelle heifst es. „Das Dorf Sullelu (Manipa, vermutlich ein Distrikt) konnte
im Jahre 1657 wohl noch 750 wehrbare Männer stellen, seitdem hat es aber
durch Krieg derartig gelitten, dafs es fast nur noch 160 wehrbare Männer
aufbringen kann." Nun war aber bereits im Jahre 1657 der Amboinsche
Krieg beendigt und die Bevölkerung von Manipa schon Jahre vorher
ausgerottet. Es scheint so, als ob Valentijn aus einer Aufstellung ab-
geschrieben habe, die im Jahre 1657 angefertigt wurde, aber auf eine
frühere Zeit sich bezog, was er übersah, es ist auf keinen Fall anzunehmen, dafs Vlaming, der Manipa im Jahre 1656 neu bevölkerte, in Sullelu
750 wehrbare Männer vereinigte, die sich von Vlaming bis zur Zeit Valentijns auf 160 durch Krieg vermindert hätten.
An eben derselben Stelle gibt er für Tomilehu die Einwohnerzahl
670 und 150 wehrbare Männer; in diesem Falle ist die Verhältniszahl
sogar $4\frac{1}{2}$.

Ich gebe nunmehr die Bevölkerungsstatistik vom Jahre 1667.
Die Indische Regierung an die Siebzehner. Batavia, 6 Dezember
1667. (Manuskript Reichs-Archiv Allg Bestuur.)
„Die Bevölkerung in Allem, Männer, Frauen, Kinder, Sklaven und
Sklavinnen, beträgt.

Leitimor	8575
Hila	5899
Larike	1769
Honimoa mit Nusalaut	11846
Oma 604 wehrbare Männer × 4	2416
Manipa	2359
	32864

Dazu Boano, wo Toalele seinen Distrikt Tean (Tessu)
behielt, den wir mit $\frac{3}{4}$ der Zahl vom Jahre 1634
anrechnen, also 300 wehrbare Männer × 4 ____ 1200

Gesamtbevölkerung 34064.

wegen Unterstutzung Befehle erteilte und weiter eilend am
30. September Amboina erreichte.   Am 25. Februar 1818

Dagegen waren Hovamohel und Kelang durch De Vlaming völlig entvolkert, sodafs, wenn wir obige Ziffer von der Bevolkerungszahl von 1634
abziehen, die Zahl der Verminderung durch den Krieg sich auf 33 756 fur
die genannten Landschaften stellt. Zu der mediigen Bewohnerzahl von
Oma im Jahre 1667 mufs noch bemeikt werden, dafs vermuthlch die
Mohammedaner auswanderten, als sie, wie De Vlaming angeordnet hatte,
zum Christentum gezwungen werden sollten.

Rechnen wir nun zu dieser Zahl 33 756 die Verluste, welche auf
Buru, Amblau, der Ostseite der Bucht von Kaibobo, auf der ganzen Sudkuste von Ceram, die besonders schwer gelitten hatte, ferner auf den
Inselgruppen Ceramlaut und Goram hinzu, so darf nach Schatzung angenommen werden, dafs ein Gesamtverlust von 65 000 Menschen, wie ihn
Dassen berechnet hatte, annahernd den winklichen Verlusten nahe-
kommen wird.

Es wird nicht unnutzlich sein, der mitgeteilten Statistik von 1667
einige weitere Zahlungen anzufugen, die den Entwickelungsgang der Bevolkerung bis 1688 erkennen lassen, von welchem Zeitpunkte ab Valentijn
die jahrlichen Zahlungen mitteilt, zu diesem Zwecke wird es genugend
sein, die Jahrgange 1675, 1680 und 1685 zu geben.

Die Indische Regierung an die Siebzehner, Batavia, 23 November 1675
(Manuskript Reichs-Archiv.   Allg Bestuur)

„Anwesend in der Provinz Amboina.

Europaer	.	996 Manner,	15 Frauen,	43 Kinder.
Mischlinge		29 „	37 „	70 „
Chinesen	.	96 „	93 „	136 „
Mardijker	.	178 „	252 „	172 „
Freie Makassaren		48 „	56 „	27 „
Ambonesen		14 540 „	13 541 „	18 143 „
Sklaven von Makassar und				
Buton	.	1 357 „	963 „	280 „
Sklaven von anderswo	.	2 053 „	2 118 „	1 505 „

Alles in Allem 56 758."

Dieselbe an dieselben Batavia, im Januar 1680 (Manuskript Reichs-
Archiv)

„Die Bevolkerung von dem Gouvernement Amboina

Kompanie-Diener	870 Manner,	42 Frauen,	116 Kinder
Inlandische Schulmeister	68 „	57 „	96 „
Makassaren, Chinesen u s w	349 „	395 „	337 „
Ambonesen (Christen)	6 974 „	6 683 „	9 893 „
„ (Mohammedaner)	6 792 „	6 348 „	6 916 „
„ (Heiden)	598 „	594 „	508 „
Sklaven	3 426 „	2 998 „	1 658 „

Alles in Allem 55 678 "

konnte er nach Batavia zurückkehren, die Ruhe war überall durch kräftige und strenge Mafsregeln hergestellt. [1]

Dieselbe an dieselben Batavia, im Januar 1684/5. (Manuskript Reichs-Archiv Allg Bestuur)
„Bevölkerung des Gouvernements Amboina·

Europaer		723 Männer,	23 Frauen,		29 Kinder.		
Mischlinge		38		97		139	..
Chinesen		115		61		199	.
Mardijker		191	„	202	..	117	..
Freie Makassaren und Butonei	58		127	.	39	..
Amboinesen (Christen)	. .	7 059		6 995	.	10 559	,
„ (Mohammedaner)	6 968		6 639	..	8 976	.
„ (Heiden)	. .	828	,	660	.	686	
Sklaven		4 295	,	3 698	.	2 079	

Alles in Allem 61 600.“

Von den Zahlen, welche Valentijn für die Jahrgänge 1688—1708 mitteilt, ist die für 1688 die niedrigste, nämlich 65 105, die höchste ist 81 027 für 1698 und die Durchschnittszahl für den Zeitraum von 21 Jahren 75 983

In dem nächsten Jahrhundert ist die Bevölkerung stark zurückgegangen. Die offizielle Zählung von 1803 in dem Übergabedokument ist aufserordentlich niedrig, die Zählung von 1819, gleich nach Wiederherstellung des niederländischen Regiments, dagegen wieder höher.

Es sind angegeben für	1803	1819	
Abteilung Victoria . .	14 659	21 335	
„ Hila . .	2 351	4 473	
„ Larike . .	1 289	1 325	
„ Saparua (oder Honimoa)	7 217	22 372	(incl. Süd-Ceram)
„ Haruku (oder Oma)	5 054	7 673	
„ Buru	248	1 635	
„ Manipa	63	fehlt	
	30 881	58 813	

Manipa erwähnt van der Capellen in seinem Tagebuch von 1824 ungefähr 3000 Bewohner zu haben, diese Zahl differiert stark mit der Angabe Bleekers (II, 491), der 726 Seelen für 1854 aufzählt

Ein Vergleich der Zahlen beim Beginn des 18. Jahrhunderts mit denen beim Beginn des 19 machen den starken Rückgang der Bevölkerung deutlich und bestätigen auch in diesem Falle die Angaben Dassens.

[1] Vgl. Stuart, „Jaarb v 1817“, I, 390 fg J F Veth in „Gids“ (1860), Nr 8. S 189 fg. „Tijdschrift voor Nederlandsch Indie“ (1860), I, 339 fg Lauts, VI, 38 fg.

Grausamkeit und Wortbruch sind wohl die schlechtesten
Mittel, welche ein Eroberer gegen fremde Volker anwenden
kann, die er unter seine Herrschaft dauernd gestellt sehen
möchte; der Europäer vergifst im Kampfe gegen halbcivilisierte Volker zu leicht die Mafsigung und Rechtschaffenheit,
welche er einem Feinde von seinesgleichen ohne Besinnen
zuerkennt. Jede Seite der Geschichte erzählt davon, dafs
man die verlassenen Dörfer fluchtiger Insulaner verbrannte,
ihre Fruchtfelder und Garten verwustete, um die Schuldigen
durch Furcht und Schrecken von Verbrechen, welche sie oft
aus Verzweiflung und wegen Bedruckung begehen, abzuhalten.

Sind planmafsige Grausamkeit und Frevel im Kriege
civilisierter Volker verbotene Schreckmittel, so mufs auch der
Wilde oder halbcivilisierte Insulaner ihre Ungerechtigkeit erkennen; und erregen sie, wie es der Zweck ist, in Wirklichkeit seine Furcht, so mehr noch seinen Hafs

Auch in diesem Feldzuge hatte Buyskes es nicht verhindern können, dafs von einigen Offizieren, die der Ehre ihres
Königs vergafsen, grofses Unrecht geubt wurde Der Major
der Infanterie Meijer, welcher spater an erhaltenen Wunden
geblieben ist, hatte die Aufstandischen in der Kirche in Oma
(Haruku) versammelt. unter der Zusage der Begnadigung. Er
liefs wider sein gegebenes Wort den zehnten Mann erschiefsen [1]

Der grofse Umfang, welchen die Erhebung gehabt hatte,
und die tiefe Erbitterung, mit der die Insulaner gegen die
erneute Herrschaft der Hollander sich wehrten, veranlafste den
Generalgouverneur van der Capellen, der die königliche Regierung in Indien leitete, Kommissare nach den Molukken zu
entsenden, um die Beweggrunde zu dem Aufstande zu untersuchen. Die Rate van de Graaf und Meijlon waren aufrichtig genug, die Bedruckungen und den Mangel, welche aus
dem Monopol fortflossen, als die alleinige Ursache der Erhebung zu bezeichnen [2]

---

[1] Generalgouverneur van der Capellen, Tagebuch auf seiner Reise
in den Molukken, in „Tijdschrift voor Nederlandsch Indie" (1855), I.
281 fg., 357 fg

[2] Diese beiden Rate haben spater eine geschichtskundige Ubersicht

Die Abschaffung des Monopols (der gezwungenen Lieferung der Nelken u. s. w.) war eine Mafsregel von so grofser
Tragweite, dafs van der Capellen, um sie dem Könige zu
empfehlen, von dem Stande der Dinge persönlich sich über-
zeugen wollte. Im Beginne des Jahres 1824 trat er seine
Reise nach den Molukken an

Zwei Meinungen standen sich gegenüber; indes die Kommissare vorbereitende Mafsnahmen für nötig erachteten, hielt
der Gouverneur von Amboina, Merkus, die sofortige Einführung der Freiheit des „unglücklichen, beinahe von allem be-
raubten Eingesessenen“ der amboinischen Lande für ratsam.

Nach mehrtägigem Aufenthalt in Victoria neigte van der
Capellen sich der Ansicht van Merkus’ zu „Die Notwendigkeit“, schreibt er, „ist noch näher befestigt, mein Vornehmen
ist, vorbereitende Schritte so rasch wie möglich zu thun. ..
Ich wünsche die Bevölkerung von einigen drückenden Einrichtungen zu befreien; die Hongizüge sollen an erster Stelle
abgeschafft und die Herrendienste nach Möglichkeit beschränkt
werden.“ Und als er die Bezirke bereist hatte, schrieb er:

„In der Landschaft Hila trägt alles das Kennzeichen von
Armut, unterdrücktem Volksfleifs und stiller Unterwerfung....
Unter den mohammedanischen Regenten fand ich einige, welche
auf meine Fragen sehr wohl und nicht unverständig antworteten..... Die christlichen Regenten sind sehr beschränkte
Leute..... Die Wege auf Amboina sind äufserst schlecht,
seit der Mitte des 17. Jahrhunderts ist nichts daran gethan.
.... In der Landschaft Larike ist ein Militärposten nötig,
ein Regent ist von Seeräubern ausgeplündert und mehrere
hundert Inländer sind als Sklaven weggeführt .... Auch
Manipa leidet schwer unter dem Seeraub..... In Haruku
(auf der gleichnamigen Insel) war der Regent gestorben; eine
grofse Zahl Prätendenten bewarben sich bei mir und dem
Gouverneur um den vakanten Posten; sie hatten mehr das
Ansehen um ein Almosen, denn um einen Regentenposten zu

---

der Molukken herausgegeben, in „Tijdschrift voor Nederlandsch Indie“
(1856) I, 73 fg, 167 fg, 231 fg, 315 fg Für die frühere Zeit schöpften
sie vornehmlich aus Valentijn

bitten . . . . Die Eingesessenen verschiedener Inseln sind verpflichtet am Strande zu wohnen, diese Verpflichtung muß aufhören und der Bevölkerung mussen die fruchtbaren Strecken
angewiesen werden. . . . . Die Beamten in Victoria sind alle
sehr mittelmäßig, sie scheinen noch gar nicht zu vermuten,
daß ein Bedurfnis besteht, die alte Ordnung zu ändern.'

Im April schon verkundigte van der Capellen ein neues
Reglement von 180 Artikeln. Die Rechte und Pflichten der
Regenten und Eingesessenen wurden darin genau umschrieben,
bestimmte Vorschriften regelten die Befugnisse und das Verhalten der europaischen und inländischen Beamten, die Rechts-
pflege in Polizei- und Civilsachen wurde den einzelnen Regenten genommen und einem Kollegium mehrerer Regenten
ubertragen; die Zwangsarbeit, bisher der Willkur preisgegeben, wurde genau beschränkt, die Hongizuge waren fur
alle Zeit abgeschafft und die Preise fur die Nelken wurden
erhoht.

Das Reglement enthielt große Segnungen fur die Bevölkerung, man durfte erwarten, daß ein besserer Unterricht
verbunden mit Sicherheit des Eigentums, mit Anmutigung zum
Fleiß und zur Arbeit, mit Beschirmung und einer ehrlichen
und menschlichen Behandlung der Bevölkerung, eine Hebung
des traurigen Zustandes werde zur Folge haben; um diese
Erwartungen zu befestigen, fehlte jedoch das wesentlichste
Geschenk, das van der Capellen nicht geben konnte: die Aufhebung des Monopols stand nur bei dem Konige.

„Ich habe meine Verrichtungen in Amboina", schreibt er
daruber, „dem Konige bekannt gemacht und Seiner Majestät
nicht verborgen gehalten, daß jetzt das Monopolsystem unmoglich noch aufrecht gehalten werden kann. . . . . Ein wich-
tiges Werk ist damit abgethan und ich habe schon jetzt ge-
nugenden Grund, uber meine Reise nach den Molukken mich
zu freuen." [1]

Die Hoffnung des Generalgouverneurs erfullte sich nicht,
seine Reformen wurden als „unzeitig und zwecklos" verworfen
und er selbst schon im nachsten Jahre ersetzt. Am 25. Ok-

---

[1] Van der Capellen, „Tagebuch", l. c.

tober 1825 fuhr Du Bus de Gesignies als sein Nachfolger aus dem Mutterlande ab.[1]

Um die Indische Regierung, welche den Intentionen van der Capellens zuneigte, zu entkräften, schrieb der Minister Elout am 12. September 1825 an den Lieutenant-General-gouverneur De Kock: „De Kommissaris-Generaal (Du Bus) heeft geen dadelijk aandeel in het dagelijksch beheer der zaken, hij kan evenwel in Raade verschijnen, hy kan de besluiten der Hooge Regeering schorsen, in een woord, hij is in den volsten zin de vertegenwoordiger des konings.'[2]

Am 13. Mai 1826 schreibt der Minister, daſs die Verordnungen zum gezwungenen Anbau und zur Lieferung der Gewürze in den Molukken aufrecht bleiben sollen und „des noods door eene zekere mate van dwang" zu beleben waren. Die Indische Regierung antwortete darauf unter dem 27. Juli 1827, daſs das Monopolsystem noch aufrecht sei.[3]

Es war eine der vornehmsten Aufgaben der Sendung Du Bus', Beschränkungen und Ersparnisse in der Verwaltung einzurichten, dagegen die Erträge und Einkunfte zu erhöhen Hatte van der Capellen die Ordnung und gute Entwickelung der Kolonien als seine vornehmste Aufgabe betrachtet, für deren Lösung er zunächst Opfer zu bringen geneigt war, so trat von jetzt ab bei allen Maſsnahmen und Entscheidungen der Indischen Regierung das Bedürfnis der Schatzkiste des Mutterlandes in den Vordergrund, ohne ängstliche Rücksichtnahme auf die zeitlichen Zustände oder künftige Entwickelung in den Kolonien selbst.

In den Molukken wurden zunächst die meisten Beamtenstellen, welche van der Capellen zum Schutze der Bevölkerung aufzurichten notwendig erachtet hatte, wieder eingezogen und dadurch der Etat um 50000 Fl. entlastet, womit der Anfang der Rückwärtsreform gemacht war

---

[1] Mijer, „Kronijk" (1826)
[2] H. van der Wijk „De Nederlandsche Ost-Indische Bezittingen onder het bestuur van den Kommissaris-Generaal Du Bus de Gesignies (1826—30)" (Haag 1866), S. 12
[3] Wijk, S. 64.

Durch Schreiben vom 21. Juli 1826 beauftragte Du Bus sodann den Gouverneur der Molukken, Victor Merkus, die Verwaltungsbeamten seines Gouvernements auf die notwendigste Zahl zu beschranken und Einrichtungen zu treffen, durch die es ermoglicht werde, das Defizit, welches im Durchschnitt der letzten fünf Jahre sich auf Fl. 448015 jährlich bezifferte, zu beseitigen und dagegen einen Überschufs zu erzielen. [1]

Der Gouverneur entledigte sich dieses Auftrags mit grofsem Geschick. Zu den   Fl. 50000
welche bereits an Beamtengehaltern gestrichen
waren, ersparte Merkus durch weitere Verminderung der Administrationsbeamten . . ____, 66210
                                             Fl. 116210

[1] Der bezugliche Passus in dem Schreiben des Generalgouverneurs an Merkus lautet folgendermafsen: „Es wird Ihnen nicht unbekannt geblieben sein, dafs einer der vornehmsten Beweggrunde meiner Sendung in diese Gegenden gewesen ist, um die Reorganisation der gesamten innern Verwaltung in ein mehr ubereinstimmendes Verhaltnifs zu den Einkunften zu bringen, als es bisher der Fall war. Die Ausgaben sind hier stets in die Hohe getrieben (opgejaagd), ohne Rucksicht auf die Mittel, und ist dies gegenwärtig zu solch einer Hohe gestiegen, dafs mir fur das laufende Jahr ein Anschlag vorgelegt wurde, der 31 Millionen an Ausgaben und nur 22½ Millionen Einkunfte aufweist; also ein Zukurz a priori von 8½ Millionen .... Die Verwaltung mufs so weit zunächst vermindert werden, dafs die sichern Einkunfte nicht uberschritten werden; fernerhin mufs getrachtet werden, dafs die Deckung der Renten und die Amortisation der Schuld moglich sei, welche zum Nutzen von Niederlandisch-Indien und zur Wiederherstellung der zerrütteten Finanzen notig gefunden wird. Während ich mich damit hier an diesem Platze besorgt halte, wollen Sie ohne Verzogerung und mit allem Ernst in Ihrem Gouvernement Untersuchungen daruber anstellen, welche Vereinfachung auch in der dortigen so weitschweifigen (omzlagtig) Verwaltung Platz greifen kann. . . . . Ihre Mafsregeln konnen unmittelbar und ohne meine weitere Autorisation von Ihnen selbst eingefuhrt werden, jedoch eine vollstandige Reorganisation auf mehr einfacher und minder kostbarer Grundlage, berechnet nach dem Drange der Umstände. Des Konigs ausdrucklicher Wille ist, dafs die Ausgaben von nun an in gehorige Verhaltung zu den Einkünften gebracht werden; ich halte mich Ihrer vollen Mitwirkung dazu versichert." (Manuskript Reichs-Archiv.)

Übertrag Fl. 116 210

ferner an Kriegsmaterial, durch van der Capellen
zum Schutze gegen Seeraub gewahrt . . . „ 23 520
an Unterbeamten und Militärs, die in Wegfall
kamen . . . . „ 18 017

sodafs Du Bus um Fl. 157 747
die jährlichen Ausgaben für die Molukken verringerte. [1]

Durch Erhöhung der Pachten, vermehrten Konsum an
Opium und strengere Aufsicht auf die Ablieferung der ge-
ernteten Spezereien, gelang es Merkus ferner, auch die Einnahmen so weit zu erhohen, dafs er fortab bei einem fünf-
jährigen Etat von etwa vier Millionen nur einen jährlichen
Zuschufs von nicht ganz 13 000 Gulden in Anschlag brachte.
Diese Berechnung bezog sich auf das ganze Gouvernement,
mit Ausschlufs der Unterabteilung Timor, die zu dieser Zeit
zwar unter der Residentie Banda ressortierte, aber in Ein-
und Ausgaben nicht eingerechnet ward. Zu dem Gouvernement gehörten die Abteilungen Amboina Banda, Ternate und
Menado mit den zugehörigen Inselgruppen.

Dem Verlangen des Generalgouverneurs, auch an den Ge-
haltern der Beamten zu sparen, oder die Qualität der obern
Aufsichtsbeamten zu verringern, widersetzte sich Merkus, um
nicht die Bevölkerung, wie er betonte, aufs neue der Aus-
beutung durch zu gering besoldete Beamte preiszugeben.

Nach den neuen Bestimmungen, die sofort in Kraft traten,
waren die Aufsichtsbeamten in den einzelnen Abteilungen die
folgenden.

    1. In Amboina:

        a. Der Gouverneur der Molukken (der zugleich die
           Residentie Amboina verwaltete);

        b. ein Oberadministrator (zugleich Packhausmeister,
           Geldbewahrer und Präsident des Gerichtshofs zwei-
           ter Instanz);

        c. ein Sekretär (zugleich Präsident vom Kleinen Land-
           rat für die niedere Gerichtsbarkeit und Magistrat);

---

[1] Diese Angaben habe ich entlehnt einer Kopie (Manuskript) der

d. ein Assistent-Resident fur die Unterabteilung der
   Uliasser;
e. ein Assistent-Resident fur die Unterabteilung Hila
   und Larike;
f. ein Inspektor der Kulturen.
2. In Banda ·
  a. Ein Resident;
  b. ein Sekretar (zugleich Magistrat und Fiskal).
  c. ein Packhausmeister;
  d. ein Inspektor der Perken.
3. In Ternate:
  a. Ein Resident;
  b. ein Sekretar (zugleich Magistrat und Fiskal);
  c. ein Packhausmeister.
4. In Menado
  Ein Resident.

Eine weitere Beschrankung war unmöglich, wenn nicht
der Besitz gefahrdet und die Zustande in vollkommene Willkur und Anarchie ausarten sollten; man mufste ohnehin bei
diesen Einrichtungen die Dinge an den meisten Orten sich
selbst uberlassen, und erst wenn die Klagen und Beschwerden uber Verbrechen und Vergehungen aus den weiten Gebieten des ausgedehnten Gouvernements sich häuften, strafte
man durch Entsendung eines Kriegsfahrzeuges oder einiger
Korakoras der Fursten summarisch. Es gab zwischen der
wohlwollenden Politik van der Capellens und den rigorosen
Regierungsprinzipien der Politik Du Bus' keinerlei Beziehung,
als die des strikten Gegensatzes.

Die Molukken blieben denn auch für die Einfuhrung
neuer Reformen oder Einrichtungen zur Hebung der tiefge-
sunkenen Bevölkerung ohne alle Berucksichtigung von seiten
der Indischen Regierung, die lediglich nach den Befehlen des
Kolonialministers die Geschäfte leitete und nur besorgt war,

Missive des Gouverneurs Merkus an den Generalgouverneur Du Bus.
Das Manuskript erhielt ich durch die gutige Vermittelung des Herrn
M Nijhoff in s'Gravenhage.

das Bedurfnis der koniglichen Schatzkiste zu befriedigen.
Diese Tendenz schuf das Cultuurstelsel (Kultursystem)[1], das
seit 1830 alle politische und wirtschaftliche Entwickelung in
den niederlandisch-ostindischen Kolonien beherrscht und durch
welches besonders auf die Bevolkerung Javas, da man den
Reichtum dieser Insel vor allem ausbeutete, schwere Lasten
gehauft wurden; dieselbe Tendenz blieb auch fortbestehen,

---

[1] Das durch Generalgouverneur van den Bosch (1830—33) einge-
fuhrte Kultursystem legte die Verfugung uber Art und Umfang der
Pflanzungen auf Java in die Hand der Regierung, welche von nun an
der Bevolkerung in allen Landschaften der Insel vorschrieb, welche
Produkte sie zu bauen habe und in welcher Menge Die gewonnene
Ernte wurde in den Gouvernements-Packhausern zu den von der Regierung selbst festgesetzten Preisen abgeliefert Das wahrhaft Schandliche
in dieser Einrichtung bestand nun nicht in der Vergewaltigung der Bevolkerung, denn die Regierung konnte, wie sie es vorgab, die Gewohnung des Inlanders an Arbeit bezwecken, hatte sie die Fruchte dieser
Arbeit nicht allein fur die Schatzkiste des Mutterlandes in Anspruch
genommen, — der grofsere Schaden beruhte in dem systematischen Be-
truge, dem die unglucklichen Landbauer durch Jahrzehnte anheimfielen,
begangen durch die eigenen und inlandischen Beamten der Regierung,
die mit Prozenten an der gewonnenen Ernte beteiligt wurden, damit sie
desto wachsamer und strenger die Arbeit ihrer Untergebenen beauf-
sichtigten. Dieselben Beamten, welche die Obliegenheiten der Beaufsichtigung und Zuchtigung der arbeitspflichtigen Bevolkerung zu erfullen hatten und an der Ernte interessiert waren, besorgten zugleich
die Empfangnahme der Ernte und die Zahlung fur das abgelieferte Produkt. Diese beklagenswerte Einrichtung wurde die Quelle unermefs-
lichen Elends fur die Javanen
  Die neuen Anpflanzungen richteten sich nach den Bedurfnissen der
Handels-Maatschappij, denn solange diese die alleinige Abnehmerin der
Produkte war, auf welche sie bedeutende Vorschusse leistete, die im
Beginne des Jahres 1834 auf 236 Mill Fl stiegen, so bestand zwischen
ihren Wunschen und den Verfugungen des Kolonialministers immer der
naturlichste Zusammenhang Die Zustande der alten Zeit der Kompanie
erstanden in neuer Form
  Die Resultate, welche das Kultursystem auflieferte, erwiesen sich
fur die Schatzkiste des Mutterlandes als sehr lohnend, diese empfing in
den Jahren von 1841—63 gegen 468½ Mill Fl aus Indien, wovon der
grofste Teil als Frucht des Kultursystems betrachtet werden kann.
  Die neueste Entwickelung, etwa seit 1870, hat die Harten des Kultur-

als man die Folgen dieser unbilligen Politik bereits zu bedenken anfing, nachdem durch die Vorgange des Jahres 1848
im Mutterlande die Verwaltung der Kolonien unter das Gesetz gestellt war.

Die feste und geschlossene Verquickung der Interessenten
der Handels-Maatschappij, an welche als Geldleiherin der
königlichen Schatzkiste trotz des entschiedenen Widerstandes
des Ministers Elout, und unter Begünstigung durch den
Schöpfer des Cultuurstelsel, van den Bosch, der ganze Handel
Indiens ausgeliefert war, wie gleichermafsen die Verquickung
der Kolonialpolitik der vorangegangenen Jahrzehnte mit diesen
Interessenkreisen liefs nicht erwarten, dafs die unter solchem
Einflusse geschaffenen Zustande in Indien kurzer Hand weder
reformiert noch abgeschafft werden sollten oder auch konnten.
Es war aber dennoch viel gewonnen, dafs von jetzt ab in den
Generalstaaten die indischen Angelegenheiten überhaupt be-
sprochen wurden.

Das auf Grundlage der veranderten Verfassung vom Jahre
1848 erneute Reglement für die Indische Regierung vom
2. September 1854, welches in der Hauptsache noch heute
gültig ist[1], beseitigte weder das Monopolsystem für die Molukken, noch das Cultuurstelsel für Java. Gleichwohl bewies
der Generalgouverneur Duymaer van Twist, der zuerst das
neue Reglement zur Ausführung brachte, ein wohlwollendes

_____

systems auf Java wesentlich gemildert; es ist für die gezwungene Lie-
ferung in der Hauptsache nur der Kaffee übriggeblieben. Dieses
Produkt wird auch noch dem Verkaufe im Mutterlande vorbehalten.
(Kolonialverschlage.)

Von den Aufsenbesitzungen wurde nun in Menado das Kultursystem
eingeführt, womit wir uns in § 22 näher zu beschäftigen haben.

Über das Kultursystem ratschlage man die durch die Gesellschaft
„Tot Nut von't Algemeen" besorgte quellenmäfsige Bearbeitung: „De
Geschiedenis van het Cultuurstelsel in Nederlandsch Indie" (Amsterdam,
bei Friederich Muller, 1873).

[1] „Wetten en Verordeningen. W. E. J. Tjeenk Willink" (Zwolle
1883), S. 75 fg

Interesse auch für die östlichen Außenbesitzungen. War schon eine der ersten Maßnahmen dieses Generalgouverneurs gewesen, daß er ein Verbot gegen den Sklavenhandel erließ, insonderheit gegen die Ausfuhr von Kindern im Alter unter zehn Jahren, worin großer Mißbrauch geherrscht hatte[1], so mochte man von seiner Reise nach den Molukken sich viel größere Erwartungen versprechen.

Am 1. September 1855 trat Duymaer van Twist[2] die Reise nach dem Osten an, wo seit van der Capellen kein Generalgouverneur erschienen war. Überall erfuhr der Oberlandvogt einen wohl vorbereiteten festlichen Empfang, überall aber auch mußten seine wissenschaftlichen Begleiter, Bleeker und Brumund, denselben traurigen Zustand noch bestätigt finden, wie van der Capellen und J. Olivier ihn 30 Jahre früher antrafen.

Die Reise des Generalgouverneurs verlief wie ein Triumphzug, festliche Aufzüge verdeckten das Elend vor dem Auge dessen, von dem die Bevölkerung Erlösung erhoffte, und es erwies sich, daß van Twist ein anderer war als van der Capellen.

Es dauerte aber nicht lange, daß die Indische Regierung zu gewähren sich durch die schlechten Marktverhältnisse der Nelken gezwungen sah, was sie freiwillig und aus Wohlwollen für die Bevölkerung nicht hatte zugestehen wollen. Die Nelkenpreise verschlechterten sich von Jahr zu Jahr, sodaß dies Produkt nur noch mit Verlust an den Markt zu bringen war. Der Selbstkostenpreis berechnete sich in den Niederlanden auf 40 Gulden für den Pikol, davon erhielt der Amboinese 30 Gulden (24 Cents für das Amsterdamer Pfund), die Regenten und Ältesten 1,25 Gulden für den Pikol als Kassilgeld und ferner 15 Gulden für den Bar (550 Pfund) als Pitisgeld. Dazu kamen dann die Frachtkosten, in erster Linie die Lokalfrachten. Die Nelken wurden von der Bevölkerung

---

[1] Lauts, VII, 283. Die Verordnung datierte vom 10. Juli 1851.

[2] Im Gefolge des Oberlandvogts befanden sich unter andern der Chefarzt Dr P. Bleeker und der Prediger J. F. G. Brumund, ihre bezüglichen Schriften über die Molukken sind schon citiert

negereiweise auf den Kontoren Amboina (oder Victoria,
Name der niederländischen Festung), Saparua auf der gleichnamigen Insel, Haruku auf der gleichnamigen Insel, Hila und
Larike abgeliefert; da nun Hila und Larike keine passenden
Ankerplätze hatten[1], so wurden die hier eingelieferten Nelken
nach Amboina gebracht. In zweiter Linie kam die Verfrach-
tung von Amboina, Haruku und Saparua nach Batavia in Anrechnung; dieselbe besorgte ein einzelner Unternehmer und
bezog durch viele Jahre den jedenfalls nicht geringen Fracht-
satz von 40 Gulden für den Kojang (in diesem Falle mit
Rücksicht auf das Raumbedurfnis der Nelken nur 1875 Pfund
oder 15 Pikols), sodafs die Fracht nach Batavia für den
Pikol $2\frac{2}{3}$ Gulden betrug. Endlich kam noch die Fracht von
Batavia nach den Niederlanden zu den Unkosten, sodafs damit der Selbkostenpreis auf 40 Gulden mindestens stieg.[2]

Bereits in den drei Jahren 1854, 1855 und 1856 verlor
die Regierung durchschnittlich an einem Pikol 9 Gulden; die
Verkaufspreise betrugen in diesen drei Jahren $31,25\frac{9}{10}$,
$34,02\frac{7}{10}$ und $28,11\frac{1}{10}$ Gulden.[3] Infolge dieses Preisruck-
ganges wurden in dem folgenden Jahre keine Nelken zum
Verkauf gestellt, aber trotzdem ging der Preis im Jahre 1858
nochmals erheblich zurück, nämlich auf $16,48\frac{8}{10}$ Gulden, sodafs nunmehr an jedem Pikol ca. 23 Gulden zugesetzt wurden.[4]

---

[1] In früherer Zeit war dies gewifs besser, damals wurde vor Hila
manches grofse Schiff beladen; es können die Zustände der Reede durch
veränderte Meeresströmungen schlechtere geworden sein. Ich will an
dieser Stelle, anknüpfend an eine Aufforderung von Wallace, der ge-
nauere Untersuchungen bezüglich der Veränderungen des Meeresbodens
im Ostindischen Archipel empfahl, nur darauf hinweisen, dafs genaue
Tiefenmessungen der Reeden Hila und Larike sicherlich aus dem 17. Jahrhundert im Kolonial-Archiv vorhanden sein werden; man konnte hier,
wie an manchen andern Orten, leicht sehr interessante Resultate für die
Wissenschaft gewinnen, wenn man Messungen nach der Anweisung von
Wallace vornehmen liefse und dabei das bezügliche Material im Archiv
benutzte.

[2] Kolonialverschlag von 1862.

[3] Kolonialverschlag von 1856

[4] Kolonialverschlag von 1858.

Noch einmal wurde der Versuch gemacht, durch Sistierung
des Verkaufs den Preis zu heben, aber auch diesmal erfolglos.[1]
Die Aufhebung der gezwungenen Lieferung wurde jetzt
in ernstere Erwägung gezogen, allerdings konnte es nicht ausbleiben, dafs dieselbe sich nunmehr unter schweren Leiden
der Bevölkerung vollziehen mufste.

Im Jahre 1863 wurde die Aufhebung gesetzlich bestimmt.[2]
Es wurde festgesetzt, dafs fakultativ die Lieferung noch. bis
zum 31. Dezember 1868 dauern, von diesem Zeitpunkt ab
aber gänzlich aufhören solle. Die inländischen Obern wurden
für ihr Kassil- und Pitisgeld nach dem Durchschnitt der letzten 10 Jahre entschädigt, bis eine anderweitige Regelung über
ihre Einkünfte bestimmt habe. Von der Bevölkerung sollte
dagegen ein Kopfgeld erhoben werden, das mit einem Gulden
beginnend, jährlich um einen Gulden erhöht wurde, bis auf
den Betrag von 5 Gulden, sodafs mit dem Jahre 1868 beim
Eintritt der völligen Ablösung der gezwungenen Lieferung der
volle Betrag von 5 Gulden zu leisten sei.[3]

Das Jahr 1869, das erste, in welchem die Bewohner sich
überlassen waren, war ein recht kummervolles; „hatten die
Leute", schrieb die Regierung an den Minister, „bei 30 Gulden
schon hungern müssen, so erst jetzt, wo sie nur die Hälfte
des Preises erzielen".[4] Zwar hatte die Regierung auf Veranlassung des Gouverneurs von Amboina einem Notstande
vorzubeugen gesucht, indem sie andere Kulturen, wie Kaffee,
Kakao und Reisbau auf nassen Feldern überall ins Werk
stellen liefs und unterstützte[5], aber dies alles war ungenügend,
mit zu geringen Mitteln geschehen und konnte auch in der

---

[1] Die Preise waren 1860: 15,54^2/$_{10}$, 1861. 17,35^3/$_{10}$, 1862 16,43^6/$_{10}$,
1863 16,12^3/$_{10}$ Fl.

[2] Verordnung des Generalgouverneurs vom 2 Dezember 1863 „Indisches Staatsblatt", Nr. 169

[3] „Indisches Staatsblatt" (1863). Nr 217.

[4] Kolonialverschlag von 1869 Die Preise, welche von Partikulieren
in Amboina gezahlt wurden, bewegten sich zwischen 15—20 Fl. für
den Pikol.

[5] Kolonialverschlag von 1856

kurzen Zeit sich nicht wirksam entwickeln, um von den Einwohnern Not und bittere Sorge fernzuhalten.

Die nasse Reiskultur erwies sich sehr bald als undurchführbar[1], mit dem Kaffee, obwohl man die beste Menadosaat unentgeltlich verabreichte[2], kam man auch nicht weit, nur die Kakaopflanzungen versprachen etwas für die Zukunft.

Um diesen Anbau zu fordern, bewilligte die Regierung die geringe Summe von 100000 Gulden zu rentelosen Vorschüssen, auf jeden neuangepflanzten Baum gab sie einen Gulden; diese Summe wurde von einigen Unternehmern aufgezehlt.[3]

Die Negereigarten für Kakao und die Unternehmungen, welche von Partikulieren mit eigenen Mitteln betrieben wurden, schienen dagegen anfangs, wie schon gesagt, zu gedeihen; die Produktion stieg, die Preise waren gute und besserten sich. Aber diese ermutigende Aussicht schwand auch sehr bald wieder dahin, denn die Mühen der Anpflanzung wurden nicht belohnt. Die höchste Produktion, die vom Jahre 1872 in Höhe von 393 Pikols, konnte nicht viel bedeuten und nur wenig die allgemeine Not lindern. Seitdem ist die Kultur durch Krankheit der Bäume zurückgegangen und kann heute als bedeutungslos gelten.[4]

Es hat also der wirtschaftliche Notstand durch Einführung von neuen Kulturen sich nicht heben lassen; ohne die gute Absicht der Indischen Regierung zu verkennen, muß es befremden, wie sie so billig sich hat davon Erfolge versprechen können, da ihr das Denkbild nicht fernliegen durfte, daß, wenn der Inländer zu seinem Nutzen neue Kulturen schaffen und nicht großen Unternehmern zur Beute fallen soll, er in seiner Person erst dazu neu erschaffen werden

---

[1] Kolonialverschlag von 1863 und spätere

[2] Kolonialverschlag von 1862.

[3] Kolonialverschlag von 1860 und spätere

[4] Die Produktion in Kakao betrug in den Jahren 1857 10, 1860 4), 1861 74, 1862: 174, 1865: 250, 1870: 381, 1871 327, 1872 393, 1873: 290, 1874: 185, 1880 142, 1885: 147 Pikols. Der Preis begann im Jahre 1857 mit 50 Fl, stieg auf über 100 und ist im Jahre 1885 wieder bei 52 Fl angekommen.

mufs, auf der sichern Grundlage, welche gute Verwaltung, Kirche und Schule vorbereiten.

Nach fünf harten Notjahren[1], die in einzelnen Landesteilen noch dadurch verschlimmert wurden, dafs die Regierung im Jahre 1870 die Sagowälder von Luhu und Lokki für die geringe jährliche Pachtsumme von 2700 Gulden an einen reichen Araber auf fünf Jahre verpachtete und die Wälder von Hadat auf Boano sogar nur für 80 Gulden[2], ist die Vorsehung endlich dem hartbedrängten Einwohner von Amboina zu Hilfe gekommen.

Im Jahre 1874 mit reicher Nelkenernte von 5000—6000 Pikols stieg der Preis in Amboina plötzlich auf 50—60 Gulden, er hob sich weiter und erreichte im Jahre 1881 die erfreuliche Höhe von 70—100 Gulden.[3] Darauf trat aber sogleich die Rückwärtsbewegung ein, die im Jahre 1886 den niedrigen Stand von 30 Gulden wieder erreicht hat.[4] So steht der Landbauer von Amboina aufs neue Entbehrung und Mangel aus[5], wogegen ihn nur Eines wirksam zu schützen imstande ist, sobald er nämlich gelernt haben wird, die reichen Hilfsmittel seines schönen Landes recht zu gebrauchen. Er mufs zu der Betriebsamkeit auferzogen werden, welche seine Voreltern vor drei Jahrhunderten noch sehr wohl verstanden, als sie in den herrlichen Bergstrecken den Boden mit Fleifs bebauten, aus denen sie in der Folge durch die Niederländer mit Gewalt vertrieben wurden, um am Strande kümmerlich fortzuleben. Alsdann werden wie einst in den anmutigen Berggegenden von Kaibobo Weizen- und Bohnenfelder blühen, auf den Höhen von Hovamohel Rinderherden weiden, wie zu Gijzels Zeit, der von den Rindern Serulams berichtete, dafs sie den besten des

---

[1] Die Preise für Nelken blieben fortgesetzt niedrig, 1870 14—17, 1871: 16, 1872: 24 Fl.

[2] Kolonialverschlag von 1870

[3] Kolonialverschlag von 1881

[4] Kolonialverschlag von 1886

[5] Die Einfuhr von Reis hält mit dem Rückgange der Nelkenpreise fast gleichen Schritt; sie betrug 1882: 55775, 1884: 38580, 1886: 23951 Pikols. Der Reis kommt vorzugsweise von Makassar, Java, Menado und Gorontalo. (Kolonialverschlag von 1886.)

Vaterlandes gleichkämen. Der reiche Holzbestand der Wälder von Ceram, Buru und Kei wird eine Quelle guter Einnahmen bilden, und die Sagohaine bei rechter Behandlung einen begehrten Exportartikel liefern. Auf Amboina wird der Kaffee gedeihen und die vorzugliche Qualität des Tabaks auf Buru und Süd-Ceram[1] sichern auch der Ausbreitung dieser Kultur eine schöne Zukunft[2]

———   ———

Mit der Aufhebung des Monopols, die mit so viel Harte die Bewohner treffen mußte, wurde eine nähere Prüfung der Naturalleistungen und Herrendienste notwendig, womit die Bevölkerung schwer belastet war. „Die Bevölkerung von Amboina", berichtete im Jahre 1855 die Regierung, „kann die ihr auferlegten Pflichten nicht tragen; sie seufzt unter dem Drucke der Quartodienste, womit die Regenten sie belasten. Die bestehenden Einrichtungen sind zu drückend für die Bevölkerung, es muß untersucht werden, welche Erleichterung eintreten kann, und welche Opfer für die Landeskasse notwendig sind."[3]

Die Herrendienste, welche die Regenten nach altem Rechte fordern konnten, nannte man „Kardja trop", sie zerfielen in Leistungen, welche für den Bau und die Unterhaltung von Brücken, Wegen, Gemeindehäusern und für andere öffentliche Zwecke gefordert wurden, oder in solche, die zum persönlichen Nutzen der Regenten und Dorfobern dienten. Für Kardja trop-Arbeiten wurde in großen Negereien etwa ein Viertel und in kleinen die Hälfte der männlichen Bevölkerung ständig in Anspruch genommen[4], sollten sie eine Steuerleistung

---

[1] Der Tabak von Buru und Ceram wird dem von Manila, wo der Anbau mit Sorgfalt gepflegt wird, gleichgeachtet.

[2] Es kann immer wieder, wo es sich um nützliche Einrichtungen, um Verbesserung der Lebensweise der Bewohner und Ausbreitung der Kulturen handelt, auf das Tagebuch van der Capellens verwiesen werden; er ist der ehrlichste und zuverlässigste Ratgeber.

[3] Kolonialverschlag von 1856.

[4] Kolonialverschlag von 1881.

im öffentlichen Interesse bedeuten, als welche sie in alter Zeit auch geleistet wurden, so hatte ihr Charakter seit den Tagen der Kompanie sich völlig verandert. Die Dienstpflichtigen wurden in gröfserer Zahl von den Regenten und Ältesten in deren Nutzen beschäftigt oder von ihnen an Diitte als Arbeitskiäfte vermietet, während an den öffentlichen Werken so gut wie nichts geschah.[1]

Zu der Verpflichtung des Kardja trop traten sodann die unbezahlten Dienste und Naturalleistungen, welche das Gouvernement von der Bevölkerung forderte. Zwar hatte van der Capellen die Lasten, womit die Siebzehner die Bevölkerung nach und nach beluden, wesentlich erleichtert; er gewahrte Vergütungen in Geld fur Leistungen, welche bis dahin „om niets" gethan waren, und hob andere Verpflichtungen ganzlich auf; aber es war doch so viel ubriggeblieben, dafs sich dies bei naherer Prufung jetzt als zu drückend erwies. Daher trat eine Erleichterung der Dienste an das Gouvernement sofort bei Aufhebung des Monopols mit dem Jahre 1864 ein. Alle Dienste, welche die Regierung noch fordern mufste, wie Lieferung von Bauholz, Bauten von öffentlichen Werken, Dienste beim Transport von Gutein, bei Reisen von Beamten und Militar, wurden von nun an bezahlt.[2] Von diesen Diensten blieb die Holzlieferung noch zu drückend, sodafs im Jahre 1865 abermals eine Erhohung dieses Tarifs eintrat.[3] Endlich erfolgte dann auch im Jahre 1869 die gesetzliche Regelung aller Herrendienste überhaupt.[4]

Ungeachtet der Sorgfalt, mit der die Regierung die Entlastung der Bevölkerung sich zur Aufgabe setzte, blieb das, was wirklich geschah, unzureichend; die allgemeine Not konnte damit nicht gehoben werden, die eine grelle Bestatigung durch die vielfache Flucht erhielt, durch welche in manchen Gegenden die Bevölkerung der Zahlung der Kopfsteuer von 5 Gul-

---

[1] Uber den Zustand von öffentlichen Werken, Wegen u s w vergleiche man van der Capellen, Bleeker, van Hoevell und Riedel

[2] Kolonialverschlag von 1863

[3] „Indisches Staatsblatt" (1865), Beilage Nr. 1574

[4] „Indisches Staatsblatt" (1869). Nr. 96

den sich entzog.[1] Die Regierung hatte die schweren Pflichten
des Kardja trop nicht zu mildern vermocht, noch weniger die
alten Mifsbräuche unter den inlandischen Obern zu verhindern
    Waren die etwa zwolf niederländischen Aufsichtsbeamten
schon ihrer geringen Zahl noch unfahig, das umfangreiche
Gebiet von Amboina zu verwalten, so stellten sich ihnen auf
den Visitationsreisen, die sie in Segel- oder Ruderbooten ausfuhren mufsten, auch durch Wind und Wetter Schwierigkeiten
entgegen, welche bewirkten, dafs manche Bezirke in Monaten
garnicht besucht werden konnten.[2]
    Es lag in der Einrichtung, in dem schadlichen Dualismus
der angstlich ins Kleine gehenden Gesetzgebung des niederlandischen Gouvernements und dem volligen Mangel der Vor-
bildung und Beaufsichtigung der inlandischen Ausfuhrungs-
organe, dafs aller Mifsbrauch in den Gemeinden fortdauerte.
Kein Regentenwechsel, keine Wahl von Obern vollzog sich
ohne arge Trubel und blutige Rauferei. Erklarten die Residenten solche Vorgange als die Folge von Sterke drank"
(geistige Getranke)[3]. so konnte diese Erklarung vor einer
ernstern Prufung der bestehenden Zustande nicht Stich halten.
Es sah sich denn auch im November des Jahres 1880 der
Resident veranlafst, eine strenge Verordnung an alle Regenten und Ortsvorsteher zu erlassen, in der er genaue Bestimmungen fur den Umfang der Gemeinde- und Herrendienste
traf. Er ordnete an, dafs kein dienstpflichtiger Eingeborener
mehr als 60 Diensttage im Jahre beschaftigt werden durfe,
kein Regent und Dorfvorsteher sollte an einem und demselben Tage zugleich mehr als funf Leute in seinem personlichen Dienste halten, indes die Vermietung oder Verleihung
Dienstpflichtiger an dritte Personen ganzlich verboten ward.[4]
    Auf diese Einschrankung der Regenten und Ältesten er-

---

[1] Kolonialverschlag von 1869 fg.

[2] Man vergleiche Hoevell, der um diese Zeit Kontrolleur in Saparua
war, er bestatigt, dafs wichtige Bezirke viele Monate hindurch nicht
besucht wurden, einmal wegen Ungunst des Wetters. sodann wegen un-
zureichender Reisespesen der Beamten.

[3] Kolonialverschlage von 1870 und 1881.

[4] Kolonialverschlag von 1880.

folgte unmittelbar eine Weigerung der Bevölkerung gegen die
so verminderte Dienstlast, worauf man wohl in keiner Weise
gefaßt war. Mochten nun die Herrendienste innerhalb der
im Jahre 1880 gestellten Grenze von der Bevölkerung, die
vielleicht die gänzliche Abschaffung der persönlichen Dienste
erwartet hatte, wirklich geweigert sein, oder die Regenten
aufs neue ihre Befugnisse überschritten haben, wodurch die
Bevölkerung zur Weigerung sich gedrängt sah, die Angelegenheit nahm für sie doch den ungünstigen Ausgang, daß die
Indische Regierung im Jahre 1882 den Regenten wieder mit
Strafbestimmungen zu Hilfe kam, um Widerwillige zur Dienstleistung zu zwingen.[1]

Seitdem kann der dienstpflichtige Amboinese jährlich für
60 unbezahlte Diensttage für seine Gemeinde und Obern
unter Strafe verpflichtet werden, und muß zu den notwen-
digen Diensten für das Gouvernement bereit sein zu den
Lohnsätzen, welche im Allgemeinen im Jahre 1864 durch Verordnung der Indischen Regierung festgesetzt wurden.

Nachdem wir in den vorhergehenden Abschnitten dieses
Paragraphen die gegenwärtigen wirtschaftlichen und, soweit
sie damit im Zusammenhange standen, auch die sozialen Zustände in Amboina besprochen haben, besprechen wir in dem
folgenden und letzten Abschnitte die bestehenden Verwaltungseinrichtungen, das Rechtswesen, die Kirche und Schule.

Das Gebiet der Residentie Amboina hat sich über die
Grenzen des alten Gouvernements ausgedehnt[2]. Banda ist ein

---

[1] „Indisches Staatsblatt" (1882), Nr. 29.

[2] Es ist hier das früheste Gouvernement gemeint, wie es bis über
die Mitte des 17. Jahrhunderts bestand, nicht das spätere, welches die
drei alten Gouvernements Amboina, Banda und Ternate umfaßte. Schon
im Jahre 1653 stellte die Regierung den Siebzehnern vor, die drei östlichen Provinzen unter einem Haupte zusammenzufassen („Die Indische
Regierung an die Siebzehner, Dezember 1655", Anhang, S. CXXVII),
und kam im Jahre 1655 wieder darauf zurück (l. c.). Dies wurde in
der Folge durchgeführt. Gewöhnlich war das Avancement so, daß der

Teil der Residentie geworden, und die östlichen Inseln, welch
von Banda aus besucht und verwaltet wurden, solange die
Verbindung nur zu Segelschiff geschah, unterstehen jetzt auch
direkt dem Residenten in der Hauptstadt Amboina.

Der Resident steht an der Spitze der Verwaltung er hat
einen Kontrolleur zur Seite für Visitationsreisen und als Hilfe
zur Verwaltung der Abteilung Amboina. Banda verwaltet ein
Assistent-Resident auf Banda-Neira, die Abteilung Uliasser
untersteht einem Kontrolleur in Saparua auf der gleichnamigen
Insel. Während bisher auch auf Buru in Kajeli ein Kontrolleur war, der zeitweise die Insel bereiste, ist dieser seit kurzem
durch zwei niedere Beamte, Posthalter, ersetzt, von denen der
eine seinen Standplatz in Kajeli für Ost-Buru und Amblau,
der andere in Masareta für West-Buru erhalten hat. Auf
Ceram befinden sich vier Stationen, davon werden drei von
Posthaltern vorgestanden; einer in Kairatu für den Westteil
von Grofs-Ceram mit den Inseln Manipa, Kelang und Boano,
der zweite zu Amahei für Mittel-Süd-Ceram und der dritte
zu Waru für den Ostteil von Grofs-Ceram. Dagegen steht
der vierten Station in Wahai für Nord-Ceram ein Offizier,
gewöhnlich ein Premierlieutenant, vor, der den Titel „Civilgezaghebber" führt und eine kleine Garnison befehligt. Auch
in Amahei wird etwas Militär unterhalten.

Aufser den genannten Stationen sind auf den östlichen
und südlichen Inselgruppen seit dem Jahre 1882 noch weite-
tere zehn Standplätze für niederländische Beamte eingerichtet.
Bis dahin waren diese entlegenen Besitzungen nur zeitweise

Gouverneur von Ternate zum Gouverneur von Banda aufrückte und zuletzt das Gouvernement Amboina erhielt. Diese Einrichtung blieb bis
in die neuere Zeit bestehen Heute befindet in Amboina statt eines
Gouverneurs nur ein Resident sich an der Spitze. Banda mit einem
Assistent-Residenten macht einen Teil der Residentie aus, dagegen steht
die Residentie Ternate für sich, und ebenso die Residentie Menado, die
van der Capellen von der Residentie Ternate losgetrennt hat. Bevor
die Abteilung Timor unter Makassar ressortierte, gehörte sie als Unterabteilung zu Banda, sodafs also das Gouvernement Amboina in der ersten
Hälfte dieses Jahrhunderts die Abteilungen Amboina, Banda mit Timor,
Ternate und Menado umfafste.

von Amboina aus besucht, eine Verwaltungsart, deren unzu-
langliche Bedeutung man wohl kannte, die man aber aus
Kostenersparnis und weil man einen Einfluß nicht gebrauchte,
fortbestehen ließ Die Bestrebungen der Englander und Deutschen an der Ostgrenze haben erst die Besetzung der Inseln
nützlich erscheinen lassen, von denen die Regierung früher noch
nicht einmal nahere Kenntnis besaß Die neuangestellten
zehn Statthalter erhielten die folgenden Standplätze:

1. Gisser auf der gleichnamigen Insel für die Ceram-
   laut-, Goram- und Metalla-Gruppe.
2. Kei-Dula auf Klein-Kei für die Kei-Gruppe
3. Dobo auf der Insel Wammer für den nördlichen
   Teil des Aroë-Archipels;
4. Gommo-Gommo auf der gleichnamigen Insel für
   den südlichen Teil des genannten Archipels;
5. Larat auf der gleichnamigen Insel für den nördlichen Teil der Timorlaut-(Tenimber-)Gruppe;
6. Sejra auf der gleichnamigen Insel für den südlichen Teil der genannten Gruppe;
7. Tepa oder Babber für die Inseln Babber, Luang,
   Sermata (oder Sermatang) und die dabei gelegenen
   kleinen Inseln;
8. Batumora auf Dammer für Dammer, Tiou, Nila,
   Sarua und einige kleinere Inseln;
9. Tutukei auf Letti für Letti, Moa, Leikor, Kisser,
   Rema und dabei gelegene Inseln;

10. Ilwaki auf Wetter für diese Insel und umliegende.

Die Posthalter zu Waru und Gisser stehen unter den
Befehlen von dem Assistent-Residenten zu Banda[1], die übrigen
13 stehen unter dem Residenten von Amboina.[2]

---

[1] Waru und Gisser liegen Banda sehr nahe; bei klarem Wetter
kann man auf Banda die Kuste von Celebes sehen

[2] Das Gehalt des Posthalters betragt 100 Fl pro Monat; ihm sind
zwei Inlander als Polizeiaufseher beigegeben, hauptsachlich wohl für den
Kundschafter- und Botendienst Zu Posthaltern werden gediente Militars
oder Subalternbeamte angestellt, doch durchweg Europaei, eine einzige

Die meisten der Standplätze der Posthalter werden alle
drei Monate von den Mailbooten der Niederländisch-Indischen
Stoomvaartmaatschappij besucht, davon waren bisher Babber,
Dammer, Wetter und Gommo-Gommo ausgeschlossen, die drei
erstern werden künftig auch angelaufen werden, indes Gommo-
Gommo bereits genügende Verbindung mit Dobo unterhält [1]
In der ganzen Residentie sind demnach auf 19 Stationen
einschliefslich des Befehlshabers des Militärpostens 20 Verwaltungsbeamte: 1 Resident, 1 Assistent-Resident, 2 Kontrolleure, 1 Civilgezaghebber und 15 Posthalter Diese Zahl
stellt eine Vermehrung von Beamten gegen früher dar und
einen ersten Schritt auf der Bahn, welche durch Generalgouverneur van der Capellen so vorzüglich vorgezeichnet wurde. Es
scheint auch, als ob in den bevorzugtern Klassen der Niederlande, denen van der Capellen noch so sehr mifstrauen durfte,
heute ein lebhafteres Interesse für die Hebung der Wohlfahrt
in den ruinierten Landen sich zeige, in denen ihre Voreltern
die grofsen Vermögen erwarben Die Hoffnung ist daher nicht
unberechtigt, dafs auf die·Epoche des Cultuurstelsel und der
Blüte der Handels-Maatschappij eine Zeit folgen werde, welche
durch den Schutz und die Erziehung des Individuums die
Blüte der Lande selbst anbahnt.

Wenden wir uns jetzt zu dem bestehenden Rechtswesen,
so mufs die Bemerkung vorausgeschickt werden, dafs die heutige Einrichtung noch sehr neu ist sie besteht erst seit dem
1. Juli 1882. Diese Neuregelung hatte vornehmlich zum Zweck,
die Gerichtshöfe mit geschulten Richterkollegien zu vermehren.
Bestand bis zum Jahre 1882 in Indien nur ein Gerichtshof
dieser Art, nämlich der „Hooggerichtshof“ in Batavia, so wurden

---

Ausnahme in den östlichen Provinzen bildet der Posthalter auf Bangai,
der aus einer Regentenfamilie abkünftig ist

[1] Über die neuesten Einrichtungen in der Verwaltung ratschlage
man den Kolonialverschlag von 1883, wo sie umständlich umschrieben
sind Schon im Jahre 1871 wurde der Resident darum befragt, ob es
nicht wünschenswert sei, auf Tobo (Ceram), auf der Kei- und Aroe-
Gruppe, auf Timorlaut und Kisser Posthalter zu setzen, da die Reisen
der Kontrolleure keinen bleibenden Eindruck zurückliefsen (Kolonialverschlag von 1871.)

nunmehr verschiedene Gouvernementsgerichte mit Kollegien aus geschulten Richtern eingeführt. Für die östlichen Provinzen wurde das Gouvernementsgericht in Makassar etabliert, dem das Gerichtswesen des Gouvernements Makassar und der Residentien Menado, Ternate, Amboina und Timor unterstellt ist.[1]

Dieser Gerichtshof führt den Namen der frühern Residentiegerichte „Raad van justitie“, er besteht aus einem Präsidenten, drei ordentlichen Mitgliedern, einem Untersuchungsrichter mit einem Substituten und dem Greffier mit einem Substituten.[2] Der „Raad van justitie“ entscheidet über alle Sachen gegen Europäer. Die Berufung vom Raad an den Hochgerichtshof in Batavia ist für Sachen über 500 Gulden zulässig, wenn der Raad in erster Instanz entschieden hat, und bei Anträgen auf Kassation des ergangenen Urteils.

Die Beschreibung des Gerichtswesens in der Residentie Amboina[3] beginnen wir am besten mit den niedersten Gerichten, den Negerei- oder Ortsgerichten. Sie führen den Namen „Regentschapsgerechten“ und werden durch den Re-

---

[1] Die neue Gerichtsordnung mit Ausführungsbestimmungen ist publiziert in „Indisches Staatsblatt“ (1882), Nr 17 fg.

[2] Die Gehälter der Beamten des Raad van justitie sind folgende:

Der Präsident erhält jährlich	12000 Fl.
Drei Mitglieder je	7200 „
Der Untersuchungsrichter	9600 „
Dessen Substitut	6000 „
Der Greffier	4800 „
Dessen Substitut	2400 „

[3] Dasselbe ist umschrieben in „Indisches Staatsblatt“ (1882), S. 331 —370 Der jährliche Aufwand an Gehältern für das Gerichtswesen betrug in

Amboina	17 960 Fl
Banda	12 880 „
Zusammen	30 840 Fl.

Der Präsident von Amboina hat ein jährliches Einkommen von 8400 Fl., der in Banda-Neira 7200, die Greffiers 3600 und 3000, die inländischen Richter bei den Landraaden zwischen 600 und 1200, ein inländischer Oberrichter in Amboina 1800 Fl. Die inländischen Polizei- und Gerichtsboten erhalten 120 Fl.

genten oder dessen gesetzlichen Vertreter mit den Ältesten (Kapalasoas) der Negerei abgehalten. Sie richten nur über Inländer und entscheiden über Strafsachen bis zu einem Betrage von 15 Mark oder 6 Tagen Gefängnis; bei Straferkenntnissen über 3 Mark ist Berufung an die Magistrate zulässig. Die Magistrate sind die nächst höhern Gerichte; sie werden vorgestanden von den europäischen Beamten des Distrikts oder der Abteilung; in den Residentien Amboina, Ternate und Menado haben die Posthalter die Qualität von Magistraten. Sie entscheiden über Civilklagen, wenn der Gegenstand nicht mehr als 25 Gulden beträgt, dagegen können sie über Vergehungen und Übertretungen auf eine Bufse von 100 Gulden erkennen; in beiden Fällen erstreckt sich ihre Kompetenz nur auf Inländer. Die Magistrate entscheiden über die Berufung in Strafsachen der Regentschaftsgerichte in höchster Instanz; beim Richtspruch ist der inländische Richter zugegen, wenn ein solcher vorhanden ist, ferner die Regenten oder deren Vertreter für die Parteien.[1]

---

[1] Die bedeutende Strafgewalt der Magistrate mufs auffallig erscheinen, und wird wohl kaum durch die Absicht ganz gerechtfertigt, die Autorität der Beamten gegenüber der Bevölkerung zu stärken; der Hinweis auf das Berufungsmittel fällt bei der Schwierigkeit der Verbindung nicht erheblich ins Gewicht. Wenn ein Posthalter auf der Aroe-Gruppe eine Bufse von sagen wir einmal 60 Fl erkennt, und zwar zu Unrecht erkennt, dann wird es dem Verurteilten schwer gelingen, sich Recht zu verschaffen. Der nächste Landraad ist gegen 80 deutsche Meilen entfernt, und die Berufung geht durch die Hände des Posthalters; zudem sind die Regenten in den meisten Fällen der Behandlung der Sachen unkundig, der Verurteilte erst recht, und nur alle drei Monate kommt ein Dampfer, der die Auswechselung der Schriftstücke besorgt. Fafst man alle diese Schwierigkeiten der Berufung ins Auge, so erscheint die Strafgewalt der Magistrate, von Leuten, die doch immerhin einen niedern Bildungsstand einnehmen, eine geradezu ungeheuerliche. Was will es heifsen: die Regenten oder deren Vertreter der Parteien oder auch der inländische Richter, wenn ein solcher da ist, sind beim Richtspruch zugegen? Sollen diese den heilsamen Gebrauch garantieren, den der Magistrat von seiner Machtbefugnis machen soll? Das kann niemand im Ernst glauben, und die Gefahr wird noch gröfser, weil die Regierung garnicht imstande ist, die ergangenen Erkenntnisse der Magistrate zu beaufsichtigen und zu prüfen.

Die nächsten und zwar die obersten Gerichte in den Residentien sind die „Landraaden" für Inländer und die „Residentiegerechten" für Europäer.

Landraaden sind in der Residentie Amboina gefestigt zu Amboina, Saparua, Banda-Neira und Wahai. Der Präsident und der Greffier müssen beide Doktoren der Rechte sein, sie können vertreten werden durch den Residenten von Amboina und den Assistent-Residenten von Banda.[1] Für die drei Landraaden zu Amboina, Saparua und Wahai fungiert ein und derselbe rechtsgelehrte Präsident, die Kollegien werden aus Inländern gebildet, die der Generalgouverneur ernennt. Sie entscheiden in erster und letzter Instanz in Civilsachen bis 500 Gulden, für Übertretungen bis 500 Gulden Bufse. Die Urteile wegen Verbrechen, sofern sie nicht freisprechend ausfallen, unterliegen der Berufung an den Raad van justitie in Makassar. Bei den Landraaden wirkt ein inländischer Untersuchungsrichter (Djaksa) mit, er nimmt das erste Verhör ab und sorgt für die Unterbringung der Gefangenen; er wird vom Gouvernement besoldet.

Die Residentiegerichte werden von denselben Richtern abgehalten, welche den Landraaden vorsitzen, und behandeln die Klage- und Strafsachen gegen Europäer oder denselben Gleichgestellte. Ihre Kompetenz erstreckt sich in Civilsachen bis 500 Gulden und ebenso weit in Strafsachen, jedoch ist hier die Berufung an den Raad van justitie schon zulässig, wenn in Civilsachen das Objekt mehr als 75 Gulden beträgt oder in Strafsachen die Bufse mehr als 50 Gulden.[2]

---

[1] Die Zulässigkeit der Vertretung durch Verwaltungsbeamte hat bestimmt werden müssen, weil es noch immer an genügendem Richterpersonal gebricht

[2] Bei der verschiedenartigen Bemessung der Kompetenz der Landraaden und Residentiegerichte kann man nicht ohne Grund in der weiten Kompetenz der Landraaden eine Gefahr erblicken, die desto größer wird, je mehr Einflufs der Präsident auf die inländischen Mitglieder gewinnt; wie leicht werden diese den rechtsirrtümlichen Auffassungen ihres Vorsitzenden folgen, wie bei den Magistraten, ist auch hier für die Straferkenntnisse die Gefahr am bedenklichsten, und die Berufung, dort wenigstens noch zulässig, hier unmöglich

Nach den Versicherungen des Mitgliedes des Indischen
Rats, ter Kinderen, der die Einfuhrung der neuen Gerichtsordnung leitete, stellt sie gegen den fruhern Zustand eine
wesentliche Verbesserung dar[1]; dies wird gewifs nicht bezweifelt werden konnen, soweit dies Urteil die Bestimmungen
der Gerichtsordnung selbst betrifft, dagegen wird man den
niedern Ausfuhrungsorganen so lange mifstrauen mussen, als
ihre Erziehung und Heranbildung eine unzureichende ist; diese
Betrachtung fuhrt uns auf den gegenwartigen Zustand der
Kirche und Schule.

Dafs hierfur sehr wenig in Amboina geschehen ist, wird
klar, wenn man die geringe Anzahl von Kirchen und Schulen
fur die Lande ins Auge fafst, in denen weite Gebiete seit
uber 300 Jahren das Christentum haben. Gleich im Eingange
des Paragraphen wurden die Notstände der Kirche und Schule
unter der Herrschaft der Kompanie bereits berührt, verwundern mufs es, dafs auch die Königliche Regierung in Batavia
durch Jahrzehnte jede Rucksicht negieren konnte, welche Kirche
und Schule gerade in halbcivilisierten Landern verdienen, wo
ihre Wirksamkeit mehr noch, als eine gerechte und gute Verwaltung den Sinn und die Liebe der Eingeborenen zu europäischen Staatseinrichtungen zu wecken vermogen.

Zwei Grunde lassen sich vornehmlich fur die Zuruck-
haltung der Regierung finden, welche sie erklarlich machen,
nicht entschuldigen; einmal blieben seit der Einfuhrung des
Cultuurstelsel (1830) die Aufsenbesitzungen das Stiefkind der
Verwaltung, zum andern begegnete sie auf Java und Madura
bei der Ausbreitung des Christentums so unuberwindlichen
Hindernissen, dafs ihr alle Neigung fur diese Aufgabe verloren ging. War das Christentum auf Java untauglich und
erweckten Bemuhungen zu seiner Ausbreitung Aufstande und
Unruhen, wozu sollte man sich in fernen Gebieten damit
sorgen, die gegenuber den Interessen und der Maxime des
Cultuurstelsel mehr einen lastigen, als nutzbringenden Besitz
bedeuteten.

---

[1] Man vergleiche die Einfuhrungsprotokolle fur Menado, Ternate,
Amboina und Banda im Kolonialverschlag von 1883.

Den Anforderungen der neuen Zeit gehorchend, hat die Indische Regierung heute mit diesen Grundsätzen gebrochen, aber das, was nunmehr geschehen ist, mufs als zu wenig und dem Vermögen als nicht entsprechend angesehen werden.

In der Residentie Amboina bestanden im Jahre 1876 Schulen in folgender Anzahl: auf Ceram 11, auf Buru, Manipa und Boano je 1, auf Amboina 30, auf Haruku 6, auf Saparua 12, auf Nusalaut 6, auf Banda 4, auf Aroe 3 und auf den Sudwestinseln 5. Diese Anzahl war im Jahre 1884 um drei Schulen vermindert, und zwar waren die Schulen auf Amboina um drei, die auf Nusalaut um zwei weniger geworden, während die auf den Aroe- und Sudwestinseln um je eine zugenommen hatten. Werfen wir jetzt einen Blick auf den Schulbesuch, so zeigt sich das eigentümliche Verhältnis beispielsweise auf den beiden Inseln Amboina und Saparua, dafs auf Amboina im Jahre 1876 die 30 Schulen von 1450 Kindern besucht wurden, die 27 Schulen im Jahre 1884 von 2297, die 12 Schulen auf Saparua waren in denselben Jahren von 1035 resp. 2761 Kindern besucht· im Durchschnitt ist also der Schulbesuch auf Amboina gewachsen von 48 auf 77 Kinder für die einzelne Schule, dagegen auf Saparua von 96 auf 230 Kinder. Jede Schule hat durchschnittlich zwei Lehrer. Nach Abzug der 39 Schulen auf Amboina und Saparua bleiben noch 40 Schulen übrig deren Besuch man nicht höher als durchschnittlich auf 40 Kinder für die Schule annehmen kann, sodafs insgesamt 6658 Kinder in der Residentie die Schule besuchen. Christen werden nun aber über 56 000 Seelen gezählt, sodafs, wenn wir gegen 15 000 Kinder annehmen, die knappe Hälfte die Schule besucht. Dieses Verhältnis ist aber auch das günstigste, welches wir annehmen dürfen, weil jede Kontrolle fehlt, ob die Kinderzahl, welche in den Listen für den Schulbesuch genannt ist, die wirklichen Besucher wiedergibt oder die ganze Anzahl Kinder derjenigen Gemeinden, in denen inländische Schulen bestehen.

Ist die Anzahl der Schulen nun schon gering gegenüber der Anzahl anwesender Christen, so erkennt man bald, wie viel zu thun bleibt in Ansehung der übrigen Bevölkerung. Für die Abteilungen Amboina, Saparua und Banda ergibt sich für das Jahr 1884 nach ziemlich verläfslicher Zählung eine Gesamtbevolkerung von uber 90000 Seelen, woraus erhellt, dafs auf Amboina, Hovamohel, den Uliassern und Banda noch uber 35000 Mohammedaner und Heiden leben; die Bevölkerung der ubrigen Abteilungen betragt nach Schatzung über 214000 Seelen, sodafs fur die ganze Residentie eine Bevolkerung von über 300000 Seelen sich herausstellt, von denen 56000 sich zum Christentum bekennen.

Beklagenswert ist auch der Ubelstand, dafs die Lehrer und Hilfslehrer für den geringen Zuschufs, den sie vom Gouvernement erhalten, die Funktionen als Steuererheber versehen mussen; diese Eigenschaft mufs die Erzieher der Jugend notwendig den Eltern verhafst machen, solange diese in sehr druckenden Verhaltnissen leben Dadurch wird aber der erzieherische Einflufs verkummert, es kommen diejenigen Kinder zur Schule, welche etwas lernen wollen, wahrend es doch nicht darauf ankommt, dafs einige etwas wissen, sondern dafs viele an Betrachtung gewohnt, zur Ordnung und zu gutem Handeln erzogen werden.

Und nun kommt endlich auch der Umstand in Betracht, dafs die Mehrzahl der inländischen Gemeindelehrer notdurftig von Missionaren ausgebildet sind, sodafs deren Befahigung zum Lehramt auf der denkbar niedrigsten Stufe steht

Mit der Kirche verknupft sich noch lebhafter der Wunsch auf Besserung des herrschenden Zustandes [1] Das Kirchenamt wird jetzt vorzugsweise von Hilfspredigern wahrgenommen, die nicht vollgultige theologische Schulung erfahren haben. Die Regierung ist seit kurzem dazu ubergegangen, befahigten Missionaren oder Sendlingen der Rotterdamer Zendlingsgenoot-

---

[1] Hoevell und Riedel berechnen, dafs auf circa 15—20000 Christen ein Prediger kommt Nun gibt das Gouvermement an Gemeinden, wo nur selten ein Prediger erscheinen kann, zwar Unterstutzungen zu dem Zwecke, dafs von geeigneten Personen, in der Hauptsache wohl von Lehrern, das Evangelium regelmafsig gelesen werde, dies ist aber unzureichend, da es darauf ankommt, dafs das Christentum zuvor grundlich gelehrt werde Wo dies zur Gewinnung grofser Erfolge so gut geschehen kann, wie in den niederlandischen Besitzungen, erscheinen Lassigkeit und Zogerung ein schweres Unrecht.

schap diesen Charakter zu verleihen, den bis dahin nur wirkliche Theologen besafsen. Hat diese Änderung bewirkt, dafs in der Residentie die wenigen Pfarrstellen um einzelne Stationen vermehrt werden konnten, so kann sie anderseits doch leicht das Mittel werden, die Thatkraft des Kampfes, der doch für die Ausbreitung unerläfslich ist, zu erlahmen. Die bedeutenden Erfolge, welche die Portugiesen im 16. Jahrhundert in Amboina erreichten, könnten nicht erklärt werden, wenn die Geschichte uns nicht die Namen der Marta und Xaverius aufbewahrt hätte.

<hr />

§ 21. Die Assistent-Residentie Banda.

Der Entwickelungsgang, welchen die Verhältnisse und Zustände auf der Banda-Gruppe zu ihrer heutigen Gestalt unter niederländischer Verwaltung genommen haben, lenkt zunächst unsern Blick auf die Bevölkerung.

Zur Zeit der Regierung Coens wurde, wie wir gesehen haben, die Gruppe neu bevölkert, nachdem ein erster Transport gewaltthätig überführter Kolonisten auf der Insel im Jahre 1616 gelandet war.

Adrian van Dussen hatte diesen Auftrag vom Jahre 1616 ausgeführt, der ihn anwies, Bevölkerung auf Siau durch List oder Gewalt aufzuheben.[1] Die Hilfe der Ternater war durch eine Vorspiegelung von Vorteilen für diesen Menschenraub gewonnen.[2] Den Bewohnern von Siau, durch Geschenke auf die Schiffe gelockt oder in ihren Booten denselben sich vertraulich nähernd, stellte man vor, dafs ihnen für ihre bessere Wohlfahrt eine andere Insel unter der Beschirmung des Königs von Ternate und unter Wahrung ihrer alten Rechte

<hr />

[1] Bericht van der Dussens an die Siebzehner vom 25. Juli 1616; bei Tiele, „Bowstoffen etc.", I, 132 fg. Memoire von Gouverneur Adrian Blocq Martensz, bei Tiele, I, 118 fg.

[2] l. c.

und Freiheiten zu ihrem Wohnplatz angewiesen werden sollte.[1] Statt aller Antwort suchten die erschreckten Insulaner zu entfliehen, viele sprangen über Bord, wenige entkamen und die enteilenden Boote mit den Frauen und Kindern wurden abgefangen. Die Beute war lohnend; man entführte 94 Männer, 30 Jünglinge, 244 Frauen und 78 Kinder.[2] Der König von Ternate, welcher zu dem Raubzuge Beihilfe geleistet hatte, weil er annahm, daſs die Siauer auf Tidor Verwendung finden sollten, wurde durch einen neuen Betrug veranlaſst[3], seine Zustimmung zur Überführung der Unglücklichen nach Banda zu geben, wo die Sendung am 8. März 1616 eintraf.

Um dieselbe Zeit schickte auch der Befehlshaber auf Solor 100 Seelen, die gleichfalls zur Niederlassung auf der durch Lom verwüsteten Insel Ai bestimmt waren.[4]

Nach dem Zerstörungswerke Coens auf Banda muſste dann umfangreicher für Bevölkerung zur Arbeit in den Baumgärten gesorgt werden.

Im Januar 1622 sandte Coen 355 Seelen mit der Bestimmung, an die Perkeniers zu verkaufen, was von den Sklaven die Kompanie für den eigenen Gebrauch nicht nötig hatte.[5] In demselben Jahre gingen am 3. März 52 und am 10. März 124 Sklaven von Batavia ab, die vermutlich in Vorderindien geraubt waren[6], und einige Monate später meldete der Gouverneur an Coen, daſs von einem Streifzuge nach den Kei- und Aroe-Inseln 350 geraubte Menschen auſser viel Sago angebracht waren.[7]

Im September desselben Jahres traf dann eine neue Sendung von 150 Köpfen nochmals aus Batavia ein, welche Eingeborene von der Küste Koromandel waren.[8]

---

[1] l. c.
[2] l. c.
[3] l. c.
[4] l. c. Vgl auch § 15.
[5] Brief Coens an den Gouverneur von Banda; bei Tiele, I, 336 fg.
[6] Brief Coens an den Gouverneur von Banda; bei Tiele, I, 338.
[7] Brief von Sonck an Coen vom 14. Mai 1622; bei Tiele, I, 339.
[8] Brief des Gouverneurs Sonck an die Siebzehner vom 23. September 1622, bei Tiele, I, 340.

Der Bedarf an Sklaven blieb aber unausgesetzt ein grofser: im August 1622 meldete der Fiskal Brune der Regierung in Batavia, dafs ein bedeutender Teil der Früchte wegen Mangel an Arbeitskräften nicht eingesammelt werden könne.[1] Dazu kam im Jahre 1623 ein gröfserer Verlust an Menschen, als man von einem Fluchtversuche der Sklaven auf Run vernahm und zum Zwecke einer abschreckenden Strafe 160 Schuldige zu Tode brachte.[2] Die Lücken, welche durch Flucht, verheerende Erdbeben und grofse Sterblichkeit entstanden, wurden in der Folge auf verschiedene Weise ergänzt. In den Jahren 1658, 1665, 1673, 1694, 1713 und 1729 geschahen lohnende Ausflüge nach den Kei-Inseln[3]; man kaufte sodann in Victoria auf Amboina, und mit dem Könige von Buton war vertragsmäfsig ein Sklavenmarkt auf seiner Insel ausbedungen, für dessen Versorgung die Menschenware besonders von Celebes geholt wurde, so dafs dieser König sich zum Menschenräuber im Dienste der Kompanie ausbildete.[4]

Aus allen Teilen des Indischen Reiches wurde somit auf der Banda-Gruppe in buntester Mischung die neue Bevölkerung zusammengemengt, zu der auch eine gröfsere Zahl von Sträflingen und Verbannten gefügt ward.[5]

Dieser arbeitenden Bevölkerung stand bis in die neueste Zeit der durch Coen gleichfalls geschaffene Besitzerstand der

[1] Brief von Brune an die Regierung in Batavia vom 30. August 1622, bei Tiele, I, 346

[2] Brief von Coen an die Siebzehner vom 20 Juni 1623; bei Tiele, I, 311, Anmerkung

[3] Riedel, S 218.

[4] Dassen, S 189.

[5] Im Jahre 1638 betrug die Bevölkerung, Kinder unter 12 Jahren nicht gerechnet, 3842 Seelen

Europäer und Freie	559
Begnadigte Bandanesen	560
Sklaven	2190
Verbannte	533
Zusammen	3842.

Perkeniers gegenüber, unter denen im Verlaufe des 17. Jahrhunderts infolge ihres guten Einvernehmens mit den Beamten sich ein gewisser Wohlstand herausgebildet hatte Ihre Lebenshaltung war eine geradezu kostspielige geworden und stand in keinem Verhältnisse zu den Erträgen, welche für die Spezereien empfangen wurden; selbst den Sklaven gewährte man statt Sago und Fisch allgemein Reis zur Nahrung, zu dessen Lieferung an die Perkeniers zum Einkaufspreise die Regierung sich verpflichtet hatte. [1]

Die Aufmerksamkeit der Siebzehner richtete sich auf die Untersuchung der Wohlstandsquellen der Perkeniers, als sie gegen Ende des 17. Jahrhunderts sich der Verpflichtung der Reislieferung entschlugen und geboten, dafs fortab die Perksklaven mit Sago und Fisch ernährt wurden.[2] Mehrere Jahre hindurch wurde dann Aufklärung über die Ursachen der unbequemen Wohlstandserscheinungen verlangt, bis im Jahre 1709 der Landvogt De Haaze nach Banda kam und geheime Hilfsquellen verbotenen Handels aufdeckte und verstopfte.

Er stellte damit die Dinge her, wie sie die Siebzehner zu haben wünschten.[3] Die Perkeniers verarmten sehr rasch, und als sie nun für sich selber kaum den nötigen Reis für ihre Nahrung beschaffen konnten, wurden sie obendrein die Schuldner der Kompanie. Mehr und mehr wuchsen die Schulden an, sodafs sie endlich über den Wert der Perken selbst hinausgingen.[4]

Bleeker verzeichnet diese Ziffer irrtümlich für den Anfang des 18. Jahrhunderts, obwohl er sie Valentijn entlehnt hat, der sie für 1638 aufgibt, die Angaben stimmen im einzelnen genau mit denen Valentijns überein. Für 1818 führt Bleeker die Bevölkerung im ganzen mit 6000 Seelen an und für 1854 auf 6333, wovon in den Perken beschäftigte Personen

Sklaven der Privatpersonen . . .	708
Perksklaven (unter dem mildern Namen Perkhoorige)	1182
Freie Arbeiter . . .	942
Verbannte . . .	980
	Zusammen 3812.

[1] Valentijn, III, 22
[2] l. c.
[3] l. c.
[4] Dassen, S. 190. Van de Graaf en Meylan, S 311

Diese traurige Lage benutzte der letzte Gouverneur der Kompanie, Boekholtz, um im Jahre 1795 die Perken gegen Austilgung der Schuld von ihren Inhabern einzuziehen, die ihre Geburtsstätte zu verlassen gewungen wurden [1] Der Gouverneur selbst und sein Schwiegersohn wählten davon für sich die besten Perken und verteilten die übrigen nach Gutdünken. [2] Als aber im Jahre 1796 die Eroberung der Banda-Gruppe durch die Engländer erfolgte, wurden die Perkeniers in ihren Rechten hergestellt.

Auch Daendels schützte sie später in ihrem Besitz [3], jedoch war dieser rechtsgültig nicht anerkannt, sodafs noch im Jahre 1820 deswegen grofse Unsicherheit herrschte. [4] Erst im Jahre 1824 sicherte van der Capellen ihnen das Eigentumsrecht [5], und erhöhte zugleich die Preise für die Gewürze, da die bedungenen Sätze zum Ruin oder Betrug führen mufsten. [6] Das Monopol blieb jedoch, wie auf Amboina, bestehen. [7]

—

[1] Dirk van Hogendorp ჰ 175. Van de Graaf en Meylan, S. 341.

[2] Dassen, S. 192.

[3] Van de Graaf en Meylan. S 341.

[4] l c.

[5] Van der Capellen .,Tagebuch", S. 304.

[6] l. c.

[7] Die finanziellen Vorteile aus dem Spezereimonopol bezifferten sich im Anfange dieses Jahrhunderts ziemlich hoch, da das Produkt zu sehr billigen Preisen eingekauft und zu guten Preisen abgesetzt wurde. Bleeker führt aus offiziellen Listen die in den Packhäusern abgelieferte Produktion von Nelken auf, die zusammen von 1675—1854, also über einen Zeitraum von 175 Jahren, circa 100 Mill. amsterdamer Pfund betrug; man kann also einen jährlichen Durchschnitt von 500000 Pfund bestimmt annehmen. und man bemifst niedrig genug, wenn man die jährlich zur Ablieferung gelangte Produktion in Muskatblüte auf 100000 Pfund, in Muskatnüssen auf 400000 Pfd. stellt.

Nun berechnet Daëndels auf eine jährliche Ablieferung von

200 000	Pfund	Nelken,
100 000	,,	Muskatblüte,
400 000	,.	Nüsse

einen Nettogewinn von 1316696 Thalern 32 Stuvern und zwar unter Anrechnung von 500000 Thalern für alle Unkosten. wie Militär. Marine,

Trotz dieser Begünstigung erwies sich im Jahre 1855 die Lage der Perkeniers als eine sehr drückende. Von der Gesamtzahl der 34 Perken[1] waren 21 verschuldet.[2] Die Verhältnisse besserten sich jedoch, und zwar ganz im Gegensatze zu Amboina, mit der Aufhebung des Monopols im Jahre 1864. Die Perken stiegen rasch im Werte, als sie von den schweren und hemmenden Verpflichtungen gegen die Regierung befreit waren.

Auch auf Banda sah sich die Regierung durch die schlechten Preise der Spezereien zur Aufhebung des Monopols veranlafst; in sechs Jahren sanken die Preise fast auf ein Drittel des schon im Jahre 1855 verhältnismäfsig niedrigen Wertes[3], sodafs an den Preisen von 1861 die Regierung bereits zusetzte. Dadurch wurde die Verpflichtung der Regierung äusserst lastig, an die Perkeniers unentgeltlich die Perkarbeiter zu liefern, die von jenen nur Wohnung, Kleidung und Nahrung empfingen. Solange die Regierung sich der Perkhoorigen (Perksklaven) noch bedienen konnte, war die Ausgabe für die Arbeitskräfte ziemlich mäfsig; im Jahre 1859[4] gab es in den 34 Perken auf Banda 914 freie Arbeiter,

Verwaltung, Frachten u s w Zählt man nun für 300 000 Pfund Nelken noch den Verkaufspreis mit 312 500 Thalern hinzu, so ergibt sich ein jährlicher Nettogewinn von 1 629 190 Thalern, wenn man die günstigern Marktverhältnisse zur Zeit der Kompanie aufser Betracht lafst, die ungleich grofsere Vorteile abwarfen.
[1] Auf Neira waren 3 Perken, auf Lontor 25, und auf Ai 6 Auf Run und Rosingein waren keine Perken; schon nicht mehr zu Valentijns Zeit. Die Perken hatten eine Grofse, nach Anzahl der Bäume zwischen 4000—28 000 Baumen. Die Anpflanzung liefs sich auf den drei Inseln kaum vermehren, da von alters her alles Terrain sorglich bebaut war. Valentijn, III, 23 Van der Capellen. Tagebuch", 1 c Bleeker 11. 276.
[2] Bleeker, II, 280.
[3] Preise für das amsterdamer Pfund·

	1856	1857	1858	1859	1860	1861	
Nusse	1,05³/₁₀,	0,87,	0,70⁸/₁₀,	0,61²/₁₀,	0,53⁶/₁₀,	0,43²/₁₀	Fl.
Blute	1,04²/₁₀,	0,87²/₁₀,	0,71³/₁₀,	0,69⁸/₁₀,	0,64³/₁₀,	0,40⁸/₁₀	,,

[4] Kolonialverschlag von 1860. Die Zahl der in den Perken be-

die einen Monatslohn von 1,25 Fl. und ein jährliches Aufgeld
von 10 Fl. erhielten, 42 freie Bannlinge (Sträflinge, die ihre
Strafe abgebüfst und als Arbeiter sich hatten dingen lassen)
mit einem Monatslohn von 1,75 Fl.; 492 Bannlinge mit einem
Monatslohn von 50 Cts. ($\frac{1}{2}$ Fl.) und 706 Perkhoorige oder
Sklaven mit dem gleichen Lohne der Bannlinge. Die Regierung wendete demnach eine Jahresausgabe für diese 2154 Arbeiter auf von zusammen 30920 Fl. Diese Ausgabe wurde
aber gröfser, als die Regierung die Sklaverei auf Banda mit
dem 1. Januar aufheben mufste

Den Residenten hatte sie zwar durch geheime Instruktion
angewiesen, allen Einflufs aufzubieten, um die Sklaven als freie
Arbeiter auf acht Jahre zu verpflichten, und bewilligte für
diesen Zweck ein Handgeld von 12 Fl. und einen Monatslohn
von 4 Fl., indes die Perkeniers, wie früher, ihnen Wohnung,
Kleidung und Nahrung geben sollten. [1] Als aber die Sklaven
am 1. Januar 1860 vor dem Residenten auf Neira versammelt
waren und dieser ihnen ihre Freiheit verkündigt hatte, da
wollte niemand von ihnen unter die Peitsche der Perk- und
Waldhüter zurückkehren. Alle Lockung half nichts, und selbst
die Drohung verfing nicht, dafs die Widerstrebenden von ihrem
Geburtsgrunde mit Gewalt entfernt werden würden [2]

Zur Ausführung dieser Drohung kam es jedoch nicht,
die zu sehr gegen den mildern Charakter unsers Jahrhunderts
gestritten hätte; die Sklaven erhielten vielmehr ihre Freiheit,
und die Regierung bot ihnen freilich ohne nennenswerten Erfolg für gesammelte 1000 Nüsse einen Lohn von 40 Cts. [3]

Auch dieses Anerbieten wurde von der furchtsamen Bevölkerung ausgeschlagen, für die das Geschenk der Freiheit
nur Wert hatte, wenn sie alle Gemeinschaft mit ihren alten

---

schäftigten Arbeiter war in den vorhergehenden Jahren ziemlich dieselbe; im Jahre 1855 beispielsweise gab es auf Banda: 335 Bannlinge,
60 freie Bannlinge, 859 freie Arbeiter und 732 männliche Sklaven im
Alter über 14 Jahren, also zusammen 1986 männliche Perkarbeiter.
[1] l. c.
[2] Kolonialverschläge von 1859, 1860 und 1861.
[3] l. c.

Herren aufgeben durften; sie bauten sich elende Hütten am
Strande und nahrten sich durftig vom Fischfang. [1]

Die Regierung versah darauf die Perkeniers mit Arbeitern, die sie auf den Inseln Letti, Moa, Roma und Gisser anwerben liefs [2]

Die gesteigerte Muhe und Ausgabe der Regierung verbesserte in nichts die kummerliche Lage der Perkeniers, die
vielmehr noch weiter abwarts ging. Hatte dem druckendsten
Mangel bereits durch einen Gnadenakt des Konigs im Jahre
1859 abgeholfen werden mussen, als man die Preise fur die
Früchte, die zuletzt durch van der Capellen aufgebessert
waren, erhohte, und zwar Muskatblute von 33 bis 37 Cts. fur
das amsterdamer Pfund auf 40 Cts., Nusse von 15 auf 18 Cts. [3],
so kam man damit doch aus dem Notstande nicht heraus,
denn fur die Perkeniers war die Erhohung der Preise zu
wenig, und fur das Gouvernement vergröfserte es den ohnehin
anwachsenden Lastposten der Spezereizuschusse.

Die Regierung dachte deshalb von jetzt ab ernstlich an
die Aufhebung des Monopols, welche ganz wesentlich durch
die Erwagung gestutzt wurde, dafs die Perkeniers, wenn sie
freihandig auf Banda verkaufen konnten, weit gröfsere Vorteile gewinnen mufsten und dadurch vielleicht in die Lage gebracht wurden, ihre grofse Schuld abzutragen, statt noch jahr-
licher Zuschusse von der Regierung zu bedurfen.

Im Februar 1864 wurde denn auch die Ermachtigung
zur fakultativen Aufhebung des Spezereimonopols verliehen [4]
und im August desselben Jahres den Perkeniers Mitteilung
davon gemacht.

Von den 34 Perkinhabern nahmen vier die Vorschlage
der Regierung ohne Vorbehalt an, die grofsere Zahl wollte
nicht ohne Garantie beitreten, und der Rest lehnte die Annahme uberhaupt ab.

Im November wies darauf die Regierung den Gouverneur

---

[1] l. c.
[2] l. c.
[3] l. c.
[4] „Indisches Staatsblatt" (1864), Nr. 71ᵃ.

der Molukken [1] an. mit den vier Perkeniers festzustellen, dafs sie ihre Früchte selber verkaufen könnten, dagegen das Gouvernement bereit sei, die Hälfte der Ernte auf weitere drei Jahre, also bis einschliefslich 1867, noch wie bisher anzunehmen. [2]

Schon dieser erste Versuch fiel glucklich aus; die Preise auf Banda waren viel höhere. als in den Niederlanden, da die Käufer das Produkt frischer und viel besser als in den Packhäusern der Regierung erhielten; aufserdem profitierten die Perkeniers an der bedeutenden Differenz der hohen Unkosten und Frachten. welche die Regierung mehr aufwenden mufste, als die Behandlung durch Private erforderte. Dazu kam endlich noch ein anderer Vorteil, der von der Regierung gewifs nicht vorhergesehen war, dafs sich nämlich die Gouvernementspackhäuser mit demjenigen Produkt füllten, das den Perkeniers weniger Vorteil bot; in diesem Falle war es Muskatblute, die beträchtlich in die Packhauser gelangte. [3]

Im Laufe des Jahres 1865 waren nun weitere zehn Perkeniers beigetreten, und im Jahre 1870, nachdem die Regierung die Vergunstigung der Annahme der halben Ernte inzwischen nochmals auf drei Jahre verlängert hatte, waren nur noch drei Perkeniers übrig, die aber schon im nachsten Jahre sich anschlossen, sodafs damit das Monopol völlig beseitigt war. [4]

Obwohl noch an 20 Perkeniers freigestellt blieb, die halbe Ernte von 1872 an die Packhäuser zu liefern, so machte von dieser Vergunstigung niemand mehr Gebrauch. Die Preise, welche die Perkeniers erhielten, übertrafen alle Erwartung, und der Versuch im Jahre 1869, auf Neira einen Spezereimarkt zu etablieren, war gleichfalls aufs glänzendste geglückt, sodafs ein neues Leben auf Banda sich offenbarte, auf den Reeden von Neira und Lontor, wie in alter Zeit, zahlreiche fremde

---

[1] Um diese Zeit standen die Provinzen Amboina, Banda, Ternate und Menado noch unter dem Gouverneur der Molukken in Amboina.
[2] Kolonialverschlag von 1864
[3] Kolonialverschlag von 1865 und spätere
[4] Kolonialverschlage von 1865, 1870 und 1872.

Fahrzeuge sich versammelten, und auf den Inseln Wohlstand
und Reichtum sich rasch zu entwickeln begannen. [1]

Von diesem reichen Segen blieb eine Anzahl Unglück-
licher, die daran einen Anteil verdienten, ausgeschlossen: die
alten Perksklaven verfielen mit ihrer Freiheit der Verkumme-
rung. Die Art, wie die Regierung gegen sie im Jahre 1859
und im folgenden vorging, trägt an dem Elende der zu Ge-
sindel herabgesunkenen Perkhoorigen die Schuld. Sie wußte
wohl, wie traurig diese Sklaven von ihren notleidenden Meistern
ernährt, bekleidet und behandelt waren, darum erscheint jene
geheime Instruktion vom Jahre 1859 an den Residenten als
ein Akt kurzsichtiger Interessenpolitik. Die Unglücklichen
von allem Besitz an Grund und Boden, auf dem sie erwachsen
waren und ihr Leben lang gearbeitet hatten, auszuschließen,
und sie zu zwingen, bei ihren alten Meistern unter etwas
verändertem Titel fortzudienen, war auch hart und grausam.
Nun haben die Perkeniers den Segen allein davongetragen,
und die Regierung hat eine schöne Gelegenheit verpaßt, ein
mehrhundertjähriges Unrecht an den letzten Nachkommen der
Sklavenarbeiter auf Banda im Jahre 1860 gutzumachen. Vor
dieser Anklage wird der viel gehörte Einwurf verstummen
mussen, daß die Armen ihre Freiheit des Nichtsthuns sich
erwählten, ihre ungeregelte Lebensweise zumeist lieben und
ihr Elend minder hart fühlen, weil sie ein besseres Leben
niemals kannten.

Der gewaltige Aufschwung, welchen der Handel auf Banda
nahm [2], lenkte naturgemäß die Aufmerksamkeit wieder auf die

---

[1] l. c

[2] Die Ausfuhr betrug:

	Nusse.		Blüte.	
	Pikols	Preis per Pikol	Pikols	Preis per Pikol
1870	2801	Fl. 69	821	Fl. 139
1871	7631	„ 135	1809	„ 197
1872	6929	„ 110	1805	„ 200
1873	8790	„ 105	2792	„ 200
1874	7740	„ 147	1939	„ 206
1875	9044	., 160	2519	„ 165.

Im Jahre 1876 waren 2500 Arbeiter in den Perken beschaftigt, sie

bis dahin wüst gelassenen Inseln Run und Rosingein, die, wie
wir wissen, in niederländischer Zeit reich bevölkert waren.
Eine Anzahl Perkeniers von Lontor sicherten sich sehr bald
den besten Teil dieses Besitzes. Im Jahre 1874 wurden
400 Bows auf Rosingein[1], 285 Bows auf Run (der nördliche
Teil)[2] und 29 Bows auf der kleinen Insel Pisang[3] in Erbpacht

---

erhielten zwischen 5—7 Fl. Monatslohn und zweimal im Jahre Kleider;
freie Wohnung und Bekostigung. Die Regierung schrieb aber über die
Behandlung der Arbeiter die folgende Klage an den Minister. „Die
Nahrung ist unzureichend und von dem Lohne wird viel zurückgehalten
auf Vorschusse, welche man den Arbeitern beim Anwerben ausgezahlt
hat. Die Perkeniers haben eingesehen, dafs sie die Arbeiter besser
stellen müssen.“

Man sieht aus diesem Beispiel wiederum, wie leicht der Mensch
durch Eigennutz zu häfslichen Handlungen geleitet wird, die zu bedeu-
tendem Wohlstand rasch erhobenen Perkeniers hatten ihre frühere
drückende Lage so bald vergessen, dafs sie sich nicht scheuten, ihre
Arbeiter durch Vorschufsgeben einzufangen und sie hinterher schlecht
zu behandeln.

Zur Veranschaulichung des Umfangs, welchen die Produktion und
der Handel in Gewürzen in den letzten Jahren genommen hatten, dienen
die folgenden Zahlen.

Es wurde geerntet:

	Nüsse in der Schale.		Nüsse aus der Schale.		Blute.	
	Pikols	Preis per Pikol	Pikols	Preis per Pikol	Pikols	Preis per Pikol
1883	13095	Fl. 83,25	nicht aufgegeben		2690	Fl. 80,25
1884	14138	„ 82	„	„	2093	„ 80
1885	9261	„ 66,50	.,	„	2479	„ 60,50.

In Nussen wird die Ernte der Jahre 1883, 1884 und 1885 wohl
grofser sein, da in den obigen Zahlen Nüsse aus der Schale, die einen
höhern Wert haben, vermutlich mitgezählt sind.

Im Jahre 1885 waren in den Perken 2573 feste Arbeiter und gegen
296 Kulis (Tagelohner) beschäftigt.

Die Perken zahlen insgesamt nach den Bestimmungen der Verordnung vom Jahre 1873 („Indisches Staatsblatt“, Nr. 155) eine Belastung
von 77661 Fl.

[1] Rosingein erhielt C. P. Lans, der Autor einer anonym erschienenen Schrift: „Rozengain, een goudmijn in de toekomst“ (Rotterdam
1872). „Indisches Staatsblatt“ (1873), Nr. 21.

[2] „Indisches Staatsblatt“ (1873), Nr. 19.

[3] Ebenda, Nr. 20.

gegen eine jährliche Vergütung von 1 Fl. für den Bow abgetreten, im Jahre 1877 dann nochmals auf Run 180 Bows (der südliche Teil).[1] Dadurch gehen auch diese Inseln einer blühenden Zeit rasch entgegen.

Über die Einführung der bestehenden Rechtseinrichtung ist nur so viel zu sagen, daß sie gleichzeitig mit der auf Amboina geschah und in ganz gleicher Weise gestaltet ist; jedoch wurde auf Banda infolge des Aufschwunges in Handel und Verkehr schon im Jahre 1874 ein geschulter Richter an die Spitze des alten Residentiegerichts gestellt.

§ 22. Die Residentie Ternate.

Wenden wir uns zum Schluß noch einmal den eigentlichen Molukken zu, so wird diese Betrachtung den tiefen Verfall der Völker bestätigen, welchen die Maßregelung der Kompanie beabsichtigt hatte. Die Armut ist eine vollendete, der Mangel ein drückender und die Härte eine grausame, womit die Völker unter das Joch des Sultans von Ternate oder Tidor gebeugt werden, damit Ruhe und Ordnung in den von den Holländern zum größten Teil unbenutzten Außenbesitzungen aufrecht erhalten bleibt.

Die fruchtbaren und gesunden Inseln sind wenig bevölkert oder liegen wüst und verlassen, und die Bewohner sind ohne Kraft und Intelligenz. Sittlich und physisch so tief gesunken, wie auf der Amboina-Gruppe, leidet die Bevölkerung hier noch schwerer, weil die Hilfsmittel geringer, die Kraft schwächer und die Herrscher und Regenten anspruchsvoller und gestrenger sind. Jeder Sengadji ist ein Sultan in seinem Bezirk, er fordert Herrendienste und Abgaben an Naturalien, er erkennt über sich den Salahakan[2] (Statthalter) oder den

---

[1] „Indisches Staatsblatt" Verordnung des Generalgouverneurs vom 28. November 1877

[2] Ein anderer Titel für die Vertreter des Sultans, die mindern Rang haben, als der Salahakan, ist Utussan.

Gugugu und Sultan. Mehr als der Sengadji hat der Salahakan ein Recht auf Herrendienste und Lieferung des Tributs
für sich und seinen Herrn Den Sultanen selbst dient eine
gröfsere Anzahl Unterthanen das ganze Jahr hindurch ohne
Entgeld und Beköstigung, und ihre Krieger müssen von den
Dörfern unterhalten und bekostigt werden, von welchen sie
gestellt wurden. [1]

Diesem harten Drucke sich zu entziehen, sind Aufstände
nicht selten, die mit holländischer Unterstützung von den Kriegern der Sultane niedergehalten werden. Als im Jahre 1848
auf Makjan eine blutige Erhebung ausbrach und die Insulaner
die gütige Vermittelung des Residenten in Ternate ausschlugen,
mufsten die Aufständischen durch Waffengewalt unter die
Oberhoheit des Sultans zurückgebracht werden, was erst im
Juli des folgenden Jahres gelang. [2]

Im Jahre 1855 rebellierten Völker auf der Küste Tomore
(Ost-Celebes) wider den ternatischen Salahakan, die Korakoras
des Sultans und das holländische Kriegsschiff Vesuvius zogen
wider sie aus. Die Bewohner von einigen gezüchtigten Dörfern, soweit sie übriggeblieben waren, wurden von den Ternatern expatriiert und auf die Insel Batjan überführt, wo die
Unglücklichen eine neue Heimat finden und Früchte für die
Minen- und Kettenarbeiter der Kohlenwerke bauen sollten,
welche unter grofsen Kosten bisher von Ternate aus unter-

---

[1] Kolonialverschläge

[2] Brumund und Bleeker, die den Residenten von Ternate persönlich kannten und die Umstände an Ort und Stelle prüften, bezeugen,
wie schwer es dem Residenten von Ternate wurde, die Unglücklichen
von Makjan zu züchtigen. Anders wird das Urteil selbst eines gewissen-
haften Schriftstellers, wie Lauts, ausfallen müssen, der 2000 Meilen entfernt ist und nach den gewohnten Anschauungen im Mutterlande urteilt.
Er sagt denn auch nur, ohne auf die Beweggründe, die zu dem Aufstande führten einzugehen, dafs die Expedition, welche ihn niederwarf,
einen heilsamen Eindruck auf die Bewohner der Nachbarinseln gemacht
habe. Lauts, VII, 333. Auch in unsern Tagen, wenn Nachrichten aus
fernen Gegenden einlaufen, wo die Dörfer halbcivilisierter Völker verbrannt und ihre Fruchtäcker verwüstet werden, ist man noch allzuleicht
geneigt, solche Mafsregel von vornherein als heilsam und die Züchtigung
als eine gerechte zu betrachten.

halten wurden. Auf diese Weise ward die Strafe des Ungerechten dem Nutzen des Gerechten dienstbar gemacht.[1]
Minder hart, weil minder machtig ist die Regierung des

---

[1] Diese Tomoresen waren im Jahre 1856 nach Batjan gebracht.
Der im Hospital fur die Kohlenarbeiter damals zu Batjan anwesende
Arzt J. G. Th. Bernelot Moens sagt uber die neuen Ankommlinge
Folgendes:

„Bei der Ausschiffung dieser Menschen wurde man besturzt von dem
allerelendesten und abschreckenden Zustande. Frauen und Kinder waren
in der Mehrzahl . .

„Die Unglucklichen hatten auf der Reise an chronischem Durchfall
gelitten, verschiedene waren unterwegs gestorben Fur die Ernahrung
sowohl der Gefangenen, als der Schiffsleute war schlecht gesorgt, sodafs
sie auf der langen Reise Mangel litten. Zudem hatten die Armen schon
langere Zeit zuvor durch die Belagerung Hunger auszustehen und die
heftigsten Gemutsbewegungen zu ertragen gehabt, wie Angst und an-
haltende Furcht vor den europaischen und inlandischen Feinden Auch
war ihre Erschutterung uber die gewaltsame Entfuhrung aus ihrem Ge-
burtslande eine heftige gewesen.

„Dazu kam, dafs sie in einem Haufen zusammengepfercht wurden
in den beschrankten feuchten und dunkeln Raumen der Korakoras

„Man begreift leicht, dafs die Behandlung der ternatischen Befehlshaber gegen die aufruhrigen Unterthanen ihres Sultans, welche sie nur
als Halbmenschen anschauten, eine solche gewesen ist, dafs die Tomoresen dadurch in eine noch traurigere Gemutsstimmung herabgedruckt
wurden. . . .

„Die Tomoresen waren ausgeschifft, als der Sultan ihnen einen Platz
nahe der Strandbatterie anwies, wo sie auf freiem Felde kampieren
mufsten, sie besafsen kein Messer, nichts, und mufsten noch ernahrt
werden auf Kosten einer Bevolkerung, welche selbst an Lebensmitteln
Not litt. Ihr Zustand verbesserte sich daher wenig, jedoch hatten sie
wenigstens frische Luft und gutes Trinkwasser. Einige Monate zuvor
waren schon mit dem Kriegsdampfer Vesuvius etwa 15 Frauen und Kinder angebracht worden. . . . . "

Im Juli 1857 ist ein grofser Teil der Tomoresen in ihrem Kampong
von hochst bosartigen Schwaren befallen; der Arzt macht dem Residenten in Ternate Vorstellungen, dafs man den Tomoresen gesundere
Wohnplatze anweisen musse, die Unsauberkeit, die geringe Anzahl von
Wohnungen, der Genufs von verdorbenen Speisen und das verunreinigte
Trinkwasser bedurften dringend der Abhulfe, wenn die Verwaltung den
erwarteten Nutzen aus den Tomoresen ziehen wolle, namlich Nahrung
zu schaffen fur die Kettenganger und Verbannten in den Kohlenminen

Königs von Tidor, indes der Herrscher von Batjan zum Bettler herabgesunken ist, der barfuss und wie ein Unterthan ge-

---

auf Batjan, für welche derzeit noch von Ternate mit grofsen Kosten die Nahrung angeschafft werden mufste . . . .

Über dieselben Tomoresen schreibt nun der Naturforscher Wallace, der im Jahre 1858 auf Batjan war, also ungefähr anderthalb Jahre nach ihrer gewaltsamen Herführung:

„. . eine vierte Kolonie auf Batjan ist Tomōré, von der östlichen Halbinsel von Celebes Diese Leute wurden vor einigen Jahren auf ihren eigenen Wunsch hierher gebracht, um ihre Ausrottung durch einen andern Stamm zu verhindern. Sie haben eine sehr helle Gesichtsfarbe, offene tatarische Züge, eine kleine Statur und eine Sprache vom Bugis-Typus Sie sind fleifsige Landbauer und versehen die Stadt mit Gemüse . . . ."

Etwas weiter heifst es

„Hier finden sich also vier sehr verschiedene Arten von Menschen, welche man jeden Tag in und um Batjan (die Stadt) sehen kann. Wenn wir uns nun einen Reisenden denken, der des Malayischen unkundig ist und der hier und da ein oder zwei Worte von der «batjanischen Sprache» aufschnappt und die physischen und moralischen Eigentümlichkeiten, Sitten und Gebräuche des Volkes von Batjan niederschreibt — (denn es gibt Reisende, welche dieses alles in 24 Stunden thun) — was für ein genaues und lehrreiches Kapitel hätten wir dann wohl ! . . . . "

Es gehört in Holland zum guten Ton unter den Getreuen J P. Veths, Wallace als kolonial-politische Kapazität anzurufen; ich hielt es für meine Pflicht, durch die obige Probe meine Landsleute davor zu warnen. Während ich noch über den Widerspruch nachdachte, in dem Wallace so oft zu Männern wie Brumund und Bleeker, die gleichzeitig mit ihm die Molukken bereisten, in seinen Urteilen steht, war ich so glücklich. jenen Aufsatz von Moens zu entdecken, der mich gründlich genug darüber aufklären mufste, aus welchen Quellen Wallace seine kolonial-politischen Überzeugungen geschöpft hatte Vgl Wallace, II, 40 41. Der Aufsatz von Moens findet sich in „Geneeskundige Tijdschrift van Nederlandsch Indie" (Jaarg 1858). Man vgl auch Brumund und Bleeker

Es wird nicht überflüssig sein, nun auch den Bericht über diese Expedition mitzuteilen, der im Kolonialverschlag von 1856 an die Generalstaaten gemacht wurde Er lautet „Die fortgesetzten Feindseligkeiten der Tomoresen gaben Anleitung zu einer Expedition. Am 18 Juni kamen 150 Mann unter Major Happé, verstärkt durch 600 Mann von Ternate, nach Tampira. Von da wurde aufgerückt nach Ussondao, einer Negerei auf einem Felsen 1100 Fufs hoch gelegen Ein kräftiges Feuer von Granaten brachte den Feind rasch zur Unterwerfung. Die feindlichen

kleidet seine verodete Insel durchstreift und sich von Sago-
mehl, Fisch und Klapperwasser durftig ernahrt Nur wenn
ein hollandischer Beamter die Insel fluchtig besucht, ist er
zum Empfange beschuht, sagt Brumund, und tragt statt der
einstigen goldenen Krone heute etwas, was der Barenmutze
eines Grenadiers ähnlich sieht, die Se. Hoheit eigenhandig
mit Hahnenfedern und selbstgeschliffenen Steinen verziert hat [1]
Das herrliche Kaseruta (Nord-Batjan), in alter Zeit der Fursten-
sitz [2] und im 16. Jahrhundert ein grofser Kampong mit einem
furstlichen Kraton, ist heute eine menschenleere Einöde mit
zwei armseligen Hutten, in welchen der Sultan auf seinen
Streifzugen durch seine Insel einmal Einkehr und kurze Rast
zu halten pflegt.

Das Gebiet, uber welches die Herrschaft des Sultans von
Ternate sich gegenwartig erstreckt, ist noch sehr ansehnlich.
Er ubt Herrscherrechte noch auf Ternate und den umliegenden Inseln aus; auf Nord- und Sud-Halmahera mit den zahlreichen Kusteninseln, auf Makjan (Motir ist unbewohnt) und
den zugehorigen Inseln, im Westen auf der Sula- und Bangai-
Gruppe und in den Landschaften Tombuku und Tomore auf
der Ostkuste von Celebes.

Diese Inseln und Landschaften werden von Stellvertretern
des Sultans mit dem Titel Salahakan oder dem niedern Titel
Utussan verwaltet, oder auch von selbstandigen Radjas; die
erstern ernennt der Sultan, indes die Radjas von den Ältesten
gewahlt und vom Sultan bestatigt werden.

Des Konigs von Tidor Hoheit erstreckt sich uber Tidor,
uber den östlichen Teil von Halmahera, über Neu-Guinea bis
zu 140° 47' ostl. L. mit den Kusteninseln und dem Wageu

Negereien Ussonbatu und Tofontuku wurden auch besucht, jedoch verlassen gefunden Nach dieser Zuchtigung bestand keine Furcht mehr
vor Anfallen der Tomoresen auf das Gebiet von Tombuku, sodafs die
Truppen den 29 Juni zuruckkehrten."

[1] Brumund, S. 36.

[2] Im Jahre 1558 war bereits die heutige Ortschaft Batjan der Fursten-
sitz, in Kaseruta finden sich noch viele Hausertrummer aus gebackenen
Steinen, welche an die Ruinen von Modjopahit erinnern Brumund,
S. 34.

und Misol-Archipel. Der Einfluß des Sultans auf die Radjas
der zahlreichen Inseln zwischen Halmahera und Neu-Guinea
ist ein sehr geringer und besteht mehr dem Namen, als der
That nach. Den Tribut holte er bis zum Jahre 1862 vermittelst eines Hongizuges von den papuaschen Inseln ab; spater fuhren Abgesandte des Sultans auf Regierungsdampfern
nach dem Osten.

Die Uneinigkeit und die Zerwurfnisse unter den molukkischen Königen, wodurch ihre Selbstandigheit zu Grunde ging
und der Verfall ihrer Reiche so sehr beschleunigt ward, haben
auch im Verlaufe des 18. Jahrhunderts nicht aufgehort, schwere
Mißstande zu erwecken und die Inselvolker fortgesetzt zu
degenerieren. Zur Zeit des englischen Interregnums kam
es dann zwischen den Sultanen von Ternate und Tidor zu
einem engern Friedensbündnis, das spater die königlich hollandischen Beamten zu erhalten sich redlich bemuht haben.
Und als Generalgouverneur van der Capellen im Jahre
1824 auf Ternate weilte, vereinigte er, um eine freundschaftliche Annäherung zu ermöglichen, die Herrscher bei einem
Gastmahle, die sich bis dahin noch nicht personlich kannten.[1]
Auch faßte er den Vertrag, welchen er mit beiden Königen
erneuerte, in einem Aktenstucke zusammen, wodurch jedes
Mißtrauen, das zu Zeiten der Kompanie kunstlich erhalten
war und die furstlichen Nachbarn entfremdet hielt, glucklich
beseitigt ward.[2]
Die vielfachen Reformen, welche dieser Oberlandvogt
sonst in den Sultanstaaten ausfuhrte und die insgesamt dem
Nutzen und Wohle der Bevolkerung dienen sollten, wurden
durch Du Bus wieder aufgehoben. Nur eine Segnung seiner
Anwesenheit auf Ternate ist geblieben: die Verbesserung des
Rechtswesens. Die Strafgewalt der Sengadjis wurde durch
ihn nicht unwesentlich beschrankt. Die meisten Straf- und
Civilsachen, über welche bis dahin der einzelne Sengadji ab-

---

[1] Olivier, I, 262
[2] Van der Capellen, ‚Tagebuch", S. 310

geurteilt hatte, gehorten jetzt vor einen „Landraad", der aus mehrern Sengadjis und einem Priester gebildet wurde. Fur jeden Distrikt gab es einen Landraad. Der Willkur der Hukoms oder Oberrichter setzte er durch die Einfuhrung eines Obergerichts: „Raad van justitie", ein Ende, das in Ternate seinen Sitz hatte und aus funf Mitgliedern gebildet wurde. Diese Einstellung war von desto gröfserer Bedeutung, als die richterliche Wurde erblich bei bestimmten Geschlechtern ruhte, und der Sultan die Hukoms aus diesen Geschlechtern ernannte.[1] Die Kompetenz des Raad van justitie erstreckte sich uber die ganze Residentie, also auch uber Tidor und Batjan. Todesstrafe, Verbannung oder andere schwere Strafen bedurften zur Ausfuhrung der Zustimmung des Residenten.

Die neuen Bestimmungen wurden durch Publikation vom 27 Mai 1824 verkundigt, und gleichzeitig alle noch bestehenden alten Vorschriften bezuglich der Exstirpation der Gewurzwalder ausdrucklich aufgehoben.[2]

Alle Einrichtungen van der Capellens sollten den ersten Anfang einer bessern Verwaltung bedeuten; er wollte eine neue Zeit auf umfassender Erziehung und Beschirmung der unterdruckten Völker begründen und den Einzelnen fahig machen, seine Lebensfuhrung sittlich und materiell zu verbessern. Dieser Anfang einer neuen Ordnung wurde von unbegreiflicher Härte zerstört, sodafs im Jahre 1851 der Generalgouverneur Rochussen in seiner Abschiedsrede an seinen Nachfolger van Twist über die Molukken das bittere Wort sprechen mufste „Anfanglich der Hauptsitz unserer Macht,

---

[1] Olivier, I, 269. Spengler, S. 153 Dieser Raad van justitie erhielt im Jahre 1874 („Indisches Staatsblatt", Nr 144) eine Veranderung, wonach die Zusammensetzung neu geregelt und der Resident zum Voisitzenden des Kollegiums gemacht ward Mitglieder des Raads waren danach. 1) der Resident; 2) der Gugugu; 3) der Hukom (Oberpriester), 4) ein Priester aus dem Landraad, durch welchen der Angeklagte gestellt wird; 5) ein inlandischer Staatsanwalt (Priester) Vgl. H. L. E. de Waal, S 116 fg.

[2] Olivier, I, 269.

lange reich und in Wohlfahrt, jetzt verkommen und ver-
armt " [1]

Um die heutigen Zustände in den Sultanländern etwas
näher ins Auge zu fassen, wird es zweckmäfsig sein, über die
einzelnen Inselgruppen nacheinander das Nötige zu sagen;
wir beginnen mit der Hauptgruppe, den eigentlichen Molukken.

Das Verhältnis der Sultane zu der niederländischen Regierung ist geregelt auf Grundlage des Vertrags vom Jahre
1824 und durch nähere Übereinkunfte vom Jahre 1864 [2] und
zuletzt vom Jahre 1874 [3] Sie führen die bürgerliche Verwaltung in ihren Ländern selbständig; im Rechtswesen sind
sie Beschränkungen unterworfen, wie wir später des Nähern
sehen werden. Handelsverträge schliefsen sie selbständig ab,
nur bedarf es zur Gewährung eines längern Aufenthalts als
drei Monate, sowie zur Abtretung von Grund und Boden an
Ausländer der Zustimmung der niederländischen Regierung.

Der Huldigungseid, welchen die Sultane beim Regierungsantritt an den Residenten leisten, enthält noch die Klausel
der Lehnsmannschaft, wie in den Tagen der Kompanie; er
bewegt sich sonst in allgemeinen Redewendungen unter Be-
zugnahme auf die gültigen Traktate. [4]

Die Einkünfte der Sultane sind sehr gering, sie bestehen
in der Hauptsache in dem Tribut aus ihren Schutzstaaten,
welchen in den von ihnen direkt verwalteten Landschaften
ihre Stellvertreter einsammeln, oder aus andern die Radjas
jährlich nach Ternate bringen. Weitere Einkünfte für die
Sultane und Grofsen sind sodann die Herrendienste und bis
zum Jahre 1879 auch umfangreicher Sklavenbesitz, der alsdann aber aufhörte. [5] Im Jahre 1878 war die Sklaverei be-

---

[1] Die Rede ist gedruckt in „Tijdschrift voor Nederlandsch Indie"
(1856), S. 35 fg.

[2] „Verhandlungen der Generalstaaten" (1864—65), Beilagen XXI,
19, 35, 36 37

[3] Ebenda (1874—75). Beilagen Nr 71

[4] Ebenda (1864—65), Beilagen XXI, 13.

[5] Kolonialverschlag von 1881 und spätere

reits auf Batjan aufgehoben, und im folgenden Jahre gelang
es der Regierung, auch die Sklaven auf Ternate und Tidor
loszukaufen. Am 1. Juli 1879 wurden auf Tidor 3078 Sklaven gegen eine Vergütung von 150000 Fl. frei erklärt, und
am 20. September desselben Jahres erfolgte die Freierklärung
auf Ternate mit 1371 Sklaven gegen 51000 Fl. Vergütung.[1]
    Zur zwangsweisen Eintreibung des Tributs geschahen in
früherer Zeit vielfach Hongizüge, auf denen von den Sultanen
nicht selten grofse Grausamkeit gegen die Bevölkerung verübt, auch bei solcher Gelegenheit der schamloseste Menschenraub begangen wurde. Um diesem Übel zu steuern, sah die
Regierung sich gezwungen, die Hongizüge im Jahre 1861 den
Sultanen gänzlich zu verbieten; seitdem sind sie nur mit Erlaubnis des Generalgouverneurs möglich.[2]
    Die allgemeine Notlage der Bevölkerung wurde damit
aber nur wenig gebessert. Aus den unaufhörlichen Verfolgungen durch gewissenlose Beamte, aus den Zuständen des
wirtschaftlichen Rums und dem Mangel aller geregelten Ordnung hatte sich allmählich ein schwer besiegbarer Hafs und
eine wilde Verzweiflung entwickelt, welche ihren traurigsten
Ausdruck in der Blüte des Seeraubs gefunden haben. Noch
im Jahre 1870 raubten Galelaresen und Labelloresen (Nord-
Halmahera) auf Batjan, Bangai und der Küste Celebes. Gegen
diese Räuber wurden die Sultane von Ternate und Tidor veranlafst, Korakoras auszusenden.[3]
    Im Jahre 1874 wurden auf der Obi-Gruppe vier Nieder-
lassungen von Seeräubern aufgehoben, und in Gani (Halmahera) fing der Sultan von Ternate zwei Räuberanführer ab,
die beide im Kampfe umkamen, in dem auch zehn ternatische
Krieger das Leben einbüfsten.[4]

---

[1] Die Generalstaaten hatten zu diesem Zwecke 300000 Fl. bewilligt.
(Kolonialverschlag von 1879.)

[2] „Dieser Zwang", schrieb die Indische Regierung an den Minister,
„hat geübt werden mussen, weil die Hongizuge Entvölkerung herbei-
führen, eine friedliche Entwickelung und den Handel hindern." (Kolonialverschlag von 1862.)

[3] Kolonialverschlag von 1871.

[4] Kolonialverschlag von 1876.

Auf den Sula-Inseln wurden um dieselbe Zeit bei ernsterem Nachsuchen 53 geraubte Menschen befreit, und später nochmals 21 Personen, von welchen die meisten von Bangai und Tombuku abkünftig waren. [1]

Im Jahre 1879 that sich aufs neue das Räuberwesen hervor; auf Bangai und Sula wurden 78 geraubte Personen aus den Händen der Räuber erlöst, von denen die meisten schon vier Jahre sich in der Gefangenschaft befanden. Die Räuber hielten sich in Schlupfwinkeln auf Obi, Bangai und Sula verborgen. [2]

Diese Mißstände wurden verschlimmert durch das wenig gute Einvernehmen zwischen den Sultanen von Ternate und Tidor, die ungeachtet der Bemühungen des niederländischen Gouvernements nur selten Hand in Hand arbeiteten. Die Sultane sehen sich nicht anders, als bei festlichen Gelegenheiten im Beisein des Residenten, und die Bevölkerung kommt nur so viel miteinander in Berührung, als es notwendig ist. [3]

Aus solchen Verhältnissen erklärt es sich leicht, daß Handel und Industrie auf sehr niedriger Stufe stehen. Auf Ternate wird der Handel mit Neu-Guinea betrieben, der aber aus Mangel an Schiffen kaum nennenswert ist. Tidor ist ohne jeden nennenswerten Handel. Halmahera exportiert etwas Reis und Sago. Versuche, welche die Regierung mit nassen Reisfeldern auf Halmahera und Ternate im Jahre 1863 machen ließs, mußten im Jahre 1868 als nutzlos, nicht als ungeeignet, aufgegeben werden [4] Auch Versuche mit der Kaffeekultur erfuhren das gleiche Schicksal.

Auf Halmahera wurden in neuerer Zeit vier Posthalter stationiert mit den Standplätzen in Galela (Nord-Halmahera), in Weda (West-Halmahera), in Maba (Ost-Halmahera) und in Potane (Süd-Halmahera); seitdem soll die Betriebsamkeit ein wenig unter der Bevölkerung zugenommen haben [5] Be-

---

[1] Kolonialverschlag von 1875
[2] Kolonialverschlag von 1879.
[3] Kolonialverschläge von 1862 und 1869
[4] Kolonialverschlag von 1868.
[5] Kolonialverschlag von 1884 und spätere.

ruht diese Versicherung der Indischen Regierung auf that-
sächlicher Grundlage, so wäre ja das Mittel erwiesen, wie
leicht sich im Osten Kulturfortschritte gewinnen lassen. Solche
Erfolge stehen allerdings mit der Thätigkeit der einzelnen
Posthalter nur in geringem Einklange, es ist zunächst zahlenmäfsig nur zu erweisen, dafs überall, wo die Posthalter wirksam sind, die Einnahmen aus den kleinen Mitteln, wie Opium-
pacht, Salzdebit und Getränkesteuer, wachsen [1] Für die politische Ordnung und Ruhe, und das ist schon viel, mögen
die vier Posthalter auf Halmahera Bedeutendes leisten, für
den Kulturfortschritt und die Erziehung gewifs wenig.

Auf Makjan, der im Altertum berühmten Nelkeninsel
wächst heute vorzüglicher Taback; aber der Anbau liegt wegen
ungenügender Thatkraft der Bewohner darnieder. Auch ist
diese Insel, wie in alter Zeit, der Herd grofser Verwüstungen
geblieben, die durch Ausbrüche des Vulkans und Krankheiten,
wie Cholera und Pocken, veranlafst werden. Noch im Jahre
1861 verschüttete eine gewaltige Erdbewegung 15 Dörfer und
begrub 300 Menschen, während zugleich die Pocken herrschten
und viele Personen durch diese Krankheit hinweggerafft wurden Zwar grünten wieder im Jahre 1872 etwa 50—60 Fufs
über den untergegangenen Dörfern blühende Strecken, aber
den Bewohnern von heute fehlt der Fleifs und die Betriebsamkeit ihrer alten Vorfahren, um das Geschenk der frei-
gebigen Natur recht zu nutzen. [2]

Mehr Aussicht auf eine gute Entwickelung in der nächsten
Zukunft hat dagegen Batjan. Eine Gesellschaft, die Batjan-
Maatschappij, hat sich zum Ziel gesetzt, auf der Insel Land-
bauunternehmungen auszuführen; sie besteht aus niederländischen Kapitalisten und hat ihren Sitz in s'Gravenhage.
Durch Administratoren und Beamte läfst sie bereits seit
einigen Jahren auf Batjan arbeiten. Im Jahre 1880 gab der
Sultan zu der Unternehmung die Konzession Noch im Anfange des Jahres 1882 nur 60 Arbeiter stark, stieg der Betrieb gegen Ende des Jahres auf 535, davon waren 200 von

---

[1] Kolonialverschläge
[2] Kolonialverschläge von 1861, 1864 und 1872

Java abkünftig, die übrigen auf Batjan und auf Nord-Celebes (besonders in Gorontalo) geworben.

Am Ende des Jahres 1883 waren auf Batjan 510 Bows zur Kultur vorbereitet und 168 Bows davon schon mit Kaffee, Kakao, Muskatnufsbäumen und Kokospalmen bepflanzt; zugleich wurden Versuche auch mit Taback gemacht und, wie sich voraussehen lafst, wird diese Kultur diejenige werden, welche den besten Nutzen abwirft und die grofste Ausdehnung gewinnt.

Neben dem Landbau treibt die Gesellschaft auch Handel; sie führt Bedarfsartikel, wie Werkzeuge, Hausgerät, Kleider u. s. w. ein und kauft die verschiedenartigen Landesprodukte auf. Zu diesem Zwecke ist in Ternate ein Kontor errichtet, von wo aus kleine Dampfer den Verkehr vermitteln. [1]

Die Batjan-Maatschappij wird vielleicht als Vorbild zur Nachahmung in gröfserem Umfange einmal dienen, da sich die Bildungen ähnlicher Gesellschaften nicht auf niederländische Staatsbürger beschränken brauchen, sofern den Sultanen für Handelsbeziehungen noch das Verfügungsrecht über ihre Lande zusteht, das genügenden Spielraum auch Angehörigen fremder Nationalität gestattet. Aber auch die niederländische Regierung würde nach der bisher geübten Praxis solchen Unternehmungen gewifs jede Erleichterung gewähren, um so eher, wo sie auf ihrem eigenen Gebiete geschehen sollten, wie beispielsweise auf Buru und vornehmlich auf den gesunden Höhenzügen von Hovamohel.

Bestrebungen zur Förderung des Landbaues haben auch auf der Obi-Gruppe im Jahre 1885 ihren Anfang genommen, wo an einzelne Unternehmer Gründe in Erbpacht abgestanden wurden. [2] Im Jahre 1876 fühlte der Generalgouverneur aus einem nicht bekannt gewordenen Grunde sich veranlafst, zu erklären, dafs die Obi-Gruppe niederländischer Besitz sei. [3] Wir können an diesem Vorgange nicht ohne eine Bemerkung

---

[1] Kolonialverschlag von 1881 und spätere.

[2] Auf Obi major sind 2469 Bows in 4 Parzellen in Erbpacht abgegeben, auf der Insel Bissa 141 Bows. (Kolonialverschlag von 1886.)

[3] Kolonialverschlag von 1876.

vorubergehen. Wie bekannt, wurde die Obi-Gruppe im Jahre
1708 gegen eine jahrliche Vergutung von 420 Thalern der
Kompanie vom Konige von Batjan abgestanden, nach dem
Vertrage, solange er Gultigkeit haben soll, mufs die Vergutung
gezahlt werden. Danach konnte es fraglich erscheinen, ob
die niederlandische Regierung berechtigt ist, das Eigentumsrecht an dem Grund und Boden an Dritte zu ubertragen.
Wenn dieser Zweifel besteht und begrundet ist, so ist an
diesem Verhältnis rechtlich durch die Publikation des Generalgouverneurs vom Jahre 1876 nichts geändert, da der Vertrag
von 1708 noch heute die einzige Grundlage zu sein scheint,
auf der das Besitzrecht des Gouvernements auf die Obi-
Gruppe beruht.

— —

Wenden wir uns nunmehr zu den abgelegenen Inselgruppen
und zunachst zu denen, welche der Krone von Ternate unterstehen, so mogen zuerst die altberuhmten Sula-Inseln Erwah-
nung finden. Sie produzieren, wie auch in den Zeiten der
Kompanie, uber ihren Bedarf Reis und Sago. Der Bevolkerung ist etwas von dem alten Fleifs eigen geblieben, sodafs
auf der Gruppe stellenweise ein gewisser Wohlstand gefunden
wird. Auf Sulabesi in der Negerei Senana ist der Standplatz
fur einen niederländischen Posthalter.[1]

Auch auf der Bangai-Gruppe befindet sich ein Posthalter,
von dem bereits gesagt wurde, dafs er einer inlandischen
Regentenfamilie entstammt. Dessen Zuständigkeit sind zugleich die ternatischen Landschaften auf der Kuste von Celebes, Tomore und Tombuku, unterworfen. Von Bangai findet
jahrlich einige Ausfuhr statt in Wachs, ca. 21 — 30 Pikols,
und je nach dem Ausfall der Ernte auch in Reis nach
Ternate.

Nach Tombuku kommen jahrlich Dampfer aus Makassar,
die gegen 7—8000 Centner Kopallack abholen; ob diese Ausfuhr der Zollpflicht an den Sultan von Ternate hinterzogen
werde, ist nicht unwahrscheinlich. Auch Reisausfuhr findet

— —

[1] Kolonialverschlag von 1881 und spatere

BOKEMEYER 23

aus der Landschaft Tombuku statt[1], deren Hauptplatz bei den Niederländern Sakita nach dem gleichnamigen Flusse benannt wird, dagegen bei den Eingeborenen Pambaleang heifst, ein Name, der an Einwanderung von Malaien von Sumatra erinnert, wie auch viele Sitten der Bewohner und ihr Hauserbau.[2]

Noch weniger, als in den Besitzungen des Sultans von Ternate, bedeutet der Handel und die Wohlfahrt in den Ländern Tidois. Die Herrschaft über die östlichen Gebiete aufser Halmahera, über Neu-Guinea und die zwischenliegenden Inseln besteht lediglich dem Namen nach.

Nachdem in den sechziger Jahren die Hongizüge zur Einholung des Tributs verboten wurden, machte in den siebziger und achtziger Jahren ein tidorischer Prinz gewöhnlich auf einem Gouvernementsschiffe die Reise nach Neu-Guinea mit, so oft solche geschahen; sie fanden höchst selten statt und erst in neuester Zeit wurden sie öfter ausgeführt. Seit 1870 erfolgten sie in den Jahren 1876, 1878 und von da an in jedem Jahre.

Die Expedition vom Jahre 1878 wurde infolge eines Berichts ausgeführt, den man über die Niederlassung von Europäern auf den St.-Davids-Inseln empfangen hatte, die man bis dahin für unbewohnt gehalten. Im Jahre 1880 fanden zwei Reisen zu dem Zwecke statt, um an vielen Stellen Wappenschilder aufzurichten und nachzusehen, ob die alten noch stünden. Sodann wurde im Norden von Neu-Guinea, auf dem 141.° östl. L., das Grenzzeichen nachgesehen und im Süden, wo bis dahin noch gar keins gestanden hatte, eins errichtet. Auch die Europäer auf der St.-Davids-Gruppe wurden wieder aufgesucht, um ihnen ihre Verpflichtungen gegen das Gouvernement und den König von Tidor nochmals einzuschärfen.[3] Die jährlichen Reisen nach dem Neu-Guinea-Archipel sind

---

[1] Kolonialverschlag von 1872 und spätere.

[2] Kolonialverschlag von 1871.

[3] Man vergleiche die bezüglichen Jahrgänge der Kolonialverschlage, in denen auch Reiseberichte mitgeteilt sind.

durch den englischen und deutschen Einflufs auf diesen Inseln
veranlafst worden.

Über die heutigen Verwaltungseinrichtungen in Ternate
bleibt nur weniges zu sagen übrig. An der Spitze der Verwaltung steht der Resident, ihm zur Seite ein Kontrolleur,
der die Visitationsreisen nach dem Osten zu machen pflegt;
beide haben ihren Standort in der Stadt Ternate, dem alten
Maleyo. Aufser diesen beiden Aufsichtsbeamten gibt es noch
acht Posthalter; davon haben wir schon sechs kennen gelernt·
vier auf Halmahera und auf Sula und Bangai je einen; die
übrigen beiden sind auf Tidor und Batjan stationiert. Bei
dem grofsen Umfange der Residentie und dem geringen Hilfs-
personal kann die Thätigkeit des Residenten gewifs nicht ins
Einzelne gehen; sein Verwaltungsamt wird zudem noch wesentlich durch seine richterlichen Funktionen beeinträchtigt.
Anders als in Amboina, steht in Ternate der Resident
an der Spitze des Gerichtswesens; er präsidiert dem Landraad,
der in Ternate den Namen „Rijksraad" führt und aus den
Raten des Sultans gebildet ist; aufserdem steht er auch dem
Residentiegerichte vor. Der Reichsrat in Ternate entscheidet
über alle Sachen der Inländer der ganzen Residentie. Im
übrigen ist das Gerichtswesen genau nach Analogie der Einrichtungen in Amboina gestaltet.[1]
In seiner Doppelstellung wird der Resident nicht allen
Anforderungen nach den gesetzlichen Bestimmungen in beiden
Ämtern gerecht werden können; leider besteht bei der In-
dischen Regierung in solchem Falle die Anschauung, dafs ge-
setzliche Bestimmungen cum grano salis aufzufassen seien".
Im Interesse der Bevölkerung wird man dagegen die baldige
Vermehrung des Beamtenpersonals wünschen dürfen.[2]

---

[1] „Indisches Staatsblatt" (1882), l. c
[2] Bei der Einführung der neuen Gerichtsordnung in Ternate, welche
das Indische Ratsmitglied ter Kindeien leitete, machte der Resident auf
die Unmöglichkeit aufmerksam, nach den gesetzlichen Vorschriften die
pünktliche Innehaltung der Gerichtstage zu befolgen, worauf ter Kin-

Wir kommen nun noch mit einem Worte auf den Zustand der Kirche und Schule, die in dieser Residentie das lebhafteste Interesse beanspruchen, da hier die größere Gefahr im Verzuge liegt Die vorzugsweise heidnische Bevölkerung von Halmahera Sula, Bangai und Tombuku erleichtern heute noch die Einführung des Christentums, was unendlich viel schwieriger wird, wenn der jetzige Zeitpunkt verpaßt werden und die Propaganda der Sultane für die Ausbreitung des Islams erst mehr Erfolge aufweisen sollte Seitdem ihre Söhne sich den Mekkapilgern anschließen[1], sind die Bemühungen zur Ausbreitung des Islam besonders auf Halmahera lebhafter geworden. Hier stellen die Sultane bereits ihre Regierungsgewalt in den Dienst ihres Glaubens: heidnischen Dörfern werden mohammedanische Vorsteher aufgezwungen und an die Annahme des mohammedanischen Bekenntnisses werden vielfache Vorteile geknüpft.[2] Dazu kommt noch, daß die Einführung des Islam wegen seiner der Natur des Asiaten mehr zusagenden Beschaffenheit leichter möglich ist als das Christentum Anhänger gewinnt. Die unzulängliche Seelsorge und die bestehenden zwei Schulen in der Residentie[3] müssen baldigst ausgebreitet werden, wenn nicht der traurige Zustand, dem sich die Einführung des Christentums auf Java gegenüber sieht, auch im Osten sich entwickeln soll.

Wir können in diesem Paragraphen nicht völlig jene Landschaften und Inseln unerwähnt lassen, welche bis zur Regierungszeit Amsterdams unter Ternate standen, und heute in der Residentie Menado vereinigt sind, der stellenweise Aufschwung im Handel und Verkehr, den diese Residentie in

deren mit dem Satze antwortete, daß solche Vorschriften cum grano salis zu verstehen seien. Vergleiche die Einfuhrungsprotokolle, mitgeteilt in den Beilagen des Kolonialverschlags von 1883

[1] Kolonialverschlag von 1882

[2] l c

[3] Kolonialverschlag von 1885

neuerer Zeit genommen hat, läfst es sogar nutzlich erscheinen,
mit dieser freundlichen Betrachtung eine geschichtliche Abhandlung zu schliefsen, in welcher der Bericht uber dustere
Episoden vorherrschend ist.

Die Residentie Menado kann nach ihrer Zusammensetzung
unterschieden werden in Gouvernementslander, welche unter
dem Namen Minahassa zusammengefafst werden, nach den
Landschaften, welche sich selbst regieren, aber niederlandische
Aufsichtsbeamte haben, wie Gorontalo, und den noch völlig
selbständigen kleinen Reichen ohne niederlandische Aufsichtsbeamte, wie den Radjaschaften der Nordkuste Celebes im
Westen von Menado und den kleinen Staaten an der Tomini-
Bucht.

Wir besprechen in erster Linie die Minahassa mit der
Hauptstadt Menado. Dieselbe besteht aus funf Abteilungen,
welche sich an die Landesabgrenzungen aus alter Zeit anleh-
nen; sie heifsen Menado, Kema, Tondano, Amurang und Belang Jede Abteilung hat verschiedene Distrikte, jeder Distrikt
vereinigt mehrere Negereibezirke.

In diesen Gouvernementsländern hat die inlandische Verwaltung aufgehort, die Distrikts- und Ortsvorsteher befinden
sich im Dienste des niederländischen Gouvernements, das sich
uber Grund und Boden, wie über die Bevolkerung, das Verfugungsrecht zubilligt Unter dem Cultuurstelsel eingefuhrt,
besteht noch heute die gezwungene Kaffeekultur in der Minahassa, sodafs die Regierung in den kulturdienstpflichtigen Gemeinden den Anbau von Kaffee befehlen und den Hausgesin-
den die Anpflanzung von Baumen nach ihrem Ermessen
auferlegen kann. Zum letzten mal hat sie im Jahre 1878
von dieser Befugnis Gebrauch gemacht, die sich aus dem Adat,
dem uberlieferten heidnischen Recht, ableitet, ohne dafs damit
der Gebrauch auch gerechtfertigt ware; es ist keine zufallige
Erscheinung, dafs von alten Einrichtungen immer das bestehen
bleibt, was im Nutzen des Gouvernements liegt.

Nachdem in den unmittelbar vorhergehenden Jahren von
1878 die Kaffeeernte sehr gering gewesen war, wurde in dem
genannten Jahre ein Kulturenuspektor von Java zur Er-
mittelung der Ursachen des Ruckganges nach der Minahassa

entsandt, dessen Untersuchungen eine strenge Handhabung des Kulturzwanges zur Folge hatten Diese Ausfuhrung machte die Vermehrung des Aufsichtspersonals nötig, sodafs ein Assistent-Resident und vier Kontrolleure neu eingestellt und auch die Anzahl Packhäuser vermehrt wurden.[1]

Gegen die strengere Aufsicht und die Verpflichtung der Neuanpflanzung von Bäumen lehnten sich wohl in einigen Distrikten die Bewohner unter blutiger Erhebung auf jedoch wurden diese Aufstände rasch unterdrückt.[2]

Die Anpflanzung wurde in allen Abteilungen bis in die neueste Zeit fortgesetzt, und nur in einzelnen Distrikten wieder abbefohlen, wo man mit Hintansetzung aller schuldigen Aufmerksamkeit den Anbau auf völlig ungeeignetem Boden hatte bewerkstelligen lassen.[3]

Aufser Kaffee, der manche Jahre grofse Ernten liefert und ohne Ausnahme in den Niederlanden zum Verkauf kommt, produziert die Minahassa auch viel Reis; diese Produktion beträgt nicht selten über eine Million Pikols im Jahre.[4] Die Minahassa wird an Fruchtbarkeit Java gleichgeschätzt, auch ist das Land von fleifsigen und folgsamen Menschen bewohnt.[5]

---

[1] Kolonialverschlag von 1881. ‚Indisches Staatsblatt' (1881), Nr 134. Auch die Gehälter der inländischen Aufseher wurden verbessert, die Mantris, welche nur ein Jahrgehalt von 180 Fl. bezogen, haben jetzt drei Gehaltsklassen von 720. 540 und 300 Fl.

[2] Kolonialverschlag von 1879 und spätere

[3] Kolonialverschlag von 1883 und spätere.

[4] Im Jahre 1882 betrug die Ernte 1195000 Pikols, im Jahre 1883 nicht ganz 900000 Pikols (Kolonialverschlage von 1883 und 1884.)

Die grofsten Ernten in Kaffee wurden in den Jahren 1865, 1869 und 1878 gemacht namlich 36894 37631 und 35528 Pikols Fur die Jahre von 1873—83 ergeben sich folgende Zahlen 1873: 10769, 1874 16654, 1875 10580, 1876· 8024, 1877· 12653, 1878 35528, 1879· 12107, 1880 13140, 1881 9824, 1882 18959, 1883: 10284 Pikols.

Tondano ist die reichste Abteilung für Kaffee, dann folgt Amurang; zu der Ernte von 1883 lieferten Menado 655, Kema 259 Tondano: 5301, Amurang· 2701, Belang. 1367 Pikols.

[5] Das Innere der Minahassa ist genau bekannt, Land und Leute vorzüglichst beschrieben in den Werken Reis door de Minahassa", von P. Bleeker. und „Der Malayische Archipel· von H von Rosenberg; beide Werke sind schon wiederholt citiert

Wie an keiner andern Stelle des Archipels, hat das Christentum hier die besten Fortschritte gemacht. In der Minahassa befanden sich, einschliefslich Gorontalos, im Jahre 1883 nicht weniger als 83 Gouvernements- und 113 Privatschulen, die insgesamt von 19263 Schulkindern besucht wurden; neben diesen 196 christlich-reformierten Schulen bestanden noch 10 römisch-katholische, wodurch gewifs ein erfreulicher Beweis bedeutenden Aufschwunges gegeben ist, der desto höher veranschlagt werden mufs, als an diesem Werke erst seit einer kurzen Reihe von Jahren mit rechtem Ernste gearbeitet wurde. An den reichen Erfolgen hat die „Nederlandsche Zendlingsgenootschap in Rotterdam" den vorzüglichsten Anteil; sie hat in der Minahassa Grofses geleistet. [1]

Neben der gezwungenen Kaffeekultur hat die Regierung auch in neuester Zeit auf Gouvernementslandeien Privatunternehmungen zugelassen, an welche sie Grunde in Erbpacht zu dem gleichen Pachtsatze (1 Fl. für den Bow), wie auf Banda und Amboina, abgestanden hat. Mit Ablauf des Jahres 1883 bestanden neun verschiedene Unternehmungen von zusammen 7657 Bows. Unter diesen sind die drei bedeutendsten: die Moluksche Handelsvennootschap in Amsterdam, welche 1879 die Insel Talisse (Abteilung Menado) erworben hat, die Maatschappij tot exploitatie van het Land Kanto zu Surabaya, welcher das Land Kanto in der Abteilung Kema von zusammen 838 Bows gehört, und eine Handelsfirma De Bordes auf Banda, welche die Plantage Bojang in der Abteilung Amurang von 2470 Bows im Jahre 1879 und die Plantage Masaran in der Abteilung Tondano von 418 Bows im Jahre 1880 in Erbpacht erhalten hat. In Masaran war alter Baumbestand, sodafs der Inhaber im folgenden Jahre bereits 825 Pikols Kaffee erntete und ein Jahr später schon 1100 Pikols, sodafs er bei dem geringen Pachtpreise rasch mit gutem Nutzen gearbeitet hat. [2]

Man darf mit aufrichtiger Befriedigung anerkennen, dals

[1] Kolonialverschlag von 1884 und spätere
[2] Man vergleiche die Kolonialverschlage von 1883 fg. in den Abschnitten über Grunde in Erbpacht.

der Kulturfortschritt in der Minahassa unbezweifelt gut vorwärts geht und der Handel, welcher sich vorzugsweise in der Hauptstadt konzentriert, noch mehr aufblühen würde, wenn er von dem lästigen Kulturzwange völlig befreit wäre.

Aufser der Minahassa wird auch in den Landschaften von Gorontalo Kaffee gebaut, deren jährliche Produktion sich zwischen 500—1000 Pikols bewegt, welche vorzugsweise nach Makassar ausgeführt werden.[1] Da hier die Bevölkerung über das Produkt frei verfügen kann, so wurde dies Ursache für die Indische Regierung zu einem Versuche im Jahre 1874, die inländische Regierung zu stürzen.[2] Dieser Versuch mifsglückte; die Bevölkerung hat sich ihre Selbständigkeit bewahrt, sodafs der freie Landbauer seinen Kaffee nach wie vor verkaufen kann, an wen er will.[3] Es wäre bei einiger näherer Kenntnis von diesen Zuständen zu erwarten, dafs es als eine Frage des internationalen Rechts von den Grofsmächten anerkannt würde, dafs das niederländische Gouvernement den kleinen ostindischen Staaten das Recht der Beschickung über ihre Ernte nicht weiter verkümmere.

Die Landschaften von Gorontalo produzieren aufser Kaffee für den eigenen Bedarf zwischen 50000—100000 Pikols Reis im Jahre, wozu auch eine nicht unbeträchtliche Ausfuhr in Pferden, Schweinen und besonders Rindern angemerkt werden kann, beides, die Produktion von Reis, wie die Ausfuhr an Vieh, liefse sich bedeutend vermehren.[4]

Aufser der inländischen Verwaltung hat die Indische Regierung, wie schon kurz erwähnt wurde, eigene Beamte zur Aufsicht in den Landschaften placiert. Ein Assistent-Resident steht an der Spitze der Verwaltung und hat seinen Sitz in

---

[1] Kolonialverschlag von 1884.

[2] Die Radjas und Grofsen in den vier gorontaloschen Landschaften Limbotto, Boane, Attingalo und Bualemo sollten abgesetzt werden, dadurch wäre das Land Gouvernementsbesitz geworden. (Kolonialverschlag von 1874.)

[3] Der Kaffee von Gorontalo ist von vorzüglicher Güte, und könnte die Produktion ohne ein Zwangsverfahren erheblich gesteigert werden.

[4] Die Preise für Pferde bewegen sich zwischen 30—120 Fl., für Rinder 30—65 und für Schweine 1—14 Fl. für das Stück.

Gorontalo, wo auch ein Kontrolleur als Aufsichtsbeamter für
die erste Unterabteilung, Bone, seinen Standplatz hat: in der
zweiten Unterabteilung, Limbotto-Kwandang, ist die Regierung
gleichfalls durch einen Kontrolleur vergegenwärtigt mit dem
Sitz in Limbotto, indes einer dritten Unterabteilung, Paguat.
ein Aspirant-Kontrolleur in Bualemo vorsteht [1]

Wir gehen nun zu den selbständigen kleinen Reichen an
der Tomini-Bucht über, die vornehmlich Reis produzieren. Die
besten Handelsplätze sind Todjo, Muton, Parigi, Kasimbar,
Tinombo und Tomini, alles Hauptstädte von gleichnamigen
Staaten, an deren Spitze ein Radja steht, der von den Ältesten
des Landes (Marasolis) gewählt und angeblich vom Residenten
in Menado bestätigt wird. Die Reiche haben die alte ternatische Staatseinrichtung, ein Gugugu, der Kapitanlaut und ein
Oberrichter sind die ersten Räte des Radjas; ihre Verwaltung
geschieht ohne alle Dazwischenkunft des Gouvernements Die
Bevölkerung gehört in der Mehrzahl dem Heidentum an [2]

Auch die Staaten an der Nordküste von Celebes, westlich
von Menado, verwalten sich selbst. Während die Radjas der
Tomini-Lande nur selten nach Menado kommen, geschieht dies,
angeregt durch das lebhaftere Interesse der Regierung für
diese Staaten, von den Radjas der Nordküste häufiger. Von
diesen Reichen sind zu nennen: Bwool, Kaidipan, Bolan Itam
Bintuna, Bolan Uki, Bolan Mongondo [3] Diese Landschaften
produzieren, wie in alter Zeit, viel Reis In Mongondo wird
auch guter Kaffee gewonnen, der meistens nach Menado zu

---

[1] Kolonialverschläge von 1880 und 1883.

[2] Der niederländische Einfluß in diesen Reichen ist sehr gering,
nur mit der Minderzahl sind Kontrakte geschlossen Im Jahre 1876
schrieb die Indische Regierung an den Minister „In vielen Reichen beschränkt sich die Thätigkeit der niederländischen Regierung auf das
Einsammeln von Tributen und Belastungen, und das Fernhalten von
Europaern." (Kolonialverschlag von 1876)

[3] Indes die Radjas der Tomini-Bucht Tribut nicht regelmäßig oder
garnicht aufbringen, wird derselbe von den Staaten der Nordküste punktlich gefordert. Die Staaten müssen jährlich aufbringen Bwool 400,
Kaidipan 400, Bolan Itam 465, Bintuna 250, Bolan Uki 250, Bolan
Mongondo 4000 Fl (Kolonialverschlag von 1883, S 77)

.

Markt gebracht wird; die Bevolkerung hat jedoch freie Verfugung uber ihr Produkt. [1]

Das Bekenntnis in den Landschaften der Nordkuste ist ebenfalls vorwiegend heidnisch, und die alte heidnische Institution der Herrendienste und Sklaverei besteht in allen kleinen Reichen noch fort diese kann nicht durch ein Dekret aufgehoben werden, sondern wird mit allen bosen Nebendingen erst aufhoren, wenn die inlandischen Regenten durch Erziehung und Gewohnung zu Reformen nach dem Muster christlicher Staatseinrichtungen selbst aufgebildet werden; das bisherige militarische Diktatursystem mit Aufsichtsbeamten ist ebenso unzureichend in seinen Erfolgen, als gewissenlos in seinen Prinzipien. [2]

Es erubrigt noch, den gegenwartigen Zustand auf der Sangi- und Talaut-Gruppe zu besprechen, wo wir die alten Reiche aus der Zeit des Konigs Amsterdam antreffen, die ihre Selbstandigkeit wie ihren Besitz bewahrt haben [3] Der Radja von Siau hat noch heute das Recht des Besitzes auf die talautsche Insel Kabruang, indes die sangischen Radjas von Tabukan, Mangentu, Kandahar und Taruna auf den ubrigen talautschen Inseln die Verwaltung ausser in ihren sangischen Reichen ausuben.

Bis zum Jahre 1881 besuchte der Resident von Menado oder liefs durch seinen „Kontrolleur zur Beschickung" die Inseln zeitweise besuchen, dagegen kamen die Radjas regelmafsig nach Menado, um den Tribut abzuliefern oder bei Absterben der Fursten die Bestatigung der erwählten Nachfolger zu erbitten. [4] Erst im Jahre 1881 trat in dieser Einrichtung eine Änderung ein, die durch die Niederlassung des

---

[1] Kolonialverschlag von 1886.

[2] Der Versuch im Jahre 1879, an diesen altuberlieferten Institutionen der Herrendienste u. s. w. einfach durch Befehl etwas zu andern, scheiterte vollig (Kolonialverschlag von 1879)

[3] Wie von den Staaten der Nordkuste wurde von jeher der Tribut auch auf Sangi und Talaut punktlich eingefordert, es haben zu leisten Siau 500, Tagulandang 100, Tabukan 400, Mangenitu 180, Kandahar 50, Taruna 120 Fl (Kolonialverschlag von 1883)

[4] Kolonialverschlag von 1881 und spatere

Vertreters eines deutschen Handelshauses von den Marschall-Inseln veranlafst wurde. Derselbe hatte sich im Jahre 1880 in Taruna zum Aufkauf von Copra (getrocknete Kokosnusse) niedergelassen und vom Radja ⅕ Bow Landes fur Erbauung eines Wohn- und Lagerhauses auf 10 Jahre erworben, was ohne Vorkenntnis des Residenten geschehen war. Auf die erhaltene Kunde eilte dieser sofort nach Taruna, gab aber zu dem Vertrage nach Untersuchung der Würdigkeit des Ausländers seine Zustimmung. Zu dieser Einmischung war der Resident berechtigt, da es sich um langern Aufenthalt und Abtretung von Land handelte. Die Indische Regierung nahm aber aus diesem Vorfall Veranlassung, die Etablierung eines Kontrolleurs in Taruna anzuordnen, der im Jahre 1882 sein Amt antrat, und erliefs gleichzeitig Vorschriften über das Vermieten von Grund und Boden durch Inländer an Nichtinländer, welche in einem neuen Kontraktsmodell Aufnahme fanden, wonach die selbständigen Fursten seitdem verpflichtet werden, soweit sie sich dazu bereit finden lassen, was durchaus nicht überall der Fall ist. [1]

Die Produktion auf Sangi und Talaut erstreckt sich nach wie vor in der Hauptsache auf Gewinnung der Kokosfruchte. Bis zum Jahre 1880 geschah der Aufkauf von getrockneten Kokosnussen zur Ausfuhr [2] meistens von chinesischen Aufkaufern und die Ausfuhr war nur gering; seitdem eine deutsche Firma vertreten ist und die Nachfrage nach Copra uberhaupt sich belebte, steigerte sie sich ganz bedeutend [3]; allerdings gewinnt es in neuester Zeit den Anschein, als ob dieser Artikel nicht allzugrofse Aufmerksamkeit verdiene oder geeignet ware, die Bereitung von Öl zuruckzudrängen. [4]

---

[1] Kolonialveischlag von 1882 und spatere.

[2] Fur den inländischen Konsum werden die Nusse in frischem, d. h. ungeschältem, Zustande in den Handel gebracht.

[3] Die Ausfuhr in Copra betrug in den Jahren 1877—79 zusammen circa 8000 Pikols; im Jahre 1880 stieg die Ausfuhr auf 16000 Pikols und im Jahre 1881 betrug sie uber 30000 Pikols.

Die Preise fur Copra variieren zwischen 5 und 7 Fl., fur frische Nusse zwischen 2 und 4 Fl. fur den Pikol, Öl 12—20 Fl.

[4] Kolonialverschlage von 1885 und 1886.

Mit Genugthuung kann über die Ausbreitung des Christentums auf Sangi und Talaut gesprochen werden: es ist die Hoffnung berechtigt, dafs die Niederländische Missionsgenossenschaft in Rotterdam in kurzem sich gleicher Erfolge wird rühmen können, als vor ihr einst auf denselben Inseln die Portugiesen aufzuweisen hatten Es bestehen auf Sangi und Siau 25 Gouvernements- und 20 Privatschulen, die im Jahre 1883 von 2931 Kindern besucht wurden, und auf Talaut 4 Gouvernementsschulen. [1] Aufser der Unterstützung, welche die Regierung an die Gemeindeschulen leistet, sind an verschiedenen Stellen auf den beiden Gruppen Missionare der mehrfach erwähnten Anstalt stationiert, denen sie Zuschüsse gewährt und die bereits angefangen haben, durch Ehebündnisse sich näher mit der Bevölkerung zu verbinden [2]

Und damit stehen wir denn am Ende unserer Schilderung des gegenwärtigen Zustandes in den Molukken, und zugleich unserer geschichtlichen Darstellung überhaupt die uns am Schlusse noch einen wohlthuenden Ausblick auf schöne Erfolge der christlichen Mission gewährt hat. Von diesen Erfolgen werden die Segnungen ausgehen, welche eine redliche Verwaltung neuerdings begonnen hat über die verkommenen Lande auszubreiten, in ihnen wurzelt die Hoffnung auf eine bessere Zukunft der molukkischen Völker. Nicht Handelsgesellschaften allein darf ein Werk überlassen werden, zu bedeutungsvoll für eine geschäftliche Unternehmung und ein christliches, weil es Opfer erheischt und Gerechtigkeit fordert

[1] In der Zahl 2931 sind die Schulkinder von Talaut inbegriffen.
[2] Kolonialverschlag von 1885

ANHANG.

1.

Gouverneur Hermann van Speult an die Indische Regierung.
Kambelo, 15. Mai 1624.

. . . . In Kambelo sind 23 Djonken aus Makassar angekommen, um uns Nelken zu entfuhren, und wie ich informiert
bin, ist die gesammte Bemannung mit Gewehren bewaffnet . . . .
Es bestatigt sich das Gerücht, dafs die Ceramer mit 80 Korakoras im Anzuge waren, um unsere fern abgelegenen Unterthanen
zu uberfallen und uns an der Ausfuhrung der Festung Hatuhau
zu verhindern. . . Die Feinde hatten schon ein Abkommen
wegen Teilung der Beute getroffen, die Ternater (auf Hovamohel)
sollten die Halfte des Geschutzes bekommen und die Ceramer
die andere Halfte und das Gut . . . .
Kapitan Hitu ist unlangst zweimal bei uns gewesen und erklarte, dafs Kitschil Ali mit einer grofsen Macht im Anzuge und
in den Molukken beschlossen sei, Kapitan Hitu mit List oder
Gewalt, durch Verrat oder offenen Angriff zu beseitigen, da die
Ternater im hochsten Grade erzurnt seien auf die Gunst und
Beliebtheit, welcher der Kapitan sich bei den Hollandern er-
freue, und sie glaubten, dafs von ihm den Hollandern alles zum
Nachteile der Ternater geraten wurde. . . . .
Wir haben Jagd auf eine Djonke gemacht und sie an der
Kuste von Hitu genommen, infolge dessen verbot Kapitan Hitu
seinen Unterthanen die Lieferung von Lebensmitteln an uns; wir
haben ihm erklart, dafs wir das fluchtige Schiff zu nehmen das
Recht gehabt hatten . . . .
Die Ternater und Luhuesen sollen nicht unter 150 Bar Nelken gehabt haben; wir haben nicht eine Nelke erhalten, alles ist
an die Makassaren verkauft; dieser Handel wird offen und heimlich getrieben, meistens gegen Reis und Sklaven . . . Die Ma-

kassaren liegen dort mit 22—23 Djonken und 5—600 Mann
stark, mit Geschutz und Gewehren wohl versehen . . . . Ich
werde mit einer Hongiflotte von 20—22 Korakoras Jagd auf
die Makassaren machen, die auf Buru, Manipa und Kelang zu
fahren pflegen, ich habe einen Verrater gewonnen, der mir gegen
gute Belohnung als Spion dient, Gott gebe, dafs wir was Frucht-
bares verrichten . . Ich sende zu diesem Zwecke auch zwei
Jachten nach der Strafse von Buton und ein Geschenk von drei
Fass Pulver an den Konig dieser Insel. . . . .

Der Spion berichtet von Hitu, dafs der Kapitan nur pro
forma den Krieg mit den Ternatern fuhre, um uns zu hinter-
gehen; ich schenke dieser Meinung durchaus Glauben . .

Der Konig von Makassar, so geht das Gerucht, will 40 Korakoras nach Ceram senden; gefluchtete Landbewohner sind dabei,
man hat Banda zu unterwerfen vor . . . .

Wir haben auf Euer Edlen präcise Ordre alle zweck-
entsprechende Mittel angewendet, um die Nelken gegen Kleider
statt barer Bezahlung einzuhandeln. Wir haben dies jedoch nur
in den Bezirken des Kastells erreichen konnen; in Hitu, Luhu
und Kambelo nicht. Die Bewohner von Kambelo beklagen sich
uber Kontraktbruch und Vergewaltigung; durch Anwendung des
Zwanges sinkt die Lieferung unter die Halfte. . . . .

Es ziehen fur uns Gefahren auf; wir konnen mit drei oder
vier Jachten nicht alle aufstandischen Platze besetzen; das ganze
Land und Volk ist unser Feind geworden, und diese Nation,
welche ein Glaube verbindet, steht in Not und Gefahr zusammen . . . . Wir durfen aus vielen gewichtigen Grunden
unsere Streitkräfte keiner Gefahr aussetzen, die Komplicen unserer Feinde werden sich erst offenbaren, wenn der Kampf aus-
bricht, heute simulieren uns viele noch Freundschaft, welche
nachher unsere Feinde werden . . . .

Der Zoll fur javanische Guter betragt 10 Prozent, die gleiche
Abgabe zahlen die Javaner fur ausgehende Guter . . . Die Javaner sind hier (Kambelo) am Kastell; sie wollen gern Reis
verkaufen, zu 65, 60, 55 und 50 Thaler (fur die Last von
3500 amsterdamer Pfund) . . . . .

(Nachschrift) . . . . Es scheint unzweifelhaft, dafs die Ternater entschlossen sind, Krieg mit uns anzufangen; ein Gesandter
aus Makassar ist eingetroffen, der Hilfe anbieten durfte. Ubrigens
glauben wir nicht, dafs diese Bewegung auf sich steht, sondern
expresse Ordre dazu aus den Molukken (vom Hofe zu Ternate)
gekommen ist. Unter solchen Umstanden wollten wir gebeten
haben, dafs uns eine Ordre zugehe, und so es die Zeitumstande
gestatten, mit den notigen Machtmitteln, wie wir uns zu verhalten haben. Wir bitten wiederholt, diesem Gegenstande die
notige Aufmerksamkeit zu schenken und uns nicht stets mit

andern wichtigen Bedurfnissen zu vertrosten Es muls der Stand
von Amboina auf die Hohe gebracht werden, sonst konnte durch
die bisherige Weise von Behandlung es leicht geschehen, dafs
unser Einflufs in ganzlichen Verfall geriete, aus dem er so leicht
nicht zu befreien wäre. Wir sollten in Kambelo unser Fort nun
aufheben, die Mannschaft wurde uns in Victoria sehr nutzlich
sein, da wir nicht wissen, wie Ihtu sich stellen wird Die Verbindung der Ternater und Makassaren nötigt uns, alles Schädliche zu vermeiden und Euer Edlen diese Angelegenheit Ihrer
gewohnten Einsicht besonders zu empfehlen, damit unsere gute
Meinung und unsere Nachrichten nicht immer in den Wind geschlagen werden Endlich ersuche ich Euer Edlen, dafs dieses
freimütige Schreiben uns zum besten ausgelegt werde, also nicht
anders, als dafs es in aufrichtiger Meinung geschehen sei; —
das walte Gott!

2.

Gouverneur van Speult an die Indische Regierung. Amboina,
16. September 1624.

Hier im Kastell ist alles noch in geregeltem Stande,
dem Herrn sei Lob, nur fehlt das rechte Leben unter den
Burgern und Eingeborenen, es fehlt uberall an Geld Es wäre
wunschenswert, dafs wir die Garnison mit Kontanten bezahlen,
mit Kronen oder Stubern, nicht mit Kleidern, die sie nicht
fur den halben Wert los werden konnen, sodafs grofse Armut
die Folge ist. Ich teile nicht die Ansicht von Euer Edlen, dafs
wenn Geld gegeben wurde, es die Ternater fur Fischerei erhalten
mochten, statt Nelken zu pflucken Es sind andere Ursachen,
warum die Ternater uns nicht ihre Nelken liefern. Erstens
haben wir den Ternatern alle Einkunfte an Zollen u s. w. genommen; wir zwingen ihnen den Reis um die Halfte teurer auf,
als man ihn hier in Amboina und an andern Platzen verkauft;
sie mussen 640 Pfund den Bar fur 50 Thaler liefern, dagegen
werden hier nur 550 Pfund fur 60 Thaler von den Mardijkern
(Freiburger) geliefert, die Reis und Kleider noch um ein Drittel
billiger haben. . .   Vornehmlich richtet sich ihre Entrustung
dagegen, dafs wir entgegen den Vertragen und unsern Versprechungen ihre Nelken mit Kleidern bezahlen wollen. . . . Es
wird geschehen, dafs sie mit Portugiesen und Makassaren handeln,
die ihnen 100—110 Thaler fur den Bar geben werden.   .   .

a

Das vornehmste Ziel der Ternater und Tidorer ist unsers Urteils, dafs sie uns mit den Spaniern so lange gewahren lassen, bis sie Anhang genug haben, um uns zu vertreiben; es sei durch Mittel von Gewalt oder Verrat . .   Dies ist unbezweifelt ihr Augenmerk . . . .
Die Lage in Hitu ist derartig, dass wir glauben, die Hituesen werden zu guter Zeit mit allen Mohammedanern zusammengehen, dabei gefugt die Makassaren und Portugiesen in Makassar Wir geben Euer Edlen die gewichtige Folge dieser Sache zu bedenken. . . . .
Zwei Soldaten, die mit sechs unbewaffneten Amboinesen auf die Saujagd gingen, sind ermordet. .   Wir durfen ohne genugende Deckung das Fort nicht verlassen. . . . . Kambelo wird uns schwer zu unterhalten, wir thaten gut, die Besatzung zur Verstarkung unserer Garnison zu gebrauchen, die nur noch 50 Weisse stark ist. . . . .
Man wollte mich nach Hitu locken . . . . Es empfiehlt sich ein befestigtes Haus auf dem Pafs von Baguala zu bauen. . . . Holz, Steine und Kalk sollen uns unsere Unterthanen ohne Kosten fur die Kompanie geben, bis auf eine Last Reis die Woche fur 360 Mann . . Einige unserer Platze, wie Larike, Hatuboa, konnten von den Ternatern zu leiden haben; wir wollen daher eine Hongi von 15—20 Korakoras mit der Jacht Suratte absenden, um dem vorzukommen. . . . .
Leliato liegt mit 9 Korakoras an der Kuste von Hitu, aufserdem verfugt er noch uber 15 Korakoras, die vor Luhu liegen . . Leliato hat den Anschlag vor, uns zu vertreiben, wozu er schon mit List mancherlei ins Werk gesetzt hat. . . . . Er fordert, dafs wir die Inseln Buru, Amblau, Manipa, und die Negereibezirke Hatuboa. Lotohovi, Larike und Wakasihu restituieren sollen, ehe er sich auf Unterhandlungen einlassen will . . . Zur Verhandlung lud er mich uber Land nach Hitu zu kommen ein. . . . Ich habe versprochen zu erscheinen, habe aber doch, von Freunden gewarnt, die Reise um 8 Tage verschoben . . Inzwischen war Leliato wieder nach Luhu gezogen, er nimmt eine Haltung an, als ob wir Unterthanen des Komgs von Ternate seien Er schickt Abgesandte, die daruber Klage fuhren, dafs wir nicht rechtzeitig erschienen seien, da er eine Reise zu seinem Komge vorhabe . . . Ich habe an Leliato eine Antwort in einem Sinne gerichtet, damit unser erworbenes Ansehen nicht Schaden leide. . . . . Ich habe ihm bemerklich gemacht, dafs der Konig von Ternate seine Macht aus unsern Handen empfangen habe; zum Dank fur alle Wohlthaten schandeten sie die beschworenen Vertrage und verkauften die Nelken, welche uns allein zukamen, an Makassaren, mordeten die Unserigen, die aus Freundschaft unbewaffnet zu ihnen kamen, und suchten unsere Unter-

thanen durch Mittel von geistigem Zwang abwendig zu machen.....
Es wäre jedoch besser, Leliato verfüge sich im Guten zu uns,
und sagte uns, wer ihn während seiner Abwesenheit vertreten
würde. . . . . Drei Tage wollte ich auf ihn warten. . .
Nach drei Tagen kam ein Brief an. Lehato meldete, dafs
er nicht kommen könne, weil er nach Buru müsse, um dort einen
Kimelaha abzuholen, der vor den König entboten sei . . . er
wolle mir die Sorge über des Königs Land und Unterthanen
während seiner Abwesenheit anvertrauen; ich möchte jemand
ernennen, der die Verwaltung provisorisch führe, bis der König
aus Ternate andere Ordre geben würde . . . Ich habe diesen
Auftrag abgelehnt, da noch Prinzen da seien, von welchen sie
selber den Vertreter wählen konnten. Wegen der Nelken versprachen die Gesandten Lehatos, dafs sie an uns geliefert werden würden, jedoch nicht gegen Kleider, dazu bedurfte es der
Zustimmung des Königs. Damit nahmen die Gesandten Abschied . . Ich meine, dass sie uns in Sicherheit wiegen wollen,
um uns unversehens mit ihrer Macht zu überfallen. Die Ternater
sind 40—50 Korakoras stark, hier können sie circa 40 Korakoras versammeln, und dazu kommt noch die Hilfe der Makassaren und anderer Verbundeter. . . . In Hitu fand ich auch Abgesandte aus Iha und Lotohovi, die zwar vorgaben, dort zu sein,
weil sie mich zu begrüssen wünschten. . . Hier steckt Verräterei Hitus dahinter. Die von Ihamau erzählten, dafs die
Makassaren über 1000 geflüchtete Bandanesen mit sich genommen
hatten . . . Die Hituesen trachten die Bandanesen nach hier zu
locken, woraus erhellt, dafs sie in Krieg gegen uns treten wollen . . . .
Wenn wir mit den neuen Schiffen 4—500 Soldaten er-
hielten und 5—6 voll ausgerüstete Jachten, so würden wir
Ordnung in die Sache stellen können . . . Zuerst müssten wir
sorgen, dafs nach Kambelo und Luhu keine Djonken mehr
kommen könnten und Hitu damit Verbindung halt . . . . Dann
müssten wir Luhu mit Ernst antasten, und sobald wir durch
Gottes Beistand Herr ihres Platzes sind, alle Nelken und Fruchtbäume ruinieren, damit die Einwohner von da verziehen. Denn
uns dort zu verstärken, würde die Kompanie sehr beschweren,
auch würde der Krieg nicht aufhören. . . . Wir könnten dann
leichter dem Schmuggel wehren und die Ternater in besserer
Zucht erhalten. . . . . Auch den Handel der Makassaren und Javaner könnten wir sicherer vernichten . . Auf die Versprechungen der Mohammedaner dürfen wir nichts mehr geben;
sie versprechen in der Not alles, aber halten nichts, sobald sie
wieder obenauf sind. . . . . Ich bitte diesbezüglich um rasche
Ordre, damit die gute Gelegenheit nicht versäumt werde, und
zwar mit einer ausreichenden Macht, mit Lebensmitteln und
Munition . . . .

Ich bitte auch um pracise Ordre, wie die Englander und andere fremden Nationen, die etwa hier kommen sollten, zu behandeln sind.

Steht die erforderliche Macht nicht zur Verfugung, so ware es nötig, Abgesandte von Batavia zur Unterhandlung zu senden, um den Vorteil der Mohammedaner zu hintertreiben..... Meine Ablosung wurde auch fur diesen Zweck von Vorteil sein ...

Welchen Erfolg die beiden Jachten in der Strafse von Buton gehabt haben, ist uns bis jetzt noch nicht bekannt . Der Konig von Makassar wird um unsertwillen den Handel mit den Portugiesen nicht aufgeben .... Es wurde am besten sein, durch einen Frieden den Konig zu bestimmen, dafs er seine Djonken nach Victoria schicke, um dort die Nelken gegen Zahlung eines Zolles von uns zu kaufen .

Bei Hitu, Lessidi, Kambelo und Luhu ist uberall schlechte Reede; die Inlander helfen sich dadurch, dafs sie die Djonken bei Flut aufs Land ziehen, wobei die ganze Bevolkerung in den Negereien Hand anlegt.

Auf Hitu anwesend, wird mir vom Kapitan Hitu gesagt, dafs die Ceramer gern mit uns in Frieden treten und nicht zu den Ternatern und Luhuesen halten wollen . . Die Ceramer sagen, dafs die Unruhen vor drei Jahren von den Bandanesen angestiftet seien; sie wollten Abgesandte nach Victoria schicken, und wir möchten uns redlich und billig verhalten . . Es scheint mir, als ob Hitu die Ceramer zu sich ziehen und seine Macht verstärken will.... Dafs Hitu zu dem Könige von Ternate geschworen hat, ist gewiss . . Der Sohn vom Kapitan Hitu will die Witwe seines verstorbenen Bruders, eine Schwester Lehatos, heiraten ... Ich habe davon abgeraten, aber nutzlos, die Mohammedaner meinen uns diesmal genugsam verkauft zu haben. . Aber wird ordentlich auf die Sache gepafst, so konnen wir ihnen die Zufuhr abschneiden . . Kapitan Hitu verkundete in offener Sitzung den Häuptern, dafs der Konig von Ternate neun neue Korakoras bauen liefse, worauf ich bemerkte, dafs wir dann zehn machen lassen wurden, denn es lebten noch die Niederlander, welche dem Konige von Ternate und dem Kapitan Hitu geholfen hatten .

Der Kapitan Hitu ware vielleicht gegen uns zur Dankbarkeit geneigt, aber die Falschheit der Ternater ist von einer Gewandtheit, dafs sie den Teufel selbst betrugen wurden. Ich vertraue dem Kapitan jetzt mehr, er hat uns vor den Ternatern gewarnt, deren Absicht auf den Krieg gerichtet, während ihre Friedensunterhandlung nicht ehrlich gemeint sei . Wir mussen hier mit Geld bezahlen: ich hoffe, dafs wir es dahin bringen, die Halfte bar und die Hälfte in Kleidern ... Hier liegen die Verhältnisse anders, als in Batavia und Banda, wo wir vollstandig

souverän sind.   Die Mohammedaner hangen zusammen und
sind ihrer dreimal mehr, als unsere christlichen Unterthanen. . . .
Die Lasten unserer Unterthanen sind sehr grofs· drei- bis vier-
mal haben wir sie in diesem Jahre zum Ruderdienst auf Hongi-
zugen benutzt; dazu liefern sie ihre eigenen Prauen und be-
kostigen sich selbst   Unsere christlichen Unterthanen sind
uns sehr geneigt und sind willig· aber man darf die willigen
Pferde nicht zu sehr antreiben, wir mussen uns auch erkenntlich
zeigen, um so mehr, als die Mohammedaner daran arbeiten, sie
gegen uns aufzubringen. . . . .

Gestern war der Kaufmann van Leuwen aus Kambelo bei
mir und meldete, dass Lehato und der Adipati von Lessidi bei
ihm waren und um Briefe nach Ternate baten, dafs sie alles zu
unserer Disposition liefsen und man die alte Freundschaft erneuern mochte . . .   Diese Beweise von Friedensliebe sind ge-
heuchelt; Lehato will erreichen, dafs wir keine Verstarkung erhalten . . .   .

3.

Gouverneur Le Fèbre an die Indische Regierung.   Malayo
16. August 1623.

        Die Nelken von Makjan werden viel nach Tidor ge-
schafft, wo sie mit 100 — 125 und 130 Thalern (fur den Bar)
bezahlt werden   . wir werden das notigenfalls mit Gewalt verhindern   .   . . .

Am 7. Juni sandte der Gugugu zu mir, um wegen einer
Botschaft des Konigs von Tidor um Rat zu fragen, der um
Unterhandlungen gebeten habe. . . . .

Am 16 Juni morgens kam der Gugugu, der Hukom und
andere vornehme Ternater zu mir, um zu erklaren, dafs sie Toluko befestigen wollten. . .   Ferner sagte der Gugugu, dafs der
Konig ohne ihr Wissen einen Prau nach Gamalama geschickt habe   .

Am 8. Juli nachmittags ist der Konig zu mir gekommen
und hat erklart, dafs er nach Gamalama gesandt habe, um den
Gouverneur um Ubersendung eines Geschenks an seinen Vater
in Manila zu bitten . . . .   Dies ist eine Falschheit des Konigs
und des Gugugu, da sie mit dem Feinde nur mit unserer Kenntnis
nis sprechen durfen   .   . . .

Mit grosser Verwunderung haben wir Ihre Missive des
Gouverneurs van Speult erhalten, betreffend das Vornehmen der

Engländer, bei gelegener Zeit das Kastell Amboina durch Verrat und Mord zu uberrumpeln . . . . Gott, der Allmächtige, will uns und die edle Kompanie vor solchen Verratereien und Anschlägen beschirmen; es dient uns aber zum Exempel, auf unserer Hut zu sein und dieser empfindlichen Nation nicht mehr zu vertrauen, als unsern offenbaren Feinden. . . . .
Der König, der Gugugu und alle Mitglieder des Rats waren bei uns, um uns zu eröffnen, dafs sie einen Zug gegen Gamalama thun wollen. . . . Wir befurchten, dafs dies leerer Vorwand sei, um uns in Sicherheit einzuwiegen. Unterdessen werden wir auf Alles wohl Acht haben, gute Wacht und die Bollwerke geschlossen halten. . . . Gott wird die Seinen gegen diese falschen Mohammedaner beschirmen. . . . .

4.

Gouverneur Le Fèbre an die Indische Regierung. Maleyo, 19. Oktober 1623.

. . . Am 11. September war der Kitschil Mowske bei mir und eröffnete, dafs der Kapitanlaut der Nächste zur Krone beim Absterben des Königs sei, darum wir ihn in Achtung und Respekt halten, wie er auch bei den Ternatern angesehen ist. . . . . Mowske bewies sich als unser Freund, indem er berichtete, dafs der König im grofsen Rat davon gesprochen habe, uns zu überfallen, wenn wir unsere Festung Kalamata[1] aufheben wurden. . . . . .
Mit Kitschil Ali habe ich wegen der Vorfälle in Amboina gesprochen; er erbot seinen Dienst, selber gelegener Zeit dorthin zu gehen, um die Streitigkeiten zu schlichten. . . . Er beklagte, dafs wir unsere Gerechtsame in Amboina überschritten, nur dem Könige stünde das Verfugungsrecht über die Unterthanen zu, sie fortzufuhren und andere an ihre Stelle zu setzen. . . . .
Es wird notwendig, die Kontrakte zu erneuern, und empfiehlt es sich, dafs Euer Edlen lieber herkommen, um mit mehr Autorität und Respekt dies zu thun . . . .
Wir haben mit der Aufhebung der Festung Kalamata innegehalten, um die Ternater nicht weiter aufzuregen. . . . . Wenn die Ternater den Waffenstillstand mit den Spaniern nicht brechen

---

[1] Eine Festung auf Ternate zwischen Maleyo und Gamalama, welche Maleyo gegen Uberfall auf der Landseite deckte.

wollen, so brauchen wir Kalamata nicht, mussen wir aber mit
dem Abbruch fortfahren, so ist mehr Macht notig, da wir den
Ternatern nicht trauen durfen . . . . .

— —

5

*Gouverneur Le Fèbre an Gouverneur van Speult. Batjan,
16. Dezember 1623.*

. . . Es besteht das Vorhaben, dafs Kitschil Ali nach dort
kommt, um die Streitigkeiten zu schlichten, die schlimmsten Un-
ruhestifter aufzuheben und andere Beamte anzustellen . . . Es
wird nötig sein, dafs wir uns auf den Fall vorbereiten, dafs die
Ternater auch hier gegen uns in die Waffen treten. . . . . Es ist
dieser mohammedanischen falschen Art nicht zu trauen. . . Wir
werden angeklagt, dafs Euer Edlen in die Gerechtsame des Konigs
eingegriffen, dafs den Bewohnern von Luhu und Kambelo Gewalt
geschahe. . . Seit meiner Abwesenheit von Maleyo ist der
Konig mit sechs Korakoras dort angekommen; der Gugugu ist
noch an der Kuste von Gilolo.
     Kapitanlaut Ali schreibt uns, dafs er uns geneigt wäre. . . . .
Er will auf Sula ein Fort bauen zum Schutze seiner Unterthanen.
Ich habe ihm geantwortet, damit zu warten, bis wir uns mundlich daruber besprochen hatten. . . . .
     Auf Makjan haben die Ternater Ordre gegeben, Unterstutzung
an Volk und Korakoras zu leisten. . . . . Auch der Konig von
Batjan erhielt die gleiche Aufforderung, den ich aber zuruckgehalten habe, er versprach mir, nichts ohne unsere Zustimmung
zu unternehmen. . . . . Nach meinem Urteil dient die Anlage des
Forts auf Sula und die Vereinigung von so viel Macht zu nichts
anderm, als eine Zuflucht zu schaffen, wenn Euer Edlen mit einer
Flotte nach den Molukken kommen sollten, um sie fur ihre be-
gangenen Niederträchtigkeiten zu strafen. . . .
     Die grosse Machtansammlung ist zu furchten; ein Thron-
wechsel ware in dieser Lage das Beste, alsdann waren sie gezwungen, den Krieg wiederum gegen die Spanier und Tidorer
aufzunehmen, während sie sonst mit all ihren Praktiken und
Kniffen nichts bezwecken, als uns selbst mit ihrer Falschheit zu
betrugen und um den Zaun zu locken. . . . .

— — — — —

6.

*Gouverneur Le Fèbre an die Indische Regierung. Maleyo,
24. August 1624.*

.... Von Makjan sind etwa 120 Mann nach Amboina verzogen, was man vor mir zu verheimlichen suchte . . . . Man hat
mit uns nichts Gutes im Sinn . . . . Was in den Quartieren von
Amboina geschieht, wird hier zum Teil eingefadelt und vorbereitet . . . . Es scheint jedoch, dafs aller Verrat des Lehiato
nicht mit Wissen des Königs, Alis und des ternatischen Rats
geschieht, sondern gegen deren Willen . . . .
Am 11. April sandte der König von Batjan einen Expressen
mit der Meldung zu mir, dafs er seine neuen Korakoras bereit
habe, um einen Zug gegen die Papuas zu thun und dort Volk
zu holen, die dem König unterthan seien, und Sklaven. . . . Ich
habe vom Zuge abgeraten, da auch der König von Tidor einen
gleichen Zug vorhabe und starker sei, als der König von Batjan
. . . . Wenn er sich nicht von der Reise abbringen lasst, haben
wir ein scharfes Auge auf ihn. . . . .
Der Gugugu von Terengami (Mindanao) bittet um Unterstutzung, um das spanische Fort dort zu überrumpeln . . . . ohne
Beistand der Ternater. . . . . Er verspricht seinerseits 50 Korakoras und fordert 2—3 Schiffe zur Unterstutzung von uns. . . . .
Das Fort soll viel Beute und reiche Munition enthalten . . .
Die Spanier haben dort eine Kirche, und ein Monch bekehrt taglich die Heiden. . . . . Auf der Insel hat man Gold, Wachs, Honig,
Uberfluss an schonem Reis, Schweine, Hühner, Böcke, Arak in
Menge. . . . Wir konnten uns mit allen Lebensmitteln versehen und
auch billig Sklaven erwerben . . . . Die Spanier ziehen aus den
Besitzungen reichen Tribut . . . . Man mufste diese Unternehmung
rasch ins Werk setzen, ehe die Spanier davon Kenntnis erhalten . . . Wir wurden 60—70 Soldaten Besatzung geben, dagegen mufsten die Mindanaolesen 100—150 Hausgesinde hier
in Maleyo auf ihre Kosten unterhalten, die sich mit Fischerei und
Ackerbau beschaftigten und Kriegsdienste thaten . . . . Es ist
wahr, dafs die Kompanie neue Erwerbungen schwerlich machen
kann, ich wollte aber die Meldung nicht unterlassen, weil mir
die Sache von grofser Wichtigkeit zu sein scheint. . . . . . .
Sonntag, 5 Mai . . . . Es ging das Gerucht, Ali wollte das
Quartier der Mardijker in Maleyo ablaufen und alles in Brand
stecken . . . . In der That haben der König und Ali ihre Guter
und Frauen nach Dai [1] bringen lassen . . . . Wir verhielten uns

---

[1] Vermutlich ein Landgut, gelegen zwischen Maleyo und Toluko.

ruhig und abwartend. . . . . Es scheint dies von Ali nur ins Werk
gesetzt, um uns Furcht einzujagen. . . . . . .

Am 8. Mai wiederholte der Gugugu von Terengami seinen
Besuch und forderte aufs neue Unterstutzung Er beschuldigt Ali als den Hauptanstifter der vielerlei Widerwärtigkeiten
. Die Sachen zwischen den Ternatern und Tidoresen sind
gegenwartig in der Gestalt, dafs der Krieg zwischen ihnen nicht
so leicht zu erwarten ist . . . .

Es konnte dahin kommen, dafs die Ternater uns, und die
Tidorer die Spanier aus dem Lande jagen . . . Der König will
eine Tochter des Königs von Tidor heiraten, es wird nur zum
Glück von Ali hintertrieben, der sie selber fur sich begehrt
Wir müssen den Frieden mit den Spaniern und Tidorern brechen,
wir gehen sonst dabei zu Grunde. . . . . . .

Man ist gegen die Spanier sehr erbittert wegen eines Mordes,
der an zwei Ternatern verübt ist. . . . Die Häupter von Makjan,
Motir, Gamakanora (Halmahera) sind nach hier entboten, und wie
man uns eröffnet, soll uber die Aufnahme des Krieges gegen die
Spanier beraten werden . . . Was daraus werden wird, mufs
die Zeit lehren . . . .

Das Gerücht geht hier um, der König von Makassar habe
Buton (ternatische Besitzung) belagert . 10 makassarische
Prauen haben von den Sulainseln Lebensmittel geholt . . .

Der König von Batjan ist von seinem Zuge zuruck; er hat
230 Sklaven mitgebracht, darunter 100 Männer . . . Er hat
viel Widerstand gefunden und grofsen Verlust erlitten . . . .

7.

Journal, gehalten auf dem Zuge gegen Luhu und Kambelo,
vom 14. Mai bis 23. Juni 1625

14. Mai . . . Nachmittags begaben sich die Herren Gouverneure van Speult und Gorcom auf die drei Schiffe des
Admirals Schapenham, stark 700 Weisse, mit ungefahr 20 Korakoras unserer getreuesten Unterthanen, um einen Anschlag auf
Luhu auf der einen Seite (Sudkuste), Lessidi, Erang und Kambelo auf der andern Seite (Nordkuste) zu thun . . . .

16 Mai. . . Wir haben ein Schiff nach Kambelo gesandt,
um noch 60—70 Mann Verstarkung zu holen . . . . An der
Kuste von Hitu begrufste uns des Kapitans Sohn, danach auch
der Kapitan selbst, der sich entschuldigte, dafs er keine Kora-

koras bereit habe, da er nichts von dem Zuge gewufst. . . . .
Van Speult antwortete, dafs unsere Macht grofs genug sei. . . . .
17. Mai. . . . Morgens um 2 Uhr kamen wir unter Land
an Luhu . . Wir haben die Starke der ternatischen Festung
ermittelt von einigen aufgegriffenen Luhuesen; sie ist mit 6 Kompanien Regularen und mit 12 Kompanien Sklaven besetzt . . .
Auf die Festung führen drei Wege. . . . . Die Orangkajas (von
der eigenen Flotte) waren bei den Gouverneuren zu Gaste. . . . .
Spater wurde ihnen das Vorhaben mitgeteilt und ihnen der Eid
der Treue abgenommen . . . .
19. Mai. Morgens früh sind wir mit Booten an Land gegangen, während von den Schiffen auf die Feste von Luhu geschossen wurde. . . . Die Bewohner der Negerei Luhu waren in
die Festung geflüchtet. . . . . Es wurde uns zu unserer Verwunderung wenig Widerstand geboten, obwohl der Platz vorzuglich befestigt war. . . . . Alles floh vor unserm Anzuge. . . . .
Wir haben 3—400 Gefangene gemacht, dagegen selber nur
4—5 Tote gehabt. . . . .
20. Mai. Es wurde beschlossen, alle Fruchtbäume zu vernichten, was sofort ins Werk gesetzt ward. . . . Die Schwarzen
von den Korakoras und die Zimmerleute von den Schiffen haben
bis zum Abend 900 Fruchtbaume gefallt. . . . . Nelkenbaume
haben wir hier nicht gefunden. . . . . Pati Sedi, ein Fuhrer der
Alfuren, war auf Kundschaft aus und bringt Nachricht, dafs der
Feind mit Frau und Kind eine Stunde waldeinwarts lagere, wo
er befestigte Platze innehatte. . . . . 300 Schwarze wurden kommandiert, nachts an diese Platze zu schleichen und des Morgens
fruh sie zu uberfallen. . . . .
21. Mai. Der Feind hatte sich auch von hier zuruckgezogen . . . . Die Herren liessen alles weit und breit von Fruchtbaumen kahl rasieren. . . . .
22. Mai. Morgens ist Luhu verbrannt. . . . . Die gefangenen
Luhuesen fuhrten uns nach schonen vorzuglichen Platzen, wo
alle Fruchtbaume vernichtet wurden. . . . . Van Speult selber
ging mit einer Halfte der Soldaten und Schwarzen unter Führung
der Gefangenen waldeinwarts, um Nelkenbäume zu vernichten. . . . .
Die Dorfer in der Nahe von Luhu wurden verwustet. . . . .
23. Mai. Wir verloren keine Zeit und zogen nach Waiputi,
4 Meilen von Luhu; die Einwohner steckten selber ihre Hauser
in Brand und flohen landeinwarts. . . . . Wir haben 1000 Nelkenbaume vernichtet. . . . .
24. Mai. Wir sind vor Luciela gezogen und haben auf die
Festung gefeuert. . . . .
25 Mai Wir wollten landen, es wurde auf uns geschossen.
. . . . Man beriet, ob es nicht ratsam sei, statt eines Sturmes auf
die Festung lieber die Nelkenbaume zu vernichten. . . . . Mittags

wurde dazu übergegangen . . . . Nachmittags kamen von Lokki
(was hoch im Gebirge liegt) Abgesandte, um über unsere Feindseligkeiten sich zu beklagen . . . .

26. Mai Van Speult empfing die Orangkajas von Lokki
und erwiderte auf ihre Beschwerde, daſs sie den Ternatern Beistand gegen uns leisteten, ... und daſs die Nelkenbäume ausgerottet werden sollten, weil sie die Nelken an fremde Nationen
verkauften. . . Wir sind gelandet . . Die Wege sind mit
Fuſsangeln belegt . . . Wir haben 1000 Nelkenbäume schadlos
gemacht . . Morgen wird wiederum in die Nelkenwälder
marschiert. . . . . .

27. Mai Gouverneur van Speult ist wieder nach den Nelkenwäldern marschiert und will die Nacht dort bleiben, um morgen
das Zerstörungswerk zu endigen . . . .

28. Mai Heute ist alles von den Schiffen mit in die Nelkenwälder gegangen . . Unter den Bäumen war schon alles vorbereitet, um die reife Frucht zu pflücken . . . . Wir haben noch
an anderer Stelle 3000 Nelkenbäume vernichtet . . . Wir sind
schon am Abend von den Bergen hinunter an den Strand nach
der Negerei Laala gezogen, wo wir gewarnt wurden, am folgenden Morgen wieder an Land zu kommen . . . . . .

29. Mai Gouverneur Gorcom ist mit 5 Kompanien Soldaten
und über 400 Amboinesen gelandet und gegen die Negereien
Amm, Pawail und Henetuban gezogen. Wir haben vor Pawail
Widerstand gefunden, aber die befestigte Stellung des Feindes
stürmender Hand genommen . . . Gorcom blieb die Nacht in
der Negerei, um andern Tags mit den Nelkenwäldern aufzuräumen. . . . Die Schwarzen gingen gegen Abend wieder an den
Strand . . . .

30. Mai Zwei Schuten kamen von Laala mit der Meldung,
daſs ein Prau mit Lebensmitteln und andern Bedürfnissen für die
Armada von den Bewohnern von Luciela weggenommen sei . . .
Die Bemannung, 5 Deutsche und 3 Mardijker, haben ihr Leben
verloren . . . Mittags kam Gouverneur Gorcom an den Strand
er hat 7—8000 Nelkenbäume vernichtet . . . . Auch die Dörfer
Galalu und Henekelang gehören noch zu der Negerei Amm, deren
Nelkenwälder aber auf der entgegengesetzten Seite (gegen Assahudi) liegen, wohin es mehr als ein Tag Marschierens ist. . . .
Es wurde wegen Luciela mit den Orangkajas beraten und beschlossen, zur Nacht drei Korakoras dahin abzufertigen, die hinter dem Vorwall von Luciela sich legen und einen Prau aus-
senden sollten, der anscheinend über See von Hitu käme, damit
die Luceller auf die See herausgelockt wurden. . . Gott, der
Herr, gebe gutes Gelingen. . . . .

31. Mai. Wir haben die Negerei Laala in Brand gesteckt
. . Darunter gehören die kleinen Negereien ✔ (unleserlich) und

Henetuban im Gebirge. . . . Unter der Negerei Anim stehen Pawail, Henevaliti und Henelissi, wo wir nach der Versicherung der Gefangenen alle Bäume vernichtet haben, ebenso ihre Negereien. . . . . Wir haben auf diesen Plätzen im ganzen etwa 20000 Bäume vernichtet, ausschliefslich der Fruchtbäume. . . . . Wir sind nach der Negerei Lokki gefahren. . . . . Voi Lokki angekommen, fing es stark an zu regnen, und das dauerte bis nach Mitternacht. . . . . Vor Luciela hat die Unternehmung eine Störung erfahren. Der Posten auf Hitu war von unserm Anschlag nicht verständigt und hat die Unserigen irregeleitet. Die von Luciela haben aufs neue einen Prau von uns genommen. . . . .

1. Juni, Sonntag. Wir liegen vor Lokki und bereiten uns vor zu landen. Die Gouverneure verbieten das Rauben und Plündern bei Strafe des Galgens, den wir am Strande bereits aufgerichtet haben. . . . Das Rauben mufste beschränkt werden, da wir uns nahe bei Luciela befinden und von da dem Feinde leicht Unterstützung kommen konnte. . . . . Van Speult, der Vizeadmiral und der Schout bei Nacht zogen mit 6 Kompanien Soldaten und etwa 600 Amboinesen gegen die Negerei und Festung; Gorcom deckte den Rückzug und bewachte die Schiffe. . . . . Beim Vordringen fanden wir schwachen Widerstand. . . . Die Wege waren mit Bäumen verbarrikadiert, auch Fufsangeln gelegt. . . . . Wir hatten schweren Weg aufzuklimmen; der Feind hatte uns mit Steinen totschmeifsen können, er mufs uns von einer andern Seite erwartet haben . . . Wir kamen durch die Nelkenhaine, alle schon für die Ernte vorbereitet. . . . Wir machten in den Hainen Rast und sahen von fern den Rauch aufsteigen von den Häusern, die von den Bewohnern selber in Brand gesteckt waren, wonach diese die Flucht ergriffen. . . . . 3000 Nelkenbäume sind vernichtet. . . . . Wir haben im Dorfe Quartier genommen. . . . Nachher sind wir fünf- bis sechsmal alarmiert. . . . .

2. Juni Drei Kompanien Soldaten, etwa 10 Zimmerleute von den Schiffen, und alle Schwarzen sind kommandiert, um die noch stehen gebliebenen Nelkenbäume zu fällen; bis zum Nachmittag sind 6000 Nelkenbäume zerstört. . . . . Die Gefangenen verrieten uns noch die Lage anderer Nelkenhaine. . . . Ein starker Regen nötigte uns, die Arbeit bis morgen auszusetzen. . . . . Nachts neue Alarmierung. . . . .

3. Juni Wir haben fortgefahren, die Nelkenbäume zu zerstören. . . . Kapitän Wijnloop ist auf ein kleines Dorf gestossen, Tanuno, die Bewohner haben ihre Häuser in Brand gesteckt und sind geflohen . . . . Bis Mittag waren noch 2000 Nelkenbäume vernichtet . . . Wir sind danach abgezogen. . . . . Gegen Abend sind wir nach Luciela gefahren . . . Wir sind weiter in See

gegangen, weil wir böses Wetter fürchteten, es ist jedoch gut
geblieben. . . . .
    4. Juni. Es fand eine Beratschlagung an Bord des Admiral-
schiffes statt. . . . . Es war zu fürchten, dafs Kambelo, Lessidi,
Erang und andere Nelkendorfer Hilfe bieten wurden. . . . Ihre
Macht wäre dann leicht auf 5—6000 Köpfe gestiegen. . . .
Mit Stimmenmehrheit wurde beschlossen, die Festung anzugreifen
und die Ternater zu verjagen. . . . Man beriet danach noch mit
den Orangkajas, die gleichfalls für den Angriff stimmten . . .
Man hielt die Orangkajas an, ihre Leute in Ordre zu bringen,
und drohte mit dem Strang bei der geringsten Widersetzlichkeit.
. . . . Es traf ein Gesandter von Kapitän Hitu ein; er bat den
Krieg gegen die Unglücklichen, die schon durch so viel Verlust
und Elend gestraft seien, einzustellen. .   .   .
    5. Juni Wir haben die Zahl der Fahrzeuge und die Stärke
der Festung rekognosziert. . . . Es ward beschlossen, die Festung
nicht anzugreifen, dagegen die Fahrzeuge und die Nelkenwälder
zu zerstören. . . Auf der Reede haben viele Schiffe von Luhu
und andern Dörfern Schutz gesucht. . . . Gorcom und der Vizeadmiral sollen die Schiffe verbrennen   . . . . .
    6. Juni Früh bestieg alles die Boote. . . Van Speult
täuschte den Feind durch einen Scheinangriff auf die Festung,
unterdessen es Gorcom gelang, an die feindlichen, auf Land gezogenen Schiffe heranzukommen, er verbrannte 70—80 Fahrzeuge, so grofse als kleine. . . . Aus dem Fort wurde auf uns
geschossen .   . . .
    7. Juni . . . . Die Korakoras wurden nach Waiputi gesandt,
um die noch rückständigen Nelkenbäume zu vernichten. . . . .
Nachmittags stieg in der Richtung von Waiputi Rauch auf, die
Unserigen mufsten dort thätig sein.   .   .   .   .
    8. Juni, Sonntag. Wir hatten unter starker Gegenströmung
zu leiden. . . . . Es war mit den Booten nicht nach Waiputi zu
kommen. . . Wir sahen wieder Rauch nachmittags; es galt
uns das als ein Zeichen, dafs unsere Leute ihr Werk gut verrichteten. . .   .   .   .   .
    9. Juni. Wir kamen glücklich nach Waiputi. . . . . Unsere
Korakoras waren bereits nach Kambelo gegangen . . . Die Nelkenbäume von Waiputi waren sämmtlich vernichtet . . .
    10. Juni Reede von Kambelo. Es wurde beschlossen, die
Gegend von Erang aus zu verwüsten . . . Bei Leibesstrafe
wurde den Orangkajas aufgegeben, morgen all ihr Volk an Land
zu bringen. . . . .
    11 Juni. Es ging nach Erang . . . . Wir wurden mit
Büchsenschüssen empfangen . . . Wir landeten sofort mit 11 Kompanien, die Bewohner flüchteten, und wir zogen auf ihren Markt
und ordneten die Truppen . . . Der Vizeadmiral zog mit drei

Kompanien den Strand entlang und steckte alle Fahrzeuge in
Brand in der Zahl von 60—70, so grofse als kleine . . . .
Der Feind war im Walde versteckt und schofs auf uns. . . . .
Die Schwarzen wurden zur Nacht auf die Korakoras geschickt,
unsere Soldaten logierten sich in Erang ein.   .   .   .   .   .   .

  12. Juni Nach heftigem Regen trat schönes Wetter ein. . . .
Drei Abteilungen Soldaten wurden in den Wald geschickt, um
Häuser und Fruchtbäume zu zerstören, die dort und anderswo
in den benachbarten Negereien etwa ständen . . Am Nachmittag zog van Speult mit 6 Kompanien ins Gebirge nach der
alten Negerei, Gorcom deckte den Rückzug und bewachte die
Korakoren . .   Van Speult liefs Häuser und 100 Nelkenbäume
vernichten. . . . . Die Bewohner von Kambelo, Lessidi und Henetelo sollen auch geflüchtet sein .   .   .   .

  13 Juni 5—6 Abteilungen Soldaten wurden wieder auf
die Suche nach Häusern und Fruchtbäumen ausgeschickt; sie
fanden noch Fahrzeuge, Häuser und nur wenige Nelkenbäume zu
zerstören. . .   Die Negerei Erang wurde nun in Brand gesteckt . . . Wir sind auf die Boote gegangen und nordwärts
gerudert, wo eine Reede mit vielen Schiffen sein sollte . . .
Wir haben dort eine Djonke von etwa 20 Last, 2 —3 Schaluppen und Korakoras von Lessidi angetroffen, die wir mit Ausnahme der Korakoras, welche der Gouverneur van Speult den
Orangkajas von Amboina verehrte, in Brand gesteckt haben
Der Vizeadmiral ging den Strand entlang und vernichtete noch
viele Fahrzeuge . . . Wir folgten in den Korakoras gegen
Kambelo. . . . Der Feind beschofs uns.   . . Das Wachtschiff,
welches vor Erang geblieben war, hatte Befehl erhalten, nach
Lessidi zu gehen Als wir dort vorüberkamen, stand die Negerei
bereits in lichten Flammen, die unsere Schwarzen angezündet
hatten   .   .   .   .

  14 Juni Vor Kambelo. Wir gingen an Land und mar-
schierten nach Levatti, 4 Stunden Wegs im Gebirge hinter unserm
Fort . . . Es wurden 2—3000 Nelkenbäume vernichtet, aufser
Klappuspalmen und andern Fruchtbäumen . . . . . .

  15 Juni, Sonntag . . Van Speult ging mit 5 Kompanien
nach dem Dorf Masselyne. . . . . Sehr mühsamer Weg bergauf,
etliche Soldaten blieben unterwegs liegen. . . . Die Soldaten
waren in drei Trupps eingeteilt, da die Nelkenhaine zerstreut
lagen. . . . . Mittags waren bis 4000 Nelkenbäume unter der Axt
gefallen und viele Fruchtbäume. . . . . Gorcom war am Strand
nach dem Dorfe Henetelo gezogen und hatte dort 1500 Nelkenbäume schadlos gemacht . . . Bis diesen Tag macht es zusammen
eine Summe von 50500 Bäumen aus, die wir zerstörten . . .

  16 Juni. Wir gingen nach Kelang, 6 Meilen von Kambelo . . . In Kelang wohnen viele Schiffbauer . . . In Kelang

sollten makassarische Djonken und viele Korakoras liegen. . . . .
Wir wurden bei Kelang mit Gewehrfeuer empfangen und blieben
aufser Schufsweite, um den nächsten Tag abzuwarten. .   .   .   .
    17. Juni. Wir gingen an Land. Die Negerei lag nicht fern.
. . . . Kapitän Karstens kommandierte den einen Vortrupp.
Wir zogen auf zwei Wegen gegen die Negerei. . . . . Auf den
Wegen waren viele Fufsangeln. . . . . Die Negerei war mit Pa-
lissaden und Erdwallen versichert. . . . . Wir hatten in kurzer
Zeit 30 Verwundete, und unser Verlust nahm ständig zu. . . . .
Wir beschlossen die Wege zu verlassen und durch den Wald uns
der Negerei zu nähern. . . . . Auch hier wurde stark auf uns
gefeuert, indes uns die Munition ausging. . . . . Die Besatzung
der Feste schätzten wir auf 200 Makassaren und Malaien . . .
Wir zogen vor, zu Mittag wieder auf die Schiffe zu gehen, wonach wir nach Kambelo zurückfuhren, wo wir mit der Nachricht
empfangen wurden, dafs inzwischen in der Umgebung von Kambelo, Lessidi und Henetelo alle Häuser, Nelken- und Fruchtbäume verwüstet seien. . . . .
    18. Juni. Es wurde beschlossen, auch die Nelkenhaine von
Alt-Lessidi zu vernichten. . . . . Es wurden dort 400 Bäume gefunden. . . . .
    19. Juni. Mit dem gesamten Volke sind wir heute nach
den Nelkenhainen gezogen, welche dem Pati von Kambelo, Ma-
hulu, gehören. . . . . 500 Bäume wurden rasch gefällt, nebst vielen
Fruchtbäumen. . . . Unser Fort in Kambelo haben wir aufgehoben und die Garnison nach Victoria übergeführt . . . .
Kapitän Hitu sandte uns eine Korakora mit Erfrischungen für
die Gouverneure. . . . . Alfuren, die darum ersuchten, nach ihren
Negereien gehen zu dürfen, wurden abschlägig beschieden; sie
erhielten satt Reis zu essen und waren danach sehr zufrieden. . . . .
    20. Juni. Es wurde beschlossen, dafs wir in der kommen-
den Nacht fortziehen und Hatuaha anlaufen wollten, wo auch
viele Nelkenbäume standen. . . . Eine Jacht kam mit dem Kaufmann von Manipa, der meldete, dafs zwei Korakoras von Kambelo und Lessidi nach der Hauptnegerei von Manipa, Tuban, vor
etwa 14 Tagen gekommen seien und unser Logis überrumpelt hatten;
dasselbe war nur von zwei Mann bewacht, die in den Wald geflohen seien. . . . . Die Bewohner seien geteilt, eine Partei halte
zu uns und die andere mit den Aufruhrern. . . Der Kaufmann
meldete ferner noch, dafs die beiden Korakoras nach Buru weiter
gefahren seien und die Negerei Ilat überfallen hatten; ein Teil
unserer Mannschaft sei von hier nach unserm Kontor in Lumaete
geflüchtet . . . Abends sind wir nach Hatuaha abgefahren . . . .
    21 Juni. Vor Hatuaha. Wir landeten und erklommen das
Gebirge. . . . . Die Bewohner der Negerei walzten uns Steine
entgegen. . . . Wir haben etwa 2000 Nelkenbäume vernichtet

und in Brand gesteckt . . . Nach Buru und Amboina wurden
8, respektive 7 Soldaten Verstärkung abgefertigt, auch sandten
wir für 50 Thaler Kleider als Geschenk an die Negereivorsteher
mit. . . . Wir haben die ganze Nacht gerudert, um nochmals nach
Waiputi zu kommen, wo noch Nelkenbäume übriggeblieben sind. . . .
22. Juni, Sonntag. Bis Nachmittag hatten wir gegen 3000 Nelkenbäume geschlagen. . Wir kamen nach den drei Brüdern
und wurde beschlossen, vorüber zu rudern in der Nacht, da am
folgenden Tage Gegenströmung gefürchtet wurde. Wir gelangten gegen Morgen an den Vorwall von Alang, wo uns eine
Strömung ergriff, welche die Schiffe in Gefahr brachte, der wir
glücklich entronnen sind . . . . .
23 Juni Morgens passierten wir Lileboi und sind dann
nach dem Kastell Victoria gekommen, wo wir alles wohl angetroffen haben . . . . Eine Korakora ist bei dem Vorgebirge
von Alang geblieben . . . . .
Dies ist der Bericht über den Zug, den van Speult zur Verwüstung von des Feindes Nelkenbäumen mit 26 Korakoras,
5 Schiffen, 7—8 Schaluppen und Booten und etwa 900 Soldaten
und 2000 Unterthanen mit so grossem, durch Gottes Beistand
begnadigten Ausgang ausgeführt hat . . . .

8.

*Gouverneur van Speult über seine Reise von Amboina nach
Batavia; im August 1625.*

. . . Buton ersuchte um Unterstützung gegen Makassar. Wir
haben Buton besucht und wurden sehr freundschaftlich vom
Könige aufgenommen, er versprach alle Unterstützung und Förderung für unsere Interessen . . . . . .
Vor Makassar habe ich an den König einen Brief gesandt
und ihn um eine Unterredung gebeten . . Der König empfing
uns am Strande, er hatte seine Truppen versammelt, die wir auf
20 000 schätzten . . Wir boten als den Zweck unsers Besuches
an, allem weitern Blutvergiessen zuvorzukommen, und forderten,
dass keine Makassaren auf Hitu, Luhu, Lessidi und Kambelo oder
Erang fahren sollten, um unsere Nelken zu entführen . . Der
König antwortete, dass er den freien malaiischen Händlern weder
sein Land verböte, noch deren Fahrt nach den Molukken zu verbieten die Macht und das Recht hatte . . . . Auch unsere Freundschaft wäre ihm angenehm, er hatte unsern Leuten seines Wissens

sein Land niemals verschlossen oder verboten..... Seine Schuld
von 20000 Thalern erkannte er nicht an; er entliefs mich mit
einem Schreiben an den Generalgouverneur. Dasselbe lautete in
der Übersetzung:

> „Einen freundlichen Grufs entbietet der König von
> Makassar an den Herrn General, dessen guter Ruf weit
> und breit bekannt ist. Angehend die neun Schiffe,
> welche Makassar besucht haben, obwohl es nur ein kleines
> Stadtchen und, was noch schlimmer, obendrein arm ist,
> und im Vergleich zu Eurer Macht steht, wie ein Ei zu
> dem Huhn, so sende ich, König von Makassar, ein Ge-
> wand und einen Stock. Geruhe es in Freundschaft an-
> zunehmen, denn ich bin nur ein schlichter Mann, gleich
> dem, der im Walde seine Wohnung hat. Dies — und
> anderes nicht. Lebe wohl!"

9.

*Gouverneur Gorcom an die Indische Regierung. Amboina,
8. September 1625.*

.... Am 26. August ist der Sohn von Kapitan Ihtu mit
12 Orangkajas hier gewesen ... Wir haben ihnen vorgestellt,
dafs wir gegen die Hovamohelesen in Krieg getreten seien, und
sie dieselben daher auch als ihre Feinde zu betrachten hätten auf
Grund der mit van der Hagen und 1620 mit Houtman abgeschlossenen
Verträge.... Die Orangkajas verstanden sich zu den Verträgen,
aber wandten ein, dafs sie vor zwei Jahren vergeblich den Gouverneur van Speult um Hilfe gebeten hatten, als sie deren so
dringend gegen Kambelo bedurften. Es sei ihnen damals immer
geantwortet, die Niederländer befanden sich im Frieden mit Kambelo; sie (die Hituesen) seien dagegen jetzt durch Ehebündnisse
und Freundschaft mit denen von Luhu, Kambelo und Lessidi
verbunden und verpflichtet, nicht die Waffen gegeneinander aufzunehmen.... Wir entgegneten ihnen, dafs diese Sache eine
generelle, alle Unterthanen betreffende sei, die ihrige dagegen
eine partielle gewesen wäre; wogegen sie jedoch bei ihrer Meinung beharrten. Sie verstanden sich nichtsdestoweniger getreu
zu den Verträgen, sie thaten nur, was wir vor ihnen gethan
hatten.... Sie versuchten darauf zu vermitteln, wir erklärten
aber, die Feindschaft mit den Hovamohelesen aufrecht halten zu
mussen, weil dieselben stets gegen die Verträge verstiefsen, haben

abei endlich zugegeben, dafs Abgesandte von Luhu zur Unterhandlung kommen mochten . . . Es ware wohl besser gewesen,
mit denen von Hitu in anderer Tonart zu verhandeln, allein die
Zeitumstande verbieten es. . . . . Wir durfen uns neue Feinde
nicht erwecken, da wir schon reichlich mit den alten zu thun
haben. . . . . Wir haben die Orangkajas mit Kleidern beschenkt,
und am 28 sind sie heimgezogen . . . .
     Nach dem Angriffe der Hovamohelesen auf Manipa habe ich
am 23. Juli eine Fregatte dorthin entsandt und ein neues Haus
bauen lassen, wir fanden viel Volk von Hovamohel dort. . . .
Die von Manipa halten mit dem Feinde. . . . .
     Unsere Garnison ist 350 Kopfe staik.

In Luciela liegen	25	Mann.
„ Hitu	28	„
„ Baguala (Pafs)	20	„
Auf Buiu . .	13	„
„ Amblau.	14	„
„ Honimoa . .	9	„
„ Nusalant .	4	„
„ Oma. . . .	4	„
In Hatuaha .	10	„
„ der neuen Festung	50	„
Zusammen	177	Mann.

Dazu kommen .   180 Kaufleute, Assistenten u s. w.
     Also im ganzen 357 Mann.

     Auf Oma und Nusalaut sollten nicht minder, als 50 Köpfe
liegen . . . .
     Wir bitten um 100 Mann Verstaikung, damit der moham-
medanische Hochmut gedampft werde Wir haben die Unterstützung von dem Könige von Ternate zu furchten, wenn er freie
Hand bekommt, um sein gesunkenes Ansehen hier wiederherzustellen. . . . .
     In dem Zimmer des Sekretais vom Herrn Gouverneur van
Speult haben wir Kisten mit Gutein und Gold gefunden, woiuber
dieser Herr Rechenschaft geben mufs . . . .
     Wir konnen Sklaven von der Kuste von Malabai brauchen,
aber bitten keine Kinder wieder zu senden. . . . . Es ist grofse
Sterblichkeit unter unsern Sklaven; ich vermute wegen un-
genugendei Nahrung, da wir ihnen keinen Reis verabreichen
können . . . .
     Der Feind streut das Gerucht aus, dafs der Kapitanlaut
Ali mit 20 Korakoras hieiher kommen solle. . . . . Man sagt, der
Pati von Kambelo sei auf Hitu gewesen und habe voigestellt,
dafs man jetzt fur die Religion und die Freiheit zu kampfen

habe. . . . es sei an den Tag, was die Niederländer beabsichtigten, die Hovamohelesen seien bereits in Armut und Elend geworfen. . . . . Kapitän Hitu soll darauf geantwortet haben, dafs er kein Bündnis schliefsen könne, ohne den Willen seines Oberherrn, des Königs von Ternate, zu kennen. . . . .

10.

Brief des Königs Modafar an den Generalgouverneur Carpentier. Maleyo, ohne Datum, 1625/26.

. . . Ich, König von Ternate, entbiete Euer Edlen, der in diesen Strecken den Prinzen von Holland in Person vertritt, herzliche Grufse. . . . .

Ich achte diesen Prinzen wahr und aufrichtig als meinen Vater, ich bin gesprossen aus der Ehe, welche mein Vater mit dem Prinzen von Holland einging; denn der Prinz von Holland ist der Mann, der König von Ternate die Frau in dieser Ehe. Sollte nun ein Kind auf der Welt sein, das gegen Vater und Mutter böse Gedanken hegt? . . Wohl können Zeit und Machtverhältnisse den Sinn eines fremden Volkes ändern, doch haben wir nicht die Treue gebrochen, wie das Leben unserer Voreltern beweist Wir, ihre Kinder, wollen ihnen nachfolgen, dafür sind unsere bisherigen Handlungen Zeugnis . . . . Wenn Fehler begangen wurden, so sind sie nicht uns, sondern denen zuzuschreiben, die begehrlich ihre Macht ausbreiten und ihre Gerechtsame vermehren wollen. . . . .

Die Zerwürfnisse in Amboina fallen den Gouverneuren zur Last, welche ihre Befugnisse überschritten. . . . . Van Speult hat seinen Posten verlassen, nachdem er die gröfsten Verwirrungen geschaffen, ohne etwas zu ihrer Beseitigung zu thun. . . . .

Ich bin ein Feind der Spanier und Tidorer, die auch die Feinde der Holländer sind, wir mögen daher in Freundschaft bleiben. . . . .

Ich sende mit diesem Schreiben eine aufserordentliche Gesandtschaft an Euer Edlen, die von mir und meinen Räten Vollmacht empfangen hat, in unserm Namen zu unterhandeln

Saraffi ist der erste Bevollmächtigte; sollte er ableben, so ist Limori und nach diesem Landehuri der nächste. . .

11.

*Kommissar Gillis Zeis über den Stand in den Quartieren
von Amboina, im September 1627.*

. . Ich habe bei meiner Ankunft in Victoria alle Bücher
und Magazine untersucht und in guter Ordnung gefunden . . .
(Folgen Aufgaben des Bestandes.) . . . .
In Amboina sind gegenwärtig 616 Personen, welche Gage
beziehen, und 308 Sklaven, die keine Gage erhalten. . . . .
Die 616 Personen bekommen monatlich Fl 8066. 16. 8 . .
Die gesammten Unkosten für das letzte Jahr vom Februar
1626 bis dahin 1627 betrugen :

Unkosten der Garnison	. . .	Fl	30 507.	19.	2
Geschenke		„	4 775	1	1
Schulen		„	249.	18	—
Armenhospital .	. . . .	„	2 599.	10	6
Fortifikation	. . .	„	31 399.	8.	2
Kirche	. . .	„	95.	12.	8
Generale Verpflegung .	. . .	„	23 431.	19.	—
, Soldzahlungen .	. . .	„	64 098	10	15
Unterhaltung des Schiffes Munikendam	.,		963	8.	7
„ der Jacht Mocka	. .	„	5 081	12.	2
„ „ „ Ydra .		„	2 671.	—	12
„ , Fregatte Suratte	.	„	2 139.	18.	10
	Zusammen	Fl.	168 013.	18.	14

Davon geht ab die Avance auf Kleider
und andere Artikel gewonnen .   „   74 448   4   4

Sodafs die generellen Unkosten sich
vermindern auf   . . Fl   93 565. 14. 10

In der Summe der Fl. 74 448 4 4 sind Fl 13 947 17. 4
für Zölle und Pachten mitenthalten . . . .
Unter Victoria ressortieren die nachfolgenden Distrikte und
Ortschaften :

In der Nahe des Kastells

Nusanive	. .	Wehrbare Manner	450
Soye		„ „	250
Hativo . . .	. . .	„ „	110
(Dies sind drei kleine Königreiche)			
Halong		„ „	220
Puta		„ „	90
Mardijker (Freiburger) . .		., „	110
			1 230

		Übertrag	1 230
Auf dem Pafs von Baguala.			
Kilang mit den Dörfern Nako und Hatua	Wehrbare Männer		400
Oma, etwa zwei Stunden vom Fort entfernt			
im Gebirge, mit den Dörfern Rutong			
und Leheri	„	„	350
Auf dem Nordwestende der Insel (kein			
Name)	„	„	100
Baguala auf dem Pafs	„	„	150
wo auch die Bewohner von Utemuri ge-			
zwungen sind nahe dem Fort zu wohnen	„	„	300
Suli eine kleine Negerei nahe dem Pafs .	„	„	60
Occonabe, gegenüber dem Fort . . .	„	„	40
Lileboi, eine Negerei am Gatt von Am-			
boina auf der Westseite	„	„	100
Hatu, etwas westlicher . . .	„	„	80
Alang, noch westlicher . .	„	„	250
			3 060

Alles Christen, die nicht über 60 Bar Nelken liefern
können.

Laruke und Wakasihu sind zwei Negereien, die nebeneinander
am Südsudwestende liegen. Die Bewohner sind Mohammedaner. Sie liefern mit diesem Monsun circa 70 Bar,
im nächsten Jahre 250—300 Bar Nelken. Hier liegt
ein Kaufmann zur Versicherung gegen die Ternater.

	Wehrbare Männer	350

Urien und Asilulu auf der Westseite bei den drei Brudern.
Mohammedaner. Diesen Monsun 30, den nächsten sind
70 Bar Nelken zu erwarten. Versichert gegen die Ternater durch ein kleines Fort . . Wehrbare Männer 150

3 560

Auf Oma:

Hatua, Kailolo und Kabau haben früher unter dem Kastell gestanden, sind im August 1626 den Ternatern
zugefallen, haben uns allen Gehorsam gekündigt; sie sind
1000 Mann stark.

Oma, Aboro und Krieuw. Christliche Bevölkerung unter
unserer Gehorsamheit und im Kampfe mit den Mohammedanern. . . . . Wehrbare Männer 300

Auf Honimoa:

Tuaha, Sirisori, Honimoa. Drei Könige herrschen über diese
Insel. Die Kompanie hat hier ein Haus. Die Insel
stellt vier Korakoras . . . . Wehrbare Männer 1 500

5 360

Übertrag 5 360

Auf der Südwestseite der Insel liegt Djamu mit funf kleinen
Dorfern. Stellt drei Korakoras zum Hongi.

Wehrbare Manner 600

5 960

Auf Nusalaut·
Die Insel steht unter dem Konig von Tituwar mit den
Dorfern Sila, Lenitu, Abobo Christen in gutem Ge-
horsam, stellen vier Korakoras zum Hongi.

Wehrbare Manner 1 500

Zusammen 7 460

Aufser den 1000 Mann auf Oma, welche abgefallen sind.
Uberall sind in diesen Ortschaften junge Nelkenbaume
angepflanzt, von denen bald Ernte zu erwarten ist.

Auf Amblau:
Eine kleine Besatzung schutzt die Bewohner gegen die
Ternater und Buinesen . . . Von hier kreuzen wir auf
die Makassaren und Malaien, die nach Kambelo, Luhu,
Lessidi und Manipa fahren Die Bewohner sind in
gutem Gehorsam. . . . . . Wehrbare Manner 400

Auf der Kuste von Ceram:
Kanarien, im Norden von Oma Mohammedaner und Hei-
den; Sago. . . . . Wehrbare Manner 200
Rumakei, vier Meilen ostlicher .   „   , 100
Latu und Holoi, zwei Meilen weiter ostlich, neigen zu den
Ternatern, Mohammedaner. . . Wehrbare Manner 350
Kelkeputi (oder Elpaputi), zwei Meilen weiter ostlich; Uber-
flufs von Sago; den Ternatern zugethan. Wehrbare Manner 90
Koak (lag bei Amahei), vier Meilen weiter ostlich hier
lag das Fort Harderwijk . . . Wehrbare Manner 600

Landeinwarts wohnen hinter dieser Negerei viele Al-
furen unter sechs Konigen: alle Heiden·
Raden Sulu.   .   . Wehrbare Manner 1 700
   „   Sawaita. . . . .   „   „ 600
   „   Wasia   .   . . . .   „   „ 300
   „   Leon .   .   .   . .   „   „ 150
   „   Latea   . . .   .   „   „ 120
   „   Mars   . . . . . .   „   „ 120
   Sie gehoren unter die Gehorsamheit des Kastells, wir
mussen sie aber zum Hongidienst abholen, da sie keine
Korakoras besitzen. Diese Alfuren sind wegen ihrer Grau-
samkeit sehr gefurchtet

Östlich von Koak liegen noch mehr Negereien, alles Mohammedaner; es ist kein Verlaß auf sie·

Tomelau . . . . Wehrbare Männer		320
Haja . . . . „ „		100
Telua . . . . „ „		250

Weiter folgen nach:
Weimama,
Ribut,
Hatumette
mit zehn landeinwärts gelegenen Dorfern, deren Starke wir nicht kennen

Alle diese vorbenannten Negereien liefern über 5000 wehrbare Männer und wurden gute Unterthanen sein, wenn wir erst die Ternater aus Luciela, Luhu und Kambelo vertrieben hätten.

Die Besitzungen der Ternater Kuste von Ceram. Nordwärts von Hitu.

Luciela, auf einem Berge; befestigt, hier wohnt jetzt der Statthalter Lehato. . . . . . . Wehrbare Männer 90

Luhu, darunter gehören die Negereien Amm und Lokki. Im letzten großen Monsun 400 Bar Nelken geerntet, auch viel Sago, mit den Dorfern. . Wehrbare Männer 2 500

Auf der Sudwestspitze, gute Reede im Westmonsun, dagegen nicht im Ostmonsun . . . Wehrbare Männer 200

Kambelo und Lessidi, zwei Negereien nahe beieinander; geben im großen Monsun 3—400 Bar Nelken Es sind wieder makassarische und javanische Djonken vor Kambelo und Lessidi angekommen. . Wehrbare Männer 1 000

Gegenüber Kambelo liegt die kleine Insel Kelang, mit einer Feste zu Kambelo und Lessidi gehörig, keine Nelken
                                    Wehrbare Männer 400

In diesen Ortschaften befinden sich die hauptsächlichsten Aufruhrer, sie erhalten 100—120 Thaler für den Bar Nelken

Diese Aufruhrer haben an Kapitan Hitu einen sehr eng verbundeten Freund, dessen Jurisdiktion von den drei Brudern im Westen bis zur Negerei Tiel im Osten reicht
                                    Wehrbare Männer 3 000

Kapitan Hitu ist der klugste und erfahrenste, wir wurden wenig Nelken erhalten, wenn wir nicht mit ihm schon thaten und ihn vor den andern bevorzugten . . . Kapitan Hitu sollte

ein Unterthan sein, er hat es aber mit der Zeit dahin gebracht,
dafs er als Bundesgenosse von uns angesehen zu werden begehrt.
Mussen wir uns den Schein geben, als hielten wir ihn fur unsern
besten Freund, so erachten wir ihn in Wahrheit fur unsern auf-
richtigen und am meisten zu furchtenden Feind . . . . Sie erwarten schon seit zwei Jahren den Konig von Ternate, der ihnen
Recht wider uns verschaffen soll . . . Lanke und Urien mufsten
befestigt werden, wenn die Ternater einmal kommen sollten.

Die gegenwartige Besatzung aufser dem Kastell ist.

Lanke	19
Urien	25
Hitu	29
Baguala	22
Hatua auf Oma	21
Oma	11
Uliasser (oder Honimoa) . .	17
Amblau	18
Zusammen	162 Mann.

Nach meiner Meinung darf kein makassarisches, malauisches
oder javanisches Schiff hier geduldet werden, wir mussen alle
fremden Fahrzeuge wegnehmen oder verbrennen, damit die Fremdlinge gezwungen werden, nicht hierher zu kommen. Wie ich
hore, lafst sich dies auf vielen Platzen auch recht wohl ins Werk
setzen . . . .

Solange hier fremde Djonken fahren, erhalten wir keine
Nelken. . . . .

Es ist zu wunschen, dafs das gesamte Eiland von Amboina
unter die Gehorsamkeit von der Kompanie gebracht werde; es
wurde dies ein treffliches Werk sein, man sollte jahrlich 500—
600 Bar Nelken davon gewinnen. . . . .

Haben wir das Gelichter von Hitu erst ausgerottet, dann
könnten wir auch den Uberwall von Ceram (Hovamohel) gehorig
bewachen und es dahin bringen, dafs alle Nelken in unsere Hande
fielen. . . . .

Sollten wir nun mal mit 1000 Mann wahrend 5—6 Monate
aufraumen, so wurden wir die Hituesen von Amboina vertreiben
konnen, trotz der bedeutenden Hilfe, die ihnen vom Uberwall
geliefert wurde . . . Man könnte Hitu dann neu bevolkern,
wozu 2400 Mann ausreichten, die zugleich den Hovamohelesen
Widerstand bieten könnten. . . . .

Gorcom hat ein sehr gutes Werk gethan, dafs er jedem
Hausgesinde der Unterthanen aufgelegt hat, 10 junge Nelkenbaume zu pflanzen . . . .

Der Landrat besteht unter Vorsitz des Gouverneurs aus

14 getreuen Orangkajas .... Der Rat van Justitie aus 6 Ober-
beamten und 2 Sergeanten. . . Ferner besteht ein Rat für
Civilsachen, Streitfälle zwischen Soldaten und Bürgern, der aus
Beamten und Bürgern zusammengesetzt ist. . . . . . .

12.

Kommissar Gillis Zeis über den Stand der Molukken, im September 1627.

Nachdem wir am 23 Juni vor Maleyo angekommen waren,
sind wir sogleich an Land gegangen und haben den Herrn Gouverneur und die übrigen Freunde bei gutem Wohlsein gefunden.
Zuerst erfuhren wir, dafs der König von Tidor gestorben, und
sein Sohn, Kitschil Guari, ihm als König gefolgt sei. Sodann
wurde uns mitgeteilt, dafs Kitschil Hamza, ein Bruder von dem
Gugugu und Kapitanlaut, aus Manila über Gamalama etwa vor
3 Monaten in Maleyo angekommen sei, der ungefähr 23 Jahre
in Manila gefangen gehalten war. Zum dritten erfuhren wir,
dafs die Ternater mit den Tidorern und Spaniern in Frieden seien
aber Hoffnung wäre, dafs der Krieg beginnen wurde. Kitschil
Ali hat eine makassarische Gesandtschaft an den König von Tidor,
aus 30 Personen bestehend, am 23. April abgefangen; ein Mann
wurde getötet, und die übrigen Personen wurden nach Maleyo
geführt. Als dann die Ternater beim Ableben des Königs von
Tidor zwei Korakoras zur Teilnahme an der Beerdigungsfeier nach
Tidor sandten, haben die Tidorer die beiden Korakoras mit aller
Mannschaft gefangen gehalten und die Auslieferung der gefangenen
Makassaren gefordert; die Ternater wollen sich dazu nicht ver-
stehen. Es ist nun viertens beschlossen, den Krieg gegen die
Tidorer wieder zu beginnen. Darauf ist sogleich ein Gebot des
Königs erlassen, dafs auf Makjan niemand die Tidorer dulden,
sondern jeder gehalten sein soll, sie bei Antreffen totzuschlagen.
Der König von Ternate mit seinem Hof hat aufserhalb der
Festung seine Residenz, an der Nordseite zwischen Maleyo und
Toluko am Strand. . . . .
Solange die Ternater auf unserer Seite sind, ist Maleyo vor
spanischem Überfall oder Belagerung geschützt.... . Aber auf
die Ternater ist keine Rechnung zu machen, wir müssen uns so
einrichten, als ob sie unsere Feinde wären . . . .
Hier um Maleyo fallen keine Nelken, oder richtiger gesagt,
die Ternater wollen sie nicht pflücken. Sie machen uns weis,

dafs sie mehr mit Anlagen von Gärten und der Fischerei verdienen, als mit dem Pflucken von Nelken. . . . . Was an Nelken in der Umgegend von Tocomi gepflückt wird, kaufen die Spanier fur 100 und 120 Thaler auf, was mit Vorwissen des Gugugu und Kapitanlaut und der Räte geschehen muss. Als wir uns über diesen Handel beklagten, wurde allerdings eine Korakora mit 40 Mann abgefertigt, um den Bewohnern von Tocomi den Handel zu verbieten, nachdem die Nelken weg waren. Dies ist den 26. Juli passieit. . . . . Wir mussen solches geschehen lassen, denn dagegen ist ohne ihren guten Willen nichts zu thun; sie wissen sich immer mit Vorwänden zu entschuldigen, die einen Schein Rechtens an sich haben: wir mussen uns in Geduld fassen, da man augenblicklich vorzuschlagen anfangt, aufs neue gegen die Tidorer und Spanier Krieg zu führen. . . . . . .

Die Besatzung von Maleyo war vor der Ablosung 242 Weifse, die zusammen monatlich 3302 Fl. 11 St. erhalten . . . . (Gouverneur 250 Fl., Oberkaufmann 85, ein Lieutenant erhält 75, ein Fähnrich 36, ein Sergeant ca. 25, ein Korporal 19, ein Gemeiner ca. 9, ein Zimmermann 22 Fl. monatlichen Gehalt), mit Einschluss der bezahlten Mardijker monatlich zusammen Fl. 4498. 10. —.

Die Unkosten in Maleyo und Toluko für das Jahr Februar 1626 bis dahin 1627 betrugen·

Fur Mundkost der Garnison	. . . Fl.	27404. 3.	9
„ „ „ Kaufleute	. . . „	1720. 8.	—
Soldatenbuch (Sold)	.,	35897. 15.	3
Unkosten der Garnison	„	6718. 17.	6
Sold oder Gehalter .	. . „	21289. 5.	2
Geschenke	„	1381. —.	13
Fortifikation	„	1705. 18.	9
	Fl.	96117. 8.	10

Die Sengadji von der Insel Labua hatten beabsichtigt, unser Fort Barneveldt auf Batjan zu uberrumpeln und in die Hände der Spanier zu uberliefern; sie hatten mit Erfolg wegen Unterstutzung nach Gamalama gesandt. . . . . Der Gouverneur eilte, sobald er Kunde von diesem Anschlag erhielt, mit 4 Schiffen nach Batjan, um ihnen zuvorzukommen. Er hat die hervorragendsten Verschworer gefangen genommen, die spater in Maleyo hingerichtet wurden: ihre Häupter wurden auf Stöcken ausgestellt. . . . . Auf andere entflohene Verschworene wurde ein Kopfgeld von 60 Thalern gestellt . . . .
Am 25. Juni kamen wir nach Batjan und erfuhren, dafs die geflüchteten Labuaresen sich noch im Gebirge befanden. . . . . In der Nahe des Forts war niemand mehr geblieben aufser einer an-

gesehenen alten Frau . . . . Mit Erlaubnis des Königs von Batjan
ging eine Gesandtschaft am 16 Juni an die Labuaresen ab, die
am 29 mit drei von ihnen zuruckkam, worunter einer der vornehmsten Proskribierten mit Namen Juan Gebasidi . . . . Auch
die Labuaresen, die am Strand in der Straße Patientia wohnen,
sind im Gebirge und haben auf der Hohe Befestigungen. . . .
Die Abgesandten kamen am 30 mit dem batjanischen Adel nach
dem Fort und ersuchten um eine Unterredung mit mir. . . . .
Juan Gebasidi trug vor, daß er den Grund wissen möchte, warum
ihre Haupter entführt und ums Leben gebracht seien. . . . . Er
erhielt zur Antwort, daß er solches nicht fragen brauche, da
dies ihm und aller Welt genugsam bekannt sei . . . Wir wollten
ihnen aber erlauben, wiederum ans Fort zu kommen, wo sie in
unserer Gehorsamheit noch weiter Schutz finden wurden. . . . .
Sie wiederholten, daß sie nicht wußten, für welche Missethat
ihre Hauptlinge gemordet seien . . . . . Andern Tags wurde in
Gegenwart des Königs, des Gugugu und Kapitanlaut bekannt,
daß einige der Sengadji schuldig gewesen seien, und sie ersuchten nun um Ausstellung einer generellen Akte von Pardon. . .
Wir versprachen sie, wenn sie die Gehorsamheit unter dem Gouverneur von Maleyo anerkennen wurden . . Sie erwiderten, daß
ihr gesetzlicher Oberherr der König von Batjan sei . . . Auch
der König von Batjan und seine Rate gebrauchten nun harte
Ausdrucke, als sie uns beschuldigten, wir wollten ihnen ihre
Unterthanen abtrunnig machen, der Konig stampfte vor Wut mit
dem Fuß auf die Erde . . Wir machten dem König bemerklich, daß Vizeadmiral Hoen die Labuaresen unterworfen habe. . .
Der König und die Labuaresen gaben keiner Vorstellung Gehör
und gingen fort . . . Nachmittags ließ ich den Kapitanlaut
allein rufen und stellte ihm nochmals in Gute vor, daß doch die
Labuaresen Unterthanen des Prinzen von Holland seien, wenn
der König ein Freund von den Hollandern bleiben wollte, so
mochte er von seinem ungerechtfertigten Anspruche abstehen und
die Labuaresen nicht noch in ihrem Unrecht bestarken . .
Am 2 Juli sandte ich den Fiskal an den König, um nochmals
ihm das bestatigen zu lassen, was mit dem Kapitanlaut besprochen war. . . . Der König blieb bei seiner Ansicht. . . . .
Er will sich nach Batavia wenden. . . . .

Batjan ist ein Königreich . . . einst mächtig und groß, ist
es durch Wollust und Genußsucht seiner Großen bereits so tief
gesunken, daß der Konig nur noch zwei Korakoras stellen kann. . . . .
Batjan hat Uberfluß an Sago und allen Fruchten. . . Wir
haben im vorigen Jahre 27 Bar Nelken erhalten, hatten aber
300 Bar haben mussen, wenn gehörig gepflückt ware . . . . Auch
das nächste Jahr mußte dieser Ertrag auf Batjan und Labua
gewonnen werden. . . . Die Unterthanen werden zu viel durch

den König mit Herrendiensten belastet. . . . . Und wenn die
Ernte gemacht ist, mussen die Leute die Fruchte dem Konig
bringen, der ihnen nach Gutdunken dafur zahlt. . . . Der König
mochte gern wieder grofser werden und ersucht um Unterstutzung,
dafs er mehr Volk aus den Strecken von Amboina, wo er fruher
einmal Besitzungen hatte, nach Batjan holen kann; es ist zu
wunschen, dafs der König nicht grofser werde, als er jetzt ist. . .
Man wird besser thun, die Inseln mit neuen Bewohnern zu versehen, die bei Batavia Christen geworden sind; man konnte ihnen
die Nelkenwalder von Labua zuweisen, da ja doch dieser Besitz
durch die Verraterei der Sengadji verwirkt ist. Am besten
geeignet sind fur diesen Zweck Leute von möglichst weit her,
die noch niemals mit den Molukken in Beruhrung gekommen
sind. . . . . Wir könnten Batjan eher fur unsere Zwecke bevolkern,
als Amboina, wo wir mehr Widerstand finden werden . . Da
die Labuaresen nicht mit Gute sich unterwerfen wollen, wird der
Gouverneur sie mit Gewalt in unsere Hande zu bringen suchen,
wenn die Gelegenheit dazu gekommen sein wird. . . . . . .

Unsere Unkosten auf Batjan betrugen vom Februar 1626 bis
dahin 1627

Mundkost der Garnison . .	Fl.	4 728.	13	7
Unkosten	„	1 975.	17.	4
Sold	„	2 431.	3	—
Soldatenbuch . . .	„	4 081.	16.	—
Geschenke . . .	„	233.	10	—
Fortifikation	„	279.	8	—
	Fl.	13 730.	7.	11

Davon kommen in Abzug Gewinn an
Kleidern, womit die Soldaten bezahlt
wurden, an Pachten und Zollen . . „ 4 992. 8. 10

Bleiben Fl 8 737. 19. 1

Die Pachten und Zolle in der Summe Fl. 4992 8 10
betrugen.

Pacht fur 80 Klappusbaume . .	Fl	102.	—	—
Zoll auf Tabak . .	„	239.	—.	—
	Fl	341.	14.	—

Der Kaufmann Sieur van Vollenhoven hatte am 25. Juni noch
nicht seine neuen Bucher oder uberhaupt Buchungen gemacht,
nachdem er im Februar die Schlufsrechnung gemacht hat. Am
5 Juni war man mit Hilfe des Kaufmanns vom Schiffe Arends
so weit, dafs man den Stand aufmachen konnte. An Kleidern ist
ein Zukurz von 797 Realen von Achten, eingezogene Schulden
sind nicht gebucht in Hohe von 850 Realen . . . . .

Ich bin am 11 Juli nach Makjan gekommen, wo auf der Reede vier Schiffe lagen. . . . Makjan ist mit drei Forts besetzt, in Gnofikia auf der Nordseite, Tafosoho an der Westseite und Tabalola an der Ostseite der Insel . . . . Gnofikia liegt etwa 300 Fufs hoch im Gebirge, das Fort ist aus Stein gebaut . . über alle drei Forts steht der Oberkaufmann Gregor Cornelii. . . . . . . Gnofikia wird als der Hauptplatz angesehen, wo der Oberkaufmann und die Oberhäupter residieren, von hier aus werden die Forts Tafosoho und Tabalola mit Rationen versehen. Hier fallen auch die meisten Nelken. Der Sengadji dieser Negerei ist den Unserigen mehr geneigt als die übrigen, er hat auch das meiste Volk, . . der König von Ternate hat eine Tochter von ihm zur Frau . . . . . . Gnofikia ist besetzt mit 75 Personen, welche einen Monatssold von zusammen 1111 Fl beziehen, und mit 37 Mardijkern mit Fl. 476. 17 — monatlichem Sold . . . . .

Die Unkosten des letzten Jahres sind in Gnofikia.

Mundkost der Kaufleute .	. Fl.	859	13.	9
„ „ Garnison . . .	„	7 522	18.	5
Sold der Kaufleute . .	„	5 439	14	12
„ „ Soldaten	„	11 716	11.	13
Unkosten . .	„	4 408	7	6
Geschenke .	„	72.	14.	8
	Fl.	30 020	—	5

Tafosoho ist ein steinernes Fort und grösser als Gnofikia, mit vier Bollwerken, wovon zwei landeinwärts gelegen sind . . Das Fort ist besetzt mit 60 Personen, die einen monatlichen Sold von zusammen Fl 1111 beziehen, und mit 37 Mardijkern mit Fl. 476 17. — monatlichem Sold. . . . . . .

Die Unkosten der beiden Forts Tafosoho und Tabalola (letzteres nur zwei Bollwerke) betrugen im Jahre Februar 1626 bis dahin 1627.

Mundkost der Kaufleute .	Fl	646	12	—
„ „ Garnison .	. „	9 729	13	—
Sold der Kaufleute	„	7 201.	6	4
„ „ Soldaten .	. „	12 310.	19.	12
Unkosten	. „	5 074.	7	—
Fortifikation . .	„	279	4	8
Geschenke .	„	138.	19.	8
	Fl.	35 411.	2	—

Makjan ist eine der fruchtbarsten Inseln . . . Die Einwohner sind sehr den Ternatern zugethan und mit diesen verbündet; der König von Ternate und sein Rat wissen sie sehr gut
unter ihrer Krone festzuhalten . . . Die Makjaner richten sich
in ihrer Freundschaft und Feindschaft nach dem Beispiele der
Ternater . . . .

Während des Friedens zwischen Ternate und Tidor haben
die Tidorer hier viel Nelken aufgekauft, den Bar für 70 —
80 Thaler, indes sie von den Spaniern auf Tidor oder in Gamalama 100—120 Thaler dafür erhielten. . . . Die Ortschaften
Babaduve, zwischen Tafosoho und Tabalola gelegen, sowie von
Tahande, zwischen Tabalola und Gnofikia, aufser mehrern andern,
haben diesen Handel ungestort treiben können. . . . .

Diesem Übel ist jetzt durch das Gebot des Königs von Ternate gesteuert worden . . In kurzem haben wir nun 197 Bar
Nelken bekommen. . .   . .

Auf Makjan stehen in den Landschaften

Gnofikia unter 6 Häuptern . .	Wehrbare Männer	610
Sengadji Noffagisto, selbständig, zwi- schen Gnofikia und Tafosoho .	„ „	100
Tafosoho unter 4 Häuptern . . .	„ „	480
Der Sengadji von Babaduve . .	„ „	140
Tabalola unter 6 Häuptern . . .	„ „	600
Zwischen Tabalola und Gnofikia noch 4 Sengadji	„ „	300
	Zusammen	2 230

Es sind zuletzt wohl 400—500 Bar Nelken geerntet . .

Am 26 Juli sind wir wieder nach Maleyo zurückgekommen
und erfuhren, dafs am 16 Juni der König von Ternate gestorben
und inzwischen bereits ein anderer gekrönt sei, aufser Wissen
und Willen des Gouverneurs und der Sengadji von Makjan, Sahu
und Gamakanora, und zwar der Kitschil Hamza. Er hat viel
Heimlichkeiten getrieben, auch mit den Spaniern in Tocomi
eine Zusammenkunft gehabt. . . . Man wollte den alten König
wieder aus Manila zurückführen und den Krieg gegen uns anfangen. . . . Da aber der alte König sehr kränklich war, um
die Reise zu unternehmen, ist Hamza, der an Adel der nächste
zur Krone ist, gewählt und gekrönt. . . . . Wir haben wegen
des neuen Königs ernstliche Bedenken, da er in Manila Christ
geworden ist und dort von den Spaniern gut unterhalten wurde. . . . .
Die Schwierigkeit ist grofser, wenn der Friede mit Tidor erhalten bliebe. . .   . .

Wir verzeichnen jetzt die Forts und Plätze, welche die Spanier in den Molukken besitzen.

Auf Ternate haben sie 3 Festungen Gamalama, eine grofse Stadt, mit 38 Stuck meistens metallenen Geschützen versehen und besetzt mit 4 Kompanien Soldaten, jede zu 60—65 Mann. hier residiert der Gouverneur. . . . .

D'Ongyl Dieser Platz liegt etwas nordlicher und ist ein rundes Bollwerk auf einer Höhe, mit 25 Soldaten. .

Kalamata, von uns verlassen, ist von den Spaniern nachdem besetzt worden, mit 80 Soldaten Besatzung. . . . . . .

Auf Tidor haben sie zwei Forts. Das eine liegt bei Tahula auf einem Berge und hat eine Kompanie Besatzung. Dieses Fort wird von Gamalama aus verproviantiert, es kommt aber auch jedes Jahr ein Schiff aus Manila, das dort entladen wird. . . . .

Das zweite Fort Kumi liegt gegenuber Maleyo auf einer Höhe und ist ein viereckiges Bollwerk, und unter diesem Bollwerk am Strand befindet sich eine Schanze in Halbmondform zur Sicherung der Reede. . . . . Es sind gegenwärtig zwei Galeeren zur Unterstutzung der Forts hier. . . . .

. . . Wir haben nicht die Spanier zu furchten, wohl aber die Ternater und Makjaner, und werden unsere Garnisonen vermehren mussen, um sie notigenfalls mit Gewalt zu verhindern, ihre Nelkenfruchte an die Spanier zu liefern. . . . . . .

Ich habe die nachfolgende Besatzung in den Molukken zuruckgelassen:

In Maleyo und Toluko . . .	242	Weifse	Fl.	3 302	11
„ Gnofikia	75	„	„	1 111	—
„ Tafosoho 60 }					
„ Tabalola 19 } · · · ·	79	„	„	1 090.	—
„ Batjan	46	„	„	688.	1
		Monatlicher Gehalt	Fl.	6 191.	12

Die generalen Unkosten von den Molukken betragen fur das abgelaufene Jahr

Maleyo und Toluko	Fl.	96 117.	8	—
Gnofikia	„	30 020.	—	5
Tafosoho und Tabalola	„	35 411.	2.	—
Batjan	„	13 730	7.	11
	Fl.	175 278.	18.	10

Dagegen an Einnahmen, Gewinn auf Kleider etc.:

Ternate	Fl.	61 761.	0.	11
Gnofikia . .	„	16 647.	8.	13·
Tafosoho u. Tabalola	„	18 220.	1	8
Batjan	„	4 992	8	10
	Fl.	101 620	19.	10

Bleiben Unkosten   Fl. 73 657. 19 —

In diese Unkosten sind nicht inbegriffen die zwei Schiffe, welche jährlich hier zur Unterstutzung mit erhalten werden. . . . Nach Makjan mussen wir bald zum Einkauf. . . . . . .

Hier sind die Kleider sehr beliebt und werden dem spanischen Gelde vorgezogen, nachdem wir sie auf einen etwas civilern Preis gestellt haben . . .

Mit den Schulen hat es keine Art . . . In Maleyo gehen 6, hochstens 10 Kinder in die Schule. . . . . Wir haben auch keinen Nutzen davon, weder fur jetzt, noch spater, da die Mardijker zusammengelaufenes Volk sind, das morgen vielleicht wieder auseinandergeht . . . .

In Batjan ist auch ein Schulmeister fur 4 oder 5 Kinder. Wir können die Kosten sparen, der Gouverneur wird ihn wegnehmen . . . .

Dies ist das Resultat meiner Informationen, die ich wahrend der kurzen Zeit meiner Anwesenheit habe einziehen können. . . .

13

Bericht über den Stand in den Quartieren von Amboina fur den Gouverneur Gijzel: aufgestellt durch Gouverneur Lucaszoon. Batavia. 23. Mai 1631

Uber einige Hauptpunkte folgen fur Euer Edlen Instruktionen, nach denen Sie sich in vorkommenden Fallen richten konnen . . . .

Der Konig Modafar hat durch eine Gesandtschaft im Jahre 1626 sich beklagt, dafs seinen Unterthanen in Amboina von uns Unrecht geschehen sei. . . Im Marz traf die ternatische Gesandtschaft in Batavia ein . . . Wir hielten unter Androhung unsere Forderung aufrecht, dals der Konig allen fremden Handel zu verbieten habe . . . . Wir sandten entsprechenden Bescheid nach Ternate, wo inzwischen Modafar gestorben und Hamza ihm nachgefolgt war. . . . Hamza erbat sich, seinen Bruder, den Kapitanlaut Ali, nach Amboina zu senden, um alles den alten Kontrakten entsprechend zu regeln . . Im Oktober 1628 ist auch Kitschil Ali mit 28 Korakoras nach Amboina gegangen und erschien vor dem Kastell . . Er hatte unterwegs Makassaren abgefangen, wovon er 13 an die Unserigen verehrte. . . Ali wurde ersucht, zur Unterhandlung den Statthalter und die Orangkajas sowohl der Uhsiva als Uhlima von Ceram nach Victoria zu berufen, ohne welche die Unterhandlungen keinen Nutzen haben würden. . . . Hierauf ist der Statthalter mit allen Orangkajas erschienen. . . . . Es wurde da gelobt, den fremden Handel auszuschliefsen. . . . . Es ist nun in diesem Jahre wiederum viel fremder Handel getrieben. . . . . Dafs wir nun einen Zug wie im Jahre 1625 unternehmen, darf nur im aufsersten Notfall geschehen, da dies nicht nur grofse Unkosten fur die Kompanie verursacht, und Verachtung gegen die niederlandische Nation erweckt, sondern auch den Hafs bei den Einwohnern und andern indischen Volkern vertiefen mufste. Würde es aber dennoch zur Ausfuhrung dieses Werkes kommen, so mufs ein trockener Monsun dazu dienen, und unsere Unterthanen selbst, in Verbindung mit unsern Soldaten, hätten das Werk zu vollfuhren. . . . . Es mag inzwischen fortgefahren werden, alle Fremde und ihre Fahrzeuge zu vernichten, wie es in diesem Jahre geschehen ist; die Makassaren, wo man sie attrapiert, sollen massakriert oder in Sklaverei gehalten werden. Auf zwei unterschiedenen Zugen haben wir bereits das erste mal 21 Djonken mit einer grofsen Zahl Toter und Verwundeter, und das zweite mal 22 Djonken bei geringfugigem Widerstande auf Buru, Manipa, Kelang und Erang verbrannt, wodurch ein grofser Verlust an Volk dem Feinde beigebracht ist und kein geringer Schaden fur die partikulären Handler. . . . . Solche Zuge verdienen von Zeit zu Zeit erneuert zu werden . . . Euer Edlen konnen im Monat September einen dritten Zug thun. . . . Armut mufs unsere Feinde aus diesen Quartieren vertreiben, worauf uns eine gute Beute von den Ternaten zufallen und der Nelken- und Manufakturenhandel merklich zum Profit der Kompanie bluhen soll . . . . Senden Sie auch Ende Oktober nach dem Westende von Buru, nach Tomahu, wo die Makassaren gewohnlich sich zu versammeln pflegen. . . . . Es ist Ihre vornehmste Aufgabe, die Fremdlinge fernzuhalten, die die einzige Ursache aller Unruhen und der fortgesetzten Aufstande in den ambonschen Quartieren sind . . . . Was den Kapitän Hitu anlangt, so soll er geheime Verbindung mit den Ternatern unterhalten . . . Es herrscht hier immer noch der Glaube, dafs Hitu weder Vasall des Konigs von Ternate, noch der Niederlander sei, sondern unser Bundesgenosse. . . . . Es ist zu bedauern, dafs kurzlich der Sohn Hitus, Halem, gestorben ist, wir hatten an ihm ein brauchbares Instrument gehabt, um die niederlandische Position zu verbessern; es hat Gott aber, wie es scheint, nicht gefallen. . . . . Die Wahl der Nachfolge von Hitu bietet uns Gelegenheit, unsern Einflufs zu vermehren. . . Von vier Häuptern ist der Nachfolger zu wahlen; dieselben haben uns zugestanden, den Nachfolger zu ernennen aus vorgeschlagenen funf Personen. . . . .

Wir müssen diesen Vorteil recht benutzen, jeder der vier
Haupter möchte gern seinen Kandidaten an die Spitze bringen.
Der Stand zwischen uns und denen von Hitu mufs in guter
Verhaltung bleiben. . . . . Feindlichkeit mit Hitu wurde uns Ver-
legenheiten bereiten. . . . .
(Es folgt nun eine umständliche Beschreibung der den Nieder-
landern zugehorigen Plätze.)

14.

Gouverneur Grjzel an die Indische Regierung. Amboina,
18. September 1631.

Die Hovamohelesen halten wieder geheime Zusammenkünfte
und rauben unsere Unterthanen. . . . . Vor 3—4 Tagen haben
sie wieder Personen entfuhrt, meistens nach Kambelo. . . . . .
Unsere Warnungen und Drohungen an den Kimelaha von
Luhu wegen verbotenen Handels sollen solche Aufregung hervorgerufen haben, dafs man unser Kontor in Luhu hat uberrumpeln
wollen; wir haben unsere Besatzung von dort weggenommen. . . .
Wir haben im Juli Schiffe nach Buton gesandt, um auf die
Makassaren zu fahnden. . . . .
Auf Oma finden Bewegungen unter den Mohammedanern zu
unsern Ungunsten statt, wir haben Fiskal Ottens dahin entsandt,
um die Dinge naher zu untersuchen. . . . . In Honimoa gelandet,
hatte Ottens eine Unterredung mit den Orangkajas. . . . . Ottens
suchte die Befestigungen der Mohammedaner auf der Insel zu er-
forschen. . . . . Er wurde in den grofsen Rat des Königs gefuhrt,
wo viele Orangkajas versammelt waren. . . . Wir erreichen auf
Oma nichts anders, als durch Gewalt. . . . . Ottens hält ihre
Feste im Innern fur uneinnehmbar, es sei denn, dafs man sie
durch Aushungerung gewinnt. . . . . Ihre Streitkrafte werden auf
1500 wehrbare Männer geschätzt. . . . . Ich halte Oma fur ebenso
schlimm, wie nur irgendeine Landschaft in Banda gewesen sein
kann, wir mussen damit aufraumen, und ebenso auch mit den Rebellen von Hatuaha (Oma) und von der Kuste von Ceram, dann
erst werden wir Frieden mit allen unsern Unterthanen haben. [1] . . . .
Auf Nusalaut hat sich alles noch in Ruhe und Einigkeit erhalten.   . . . .

---

[1] Es handelte sich sowohl um die Mohammedaner auf Honimoa,
als auf Oma.

Ich empfange aus Hatuaha Nachricht, dafs sie die Autorität, welche Kapitan Hitu dort immer besessen hat, nun auch ganz und gar verworfen haben, und sich nur dazu verstehen, den Statthalter und König von Ternate anzuerkennen . . . Mir wurde dies schon vom Gouverneur Lucaszoon gesagt mit dem Rate, dafs ich mich von diesen gottlosen Mohammedanern gänzlich entlasten mufste, wodurch das Land in Ruhe und Friede kommen wurde. . . . . Dies haben wir schon gewufst, ehe Herr Lucaszoon daran denken konnte, nach Indien zu gehen.

Einige prinzipale Orangkajas sind inzwischen verstorben und an ihre Stelle jüngere, der Kompanie ergebene Männer gesetzt . . . Es ist eine tiefe Mifsstimmung unter der Bevölkerung wegen der schweren Hongidienste. . . . . Vom letzten Zuge sind die Leute kaum 13 Tage zu Hause gewesen; ihre Kleider, sagen sie, seien noch kaum trocken gewesen, als sie aufs neue zum Hongidienst ans Kastell entboten waren . . . Sie sagen offen, dafs sie nicht gedacht haben, dafs die Holländer so gewaltthatig seien . Die Erbitterung ist so grofs, dafs die Leute ihre Korakoras selber in Brand stecken und ins Gebirge flüchten wollen, wenn sie wieder zum Hongi gerufen werden. . . . .

Wir stellen 16 Korakoras auf Amboina, und 8 Korakoras von den übrigen Inseln . . . Von der Küste Ceram höre ich nichts, als ob dort niemand unter unserer Gehorsamkeit stände . . . . Ich werde nächstens einen Zug nach allen unsern Plätzen thun.

Meine Vorganger haben die Sachen der Kompanie zu sehr vernachlassigt. . . . Hatten sie so viel jährlich gethan, als wir in drei Monaten, ohne dafs die Kompanie davon Belastung erfahrt, so hatten wir Batavia und Banda von vielen Dingen versorgen können, aber nun ist uns das Hemd näher, als der Rock. Die Gebäude und Forts sind alle vernachlassigt . . . . Kurz und gut, Gouverneur Lucaszoon hat getreulich in den Fufsstapfen des Gouverneurs Willem Janszoon gewandelt . . . .

Unsere kirchlichen Verhältnisse sind gut, die neue Kirche, welche Lucaszoon baute, ist zu klein; der Sohn des Radja von Soya, Andreas, den wir aus den Niederlanden mit zurückgebracht haben, ist der Prediger dieser Kirche; die Amboinesen beschämen unsere Leute durch fleifsigen Kirchgang . . . .

Seit meiner Anwesenheit sind 241 Kinder getauft und 40— 50 Trauungen geschehen . . . . in manchen christlichen Dörfern war bis dahin während 13 Monaten keine Predigt gehalten. . . .

Ich habe mit Verwunderung gesehen, wie viel ausstehende Schulden von meinen Vorgängern nachgelassen sind. . . . Die Summe beträgt Fl 65 780 15. 11; unter den begünstigten Schuldnern sind viele Leute von Qualität, hierfür mufs doch ein Grund vorhanden sein . . . . Solche Posten abzusetzen, durfte nicht ohne Billigung des Generalgouverneurs geschehen .

Ich habe im Vaterland Kleider machen lassen nach der amboinischen Weise; sie werden guten Profit geben. . . . . Wir
brauchen auch zum Handel Gerätschaften, wie Beile, Tischler-
werkzeuge, Schaufeln, Spaten u. s. w. . . . Ein Mühlenbauer mit
Gerätschaften darf nicht vergessen werden. . . . . . .

Am 23. August traf eine Djonke aus Banda ein, mit Nachricht vom Gouverneur Ramburg, der einen makassarschen Überfall zu fürchten scheint. . . . . Ich glaube nicht an solche Unternehmung der Makassaren. . . . .

In Batavia habe ich erfahren, dafs in Amboina so gute Ordre
bestande, ich finde das Gegenteil, die Herren haben hier mehr
auf ihren Nutzen, als den Vorteil der Kompanie gesehen . . . .
Vier Sekretäre sind hier angestellt, wo es einer verrichten kann. . . .
Schatzungen und Erpressungen übersteigen alles Mafs. . . . . Es
wird den armen Leuten das Blut aus dem Herzen geprefst . . . .

Ottens ist ein tüchtiger junger Mann, von dem die Kompanie
gute Dienste zu erwarten hat: in Batavia vernahm ich über ihn
Ungünstiges, ich habe auf ihn geachtet, aber ihn ehrlich be-
funden . . . . Ebenso Monsieur Hülst, dem Euer Edlen das
Oberkaufmannsamt entzogen haben; ich bitte die beiden als meine
Stützen behalten zu dürfen. . . . .

Von 1972 Klappusbaumen hat Gouverneur Lucaszoon nur
203 Stück zum Nutzen der Kompanie verpachtet. . . Jeder
Baum rentiert ungefähr $1\frac{1}{2}$ Thaler jährlich . . . .

Die Siebzehner müssen jährlich Doppelte, Stüver und Halb-
stüver senden an Stelle der Kasges (1000 auf einen Realen), die
hier bisher gangbar waren. . . . .

Uns getreue Orangkajas aus Luhu waren hier und ersuchten,
dafs unser Kontor dort nicht aufgehoben werde. . . . Wollten
wir ein steinernes Haus bauen, so würde dazu der König von
Ternate gewifs seine Zustimmung geben. . . . . Kapitän Hitu war
mit hier. . . . . Es wird nützlich sein, einen Kaufmann an seine
Majestät nach Ternate abzufertigen zuvor werden wir aber eine
schriftliche Erklärung auch von dem Statthalter Luhu zu erlangen suchen. . . . .

Es mufs Seife aus den Niederlanden gesandt werden; die
von der Küste (Coromandel) kostet hier 10—12 Cents, ja einen
Realen von Acht das Pfund. Was wir aus den Niederlanden
erhalten können, sollten wir doch nicht anderswo suchen
müssen. . . . .

Wir haben uns entschlossen, Ottens als Oberkaufmann nach
Luhu zu senden: es ist dort eine tüchtige Person dienlich und
notwendig. . . . .

Ich erhalte Nachricht aus Oma, dafs die dortigen Orangkajas
ihr Geschütz und ihre Habseligkeiten aufs Gebirge von Hatuaha
bringen. . . . .

Es scheint, als ob sich alle bosartigen Elemente zusammen-
thun. . . Wir werden ihren Absichten zuvorzukommen suchen   .
    Eben bekomme ich auch ein Schreiben des Statthalters aus
Luhu, von dem Zugestandnis fur unser Kontor in Luhu ist dann
mit keinem Worte die Rede; er stellt Forderungen, die wir damit abgelehnt haben, dafs sie zu gewahren nicht in unserer
Macht standen. .   .   .   .

15.

*Gouverneur Gijsbert van Lodenstein an die Indische Regie-
rung. Maleyo, 11. August 1631.*

Wir schrieben zuletzt am 7 April . .   .
    Der Kapitanlaut schrieb mir, dafs er erst nächsten Monsun
mit Fahrzeugen kommen konne. . . . . Er habe an den Konig
geschrieben, dafs er von Sula nach Bangai verzogen sei . . .
Die Sularesen hatten ihn mit ihren Korakoras verlassen, er ver-
zöge nach der Kuste von Celebes und wurde mit dem anbrechen-
den neuen Monsun nach Sula gehen .   .   .   .
    Wir glauben nicht, dafs er nach hier kommen wird, solange
Hamza lebt.   .   .   .   .
    Ich furchte, dafs Hamza die Freundschaft der Makassaren
sucht . . . . es wird nutzlich sein, dafs wir Kitschil Ali hierher
bekommen, es will aber niemand von hier zu ihm   .   .   .
    Der Sengadji von Gnofikia ist noch nicht zurück, er soll
auf Buru sein. .   .   .   .
    Wegen Bestrafung der Bewohner von Tabalola wollte der
Konig sich anfangs entschuldigen, er wollte jedoch noch kommen
und dort sein, wenn ich von Batjan zuruckkame.   .   .   .
    Wir reisten am 22 Mai nach Batjan, wo wir am 28 an-
kamen   .   .   .   .
    Die Batjaner und Labuaresen haben ihre Pflicht im Pflucken
der Nelken so ziemlich gethan . . . . Der Konig von Batjan und
seine Rate haben verschiedentlich gebeten, ein Schiff zu ihrer
Verfugung zu haben, um einen Zug nach den Inseln bei Neuguinea
zu thun, worauf sie Eigentum hatten . . . . er möchte von dort
Unterthanen holen. . . . . Wir haben ihm erklart, es Euer Edlen
vorzustellen. .   .   .   .
    Es wird uns gesagt, dafs wir dort billig tuchtige Sklaven
gewinnen konnten   .   .   Wir haben beschlossen, eine Korakora
hinzusenden, unter Fuhrung des Portugiesen Alexander Farera,

der dort früher schon gewesen ist, mit unserm Konstabler vom
Schiff Tertholen, der sich besonders auf die Schiffahrt ver-
steht . . . .
    Dieser Zug ist unterblieben. .   .   .   .
    Am 16 Juni haben die Tidorer und Spanier 22 Personen
totgeschlagen oder gefangen. . . .   Die Bewohner von Tocomi
wollen flüchten und bitten um Besatzung . . . . Wir haben Besatzung zugesagt, wenn die Einwohner die Verpflegung ubernehmen wurden. . .   . .
    Am letzten Juni kam ich vor Makjan, alle Häupter waren
nach Ternate gegangen; ich beeilte mich zu folgen und kam am
8 Juli in Maleyo an. . . .   Die Orangkajas waren ohne Erlaubnis
verzogen, wofur sie in eine Bufse von 380 Realen von Achten
verurteilt wurden. . . . .
    Der Konig fragte, ob wir den Prozefs gegen Tabalola in
der Festung oder in der Negerei zu fuhren wunschten, wir zogen
vor in der Negerei und sandten Beauftragte hin, die den Konig
ersuchen mufsten, die Ubelthäter mehr an ihrer Borse, als am
Leibe zu strafen. . . .   Sie wurden zu 30 Bar Nelken verurteilt. . . . .   Der Eine warf die Schuld auf den Andern. . . . .
es ist ein gottloser Haufe. .   .   . .
    Der Konig hatte alle Orangkajas versammelt zu einer Be-
ratung mit uns . . . .   Er stellte vor, dafs der Krieg mit den
Spaniern und Tidorern bisher nicht nach Gebuhr gefuhrt sei. . . . .
Man will die Platze des Feindes auf Halmahera mit Ernst angreifen. .   . Er ersuchte von uns Unterstutzung dazu mit den
beiden auf hiesiger Reede liegenden Schiffen. . . . Wir entschuldigten uns dafs die Schiffe schon andere Ordre hätten. . . . .
Sie mochten sich nur erst zum Kriege bereit machen. . . . . .   Darauf
ersuchten sie um Munition .   Wir haben beschlossen, ihnen
Pulver zu verkaufen, um sie aber abzuschrecken, wollen wir
120 Thaler fur das Fafs uns geben lassen .   Wenn wir die
Ternater nicht wieder den Feinden zutreiben wollen, werden wir
sie gehörig mit Munition versehen mussen . . . .
    Wir haben uns zu unterrichten getrachtet, ob Hamza seine
Hande bei den Handeln in Amboina im Spiel hat, ich kann nur
wiederholen, dafs Hamza jede Teilnahme leugnet. . . .   Zur Bestrafung des Leliato und des Laximana wird er jedoch schwerlich zu bewegen sein, weil er sich vorstellt, dafs sie fur seine
Autoritat gegen unsern Angriff eintreten. .   .   . .
    Hamza halt sich jetzt redlich zu uns, obwohl ihm täglich
das Gegenteil angeraten wird . .   wir suchen ihn mit Sanftheit
zur Pflicht anzuhalten. . . . Ali dagegen wird ferngehalten . . . .
    Ich habe dem Konige seinen Zoll bezahlen mussen, habe
aber circa 236 Bar seiner Kenntnis entzogen .   . wir werden in
Zukunft besser abziehen . . . .

Hamza unterhält einen grofsen Hof, sodafs der Zoll, welchen
er von uns bezieht, ihm wenig hilft. . . . .
Wir übersenden hierbei ein Schreiben des Königs. . . . .

16.

*Brief des Königs Hamza an den Generalgouverneur Specx.
Maleyo, 10. August 1631.*

Der Gouverneur ersucht mich, dafs ich den Krieg gegen
die Feinde führen und sorgen soll, dafs die Nelkenfrüchte an
die Kompanie geliefert würden; ich thue dies nach meinem äusser-
sten Vermögen, dagegen mufs ich Sie ersuchen, mich mit Geschütz, Musketen, Gewehren, Pulver, Bleikugeln, Harnischen und
dergleichen Waffen und Munition zu versehen, auch eine gute
Macht von Schiffen herwärts zu senden. . . . . Wird meinem Ersuchen, wie es ständig bisher geschehen ist, wiederum keine
Folge gegeben, so werde ich den Krieg einstellen. . . Euer
Edlen hat mir auf meinen vorigen Brief nicht einmal eine schriftliche Antwort gegeben, dagegen hat Herr Gouverneur Lodenstein
mir wohl bemerkt, den angefangenen Krieg fortzusetzen, und mir
sehr angelegentlich das Pflücken der Nelken anempfohlen. . . . .
Sie enthalten mir die Waffen vor, welche ich obendrein bezahlen
und gegen unsern gemeinsamen Feind benutzen will. . . . . Ich
bitte mir Waffen im Betrage von 100—200 Bar Nelken zu übersenden, die dann gleich bezahlt werden mögen. . . . Aufserdem mufs ich bitten, dafs Euer Edlen eine eigenhändig unter-
zeichnete Liste mitsenden, worin die Preise für die Waffen festgesetzt sind. . . . .
Es ist ein Gebrauch unter Freunden, ihre Meinung sich
offen und ohne Umwege zu offenbaren, warum ich mein Herz
vollkommen vor Euer Edlen offne, damit wenn die Verhältnisse
hier einmal sich ändern, ich von Verantwortung frei bin. . . . .
Unser Geld, Gold. Silber und unsere Kaufmannschaften haben
auch bei andern Nationen noch Wert, wenn ich der Kompanie
einmal vorbeiginge und mich an Fremde hielte, so mir die
Waffen, welche ich zu kaufen wünsche, wiederum geweigert wurden, dann würde ich entschuldigt sein.
Ich ersuche um keine grofse Schiffsmacht; es genügen
4—5 Schiffe oder wenigstens 2—3, die aber ein volles Jahr
hier bleiben, und nicht, wie es gewöhnlich geschieht, einfach
kommen und gehen. . . . . Unsere Anhänglichkeit wird danach

sich richten müssen, ob Euer Edlen mein billiges Ersuchen gewähren oder abschlagen . . . .

17.

Bericht über den Zug des Gouverneurs Gijzel und des Admirals Antoniszoon zur Vernichtung von Nelkenbäumen und gegen Ceramlaut: vom 28. Februar bis 20. Mai des Jahres 1633.

Unsere Macht bestand aus 7 gut armierten Schiffen und Jachten, 4 Schaluppen und 29 Korakoras, bemannt mit 500 Soldaten, 250 Matrosen mit Beilen, und gegen 2000 Amboinesen. .
28. Februar. Abends sind wir vor Lileboi angekommen.
1. März. Wir fuhren nach Larike. . . .   Der Kaufmann unsers Kontors wurde gewarnt, auf seiner Hut zu sein. . . . . Die See war unruhig, die Küste ist felsig, und die Reede immer gefährlich . .   Abends kamen wir nach Urien . .   Es wurde uns Nachricht, dafs vor Luhu geschossen sei, und man den Rauch habe aufsteigen sehen . . . .
2. März.   Ottens kam aus Luhu und meldete, dafs alle Schulden in Luhu eingezogen, das Kontor aufgehoben und die Sachen der Kompanie in Sicherheit gebracht seien . . .   Ottens meldete ferner, dafs der Kimelaha 17 Korakoras versammelt habe, nämlich 5 von Buru, 5 von Manipa, 2 von Kelang, 3 von Bonoa, 1 von Hatiputi, 1 von Assahudi, und 2 von Lissabata; er liege vor Luciela. . . Vor Hitu hatte Ottens 2 Korakoras aus den Uhassei angetroffen, sodafs Gijzel geraten fand, Ottens zur Versicherung der Güter und Waren des Kontors auf Hitu dorthin abzusenden . . . . Gegen Abend sind wir nach dem Vorwall von Siel gekommen. . . . .
3. März.   Wir kamen nach der Negerei Mulut. . . . . Die Orangkajas von der Korakoras wurden versammelt und ihnen unser Vorhaben eröffnet, womit sie sich einverstanden erklärten . . . . Bei Manipa sollten Djonken sein, welche wir abzufangen gedachten. . . . .
Nachmittags vor Erang sahen wir am Strand einige malaiische Schiffe .
Abends zwischen 9 und 10 Uhr wurden Schaluppen nach Manipa und Kelang abgeschickt, um die fremden Djonken abzufassen. . . . .
Nach Mitternacht starker Regen und Gewitter. . . . . . .

4. März. Voimittags kamen wir vor Kelang . . . Die Schaluppen brachten zwei Gefangene von Kelang mit, welche aussagten, dafs zwei Djonken vor Kelang lagen, deren Anführer in Kambelo und Erang Nelken kauften. . . . . In der Negerei seien jetzt keine Nelken. . . . . Die Jacht Ceylon blieb vor Kelang, und die Schaluppen und Korakoras zogen nach Manipa . . . .

5 März. Wir kamen morgens nach Manipa vor die Negerei Luhu . . . Eine Korakora wollte auslaufen nach Luhu auf Hovamohel, um dem Statthalter Geschenke zu bringen, was wir verhinderten. . . . . Wir passieiten die Negereien Wasah, Lurelili und kamen nach einer Bucht, einem vorzüglichen Schlupfwinkel für Fahrzeuge. . . . Wir fuhren nach Masawoi weiter, — hier griffen wir einen Einwohner auf, der berichtete, es seien zwei fremde Fahrzeuge da. . . . Wir landeten . . . . Die Wege waren verbarrikadiert . . . Die Einwohner waren geflüchtet . . . Wir tiafen hinter der Negerei Bewaffnete an, denen wir zuriefen, dafs wir nichts Böses gegen sie vorhatten, sie sollten uns nur die fremden Fahrzeuge anweisen, auf die es allein abgesehen wäre. . . . . Als wir uns näherten, nahmen sie die Flucht. . . Wir erbeuteten 100 Sack Nelken . . Wir haben die Negerei in Brand gesteckt, es gab ein gewaltiges Feuer, da viele grofse Häuser in der Negerei waren . . Auch vollständig eingerichtete Korakoras und andere Fahrzeuge haben wir verbrannt . . . . Viele Nelken werden in den Häusern mit verbrannt sein. . . . . .

6 März. Morgens sind wir nach Kelang verzogen . . . Wir haben nach Manipa nochmals zur Warnung einige Korakoras gesandt. . . . .

7 März. Sieben Kompanien und die Ambomesen gingen an Land. Der Strand wurde besetzt und der Kommandeur ging mit zwei Kompanien und einem Teil der Ambomesen hinter die Negerei, um die Djonken zu suchen. . . . Wir fanden eine Djonke von 20 Last, welche verbrannt wuide. . . . . Es wurde beschlossen, die Negerei anzugreifen. . . . Nachdem wir eine Strecke am Flusse landeinwärts marschiert waren, wurde stark auf uns geschossen. . . . Die Negerei wurde genommen, die Feinde entflohen. . . . . Wir hatten 4 Tote und 16 Verwundete. . . . Die Negerei wurde angezündet. . . . . Junge Fruchtbäume wurden vernichtet, neue Korakoras, viele Piauen in Asche verwandelt. . . . Wir entdeckten noch zwei neue Korakoras, eine Djonke und 12 andere kleinere Fahrzeuge, wir haben sie alle in Stücke geschlagen und danach veibrannt, eine der beiden Korakoras haben wir mitgenommen. . . . .

Wir entliefsen nun die beiden gefangenen Kelanger mit der Versicherung, dafs es eigentlich nicht unsere Absicht gewesen sei, ihre Negerei zu verbrennen, wären wir nicht so feindlich

empfangen worden; es gelte nur alles den Fremdlingen. . . . .
Wir hatten fast die ganze Nacht Regen. . . . . .

8. März   Wir erhielten Nachricht, dafs fremde Fahrzeuge
vor Hataputi gesehen seien . . . . Wir liefen mit den Karakoras
vor diese Negerei. . . . Zwei Schiffe wurden vernichtet. . . .
ein drittes Fahrzeug haben wir mitgenommen . . . . .

9 März   Zwei Gefangene von Erang versichern, dafs ihnen
die Wege nach Hulong, Tabinola, Nula und Ulaboa (?) bekannt
seien . .   Hulong liegt vom Strand ein Tag Gehens entfernt.
. . . . Infolge Trunkenheit sind zwei Soldaten über Bord gefallen
und umgekommen . . .   Beratung mit den Orangkajas. . . . .

10 März   Morgens harter Wind und den Tag über starker
Regen. . . .   Auch nachts Regen und Wind . . . .

11 März   Wir mufsten besseres Wetter abwarten. . . . .
Abends kam Ottens von Hitu an und meldete, dafs er alle Nelken-
vorräte in Sicherheit gebracht habe. .   . . .

12 März. . .   Es kamen Bürger, die nach Makassar verschlagen worden waren, und meldeten, dafs sie sehr achtbar behandelt wurden . . . .   Der König habe 300 Fahrzeuge gegen
Bima, ein Königreich auf der Insel Sumbava unter seiner Gehorsamkeit, ausgerüstet . . . .   Die Macht sei vorher nach Buton
bestimmt, um sich an Kapitänlaut Ali zu rächen. . . . .   30 ma-
lauische Djonken hätten auch bereit gelegen, um nach hier zum
Nelkenhandel zu kommen   5—6 davon seien schon unterwegs . . .
Wir hatten den Tag über gutes Wetter. . . . .

13 März   . . . Den Vormittag über Regen. . . .   Fünf
ternatische Korakoras sind abgefangen. . .   Abends wieder
Regen   . . . .

14. März   . . Die Jacht Medemblick wird vor Lessidi geschickt; der Drache und Amboina vor Kambelo. . . .   Tags wech-
selndes Wetter   . . . Um Mitternacht Sturm und Sturzregen . . . .

15. März   Nachts sind die übrigen Schiffe vor Erang gezogen   .   . . .

16. März.   Die Korakoras gingen heute dahin ab   . Es
sind 8 Kompanien Soldaten, 942 Amboinesen und 250 Matrosen
gelandet. . . .   Wir marschierten in zwei Abteilungen von der
West- und Nordseite auf die Höhe von Erang . . . .   Vor der
Negerei waren Verschanzungen aufgeworfen. . . .   Die Wege
waren mit Palisaden versehen . .   Drei feste Stellungen
mufsten wir bis zur Negerei nehmen, viele von unserm Volke
blieben liegen infolge Erschöpfung wegen der Höhe und Steil-
heit der Berge   . . Wir erbeuteten 70—80 Sack Nelken, die
Negerei wurde in Brand gesteckt   . . Wir gingen auf die
Schiffe   .   . . .

17. März.   Das Wetter klärte sich auf   . . . Es ging zu
Land und ans Fällen der Nelkenbäume. . . . .   400 Klappusbäume

wurden auch vernichtet.... Die Magellansche Flotte (1625) mufs ihre Schuldigkeit nicht ordentlich gethan haben.....

18. März. Wir sind waldeinwarts gegangen, um Nelkenbaume zu suchen..... Wir fanden auf dem Wege eine Kuh, die gestern von uns angeschossen sein mufste, ein schönes Tier, als sei es aus dem Vaterlande gekommen.... Auf dem Gebirge fanden wir viele Nelken- und Fruchtbaume, die umgehauen wurden.... 500 Nelkenbäume und viele Fruchtbaume umgeschlagen. . . . .

19. Marz Wir gingen wieder in den Wald ... Es wurden an 2000 Baume geschlagen, darunter solche von 2—2½ Ellen im Umfang; viele junge Baume wurden ausgerissen.... Als wir die Berge hinabzogen, sahen wir viele Buffel und Kuhe beieinander, drei Stuck wurden geschossen..... Wir fanden im Flufs drei Djonken, welche verbrannt wurden.... Die Bewohner von Erang hielten sich oben auf dem Gebirge auf.....

20. Marz. Den ganzen Tag Regen.... Die Eranger baten um Gnade; der Gouverneur war unerbittlich..... Die Korakoras hatten ihren Proviant (Sago) aufgezehrt ... Es war eine schwierige Sache, alle das Volk auf Kosten der Edlen Kompanie zu ernahren..... Man beschlofs nach Assahudi zu fahren, hier Sago zu bereiten, und dann wieder vor Erang zu gehen ...

21. Marz Morgens passierten wir das Gatt von Nassau und mittags kamen wir nach Assahudi.... Es war das Vornehmen, diese Negerei zu verwüsten..... Die Orangkajas entschuldigten sich, dafs sie vom Statthalter überwaltigt waren..... Der Gouverneur verwarnte sie, kunftig keine Makassaren, Malaien oder andere Fremdlinge zu dulden. . . . .

22. Marz Es wurde in den Wald gegangen und Sago bereitet..... Nachts Regen und Wind. . . . .

23. März. Es wurde am Abend eine grofse Partie Sago angebracht..... Nachts Regen . . . .

24. März Wiederum Sago angebracht . . Abends sind wir abgefahren ... Um Mitternacht passierten wir das Gatt von Nassau..... Starke Stromung nach dem Gatt; wir mufsten ankern und stilles Wasser abwarten. . . . .

25. März. Zwischen 9 und 10 Uhr kamen wir nach Erang. .... Nachmittags wurde von den Amboinesen ein Muskatnufshain gefunden, die Bäume wurden gefallt..... Die Orangkajas wurden ermahnt, kunftig ihre Leute zum Umhacken der Nelkenbaume anzuhalten zum Dienste der Edlen Kompanie und zum Abbruch des Feindes; sie versprachen ihr Redliches zu thun....

26. März. Der Gouverneur ging nach dem Gebirge, wo die Eranger lagen, die aus ihren Verschanzungen zuruckgetrieben wurden.... Der Gouverneur hielt diesen Platz besetzt.....
Wir sahen von der Hohe die Negereien Hulong und Tabinola.....

Es wurden Nelkenbäume gefällt. . . . Wir erhielten 2 Tote und
7 Verwundete und zogen wieder an den Strand. . . .   Es waren
ca. 2000 Nelkenbäume vernichtet, viele junge Bäume ausgezogen
und eine grofse Zahl Fruchtbäume gefällt . .   .
    27 März. . . .   Die Toten wurden beerdigt . .   Nach-
mittags wenig Regen   .   .
    28. März.   Zwei verschiedene Muskatnufsgärten in Tabi-
nola, 7—800 Bäume, wurden vernichtet . .   .
    29 März.   Es wurde resolviert, wie wenig das Geringe,
was bisher geschehen sei im Fällen der Nelkenbäume, mit der
Mühe im Einklang stünde, und wurde beschlossen, am andern
Tage nach Ceramlaut zu ziehen, um auf die malaiischen Fahrzeuge Jagd zu machen und etwaigen Unternehmungen gegen Banda
zuvorzukommen. . . .   Ottens ging inzwischen nach Hitu . . . .
    30 März.   Wir sind nach Urien gekommen   .
    31 März . . . Auf der Höhe von Hitu sprachen wir
Ottens.   Einer von unsern Prauen war abgefangen, und ein
Niederländer von den Feinden getötet . . . Ottens hat den
Kapitän Hitu darüber scharf zur Rede gestellt . . .   Der Kapitän
erklärte, dafs er doch dafür nicht auch aufkommen konnte, was
auf der See geschahe. . .   Ottens wurde belastet, Kapitän Hitu
zu beschuldigen, es sei das mit seinem Vorwissen geschehen;
jeder künftige Unfall solle an ihm geracht werden . . . .   Es kam
Nachricht, dafs die Luhuesen Wai überrumpelt hatten   .   .
    1 April.   Wir kamen abends vor Wai . . .   Wir erfuhren
den traurigen Überfall der Hovamohelesen . . . .   14 Tote waren
als Opfer gefallen und viele wurden verwundet, 50 Einwohner
waren mitgeschleppt   Unter den Rufen „Kimelaha, Kimelaha! .   Der Gouverneur hat unsere Schiffe genommen, unsere
Negeri abgebrannt, wir wollen jetzt dasselbe thun!" — waren
die Feinde gleich Besessenen über die Negeri Wai und ihre Bewohner hergefallen, und nur auf inständige Bitten hatten sie die
Toten nicht geschandet.   Gott der Allmächtige wolle uns
für diese Niederlage einen glänzendern Sieg verleihen   . . . .
    2. April   .   Wir sind an Land geblieben und haben nach
Feinden gesucht.   Ein Schiff hat Ordre, an der Küste von
Ceram gegenüber Hitu ständig zu kreuzen .
    3. April   Vormittags gingen wir weiter nach Rumakei .
Es wurde auf uns geschossen . .   Abends Regen   . . .
    4. April   Es kam Nachricht, dafs zwei Korakoras des Statt-
halters vor Larike seien und die Negeri in Brand stecken
wollten . .   Es wurden einige Orangkajas dagegen abgeschickt,
und wir setzten einen Kopfpreis von 10—20 Thalern auf jeden
Feind aus .   .   .   .
    5. April   Starker Regen. .   .   .
    6 und 7. April.   Versorgung mit Sago .   . . . .

8. April Morgens ging es aus der Bucht von Kanatu..... Abends Regen. . . . .

9. April . . . Morgens kamen wir nach Tomelau . . . Wir blieben bis Mittag. . . . .

10. April Morgens kamen wir nach Haja. . . . . Wir geboten den Orangkajas, sich bereit zu machen und der Hongiflotte sich anzuschliefsen. . . . . Auch sollten sie Botschaft nach Hatihau senden, wo wir vorbeikommen mufsten. . . . Es wurde uns erzählt, dafs die von Ceramlaut viel Ungemach thäten, wozu auch die von Werinama und Tobo gehörten; weswegen sie gegen diese wohl kampfen wollten, wir liefsen sie bei diesem Glauben. . . . Wir gingen an Land, man konnte nach Banda hinübersehen. . . Die Negerei ist ziemlich hoch im Gebirge . . . . Ihre Häuser stehen auf Pfählen. . . . . Die Leute sind ein starker, kräftiger Menschenschlag . . . .

11. April Die Korakoras wurden mit Salz versehen .

12. April Boote wurden geteert. . . . . . .

13. April. Nachricht, dafs drei Schiffe fern in See seien. . . . Abends Regen und Kälte. . . . . Nachricht, dafs Kommissar van der Heuvel mit neun Schiffen im Anzuge sei, mit denen er am 9. aus Banda verzogen war. . . . Van Heuvel bittet um Boote, um die Soldaten zu landen . . . .

14. April. Vier Schaluppen wurden dem Herrn Kommissar entgegengesandt . . . Abends 2—3 Stunden lang starker Regen .

15. April Die Schiffe vereinigten sich alle.

16. April. Nachmittags kamen wir vor die Negerei Hatimette; sie liegt ¼ Stunde landeinwärts auf einem Felsen. . . . Die Korakoras schlossen sich an . . . .

17. April. 2 Uhr morgens passierten wir Tobo, wo zur Warnung vor unserm Kommen Feuer abgebrannt wurden . . Das Fahrwasser ist hier wegen Klippen gefährlich. . . . Wir kamen vormittags nach der Negerei Gillebon, wo unsere Schiffe bereits vor den Korakoras angekommen waren; die Bewohner der Negerei waren geflohen . . . Es wurden Böcke geschossen, und die Amboinesen plünderten die Häuser. . . . Nachts Regen. . . .

18. April. . . . Gefährliches Fahrwasser. . . . . Vormittags kamen wir nach der Negerei Assan. . . . . Nachmittags Sturm und Regen. . . . .

19. April. . . . . Gegen Morgen bekamen wir Ceramlaut in Sicht. . . . Sudwestseite sehr schlechte Reede. . . . . Guter Ankerplatz zwischen Ceram und Ceramlaut . . . . Auf der Westseite sind alle die vorzüglichsten Starken. . . . Wir blieben in der Nähe der kleinen Insel Gnooffa (Gisser) . . . . Es kam ein Prau mit einem Parlamentär von Ceramlaut. . . . . In Kelewaru wehte die Flagge des Prinzen . . . Sie erklärten, Freunde des Prinzen zu sein, weshalb sie nicht begriffen, dafs wir mit so

grofser Macht kamen.. . . . Wir gaben zur Antwort, dafs unser Kommen der Vernichtung der Fremdlinge gelte. . . . . Wir haben die Parlamentäre zur Sicherheit festgenommen. . . . Wir erfuhren, dafs 11 Negereien auf der Westseite von Ceramlaut lagen, die die bestbefestigten auf der Insel waren . . mit Namen Kelewaru, Rumatameri, Keletia, Kelemala, Keleluhu, Kelebia, Kelebrot, Irm, Rumara, Rumaëssi und Rumelolus. In diesen Negereien seien 3000 Bewaffnete, darunter 300 Musketiere. . Es lagen hier 7 javanische und chinesische Djonken . . Es seien Nelken gebracht durch den Sohn des Statthalters Luhu.. . . Adrian Atoniszoon rekognoszierte . . Er berichtete, dafs in einer Einbucht viele Fahrzeuge lagen, die Festungen an dieser Bucht mit hohen Mauern versichert waren, und die Einwohner ihre Habe in Sicherheit zu bringen suchten . . . Auf der Nordseite waren zwei Festungen und verschiedene Negereien . . . . Die Insel wurde von allen Seiten eingeschlossen. . . . . In der Nacht suchten wir Kelewaru zu überrumpeln, der Feind war aber wachsam . . . Die Bewohner von Rumara und Rumaëssi machten die ganze Nacht hindurch ein wildes Geschrei.

20 April. Wir landeten unterhalb Kelewaru, befestigt mit hohen Mauern und zwei Bollwerken, und unterstützt durch die nahegelegenen Negereien Rumatameri, Keletia, Kelemale und Keleluhu. Diese fünf Negereien fanden wir vom Feinde verlassen, sodafs wir ohne Schwertstreich den Westen der Insel bereits besafsen. . . . . Mittags kam ein Prau aus Rumara mit Parlamentären. . . . . Sie wiesen einen Vertrag vor vom Jahre 1624, durch van Speult mit ihnen am 24 Dezember abgeschlossen, und erklärten nochmals, dafs sie mit dem Prinzen von Holland im Frieden lebten . . . . Wir forderten die Bewohner auf, sie mochten unbewaffnet an den Strand kommen und die Fremdlinge und Handelsfahrzeuge ausliefern . . . Die Orangkajas forderten, dafs wir zuerst die Insel verlassen mochten. . . . Die Hauptmacht des Feindes lag in Kelebia und Kelebrot, die am stärksten befestigt waren. . . . .

Nachmittags wurde in See ein Fahrzeug gesehen, mit dem Kurs nach Ceramlaut . . . .

Es wurde alles Kriegsmaterial an Land gebracht, dann beschlossen, dafs wir am nächsten Morgen Kelebia und Kelebrot beschiefsen wollten . . . .

21 April Zwei Djonken waren hinter Guli-Guli abgefangen. . . . . Die Bemannung hatte sich durch Schwimmen ans Land gerettet . . . Es wurde Kelebia, Kelebrot, Rumara und Rumaëssi beschossen . . . Adrian Antoniszoon hatte die höchste Befestigung von Rumara durch gutgezieltes Feuer bald zerstört. . . . . Wir haben Rumara und Rumaëssi genommen, ohne Verlust. . .

Ein Parlamentar kam wieder. . .   Derselbe wurde, es soll aus
Unvorsichtigkeit geschehen sein, durch einen Schufs getötet. . . .
Wir forderten wie früher die Auslieferung der Fremdlinge und
von den Bewohnern, dafs sie an den Strand kamen.   . .
Die Orangkajas verstanden sich dazu, herabzukommen, baten
aber, dafs die Amboinesen das Morden und Plundern so lange
einstellten, die überall an Land schlichen, um Beute und Gefangene zu machen. . . . Ottens wurde beauftragt, darüber zu
wachen, dafs nach Möglichkeit dem Rauben Einhalt geschahe. . . .
Als die Gouverneure sich an die bestimmte Stelle zum Rendezvous begaben, wurden sie hier von der Höhe mit Pfeilen beschossen; vermutlich thaten dies die fremden Händler zu ihrer
Rettung, um eine Vereinbarung zwischen den Gouverneuren und
den Orangkajas zu hintertreiben; dieselben zogen sich nicht ohne
Gefahr rasch zurück. . . . Wir zerstörten jetzt 6 Korakoras,
7 Djonken, 30 grofsere Fahrzeuge und 160 grofsere und kleinere
Boote, welche unter der Festung Rumara lagen . .   Die Fahrzeuge wurden meistens von den Amboinesen ihres Inhalts beraubt. . . . Die Amboinesen haben etwa 18 Köpfe erbeutet und
50 Gefangene .   Es waren viele Frauen und Kinder ermordet. . . Die Gouverneure stellten diese Greuel den Orangkajas vor; da sie doch Christen seien, sollten sie nicht das unschuldige Blut so vieler Frauen und Kinder vergiefsen.   .
22 April. . . .   Erneute Unterhandlungen verliefen resultat-
los. . . . Wir haben von der Höhe von Kelebrot aus auf die
feindlichen Festungen Rumara und Rumaessi geschossen.
Nachmittags Regen. . . . Am folgenden Tage beabsichtigten wir
in den Booten an die feindliche Festung zu fahren   . Nachmittags haben wir auf dem flachen Felde zwischen Kelewara und
Keleluhu eine Batterie aufgepflanzt, um von der Seite und im
Rücken auf die Festungen Rumara und Rumaessi zu schiefsen. . .
Wir erfuhren von Gefangenen, dafs wir am bequemsten auf der
Nordwestseite landen würden, von wo ein guter Weg zu den
Festungen hinaufführe. . . . Die Gefangenen sollten als Führer
dienen. . . . Wir erfuhren noch, dafs beim Feinde das Pulver
und auch frisches Wasser knapp sei   Die ganze Nacht
regnete es.   .   .   .   .
23 April. Wir landeten gegen 8 Uhr auf der Nordwestseite der Insel mit 9 Kompanien . . .   Unser Führer brachte
uns, nach kurzem Marsche durch Morast aufwärts, nach einem
Plateau   . Wir erreichten bald die ersten Befestigungen, und
es kam zum Kampf . . .   Nach einstündigem Feuern, der Feind
warf wacker mit Steinen und Pfeilen, zogen wir uns zurück . .
Wir hatten 4 Tote und 130 Verwundete .   Die Verwundeten
waren zumeist mit Pfeilen und Steinen getroffen, darunter alle
unsere Offiziere   .   .   .   .

24. April Sonntag, Regen Es wurde beschlossen, doch
erst von Kelebrot aus auf die Feinde zu schiefsen ... Die
Amboinesen hatten wieder Gefangene gemacht und Häuser verbrannt .   .   . .
  25 April. Wir haben noch Geschütze auf Kelebrot gebracht ...   Unterhalb Rumara und Rumaëssi standen Häuser
im Wasser (auf Pfählen oder schwimmende vermutlich), die wir
haben zerstören lassen. .... Nachmittags starker Wind aus SW.
und Regen .... Die Amboinesen haben wieder 100 Gefangene
gemacht. .   .   .   .
  26 April .   Wir haben nach Keffing (Küste Ceram) ge-
sandt, wo die Einwohner geflüchtet waren, und ansagen lassen,
sie brauchten keine Furcht zu haben, da sie zu den Ulisivas gehörten, wurden sie von uns beschützt. ... Fortdauernd Regen   .
Wieder viele Gefangene gemacht. .   .   .   .
  27 April Wir haben viel auf den Feind geschossen .   .
Wenn unsere Geschosse einschlugen, hörten wir grofses Geschrei
in Rumara ... Wir forderten nun nochmals Unterwerfung ....
Die Belagerten wünschten zu unterhandeln. .   .   .   .
  28 April Die Gouverneure begaben sich in einer grofsen
Korakora vor Rumaëssi. .... Wir gaben bekannt, dafs die
Holländer keine Freunde vom Blutvergiefsen seien, dies suchten
wir allezeit zu vermeiden. .... Sie sollten zur Strafe 50 Pfund
Gold und 200 Sklaven bezahlen und künftig hin getreue Unterthanen des Prinzen von Holland sein, zu welchem Ende ein neuer
Kontrakt gemacht werden wurde .   Die Belagerten fanden
sich damit einverstanden. ...   Sie sandten eine Pinangschale,
auf weifsen Decken lag Sand mit eingegrabenen Zeichen, eine
Darbietung, wodurch sie ihr Land dem Gouverneur zum Opfer
anboten.   Wir verehrten den Orangkajas Branntwein ....
Diese beklagten sich, dafs so viele von ihren Sklaven bereits durch
die Unserigen geraubt waren, sie wollten aber trotzdem noch
unsere Forderung zu erfüllen suchen . .   Sie gaben dann
11 Sklaven, es waren Kinder, auf die 200 als Abschlag, und die
Gouverneure fuhren zurück. .   .   .   .
  29. April. Wir sandten nach Gold und Sklaven   .   Es
wurde etwas Gold und einige Sklaven gesandt .   Die Einwohner behaupteten, die schwere Bufse nicht aufbringen zu
können .... Ein Gefangener berichtete, dafs die Fremdlinge
unter den Einwohnern voll Verzweiflung seien, ihre Frauen und
Kinder krissen und Rache an den Bewohnern von Ceramlaut
nehmen würden, wenn diese sie den Niederländern ausliefern
wollten. .   .   .   .
  30. April Wir haben die Kanonade wieder aufgenommen.....
Die Belagerten sandten 25 Pfund Gold und 100 Sklaven, und

hefsen bitten, der Gouverneur wolle damit sich genügen lassen. . . . .
Die Orangkajas von Keffing thaten Burgschaft für den Rest . . . .
    1. Mai   Die Sklaven waren meistens Kinder und ältere Per-
sonen. . .   . .
    2. Mai.   Die Orangkajas von Keffing haben einiges Gold
und einen Teil Sklaven auf Abschlag des Restes schon geliefert.
. . . . Ceramlaut ist reich an schönen Hölzern. . . . .   Hier standen
reiche und grofse Häuser. . . .   .
    3 Mai   Die von Keffing brachten wieder Gold und Sklaven.
. . . . Wir beschlossen nach Werinama weiter zu gehen.   . . .
    4. Mai.   Die Orangkajas von den Korakoras wurden berufen
und gefragt, wie viel Sklaven sie gefangen hatten. . . . .   Die
Zahl war 250 . . . .   Es wurde ihnen befohlen, diese Beute mit
unsern Soldaten zu teilen. . . .   Die Orangkajas fanden dies
recht und billig. . . .   .
    Die Belagerten haben noch Gold und Sklaven geliefert   . . .
Das Gold ist in Form von Schlangenköpfen, Griffen von Dolchen. . . .
    5. Mai   . .   Die Beute wurde verteilt.   Die Djonken,
welche auf Land gezogen waren, wurden zerstört . . . .   Die
Jacht Ceylon ist mit den Sklaven nach Amboina gegangen. . . . .
Es kommt Meldung aus Amboina . . . .   Der König von Ternate
habe durch ein Schreiben seinem Statthalter verboten, fremde
Fahrzeuge zuzulassen, er soll die Nelken fortab nur an uns verkaufen.   . .   . .
    6. Mai.   Es wird noch einmal untersucht, wer am 21. April
den Parlamentär totgeschossen hat, da dieser drei goldene Schlangen
bei sich führte, wovon nur eine wieder zum Vorschein gekommen ist.   . .   . .
    Das Schiff, der Goldene Löwe, wird nach Urien (Südceram)
gesandt, um Adap zu laden, der dort reichlich zu haben und in
Banda sehr knapp ist . . . .   Um Mittag starker Regen. . . . .
Wir zogen dann ab von Ceramlaut; wir hatten vernichtet
13 Djonken, 17 Korakoras, 32 Orangbais und mehr als 180 Ma-
halis und Prauen. . . . .   Nachmittags kamen wir vor Keffing, die
meisten Bewohner waren noch abwesend. . . . .   Einige Orangkajas kamen an die Schiffe und verehrten uns zwei goldene
Schlangen, zwei Sklaven und Sago. .   . .   Der Gouverneur war
an Land. .   . .   Keffing ist eine Festung aus Stein, dreimal so
grofs, als unser Kastell . . . .   Der Gouverneur liefs durch die
von Keffing nach Guli-Guli sagen, sie wurden diesmal noch verschont, sie mochten aber im guten die Gefangenen von Banda
herausgeben und Abgesandte nach Amboina abfertigen, sonst
wurde auf andere Weise mit ihnen verhandelt werden. .   . .   .
    7. Mai   Vor Urien   Die Bewohner von Guli-Guli liefsen
ansagen, sie wurden die Gefangenen nach Amboina mit Ab-

gesandten schicken, und baten um Schonung . . Urien hat ein
Fort; auch Guli-Guli . . . .

8 Mai. Gegen Abend kamen wir voi Tobo, Ostseite. . . .
Den Tag uber hatten wir Regen und Wind. . . . . . .

9. Mai Morgens fuhren wir von Tobo weiter . . . Die
Bewohner brachten Geschenke, andere standen am Strand mit
der Prinzenflagge. . . . . Wir erhielten Nachricht, dafs Alfuren
und Orangkajas von Wermama in Hatimette uns erwarteten, um
um Gnade zu flehen. . . . Die Gouverneure gingen an Land;
der Strand war voll von Klippen; wir fanden ihn ganz verandert;
im Jahre 1631 war auf der Ostseite ein breiter flacher Strand,
dieser Strand war vollstandig verschwunden . . . . Die Festung
liegt hoch, hat nur einen Zugang und ware zu verteidigen, auch
wenn wir noch funfmal stärker waren . . . . Die Bewohner vertrauten uns nicht recht, sie standen mit Schild und Schwert, mit
Bogen und Pfeil bereit auf der steinernen Brustwehr ihrer
Festung . . . Wir haben viele Kranke unter dem Volke der
Korakoras, das den ganzen Tag trotz Regen und Sturm rudern mufs . . . .

10. Mai Wir sind von Tobo weiter gefahren und kamen
mittags nach Hatimette . . . Hier hatten Orangkajas von Werinama schon drei Wochen auf den Gouverneur gewartet . . . . Wir
sandten die Orangkajas nach Weinama und forderten zur Bufse
fur ihre Rebellion 50 Sklaven . . . Nachts fortdauernd Sturzregen. . . . .

11. Mai. Der Gouverneur sandte einige Mardijker zur Kundschaft nach Weinama aus . . . Die Einwohner waren geflohen.

12. Mai Aufs neue ging Botschaft nach Werinama ab. . . .
Abgesandte von Werinama brachten in einem weifsen Tuche Erde
zum Zeichen der Unterwerfung. . . . Sie wollten 50 Sklaven
liefern, mufsten sie aber zuvor erst rauben und wollten sie spater
nach Amboina bringen; als Pfand sandten sie 3 Orangkajas. . . . .
Wir warnten die Einwohner, noch ferner auf den Rat des Statthalters oder des Kapitans Hitu etwas zu geben . . . Dem Orangkaja von Hatihau wurde ein vergoldeter Stuhl und ein Schwert
verehrt, was ihm sehr angenehm zu sein schien . . . .

13. Mai. Wir fuhren ab Die Nacht wurde gerudert, ohne
dafs wir viel weiter kamen. . . . .

14 Mai Vormittags ankerten wir vor Telutti wegen Gegenwind. . . . Abends sind wir weiter gefahren. . . . Nachts konnten
wir die Segel aufsetzen. . . . Morgens unruhige See . . . .

15. Mai. Am Abend ankerten wir bei Alt-Haja. . . . Nachts
meistens Sturzregen . . . .

16. Mai Morgens fuhren wir weiter . . . Kurz vor Haja
ankerten nahe dem Lande verschiedene von unsern Korakoras, die
da schon 5 Tage gelegen hatten. . . . Die Ubelthater entschul-

digten sich, dafs sie soviel Kranke hatten. . . . . Abends ankerten
wir in der Bucht von Tomelau. . . . .

17. Mai Die von Tomelau hatten sich geweigert, den Zug
gegen Ceramlaut mitzumachen. . . . . Die Orangkajas sollten an
Bord kommen, es erschien aber niemand. . . . . Abends kamen
wir nach Swanko, wir ruderten die Nacht durch nach Iha
hinuber. . . . .

18. Mai Morgens waren wir vor Iha. . . . Es wurde Befehl gegeben, die Soldaten von den Uliasserschen Korakoras nicht
in ihre Heimat zurückkehren zu lassen, sondern auf den Pafs
Bagnala zu bringen. . . . . Gegen Abend kamen wir nach der
Bucht von Hatuaha (Oma); wir setzen unsere Reise fort bei
gutem Wetter. . . . .

19. Mai Zwischen 3—4 Uhr morgens kurze Rast bei Siel.
. . . . Einwohner von Wai berichteten, die übriggebliebenen Bewohner hatten sich vor den Ternatern oben in die alte Negerei
geflüchtet. . . . . Die Ternater hatten ein Schiff erobert und
5 Niederländer und 3 Sklaven erschlagen. . . . . . .

20. Mai. Wir sind fruh am Pafs angekommen und nachher
glucklich nach Victoria, wo wir alles in gutem Zustande angetroffen haben. . . . .

18.

Bericht über den Hongizug des Gouverneurs Gijzel zur Ver-
nichtung von Nelkenbäumen, Negereien und Fahrzeugen
des Feindes, vom 1. bis 14. September des Jahres 1633.

1. September. Wir kamen glucklich nach Larike. . . . . Hier
war vor kurzem eine Djonke genommen und deren Bemannung
totgeschlagen . . . .

2. September. Wir kamen vor Urien. . . . . Wir haben uns
noch mit Besatzung aus Larike und Hitu, mit den Korakoras von
Larike, Ema, Kilang und Alang verstärkt und fuhren nach der
Bucht von Kaibobo. . . . .

3. September. Wir kamen nach Kaibobo. . . . . Es wurde
beraten, ob wir alle Fahrzeuge in der Bucht vernichten oder
lieber hinubersetzen und nach Anim und Lokki fahren wollten . .
Es wurde dahin entschieden, den Strand abzusuchen und die auf
den Strand gezogenen Fahrzeuge zu vernichten. . . . .

4. September. Wir waren um 1 Uhr nachts fortgefahren
und kamen am Morgen nach der Insel Nusa-Ula in der Bucht

von Kaibobo vor die Negerei Heneela, die die mittlere von
drei auf dem Berg von Kaibobo liegenden Negereien ist. . . . .
Die drei Negereien sind 7—800 wehrbare Männer stark. . . . .
Die Bewohner riefen, dafs sie Ulsivas waren, wir sollten ihre
Fahrzeuge nicht verletzen .   Wir forderten sie auf, herabzukommen, wozu sie sich nicht verstanden.. . . . Wir haben ihre
Schiffe verbrannt . . . .
     5. September. Wir haben fortgesucht nach Fahrzeugen. . . . .
     6. September Mittags befanden wir uns auf dem Strand
zwischen Pilu und Popelui, zwei Negereien im Gebirge auf der
Westseite der Bucht an der schmalsten Stelle, wo man in ganz
kurzer Zeit nach Assahudi gehen kann . . . Hier haben wir
nach einem guten Platze für ein Fort uns umgesehen. .   . . .
     7. September. Um 8 Uhr kamen wir nach Seiulam, hier
landeten wir; . . . mit 40 Weifsen und 6—700 Amboinesen
sind wir unter Führung zweier Überläufer von Luhu abmarschiert.
Wir kamen erst durch einen offenen Wald (halbe Stunde), dann
über ein mühsam zu übersteigendes Gebirge. . . .   Dann kamen
wir an den Berg, auf welchem die Negerei Serulam lag. . . . .
Überall grünten Nelkenbäume, selbst an den schwierig zugäng-
lichen Stellen in Schluchten und auf Abhängen. . . . . Die Negerei
war verlassen . . . Die Negerei wurde verbrannt . . . ein
Tempel blieb verschont, worin 5—600 Soldaten logiert werden
konnten . . .   Wir stiegen weiter ins Gebirge, um die Gelegenheit des Landes zu erkundschaften. . . . Es war eine Lust, die
vielen herrlichen Fruchtbäume zu sehen. . . .   Es wurden Bäume
gefällt. . . Der Gouverneur blieb mit einem Teil der Mannschaften oben. .   . . . Am andern Morgen sollte alles Volk in die
Berge gehen . .   Wir erfuhren von einem entlaufenen Sklaven,
dafs der Statthalter Leliato seine Schätze aus Luciela ins Gebirge geführt habe . . . .
     8. September. Alles abkömmliche Volk zog nach oben   .   .
Abends 5 Uhr waren mehr als 6000 Nelkenbäume gefällt . . es
soll noch eine unglaublich grofse Zahl übrig sein; auf der Ostseite bis an die Negerei Henekelang. . . . . Die Negerei blieb
auch diese Nacht besetzt. . . . Zur Nacht starker Wind SSO.
mit Regen. .   . . .
     9. September. Alles Volk zog wieder nach oben. . . . Auch
die Klappusbäume wurden geschlagen . . .   Der Gouverneur
sandte nach der Insel Nusacaffa (Taubeninsel), von wo die Korakoras von Oma, Utemuri und Baguala noch erwartet wurden . . .
Die Nelkenbäume waren heute im Umkreis von $1\frac{1}{2}$ Meilen umgehauen. .   . . .
     10. September. Noch einmal wurde in zwei gesonderten
Abteilungen ins Gebirge marschiert .   Abends kamen die erwarteten Korakoras an. . . . . Die von Kaisama liefsen sagen

es seien die Hituesen und die von Capaha dort, um Sago zu machen, die heisen sie nicht fort... Die Nelken waren nahe der Reife..... Es waren zwischen 11—12 000 Nelkenbaume gefallt.... Die von Serulam haben dem Statthalter bei guter Einte 150—160 Bar Nelken geliefert . Die Einwohner sind Heiden..... Sie haben fur ihre Abgotter Tempel, in denen sie opfern. .. Serulam ist auf der Ostseite (mufs Westseite heifsen) der Bucht von Kaibobo, eine Stunde vom Strande entfernt, auf einem hohen Berge gelegen. . . . .

11. September Gegen 11 Uhr vormittags kamen wir nach der Insel Nusa Ula, vor die Negerei Heneela, welche im Gebirge von Kaibobo liegt..... Wir sandten Unterhandler und liefsen die Bewohner auffordern, herabzukommen, erhielten aber die Antwort, dafs sie treu zum Statthalter standen, mit dem sie Mutakau getrunken hatten Wir nahmen die Negerei mit bewaffneter Hand..... Es war ein Platz von uber 400 Hausern, darunter grofse Gebaude und wohl 7—8 Baleuwen.... Wir steckten sie in Brand. Nachts schwerer Wind SSO . . . . .

12. September. Wir wiederholten jetzt unsere Friedenserbietungen an die von Pitlissa, die abgeschlagen wurden. ... Die Truppen wurden danach wieder nach oben gefuhrt und die Negerei Pitlissa angegriffen, die nach kurzem Gefecht genommen ward . . Viele Klappusbaume wurden zerstort und die Negerei in Brand gesteckt. ... Wir marschierten nochmals nach Heneela, um auch hier eine Menge Klappusbaume zu fallen... Ein Teil der Truppen ruckte gegen die Negerei Henesama . . . Sie war nach wenigen Stunden eine Beute der Flammen geworden . .. Bis zum Abend waren in den drei Negereibezirken mehr als 1400 fruchttragende Kokospalmen gefallen... Die drei Negereien lagen nur eine Viertelstunde voneinander.... . Heneela war die grofste Die Einwohner sind Heiden . . In den Negereien waren eine Menge Hauser fur ihre Abgotter, und frische Opfer lagen noch auf den Altaren.... Das Land ist sehr fruchtbar . .. Wir sahen Reis, Bohnen in Menge . . .

13 September. Wir sind aufgebrochen, um gegen Waiputi einen Zug zu thun . Abends gegen 5 Uhr kamen wir nach Hitulama. . . . .

14. September Fruh kamen wir vor Hila . . . Der Gouverneur ging an Land . . . Nach zwei Stunden kam Kapitan Hitu und die Orangkajas ins Logis, die sehr neugierig waren, zu wissen, was von uns verrichtet sei... Wir sagten darauf, dafs Serulam zerstort ware, wo wir auch viele Nelkenbaume vernichtet hatten . . Kapitan Hitu erklarte, dafs wir dadurch sein eigenes Land vernichtet hatten . . Wir erwiderten kurz, dafs es mit Hitu ebenso gehen wurde, wenn er nicht vorsorgte, dafs die

Nelken an die Niederländer geliefert wurden. . . . . Gegen Abend
kamen wir vor Urien. . . .   .
Wir erhielten hier Nachricht, dafs der Kimelaha die Negerei
Suli überrumpelt hätte, was den Gouverneur veranlafste, den Zug
gegen Waiputi für jetzt auszusetzen und nach dem Kastell sich
zu verfügen, wo wir am 19. anlangten . . .   .

19.

Gouverneur van Lodenstein an die Indische Regierung Maleyo,
6. April 1633.

Es schweben Friedensunterhandlungen zwischen den Ternatern und Tidoren . . . . Wir haben ein Schreiben aufgefangen,
in welchem der Konig von Tidor auseinandersetzt, dafs sie sich
gegenseitig nur zum Vorteil der Fremdlinge schwächten, die schon
beinahe über alles Herr waren . . .   .
Die Unterhandlungen dauerten längere Zeit, während dessen
wir sorgten, dafs von den Tidorern totgeschlagen wurde, was wir
irgend fassen konnten, und ermunterten dazu auch in jeder Weise
die Sengadji von Gamacanora u. s. w., um durch dieses Mittel,
welches schon vordem öfter angewendet wurde und gut gewirkt
hatte, die Feindschaft wieder anzufachen. . . . . Wir versahen
die Sengadji verschiedenemal mit Pulver, Blei und anderm
Kriegsbedarf . . . Der Konig von Ternate mufste aus Furcht
dann wieder unsere Freundschaft suchen. . . Der König mit
seinem Rat war bei uns, wir mufsten ihm ernste Beschwerden
vorstellen, dafs malaiische Händler nach Makjan gekommen seien.
. . . . Wenn das etwa von den Ternatern begünstigt werden sollte,
so mufsten wir mit ihnen verfahren, wie es leider in den amboinesischen Quartieren geschahe. . . . . Der König machte viele
Reden.   . . . .
Es scheint dafs die Fremdlinge, die in Amboina schwer verfolgt werden, hier ihr Glück versuchen wollen. . .   .
Der König wurde gewarnt, für gute Ordre und willige Angestellte in Amboina zu sorgen. . . . .
Er machte Versprechungen auf Besserung, denn er gebraucht
unsere Unterstützung jetzt wieder. . . . .
Zwischen dem 20 und 21. November (1632) sind zwei Kompanien Spanier und viele Tidorer gegen Tocomi gezogen, die
Negerei wurde verbrannt, und wir wurden, da der König Hamza
abwesend war, von der Obrigkeit um Schutz gebeten . . . . Es

folgte eine Generale Versammlung, um uber einen allgemeinen
Krieg gegen die Spanier und Tidorer zu beschliefsen..... An
Kapitanlaut Ali, der seit 1628 sich in den Quartieren von Amboina aufhalt, sind drei Korakoras abgegangen mit Befehl, hierher zuruckzukehren.... Wir haben den Makjanern Fleifs im
Nelkenpflucken sehr anempfohlen.... Es ist wohl ofter geschehen, dafs wir uns den Anschein gaben, als seien wir mit
Nelken uberfullt, um am Preise zu zwacken oder andern Vorteils
halber, von solchen Proceduren sahen wir ab, um sie nicht zu
zwingen, ihre Fruchte dem Feinde zuzutragen.... Wir haben
gesagt, dafs wir lieber das Nelkenpflucken, als den Krieg zu be-
fordern wunschten.... Wegen des Konigs Schulden steht es
gebrechlich, obwohl er die Zolle wahrend meines Hierseins genossen hat.... Er hat Mittel genug, um bezahlen zu konnen
... Auf unsere Anschreiben antwortet er, er wolle personlich
daruber mit uns verhandeln.... Er ist noch nicht hier gewesen,
seine Krankheit hinderte ihn daran, wie wir glauben.... Er
hat uns versprochen, gegen die alten Schulden uns die ambo-
nesischen Zolle zu uberliefern   . . . .
       Es bleibt kein anderes Mittel ubrig, als die Zolle.....
       Dafs er uns Land mit seinen Bewohnern fur die Schulden
verkauft, ist wohl frivol zu denken.   . . . . . .
       An den Konig von Mindanao haben wir geschrieben, dafs
er fortfahren mochte, den Spaniern Abbruch zu thun.... Er
soll alles fur den Bau einer Festung bis zu unserer Hinkunft
vorbereiten.... Dem Konig von Mindanao ist nicht sehr zu
vertrauen, wegen seines Wankelmutes.   . . . .
       Ein Zug langs der Ostseite dieser Insel wurde sehr lohnend
sein, wir mufsten eine Menge Volk auffangen.... Mit dem
Nordmonsun kehrten wir zuruck und konnten die eroberten
Menschen sogleich nach Amboina und Banda senden   . . . .
       Batjan sollten wir bevolkern oder verlassen.... Wir
durfen die Labuaresen nicht wegfuhren, es wurde das grofste
Missfallen erregen, wie ehedem unser Raub auf Siau.... Batjan
nutzt uns nicht viel, wir konnten es unbesorgt sich selbst uberlassen.   . . . .
       Wir werden Konig Hamza bei Gelegenheit Euer Edlen Vor-
schlag, auf der Kuste von Ceram statt Nelken die Reiskultur
zu befehlen, vorhalten, glauben aber nicht, dafs er sich dazu
geneigt zeigen wird seines Einkommens halber.   . . . . . .
       Angehend senden wir die Ubersetzung von einem Schreiben
des Konigs an den Statthalter Luhu, die Sengadji und Kipati
der amboinesischen Quartiere.... Der Konig meint, die Abgesandten hatten mit dem Kitschil Luhu und den Rebellen gemeinsame Sache gemacht.... Der Konig hat den Befehl erneuert, uns eine steinerne Feste in Luhu zuzugestehen   . . .

Der König von Gilolo ist ein Sohn von der Tochter des alten Königs, der in Manila im Gefangnisse gestorben ist, ein junger Mann, der unter den Unserigen grofs geworden ist . . . . Er ist kürzlich getraut mit der Tochter von einer Beifrau des Königs Hamza. . . . .

-- -- - - -

20.

*Brief des Königs Hamza an den Generalgouverneur Brouwer.
Maleyo, 6. April 1634.*

Euer Edlen habe ich nun mit diesem zu melden, dafs alles, was Sie von mir gefordert haben, geschehen ist. . . . . . Sie fordern, dafs ich Krieg führe, es geschieht. . . . Sie verlangten, dafs ich nicht die Tochter von Tidor zur Frau nehmen solle, ich habe es unterlassen. . . . Sie fordern, dafs ich für die Nelken Sorge trage, das thue ich auch, und nichts von allem ist unterblieben, was Sie sonst noch gefordert haben. . . . . . Jedoch von alledem, um was ich Sie so manches Jahr schon ersuchte, geschieht nichts. . . . . Keine Macht von Schiffen, keine Unterstutzung an Waffen, Pulver oder Blei ist erfolgt . . . . Ich will zum letzten mal noch darum gebeten haben. . . . . Während Sie wiederholt an mich schrieben, die Amboinesen wegen verbotenen Handels zu bestrafen, überziehen sie mein Volk selber mit Krieg. . . . . Es wäre in der Ordnung, dafs Sie solchen Krieg verbieten; sollten dann für die Folge meine Unterthanen gegen meine Gebote handeln, so mögen wir miteinander die Schuldigen bestrafen . . . . So Sie einige Liebe zu mir in sich tragen, so senden Sie die erbetene Unterstutzung, auch wollen Sie die Gouverneure belasten, dafs nicht mit dem neuen Gelde, den Doppelstuvern, sondern mit unverfälschten silbernen Realen bezahlt werde. . . . . Gott beschirme Euer Edlen!

21.

Gouverneur Gijzel über den Stand von Amboina bei Übergabe des Gouvernements an Antonio van Heuvel. Amboina, 15. Mai 1634.

Es wäre zu wünschen, dafs 5—600 Weifse auf Amboina stationiert wurden, dann konnten wir unsere Autoritat ausbreiten; die Platze, welche unter das Kastell ressortieren, wurden zur Gehorsamkeit gebracht, und von den Plätzen, die dem König von Ternate gehören, wurden uns viele zufallen..... Wir wurden Herr der grofsen Nelkenplatze werden..... In einem Jahre ist dies nicht zu verrichten. . . . .
Es wird gut sein, in der Bucht von Kaibobo festen Fufs zu fassen..... Die Einwohner sind Heiden, sie werden sich leichter gewinnen lassen..... Ich sage, wie ich schon so oft gesagt habe, mit dem Kreuzen bei Amboina, Banda und Makassar ist es allein nicht gethan..... Von allen Punkten, die ihm aufgetragen waren, hat der Sadaha (Oberstatthalter) nichts verrichten wollen. . . . . Er sagte keinen Auftrag zu haben, die Einwohner von Wai uns zu restituieren..... Er forderte Urien, Asilulu, Larike, Wakasihu, Alang, Lileboi, die zugehorigen Orte, die Uliasser, die ganze Kuste von Ceram, Amblau u. s w. fur seinen König, ehe er unterhandeln konnte..... Ob Kapitän Hitu ihn dazu angespornt hat, lasse ich andere beurteilen..... Er forderte nach vier Tagen Bescheid..... Ich liefs ihm sagen, dafs kein Platz ihm uberliefert werden wurde. . . . .
Die Einwohner von Suli haben wir gezwungen, auf dem Pafs neben dem Kastell zu wohnen, damit wir eine Schule sparen konnen; aufserdem ist ihre alte Negerei von Natur sehr stark geschutzt, und es wohnen dort auch zu viel Mohammedaner . . . . Wir sind jetzt uberzeugt von der Feindschaft des Kapitans Hitu und haben uns dagegen gerustet..... Wir lockten seine Neider auf unsere Seite, indem wir ihnen mit Gunst und Freundschaft in dem Mafse schmeichelten, als die Reputation des niederlandischen Standes es irgend zuliefs. . . . .
Kapitän Hitu hat an den König von Makassar Geschenke gesandt mit einem Briefe in silberner Dose und um Unterstutzung gegen uns gebeten..... Wir halten uns besonders an den König Tuahitumessen..... Als ich mit meiner Hongiflotte vor Luhu erschien, von Manipa kehrend, wo drei neu angekommene Djonken aus Makassar von mir verbrannt waren, hatte ich die Ternater schon geneigt gemacht zum Nachgeben, da erschien Kapitän Hitu, und alles ging uns darauf entgegen .... Er kehrte

nach Hitu zuruck und streute das Gerucht aus, wir wollten die
Negereien Hitus zerstoren, so dafs die Bewohner vor Schrecken
ins Gebirge fluchteten. . . . .

Nach der Zerstorung von Serulam haben die nachstgelegenen
Negereien, wie Anim und Lokki, aus purem Schrecken gebeten,
wir mochten sie unter unsern Schutz nehmen. . . . Wir haben
ihnen das zu gewahren zugesagt, wenn sie sorgen wollten, dafs
wir zwei Drittel von allen Nelken des Konigs und Kimelahas
bekämen, wovon sie uns nur den Zoll zugestehen wollten; ferner,
dafs sie nicht nur dem Kimelaha abfallen wollten, sondern auch
dem Orangkaja von Luhu . . . Wir konnen denen von Lokki
mehr vertrauen, als Luhu, Kambelo, Lessidi und Erang, weil dort
zu zwei Drittel Heiden wohnen; Kaibobo wurde uns auch zufallen. . . . .

Kapitan Hitu hat unser Kontor auf Hitu uberrumpeln wollen,
im Verein mit den Kimelahas . . . . Die Orangkajas von Luhu
haben uns alle Anschlage verraten, wir haben 40—50 Soldaten
nach Luhu mitgegeben. . . . . Sobald Macht kommt, werden wir
Hitu bestrafen . . . .

Ich mufs wiederholt sagen, dafs es fur uns wichtig und nutzlich wäre, den Krieg bei dieser günstigen Gelegenheit auf verschiedenen Platzen anzufangen. . . . . Die Luhuesen konnen uns
grofse Dienste leisten. . . . .

Iha (Honimoa) mussen wir noch anstehen lassen zu bemeistern . . . . . Auch Hatuaha bleibt vorbehalten der Zerstorung,
bis wir auf andern Platzen fertig sind . . . Solange wir sie
in Frieden lassen, werden sie uns, gleich wie auch Latu und
Haloi, keinen Abbruch thun. . . . .

Die Hituesen wurden gern die Souveranitat uber die ganze
Kuste Ceram, und die Inseln Boano, Bessi und Iha an sich
ziehen. . . . . Uberall sucht Kapitan Hitu uns Abbruch zu thun
. . . . Ich habe die Überzeugung, der redliche Mohammedaner ist
hier unser Todfeind. . . . Sie thun nichts, als zu ihrem Profit
und um ihre Macht auszubreiten. . . . .

Was die Alfuren von Ceram betrifft, so werden viele zu uns
halten, sobald wir ein Fort in der Bucht Kaibobo haben. . . . .

Wir konnen 100 Korakoras während einiger Jahre versammeln . . und ich sage nochmals, die Sachen in Amboina
konnen mit einer Macht von 5—600 Weifsen und den notigen
Schiffen zu unsern Gunsten gestellt werden. . . . . . .

22.

Gouverneur Antonio van Heuvel an die Indische Regierung.
Reede Hitu, 30. Mai 1634.

Ich habe zehn Tage vor Makassar gelegen, um von allen
Verhältnissen mich zu unterrichten. . . . Im Angesicht unserer
Flotte, gleichsam zum Hohn, liefen 34 grofse und kleine makassa-
rische und malausche Fahrzeuge aus, wie auch einen Monat zu-
vor 14—15 makassausche und javanische Fahrzeuge nach Solor,
Ceram, Ceramlaut und den Kaunseln ausgelaufen waren

Bei meiner Ankunft habe ich die Dinge hier in sehr schlechtem
Stande gefunden, infolge der Verratereien zwischen den Statthaltern Luhu und Leliato und den perfiden Handlungen des
Sadaha und des neuen Statthalters Fakiri, im Bunde mit dem
hochmutigen Kakiali . . .

Der Feind ist stark in Kambelo, Lessidi, auf Manipa und
durch die Unterstützung der Fremdlinge und Hituesen. . . . . Ich
habe mich zuerst gegenüber Kakiali gestellt, als wufste ich von
den Zerwürfnissen zwischen ihm und Gouverneur Gijzel nichts. . . . .
Kakiali hat zwei neue Festen gebaut, Kaitetto und Wawani
Abmahnungen mit Unterstützung von seiten der Brüder seines
Vaters haben nicht gefruchtet . . . . Er hat Bericht gesandt nach
Ribot, Hatimette, Tobo, Wermama, Keffing, und an alle Plätze
langs der Küste von Ceram, auch nach Goram und Ceramlaut,
mit der Aufforderung, von uns abzufallen . .

Es ist beschlossen worden, Kakiali mit den andern vornehmen Häuptern zu ergreifen . . Am 20. Mai ist uns dies
durch List geglückt ohne Blutvergiefsen. . . Wir hatten für
diesen Anschlag als Verbündete den König von Hitu, den Pati
von Capaha, den König von Mamalo, der allein 1000 Bewaffnete
mit Henelatu und Lebelehu stellen kann . . Gott sei gedankt,
dafs dies so gut geglückt ist. . . . . Kakiali soll in Victoria vor
dem Hohen Rat von Amboina und Hitu zur Verantwortung gezogen
und gestraft werden . . . . .

Die Orangkajas von Hitu haben auch den Eid der Treue
an die Edle Kompanie geleistet. . . . .

Die von Luhu mit Kitschil Sibori, einem Ternater von
königlichem Blute, sind dem Kimelaha abgefallen und haben mit
dem Gouverneur Gijzel den Mutakau getrunken. . . Ich unter-
halte diese Freundschaft mit den Luhuesen. . . . . .

Sibori ist durch Anstiften von Leliato Gift beigebracht, er
erleidet schreckliche Schmerzen; wir haben ihm Medikamente gereicht, und befindet er sich auf Besserung. . . . .

Durch die Luhuesen erhalten wir von allen Anschlagen des Feindes Nachricht . . . .

Ich hatte ein Gespräch mit dem Sadaha und habe ihm nochmals auseinandergesetzt, dafs seine Ansprüche ungerechtfertigt seien, dafs Amboina 70 Jahre lang durch die Portugiesen in Besitz gehalten und vordem 100 Jahre frei gewesen sei . . . . Es war eine Lust zu horen, wie die vom Sadaha beanspruchten Insulaner sich auf unsere Seite schlugen; sie kamen heimlich zu mir und fragten, ob ich nicht erlauben wollte, dafs sie diesen Sadaha mit all seinem Volke auffressen durften, sie seien jeden Augenblick dazu bereit. . . . Wir konnen jetzt gegen die Fremdlinge und die Statthalter nichts zur Hand nehmen. . . . .

Ich glaube nicht, dafs die Fremdlinge bis zur Ernte der Nelken, Ende September, hier bleiben werden. . . . . Es ware nutzlich, dafs wir Schiffe in der Strafse von Buton stationierten, um fremden Schiffen den Durchgang zu wehren. . . . .

Gijzel hat seinem gewesenen Sekretär, der die Tochter seiner Schwester geheiratet hat und 10 Tage vor meiner Ankunft frei geworden ist, 10 000 Fl. in Wechselbriefen verabreicht. . . . So wird mir von dem Prediger Heinichius versichert. . . .

Ich hoffe eine bessere Verwaltung zu fuhren, als Gijzel. . . . .

23.

Urteil des Raad ordinaris Gijzel über die Mafsnahmen, welche gegen Amboina anzuwenden sind. Batavia, im Jahre 1636.

Es ist der Wille unserer Herren und Meister, dafs es unsere vornehmste Aufgabe sei, zu erreichen, dafs keine Nelken in andere, als unsere Hande kommen, und für diesen Zweck alle Mittel aufzuwenden . . . .

Um den verfallenen Stand, der seine Hauptursache in den grofsen Lasten unserer Unterthanen hat, die während des halben Jahres Hongidienste thun mussen, zu heben, ist es notwendig, dafs Euer Edlen selber mit ansehnlicher Macht nach Amboina gehen . . . .

Luciela mufs fallen; wir konnen gegenuberliegende Hohen leicht besetzen und dem Feinde das Wasser abschneiden. . . . .

Auch Oma mufs entsetzt werden, ehe man auf Amboina noch anlandet . . . .

Bezuglich des Vernichtens der Nelkenbaume mufs man sich des Rates von Abdul Rachman auf Hitu bedienen; so ihm Geheim-

haltung versprochen wird, ist er zweifellos zu bewegen, dafs er
die Starken und Nelkenplatze des Kimelaha uns verrat .

Auch Lokki mufs angetastet werden. . . . Dort stehen
nicht nur junge Baume, die nach der Zerstorung im Jahre 1625
wieder angepflanzt worden, sondern auch hinter der Negerei im
Gebirge eine grofse Menge alter Baume.

Rachman kann sagen, was noch sonst in der Bucht von
Luciela zu verrichten ist. . .

Ich teile die Ansicht unserer Herren und Meister, dafs wir
durch Krieg, durch Verwusten ihrer Nelken-, Sago- und anderer
Fruchtbaume am ehesten zu dem gewunschten „Witt" (bedeutet
„Ziel") kommen werden, um so mehr, wenn etwas Ordentliches
durch diese unsere batavische Flotte ausgerichtet wird.

Es soll bei unserer letzten Zerstorung im Osten von Luciela
eine Negerei Henekelang ubriggeblieben sein, wo nach Aus-
sage eines gefangenen mohammedanischen Priesters grofse Mengen
Nelkenbaume stehen . . . Es ware moglich, dafs dieser Platz
besteht, dann kann er aber keine drei Meilen von Erang entfernt sein . . . . . .

Mit dem Westmonsun konnte man danach den Westen von
Luciela zerstoren. . . . .

Rachman wird auch hier gute Dienste thun. . . . Wird
Waiputi genommen, so wird auch die gegenuberliegende Hohe
zu erreichen sein, die sonst von der Seite aus zu ersteigen ist
. . . Diese Gegend ist die nelkenreichste

Es wird zu erwarten sein, dafs der Konig von Ternate heimlich den Kimelaha unterstutzt . . . Wahrend meines Gouvernements hatte es allerdings nicht viel auf sich, denn der Kimelaha
hat sich auf die offene See, wie nachher unter van Heuvel, nicht
herausgewagt. . . . Von Ceram wird es gut sein, die ganze
Macht gegen Hatuaha zu fuhren, um Kabau und Keilola u s w
zu bemeistern. . . . Es wird hier eine feindliche Macht von
900 Kopfen zu erwarten sein . . . Zum Zeitvertreib konnen
hier viele Nelkenbaume zerstort werden. . . . Durch sanfte
Mittel, ohne dafs man Pardon zu gewahren braucht, wird man
viel willige Unterthanen zuruckgewinnen. . . . Hatuaha mufs
ordentlich gezuchtigt werden, da es im Herzen unsers eigenen
Gebietes liegt, sodafs der Schrecken nach allen Seiten heilsam
wirken wird. . . . Kommen Euer Edlen dann nach Victoria, so
bin ich uberzeugt, werden Sie keine Schwierigkeiten finden mit
unsern christlichen Unterthanen . . . .

Die Angelegenheiten von Hitu mussen an Ort und Stelle
untersucht werden . . . Meines Urteils durfen wir auch Hitu
jetzt noch nicht zerstoren, wir haben sonst ein Land ohne Handel
und Vorteil zu bekriegen. . . . Aufserdem kann an der Kuste
von Hitu sich kein fremdes Fahrzeug verstecken. . . . Will man

ein Exempel statuieren, so mag man Wailina ruinieren, um die
von Capaha zum Herabkommen aus den Bergen zu zwingen. . . . .
Es wäre besser gewesen, van Heuvel hatte den Todespruch gegen
Kakiah durch den Landrat, als er damals versammelt und gunstig
dafür war, aussprechen lassen; die lange Gefangenschaft hat aus
seinen Feinden Freunde gemacht . 　　　.　　　.　.　　.　.

Auf Urien wird etwas Garnison nützlich sein, von hier kann
man Luciela, Luhu und Waiputi im Auge halten, eine grofse
Strecke von Hitu und auch Hatuaha, Kambelo, Kelang und Mampa sind zu überwachen. 　. 　.　 .　 . 　. 　. 　. 　.

Es wird uns nichts nutzen, mit dem Kimelaha oder dem
Könige von Ternate in Frieden zu treten. . . . . Wir werden
gut thun, an Hamza unsere Bereitwilligkeit zur Unterhandlung
auszusprechen, aber mit dem Hinzufugen, dafs wir unsere Unterthanen zur Ordre bringen mufsten, inzwischen fahren wir mit
dem Zerstorungswerk fort 　.　　　.　　.　　.　.　.　.

Das Werk Euer Edlen gedeihe zum Lobe Gottes und zum
Dienste der Kompanie 　　.　　.　　.　.　.　.　　.　.　.　.

24.

*Präsident Joan Ottens an die Siebzehner. Victoria, 12. Sep-
tember 1637.*

. . . Bei meiner Ankunft erfuhr ich, dafs der Statthalter
Lehato derartig die Oberhand habe, dafs die Unserigen nicht
einen Prau auf dem offenen Meere sehen lassen durften. . . . .
Der Kimelaha Luhu ist nach Ternate gegangen, um von dem
Könige Unterstutzung zu erbitten . . . . Lehato hat vor zehn
Tagen mit 30 Korakoras einen Rundzug gethan und viele Orangkajas auf der Kuste Ceram Gehorsam schworen lassen. . Er
hat Tuaha (Uhasser) angegriffen, ist aber abgeschlagen. . . . Es
werden Djonken aus Makassar erwartet . . . Die Festung Luciela wird durch Lehato verstarkt. . . . . Die Hituesen sind ins
Gebirge geflüchtet, aller Handel auf Hitu stockt. . . Das Kastell und alle Kontore sind um Reis und Sago verlegen . . . .

Unser Kontor auf der Insel Oma wird stark belagert. . . .

Es wurde im grofsen Rate beschlossen, einen Angriff auf
Luciela zu thun. . Ich fuhrte die Avautgarde, Caen die Hauptmacht und Kapitanmajor Deutecom die Arrièregarde . . . Wir
fanden heftigen Widerstand, aber der Mut unserer Truppen war
mannhaft . . . . Nach dreistundigem Gefecht nahmen wir die

Festung ein . . . Leliato war selber anwesend gewesen, aber
mit seinem Kriegsvolke entflohen. . .   Viele Fahrzeuge fanden
wir auf dem Strand. . . . In dem Packhause des Kimelaha erbeuteten die Soldaten 30 000 Pfund Nelken. . . . . Wir hatten
12 Tote und 20 Verwundete (natürlich nur die Weifsen gerechnet) . . . . Ein grofser Nelkenhain wurde niedergemacht .
Die Negerei wurde verbrannt . . . .
        Wir hielten Luciela genügend besetzt . . . Der General-
gouverneur schickte nun Gesandte mit Gnadenbriefen an alle abgefallenen Inseln und Platze ab .   Trotz der freundlichsten
Ansprachen fruchteten sie wenig. .   Wir hatten wohl gern
anders mit den Rebellen gesprochen, aber wir konnten ihnen
nicht ins steile Gebirge folgen, wohin sie aus ihren Negereien
die Flucht nahmen; auch waren sie mit Gewehren genügend bewaffnet, weshalb im Rate beschlossen war, ihnen Freundschaft
zu heucheln . .   Die Bewohner von Soya, Ema, Kelang, Puta
und Utemuri sind in ihre Negereien zurückgekehrt . . . Es war
die höchste Zeit, dafs in diesem Jahre unsere Macht erschienen
ist . . . . Es spottet jeder Beschreibung, wie fest, wie stark und
einmütig alle unsere christlichen Unterthanen bereits mit den
Mohammedanern der nahegelegenen Platze, mit den Kimelahas
und deren Anhang auf Ceram, mit den Frevelmutigen auf Hitu
und denen von Ihamau (Norddistrikte auf Honimoa) und Hatuaha
gegen die Edle Kompanie verbunden waren . . . . . .
    Die Orangkajas beklagten sich besonders über

1 zu schwere Hongidienste;
2 dafs sie von den Offizieren und Soldaten geschlagen
   und Hunde gescholten wurden;
3. dafs Orangkajas gegeifselt wurden;
4 dafs ihre Nelken nicht aufrichtig bezahlt wurden,
   was sie ablieferten,
5. dafs sie harte Verfolgungen der Prediger zu erdulden
   hatten.

Meines Urteils ist dies alles Vorwand, es war eine allgemeine,
zugellose und mutwillige Revolution . . . . Sie glauben, sie
können gegen unsern Willen sich auflehnen, wenn sie den Kimelaha Leliato als ihren Schirmherrn anerkennen.   . . . .
    Um Hitu zufriedenzustellen, versuchten wir auch zu unter-
handeln. . . .   Dies wurde einfach abgeschlagen. . . . . Kakiali
war noch in unsern Händen, ihn auszuliefern wurde noch einstweilen ausgesetzt.
    Wir fuhren zunächst am 27 Februar (1637) nach den
Uliassern. . . . . Inzwischen hatten wir nach Ceram Schiffe ausgesandt, die 1000 Mann oder mehr Alfuren Unterstützung holen
sollten; sie brachten aber nur 450 Mann mit. . .   .   .   .

Die mohammedanischen Dorfer Hatuaha, Kabau und Keilolo
nicht nur, sondern auch die christlichen Negereien hatten unser
Kontor bedrangt .   Wir landeten Truppen unter Caen und
Deutecom . . . . Kabau und Keilolo waren rasch gewonnen. . . . .
Mit Hatuaha ging es so rasch nicht . .   Wir hatten sehr bald
grofsen Verlust, 74 der Unserigen waren kampfunfahig gemacht,
davon waren 14 tot und 60 verwundet, sodafs wir retirieren
mufsten. Nachdem wir Kokospalmen und Nelkenbaume vernichtet
hatten, ubersandten die Bewohner ein Gnadengesuch Sie wurden als Unterthanen wieder angenommen und alle abgefallenen
christlichen Negereien, wie Haruku, Sammet, Oma, Aboro und
Kneu, fielen uns wieder zu Von Hatuaha nach Papino steuernd.
wurden von den Alfuren 18 Stuck neue Fahrzeuge des Leliato
entdeckt Vor Papino angelangt. vereinigten wir die Orangkajas
von Nusalaut, welche begnadigt wurden und unter den fruhern
Bedingungen Gehorsam gelobten. Die Sachen in den Uhassern
waren damit beendigt; es wurde nun im Rate beschlossen, auf
Ceram noch einen grossern Nelkenwald zu zerstoren. Wir zogen
zu diesem Ende vor Luciela.
     Hier erhielten wir durch den ternatischen Kapitanlaut Sibori
einen Brief von seinem Konig zugestellt, mit der Zusage, dafs er
seinerseits den Kimelaha und dessen Anhang strafen werde. Alle
Angelegenheiten betreffend den Nelkenhandel und die Fernhaltung
der Fremdlinge wollte Se. Majestat mit aufrichtigem Eifer unter
Assistenz und mit Rat seiner Edelheit schlichten.
     Trotz dieser Botschaft wurden wir in unserm Werke fort-
gefahren sein, ware nicht der Regenmonsun so zeitig eingetreten
und die Erschopfung der Soldaten zu grofs gewesen, sodafs wir
nach Hitu umkehrten, wo der Generalgouverneur und der Rat
nach grofser Muhe die Orangkajas zusammenbrachte, und sie zu
dem Gelobnis veranlafste, dafs sie sammtlich zu einem grofsen
Landtag, so Uhlima als Uhisiva, nach dem Kastell kommen
sollten. Es dauerte bis Mitte Mai, bevor die Orangkajas in Victoria versammelt waren, die von Hitu waren nicht eher erschienen,
als der Generalgouverneur Kakiali aus der Gefangenschaft frei-
liefs Das Volk hing seinen angestammten Obern an, in deren
Stellen wir Personen eingefuhrt hatten, die fur diese Wurde
weder vom Volke anerkannt, noch ihnen gehorsamt wurde.
     Der Landtag dauerte von Mitte bis Ende Mai Neben vie-
len andern Zerwurfnissen wurde die Angelegenheit mit Hitu vor
allem dahin geregelt, dafs Kakiali wiederum als Kapitan Hitu
und die abgesetzten und von uns verdrangten Orangkajas wieder
in ihren Rechten hergestellt wurden; worauf von ihnen sehr
willig nach den alten Kontrakten auch ihre Verpflichtungen gegen
die Kompanie und die Duldung von Angestellten in ihren Landschaften ubernommen wurden.

Es sind somit die vielen Trubeln und Unruhen in diesen Quartieren in der Hauptsache abgethan. Es war dies durch das sanfte Mittel von Pardongewahrung erreicht, die Rebellen zu strafen mufste vorbehalten bleiben, sodafs vom Generalgouverneur und dem Rate beschlossen wurde, im nächsten Jahre mit ansehnlicher Macht zu diesem Zwecke wiederzukommen. Möchten wir dann finden, dafs den neu geschehenen Gelöbnissen wieder Einbruch gethan werde, alsdann ohne Gnade und Barmherzigkeit alle Rebellen nach unserm aussersten Vermögen mit den Waffen so kräftig anzufallen, zu verfolgen und zu vernichten, als es nach den Umständen nützlich gefunden werde... Mit dieser Verwarnung wurden die Orangkajas entlassen, nachdem jedem ein kleines Geschenk verehrt war...........   . .

Es kommt jetzt darauf an, dafs dieses Gouvernement gut geleitet, allen Zusammenkünften, Bitscharingen (Beratungen der Orangkajas) und Verrätereien zeitiger gewehrt werde. Auf diesen Punkt hatte schon der Generalgouverneur in Batavia die Aufmerksamkeit des Rates von Indien hingewiesen und mich zum Gouverneur auserkoren, sodafs am 20. Mai Jochen Roeloffsen seines Amtes entschlagen und mir die Regierung übertragen wurde. Ich hoffe das Gouvernement in eine bessere Lage zu bringen .... Nachdem ich in Ternate in zwei Jahren 86 000 Gulden erspart habe, hoffe ich auch hier zu gleichem Resultate zu kommen, dagegen werde ich Euer Edlen nur ersuchen, mich mit der Würdigkeit eines „Raad ordinaris" für treue Dienste zu belohnen.

Am 4. Juni ist der Generalgouverneur mit der Flotte nach Batavia zurückgegangen. Bis heute, 12. September, ist alles in guter Ordnung fortgegangen .   .   .   .

Sonnabend tagte der Landrat; alle Sachen wurden in Ordnung geschlichtet.

Die Negereien Soya, Amatelo, Ahussen und Ortette haben bereits angeboten, wieder aus dem Gebirge nach unten zu kommen.   .   .   .   .

Kapitän Hitu, der Orangkaja Tua mit den vier vornehmsten Häuptern halten sich durchaus friedlich.

Kapitänlaut Sibori beweist grofsen Eifer, um die Aufständischen von dem Kimelaha abzuziehen, er hat schon einen grofsen Teil sich unterworfen, und dem Kimelaha Nelken abwendig gemacht.   .   .   .   .

In Summa treten viele Anzeichen zum Guten in den amboinesischen Verhältnissen hervor, der feste Friede mit den Unterthanen und Bundesgenossen ist im Wachsen und Blühen begriffen.   .   .   .   .

e *.

25.

*Brief des Königs Hamza an den Generalgouverneur van
Diemen. Maleyo, im März 1637.*

. . . . Wenn Euer Edlen mir schreiben, dafs Sie mir keinen
Glauben mehr schenken, so kann ich darauf nur mit der Versicherung antworten, dafs ich nach bestem Vermögen den Krieg
fortgesetzt habe, nicht ohne Vorteil gegenuber dem Feind, aber
auch mit grofsem Verlust an meinen Unterthanen. . . . . Der
Krieg wird einen guten Ausgang nehmen, wenn Euer Edlen mit
Ihrer ansehnlichen Macht erst zur Unterstutzung nach hier kommen, da uns eben alles fehlt, was zur rechten Kriegfuhrung gehört. . . . . Nun höre ich, dafs Euer Edlen mit ansehnlicher
Macht nach Amboina ziehen wollen, um die Mutwilligen dort zu
bestrafen. Darum sende ich meinen Bruder, den Kapitanlaut
Sibori, zu Euer Edlen Begrüfsung dahin ab. . . . . Er vertritt
mich in Person. . . . Euer Edlen wollen sich seines Beistandes
annehmen. . . . . Nicht mein Volk auf Ceram ist schuldig, sondern allein diejenigen, welche die Regierung führen . . . . Das
Unglück betrifft uns Beide gleichmafsig. . . . . Den Kimelaha
Luhu, der nach hier gekommen ist, behalte ich in Versicherung.
. . . . Ich erwarte, dafs Euer Edlen sich mit Ihrer Macht nach
hier verfügen werden, um hier alles in Ordnung zu bringen. . . . .
     Stellen Euer Edlen auf Ceram den Vernichtungkrieg ein,
mit dem Sie mein Volk heimsuchen. . . . Die Schuldigen sollen
bestraft werden . . . mein Volk wird mir gehorsamen. . . . . Möge
das Blut von Soldaten und armen Verfolgten nicht mehr fliefsen,
das deucht mir das Beste zu sein. . . . . Haben Euer Edlen nun
auf andern Platzen zu thun, so ersuche ich ernstlich, dafs ein
Teil Ihrer Macht hierher komme, damit die Sache zuerst hier
gefordert werden kann. . . . .
     Euer Edlen kennen nun meine aufrichtige Meinung, es würde
mich verwundern, wenn Sie dem Waffenfreund und Verbundeten
keinen Glauben schenken sollten. . . . .
     Ich bitte Euer Edlen, die beifolgenden 2 Bar Nelken als
ein kleines Geschenk anzusehen . . . .

26.

Gouverneur Ottens an die Siebzehner. *Victoria, 15. September 1638.*

.... Nachdem alles bis zum Oktober vorigen Jahres in guter Ordnung ging, berief ich gegen den 20. Oktober einen allgemeinen Landtag nach Victoria . . . . Ich beabsichtigte einen Hongizug gegen den Kimelaha auf Ceram und wollte auch sehen, ob alle Orangkajas der Aufforderung nachkommen wurden. . . . . Die von Alang, Lileboi, Wakasihu, Urien und Asilulu blieben aus, sie halten zu Kakiali. . . . . Mit dem letztern war eine Veranderung vor sich gegangen, nachdem er sich anfangs willig zeigte, fing er an, bald darauf Bitscharinge mit Leliato zu halten . . . . Kapitän Hitu unterhandelt auch mit dem Könige von Makassar . . . . Er halt sich auf Wawani, einer Bergfeste auf. . . . . Am 24. Oktober trat ich einen Hongizug längs der Kuste Ceram an. Vor Lessidi fand ich Kapitanlaut Sibori, der mit Erlaubnis des Generalgouverneurs in diesen Quartieren geblieben war; unter seiner Vermittelung, thaten andern Tags die vornehmsten Orangkajas von Lessidi den Eid der Treue auf Grund der alten Kontrakte. . . . . Wir boten Leliato und den Orangkajas von Kambelo Verzeihung an, die abgeschlagen wurde Auf Wunsch und weil es mir selbst nutzte, liefsen wir zum Schutze der Bevölkerung etwas Besatzung in Lessidi. . . . . Am 29 Oktober gingen wir nach Luhu. . . . Das Kontor unter Pieter Pietersen war gut im Stande; die Orangkajas waren erfreut, dafs die von Lessidi uns zugefallen waren. . . . . Am 8. November kamen wir nach den Uhassern; hier waren alle Unterthanen, niemand ausgesondert, in guter Ordnung und Ruhe. . . . . Wir hatten alle Negereien dieser drei Inseln besucht, als wir nach Wai hinuberfuhren und an der Kuste von Hitu fort bis nach unserm Fort in Hila, wo wir am 12. November ankamen. . Wir erfuhren, dafs Leliato und Kakiali in Wawani Zusammenkunft hielten. . . . . Wir beriefen die vier Haupter von Hitu und verwarnten sie wegen der Umtriebe; aufs ernstlichste hielten wir ihnen vor, dafs Kakiali sich nicht schame, eine Tochter des Kitschil Laximana, eines Parteigängers von Leliato, zu heiraten. . . . . Sie brauchten Entschuldigungen und klagten Kakiali an, der ohne ihr Wissen mit Leliato correspondiere. . . . . Sie versprachen dafür zu sorgen, dafs der neue Friede nicht gebrochen werde. . . . . Wir simulierten dazu unsere Zustimmung . . . Wir schieden damit am 14. November von Hila. . . . . .

In Victoria zurück, notigten wir alle unsere Orangkajas zu einer Mahlzeit . . . .

Nach diesem Zuge starb der König von Ulat auf den Uhassern, der von allen der vornehmste Häuptling gewesen war, die es immer treu mit der Kompanie gehalten haben .... Die Orangkajas von Ulat kamen nach Victoria, und präsentierten uns drei Personen, von welchen wir den König bestimmen sollten . Es geschah dies im Landrat, und haben wir des verstorbenen Königs ältesten Sohn angestellt . . . .

Orangkaja Tua, in Alt-Hitu oder Hitulama, einer der vier Häupter von Hitu, hat sich mehr und mehr die Feindschaft von Kakiali zugezogen; wir haben 20 Soldaten zu seinem Schutze nach Hitulama gesandt und Kakiali und den drei andern Häuptern ansagen lassen, dafs wir einen Angriff gegen Tua nicht dulden wurden . . Diese antworteten, Tuahitumessen habe ein böses Gewissen, sodafs er allzeit um sich besorgt wäre. .   .

Kapitän Sibori hatte sich inzwischen mit Erfolg bemüht, weitere Ortschaften auf Ceram uns zu verbinden, wie Waiputi, Liela, Saluko neben andern, dagegen fielen 50 Krieger von Sibori ab und verfügten sich zu Leliato nach Kambelo. .   Bis so weit gedieh das Werk Siboris, als im Februar die zweite Armada unter van Diemen eintraf. . . . .

Wir haben dem Generalgouverneur auf seinen Befehl die Mittel bezeichnet, welche erforderlich sind, um den Alleinhandel mit den Nelken zu sichern . . . Ich bin der Meinung, wir müssen den alten Kimelaha entfernen, die bleibende Bevölkerung auf Grundlage der alten Kontrakte befriedigen und die vorzüglichsten Aufsenposten mit steinernen Forts — ohne Kosten — befestigen . . . . Reicht dies nicht aus, so können wir auch die Hauptplätze, wie Kambelo, Tagalissa (Buru), Massawoi (Manipa), Kelang unterhalb Heneputi, und Nusalaut oder die nordlichste Insel von den drei Brüdern, selber bewohnen. . . . . Wir wurden mit 400 Mann Besatzung für das ganze Gouvernement ausreichen. . . . Diese Fortifikationen würden die Kompanie nicht wie bisher beschweren; sie können, was doch eine ganz andere Sache ist, ohne Kosten ausgeführt werden. . . . .

Wir müssen den König von Ternate in Ansehen erhalten und seinen gerechten Forderungen genug thun, aufser den gewöhnlichen Zollen seine Statthalter mit Geschenken beehren, dann können wir ihrer Unterstützung sicher sein. .   . . .

Wenn wir diese Besatzungen ausführen, so wird Friede sein, und die Lieferungen der Nelken werden an uns geschehen . . Als wir noch in Urnen waren, erhielten wir jährlich 50—70 Bar Nelken, jetzt nichts . Als wir im Jahre 1632 Luhu besetzt hatten, erhielten wir dort 120 Bar, kaum waren wir fort, so hörte jede Lieferung auf. . . . .

Während wir seit dem 8. Januar auf die Ankunft der Armada warteten, mufsten wir wegen Sturm und Unwetter am

17. vor Hitu ankern. . . . . Der Kapitän Hitu, Kakiali, hatte inzwischen im November mit dem Sekretär vom Landrat verhandelt; er forderte die Absetzung Tuas und dessen Verbannung; geschähe sie nicht, so würde er sein Leben lang ein Feind der Kompanie bleiben. . . . . Wir gaben Kakiali hierauf keine Antwort, sondern setzten diesen Fall bis zur Ankunft der Armada aus. . . . .

Am 18. Januar besuchten uns die drei Haupter aufser Tua, der Orangkaja Baros, Totehatu und Pati Tuban. . . . Am 24. Januar trat gutes Wetter ein, wir liefen in See gegen Kambelo und Lessidi zu und kreuzten zwischen hier und Buru. . . . Am 17. Februar trafen wir ein ternatisches Fahrzeug, das uns Briefe vom Könige und dem Gouverneur brachte. . . . . Wir erhielten Nachricht, dafs der König mit seinen Korakoras in 10 Tagen unter Geleit des Schiffes Egmont nach Amboina kommen werde. . . . . Am 24. Februar erschien bei Manipa die Armada, und gingen wir mit dem Herrn Generalgouverneur nach Victoria. . . . . Es wurde beschlossen, die Ankunft des Königs abzuwarten . . . . Inzwischen besuchten der Generalgouverneur und der Raad Caen am 6. März Banda. . . . . Am 18. April kamen sie von da zuruck und gingen vor Hila vor Anker, der König von Ternate war noch nicht angekommen. . . . .

Hier lief aus Lessidi Nachricht ein, dafs 15 fremde Djonken auf dem Strand lagen und Verstarkung an Lehato brachten. . . Wir wollten nicht langer auf den König warten und aufbrechen, um gegen Kambelo zu ziehen, als am 23. April das Schiff Egmont anlangte. Am 27. Marz war die Jacht mit 11 Korakoras aus Ternate abgefahren, durch Gegenwind nach Buru verschlagen und von den Korakoras abgekommen, die bei Manipa sein mufsten. . . . Wir zogen abends nach Kambelo . . . . Die Djonken waren auf den Strand gezogen, und das fremde Schiffsvolk hatte Verschanzungen von Stein aufgerichtet . . . .

Kakiali, verschiedenemal entboten und durch den Generalgouverneur mit einem Brillantringe beschenkt, hatte sich mit leeren Entschuldigungen unsichtbar gehalten. . . . . . .

Am 28. April kam Nachricht, dafs Se. Majestat vor Tuban (Manipa) angekommen sei, wo ich ihn auf Anordnung des Generalgouverneurs mit meiner Schaluppe und zwei Korakoras bewillkommnete, um ihn auszuhorchen . . . . Am 29. April hatte ich mit dem Konige eine Zusammenkunft, der viel indische Ceremonie vorherging . . . . Ich konnte seine Meinung nicht herausbringen; er entliefs mich mit dem Bescheid, in zwei Tagen mit dem Generalgouverneur vor Kambelo zu unterhandeln . . . Am 4. Mai erschien der König. . . . . Er wurde herrlich auf dem Generalsschiff „Prinz Frederik Henrik" durch den Generalgouverneur und die anwesenden Rate empfangen, unter Verehrung einer

goldenen Kette und eines kleinen goldenen chinesischen Schiffs-
modells. . . . . Am folgenden Tage kam der König wieder und
nun wurde unterhandelt. Der Generalgouverneur setzte auseinander, wie Makassaren, Malaien und Javaner hier Handel trieben. . . . . Bei Bezahlung von 60 Realen für den Bar gehörten
die Nelken den Niederländern . . . . Mehr als die Hälfte wurde
ihnen vorenthalten . . . . Der König wurde gebeten, den Kimelaha Lehato und die vornehmsten Orangkajas vorzuladen, die
Schuldigen zu strafen, die Fremdlinge anzufallen, ihr Volk, ihre
Güter und Fahrzeuge zu vernichten, einige Plätze am Strand mit
Forts zu versehen, den Inländern auf Leibesstrafe den Handel
mit Fremdlingen fortab zu verbieten . . . . Dem Könige wurden
4000 Thaler jährlich gelobt, wenn er dafür sorge, dafs alle Nelken in die Hände der Kompanie fielen. . . . Der König pries
diese Vorstellungen aufs höchste und wufste aufs verbindlichste
seine und der Kompanie Vorteile zu erläutern . . . . Er bekannte sich als Feind des Königs von Makassar, der ihm Buton,
Tahiahu, Kamboina, Sulabesi und andere Inseln abgenommen
habe . . . . Der König schied und versprach, den Bescheid durch
seinen Sekretär Alfons Cardinosa an den Generalgouverneur mitzuteilen. . . .   .
        Am 30 April kamen 17 Korakoras von Victoria an. . . .
Der König sandte Botschaft, dafs er und sein Rat mit allem einverstanden wären . . . . Der Generalgouverneur forderte die Auslieferung der beiden Kimelahas. . . .   .
        Zuerst wurden zwei Überlaufer von uns ausgeliefert. . . . .
Am 9. Mai kam der König wieder an Bord. . . . . Es wurde abgemacht, die Fremdlinge sollten ihr Gut und ihre Gewehre verlieren und mit ihren Djonken abziehen. . . . Dem geschah nicht
gleich Folge, sodafs wir am 14. Mai den König baten, zu landen
und die Fahrzeuge zu vernichten. . . . Der König antwortete,
da er uns dies nicht wehren könne, so bäte er, die Frauen und
Kinder diesmal zu schonen, dies wurde ihm zugesagt. . . . . Am
16. Mai sind wir mit aller Kriegsmacht gelandet. . . . . 50 Fahrzeuge wurden verbrannt. . . . . Die Fremdlinge behielten auf
Intervention des Königs das Leben . . . . Wir konnten jetzt nichts
weiter verrichten und baten den König, dafs er mit den Orangkajas uns nach Hila folgen wolle, er versprach es in 10 Tagen
zu thun. . . . Die Kimelahas Luhu und Lehato waren unsere
Gefangene, wozu der König Konsens gegeben hatte. .   . . .
        Am 25. Mai lagen wir vor Hila . . . . Am 5 Juni erschien
Hamza mit 40 Korakoras. Am 9. fand in Fort Hila eine Zusammenkunft statt. . . . . Der Generalgouverneur hielt eine zündende Rede, er beleuchtete die Freundschaft und die Dienste der
Niederländer, die Segnungen des Friedens, und hielt dem Könige
unter anderm die Prätension vor, mit der er Ansprüche auf Hitu

mache. . . . . Der König ersuchte den Generalgouverneur, die
Haupter von Hitu in seiner Anwesenheit zu befragen, ob sie sich
als Unterthanen des Königs von Ternate bekennen mufsten. . . . .
Der Generalgouverneur gab diesem Wunsche Folge, worauf die
Haupter von Hitu erklarten, dafs sie den König von Ternate als
ihren Herrn erkennen mufsten, aber ihm keinen Zoll oder Abgaben zu zahlen schuldig seien . . . .
    Am 12 Juni forderte der König, dafs Urien, Asilulu, Larike,
Wakasihu, Alang und Lileboi hergestellt würden, desgleichen
ersuchten die Orangkajas von Luhu, Lessidi und Kambelo, dafs
ihre Nelken fortab statt mit 60 Thalern mit 100 möchten bezahlt werden; dies wurde rundweg abgeschlagen . . . Bis zum
18. stockten die Unterhandlungen; an diesem Tage fand eine
Sitzung statt, und dem Könige wurde zugestanden: die ganze
Insel Ceram, auf den Uliassern die mohammedanischen Negereien
und die Souveranität uber Hitu, unter Vorbehalt, dafs alle Nelken an die Kompanie geliefert würden; dazu soll der König
eine Verehrung von 4000 Thalern erhalten. . . . . Doch sollte an
der gesammten Lieferung nur etwas gebrechen, so sollten alle
Zugestandnisse tot, fruchtlos, nichtig und ohne allen Wert sein . . . .
    Hieruber ist in Arabisch und Niederlandisch Kontrakt auf-
genommen und beiderseitig durch Handschrift und Siegel beglaubigt. Am 20 Juni ist die Flotte nach Batavia zuruckgekehrt. . . . .
    An diesem Tage hatte der König seinen Gesandten an Ka-
kiali geschickt, doch entschuldigte sich dieser zu erscheinen. . . .
Er gab vor, dafs er nicht wie Lehato nach Batavia gefuhrt zu
werden wünschte. . . . . Wir mufsten Kakiali entbehren, als der
Konig die Orangkajas von Hitu berief und ihnen den Eid abnahm, ihre Nelkenfruchte nur an die Niederlander zu liefern . . . .
Wir schieden dann am 25. Juni vom Konige und kehrten nach
Victoria zuruck. . . . .
    Am 3. Juli machte uns der König hier einen Besuch, in
seiner Gesellschaft war der alte Konig von Tidor, der Konig von
Gilolo und aufser dem Adel wohl noch 300 Mann. . . . . Wir
logierten ihn, versorgten alle mit Mundkost und gaben auf ihr
Thun wohl acht. . . . . Am 14. nahm er Abschied nach Hitu zu
seinen Korakoras . . . . Wir haben ihm noch besonders empfohlen,
darauf zu achten: .

    1 dafs die Hituesen die Dorfer Alang, Lileboi, Waka-
        sihu, Urien und Asilulu restituieren;
    2. dem Orangkaja Tolukobesi von Capaha zu befehlen,
        die niederlandischen Überlaufer auszuliefern;
    3. dafs die Ternater von Ceram möglichst wegzogen,
    4. die ubriggebliebenen Fremdlinge abzufassen:

5. dafs die Forts oberhalb Kambelo geschleift wurden;
6. für uns ein steinernes Haus bei Kambelo zu bauen;
7. einen angemessenen Statthalter zu senden.

Dies alles belobte der König anzuordnen . . . . Beim Scheiden
bat der König, den gefangenen Leliato von Batavia aus nicht
nach Ternate zu senden, sondern ihn abzuurteilen oder der Gnade
des Prinzen von Holland zu empfehlen. . . . .
Vor Abgang meines Schreibens erhielt ich noch Nachricht,
dafs der König den Kimelaha Luhu freigegeben habe. . . . Ich
habe an den König geschrieben. . . . .

27.

Brief des Gouverneurs Ottens an König Hamza. Victoria,
31. August 1638.

Am 28. dieses Monats erhielten wir Nachricht, dafs Eure
Hoheit Luhu freigelassen haben, der sich in Kambelo feindlich
gegen Eure Hoheit bezeigt . Wir werden gegen Kambelo
rucken und warnen Eure Hoheit, vor Erledigung der Angelegenheit von Manipa nach Ternate zu ziehen, bevor hier alles geregelt ist, bei Verlust Ihrer Rechte. . . . . Eure Hoheit konnen
sich nicht entschuldigen mit dem zu zeitigen Entführen von Leliato, als wäre der Generalgouverneur darin zu heftig vor-
gegangen. . . . . Eure Hoheit sagen immer, die Kimelahas seien
Ihre Sklaven, die auf Ihren Ruf folgen mufsten . . . . Sie sehen,
was daraus entsteht, es wäre besser gewesen, Luhu und Laximana waren mit Leliata gegangen. . . . Wollen Eure Hoheit
auf unsere Vorstellung nicht Folge geben, so bitten wir um
Nachricht, die Schaluppen liegen bereit, um sofort an den Gouverneur in Ternate abzugehen, damit der Gouverneur unsere gerechte Sache weiter verfolgen kann. . . . . Eure Hoheit befehlen
wir dem Schutze des Schopfers, der Himmel und Erde gemacht hat. . . . .

28.

Die Indische Regierung an Gouverneur Ottens. Batavia,
20. Dezember 1640.

... Wir haben mit Freude über den guten Stand in den
ambonschen Quartieren vernommen... Dafs wir so viel Freunde
gewinnen zum Ärger von dem bosen Luhu und dem feindseligen
Hituesen. . . . .
Dieses Jahr werden Sie keine grofse Unterstutzung von
hier zu erwarten haben. . . . . Wir haben das auch an Gouverneur Caen geschrieben. . . . . Euer Edlen sind zum „Raad ordinaris" mit 300 Gulden Gehalt befordert. . . . . . .
Lehato und Limuri sind hier in Gewahrsam. . . . . Auf
Madira und Konsorten dient man acht zu haben. . . . . Es ware
wunschenswert, dafs wir Luhu und Kakıali hier in Batavia hätten. . . . . Wenn Luhu personlich nach Makassar gegangen ist,
so wird es geschehen sein, weil er in Kambelo sich nicht mehr
sicher fühlt. . . . . Wir senden einen Expressen nach Makassar. . . . .
Die Nelken von Hitu sind feucht, schlecht und untermischt;
die Nelken unserer christlichen Unterthanen sind 40 Prozent pro-
fitlicher. . . . . Darum sollten sich die von Hitu und Ceram
nicht beklagen, dafs sie so wenig Kontanten empfangen. . . . .
In Koromandel wird sehr über die Feuchtigkeit der Nelken
geklagt, die besten haben wir nach Niederland geschickt, in diesem Jahre 575382 Pfund. . . . Wir haben auf Ihre Nelken
$2^1/_2$ Prozent Untergewicht gehabt, das geht leidlich . . . . .
Wir empfehlen Euer Edlen in der Folge bessere Ausdrucke
und Ihre scharfe Feder nur so weit zu gebrauchen, als es zum
Dienste der Kompanie notig ist. . . . . Die Siebzehner sind die
Herren, wir ihre Diener.[1] . . . .
Ihre Ansichten betreffs der Regelung der ambonschen Unruhen sind nicht diejenigen der Herren; diese fordern, dafs Sie
in einem Jahre alle Feinde verderben und das Gouvernement
mit allen Mitteln in solchen Stand bringen, dafs Sie es Ihrem
Nachfolger in Ruhe und Ordnung uberliefern konnen. . . . . .

---

[1] Den hier in Frage stehenden Bericht von Ottens habe ich nicht
zu entdecken vermocht.

29.

Gouverneur Caen an Gouverneur Ottens. Maleyo, 17. Oktober 1640.

... Wir waren erfreut zu vernehmen, dafs die Dinge in Amboina besser stehen. . . . .
Zur Unterhaltung guter Beziehung geben wir Ihnen nun über den Stand hier in den Molukken Nachricht . . . .
Bei meinem Antritt fand ich das Gouvernement in sehr zweifelhaftem Stande; zwischen den Unserigen und dem Könige von Ternate bestand grofse Mifsstimmung . . . . Es zeigte sich das sofort der Hukom soll gegen uns mit Erfolg konspiriert haben, und sein Werk ist es, dafs Luhu wieder als Kimelaha nach Ceram ging; gleichfalls ist durch denselben der Friede zwischen Ternate und Tidor zu Stande gekommen, und er hat den König mit grofsem Eifer zu veranlassen gesucht, aus Maleyo nach Gilolo zu übersiedeln, um uns zu separieren, und obendrein vorgeschlagen, zur Befestigung der Freundschaft mit den Tidorern diesen auf Makjan und Ceram einige Plätze einzuräumen . . .
Unsere Bemühung war, diesen gefährlichen Limuri auf die Seite zu schaffen. . . Der König war zum Todesurteil schwer zu bewegen, wir halfen nach und endlich gelang es; der König mit seinem gesamten Rat erschien in der Festung und überlieferte Limuri zu freier Verfügung . Schwerer wurde es, den Frieden mit den Tidorern zu brechen; der König blieb standhaft, bis es uns gelang, unter seinen Räten Verbundete zu gewinnen; nach vielen vergeblichen Versammlungen wurde der Krieg gegen Tidor endlich beschlossen, die Gesandtschaft nach Tidor, welche den Krieg ankündigte, verrichtete ihre Botschaft so gut, dafs sie schon einige tidorische Köpfe mit zurückbrachte. . . . .
Wir haben Limuri nach Batavia gesandt . . . . . .
Nach dessen Beseitigung und der Eröffnung des Krieges gegen Tidor hat alles ein anderes Ansehen bekommen.. . . .
Der König Saidi von Tidor ist jung und mutig, er hat gegen Tocomi einen Uebelfall ausgeführt . . . Hamza ist darüber erbittert . . . . Dieser Krieg ist daher gesichert und beruhigt uns sehr . . . .
Auch die Makjaner haben schon tidoresische Köpfe geholt; jetzt ist der Kampf dort eingestellt, weil Nelken gepfluckt werden müssen . . . .
Der König von Batjan hatte auch bereits mit dem Könige von Tidor Frieden gemacht und durch eine Heirat befestigt; er war ins Gebirge gezogen, und verstärkte sich bereits, jetzt ist er wie Hamza wieder zu anderer Gesinnung bekehrt. Sein Volk

wird immer weniger, noch kürzlich hat er durch grofse Sterblichkeit 100 Mann verloren. . . . .

Die Nelkenernte ist im letzten Monsun von geringem Umfange gewesen; wir haben nur 68451 Pfund nach Batavia senden können. . . . .

Wir wollen nicht nachlassen, auf Euer Edlen umständlichen Bericht zur Verantwortung wegen Beschwerden mit einem Worte zu kommen; unseres Erachtens haben Euer Edlen zu viel über frühere Mifsstande und Fehler gesprochen; wir fürchten, dafs Ihr Bericht keine gute Aufnahme findet. . . . .

30.

Gouverneur Ottens an Gouverneur Caen. Victoria, 29. Oktober 1640.

. . . . Kimelaha Luhu und Kakiali sind die Störer der Ruhe.
. . . . Sie befördern verbotenen Handel, bedrängen Unterthanen des Königs und haben den König von Makassar um Unterstützung gegen uns ersucht. . . . . Sie wollen den König von Makassar als ihren Oberherrn annehmen und Tribut an ihn zahlen. . . . .
Wir haben unsere Plätze durch gute Behütung bewahrt. . . . .
Luhu in Kambelo und Kakiali in Wawani hatten sich Rechnung darauf gemacht, dafs Lisebata, Hatuaha, Bonoa, Assahudi, Waiputi, Kaibobo und der Statthalter Madira mit seinen Ternatern ihnen zufallen würden. . . . .
Im Jahre 1638 haben sie den Pati Wani, im Jahre 1639 einen Radja von Hitu und des Kimelahas Sohn Barankala an den König von Makassar gesandt; die Lande der Krone von Makassar anzubieten. Der Krieg ist gewifs, und am 14. vorigen Monats ist Luhu schon nach Makassar gegangen. . . . Die Furcht vor den Makassaren ist sehr grofs. . . . . Hitulama, Luhu und Lessidi haben an Hamza Boten gesandt und um Hilfe gebeten. . . . . . Wir bitten Euer Edlen, dem König zu sagen, dafs er mehr auf die Unruhen in Amboina acht gibt; er soll uns mit genügender Macht unterstützen. . . . .
Wir suchen die Verbindung zwischen Wawani und Kambelo zu verhindern. . . . .

.   31.

*Gouverneur Caen an die Indische Regierung. Victoria. im
April 1642.*

Mandassa, Sohn des Orangkajas von Tuban (Manipa), ein
Parteigänger der Aufständischen, kam zum König: dieser war
verstandigt von der Verbindung mit Makassar und empfing ihn
nach Gebuhr ubel . . . . Wir haben den König gehörig informiert . . . . Er schalt Mandassa einen Abtrünnigen. einen falschen Hund. . . . Durch das Verfrachten von Nelken nach Makassar habe er die Kasse des Königs betrogen. . . . Mandassa
wurde dem Sengadji von Kajoa (Makjan) zur Versicherung ubergeben . . Hamza ist geneigt, ihn zum Tode verurteilen zu
lassen. . . . .
      Wir haben Schiffe ausgeschickt, um auf den spanischen
Sukkurs aus Manila zu kreuzen durch gute Beute einmal wieder
die Unkosten der Edlen Kompanie zu erleichtern. . . . . Am
16. Januar erhielt ich die Ordre, den am 19. August 1642 verstorbenen Gouverneur Ottens in Amboina zu ersetzen. . . . . Ich
besuchte den König; er war sehr verändert, hatte heftigen Blut-
gang und litt an der Auszehrung . . . Ich teilte ihm den Befehl Euer Edlen mit, dafs er nach Amboina mitgehen und später
nach Batavia kommen solle. . . Bogaerde fuhre das Gouvernement. . . . . Der König klagte uber seine schwere Krankheit. . . . .
Er sei dem Tode näher, als der Genesung, und als er mehr
sagen wollte, verlor er die Besinnung. . . . . Wieder zu sich gekommen, entliefs er mich mit der Zusage, wenn seine Krankheit
es gestatte, in drei Tagen zu uns ins Fort zu kommen. . . . .
      Der König erschien am 3. Februar . . . . Mandassa ist ge-
krisst. . . . . Es ist gleich, ob es der König ehrlich meint oder
nicht, diese Hinrichtung dient uns; er hat Befehl nach Ceram
mitgegeben, dafs es allen Rebellen ebenso ergehen solle. . . . .
Der König erklarte mit schwerer und langsamer Sprache, dafs
seine Macht bei Makjan bereit liege, uns unter Kitschil Japon
nach Amboina zu folgen. . . . . Wir hielten dem König noch
einmal alle Untreue seiner Diener vor, wie Sibori, worauf er
schwieg. . . . .
      Ich bin am 11 Februar an Bord gegangen; in Gesellschaft
des Königs von Gilolo und der drei königlichen Prinzen, Söhne
von Modafar; am 21. bin ich in Amboina angekommen. . . . .
      Ich habe nach meiner Ankunft den Landrat versammelt und
die Korakoras der dienstpflichtigen Orangkajas in 4 Escadres
eingeteilt, die nacheinander einberufen werden, sodafs wir ständig circa 18 Korakoras im Dienste haben; zur Vervollständigung

ziehen wir die Unterstützung von Ceram, Bonoa, Manipa, Buru
und Amboina heran. . . . .
    Am 23. März haben wir 20 Fahrzeuge abgefangen. . . .
Madira ist schon am Kastell gewesen; er bewahrte uns bis-
her seine Treue. . . Kimelaha Luhu ̍ hat eine von Leliatos
Beifrauen töten lassen, welche die Mutter von Madiras Hausfrau
ist; er hat ihre Guter an sich gezogen. . . . . Luhus Sohn Barankala ist dagegen zu uns übergelaufen, weil er sich vor seinem
Vater fürchtet: er hat viel Geld im Spiel verloren . . . . Ein
Sklave Luhus sollte Madira und Barankala vergiften; der Anschlag wurde entdeckt. . . . . Die Verbitterung zwischen beiden
Parteien wächst zu unserm Vorteil. . . . Barankala, Kitschil
Sangasani und Radja Ali (Sohn Leliatos) sind drei wackere Bur-
schen, feurig und mutig, uns ergeben, die seiner Zeit belohnt
werden sollen . . . .

32.

Brief des Königs Hamza an Generalgouverneur van Diemen.
Maleyo, im Februar 1642.

. . . . Ich hatte auf Euer Edlen Wunsch den Krieg gegen
die Spanier und Tidorer fortgesetzt, und wie Sie ernstlich
wünschten, wegen der ambonschen Angelegenheiten Redress zu
schaffen mich beeifert. Mein Sohn, Kapitänlaut Japon, ging mit
dem Gouverneur Caen nach Amboina. . . . . Er hat dem Gouverneur eine ansehnliche Armada zugebracht. . . . . Soll der
Krieg gegen die Spanier und Tidorer ordentlich gefordert werden, so müssen auch Euer Edlen Sukkurs senden . . . . . .

33.

Die Indische Regierung an den Superintendenten des Ostens
Caen. Batavia, 16. Februar 1643.

. . . . Wir hoffen, daß es Ihnen gelingen wird, das ganze
Land von Hitu, wie es die Siebzehner wünschen und befohlen
haben, für die Generale Kompanie zu versichern. . . . . Im vorigen

Jahre ist aus Westindien kein Sukkurs nach Manila gegangen;
es werden sich also Vorteile uber die Spanier auf Ternate gewinnen lassen . . . Um König Hamza in gutem Einvernehmen
mit uns zu erhalten, wollen Euer Edlen, soweit es Ihnen nutzlich erscheint, ihm entgegenkommen .   . Sollten Sie ihm auch
Zuwendungen machen bis zu 2000 Realen von Achten. . . . Und
wenn er wirklich verhindern hulfe, dafs die Makassaren an dem
Nelkenhandel teilnehmen, soll er unfehlbar die versprochenen
4000 Realen jahrlich geniefsen . . . Es wird auch nutzlich
sein, den ternatischen Adel an uns zu verbinden.   . . . .

Dagegen müssen die feindlich gesinnten Elemente von der
Regierung fern gehalten, und wenn es moglich ist, vollig vernichtet werden; vor allem das Geschlecht Tomagola, die Anhänger von Luhu und Lehato. Solange diese Rasse am Leben
ist, werden wir unser eigentliches Ziel nicht erreichen   . . Diese
Kreaturen haben solchen Einflufs auf Hamza, dafs sie unsere
treuesten Anhanger, wie Kapitanlaut Sibori, zu verdrängen vermogen .   . . Wir sind mit Euer Edlen einverstanden, dafs Madira an Stelle des gestorbenen getreuen Kimelaha Sabadin als
Statthalter in Luhu angestellt werde. . . . .

Bei Absterben Hamzas sorgen Sie dafur, dafs der bequemste
von den drei Sohnen Modafars an die Regierung kommt. . . . .
Instruieren Sie dementsprechend den Vizegouverneur Seroyen . . . .
Auch des neuen Königs Räte mussen getreue Manner sein.   . .
Von den drei Söhnen halten wir den mittlern Mandersaha fur
am brauchbarsten   . . Betreffs Amboina ist unsere Meinung,
dafs Kimelaha Luhu nur aus Furcht zu uns ubergegangen ist . . .
Es wird gut sein, Lokki und die zugehorigen vier Dorfer, welche
nicht in den Friedensbund aufgenommen sind, zu uberwältigen,
und zur Versicherung alle Rebellen, auch Luhu, unter Anklage
zu stellen, sie nach Ternate· zu senden und Hamza das Todesurteil abzunotigen. Diejenigen, welche die Partei von Kapitan
Hitu halten, mussen zu Schwert und Feuer verdammt und ihre
Nelkenwalder vernichtet werden . . . Wir haben durch Gottes
Gnade nun weiter keine Feinde auf Ceram, als die von Lokki . . . . .
Auch die Inseln Kelang, Buru, Manipa und Amblau stehen mit
uns im Frieden. . . . Um nun Hitu, wie es unsere Prinzipale
gern wollen, unter unsere Gehorsamkeit zu bringen, werden Euer
Edlen sich Kakialis und seines perfiden Parteigangers Baros bemachtigen, dort strafen oder nach hier senden, um sie los zu
sein; auch Iman Radjali, Pati Tamatelo und andere prinzipale
Aufführer, unter welchem Vorwand es immer sei. . . Tubanbesi in Capaha, der in der einen Hand das Feuer und der andern das Wasser trägt, mufs in seiner Autorität erniedrigt werden .   . . Alang, Lileboi Wakasihu und Asilulu mussen mit
ihren Nelkenhainen untergehen, sonder Gnade.   .   .

Die von Hitu, Senulo, Massapal und Wakal sind aus Furcht vor den Makassern und Kakiali nach Hitulama und Capaha verlaufen. . . . Sie mussen gegen alle die Todesstrafe anwenden, dies Volk mufs durch Schrecken zum Gehorsam gebracht werden. Wenn Gottes Hilfe Ihnen gnadig ist, so mufs die Würde von Kapitan Hitu aufhören, die souveranen Amter der vier Häupter Tanahitumessen, Nusatapi, Pati Tuban und Totolatu werden eingezogen, jede Negerei steht unter ihrem Obern, der vom Gouverneur abhängig ist. . . Die Oberhoheitsrechte des Königs von Ternate sind als durch die Waffen verwirkt zu betrachten . . . .

Hamza hat versprochen, den Statthalter Terbile auf Sula zu bestrafen, der im Jahre 1636 den Oberkaufmann Pieter Pauwels mit zwei Soldaten hat ermorden lassen; sorgen Euer Edlen, dafs der Kimelaha bestraft werde, oder besuchen Sie die Insel Sulabesi selber gelegentlich. . . . .

Der König von Batjan beklagt sich, dafs er aus dem Magazin der Kompanie nach dem Preiskurant keine Kleider erhielte, sondern sie von des Kaufmanns Frau zu besonders hohen Preisen kaufen mufste, stellen Sie solche Untreue ab . . .

— .

34.

Gouverneur Demmer an die Indische Regierung. Amboina, 27. April 1643.

. Der Herr Admiral und Superintendent Caen ist am 28. Januar mit der Flotte wohl angekommen . . .

Ich berichte darüber, was bis zu seiner Ankunft hier vorgefallen ist . . .

Am 20. September vorigen Jahres kam der junge Kimelaha Madira ins Kastell, brachte die rebellischen Orangkajas von Lokki und Umgegend mit, die um Gnade flehten. . . Wir haben sie so ohne Weiteres nicht angenommen, da wir die Erfahrung gemacht haben, dafs sie hinterher doch unsere Feinde aufnehmen, sie mit Nahrung versehen u. s. w., sodafs wir ihnen aufgaben, uns zuvor als Zeichen ihrer Anhänglichkeit eine Anzahl Köpfe von den Anhängern Kakialis zu liefern; ferner dafs sie von den Bergen herabkommen und ihre Negereien am Strand zwischen Lokki und Laala errichten müfsten; beides ist geschehen . . . .

Auf Kambelo haben wir eine starke Feste errichtet . . .

Von Wawani ist Kakialis Pinangträger kurzlich zu uns gekommen, er verriet uns die kummerliche Lage seines Herrn, infolge des Abfalls von Lokki erhält er keine Zufuhr von Nahrungsmitteln. .... Er könne nur noch von Jaluli und Mamalo Unterstutzung erhalten. . . . . In der Negerei befanden sich 2—300 Fremdlinge, die gleichfalls Mangel litten, weil wir den Strand besetzt hielten: diese wollten in acht Fahrzeugen verziehen . . . Ich sandte sofort einige Schiffe ab, um diese Fahrzeuge zu fangen . . . .

Wir hielten den Strand besetzt, und aus unsern Kontoren wurde das Land abgelaufen . . . Wir haben in kurzer Zeit 30 Kopfe und uber 32 lebendig von den Hituesen gewonnen . . . Viele Negereien wollen daher von Kakiali abfallen. . .

Die von Ihamau und der junge Sengadji von Hatuaha hatten Sago nach Wawani verkauft . . Ja, der junge Sengadji Sahabesi hat mit Kakiali den Mutakau getrunken . . . Auch der Orangkaja von Utemuri hat mit Anhangern der Feinde auf seinem Strande Gespräche gehabt . . . Der letztere ist vor den Landrat gestellt und in Gewahrsam genommen . . . . . .

Am 28. November, früh morgens um 2 Uhr, hatten wir die Negereien Nau und Binau uberfallen. . Die Besatzung fluchtete, Frau und Kind zurücklassend. . . . . Diese Negereien, zwei Stunden Gehens im Gebirge gelegen, sind Kakialis vornehmste Nelkenplätze. . . . Wir haben 2—300 schöne Hauser und 100—150 Bar Nelken verbrannt . . . . Kimelaha Fakiri in Tomahu (Buru) ist uns geneigt und dadurch das ganze Land von Buru uns zugefallen . . . Fakiri fuhrte uns acht Korakoras von Buru zu. . . Luhu, um seine Handlungen zu rechtfertigen, hat uns acht Briefe seines Königs übergeben, daraus ist die Begünstigung der Fremdlinge ersichtlich. . . . . . .

Am 11 Dezember (1642) erhielt ich Nachricht, daß die Armada im Anzuge sei . . . Sofort berief ich die Orangkajas zum Hongi, Rendezvous auf der Kuste von Warnula, . . . viele waren erst vor funf Tagen von einem langdauernden Zuge nach Haus gekommen: ihre Fruchte, die schon reiften, mußten verkommen, dennoch war niemand ausgeblieben, kein Murren wurde vernommen . . . . Unter den Erschienenen fehlten auch Fakiri und Luhu nicht.. . Wir waren mit allem bereit . . . . In letzter Stunde kamen noch die Orangkajas Tanahitumessen, Bormeli, Radja Hitu und mit ihnen die vier vornehmsten Haupter von Jaluli und Mamalo, um sich uns anzuschließen, die große Macht von Talucobesi (Capaha) . . . .

Ich verfugte mich mit der gesamten Macht nach der Kuste Hitu und ankerte in der Bucht Lenalo . . . .

35

Superintendent Caen an die Indische Regierung. Ambovna,
27. April 1643

. . . . Als ich hier ankam erfuhr ich, dafs Kakiali seine
Sklaven verkauft habe, mit den Seinen Hunger leide und sich
vorbereitet habe, zu fluchten . . . .

Ich berief unsern Landrat und die auswartigen Orangkajas.
nebst Kimelaha Luhu, um uber den Angriff gegen Wawani zu
beraten . . . .

Die Kimelahas Luhu, Fakiri, Madira und die Orangkajas
schlugen vor, starkere Besatzung nach Hila und Larike zu legen,
um dem Feinde alle Sagozufuhr abzuschneiden, alsdann am Kap
(Labalehu) zu landen, Nelken- und Fruchtbaume zu vernichten
. . . In der folgenden Nacht vom 28. auf den 29 Januar war
grofser Sturm aus Nord, unsere ganze Flotte war in Gefahr
gegen die Klippen geworfen zu werden . . Wir horten durch
den Sturm das Geschrei auf den Korakoras, wovon zwei mit
ihrem Volke zu Grunde gegangen waren . . Wir mufsten diese
gefahrliche Reede verlassen und hinter dem Kap Schutz suchen.

Um den Feind durch Hunger und Not zu ermuden wurde
er von allen Seiten eingeschlossen, und was erreichbar war an
Nelken- und Fruchtbaumen zerstort .

Von Kambelo wurde durch Lieutenant Verheiden der Kipati
von Kambelo angebracht, er ist in Gewahrsam genommen. . . .

Kakiali hat um Friedensvermittelung nach Alang gesandt .
Wir haben darauf nicht gehort, unsere Besatzungen von Hila,
Urien und Larike fuhren fort, ihre Schuldigkeit zu thun.
Alle Nelken- und Fruchtbaume wurden umgehauen, taglich Kopfe
und Gefangene erbeutet, und Uberlaufer berichten von dem
Hunger und Elend in der Festung . . Es sollen Tote ausgegraben und verzehrt sein, viele Lebende wurden zu diesem
Zwecke heimlich geschlachtet . . Einzelne Negereien murren
wider Kakiali, der aber hartnackig und zum Tode entschlossen
bleibt . . . . Er weifs jede Meuterei, worauf wir so sehr gehofft
hatten, jede ernstliche Opposition niederzuhalten

Am 25. Marz kamen Luhu und Madira ans Kastell, sie
brachten einen gefangenen makassarischen Kapitan mit und andere Schuldige von Kambelo . . . . Luhu macht sich bei uns
beliebt, wir benutzen ihn und seinen Anhang und haben guten
Dienst von ihm. . . . .

Nachdem am 3 April drei Hauptverschworene von Kambelo
im Gefangnisse ermordet und am 4 April noch ein Blutgericht
im Kastell vollzogen war, sind wir am Nachmittag des 4 nach

Wawani gezogen mit der gesamten Flotte; am 7. April ankerten
wir vor Hila. . . Wir zogen so viel Macht aus unsern Garnisonen Urien, Larike, Kambelo, Lessidi und Assahudi zusammen,
als da entbehrlich war . .   Am 15. war die Macht zusammen.
    . Täglich umschwarmten unsere Unterthanen vom Kastell und
den Uhassern, die Bundesgenossen von Luhu, Kambelo, Lessidi,
Bonoa, Manipa, Kelang, Buru, Amblau u s. w., Wawani und verheerten das Land . . . . Nau, Binau, Latua, Henelala und Henehela fielen von Kakiali ab .   Wir wollten eine Probe ihrer
Anhanglichkeit, worauf sie unter Unterstutzung von 8 Kompanien
Soldaten, 150 Matrosen und etwa 2000 Inlandern Capaha, Jaluli
und Mamalo uberfielen, und hier in zwei Tagen 20000 Nelkenbaume, 5000 Kokospalmen und 600 Muskatbaume mit vorzuglichem Eifer verwusten halfen. . . .   .
    Am 20. April liefs Kakiali wiederum um Gnade bitten, wir
schlugen jede Unterhandlung ab   . . . .
    Am 23. April wiederholte Kakiali sein Gesuch.   In
zwei bis drei Tagen wollen wir dicht an den Strand von Wawani
gehen, sobald der Mond etwas kraftiger wird. . .   .

36.

*Superintendent Caen an die Indische Regierung. Amboina,
22 Juni 1643.*

    Am 27. April sind wir von Hila nach Wawani gezogen. . . . .
Wir haben die Festung beschossen   . . . .   . .
    Am 1. Mai wurde Befehl gegeben, alles zur Landung vor-
zubereiten .   Wir landeten 482 Soldaten, 286 Matrosen und
800 Inlander .
    Am 2. Mai, morgens um 2 Uhr, waren wir, ohne entdeckt
zu werden, an Land gekommen.   Wir erreichten eine verlassene Bergfeste, die wir besetzten . . .   Die Makassaren und
Butoner, welche in dieser Gegend lagerten, machten uns unsere
Position streitig; wir fochten mit ihnen den ganzen Tag uber   . . .
Wir gewannen ihnen eine Stellung ab, verbrannten ihre Hauser
und viele Nelken. . . . .   Wir gelangten nach der Hohe weiter
hinauf, eroberten reiche Packhauser; wir haben uber 600 Bar
Nelken verbrannt, meistens in schonen Sacken, viele chinesische
Seide und Kleider von Malabar und Koromandel erbeutet. . . .
    Am 4. Mai naherten wir uns der letzten Festung, wo Kakiali
kommandierte. . . . . . Unsere Leute waren nach dreitagigen

Kämpfen ermattet .... Es wurde viel geschossen, wir hatten
viele Verwundete .... Kakiali that einen Ausfall, der zum
Kampfe Mann gegen Mann führte, er mufste aber zurück in die
Festung.... Wir beschlossen fur jetzt abzuziehen..... Wir
wollten schon abmarschieren, als gutgezielte Granatschusse so
vortreffliche Wirkung thaten, dafs eine Verwirrung in der Festung
entstand, und die Besatzung entfloh..... Die eroberten Negereien
wurden verwustet. . . . .
   Kakiali hat mit dem Rest seiner Getreuen trotz Hungersnot
im hochsten Gebirge sich wieder verstarkt; wir erhalten ihn nicht
anders, als durch Hungertod oder andere Misère.   . . . .
   Am 8 Mai sind wir mit den Verwundeten nach Victoria
gegangen..... Nau, Binau, Latua, Henelala und Henehela hatten
nochmals zuvor um Gnade gebeten; die Zwiesprache geschah auf
den Schiffen, im Angesicht der brennenden Negereien, sodafs
unsere Warnungen den rechten Eindruck nicht verfehlten. . . . .
   In Victoria vereinigten wir die Orangkajas aus allen Distrikten
zum Zwecke der Beratschlagung, was zum Besten des Landes zu
unternehmen sei; auch teilten wir mit, dafs Befehle und Briefe
des Königs aus Ternate angekommen seien; wir hatten dieselben
bis dahin verheimlicht, um uns der Aufrührer noch zuvor erst
zu bedienen   . Wir verlasen den Befehl des Königs, wonach Luhu von der Statthalterschaft abgesetzt und Madira an
dessen Platz eingesetzt wurde.... Die Orangkajas gelobten
nach dem Willen des Konigs an Madira Gehorsam..... Nachdem wir eine Anzahl Orangkajas entlassen hatten, fragten wir
Radja Ahwane, einen Halbbruder von Luhu, im besondern, wie
er mit seinem Anhange auf Buru dazu gekommen sei, die Bewohner von Amblau zu vergewaltigen. . . . Er antwortete, dafs
von jeher die Insel Amblau unter der Statthalterschaft von Buru
ressortiere..... Radja Sopi, unser Freund, trat ihm kraftig
entgegen   . Hiernach eroffneten wir den Befehl des Konigs,
Luhu, seinen Halbbruder Ahwane und mehrere andere als Rebellen zu verhaften..... Soldaten standen schon bereit und
fuhrten dieselben ins Gefangnis   . Am andern Tage wurden
die Getreuen, wie Madira, Sopi, Muda von Luhu und einige andere Orangkajas berufen, denen wir den Willen des Konigs mit-
teilten, dafs Luhu und seine Anhänger sterben mufsten..... Auch
alle ihre Mittel, ihre Frauen, Kinder und Sklaven dem Konige
gebracht werden sollten . . . . Mit der Ausfuhrung wurde Madira
und Sopi belastet.... Madira schien sich entschuldigen zu
wollen, er wies unter anderm auf die Schwierigkeit der Ausfuhrung hin, wir erlangten aber endlich seine Zusage.... Wir
beglückwunschten ihm zu seinem Entschlusse und gaben ihm noch
verschiedene freundliche Ratschlage . . . .
   Inzwischen erschienen im Kastell der Bruder von Taluco-

besi mit etwa 30 Personen und den Orangkajas von Nau, Binau, Henehela, Henelala und Latua, alle von Hitu; sie brachten funf Kopfe von Feinden mit zum Zeichen ihrer Anhänglichkeit. . . . . Diese baten im Namen ihres Oberherrn, Talucobesi, um Frieden. . . Wir antworten, dafs Talucobesi persönlich erscheinen musse. . . . Die Orangkajas von Nau u. s. w. erboten sich, treu der Kompanie zu Lande und zu Wasser zu dienen. . . . . Auch Negereien im Westen von Wawani sind von Kakiali abgefallen. . . . . Talucobesi ist erschienen . . . . Wir hielten ihm den Bruch des Kontrakts vor, der mit Ottens gemacht sei. . . . Er beschuldigte seine Orangkajas. . . Nach viel Hin- und Herreden erklarten wir ihm, dafs wir seinen Worten nicht mehr trauten. . . . . Talucobesi wurde entlassen, mit dem Auftrage, Kakiali zu bringen, jedoch nicht in unserm Namen. . . . . Am 2. Juni kam Talucobesi wieder, um zur Ausfuhrung nach Haus zu gehen: wir gaben ihm mit auf den Weg, dafs er ohne Kakiali nicht zurückzukommen brauche. . . . . Am 3. Juni kam Madira und brachte Luhus Frauen, Schwester und Töchter, und die Frauen von Aliwane, etwa 40 Sklaven und die Güter . . . Die Tochter von Luhu wünschte der König von Ternate, wir haben sie mit Ehrfurcht empfangen und nach Ternate gesandt. . . . . Nach dem Willen des Konigs wurden Luhu, sein Halbbruder, seine Mutter und Schwester und Radja Birai hingerichtet. . . . . Acht vornehme Orangkajas von Alang u. s. w. kamen ans Kastell und baten um Gnade. . . . . Am 1. Juli werden wir mit unserer Macht nach Ternate gehen, um zu sehen, was dort verichtet werden kann, da Kakiali jetzt zu aufserster Not gebracht ist. . . . . Mit dem nächsten Bericht werden wir Ihnen melden können, dafs Kakiali vor Not und Elend umgekommen ist, was Gott geben wolle . . . .

37.

Gouverneur Demmer an die Indische Regierung. Victoria,
11. September 1643.

Der Superintendent Caen war nach Ternate verzogen. . . . . Kakiali blieb hartnackig mit wenigen Getreuen oberhalb Wawani. . . . Von der Landseite war Kakiali nicht beizukommen. . . . Wir hatten uber hohe Gebirge einen ganzen Tag marschieren mussen . . . Wir fuhren fort, dem Feinde allen moglichen Abbruch zu thun. . . . Die von ihm abgefallenen Negereien haben ihre Bergfestungen vernichten und ihre Negereien auf von uns bestimmte Platze verpflanzen mussen . . . .

Der Superintendent Caen hatte uns angewiesen, weder mit Tametello noch mit Pati Tuban oder sonst jemandem einen Frieden einzugehen. . Kakiali sollte in unsere Hande geliefert werden. . . . Neuen Gesandten erklaiten wir, wenn sie noch einmal kamen, wurden sie beim Kopfe gefafst, sodafs sie trostlos mit ihren weifsen Flaggen zuruckkehrten . . . . . .

Am 6 August erfuhren wir von einer Frau aus Wawani, dafs Kakiali sich auf die Makassaren nicht mehr verlassen konne, und bei Talucobesi in Capaha gewesen sei, um uber die Flucht zu beraten . Hieruber haben wir noch bestimmtere Kunde erhalten durch einen Veitrauten Kakialis Francisco de Peira, den wir abfingen. . . . Capaha hat versprochen, ihn von Land zu helfen . . . Die Unteriedung hat zwischen Capaha und Tical stattgefunden. . . . Capaha will fur Kakiali ein Fahrzeug bereit halten . . . Kakiali will nach Makassar und Manila fahren . .

Wir erfuhren noch von Francisco de Peira, dafs etwa 100 Makassaren, 20 Malaien und 40 Butoner um Wawani lagerten, aber die meisten krank und ohnmachtig vor Hunger und Armut seien. . . . Wir stellten Francisco vor, die Strafe, welche ihm bevorstande, zu erlassen, und versprachen ihm Freiheit und reichlichen Lohn, wenn er Mittel wufste, um Kakiali in unsere Hande zu liefern, oder denselben zu ermorden . . . Francisco antwortete, dafs es ihm ein Leichtes sei, Kakiali ums Leben zu bringen, da ihm derselbe blindlings vertraue. . . . . Wir boten Francisco nach glucklicher That Pardon fur sich und seine Freunde und obendrein 200 Realen von Achten . . . Am 14 August wurde Francisco bei Nacht in aller Stille an den Strand von Wawani durch den Kommandeur von Hila abgesetzt . . . In der Nacht vom 16. zum 17 hatte er fur die Ausfuhrung sich vorbereitet, schlich sich in die Wohnung Kakialis und ermordete ihn auf seiner Lagerstatte mit drei Stichen in Kopf und Brust . Francisco wurde bis an den Strand verfolgt, wo wir ihr empfingen . . . . Am Abend des nachsten Tages horten wir Kanonendonner von den Hohen von Wawani; es fand die Beeidigungsfeier von Kakiali statt, und es war just zwei Monate, dafs Luhu unter die Erde gebracht wurde . . . Dies ist das Ende von Kakiali, womit diese Lande nun in Ruhe kommen werden . . . . . .

Am 15. August hatten wir Nachricht bekommen, dafs der Superintendent aus den Molukken unterwegs nach Victoria sei, wohin wir uns auch begaben. . . . .

Trotz des Todes von Kakiali wollten Iman Radjali und Pati

Ussin nicht aus dem Gebirge herabkommen . . . Wir haben
jetzt Wawani angefallen und die Feste genommen. . . Die Besatzung ist zum grofsten Teil entflohen. . . . . . .
Über das Weitere wird der Superintendent berichten . . .

38.

Gouverneur Demmer an die Indische Regierung. Victoria,
25. April 1644.

. . . . Am 12. September (1643) hat der Superintendent Caen
Amboina verlassen . . . .
Auf Ceram war der Kipati von Kambelo sehr schädlich;
seine Frau ist eine Schwester von Kakiali. . . . Zwei kluge
Söhne unterstützten ihn . . . Einen davon haben wir im August
vorigen Jahres abgefafst und in Victoria enthauptet. . . . Ein
dritter Sohn, Kalabaha, hält sich hinter Erang auf, in einer
Bergfeste mit 300 Mann, sodafs wieder mehr Aufruhr entsteht . . . .
Auf Hitu ist es noch nicht in Ruhe gekommen. . . Radjali,
Ussin, Pati Laximana, Tehsema (Halbbruder von Kakiali) und
der alte Orangkaja Baker halten sich noch im Gebirge . . . .
Wir haben den Hituesen die Gerichtsbarkeit entzogen, die
kriminellen Sachen werden jetzt in Victoria abgeurteilt . . . Die
Burger sind aufgefordert, ihre Nelken von jetzt ab persönlich an
die Kontore zu liefern, damit ein jeder die Früchte seiner Arbeit
geniefsen könne . . . . Nicht wie es früher war, dafs Kapitan
Hitu und ihre Obern sie um ihre Früchte als Schatzung be-
raubten. . . . . Wir haben auch verkündigt, dafs die Stellen des
Kapitäns und der vier Haupter nicht wieder besetzt wurden. . . . .
Wir suchen die Unterthanen von ihren Häuptern zu entfremden
. . . . Jeder Einwohner wird mit dem Tode gestraft, der den
Verdacht auf sich ladt, dafs er zu den Verschworenen hält.
Hiernach richten sich die Garnisonen auf der Küste Hitu. . . . .
Wir zogen nach Kambelo, der Adipati ist landeinwarts geflohen.
Auf Hitu hielten die Orangkajas Bitscharinge ab, dafs nach
dem Tode Kakialis Tamahitu succedieren musse . . . Ich habe
den Orangkajas dieses Gebaren streng untersagt und Tamahitu
bei Strafe vor solchen Gelusten gewarnt . . . .
Inzwischen sind wieder Köpfe gemordeter Fremdlinge und
Lebende angebracht. . . . Wenn das so fort geht, wird bald
eine gehörige Sauberung eintreten . . . .
Die Fluchtlinge von Wawani mussen umkommen, sie fallen

entweder den befreundeten Orangkajas in die Hände oder sterben
im Gebirge vor Hunger und Elend. . . . .
     Pati Tuban, Iman Radjah, Pati Wani, Telisema und Baker
sind von dem Verräter Talucobesi nach Capaha gerettet, auch
die Frauen und Kinder Kakialis. . . Alles übrige Volk ist
entweder umgekommen, oder die Köpfe von Gemordeten wurden
auf unsern Kontoren abgeliefert. . . . Andere sind lebend in
unsere Hände gefallen, die als Sklaven gute Dienste thun . . . .
     Wir haben Talucobesi aufgefordert, die Flüchtlinge in unsere
Hände zu liefern . . . . Er antwortete, die Landesangehörigen
ständen nach altem Brauch unter seinem Schutz . . . . Um seinen
Gehorsam zu erweisen, sandte er einige Köpfe der Führer der
Makassaren und Butoner . . . . Wir mußten Nachsicht üben,
sonst flieht alles wieder ins Gebirge. . . . . . .
     Die Zeit der generalen Visite (Hongizug) war gekommen. . .
Talucobesi haben wir auf Hitu nicht zu sehen gekriegt. . . .
Madira bat um einen Urlaub mit seinen 20 Korakoras, um das
Passafest zu feiern. . . . Den Adipati von Kambelo haben wir
durch List endlich abgefaßt. . . . . Madira und Sopi mußten
dazu helfen. . . . . Während einer Unterhandlung haben wir Hand
an ihn gelegt, er wehrte sich heldenmütig, sein Volk entfloh. . . .
     Am 24. Januar (1644) versammelten wir alle Kimelahas,
Orangkajas und Sengadji und verlasen die Briefe des Königs,
wonach der Adipati und der in unsere Hände gefallene Iman
Radjali von Hitu zum Tode verurteilt wurden . . . . .
     Talucobesi ist zu den Aufständischen von Wawani übergegangen.
     Wir trachten die Häupter der Aufständischen durch List
an uns zu locken . . . . Wenn wir sie erst im Kastell haben,
werden wir mit ihnen verfahren, wie es nützlich ist. . . . . Die
Orangkajas von Hitu waren im Kastell und versprachen zu versuchen, ob sie Capaha nicht zum Nachgeben bewegen können. . . . .
Darum war es uns zu thun. . . . . . .
     Am 4 März haben wir beschlossen, im April Capaha mit
Gewalt der Waffen anzufallen. . . . .
     Als die Zeit für diesen Zug gekommen war, waren wir
210 Soldaten stark. . . . . Wir wollten über Hitulama nach dem
alten zerstörten Jaluli gehen und von da den bequemen Weg
nach Capaha. . . . Die Hongiflotte war 35 Korakoras stark, die
sich nach Hitulama verfügte. . . . . Der Anschlag der über Land
gesandten Soldaten mißglückte . . . . Capaha hat sich gut verstarkt. . . . Wir zogen vor Capaha mit der Flotte, die neu an-
gelegten Dörfer waren verlassen, auch unsere neu gewonnenen
Bundesgenossen um den Strand von Capaha waren vor uns ins
Gebirge, in die Feste geflüchtet . . Wir versuchten Talucobesi mit Gute zu überlisten. . . . . Er wollte Frieden, aber das
Land von Hitu mußte auf die alten Rechte und Einrichtungen

zurückgebracht werden, die vier Häupter ihre vorige Autorität zuruckerhalten . . Auch mußten ihm seine entzogenen Unterthanen zuruckgegeben werden. . . . . Wir konnten Capaha mit unserer Macht nicht zwingen, wäre sie auch dreimal so grofs gewesen . . . Wir hatten kein besseres Mittel, als ihn einzuschliefsen . . . . Seitdem haben wir mit allem unserm Volke auf dem Lande zerstort, von fruh bis zum Abend. . . . Wir haben nichts geschont . Die Haine waren viele Tausende weit. . . . In 12—15 Jahren werden wir in diesen Strecken nicht viel Sago, Nelken und Kokosnüsse zu erwarten haben . . . .

Am Sonnabend den 23. April sind wir bis dicht unter ihre Festung arbeiten gegangen. . . . .

Wir fahren fort, den Feind zu beunruhigen. . Im höchsten Grade sind wir verwundert darüber, dafs Herr Caen uns beschuldigt, nicht gehörig seinen Befehlen nachgekommen zu sein, weil wir sonst weiter sein mufsten . . . . Als der Superintendent nach Ternate ging und ich ihn fragte, ob er bestimmte Befehle hinterlassen wolle, wie wir handeln sollten, antwortete er im Beisein des Oberkaufmanns Outhoorn: „Nein, was soll ich befehlen, Sie wissen es so gut als ich, achten Sie darauf, dafs Sie nichts auf der Küste Ceram oder sonst in des Konigs Landen vornehmen, ohne Vorwissen des Kimelaha; hier auf Hitu konnen Sie thun und lassen, was Sie wollen." . . . . Er gab uns den einzigen Befehl, Kakiah in unsere Hände zu bringen und auf Unterhandlungen uns nicht einzulassen, dem wir nachgekommen sind. .

Dafs wir die Häupter von Alang und den übrigen Ortschaften hatten hinrichten sollen, daran haben wir nicht einmal gedacht. . . . . Caen wollte ja darüber mit Euer Edlen erst sprechen, weil es ihm ein Unrecht schien, so viele Unschuldige hinzuschlachten. . . . . Wir haben deshalb erst auf Euer Edlen Befehle gewartet. . . . .

Mit dem Zwange gegen die Bevolkerung, ihre Negereien am Strande zu errichten, haben wir rucksichtslos unsere Schuldigkeit gethan . . . . .

Des Konigs von Ternate Unterthanen auf Ceram, Manipa, Kelang, Bonoa und Amblau zeigen noch immer gute Zuneigung.

Nur die von Ihamau haben Hongidienste gegen Capaha geweigert . . . .

Wir wollen nun die Sache gegen Capaha wieder ernstlich bei der Hand nehmen . . . .

Am 12 Februar berichtete der Oberkaufmann aus Makassar, dafs im letzten Jahre keine Nelken aus Amboina oder den Molukken gekommen, auch keine Djonken ausgefahren seien . . .

Am 22. April war unsere Macht vor Capaha vereinigt . .

39.

*Gouverneur Demmer an die Indische Regierung. Victoria,
8. September 1644.*

Die von Capaha widerstehen hartnackig .   Viele Uber-
laufer kommen uns taglich zu. . . . Talucobesi ist personlich
in Ihamau und da herum gewesen, er hat da Proviant bekommen.
. . . Das Volk erleidet wohl grofse Armut und Mangel und
wurde zum Nachgeben geneigt sein, aber Talucobesi, Iman Rad-
jah, Pati Wani, Pati Tuban und andere verhindern jede solche
Regung.   . . . .
Anders steht es auf allen andern umliegenden Platzen, die
Unterthanen des Konigs von Ternate haben bisher noch kein
Zeichen von Unlust erkennen lassen.   . . . .
Auf der Kuste von Hitu, die zehn Negereien westlich von
Hila und die im Westen von Capaha, beginnen sich bereits nach
der Weise unserer Unterthanen auf Leitimor zu fugen und geben
an die vier Häupter kein Gehor mehr. . . . . Sie zeigen sich
auch nach Wunsch feindlich gegen ihre Landsleute von Capaha.
Mit denen von Hitulama, Jaluli und Mamalo, die immer
noch grofse Neigung zur Selbständigkeit verraten, mussen wir
bis Capaha gefallen ist, Freundschaft und Nachsicht heucheln . .
Die von Alang haben an ihrem Orangkaja Makatita, der zu
uns hielt, Rache genommen; sein Sohn ist mit dessen Frau und
drei Kindern ums Leben gebracht . . . In gleicher Weise haben
die Bewohner von Lileboi verfahren   . . . .
Am 12. Juli sandte ich von Manipa aus nach dem Nord-
westende von Buru, nach Tomahu, wo Fakiri residiert, um Eben-
holz zu holen. . . . . Ich sandte Kapitan Verheiden. . . . Fakiri
war mit den Seinen ins Gebirge gefluchtet, aus Furcht vor einer
gleichen Exekution, wie sie an seinem Neffen Luhu vollzogen war.
Fakiri leistete jedoch spater den Eid der Treue und schrieb
an uns   . . . .

— —   —

40

*Gouverneur Demmer an die Indische Regierung. Victoria,
im September 1646.*

Nachdem wir allen Verkehr mit Capaha unmöglich gemacht
hatten, und der Feind grofse Not litt, fingen wir einen jungen

Menschen ab, der sich erbot, einen Weg nach der Feste dei
Feinde uns zu fuhren, auf dem wir sie uberfallen könnten.....
Wir zogen in Stille unsere besten Krieger aus den verschiedenen
Garnisonen zusammen..... Am 24 Juli wurde das Werk in
dem Herrn begonnen..... Der Befehl wurde an Kapitän Verheiden übertragen..... Am Abend um 11 Uhr, als der Mond
aufgegangen war, ging es in einem ausgetrockenen Flufsbette das
steile Gebirge hinauf..... Als der Tag anbrach, waren wir
unter dem steilen Felsen, auf welchem die Feste lag. ... Wir
fanden, wie unser Führer gesagt hatte, einen offenen Einlafs.
.... Die Bollwerke waren unbesetzt, die Wachen schliefen in
Arglosigkeit.... Da trat eine alte Frau aus einem nahestehenden Hause und machte Geschrei. ... Unser kleiner Vortrupp
mufste nun einfallen..... Der Schrecken war aber so grofs,
dafs die Besatzung, ohne unsere geringe Anzahl zu bemerken,
flüchtete .... Der einzige Ausgang war von den Unserigen besetzt, uberall war steil abschüssiges Gebirge..... Männei,
Frauen und Kinder sprangen uber die Mauern, eine grofse Zahl
von ihnen erlitt im Absturz der steilen Hohe den Tod...
Einige Fuhrer wurden gefangen, auch zwei Knaben, Sohne
Talucobesis, von sechs und sieben Jahren..... Wir machten
grofse Beute, viel Gold, Seide, Kleider, kostliches Porzellan.....
Dazu 15 Stück Geschütz und 1000 Fafs Pulver, das sie selber
gemacht hatten. ... Schwefel und Salpeter haben sie dazu aus
dem Gebirge von Wawani geholt..... Die Bewohner hatten
von Talucobesi die Pulverbereitung sehr rasch gelernt..... Sie
waren fur einen zehnjährigen Krieg mit Pulver und Blei versorgt ... Die Feste wäre uneinnehmbar gewesen .. Nur
der eine Schluchtenweg fuhrte zu ihr hinauf, sonst auf allen
Seiten 40—50 Fufs hohe nackte Felsmauern.. ......
      Wir hörten in der Nacht grofses Geschrei ... es war von
den Unglücklichen, die an ihren Wunden unter der Festung in
den Abhängen lagen und starben. ... Wir erlaubten den
Orangkajas, die Halbtoten zu holen, denen zum Teil die Arme
oder Beine gebrochen waren..... Auch viele Tote wurden
gefunden..... Wir verkündigten eine allgemeine Amnestie, von
ihr waren jedoch Talucobesi, Iman Radjali, Pati Tuban (diese
drei waren von den vier Hauptern auf Hitu noch am Leben),
Wengsa (Sohn von Kakiali), Tehsema (Halbbruder Kakialis) und
Baker ausgenommen. . ...
      Nach Mamalo, der an Capaha nächstgelegenen Negerei, kamen
in kurzem 360 Personen .... 500 kamen nach der Seite von
Hitulama herab.. . . ..
      Taglich wurden noch Tote im Gebirge gefunden. ... Dei
Feind und seine Negereien waren viel grofser, als wir angenommen hatten . ...

Zwei Halbbruder von Talucobesi hatten wir gefafst, sie wurden fusiliert; die ganze Kuste von Capaha ab bis Urien hat dem Feinde Beistand geleistet . . . Die von Mamalo und Hitulama hatten uns hintergangen. . . . . Die Kopfe, welche mir die von Mamalo und Hitulama brachten, waren nicht von Personen, welche sie abgefangen hatten, sondern von solchen, welche mit dem Tode von Talucobesi bestraft waren, wenn Versuche gemacht wurden, aus der Festung zu den Niederlandern zu entfliehen. . . . . Wir versammelten die Orangkajas. . . . Es wurde ihnen eroffnet, dafs der Titel der Haupter, Orangkaja Ampat, nicht mehr gehort werden sollte, wer diesen Namen ausspreche, verfiele der Strafe der Verbannung nach Victoria . . Alle Verhaltnisse waren von nun an, wie die auf Leitimor. . . . Wir begnadigten die Schuldigen und empfahlen ihnen, die Aufstandischen zu sich zu locken und in unsere Hande zu liefern. . . Ein vierter Bruder von Talucobesi ist auf Oma gefangen . . . . Dieser selbst hat den Wunsch mitteilen lassen, er wolle sich auf Gnade und Ungnade ubergeben und lieber als schlichter Orangkaja, denn als Verbannter leben. . . . . Er ist auch auf Oma. . . . Wir haben Kapitan Verheiden abgesandt, ihn zu holen; Gott gebe, dafs wir mit nachstem Euer Edlen melden konnen, dafs wir ihn haben. . . . .

41

Gouverneur Demmer an die Indische Regierung Victoria, im April 1647.

Der Fall von Capaha hatte alle Feinde und zweifelhaften Freunde zu Gehorsam gebracht. . . . . .

Die gefluchteten Ternater, welche sich nun bereits zwei Jahre auf Salaki, dem hochsten Gebirge von Kelang, aufgehalten hatten, haben nun gleichfalls um Gnade gefleht . . . Die Hauptrebellen auf Kelang waren drei Sohne von Leliato, Labodi, Bacoli und Hadje, zwei Sohne von Laximana, die Kitschils Bismol und Abdul. . . . Diese hatten keinen Pardon angenommen, endlich sind aber auch sie herabgekommen durch Zureden von Madira. . . . Unter diesen Ternatern befanden sich auch Orangkaja Baker, Sohn des hingerichteten Adipati von Kambelo, ferner Iman Radjah und Telisema, die aus Capaha nach Kelang entflohen waren, sie haben sich auf Gnade und Ungnade ubergeben . . . Auf allen Platzen in diesen Quartieren ist jetzt vollkommene Ruhe. . . . .

Das Geschenk fur Madira haben wir ihm zur Hand gestellt; er
bezeugte sich sehr erfieut und verspiach, alles zur Ruhe und
zum Wohlstand dieser Lande nach Moglichkeit zu thun . . .

42.

*Die Indische Regierung an den Gouverneur van den Bogaerde.
Batavia, 22. Dezember 1650.*

Mit grofser Verwunderung haben wir gelesen, dafs der tei-
natische Adel, oder vielmehr die vornehmsten von demselben,
ihien schuldigen Gehorsam versagen. und von ihiem gesetzlichen,
gewahlten und gekronten Konige Mandersaha, ohne Euer Edlen
Kenntnis davon gegeben zu haben abgefallen sind, und an seiner
Stelle seinen verruckten Bruder Manila zum König erkoren und
auf Sula gekront haben . . Und dafs sie voigaben. Mandersaha habe sein oberstes Regiment in Amboina an den dortigen
Gouverneur pieisgegeben, weil dieser einige Doifer auf Ceiams
Binnenkuste aufgehoben habe. . . Es wiid den Leuten recht
wohl bekannt sein. dafs der Statthaltei von Amboina nichts ohne
Wissen und Willen des Gouverneurs thun daif . . Die Aufstandischen haben nichts anderes vor, als die Gewalt in ihie
Hande zu bringen zu ihrem personlichen Vorteil . . Es war
wohlgethan, dafs der König sich mit seiner Familie und seinen
Gutern ins Kastell gerettet hat . .
    Da die Rebellen es nicht blofs auf die Molukken. sondein
auch auf Amboina abgesehen haben. so haben wii gut gefunden,
den Herrn Arnold de Vlaming van Outhoorn, Raad von Indien
jungst noch Gouverneur von Amboina dessen ausgezeichnetei
Qualitaten wir versicheit sind, mit einer Macht von 500 Soldaten
nach dort zu senden . . . . Deiselbe ist beauftragt, die Gouvernements Ternate. Amboina und Banda als aufseioidentlichei Kommissar zu visitieren . . . .
    Andachtig haben wir gelesen. dals Euer Edlen glauben. den
Kiieg zwischen den Teinatern und Tidoiein zu kontinuieren·
wir machen Euer Edlen aber darauf aufmeiksam, dafs wir
mit den Spaniein im Frieden (Munster 1648) sind und keine
Unannehmlichkeiten heivorrufen duifen. wii stimmen mit Euer
Edlen darin uberein. dafs wir dies andeis gewunscht hatten . . .
Das Mittel der Korruption wird nicht versagen. . . Es kann
sonst nicht ausbleiben, dafs die Kompanie giofsen Nachteil im
Nelkenhandel erleiden wird. . . Achten Sie darauf, dafs den

Kontrakten durchaus pünktlich nachgekommen werde, und dafs keine Verbindung zwischen den Spaniern und Ternatern ohne unseie spezielle Kenntnis geschieht. . . . . Lassen Sie die Spionierprauen zwischen Makjan und Motir unterhalten und achtsam sein, was wir Ihnen hiermit als ein gutes Mittel besonders rekommandieren und befehlen. . . . . .

Der Gesandte des Königs, Kitschil Diane, hat 1300 Realen empfangen, wofür der König zu belasten ist . . . .

Generalgouverneur Cornelis van der Lijn ist auf Ansuchen abgelost und durch Carel Reinerszoon ersetzt. . . . . .

43

Instruktion an De Vlaming für seine Reise nach Ternate. Batavia, 22 Dezember 1650.

Infolge des Widerstandes der ternatischen Grofsen, die ohne Vorkenntnis unsers Gouverneurs an Stelle Mandersahas dessen unfähigen Bruder Manila zum König ausgerufen und als Feinde von Mandersaha und unserm Staat sich nach Sula geflüchtet haben, halten wir es nicht nur im Interesse der Ordnung in den Molukken, sondern auch der Ruhe in Amboina erwünscht, dafs wir die sechs Schiffe (folgen die Namen), bemannt, aufser dem gehörigen Schiffsvolk mit 500 Soldaten, nach dort abfertigen . . . . Es ist notwendig, dafs eine angesehene Person das Werk leite, welche die Befehle unserer Prinzipale kennt .

Ohne Euer Edlen feste Ordre zu geben, erteilen wir Ihnen nur einige Ratschlage. . . . . .

Damit der Feind beim Annahen Ihrer Flotte nicht nach Halmahera flüchte und hier alles Volk gegen uns aufhetze, gehen Sie der Flotte besser in einer Jacht nach Makjan voraus und lassen sich da von Hustard über die Sachlage Aufklarung geben . . . . Suchen Sie dann einige von den vornehmsten Grofsen in Ihre Hände zu bekommen und erwirken Sie gegen dieselben gesetzliche Verurteilung von dem König . . . . Strafen Sie noch mehr Ternater, damit die Strafe abschrecke. . . Zeigen Sie sich äufserlich als ob Sie gar nicht glaubten, dafs der Widerstand gegen die Kompanie gerichtet sei. . . . . Müssen Euer Edlen Gewalt anwenden, und kommen sie nachher Gnade nachsuchen, so nehmen Sie ihnen alle ihre Habe und geben dieselbe dem Könige und den Getreuen, zerstoren Sie ihre Nelkenhaine, da wir aus Amboina mehr, als genug Nelken bekommen

.... Der Gouverneur mufs Manila in Sorgfalt nehmen, damit
neue Attentate nicht möglich sind. . . .   .
Der Abstand von Dörfern in Amboina mufs noch verbessert
werden. . . . Auch mufs Mandersaha an den neuen Gouverneur,
Willem van der Beek, die oberste Gewalt über seine Lande und
Amboina gewähren, da dies zum Wohlstand von des Königs
Lande, als dem Interesse der Kompanie dienen wird. . . . . Was
die Frage angeht zwischen Madira und dem Oberkaufmann wegen
der abgerechneten 2100 Realen, werden Sie sich bei Sopi in den
Molukken informieren können   .   .   . . . .
Wir bitten Euer Edlen, den Krieg zwischen den Ternatern
und Tidorern anzuschuren. . . . Ein Bündnis, dafs die Spanier
von uns alles kaufen, wird doch zu nichts nutzen. . . . . Der
Bar Nelken, 620 holländische Pfund, hat in Makassar in diesem
Jahre 280 spanische Realen gekostet. . . . Bedenken Euer Edlen
den Schaden, den die Edle Kompanie erleidet, wenn sie nicht
den Handel in Spezereien vollständig unter ihre Füfse kriegt. . . . .
Visitieren Euer Edlen alle Kontore u. s. w. nach der Ordre
unserer Prinzipale, Amsterdam, vom 28 April 1626. . . . .
Stellen Sie, wo es Ihnen nötig scheint, Aenderungen sofort ein.
. . . . Für den König haben wir eine grofse goldene Medaille mit
goldener Kette als Geschenk mitgegeben. . . . .
Gehen Sie von den Molukken nach Amboina . . . . Hier
setzen Sie van der Beek als Ihren Nachfolger ein. . . Auf
Ihren Vorschlag haben wir die Preise von Reis vermindert, den
weifsen auf 60 und den grauen auf 50 Realen die Last gestellt.
. . . . Wir wollen hoffen, dafs den Amboinesen damit ein grofser
Gefalle geschieht. . . . In der Residenz des Königs von Amboina halten Sie einen ordentlichen Vorrat an weifsem Reis, damit keine Klage geschieht . . . . Zur Austeilung an die Garnisonen und auf unsern Plätzen genügt der graue Reis. . . . .
Gehen Sie von Amboina nach Makassar und begrüfsen Sie in
unserm Namen den König sowie den Prinzen Patengalo, und überreichen Sie ihnen unsere Geschenke. . . Visitieren Sie auch
hier das Kontor. . . . Wir glauben, dafs der Globus dem Prinzen
sehr angenehm sein wird: da wir zweifeln, dafs er den hohen
Preis desselben für möglich halt, so zeigen Sie ihm die Rechnung, welche unsere Meister mitgesandt haben. . . . . .
Sollten Sie nicht verhindern können, dafs der König Verträge mit den Spaniern eingehen will, wegen Nelken, welche auf
Gebieten des Königs von Makassar oder Tidor fallen, und Sie
mufsten den teuren Globus daran geben, so mag es darum geschehen, geben Sie ihn hin. . . . .
Was die Angelegenheit betrifft, dafs wir mit der Zeit aus
Amboina zu viel Nelken bekommen könnten, so mufs damit fortgefahren werden, durch Schonthun zu erreichen, dafs sie nicht

nur nicht neue Bäume anpflanzen, sondern alte Bäume umschlagen
. . Es ist eine schöne Gelegenheit — ein neuer Generalgouverneur, ein neuer Gouverneur und Sie als Altgouverneur anwesend —
um ihre Liebe und Treue zur Kompanie anzuspornen . . Wir
senden für den Kimelaha und die Großen Reis u s. w

44

*Superintendent De Vlaming an die Indische Regierung. Vic-
toria, 4 Mai 1651.*

Am 23. Dezember vorigen Jahres abgefahren, sind die meisten
Schiffe, durch Gegenstrom aufgehalten, erst am 21 Marz in den
Molukken angekommen, vor Gnofikia auf Makjan. . . . Wir
hatten alles hier erledigt, wäre nicht der Abfall Madiras gemeldet. . . Ich kam am 2. Marz vor Makjan an. . . . Von
Wawani (Insel am Ostende der Straße Buton) ab sandte ich van
der Beek nach Amboina, ich war von vornherein darum besorgt,
daß hier etwas passieren würde. Ich erwartete aber, daß
die Negereien Luhu, Kambelo und Lessidi den Kimelaha vertreiben würden . . Ich erhielt zunächst aus Amboina gute Nachricht. . . Die Makjaner wollten sich zu nichts verstehen. . . .
Bevor unsere Schiffe da waren, ging ich mit Bogaerde nach
Maleyo, um alles zu untersuchen. Wie wir gefürchtet hatten,
war der Anführer der Rebellen, Saidi, bereits zwei Monate vor
unserer Ankunft von Sula nach Gilolo gezogen . . . Wir sandten
Gesandte an ihn ab Wir erhielten zur Antwort, sie hatten
mit Mandersaha nichts zu thun, ebenso wenig mit uns, wenn wir
nicht ihren König Manila erkennten und mit seiner hohen Regierung unterhandeln wollten. Außerdem verbaten sie sich
jede Gemeinschaft mit dem Gouverneur Bogaerde oder andern,
die die Ursache an ihrer Zwietracht waren . Als wir erkannten, daß friedlich nichts zu machen war, haben wir abgesehen von dem Plane, die Könige von Ternate und Tidor zum
Kriege aufzureizen, vielmehr die Tidorer an Mandersaha zu verbinden. . . . . Am 26 und 27. waren wir vor Gilolo vor Anker.
. . . Wir haben die Feste beschossen, konnten aber nichts ausrichten. . Wir zogen wieder nach Makjan . . . . Es war
beschlossen, an die vornehmsten Aufrührer von Gnofikia und Tafosoho keinen Pardon zu geben, sondern sie zu enthaupten, ihre Güter
zu konfiszieren und die Nelkenbäume zu zerstören . . . . Ebenso
auf Motir . . . Ich kam mit dem Könige von einem Spazierritt

nach Haus, als die Nachricht von dem Aufstande aus Amboina
eintraf . . . Wir mufsten daher das vorgenommene Werk ausstellen. . . . . Der König von Tidor halt sich neutral. . . . . Wir
durfen den Krieg zwischen ihm und Mandersaha nicht auffrischen.
. . . Wir haben die Spanier gewarnt, mit den Rebellen zu konspirieren. . . Ein Vertrag, dafs sie uns die Nelken verkaufen,
ist nicht möglich, trotzdem wir ihnen 100 Realen fur den Bar
(620 Pfund) boten und die Gerechtsamen des Königs ($^1/_3$ der
ganzen Ernte) zu übernehmen bereit waren. . . . . Sie entschuldigten sich, erst aus Manila Befehle abwarten zu mussen . . .
Die Pocken herrschen, fast der vierte Teil der Bevolkerung von
Makjan, Maleyo, Tidor, Gilolo wird weggerafft. . . . . . .
Mandersaha war geneigt, eine Reise nach Batavia mit mir
zu thun, es ware dies vorteilhaft, worüber ich mundlich berichten
werde . . Die Einzelheiten der Ereignisse in den Molukken
sind im Tagesregister, von da übersandt, enthalten, ich gehe zu
den Ereignissen in Amboina über . . . .
Ich kam am 11. April vor Kambelo an . . Wir fanden
unser Fort Harderwijk geraumt . . . . Uber Luhu sandte ich
Nachricht nach Victoria und Hila von unserer Ankunft .
Manila soll auf der Kuste Hitu und auf Banda gleichfalls
den Aufstand zu erregen gesucht haben; er habe Unterstutzung
von Makassar, Buton und Sula versprochen, wir sollten vertrieben, und alle Einwohner in ihren alten Rechten wiederhergestellt werden . . . Alle Negereien auf Hitu warteten nur auf
gute Gelegenheit, bis der fremde Beistand erschiene . . . Auch
Jan Pais soll verschworen sein und mit Madira unterhandelt
haben . . Er soll gegen das Gouvernement geredet haben.
„Die Christen", sagt er, „werden wie alle andern geschunden, sie
mussen in Friedenszeit Holz und Steine herbeischaffen fur neue
Werke, die zu ihrer Bekampfung dienen; man sieht klar, wie
es mit den Hollandern steht, ihrer Art von Regieren und ihrer
Handlungen sind wir langst uberdrussig, von den Fremdlingen
werden wir geachtet, aber von ihnen erfahren wir täglich Bedruckungen." . . Meines Urteils will Pais zu Besitz kommen,
wenn er mit den Fremdlingen Freundschaft sucht . . . .

45.

Die Indische Regierung an die Siebzehner. Batavia, im Dezember 1651.

. . . . Die Makjaner mufsten gewonnen werden, damit das anstehende Nelkengewachs nicht in die Hande der Spanier falle. De Vlaming hatte einige Dorfer nicht zur Unterwerfung gebracht, das besorgte Bogaerde. . . . . Die Makjaner hatten nach Gilolo um Unterstutzung gesandt, die jedoch zu spat eintraf, die Dorfer waren bereits bezwungen. . . . . Mandersaha war zu dieser Zeit noch in Ternate und hat mit Bogaerde die Verfolgung geleitet. . . . . De Vlaming versicherte inzwischen das Gouvernement Amboina. . . . .

Mandersaha ging uber Amboina nach hier und kam am 17. Oktober an . . . . Sehr festlich wurde er empfangen, woruber die Ternater sich wenig erfreut zeigten, da sie furchteten, dafs ihnen alles teuer angerechnet wurde; auch waren sie sehr besorgt, dafs sie die nachgesuchte Unterstutzung mit Verlust an Land wurden bezahlen mussen . . . . Damit die Provinzen in Ruhe und Frieden kommen, mussen alle uberflussigen Nelkenwalder ausgerottet werden . . . . Das ist ohne Krieg nicht moglich . . . . So hat De Vlaming es uns vorgestellt . . . . . .

Wegen Ternate und Makjan brauchen wir nicht bekummert sein, diese Revolte wird zum Besten der Kompanie ausfallen . . Kapitanlaut Kitschil Saidi und die andern Rebellen, als sie nach Makjan zu spat kamen, erschienen zwei Tage spater vor Maleyo. . . . . Sie toteten zwei Ternater, das war aller Schaden. .

Der Friede zwischen Ternate und Tidor mufs erhalten bleiben, sie haben keine Lust mehr zu einem aufreibenden, zwecklosen Kriege . . Mandersaha hat eine Tochter von Tidor gefreit, nachdem De Vlaming aus den Molukken (Ternate) weg war . . . Die Tidorer haben keine Gemeinschaft mit den Rebellen, vielmehr hat das Ehebundnis die Tidorer auf unsere Seite gebracht . . . . Hustard (Oberkaufmann auf Makjan) war bei dem Konige von Tidor, um ihn wegen der Spanier zu sondieren. . . . Der Konig von Tidor ware gern von den Spaniern befreit . . . Er hat aber auch zugleich keine Lust, sich mit uns zu verbinden, da er ein weitblickender Mann ist . . . Die Lasten der Spanier sind sehr grofs. . . . De Vlaming unterhandelt mit den Spaniern, dafs sie uns alle ihre Nelken liefern sollen, es wird aber nichts daraus werden . . . .

In Makassar haben die Nelken in diesem Jahre 300, 350 und 400 Reichsthaler der Bar gekostet . . Wir mussen jetzt

g *

ansehen, dals die Spanier an diesem Vorteile Anteil haben, solange bis Gott die Gnade verleiht und andere Auskunft gibt.....
        Wir bewachen Moti und haben hier ein Wachthaus er-
richtet . . Wir haben dieses Jahr aus den Molukken nur
23 083 Pfund Nelken, die mit dem jährlichen Betrag von
4000 Realen an den König Fl. 15 527 11 12 kosten .   Die
Ausgaben betrugen im ganzen   . . Fl. 248 437. 5. 15
    Gewinn auf Handel mit Kleidern u. s w.   „ 120 269 11 13
                    Zu kurz Fl 128 167. 7. 2.

    Das sind grofse Kosten   .   .   .
    Am 24. August vorigen Jahres war unsere Besatzung
819 Köpfe stark, darunter 566 Soldaten.   .
    Wir haben beschlossen, da die Nelken aus den Molukken
gemifst werden können, die Lasten dadurch zu erleichtern, dals
wir die Rebellen nicht wieder in Gnade annehmen, sondern ihre
Nelkenhaine zerstören, wozu der König sich hat bereit finden
lassen . . .   .   .   .
    Wir warten dazu jedoch noch erst Euer Edlen besondern
Auftrag ab, falls Sie vielleicht anderer Meinung waren, was wir
jedoch nicht annehmen   .   .   .   .   .   .
    Bogaerde schreibt um seine Ablösung, Hustard folgt ihm ....
    Am 11. März (1651) haben die Ternater in Amboina unsere
Kontore Laala, Lessidi, Manipa, Amblau, Nusatelo, Assahudi,
Hitumaha, Bonoa und Sanoa überrumpelt . .   Der erste Anschlag war auf Luhu gemünzt, was Rachmann glücklich vereitelt
hat.....   Auch Kambelo wäre beinahe in ihre Hände gefallen
    159 Unterthanen sind verloren, nach der Missive De Vla-
mings vom 4. Mai. . . Wir haben an Gütern verloren den
Wert von 22 594 Fl, was mit Gottes Hilfe zu verschmerzen ist.
    . . . . Die Ursache zum Aufstande wird verschieden dargestellt.
    Einzelne glauben, dals der Aufstand in Ternate Anlafs war.
    . . . Ihre eigene Erklärung lautet, dals sie nicht Christen werden,
nicht ihre Nelkenwälder, ihre angestammten Rechte und ihre Frei-
heit verlieren wollen   Es ging schon länger das Gerücht,
dals Madria seine Güter von Luhu nach Lokki geschafft habe,
Oberkaufmann Cos fand dies jedoch nicht begründet, da plötz-
lich brach im März der Aufstand aus
    Am 11. April ist De Vlaming mit seiner Macht, aufser zwei
Schiffen, welche mit Ladung nach Ternate bestimmt waren, nach
Kambelo gegangen . . . Die Bewohner waren ins Gebirge nach
Massah geflüchtet . . . Kambelo wurde verbrannt . . . . Ebenso
Lessidi, von wo die Bewohner nach Erang geflüchtet waren. .
Van der Beek war inzwischen vor Lessidi eingetroffen, er wurde
nach Victoria zur Versicherung des Kastells gesandt . . . . De
Vlaming ging nach Hitu mit sieben Korakoras von Honimoa, Oma

und Nusalaut . . Er versicherte die Befestigungen. . Die
Orangkajas von Hitu wurden ans Kastell mitgenommen . De
Vlaming ging nun nach Oma, Hommoa und Nusalaut..... Er
faßte danach alle Macht zusammen und ging nach Manipa, hier
wurde alles verwüstet, sodaß menschliche Nahrung nicht mehr
zu finden ist.... Das Gleiche that Kapitän Verheiden auf
Amblau.   Derselbe hat später noch, als De Vlaming in Banda
war, um dort alles nachzusehen, in der Zeit vom 31. Juli bis
16 September wohl 15 000 Nelkenbäume auf der Küste von
Kambelo vernichtet . . Die Feinde haben nur noch Nelken
um Erang, in der Bucht Laäla und dort landeinwarts nach Henetela zu und um Waiputi, welche wir mit Gottes Gnade alle ausrotten. . Haben wir erst die Rebellen zu armen Bettlern
und Vagabonden gemacht, so wird dies der Kompanie zu großem
Vorteil gereichen . Die Fremden werden dann von selbst
wegbleiben . . . Es ist das einzige Mittel, sie elend zu machen
. . . Wir haben uns daher vorgenommen, dieses Werk weiter zu
verfolgen, und alle Macht zusammenzunehmen, um neue Kriegsschiffe abzusenden . . . .
     Als De Vlaming aus Amboina verzog, war von fremden Fahr-
zeugen noch nichts zu merken . Auch in Makassar hat De
Vlaming nichts wahrgenommen. Wir wollen hoffen, daß
die Rebellen keine Unterstutzung von aufsen bekommen . .
Sobald wir also das Zerstorungswerk in der angegebenen Weise
vollendet haben, woran mit Gottes Hilfe nicht zu zweifeln ist,
so hoffen wir die Kompanie von ihren Unkosten um vieles zu
erleichtern. .
     Mandersaha ist, wie gesagt wurde, uber Amboina ange-
kommen Wir haben verschiedene Beratungen gehabt, er
ist in allem gefügig . . Zu einer festen Abmachung ist es noch
nicht gekommen Wir werden später darüber berichten. . . .
Madira halt sich vorzüglich in Lokki auf. . . .
     Die Garnison von Amboina war beim Verlassen De Vlamings
895 Soldaten stark . . . .
     Die Unkosten in Amboina im abgelaufenen Jahre . .
                                    Fl 183 280. 11. 10
Gewinn an Kleidern, Reis u. s w. „ 126 185 19. —
                         Zu kurz Fl. 57 094. 12. 2.

     In Buton hat Konig Mandersaha zehn Bewaffnete zum Schutze
des Königs gelassen, die Aufständischen sind nach der andern
Seite der Insel gewichen. . . . . . .

46.

Gouverneur Bogaerde an die Indische Regierung. Gnofikia,
24 April 1652

. . . . Die rebellischen Ternater von Habua, Gilolo, der ganzen
Küste von Halmahera, verhalten sich noch feindlich   Saidi
ist im Januar nach Amboina gegangen . . . . Die Bewohner von
Mau haben ihre Nelken nach Gilolo gebracht. . . . Von hier
und von Tidor kaufen die Spanier, wie wir annehmen mussen . . .
Zehn Djonken von Makassar sind hier vor Gamalama . . . Der
Bar kostet 120 Realen . . . . Das Erscheinen der Makassaren
und anderer fremder Nationen ist sehr schädlich . Ich habe
bei schwerer Strafe den Makjanern die Fahrt nach Tidor verboten . . Es sind auf Makjan und Motir 600 Bar Nelken
empfangen. . . . Die Nelken sind sehr sauber, wir hoffen Amboina nicht mehr nachzustehen . . . .
     Zwischen Tidor und den Spaniern herrscht einige Gespannt-
heit . . . . Der König von Tidor hat nicht in Gamalama erscheinen wollen. . . Er ersuchte uns um Hilfe, welche wir abgeschlagen haben . . Wir haben mit Freude erfahren, wie
herrlich Seine Majestat in Batavia empfangen wurde . . . Wir
haben uns auch die Vorschüsse bemerkt, welche geleistet wurden:
an den König 10000 Realen, an Malei 500, an Duane 500, an
Sopi 500, an den Sengadji von Gnofikia 200, und an den Dolmetscher 100 Realen, für deren Ruckzahlung wir Sorge tragen
. . . . Da unsere gebietenden Herren in Batavia wünschen, dass
alle Nelken der Molukken an die Kompanie gelangen, oder alle
Nelkenbaume hier rumiert werden, so hoffen wir, so schwierig
dies letztere ist, dass der Admiral De Vlaming darin was Gutes
ausrichten wird. . . . .
     Wenn wir auf Makjan die Nelkenbaume umgehauen haben,
werden wir unsere Besatzungen nicht sogleich einziehen dürfen,
um zu verhindern, dass die Bewohner nach Gilolo überlaufen zur
Unterstützung der Rebellen und fremder Handler . .
     Wir hoffen, dass alles, was wir ausführen, dazu diene, den
Namen des Herrn auszubreiten, und das Lob und die Prosperitat
der Generalen Kompanie zu vermehren . . . . Dazu gebe der Allmachtige seinen Segen, Amen . . . Kalamata, des Königs Bruder,
hat sekrete Zusammenkunfte auf Tidor gehabt . . Er halt
wenig zu Mandersaha, noch weniger zu uns, er hält sich zu Manila.
     Am 17 dieses Monats (April 1652) kamen Schiffe an, die
der Superintendent von Sula aus gesandt hat, wo am 20 März
der Superintendent eintraf, die Schiffe sollen rasch nach Amboina
zurücklaufen. . . . .

47

Gouverneur Bogaerde an die Indische Regierung. Gnofikia, 28. August 1652.

.... Wir haben taglich mit Verlangen auf Sukkurs ausgesehen . Am 1. Juli kam endlich Mandersaha auf der
Reede Maleyo an.... Wir haben unter Kanonendonner Seine
Majestät mit Triumph eingeholt.... Wir hatten viel von den
Rebellen zu leiden, da unsere Krafte alle nach Amboina geschickt
waren . . . . Gegen unsere Hoffnung hat das Erscheinen Mandersahas gar keinen Nutzen gebracht, die Rebellen lehnen jede Verbindung mit ihm ab. ... Wir werden dies den Tidorern und
Spaniern zu danken haben . . . .
    Kalamata hat sich am 22. Mai zu den Rebellen begeben, er
soll aber heimlich schon einen Brief an Mandersaha geschrieben
haben, dafs ihm die Flucht leid sei . . Wir wunschen, dafs
er nicht zuruckkehrt, sondern mit den Rebellen umkomme . .
Seine Majestät hat mir mundlich von dem guten Empfang in
Batavia berichtet.. . . Es ist kein Zweifel, mit dem Vernichten
der Nelkenbaume wird es sich gut machen . . . Mit den Makjanern ist es schwieriger, sie wollen davon nichts horen . . .
    Hustard bleibt bei seinem Entschlufs abgelöst zu werden,
er ist bereits nach Batavia verzogen.... Am 21 dieses Monats
kam gute Nachricht aus Amboina . Der Superintendent
macht gute Fortschritte. . . . .
    Wir werden zunachst die Insel Man besuchen und die Nelken-
baume zerstoren, die Rebellen sind dort etwa 300 wehrbare
Manner stark.... Der König nimmt an den Erfolgen des
Superintendenten den aufrichtigsten Anteil. . . . .

48.

*Superintendent De Vlaming an die Indische Regierung. Lokki,
27 April 1652.*

    Saidi ist mit 11 Korakoras und 3 Djonken im Februar von
Sula hier angekommen. . . . Wir hatten muhsame und langsame
Fahrt, am 4. April waren wir vor Erang oder Kambelo
Ich mufste uber Land nach Luhu und setzte hier nach Hila uber.
. Ich verstarkte Ihla und die Kuste von Hitu, ebenso will
ich Laala, Erang und Assahudi besetzen, um dem Feinde nach

aufsen die Verbindung abzuschneiden . . . Von Hitu ging ich
mit 350 Weifsen und 24 Korakoras nach Laala, landete hier und
marschierte gegen Henekelang. . . . Wir haben die Nelkenhaine
zerstort. . . . Dann in Laala, Serulam und in noch funf andern
Negereien, sodafs auf der Ostseite von der Kuste Warnula keine
Nelkenbaume mehr zu finden sind, aufser auf Lokki selbst . .
Ich rekognoszierte selber den Feind, der sich nicht sehen liefs,
mit 120 Weifsen und Inlandern: es hatte wenig Erfolg, wir zogen
an den Strand zuruck. . . . Was im vorigen Jahre in Waiputi
stehen geblieben war, hat der Gouverneur inzwischen vernichtet,
der mit der Hongiflotte hier war . . . . Die von Waiputi sind
nach Liciela gefluchtet. . . . . Durch Vermittelung von Sopi waren
Schuldige und Unschuldige aus dem Gebirge Hulong nach Luhu
herabgekommen. . . . . Wir setzen die Bestrafung noch eine Weile
aus, um die von Lokki nicht allzu sehr zu schrecken, aber spater
werden wir an ihnen ein Exempel statuieren. . . . Noch einige
andere Vorteile hat der Gouverneur wahrend unserer Abwesenheit gehabt. . . . .
    Auf Buton haben wir den Konig begrufst, er hat etwas
Pulver und Blei erhalten . . . .
    Im November (1651) sind die von Amblau in Makassar ge-
wesen und haben um Unterstutzung gebeten . . . . Der Resident
hat ihre Auslieferung, wiewohl vergeblich, gefordert .
    Iman Radjali (Fluchtling von Hitu) in Makassar soll nach
Buru Boten gesandt haben, Telisema (Kakialis Bruder) soll auch
dort gewesen sein . . . . Der Konig von Makassar schlug die
Unterstutzung ab . . . .
    Auf Buru gelang es uns in Tomehu nicht, durch List die
Aufstandischen an uns zu locken, sodafs wir die Negereien Waisa-
longa, Fogi, Waimte, Tomehu, Palmata, Hokonima, Bara und
Liciela verbrannten, alle Fruchtbaume, Garten und Fahrzeuge
zerstorten, die Bewohner werden vergeblich dort nach ihren
Wohnstatten suchen . Sie mussen ihre Zuflucht ins Gebirge
nehmen, die Nordseite bis Kailitu mit Ausnahme der grofsen
Negereien Leliala und Tagalissa, welche im Gebirge liegen, ist
ruiniert. . . . Auf der Sudseite wird es in gleicher Weise geschehen . Ein Schiff sandte ich uber Manipa nach Hila voraus. . . . Dasselbe hat auf seiner Fahrt zwei feindliche Korakoras abgefangen, welche nach Lokki bestimmt waren . . .
    Ich lasse die Nordkuste von Celebes bewachen, um zu ver-
hindern, dafs die Makassaren auf diesem Wege nach den Molukken
gehen . Hustard schreibt, dafs die Sengadji zum Umhacken
der Nelkenbaume wenig Neigung verrieten . . In diesem Jahre
sind 600 Bar Nelken auf Makjan meist alle gegen Kleider eingehandelt, was einen guten Profit gibt. . . . .

49.

Superintendent De Vlaming an die Indische Regierung. Hila, 16. September 1652.

. . . . Vor Hila war die Hongiflotte versammelt . . . Nachdem ich einiges in Victoria verrichtet, kehrte ich dahin zuruck. . . . . Ich sende anbei alle Papiere, Resolutionen u. s. w. . . . Die Konige von Iha und Nollat und der Oberpriester Lisaloan sind uns auf Gnade und Ungnade uberliefert. . . . Die Festungen auf Honimoa werden geschleift . . . . Wir haben Gnade bewilligt, um nicht Zeit zu verlieren . . . Am 25 September werden wir uber Buru nach Sula mit der Hongiflotte verziehen. . . Auf Buru soll weiter ruiniert werden; die Sularesen mussen sich unterwerfen, sie haben Saidi unterstutzt . . . Wir bitten Euer Edlen gegen Ende Dezember um Verstarkung. . . Im Gouvernement Amboina sind nur 860—870 Mann, davon viele krank.

Es ist beachtenswert, dafs in diesem Jahre trotz unsers Krieges mit den Rebellen aus unsern Landen 2000 Bar Nelken zur Verladung gekommen sind. . . Die Uliasser haben 895 Bar dazu geliefert, fruher, als sie von uns nicht verwaltet wurden, brachten sie etwa 130 Bar an, wenn es hoch kam. . .

Wir haben auf Nusatelo 28 Personen in unsere Hande bekommen, davon sind in Hila und Ihtulama, um ein abschreckendes Beispiel zu geben, 25 hingerichtet . . . Vier Orangkajas wurde die Zunge aus dem Halse geschnitten, dann wurden sie geradert . . . . Drei andere Orangkajas wurden geflugelt und mit brennenden Kerzen gepeinigt, die ubrigen auf die Schiffe gebracht und von den Soldaten mit Stocken und Hauern oder Bratspiefsen getotet . . . . Ein anderer Orangkaja wurde geradert, nachdem ihm die rechte Hand abgehackt war. . . . Andere weniger Schuldige wurden gegeifselt und gebrandmarkt . . . 50 Verdachtige beabsichtige ich noch mit dem Tode und weniger Schuldige mit Sklaverei zu bestrafen. . . Pais ist mitverwickelt; ich habe aber noch nicht genugend gravierende Beweise. . . . Ich bitte ihn hierher zu senden, damit uber ihn abgeurteilt werde . . . Er hat unter den christlichen Orangkajas von Leitimor und den Uliassern noch Mitschuldige . . . Ich habe vorgesorgt, dafs ihnen alle Schiefsgewehre abgenommen sind . . .

Bogaerde schreibt, dafs die Rebellen bei ihrem Widerstande beharren, ich werde sie auf Sula in Schrecken setzen. .

50.

Die Indische Regierung an die Siebzehner. Batavia, 31. Januar 1653.

. . . De Vlaming war in der Bucht Kajeli (Buru), wo Sagobaume zerstort wurden, ebenso wie die Bergnegerei Liciela (Nord-Buru). Von hier ist er nach Sulabesi gegangen, wo er die weifse Flagge hifste. Die Einwohner gaben vor, dafs ihnen von Saidi verboten sei, Gemeinschaft mit der Kompanie zu halten . . . . Er ist dann mit 70 Mann und 25 Matrosen an Land gegangen . . . Die Einwohner flüchteten. De Vlaming mufste sich damit begnugen, die Negereien und ihre Fahrzeuge zu verbrennen, und die Garten und Fruchtbaume, meistens Kokospalmen, zu verwusten. Mit der Negerei Gai (Westseite) wurde begonnen, dann ging es nordwarts auf nach Fatumatta, wo der Statthalter Terbile seinen Sitz hat. Die Ortschaften Talage, Gaban und Patahai verfielen demselben Schicksale. Fahrzeuge, Garten, Fruchtbaume wurden uberall in grofser Menge zerstort. . . . Unter den Fahrzeugen waren 7 Korakoras. . . . . Seine Edlen wollen die Zerstorung auf der andern Seite der Insel fortsetzen und auch die beiden andern Inseln Sula-Mangoli oder Zupabela und Sula-Tahabu verwusten . . . . De Vlaming konnte nicht in Erfahrung bringen, ob auf diesen Inseln sich Nelkenbaume befinden. . . . . Es sind keine gesehen worden . . . Die Einwohner waren alle geflüchtet. . . . . Wahrend De Vlaming bei Sula war, ging das Gerucht, Saidi sei von Buru angekommen; ein anderes besagte wieder, der Kapitanlaut sei nach Ternate weiter gegangen . . Saidi und Madira haben Aussicht auf Unterstutzung aus Makassar . . . . Wir wollen hoffen, dafs sie nicht gewahrt wird, was aber den Fortgang unserer Unternehmung nicht hindern kann . . . De Vlaming ist Vornehmens, die ganze Sudseite von Buru zu vernichten und was auf Amblau noch ubriggeblieben ist . . . .
Am 8. Januar haben wir 7 Schiffe nach Solor gesandt, mit 183 Soldaten, um dort die Portugiesen zu verjagen . . . Wir hoffen, dafs Gott der Herr dazu seinen Segen verleihen wird . . . Am 16 ist Hustard nach Makassar abgeschickt, um die Bestrafung oder Auslieferung von Madira zu fordern . . . . Hustard soll wieder nach den Molukken gehen und Bogaerde als Gouverneur ablosen. . . . .

51.

Superintendent De Vlaming an die Indische Regierung. Victoria, 30. April 1653.

. . . Am 21 April bin ich von Assahudi geschieden, wo ich die makassarische Flotte eingejagt und ganz eingeschlossen hatte. .   . . . .

Nachdem wir die Sulaschen Inseln monatelang verwüstet hatten, haben wir endlich mit Sula-Mangoli und Sulabesi unter guten Bedingungen einen Frieden gemacht .   Teibile und seinen Anhang haben wir lebend in die Hände gekriegt, am 6 Februar sind elf zusammen enthalst .   . . . .

Jan Pais ist zum Schuldbekenntnis gekommen, er sieht seiner Bestrafung entgegen. .   Die Gefangenen von Waiputi sind in die Ketten geschlossen; sie können mit 50 Thaler jeder sich frei kaufen. . . . .

Die Inseln Buru und Amblau haben wir nochmals besucht und die restierenden Nelkenbaume zerstort . . . Die Insel Manipa ist auch noch naher besucht. . . . Bonoa haben wir in einer Nacht uberfallen und rumiert . . Auch Waisama haben wir gestuimt . . . .

Die makassarische Flotte, welche am 27 Marz hier ankam, war 40 Schiffe stark, 10—12 Fahrzeuge haben wir auf dem Strand von Assahudi verbrannt. . Es wird noch etwas dauern, ehe wir die Feinde bezwingen . . . . .

Alle Nelkenplatze sollen noch einmal besucht, und dann alles zerstort werden, was etwa noch stehen geblieben ist   .

Die Insel Mau ist von allen Nelken gesaubert; die Einwohner hat Mandeisaha nach Teinate verpflanzt. . . . . Auch Maleyo hat die meisten Nelkenbaume schon verloren . . . .

Die Prinzen Manila und Kalamata sind zu ihrem Bruder ubergegangen, die Feste Gilolo haben sie in seine Hande geliefert Der Gugugu ist mit ubergekommen, derselbe ist aber enthalst Der Kapitanlaut Saidi und der Hukom sind nach der Feste Sahu gefluchtet, wo sie von Tidorein unterstutzt werden. Sobald ich genugende Kriegsmacht habe, weide ich Tidor besuchen, um ihm seine Nelkenhaine zu nehmen

52.

Die Indische Regierung an die Siebzehner. Batavia, 17. Januar 1654.

. . . . Nachdem Erang und Lokki gefallen, sind die Verräter nach Makassar geflüchtet, wo sie mit Erfolg den König um Unterstützung angegangen sind, wir hatten gehofft, er werde die Verräter ausliefern. . . . .

Am 19. Oktober (1653) kam De Vlaming hierher, um mündlich mit uns alle Angelegenheiten zu beraten. Wir haben Berichte erhalten aus Amboina vom 30. April, 8. und 10. Mai, 17., 18. und 20. Juni, 14. Juli und 22. September, alle in Kopie anbei folgend . . . Wir geben aus allen Berichten und mundlichen Unterhaltungen einen kurzen Überblick. . . .

Auf den Inseln Sulabesi, Mangoli und Taliabu haben wir De Vlaming zuletzt verlassen. . Besi und Mangoli haben sich endlich unterworfen. . . . Der Statthalter Terbile und 16 andere vornehme Rebellen sind überliefert; am 6. Februar (1653) wurden Terbile und 10 Komplicen in Victoria hingerichtet. . . . Die Radjas von Iha und Nollot sind auch hingerichtet, der Oberpriester von Honimoa wurde geradert. . . . Jan Pais ist in der Nacht vom 20. zum 21. Mai (1653) enthauptet . . . . Die Orangkajas von Leitimor wurden geschreckt. De Vlaming zeigte den Versammelten die Leichname der Gerichteten. . . . . Ihr Entsetzen offenbarte genügend ihre Schuld, aber die Zeit zu weiteren Hinrichtungen war nicht günstig, darum wurde die Bestrafung vorbehalten, und allen Vergebung für jetzt erteilt gegen die Verpflichtung, dafs die Bewohner der Landschaft Ihamau (Honimoa) nach Luhu verziehen und bei unserm Fort Wohnung nehmen mufsten. Statt nach Luhu sind die Ihamaulesen aber nach Latu, Haloi und Rumakai zur Unterstützung der Feinde gezogen und wurden dann in der Folge mit denen von Latu, Haloi und Rumakai zum Gehorsam gebracht, bei dieser Gelegenheit wurden die Führer hingerichtet und etwa 30 Mann zu Sklaven gemacht . . . Wir kehren jetzt zu den Sulainseln zurück. Die Bewohner von Sula-Taliabu wollten sich nicht unterwerfen; diese hat nun De Vlaming aufs aufserste gezüchtigt, zu Feuer und Schwert verdammt und verwüstet. . . . Alle Negereien und Fahrzeuge wurden verbrannt, die nicht gering von Zahl waren. Wir haben von diesen Inseln jetzt nichts mehr zu furchten. . . . Der Sengadji Mangoli ist Statthalter auf Sula für Terbile geworden, ein alter treuer Freund. . . Nachdem auf den Sulas alles verrichtet war, ging De Vlaming nach Buru und Amblau. . . Alle noch übriggebliebenen Negereien wurden vernichtet, ebenso die

Fahrzeuge, Nelken- und Fruchtbaume, eine grofse Menge Sagopalmen . . . Fur die Einwohner sind keine Lebensmittel zu
haben..... Von hier ging De Vlaming nach Manipa und Bouoa
. . . Die von Manipa hatten sich auf einem hohen Berge verstarkt . Mit 150 Soldaten hat Seine Edlen die Feste genommen.
. . Sechs Metallstucke wurden gefunden. . . . . Durch Verfolgung und Zwischenkunft von einem Orangkaja von Tomelehu
sind die Manipaesen in unsere Hande gekommen . . ihnen ist
gestattet, bei Tomelehu zu wohnen, aber keine Vergebung zugesagt . Jetzt ware ihre Zuchtigung nicht zeitgemafs, sie
wird bei guter Gelegenheit erfolgen . . . . Man durfte denen von
Bonoa und Kelang nicht zu viel Furcht einjagen. . . . Es wurden auf Manipa 4000 meist neu angepflanzte Nelkenbaume vernichtet . . . Die Bewohner von Bonoa wurden durch einen Vertrauten von Lemoire, dem zweiten Befehlshaber auf Bouoa, an
uns verraten . Lemoire hat uns die uneinnehmbare Festung
geoffnet. . . Es wurde nun auch der letzte Rest von Kultur
auf der Insel vertilgt. . . . Die aus der Festung entkommenen
Bewohner kamen nachher aus den Bergen herab und wurden
nach Luhu verpflanzt. . . Die Insel ist menschenleer, wie auch
zumeist Manipa. . . . Nun wurde alle Anstrengung gemacht, um
Kelang zu bemeistern; da kam die Nachricht, dafs die Makassaren im Anzuge seien, sodafs De Vlaming sich ihrem Empfange
zuwendete. .

Am 17 Februar wurden die ersten beiden Djonken abgefangen und dann noch zwei im Flusse Waisama auf Burus
Sudseite. . .

Am 27 Marz erschien die Hauptflotte von 40 Fahrzeugen
mit etwa 2000 Mann Die Schiffe hielten den Kurs zwischen Buru und Manipa nach Hitu oder Luhu. . . . Den Makassaren war die Durchfahrt uberall versperrt, ihnen blieb nur
noch der Weg nach Assahudi offen, wo sie sich auch hinwendeten
und hier angekommen, sich verstarkten Die Unserigen
konnten nicht so rasch folgen. . Die Feinde waren zu stark,
um sie anzugreifen, sodafs wir uns darauf beschrankten, sie in
ihrer Stellung zu belassen und zu Lande einzuschliefsen . .
Diese Belagerung dauert noch gegenwartig (Januar 1654) fort ..
De Vlaming bot den Makassaren freien Abzug an unter verschiedenen guten Bedingungen, was abgeschlagen wurde. . .
Madira ist auf dieser Flotte noch nicht gewesen . Dieser
erschien erst im Juli mit 9 Korakoras . . . . Er kam von den
Banganinseln (hinter Sula), von wo er eine Djonke an Saidi nach
den Molukken abgefertigt haben soll. . Von den Fahrzeugen
sind 7 von Buru und 2 von Bangai abkunftig . . Mit den
Makassaren war Iman Radjah, Bruder Kakialis, gekommen, woraus ersichtlich wird, dafs es auf Hitu gemunzt war . . . De

Vlaming fürchtet Verräter auf der Kuste Hitu, sodafs er doit noch diei steinerne Foits aufgefuhit hat. . . . . Die Kuste ist jetzt mit 6 Redouten versehen. . . . . Es hat De Vlaming auch nutzlich geschienen, die fruchttragenden Baume auf Hitu, wie Kokospalmen und Sagobaume zu vernichten, damit keine Lebensmittel auf Hitu gefunden werden. . . . . Und weil es zweifelhaft ist, dafs die Eingeborenen geduldig das Joch der Kompanie tragen, hat De Vlaming alle Nelkenbaume aufnehmen lassen, mit dem Vorgeben, nur eine neue Anpflanzung danach zu iegeln, in Wahrheit aber, um genau die Plätze kennen zu lernen, wo sie ihre Nelkenhaine haben, wovon wir bisher wenig Kenntnis hatten. . . . Es ist dies eine Vorbereitung, wenn wir auf Hitu exstirpieren wollen, sobald es sich herausstellt, dafs Leitimor genug Nelken heivoibringt, als die bekannte Welt verzehren kann.. . . Es ware dies eine vorzugliche Sache; wir brauchten dann nur wenige Platze zu besetzen; nach den Molukken wird niemand mehr kommen, denn was wollten sie da noch suchen? . . . Die Festungen Kambelo und Luhu sind nach De Vlaming nicht mehi notig . . Kambelo ist auch der Gefahr ausgesetzt, von den Makassaren von der Landseite her überrumpelt zu werden. . . .

Die Nelkenbaume sind jetzt aufser auf Amboina und den Uliassern überall thatsachlich ausgerottet. . . . Doch bezweifeln einzelne dies wohl, hier und da zwischen den Gebirgen, meinen sie, konnten noch Walder sein . . . Auch wegen jungen Nachwuchses wird es notwendig sein von Zeit zu Zeit wieder Nachlese zu halten. . . . .

Honimoa ist noch mit zwei steinernen Redouten versehen, eine am Strand von Iha und eine andeie bei der Negeiei Porto. . . . . Auf Oma sind zwei Redouten: bei den Negeieien Hatuaha und Haruku am Strand; die Redoute bei der Negerei Oma ist dagegen eingezogen. . . . Auch eine auf Nusalaut. . . . . Leitimor und diese drei Inseln versprechen eine kostliche Perle an der Kione der Kompanie zu werden.. . . . Die Lander von den Bewohnern von Ihamau, welche ausgewiesen wurden, sind an unsere christlichen Unterthanen auf Honimoa reiteilt worden. . . . De Vlaming hielt es gut, die noch anwesenden Mohammedaner bei Strafe der Verbannung zum Christentum zu zwingen, damit diese Inseln fui uns in Ruhe kommen. Wenn wir die durch solche Mittel Gezwungenen nun auch nicht taufen können, so sind uns doch ihre Kinder gewifs. . . . .

Inzwischen kam Zeitung aus Ternate, dafs der Konig von Tidor jetzt offentlich die Rebellen unterstutze, indem er sie als seine Unterthanen angenommen habe . . . Dadurch ist uns eine gute Gelegenheit geboten, ihn feindlich anzutasten, was wir schon lange gewunscht haben. . . . . Zu diesem Ende ging De Vlaming nach Ternate, um die gute Gelegenheit nicht unbenutzt zu lassen.

. . . . Er liefs noch aus Banda 150 Weifse kommen aufser andern 100 Mann, die er selber von da geholt hatte. . . . .

Am 22. Juni (1653) ist De Vlaming verzogen . . . . Er ging über Buru und Sula, um nach Madua zu forschen . . . . Im Süden von Buru, am Flusse Waisama, wurde wieder eine Djonke abgefangen . . . . In Brand wurden gesteckt die Negereien Fogi, Palmata und Bara. Von Zeit zu Zeit mufs solche Verwüstung wiederholt werden, um den Eingeborenen gar keine Zeit zur Erholung zu gönnen, damit sie die Aufruhrer in unsere Hande liefern; Seine Edlen meinen, dafs dies mit der gewöhnlichen Besatzung geschehen kann . . . . Während er Bara verwüstete, sandte De Vlaming schon Schiffe nach Sula voraus, ihn am Südostende von Sula-Mangoli zu erwarten . . . Die Sularesen waren wieder abgefallen und Madua, der inzwischen dort war, wurde von ihnen unterstützt . . . Der Feldherr litt Mangel an Lebensmitteln, er mufste nach Sulabesi zum Sengadji Mangoli sich retten, der aber auch als Flüchtling, von den eigenen Angehörigen als Verräter verstofsen, beim Orangkaja von Nailma weilte, hier hat De Vlaming sich in einer Palissadenfestung in Armut und Misère bis zum 6 August aufgehalten, bis eins der verschlagenen Schiffe von Batjan ankam und ihn erlöste . . . . Als darauf die Negerei Mangoli abgestraft und auf Sulabesi Nelkenhaine, etwa 2500 Bäume, verwüstet waren, welche zwei Wegstunden landeinwarts gefunden wurden und so grofs waren, dafs niemand sie beim ersten Anblick für Nelkenbäume ansehen konnte, zog man nach Ternate weiter . . . . Den Bewohnern von Sula schenkte Seine Edlen für die Nelkenbäume 100 Realen . . . .

De Vlaming stellt vor, auf Mampa Reis zu bauen . . Die noch übriggebliebenen Bewohner, die viel mehr, als den Tod verdient haben, sollen ausgerottet, und ein anderer Schlag von Menschen dahin verpflanzt werden. De Vlaming hält Chinesen für geeignet, es sind aber nach seiner Meinung 2000 Menschen nötig. Die Unkosten für die erforderliche Besatzung soll aus der Pacht für Sago gedeckt werden. . . . . Was De Vlaming in Ternate verrichtet hat, werden wir später unter „Molukken" berichten. . . .

Von Assahudi kam eine Meldung vom Kapitän van der Heiden, dafs unter den Truppen viel Krankheit herrsche infolge des unaufhörlichen Regens; auch die Makassaren lagen im Wasser . . . Aufs schleunigste begab Seine Edlen sich nach Assahudi, um auf alles Ordre zu stellen, und ist darauf nach hier (Batavia) gekommen, um mit uns über die Angelegenheiten mündlich zu beraten und die erforderlichen Streitkräfte zu holen . . . Wir waren mit ihm darin einverstanden, um so mehr, als De Vlaming in Makassar angelaufen war und erfuhr, dafs der König eine neue Macht nach Amboina senden wolle, man sprach von 100 Fahrzeugen und 5000 wehrbaren Männern . . Wir haben rasch

die Ausrustung besorgt, damit De Vlaming noch fruh genug zuruck ist, um die Makassaren vor Makassar selbst oder doch um
Buton anzutreffen, was Gott der Allmächtige vergonnen wolle. ....
Am 8. November ist Seine Edlen von hier wieder mit 8 Schiffen
und 500 Soldaten aufser dem Schiffsvolk abgefahren . . . .
     Van der Beek haben wir aus Amboina zuruckgezogen und
die Leitung allein in die Hände De Vlamings gelegt, da in dem
Gouvernement jetzt kein Gouverneur notig ist. . . . . Am 6. Dezember haben wir nochmals Verstarkung nach Amboina ab-
gesandt.   .   .   .   .
     De Vlaming ist Japara angelaufen, um Lebensmittel ein-
zunehmen, er hat Rinder in Überflufs gefunden. Aus Makassar
empfing er Nachricht, dafs der Konig stark ruste. . . . . De
Vlaming hat nach Makassar ein Schiff ausgesandt, um zu kund-
schaften: er selber ging nach Buton weiter, da uns an der
Freundschaft des Königs dieser Insel jetzt viel gelegen ist. . . . .
Bald darauf haben wir Nachricht erhalten, dafs der Konig von
Makassar inzwischen gestorben sei, wodurch die Rustungen wohl
aufgehalten wurden.   .   .   .   .
     Die Ernte in Amboina ist nur 71 364 Pfund; schwerer Regen
im Juli und August ist die Ursache. . . . Wir geben jetzt von
dem, was in den Molukken passiert ist, einen Gesamtüberblick.
. . . . Kalamata war zu den Rebellen ubergegangen, hat sich zum
Konig aufgeworfen an Stelle Manilas, ist aber darauf bald zu
Mandersaha zuruckgekehrt. Am 10. Januar (1653) ist Bogaerde
mit Mandersaha nach Gilolo gegangen, in Gesellschaft des Königs
von Batjan, der in Maleyo sich aufhielt, mit 600 Mann, darunter
150 Soldaten (Weifse), und Kalamata uberlieferte die Festung. . . . .
Saidi und der Hukom Tomagola sind entkommen und fluchteten
nach der Bergfestung Sahu. . . . Kalamata und Manila thaten
einen Fufsfall und erboten ihre Hilfe, um die Aufstandischen von
Sahu, Gamacanora, Laloda, Talotoa, Sula und Kakomi zum Gehorsam zu bringen . . . Man zog gegen Sahu, doch fiel starker
Regen, sodafs die Ausfuhrung unterbleiben mufste . . . Ein
zweiter Versuch, Sahu zu uberrumpeln, scheiterte an dem Widerstande der ternatischen Krieger, die gegen ihre Bruder nicht
kämpfen wollten . . . Der Gugugu Moffa wurden neben vier
andern vornehmen Aufrührern auf Andrängen Bogaerdes am
26. Marz enthauptet, was wir mitteilen sehr nutzlich zu finden.. .
Kalamata und Manila sind verschont . . . Hätten wir nur
Saidi und Tomagola in die Hande bekommen . . . . Tidor unterstützt sie, sodafs die Rebellen sich noch lange werden halten
können. . . . . Mandersaha, unfahig und bei seinem Volke verhafst, ist zu schwach gegen Tidor, er kann sich nur durch uns
halten.   .   .   .   .
     Die Spanier scheinen gute Freunde mit uns bleiben zu

wollen   . In Manila sind vier Jahre hintereinander keine
Schiffe aus Neuspanien angekommen .   . Der Krieg gegen Tidor
ist uns sehr ungelegen, weil das Werk in Amboina noch sehr
unsicher steht; Mandersaha war auch zum Kriege nicht geneigt,
ware er nicht so empfindlich dazu genotigt worden . . De Vlaming
wollte die Gelegenheit zum Kriege gegen Tidor benutzen . .
Er beriet mit Hustard und richtete danach die Kriegserklarung
an den Konig von Tidor: auch dem spanischen Gouverneur in
Gamalama wurde sie mitgeteilt, jedoch mit dem Hinzufugen, wenn
er die Tidorer unterstutze, werde er gleichfalls als Feind behandelt .   Wir glaubten das Vorgehen De Vlamings bestatigen
zu mussen, um wenigstens kraftig gegen Tidor aufzutreten und
wenn moglich, zunachst die Nelkenbaume auf Tidor zu zerstoren
        Die Sachen von Mandersaha stehen so, dafs er ganzlich
nach unserer Pfeife tanzen mufs . . . . Im nachsten Jahre werden wir machtig genug sein, davon den erhofften Vorteil zu
ziehen. . .   Unterdessen hatte Hustard und Mandersaha mit
20 Korakoras und 100 Soldaten eine Unternehmung gegen Sahu
ausgefuhrt .   Der Weg zwischen Gilolo und Sahu war mit
Fufsangeln belegt . . . . Eine Strecke den Flufs aufwarts wurde
eine Schanze genommen.   . Am Strande wurde eine Befestigung
errichtet, um dem Feinde die Zufuhr abzuschneiden, unter Befehl
des Konigs von Gilolo.   . Gamacanora wurde uberrumpelt,
viele Rebellen wurden totgeschlagen, andere in Gnaden angenommen, der Sengadji ist mit 100 Mann nach Sahu entkommen.
Die Bewohner von Talafoa und Loloda haben sich freiwillig unterworfen . . . . Danach ist aber der Sengadji von Loloda, sobald
Saidi erschienen war, wieder abgefallen   .
        Um den Tidorern Abbruch zu thun, hatte De Vlaming an
Simon Cos in Amboina Befehl hinterlassen, inzwischen mit der
amboinschen Hongiflotte und circa 150 Soldaten einen Zug nach
den Papuas zu thun, dort so viel Menschen zu rauben und Fahrzeuge mitzuschleppen oder zu verbrennen, als wie in ihrer Macht
stunde, damit der Konig dieser Hilfskrafte sich nicht mehr bedienen mochte   Die Makjaner bleiben dem Konig Mandersaha getreu, man hat dort in diesem Jahre (1653) eine heftige
Krankheit gehabt   Die Makjaner wollen sich zum Umschlagen ihrer Nelkenbaume noch nicht verstehen, jedoch die von
Maleyo und Motir haben wir so weit. Die Insel Mau ist verwustet und deren Bewohner nach Ternate gefuhrt, davon die
Vornehmsten enthauptet wurden Die Insel ist ihrer Nelkenhame
beraubt, ebenso die Umgebung von Gamacanora . . . . Sahu wird
folgen . . . . Der Konig von Batjan hat zugebilligt, dafs die
Nelkenhame seiner Lander verwustet werden .   Dieselben gehoren partikularen Eigentumern, sodafs der Konig wenig daran
hat . .   So werden aufser Makjan wenig Nelken ubrigbleiben,

aufser auf Tidor, die wir vorhatten auf oben angedeutete Weise
nun auch zu zerstören. . . . .
Es wurde im vorigen Jahre darüber geschrieben, dafs wir
unsere Hauptniederlassung von Ternate nach Makjan verlegen
könnten, dies empfiehlt sich nicht, dagegen können wir unsere
Festung Oranien, oder Maleyo, verkleinern; Plan folgt anbei. Die
Sache bleibt so lange ausstehen, als bis wir den Befehl von Euer
Edlen dazu haben. . . . . Das Fort Kalelaboka gegenüber einer
kleinen spanischen Festung, mit Namen Siobe, auf Ternate, hat
De Vlaming dagegen aufgegeben. . . . . Das Fort Barneveldt auf
Batjan könnte mit der Zeit entbehrt werden. . . . . Es ist Aus-
sicht vorhanden, dafs Ternate aus Menado eine gute Quantität
Reis erhält, gegen 13—14 Realen in Kleidern für die Last.. . . .
In Menado war der Spanier Barthelo de Saisa, um Tribut in
Reis im Namen des Königs von Spanien zu fordern . . . . Der
Fürst von Menado hat uns ein Freundschaftsbündnis angetragen
und um Errichtung eines Kontors in seinem Lande gebeten, was
zugestanden wurde   . . . .
De Vlaming hat in Ternate alles in guter Ordnung gefunden.
Er lobt Hustard als eifrigen und verständigen Vorsteher der In-
teressen der Kompanie; deshalb hat Seine Edlen die Gage von
Hustard von 120 auf 200 Gulden (monatlich) erhoht. . . . . Das
Gehalt des Predigers hat er von 100 auf 130 Gulden gesetzt,
das ist allerdings etwas viel. . . . .
Die Garnison blieb nach dem Fortzuge des Schiffes Banda
484 Köpfe stark, darunter aber viele Kranke. . . . . Aus den
Molukken haben wir nur 2578 Pfund Nelken in diesem Jahre
erhalten, also zusammen mit dem Quantum aus Amboina
73942 Pfund. . . Die Nelken blühen in den Monaten April
und Mai; gepflückt werden sie im November und Dezember....
Im Scheiden des Monsuns will De Vlaming so viel Macht aus
Banda und Amboina zusammenfassen, als irgend entbehrt werden
kann, und nach Tidor gehen, um zunächst alle Nelkenbäume auf
der Insel zu verwüsten. . . Kann in Amboina keine Macht
entbehrt werden, so sollen Hustard und Mandersaha die Tidorer
nur defensiv bekämpfen, da Ternate gegen Tidor viel zu schwach
ist. . . . . In jedem Falle wird aber die Zwietracht zwischen
Ternate und Tidor aufrecht erhalten, um die gute und lange gewünschte Gelegenheit nicht zu verlieren . . . . . .
Wir sind um Buton besorgt. . . . . Es ist eine volkreiche
Insel. . . . . Die Butoner konnten uns in Amboina, Banda und
Ternate sehr schädlich sein. . . . . Der König von Buton hat De
Vlaming durch einen Gesandten noch kürzlich vor einem Anschlage
gewarnt. . . . . De Vlaming ist dann auf der Fahrt nach hier in
Buton wieder angewesen und hat dem Könige zwei Niederländer
für seine Leibgarde zurückgelassen: der König hatte um eine

Niederlassung gebeten. .   Wir werden später. wenn wir erst
gegen Makassar Krieg fuhren, Garnison nach Buton legen   .
De Vlaming hat das schon vorgestellt. ...   Mit Makassar haben
wir gebrochen   Es wurden zwei portugiesische Schiffe des bekannten Francisco Vicra genommen; der Konig und der Prinz
pratendierten darauf Anteil und sandten expresse Gesandten hierher, die zugleich vorstellten, dafs Madira und andere um Unterstutzung ersuchten.   Um diese Unterstützung zu hintertreiben,
sandten wir Hustard nach Makassar, um fur die genommenen
zwei Schiffe Satisfaktion zu geben er ging am 16. Januar (1653)
ab und kam am 1. Februar in Makassar an..... Da erfuhr er, dafs
Madira mit einer Unterstutzung von 30 Fahrzeugen und 1600 Mann
bereits nach Amboina abgegangen war; aufserdem hatten sich
9—10 Djonken angeschlossen, welche von Privaten au●gerustet
waren. .   Den Befehl uber die Flotte fuhrt der Makassare
Dain Bulikan. .. .   Madira und die ubrigen ternatischen Fremdlinge sollen dem Könige von Makassar die Souveranitat uber ihre
Lande angetragen haben   . Francisco Vicra, so wird erzahlt,
habe viel Geld ausgeteilt, um zum Zuge zu ermutigen, und er
hoffe durch Nelken dafur entschadigt zu werden   .   Hustard
durfte nicht an Land kommen   Der Konig sandte ihm wol zwei
Prauen mit Erfrischungen , worauf Hustard mit einem Gegen-
geschenk erwiderte   . . Der Konig wollte auch seine ruck-
standige Schuld abtragen, was Hustard anzunehmen weigerte, da
er deshalb nicht gekommen sei   Hustard teilt mit, dafs die
Bai von Makassar nur eine kleine Meile breit sei und leicht
blockiert werden könne. .   Ebenso der Pafs von Saleijer, wo
alle Schiffe nach und von Amboina passieren mussen.   .

Wir werden nun die Kusten von Makassar heimsuchen: die
Makassaren sollen im eigenen Lande zu thun bekommen, wozu
nur 3—4 Jachten nötig sind   Wir werden den Einflufs,
welchen Makassar seit einiger Zeit auf den Handel gewonnen hat,
zerstoren und teilen die Ansicht De Vlamings, dafs ein Krieg mit
Makassar fur die Kompanie vorteilhaft sei   . . De Vlaming
wird daher eine Befestigung auf Buton legen und von da aus
auf die Kusten von Makassar kreuzen lassen. .   .

Vor Makassar lagen drei portugiesische Fahrzeuge, mit Seide,
Gold und Chinawurzel beladen; ferner drei Djonken von Kam-
bodia mit Seide und japanischem Kupfer . . Aus Manila war
Joan Gomes mit zwei Schiffen auf der Reede mit Zucker, Gold
und andern Kaufmannschaften   Ein englisches Schiff ist bei
Bantam glucklich in unsere Hande gefallen   .

53

Die Indische Regierung an die Siebzehner. Batavia, 26. Januar 1655.

Am 8. November (1653) war De Vlaming mit 8 Schiffen nach Amboina abgezogen; aufser dem Schiffsvolk 500 Soldaten. Wir haben dann in der nächsten Folgezeit noch gegen 200 Mann nachgesandt. . In Japara war De Vlaming infolge Ordie angelaufen, wo er Rindvieh ankaufen wollte. Er sandte nach Makassar, um zu vernehmen, wie die Sachen dort standen. Der König von Makassar war im November gestorben . . . . Die Rustungen waren von Patengelo fortbetrieben. Er sprach seine Verwunderung aus, dafs wir zum vierten mal wiederkamen, um in ein und derselben Sache lastig zu fallen. . . De Vlaming ging nach Buton. . . . Der König war treu und freundschaftlich, Auf seine Bitte hat De Vlaming ihm 14 Soldaten gelassen. dagegen eine grofsere Zahl Butonei unter einem Kitschil erhalten. . . . Am 30 Dezember ist De Vlaming in Amboina angekommen und wollte, da von den Makassaien noch keine Kunde eingelaufen war, nach Sulu. . . . . Auf dem Wege zwischen Manipa und Larike kam Nachricht, dafs 40 makassarische Fahrzeuge entdeckt wurden, die in einen Flufs Romaite (Celebes) einliefen, wo sie sich am Strand befestigten . . . Bis zum 24 Februar sind sie doit von den Unserigen festgehalten . . Die Fahrt nach Sulu mufste infolge dessen jetzt unterbleiben. Im Suden von der Stiafse Buton bekamen wir 10—11 makassaiische Fahizeuge in Handen, die Besatzung hatte sich an Land gerettet. . Assahudi wurde neu versoigt. . . Vor Kelang ein Schiff gelegt zur Absperrung des Flusses. . . . Die Insel Manipa gegen Einfall gesicheit, ebenso die Kuste Hitu. . Andeie Makassaren sind auch nach Sulu gegangen, hier haben sie ihre Fahrzeuge im Flusse Fokeve . Vier Schiffe von ihnen gingen nach Kajeli und funf nach Sole (Kelang) . . . Einige Fahizeuge haben wir abgefangen. . . In der Strafse Buton ist eins unserer Boote mit 32 Kopfen in die Hande dei Makassaien gefallen, 27 Mann sind getötet. . . . .
Der König von Buton hat auf seine Kosten zwei Pianen Bewaffnete an De Vlaming gesandt und dagegen um einigen Beistand von niederlandischen Soldaten gegen die Makassaren und seine eigenen Verschworenen gebeten . Es waie diese Unterstutzung notig gewesen, aber unter freundlicher Danksagung wuide sie doch diesmal abgelehnt. . . . . .
De Vlaming hielt es notig, uberall personlich zu inspizieren, da das Erscheinen dei Makassaren strenge Achtsamkeit auf allen

Punkten nötig machte.   De Vlaming hat sich aus Vorsicht
der Grofsen von Hitu, Mampa, Luhu und der mohammedanischen
Häupter von Hommoa und Oma bemächtigt, es mochte nun mit
oder gegen ihren Willen geschehen   Sie wohnen im Kastell
an einem vorbereiteten Orte und werden bewacht . .   Sie sind
88 Köpfe stark .   Die Makassaren sind 100 Fahrzeuge stark;
tapferes und kluges Kriegsvolk, die Vorteile, welche wir erlangen,
gewinnen wir nur durch die gute Armierung unserer Schiffe; darum
ist es auch nicht geraten, diese Feinde zu Lande anzufassen . .
Wir müssen sehr vorsichtig sein. . . . Kein Unfall darf uns zu-
stofsen; es wurden uns ringsum neue Feinde erstehen   De
Vlaming sucht die Makassaren mit Gute aus Amboina zu entfernen. . . . . Er verspricht ihnen Nelken zu verkaufen, will ihnen
den Reis zu 40 Thalern abnehmen . . . Die Makassaren er-
widern, sie könnten den Beistand nicht ablehnen, sie waren
sicher, dafs die Niederländer es auch mit ihnen nicht ehrlich
meinten.   .   .   .   .
    Die Makassaren aus dem Flusse Romaite waren inzwischen
entkommen.   .   Unsere Schiffe litten durch heftigen Seegang.
. . . Sie liefsen sich etwa 4—5 Meilen von Kambelo nieder   .
De Vlaming begab sich selber nach Luhu, um Sicherung gegen
Überrumpelung unserer Plätze zu treffen . .   Als De Vlaming
nach Victoria gefahren war, brach am 27. März (1654) kurz
nach Mittag der Feind aus .   .   Unsere Festung wurde überrumpelt und verbrannt. . . . Sie waren auf unsere Festung mit
einer Wut angefallen, als wäre sie ohne Besatzung gewesen . . .
Die Makassaren gingen wiederum übers Gebirge nach ihrem
Ankerplatz bei Kambelo .   Unsere armen Freunde um Luhu,
welche diesen Anfällen ausgesetzt waren, haben sich bereit finden
lassen, auf Hitu Wohnung zu nehmen . . . . Wir werden sie aber
nicht in ihre Heimat zurückkehren lassen, damit Luhu, wie wir
es wünschten, mehr und mehr wüste wird   .   .   .   .
    Am 30 September (1653) wollten die Makassaren in Assa-
hudi unsere Cernierungslinie zur Nacht durchbrechen . .   Von
6 Fahrzeugen wurde eins eingeholt . .   Nach blutigem Gefecht
wurde es überwunden . . . Wir hatten 7 Tote und 12 Verwundete. . . . Die Feinde, wie ein Überlebender berichtete,
waren 120 Mann stark, die sämtlich fielen.   14 Fahrzeuge
wurden in der Bucht von Henetelo abgefangen, sie waren von
den Tidorern mit Lebensmitteln gesandt. . .   Es war die Absicht, die Lebensmittel dem Feinde abzuschneiden.   .
    Am 12. September ging De Vlaming nach Ladia . .   Am
15/16 traf er ein.   Er landete und vertrieb mit Gewalt
den Feind aus seinen vordern Schanzen . . . Die Festung anzugreifen war nicht ratsam . . . Er befestigte sich am Strand.
. . . Die von Assahudi (keine Tagereise entfernt) suchten ihm

das zu hindern und von vorn bedrangte ihn der Feind, den er bekampfte..... Wir bekamen 8 Tote und viele Verwundete ....

Am 20 September am Sonntag fruh 2 Uhr wurde auf die Festung der Makassaren ein Anschlag ausgefuhrt, er gluckte 700 Makassaren wurden in die Pfanne gehauen und uber 400 wurden gefangen; sodafs von 1200 Personen, die darin waren, ungefahr 60 entkamen .... Der makassarische Admiral Conto Suwa hatte sich gerettet; dagegen waren andere vornehme Grofse gefallen, wie Tiomou Pau, Orangkaja von Amin, der Pati von Luhu, mit seiner Hausfrau, einer Schwester von Madira, aufserdem Nui Besi, alles auserlesene Schelmen. .... Die Gefangenen sind meistens Frauen und Kinder, welche De Vlaming an die Soldaten als Beute geschenkt hat, um ihnen noch bessere Courage zu geben . .. Ein Lieutenant, Franz Smalen, hat die Pramie von 100 Reichsthalern beim Sturm gewonnen; er war der Erste in der Festung . ... Die 700 Tote erklaren sich dadurch, dafs die Gefluchteten unten am Strand von unsein Leuten empfangen und niedeigemacht wurden. ... Von den 60, welche entkamen, werden die meisten nachtraglich an erhaltenen Wunden gestorben sein, was wir aus einzelnen neuen Grabern, die wir im Walde antrafen, vermuten konnten..... De Vlaming zerstorte unsere Befestigungen und bezog nun die Festung des Feindes . Ohne Verzogerung liefs er nun uberall nach Sago suchen; es wird aber noch Zeit kosten, ehe wir alles ausrotten konnen Fur den herrlichen Sieg liefs De Vlaming in ganz Amboina einen Dank- und Freudentag feiern. . . . .

Am 11 September, ehe De Vlaming nach Laala abgezogen war, erschien in Amboina der Konig von Ternate in Person mit 12 Korakoras und etwa 1000 Mann..... Auf Assahudi einen Anschlag zu unternehmen, erschien gefahrlich, sodafs De Vlaming sich entschied, mit dem Konige von Ternate nach Buton zu gehen, um die Uberkunft der Makassaren furs nachste Jahr zu verhindern..... Der Kaufmann Simon Cos erhielt unter dem Titel Prasident die Leitung der Geschafte wahrend der Abwesenheit De Vlamings. ... Er gab ihm den speziellen Auftrag, allen Sago um Laala und Umgegend sorgfaltig zu vernichten ... De Vlaming ging nach Victoria und Mandersaha wieder nach Assahudi . Am 22. September trafen sie wieder vor Laala zusammen, Mandersaha in Gesellschaft des Konigs von Gilolo und Kitschil Kalamatas, begleitet von etwa 100 tuchtigen ternatischen Kriegern, von wo sie gemeinsam am 28. September nach Buton abgefahren sind. . . . .

Am 8. Oktober kam De Vlaming nach Buton . Er fing hier 4 feindliche Fahrzeuge ab, deren Bemannung glucklich entkam . . Der Konig von Buton wurde strong von De Vlaming verwiesen, dafs er nicht besser dem Unwesen steuere, das von

seinen Unterthanen getrieben wurde .... Er solle keine Unterstutzung erhalten, bevor die schuldigen Bosewichter ausgeliefert
seien. ... Der König versprach dies zu thun, aber er könne
es jetzt nicht, da sie nicht in seinen Handen waren. . . . .
　　De Vlaming entschlofs sich, in Person die Besatzungen von
Makassar zu inspizieren und von da, wenn nötig, nach Batavia
uberzufahren..... Eben als der Superintendent nach Makassar
abgehen wollte, kamen der Konig von Gilolo und Kalamata bei
Buton auf die Reede. ... Es erschienen auch 10 buginesische
Fahrzeuge, die mit dem Konig von Buton unterhandeln sollten.
.... Schon uber lange Jahre haben die Buginesen mit den Makassaren nicht ubereinkommen können, wahrend sie mit denen
von Buton gute Beziehungen unterhalten..... Die Buginesen
waren geneigt, unserm Bundnisse beizutreten..... De Vlaming
gab freundlichen Bescheid und ging dann nach Makassar, wo er
am 17. Oktober ankam und von den zwei Wachtschiffen Rapport
bekam. . . . .
　　Vor Bima (Sumbawa) war eine starke makassarische Flotte
gesehen, welche dort Reis einnehmen und dann nach Amboina
oder Banda gehen wollte. . . . Der Konig von Bima hat eine
Tochter des Konigs von Makassar zur Frau..... De Vlaming
sandte an den Konig von Makassar Briefe und bat um seinen
Besuch. . . . Der Konig antwortete, dafs er mit Seiner Edlen
nichts abzumachen hatte; wollte der Admiral etwas von ihm, so
mochte er an Land kommen.... De Vlaming zog vor, seine
Anker zu lichten, und kam nach Batavia.... Am 6. November
ist er wohlbehalten angekommen . . . .
　　Wir haben beschlossen, alle Krafte zusammenzunehmen.
.... De Vlaming wird Bima besetzen, um Reiszufuhren abzuschneiden . . . Es wurde beschlossen, De Vlaming aufs schleunigste nach Amboina zuruckgehen zu lassen, obwohl Euer Edlen
gewunscht hatten, dafs er hier als standiges Ratsmitglied in
Batavia bleibe. . . Am 21. November ist er mit 5 Schiffen
und 4 Schaluppen, mit 500 Soldaten abgegangen. . . . .
　　De Vlaming nimmt seinen Weg uber Bima, hier eine fluchtige Landung zu thun und Reis und Fahrzeuge zu zerstoren.....
Wir haben Seiner Edlen empfohlen, schnellmoglichst von Bima
nach allen Platzen zu gehen, um die Besatzungen zu ermutigen,
respektive zu verstarken, und besonders die kostliche Besitzung
Banda gegen einen Uberfall zu versichern..... De Vlaming wird
mit Eifer uberall das Vernichtungswerk fortsetzen, damit die Makassaren durch Mangel gezwungen werden, die östlichen Gewasser
zu verlassen. .... Wir wollen versuchen, durch Vertrag die Makassaren zu bewegen, dafs sie alle Fahrt auf Amboina und die
Molukken aufgeben..... Dafs auch auf der Insel Makjan die
Nelkenbaume verschwanden, sahen wir von Herzen gern. . . . .

Ausgezeichnete Geschenke haben bisjetzt noch nicht ihre Wirkung gethan, sodafs es den Anschein hat, dafs wir sie gutlich nicht dazu bekommen .... Wir haben nun bereits König Mandersaha, welcher die Exstirpation bewilligen wird, unter der Hand dazu animiert, dafs wenn die Makjaner einmal wieder oppomeren, was haufig zu geschehen pflegt und vermutlich auch während dieser Expedition wieder geschieht, diese Gelegenheit zum Werke zu benutzen. .... Wir wollen dann aber trotzdem den Orangkajas dieselbe Vergutung zahlen, als hätten sie durch friedlichen Vertrag uns die Exstirpation zugestanden, um dadurch sie an uns zu verbinden. . . . .

Die Ausgaben in Amboina (während 12 Monate):

$$\begin{array}{ll} & \text{Fl. } 249\,089.\ 19.\ 7 \\ \text{Gewinn auf Kleider} & \text{,, } \quad 100\,067.\ \ 5.\ 6 \\ \text{Zu kurz} & \text{Fl. } 149\,022.\ 14.\ 1. \end{array}$$

Der Konig von Tidor hat Versuche gemacht, die Aufstandischen auf Halmahera unter seine Hoheit zu ziehen   . . . Wir haben den Konig von Tidor auf seiner eigenen Insel angegriffen, ohne auf die Festungen der Spanier Rucksicht zu nehmen. . . . . Der Gouverneur Francisco d'Estebar sandte Protest ein und fugte hinzu, dafs er den Tidorern jede Feindlichkeit gegen uns verbieten werde. . . . .
Sahu wurde von Hustard blockiert, um den Tidorein den Zutritt zu wehren. . . . . Gamacanora war von den Feinden wieder zuruckerobert, wurde nachdem aber aufs neue von uns genommen. . . . . Konig Saidi griff Kau auf der Ostseite von Halmahera an mit seinen Unterthanen von Weda und Maba, jedoch vergeblich.   . . . Der Konig von Gilolo focht mit 7 Korakoras gegen Tidor. . . . .
Der Gouverneur von Gamalama hat den König von Tidor wegen Friedensbruch festgenommen; er fing ihn mit List . . . . Nun ersuchte der Gouverneur aufs neue im Namen des Königs, dafs wir die Feindlichkeiten einstellten gegen Tidor. . . . . Es wurde hin- und wiedergeschrieben; die Castilianer wurden mit Hoffnungen hingehalten, und nichtsdestoweniger der Krieg unter der Hand fortgesetzt. . . . .
Am 19. April ist Sahu in unsere Hande gefallen   . . .
Während König Saidi in Gamalama in Gewahrsam gehalten wurde, befanden sich Kapitanlaut Saidi und der Hukom Tomagola auf Tidor mit zusammen etwa 15 Fuhrern; diese sind nach Sula gegangen, als sie die Gefangennahme Saidis horten . . . .
Die Spanier sagen, sie hätten schon Ordre gegeben gehabt, um diese Bösewichter zu fassen, was wir jedoch nicht glauben. . . . .
Am 9. Mai ging Hustard nach Gamalama, um sich daruber

zu beschweren, dafs der Gouverneur den König Saidi auf freien Fufs gesetzt habe . . . . Hustard gab an, dafs er die Tidorer nun wieder bekämpfen musse . . . Am andern Tage forderte Hustard die Widergefangennahme von Saidi und dessen Bestrafung und erklärte, dafs alle Folgen der Unterlassung auf die Spanier zurückfielen . . . Der Gouverneur antwortete darauf, dafs die Ursache des Friedensbruches Mandersaha sei, da zuerst ein tidorisches Fahrzeug von seinen Kriegern vernichtet wurde . . . . . Den nächsten Brief sandte D'Estebar zuruck, und Hustard that das Gleiche mit den spätern Briefen vom spanischen Gouverneur . . . .

De Vlaming sandte dann nach Maleyo Kommissare, die mit Hustard berieten und beschlossen, nicht den Frieden anzustreben, sondern unsere Proteste gegen die Spanier immer zu erneuern, und wenn nicht Saidi bestraft werde, die Entschliefsung den Regierungen vorzubehalten . . . . . Ferner die Ternater und Tidorer voneinander fein zu halten . . . Der Gouverneur von Gamalama erschien in Maleyo und machte die Bemerkung, dafs König Saidi in Anwesenheit beider Gouverneure gehört werden musse. . . . . Wir haben nun von hier aus Ordre gegeben, die Sache hinzuhalten, um uns später der Angelegenheit noch bedienen zu können, je nach dem Ausfall der Sachen in Amboina und Makassar . . . . Wir haben zugestanden, dafs ein Beamter auf der Kuste Menado Reis gegen Kleider aufkauft . . . . . .

Infolge Kontrakt mit dem König von Batjan sind alle Nelkenbäume längs der Seekuste auf Batjan umgehauen . . . Auf den Inseln Lalato, Cilata und an der Strafse Patientia . . . . Die Kompanie zahlt dafur an den König jährlich 100 Realen, an die Eigentumer eine einmalige Abfindung von 400 Realen .

Hustard ist für unsere Niederlassung auf Batjan, weil hier Uberflufs an Fisch, Sago und andern Lebensmitteln ist; er meinte, dafs man die Ternater bewegen wird, eher hierher, als auf Makjan sich verpflanzen zu lassen. . . . .

De Vlaming hat den Plan, die Ternater und Tidorer nach geschehener Exstirpation der Nelkenbäume nach Buru zu bringen wodurch die Kompanie die köstlichen und profitlichen Plätze der Ternater gänzlich für sich hatte, dagegen ist nun wieder Hustard der Meinung, selbst wenn es gelingen wurde, Tidor gänzlich zu ruinieren und die Ternater und Makjaner zu entfernen, was ihm beschwerlich und fast unmöglich scheint, dafs dann die Spanier und Tidorer sich auf Makjan niederlassen und hier aufs neue Nelkenbäume pflanzen wurden. . . . . Dies, meint dagegen der Admiral, wurden die Spanier nicht thun, da sie in frühern Jahren solche Gelegenheit niemals benutzt hatten. . . . . De Vlaming will die Lasten der Kompanie vermindern in Ternate, so oder so, ob die Ternater sich nun freiwillig wegfuhren lassen nach Buru oder mit Gewalt. . . . .

Die Lasten in den Molukken vom 1. Marz 1653 bis ultimo
Februar 1654 betragen   . . . . . Fl. 255 083.   8. 7
Gewinn auf Kaufmannschaften   . . . „   64 979. 17. 6

Fl. 190 133 11. 1.

Die Ernte betrug in diesem Jahre aus den Molukken
56 750 Pfund Nelken. . . . .

—————

54.

*Die Indische Regierung an die Siebzehner. Batavia, im
Dezember 1655.*

Am 21. November (1654) war De Vlaming mit funf Schiffen
und vier Schaluppen von hier nach Amboina abgegangen. . . . .
Der Prediger Brouwer wurde nach Makassar vorausgeschickt, um
Briefe an den Konig abzugeben und die Gelegenheit auszukund-
schaften. . . . . Die Englander und Portugiesen scheinen dem
Frieden entgegenzuarbeiten . . . . Auf Bima wurde nichts verrichtet . . . . Gerrit Roos, der vordem nach Bima befohlen war,
war bereits verzogen. . . . . De Vlaming versuchte die Bimaesen
mit Freundlichkeit zum Abfall von Makassar zu bewegen, jedoch
vergeblich. . . . .
Am 17. Dezember erschien De Vlaming vor Buton. . . . .
Die Sachen lagen hier ganz anders, als er sie zu finden gehofft
hatte. . . . . Mandersaha hatte inzwischen nichts ausgerichtet. . . . .
Aufserdem war unser treuer Freund, König Ali, seiner Krone
beraubt und der Hukom von den Grofsen als sein Nachfolger
erkoren . . . De Vlaming behandigte die Geschenke nun an
den neuen Konig. . . . Ali wurde darauf schändlich strangu-
liert und ums Leben gebracht. . . . . De Vlaming hatte die Angelegenheit einigermafsen geordnet, als er Roos mit der gröfsern
Macht nach Tibore (Tributstaat von Makassar auf der Insel Pan-
gesana) sandte . . Die Negerei Tibore lag an einem Flusse, funf
Wegstunden aufwarts. . . . . Die Festung war aus Stein gebaut
und sehr stark. . . . . Sie hatte sieben Bollwerke, mit schwerem
Geschutz versehen. . . . . Die Festung wurde demoliert. . . . .
Auch circa 50 Fahrzeuge . . . . Die Negerei wurde zu früh in
Brand gesteckt, es ware sonst gröfsere Beute gemacht . . . Die
Flammen haben grofse Partien Kleider, Reis und andere Lebens-
mittel verschlungen . . . . Vom Feinde sind 200 Mann tot ge-
blieben, darunter der Radja mit vielen Grofsen. . . . . Wir machten

300 Gefangene, meistens Frauen und Kinder, sie wurden den
Soldaten als Beute uberlassen. . . . Unter den gefangenen Frauen
war des Radja erste Frau und deren Tochter. . . . . Drei Tage
nach dieser Vernichtung, als noch drei unserer Schiffe, um Wasser
einzunehmen, in der Mundung des Flusses lagen, kamen 50 makassarische Fahrzeuge, die den Fluſs einliefen. . . . . Zur Bewachung dieser Schiffe lieſs De Vlaming die Jacht Kochin zuruck
. . . Die Makassaren sind spater entkommen . . . . . .
    Da die meisten Groſsen auf Buton der Kompanie abgeneigt
waren, so hat De Vlaming zur Sicherung notig geachtet, die im
vorigen Jahre dort gelassene Garnison von 24 Mann durch ein
Schiff zu verstarken, welches vor der Festung vor Anker geblieben ist . . . De Vlaming ging nun mit Mandersaha und
dessen Hongiflotte nach der Negerei Tobuko (Ost-Celebes). . . .
Die Einwohner waren gefluchtet. . . Da nicht viel Beute zu
machen war, hat De Vlaming den Unserigen das Plundern verboten. . . . Die Einwohner kamen von den Bergen und versprachen ihrem Konige Mandersaha Treue . De Vlaming
ging von da nach Baloi, an die Krone Makassar unterthan, und
zerstorte hier drei Dorfer, an einem Flusse gelegen, drei Meilen
aufwarts, das eine Dorf von dem andern eine halbe Meile entfernt. . . . . Mandersaha war zuruckgeblieben . . . De Vlaming
ging nach Bangai . . . Zwischen den Inseln Massoa und Gapi
wurde eine Schaluppe von 8—9 Fahrzeugen uberfallen, die jedoch zuruckgeschlagen wurden . Ein Fahrzeug wurde abgefangen und die Insassen, 50—60 Mann, samtlich niedergemacht.
. . . . Auf Gapi entdeckte De Vlaming zu seiner groſsen Verwunderung 128 schone Nelkenbaume, wovon man zuvor niemals
etwas gehort hatte . . Wir werden auf diese Sache achten
. . . . Auf Sula fand De Vlaming die Groſsen durch die Bemuhungen des Gugugu von Ternate mit Mandersaha versohnt
. . . Der Gugugu war sehr bereit . . . . Weniger der Hukom,
der Kapitanlaut und Kalamata, welche nicht wieder nach Amboina
ihre Hongi fuhren wollten . . . . Mehr gegen ihren Willen sind
sie auf Veranlassung De Vlamings nach Buru gefolgt, um durch
ihre Vermittelung die Buruesen der Kompanie zu gewinnen . . .
Hier haben sie Zeichen ihrer offenen Feindseligkeit gegeben . . .
Der Gugugu wurde ermordet, und der Konig ware gleichfalls
getotet, ware er nicht wie durch ein Wunder Gottes gerettet
. . . . Von diesem Verrate erhielt De Vlaming im Kastell Nachricht . . . Er ging sofort nach Buru, nach der Bucht Kajeli
Dort lagen die Korakoras der Meuterer, die landeinwarts gefluchtet waren . De Vlaming versuchte gutliche Vermittelung . . . Sie erklarten, keine Feindseligkeit gegen die Kompanie zu hegen, sondern ihren unfahigen Konig absetzen zu
wollen . . . Auch der Konig von Gilolo ist unter den Ver-

schworenen und wohl mehr gegen seinen Willen auch der König
von Batjan. . . . .   Hustard wurde sogleich von diesen Vorgängen
verständigt . . .   Auf Batjan und Makjan blieb es jedoch ruhig.
De Vlaming suchte nun Mandersaha gegen die Orangkajas
von Makjan aufzuhetzen, er überzeugte den König, dafs deren
Hochmut nur eine Folge ihres reichen Besitzes an Nelkenhainen
sei, die Seine Hoheit vernichten müfste, wonach sie in Gehorsam
verharren wurden . . . . Durch solche Gründe wurde Mandersaha bewogen, ein schriftliches Ersuchen an die Kompanie zu
richten, ob sie nicht mit ihrer Macht, da die seine zu 'schwach
sei, das Zerstorungswerk übernehmen wolle. . . . . Von den Einwohnern, die in Ruhe zu Hause geblieben waren, wurde angenommen, dafs sie stillschweigend den Verrat gebilligt hatten. . . .
Wie dies Werk nun später ausgeführt worden ist, wird an
seiner Stelle erzählt werden. . . . . Dieses Gesuch des Königs an
uns, welches im Grunde schändlich ist und so sehr zum Verderben seiner Länder und Unterthanen gereicht, hatte De Vlaming
schon früher von Mandersaha erwirkt und davon haben die Meuterer gewifs Kenntnis erhalten, weswegen sie auf Buru das
Schelmenstuck gegen ihn ausgeübt haben. . . . De Vlaming liefs
nun die Bucht von Kajeli besetzen und die Verbindung nach
aufsen verhindern. . . . . Die Feinde von Assahudi hielten sich
immer noch, trotz ihrer durftigen Lage, tapfer, bis am 29. Juli
ihre Feste genommen wurde. . . .   Der Feind verlor 50— 60 Tote
. . . . 30 Stuck Geschütz wurden erbeutet, darunter ein Achtzehn-
pfunder und ein Zwölfpfunder. . . . : Gott der Herr sei für
diesen herrlichen Sieg in aller Ewigkeit gedankt. . . . . Einige
Tage spater erhielten wir Kundschaft, wohin die Fluchtlinge aus
der Festung sich gewendet hatten . . . . Wir haben sie überfallen und unter andern den Kitschil Saidi halb lebend, halb tot
in unsere Hände bekommen, sein Sohn wurde nach Batavia gebracht. . . . . 200 Feinde wurden niedergemacht. . . . . Dem Rest
der Fluchtlinge blieb kein anderer Ausweg, als durch unsere Besatzung längs dem Pafs von Tanuno, leider ist es ihnen durch
schlechte Wachsamkeit einiger Offiziere gelungen, in der Nacht
vom 10. zum 11. August durchzubrechen. . . . . 600 Männer,
Frauen und Kinder haben sich gerettet und erlitten nur noch
einen Verlust von 10—12 Köpfen. . . .   De Vlaming war kaum
hiervon verstandigt, als er eine gute Macht Kriegsvolk nach dem
Weg nach Lisebata entsandte, den die Fluchtlinge passieren
mufsten, sodafs es ihm durch diese Vorsorge gelang, von den
600 noch 320 für immer unschadlich zu machen, 280 Personen
ergaben sich auf Gnade und Ungnade . . . . Unter den Toten
befanden sich der makassarische Feldoberst Dain de Bulikan,
Mahm Bugis, der zweite Führer, und Karabesa der dritte, ferner
der Kipati von Kambelo mit seinem Weibe, und viele andere

Personen von Ansehen und Gewicht, sowohl Ambomesen, als Makassaren. . . . . Unter den Gefangenen ist Radja Cram Tabin-jag, ein Neffe von Dam de Buhkan, Dam Majema, der Sohn oder Schwager von Radja Luhu, einem Bugiskonige, vier oder funf Angehorige des Kimelaha Lehato, der vor einigen Jahren in Batavia enthauptet wurde, Madiras Bruder und Halbschwester, dessen Schwiegermutter und andere Personen von Namen . . . . Die makassarischen Grofsen und etwa 230 andere Personen sind nach hier uberfuhrt . . . . Jetzt sind nur noch die Rebellen auf Buru zu bekampfen, alle andern Feinde sind mit der Hoffnung auf Gnade zu uns zuruckgekehrt . . . Gott der Allmachtige gebe, dafs die Makassaren nicht neue Unruhen in diesen Landern erwecken . . . . Wir hoffen, dafs sich die Ambomesen nicht mehr auf auswartige Hilfe verlassen . . . .

Letzten Monsun war der Konig von Makassar selbst mit einer Flotte schon auf dem Wege . . Er ist nach Buton ge-gangen und griff unsere Festung, auf einem Berge gelegen, an, mit einem Verlust von 200 Kopfen gelang das Unternehmen. . . . Er kehrte nach Haus zuruck, wie man sagt, weil er Kunde von der Krankheit seiner Frau empfing . . Unsere Besatzung auf Buton wird umgekommen sein . . Der Konig von Buton hat unsere Geschenke, die De Vlaming ihm spater ubersandte, nicht angenommen, sodafs wir furchten mussen, dafs er die Seite von Makassar halt . . Das Wachtschiff vor Buton war vor dem Uberfall nach Amboina gegangen.

Auf Ceramlaut haben die Makassaren in diesem Jahre Un-ruhen zu erwecken gewufst . . Einzelne sind schon am Kastell erschienen und haben um Gnade gebeten . . De Vlaming hat Cos hingesandt mit guter Macht, um zu verhindern, dafs sich hier Feinde festsetzen, die Banda bedrohen. . . . Auf verschie-denen Platzen, wie Amblau, zwischen Lessidi und Kambelo, Ke-lang, Lisebata, Tanuno u. s. w. sind in diesem Jahre wieder viel Nelkenbaume umgeschlagen, sodafs man meint, dafs nun irgendwo welche restieren, denn auf Hitu, Leitimor und den Uliassern, die alle in unserer Macht sind.

Wenn nun in den Molukken alles verwustet ist, so werden die ubriggebliebenen Lande wohl nicht so viel Nelken aufbringen konnen, als die Kompanie notig hat. . . Um darin zu ver-sehen, hat De Vlaming in unsern vorgenannten Platzen neue An-pflanzungen befohlen in der Zahl von 500000 Baumen, und die-selben pro rata uber die Lande verteilt . . . Von diesen Baumen konnen wir nun aber nicht in den nachsten Jahren Fruchte erwarten, es ware daher nutzlich, dafs die Kompanie auf gute Preise hielte, damit wir mit der kleinern Quantitat den-selben Vorteil erzielen, als vordem mit der grofsen Menge. . . . Rechte Bekummernis verursacht uns die Wahrnehmung, dafs die

Makassaren stets noch Nelken sich verschaffen, ohne dafs wir dahinter kommen, woher sie dieselben haben . . . . Ein Beispiel konnte Gapi dafur sein, dafs noch einzelne unbekannte Platze existieren, wo Nelken gewonnen werden . . . Wir werden hier einstweilen den Preis der Nelken um 25, 50 oder noch was mehr Prozent erhohen . . Von Amboina haben wir in diesem Jahre nui erhalten 220927 Pfund und von Ternate 25825 Pfund, welche vor der makjanischen Verwustung eingesammelt wurden. Von Ternate haben wir nun kunftig nichts mehr zu erwarten . . . . . . Madira soll noch auf Buru sein De Vlaming hat ihn mit schonen Worten einzufangen gesucht, um nach Verdienst fur sein Schelmenstuck gestraft zu werden, aber er scheint zu klug zu sein, um sich auf diese Weise betrugen zu lassen . . Seine Schwester und die ubrigen Gefangenen bleiben im Fort zu Luhu einstweilen wohnen .

Der Prediger Jan van der Wee schlagt vor, dafs wir zwanzig inlandische Kinder nach den Niederlanden senden, um sie zu Predigern auszubilden, wir halten dies bedenklich, sie könnten der Kompanie mit der Zeit schadlich werden . .

Nachdem De Vlaming die Makassaren und Rebellen von Amboina ausgerottet und alles beschickt hatte, ist er nach Buton mit dem Vornehmen gegangen, um die Makassaren nun im eigenen Lande anzugreifen. Roos wurde über die Sulainseln und die Kusten von Celebes nach Buton und Makassar dirigiert. . De Vlaming fand unsere Festung in Buton nicht mehr und fuhr sogleich nach Makassar weiter . . . . De Vlaming ubersandte an den Konig Sambuko einen Brief und zeigte ihm den Sieg von Assahudi an . . . . Es wurde vom Lande niemand an die Schiffe gelassen, sodafs De Vlaming nichts erfahren hat.

Wir hatten wohl gewunscht, dafs Seine Edlen nicht solche Feindseligkeit von den Schiffen aus gegen die Stadt geubt hatte, als es geschehen ist; solche Bravaden vertiefen die Erbitterung und der Kompanie ist der Friede von noten . . . . De Vlaming nach seinem Brief vom 9 Oktober bewahrt, dafs allein der Krieg fur die Kompanie von Vorteil sei Wir sind durchaus anderer Meinung. . . . Seine Edlen glaubt zwar, dafs ein gutes Mittel sein wurde, Zwietracht unter den Volkern auf Celebes zu erregen, aber er bekennt selber, dafs dies beschwerlich ins Werk zu stellen sei, bevor wir nicht festen Fufs auf dem Lande gefafst haben. Dazu sind aber 1200 Soldaten notig, wovon 600 aus Batavia und die ubrigen aus Amboina und Banda kommen mufsten . . Seine Edlen will mit dieser Macht sich ans Land von Makassar werfen und entweder siegen oder sterben . . . . Wir glauben nicht, dafs wir in unserer jetzigen Lage solche gefahrliche Unternehmung ausfuhren sollten . . . Angenommen, dafs der Anschlag gluckte, und wir das Kastell von Makassar gewonnen, was wollten wir ausrichten gegenuber der grofsen Menge Krieger, die Makassar ins Feld stellen kann. . . . Wir glauben nicht, dafs die verschiedenen Volker dem Mittel der Zwietracht sich gefugig zeigen, sie werden zusammenhalten gegen den gemeinsamen Feind. . . . Daher ist unsere Meinung, die Kompanie mufs Friede machen . . . Konig Sambuko ist zu einem ehrlichen Frieden geneigt

Wir haben den Rat van der Beek, unter dessen Verwaltung in Amboina die ersten Unruhen mit Makassar ausbrachen, nach Makassar entsandt, um einen annehmbaren Frieden zu vereinbaren . . . .

Da De Vlaming um Roos besorgt war, ist er von Makassar nochmals in die Gewasser von Amboina zuruckgegangen, um ihn aufzusuchen . . De Vlaming traf ihn sehr bald und hat beim Zuruckgehen noch die Gelegenheit benutzt, etliche makassarische Negereien und viele Fahrzeuge in Brand zu stecken . . Ein Unwetter trieb die Flotte kurz darauf auf der Hohe von Tamakeke auseinander . . Neun Fahrzeuge wurden vertrieben und retteten sich nach hier . . . Ein anderes wollte sich an Land retten, wurde dabei von den Makassaren abgefangen, und die Besatzung von 28 Kopfen totgeschlagen . . . Die Makassaren verloren ein Schiff, das durch ein Geschofs zum Sinken gebracht war, mit der gesamten Mannschaft. . . . .

Die Unkosten in Amboina betrugen . Fl. 442 524. 10. 12
Gewinn u. s. w. . . . . . „ 139 450 5. 12
Zu kurz Fl. 303 074. 5 —

Wir hoffen, dafs De Vlaming nur noch das nachste Jahr in Amboina wird notig sein, um danach gemafs dem Befehl von Euer Edlen hier in Batavia im Rate seinen Sitz einzunehmen. . . Cos kann dann solange nach hier kommen, da es nicht angeht, dafs er langer in Amboina bleibt, als unter dem Titel Gouverneur. . . . Wir beabsichtigen, wenn De Vlaming in diesem Jahre zuruckkommt, Hustard, der schon um seine Ablosung nachgesucht hat, das Gouvernement Amboina aufzutragen und an dessen Platz Cos nach Ternate als Gouverneur zu senden . . . Bezuglich unserer vor zwei Jahren geschehenen Vorstellung, die drei Gouvernements Amboina, Banda und Ternate unter eine oberste Verwaltung zusammenzufugen, werden wir auf Euer Edlen Befehl diese Einrichtung so lange ausstellen und alles auf altem Fufse belassen, bis Euer Edlen anders bestimmen. . .

In Ternate verfolgten wir den Zweck, eine Erweiterung zwischen Tidor und den Spaniern herbeizufuhren. . Wir konnten den Krieg nicht fortsetzen, da Mandersaha mit seiner

gesamten Macht in Amboina war. . . . . Hustard hat den Tidorern,
wenn sie ausschliefslich ihre Nelken an uns liefern, den gleichen
Preis, den die Spanier zahlen, zusagen mussen und obendrein an
den Konig eine jährliche Vergutung von 2000 Thalern. . . .
D'Estebar furchtete schon, dafs wir gegen die Tidorer den Krieg
aufnehmen wurden, sobald wir mit den Makassaren fertig seien,
und hat in Manila um Instruktionen fur diesen Fall gebeten. . . . .
Am 15 Marz (1654) passierte der Portugiese Joan Gomes Ternate
und ging nach Makassar, wo er vermutlich den jungen Konig
zum Kriege noch mehr aufstacheln soll.   .   . . . .
    Die Spanier haben Zeitung erhalten, dafs bei Menado eine
makassarische Djonke (60 Lasten grofs) verunglückt sei; Gott gebe,
dafs dieses Schicksal allen widerfahren moge. .   . . . . .
    Als Gouverneur Hustard die Nachricht von dem Abfall von
Kalamata erhielt und dem Morde des Gugugu Duane, hat er aus
Vorsicht, da man allgemein Mandersaha abgeneigt war, zur Aufrechterhaltung der Ruhe verbreiten lassen, dafs es der Kompanie gleich sei ob Mandersaha oder Kalamata Konig sei, wenn
nur den Kontrakten nachgelebt werde   . . . Die Bevolkerung
war uber diese Zusicherung sehr erfreut, aber desto grofser war
der Schrecken, als am 2 Mai frische Soldaten in Maleyo ankamen . . .   Als dann am 10. Juni nochmals 68 Soldaten eintrafen, kamen Erbietungen an den Gouverneur, dafs man ihm die
Kopfe von einzelnen Parteigangern Kalamatas liefern wolle, was
der Gouverneur als noch nicht zeitgemäfs ablehnte.   . De Vlaming erschien mit Mandersaha selber danach in den Molukken.
. . . . Zunächst liefs Mandersaha in Maleyo sechs vornehme Ternater kissen. . . .   Sodann wurde Halmahera gegen eine Uberkunft Kalamatas gesichert, Sahu wurde mit 40 Mann, Gilolo mit
30 und Gamacanora mit 30 Mann ternatischen Soldaten belegt.
Die Makjaner waren nun so weit, dafs sie einsahen, willig
oder mit Gewalt ihre Nelkenhaine verlieren zu mussen, da sie
bei weiterer Widersetzlichkeit keinen Stuver Entschadigung wurden
erhalten haben, so zogen sie vor, freiwillig der Exstirpation zuzustimmen   Ihnen wurde eine jährliche Entschadigung von
5000 Realen versprochen, davon sollten die friedlich zu Hause
gebliebenen Orangkajas 2500 Realen erhalten, und die andere
Hälfte den Orangkajas, welche auf Buru bei Kalamata sich auf-
hielten, zu Gute kommen   Dem Konige wurden als Entschadigung fur den Verlust an seinen Einkunften 1000 Realen zu-
gesichert. . . . .   Dabei wurde ein generaler Pardon fur alle
Unterthanen ausgerufen, mit Ausschlufs der Hauptradelsfuhrer.
. . . Nun gingen die Makjaner selbst in Verbindung mit unsern
Mardijkern unter Aufsicht von dem Kapitan Paulus Andrissen mit
Macht ans Fallen der Nelkenbaume . .   Nach dem Bericht des
Kapitäns sind 58000 Bäume niedergestreckt. . . . . . .

De Vlaming und Hustard stellen vor, da die Ausrottung der Nelken auf Makjan nicht freiwillig, sondern jure belli geschehen sei, dafs die durch Kontrakt bedungenen 12000 Realen jährlich nicht bezahlt werden brauchten. . . Dagegen schlagen sie vor, an Mandersaha nunmehr jährlich 9000 Realen zu bewilligen und den Grofsen von Ternate 500 Realen. . . . . Hustard berechnet den Schaden, welchen Makjan durch den Verlust seiner Nelkenhaine erleide. . . Er berechnet für einen jährlichen Durchschnittsertrag von 100 Bar zu 50 Realen, zusammen 5000 Realen . Daran hatte Mandersaha 10 Prozent Zoll, sodafs Mandersaha mit den ihm zugestandenen 1000 Realen jährlich sehr zufrieden sein kann. . . . . Wir haben nicht gutfinden können, von vornherein den Kontrakt mit Mandersaha, wonach ihm jährlich 12000 Realen zukommen, und welche Ausbezahlung mit 1656 zu beginnen hat, zu brechen, sondern haben bestimmt, dafs ihm 12000 Realen für 1656 bezahlt werden mochten.

Wir haben vor dem Zerstören der Nelkenbäume auf Makjan den Bewohnern durch den Oberkaufmann van der Cappen vorstellen lassen, ob sie nicht lieber infolge der grofsen Sterblichkeit auf ihrer Insel dieselbe verlassen und in eine gesündere Gegend sich führen lassen wollten. . . . . Sie haben darauf geantwortet, dafs sie lieber auf ihrem Geburtsgrunde sterben, als ihre Insel verlassen wollten. . . . Nun ihre Insel von Nelkenbäumen entblöfst ist, hätten wir diese Vorstellung erneuern lassen, darauf haben wir noch keinen Bescheid .

Der Verkleinerung der Garnisonen an Zahl und Stärke, wenn alles unterworfen und in Ruhe ist, bleibt unserer steten Sorge befohlen .

Die Zufuhr von Reis aus Menado nimmt in einem Mafse zu, dafs wir für 1656 keinen Reis mehr von hier (Batavia) nach den Molukken senden brauchen . Die Kompanie hat den Reis für 53 Realen die Last gegen Kleider angenommen . Um die Chinesen zum Reishandel mehr zu animieren, hat Hustard ihnen jetzt 60 Realen zugestanden. . . . Den Chinesen ist auch die Fahrt nach Amboina bewilligt, um ihren Reis dort zu verkaufen . Die von Menado in Verbindung mit den Königen von Tagulanda und Tabukan kämpften gegen die Bewohner der Insel Siau und die verbundeten Castilianer . . Auf Ansuchen hat De Vlaming 30 Weifse bewilligt als Besatzung eines Forts auf Menados Küste. . . Es kann hier auch auf die Makassaren vigiliert werden, die um die Nordküste von Celebes nach Osten fahren . . . . Bei dem Reishandel setzen wir jetzt in Maleyo viele Kleider ab, in sechs Monaten so viel, wie sonst in zwölf Monaten, sodafs wir guten Profit machen und die Rekognitionsgelder an Mandersaha und die Makjaner einigermafsen aufgewogen werden .

Die Molukken waren mit 421 Gage ziehenden Köpfen versehen, davon 171 Militär auf Ternate (Festung Orange oder Maleyo), Forts Toluko und Kalalaboka, 19 auf Batjan, Kastell Barneveldt, 159 auf Makjan, Forts Mauritius und Proventie, 72 Kaufleute u. s. w.

Die Unkosten für 12 Monate betragen . Fl. 203 063 —. 1
Dagegen Gewinn auf Kleider u. s. w. . „ 57 117. 1. —
Zu kurz Fl 145 945. 19 1.

55

Die Indische Regierung an die Siebzehner. Batavia, 4. Dezember 1656.

Wir haben De Vlaming verlassen, als er mit Roos sich wieder begegnete. . . . . Roos wurde an Stelle des auf Timor umgekommenen Verheiden von De Vlaming zur Leitung nach Soloi abgesandt. . . . . De Vlaming ging über Sula wieder nach Amboina. . . . . Seine Edlen fanden die Dinge auf den Sulas wieder sehr verändert. . . . Kalamata, der, man weiß nicht wie es zugegangen ist, aus dem Flusse bei Kajeli entkommen war, hatte die Insulaner gewonnen . . . Kalamata ist in der Stille wieder nach Buru entwichen, und die Sularesen haben sich dann wieder unterworfen. . . . Die Insulaner sind unschuldig, sie werden von uns nicht genügend beschützt, sodaß sie dann von den Einen, und danach von den Andern in Pflicht genommen werden. . . . Kalamata und sein Anhang sind von Buru und aus den Gewässern von Amboina, mit Ausnahme von dem Radja von Gilolo, vertrieben. . . . Dieser wurde verfolgt und in einem Versteck aufgestört. . . . . In ihrer Verteidigung fiel die Hälfte seiner Leute. . . . . Die übrigen ergaben sich auf Gnade und Ungnade. . . . Der Radja mit 30 Köpfen seiner Mannschaft wurde auf Befehl De Vlamings auf der Fahrt nach Amboina umgebracht . . . . Es ist ein Jammer, daß Kalamata und Madira entkommen sind. . . . Kalamata ist in Makassar sehr angesehen, Madira dagegen nicht. . . . . De Vlaming verfügte, um die Sularesen zu bestrafen, sie gewaltsam von ihren Inseln nach Ternate überzubringen. . . . .
Alle Rebellen in Amboina sind wieder in Gehorsam zurückgebracht. . . . . Nur Buru und Amblau zögerten noch, als De Vlaming am 24. Mai fortzog . . . De Vlaming hat an seinen Nachfolger Hustard verschiedene Maßregeln anbefohlen, mit denen wir uns einverstanden erklärt haben, besonders ist zu erwähnen

die Entvolkerung der aufruhrerischen Lande, und zwar von ganz
Hovamohel, von Tanuno ab westwarts, mit den Inseln Kelang
und Bonoa, sodann die Bildung eines neuen Landrats auf Hitu.
. . . Am 14. August ist De Vlaming hier angekommen, um
fortab an der generalen Leitung teilzunehmen. . . . . Wir haben
Hustard statt 200 Fl, ein Gehalt von 250 Fl. zugestanden. . . . .
Wir haben in diesem Jahre gesandt 215 000 Pfund Nelken
und fur den indischen Handel benutzt 26 043 Pfund . . Das
war alles, was wir in diesem Jahre aus Amboina empfingen. . . . .
Im nachsten Jahre durfen wir aus unsern Landern 2000 Bar erwarten . . De Vlaming hat vor seinem Fortgange schon mit
der Anpflanzung neuer Nelkenbaume beginnen lassen. . . . . .
Wir mussen Euer Edlen immer wieder empfehlen, dafs fur
die drei Gouvernements Banda, Amboina und Ternate ein Superintendent sehr notwendig ist, seine Residenz ist am besten in
Amboina . . . .

Die Kosten betrugen in dem abge-
laufenen Jahre . . . . Fl 370 989 10 12
Gewinn auf Kleider u s w. . . „ 107 940 16 7
Zu kurz Fl 263 048. 14 5

In den Molukken wird unser ruhiger Handel noch durch die
Spanier gestort. . . . . D'Estebar ist ersetzt durch Diego Lascano.
. . . . Makjan ist durch die Verwustung seiner Nelkenwalder besser
zur Ruhe gebracht, als durch alle unsere Festungen . . . . .

Die Unkosten beliefen sich auf Fl 174 684 9 1
Dagegen Gewinn auf Kleider u. s w. . „ 74 106. 8 3
Zu kurz Fl. 100 578. —. 19

56.

*Relation von Arnold de Vlaming van Oudshoorn uber seine
Wirksamkeit als Superintendent uber die Gouvernements
Amboina, Molukken und Banda in den Jahren 1650 bis
1656* [1] *Auf der Reede Batavia, 14. August 1656.*

Ich hatte wohl gewunscht, dafs der durch van der Beek mit
Makassar geschlossene Friede unter gunstigern Bedingungen zustande gekommen ware, und merke darauf Folgendes an:

---

[1] Die Mitteilungen uber die Kriegsereignisse enthalten nichts Neues,
ich darf mich daher auf Auszuge aus dem sehr interessanten Schlufsteile
der Relation beschranken

Artikel 1   Der König läfst seine Unterthanen aus Amboina holen, welche noch leben
  Entgegenstellung· Ein Artikel von durchaus schädlicher Konsequenz, es sind keine Makassaren mehr da, jetzt kann der König welche wieder hinsenden.

Artikel 2   Die Mohammedaner konnen nach Makassar gehen, weil es eine Sunde für sie ist, sie unter den Christen zu lassen
  Entgegenstellung Damit werden die Unterthanen Mandersaha entzogen Die Küste von Hitu, Oma zum grofsten Teil und ein Teil von Honimoa werden dadurch entvolkert. Auch ist 1654 an Mandersaha, respektive den König von Buton, zugestanden, dafs keine Partei für sich allein mit Makassar Frieden machen durfe.

Artikel 3   Generalen Pardon an alle Mohammedaner.
  Entgegenstellung Auf solche Dinge hatte man nicht einmal horen durfen   Der Respekt und die Ehre der Kompanie sind dadurch geschädigt

Artikel 4.   Der König darf seine Schulden in Amboina einholen.
  Entgegenstellung Auch diese Bedingungen bergen die gleichen Gefahren, wie Artikel 2, in sich

Artikel 5.   Alle Gefangenen in Batavia werden ausgeliefert, auch die gefangenen Unterthanen von den Niederlandern, mit Ausnahme derjenigen, die inzwischen mohammedanisch geworden sind
  Entgegenstellung Dies hatte nur reciprok zugestanden werden durfen, wir haben 50 gegen 1 in Handen

Artikel 6.   Dafs die Feinde der Kompanie nicht auch die Feinde des Konigs sein sollen
  Entgegenstellung: Vice versa angenommen; mag es sein

Artikel 7.   Wenn der König mit Nationen unterhalb des Windes (beneden wints) in Streit kommt, soll die Kompanie sich damit nicht bemuhen
  Entgegenstellung· Der Ausdruck „beneden wints" ist durchaus unbestimmt   Der König kann danach auch unsere Völker in den Molukken uberfallen

Artikel 8   Makassaren durfen nicht die Fahrt nach Amboina, Banda und Ternate ausfuhren. Der König von Makassar gesteht das zu, kann aber fremden Handlern diese Fahrt nicht verbieten.
  Entgegenstellung· Statt solchen Zugestandnisses mufste der Krieg fortgesetzt werden

Schlufs.   Dies soll unverbrüchlich gehalten werden. Geschehen Montag, den 28. Dezember 1655 (nach mohammedanischer Zeitrechnung 1066)
  Entgegenstellung   Das Dokument ist nur durch Willem

van der Beek gezeichnet, nicht durch den König oder seine
Beauftragten. Ferner ist in den Vertrag der König
Mandersaha nicht eingeschlossen worden, auch dafs der
status quo ante wiederhergestellt werden mufs, ist nicht
ausgesprochen Der König von Makassar wird nun Anspruch auf Buton machen, er wird die Ostkusten von Celebes heimsuchen, das ganze Land von Pangesane mit allen
umliegenden Inseln In solcher Gestalt wird er deformi-
dabel grofs und gewaltig werden, dafs er der Kompanie
unversehends einen Schlag zufugen kann, der sie todlich trifft.

Ich bleibe dabei, dafs es besser war, den Krieg fortzusetzen,
in diesem Frieden steckt fur uns eine gefahrliche Schlange, sodafs ich Euer Edlen rate, huten Sie die beiden teuren Provinzen
Amboina und Banda mit sorgsamem Auge, dafs kein Embruch
wieder geschieht..... Auf Hitu sind die holzernen Festungen
in steinerne umzuwandeln und die Forts zu vermehren   . . .
Wir bemerken Euer Edlen, dafs diese Vorstellungen nicht erst
beim Abgange und nach einem sechsjahrigen Aufenthalte in den
Molukken uns in den Sinn gekommen sind, sondern dafs sie von
Beginn ab das Ziel meiner Aufmerksamkeit waren . . . . Wenn
ich daruber nicht schrieb, so geschah es, weil wir uberall mit
andern Angelegenheiten die Hande voll zu thun hatten. . . . .
Auch ware es nutzlich auf Ceram bei Keffing eine Feste zu er-
richten. . . . Die Kosten sind gering da die Bewohner alles
Material ohne Zahlung liefern mussen; es mufs ihnen nur in
rechter Weise vorgestellt werden, dafs das Werk den Schein von
Notwendigkeit habe, und dafs ihnen einige Zeit fur ihre eigenen
Arbeiten gelassen werde, auch die Aufseher nicht zu sehr schimpfen
und schlagen. . . . .
Folgende Werke sind auf Amboina

1. das Kastell Victoria mit 79 Mann:
2. das Fort Ontrouw auf dem roten Berge hinter dem
   Kastell mit 9 Mann;
3. das steinerne Fort Middelburg auf dem Pafs Baguala
   mit 15 Mann;
4. die Redoute Rotterdam, drei Meilen davon auf der
   Kuste Hitu bei Larike, mit 18 Mann;
5. die Redoute Harlem bei den funf Negereien mit
   12 Mann,
6. die Redoute Amsterdam bei Hila mit 21 Mann;
7. die Redoute Leiden bei Hitulama mit 13 Mann:
8. die Redoute Vlissingen auf Nusatelo, einer Insel der
   Dreibruder, mit 6 Mann

Diese sind alle von Stein, aufserdem Palissadenfestungen .

9 Fort bei Uiien mit 15 Mann;
10. „   „ Labalehn mit 13 Mann,
11. ,   ., Keyt mit 14 Mann;
12. „   „ Wai mit 13 Mann.

Auf Hovamohel:
Die Redoute Ovenburg(?) bei Luhu mit 19 Mann kann eingezogen weiden, weil auf diesem Lande keine Menschen mehr wohnen

Auf Oma:
1 Foit in Oma selbst mit 15 Mann;
2. die Redoute Seeland bei Haruku mit 20 Mann:
3 die Redoute Hoorn bei Wailapea mit 15 Mann.

Auf Honimoa
1. Festung Hollandia bei Sirisori mit 26 Mann,
2 die Redoute Vilsen bei Ihamau mit 15 Mann;
3. die Redoute Velft bei Porto mit 15 Mann.

Auf Nusalaut
Die Redoute Beveiwijk mit 20 Mann.

Auf Manipa
Eine hölzerne Redoute mit 15 Mann (mufs in Stein umgewandelt werden)

Es sollen neue Baume in unsern Bezirken Hitu, Leitimoi, auf Oma, Honimoa und Nusalaut angepflanzt weiden, 4000 waren schon gesetzt, als ich weggıng, 6000 sollen im Juni gesetzt werden.

Zur Foiderung des Christentums habe ich bestimmt, dafs Jedermann, ob Niederlander oder Inlandei, binnen 12 Monaten seine mohammedanischen oder heidnischen Sklaven taufen lassen mufs, bei Strafe des Verlustes der Leibeigenen . . Wir sind mit dieser Bestimmung in 4 Monaten weiter gekommen, als in 53 Jahien bis dahin eireicht wurde . .   .   .   .

Die Schiefsgewehie sind allen Bewohnein abgenommen. Die Waffen weiden verabreicht, wenn ein Hongizug geschieht .   . .

Nach Bekanntweiden des Fiiedens mit Makassai habe ich von den noch in Amboina anwesenden Gefangenen, etwa 150 an dei Zahl, 47 auf ihren Wunsch nach Makassar verziehen lassen, 103 habe ich gewonnen dafs sie in dem Dienst dei Kompanie bleiben, gegen einen Lohn von 2 Realen (6 Fl.) monatlich und 40 Pfund Reis   .   Sie sind gute Schmiede, Steinhauer, Maurer, Holzfallei u s w   . . . Da es aber bei einem neuen Ausbiuch von Knieg mit Makassar nicht geraten ist, sie in Amboina zu lassen, so wird es gut sein, dafs wir sie nach Batavia verpflanzen.

Da Euer Edlen es wunschen, haben wir die amboinischen Rebellen weiter nicht mit Todes- oder Leibe-stiafen gezuchtigt, jedoch haben wir Geldstiafen diktieit . . . Manipa hat zusammen Fl 2990 10. 4 aufzubringen . . . Kambelo und Les-

sich u. s. w. haben jeder den Betrag von 780 Realen (2240 Fl)
innerhalb 4 Monaten zu zahlen . . . Sie haben fast alle ihre
Mittel im Kriege verloren, weshalb nicht mehr zu fordern war.
. . . . Sie werden auch diese niedrige Kontribution schwer leisten
können, warum wir Hustard anempfohlen haben, sie nicht allzu
viel wegen Zahlung zu plagen . . . . Die ganze Küste Warnula,
die Inseln Kelang und Bonoa habe ich ganzlich entvölkert, mit
einer Ausnahme von dem Kampong Tean des Kapitan Radja Toalele
auf Bonoa. . . . Die Bewohner wurden gezwungen auf Hitu und
Leitimor sich niederzulassen und auf Manipa, zu wissen: auf
Hitu alle die von Warnula, soweit sie Mohammedaner waren;
auf Leitimor alle Heiden, sowohl die von Warnula, als auch die
Heiden von den Inseln Kelang, Manipa und Bonoa, um sie zu
Christen zu machen, wie es der König von Ternate im Jahre 1648
zugestanden hat. . . . Die Bewohner von Assahudi, Bonoa und
Kelang, soweit sie Mohammedaner waren, sind nach Manipa gebracht, wo sie am Strand bei Tomelehu wohnen müssen . . .
Manipa glaubten wir besser bevölkern und behüten zu müssen,
um den Besitz dieser Insel zu sichern, die Einwohner sind im
Laufe des Kriegs ungemein vermindert . . . . Alle vornehmen
Orangkajas von diesen Inseln müssen fortab mit ihren Frauen
und Kindern als Geiseln am Kastell (Victoria) wohnen . . Ja,
wir haben zur grofsern Sicherheit noch von den für die gefangen
gehaltenen Orangkajas amtierenden Vertretern zu deren Versicherung gleichfalls einen Sohn oder Brudersohn in Gewahrsam
genommen. . . . . Damit es nun nicht geschieht, dafs die gefangen gehaltenen Orangkajas Umtriebe spinnen, halte ich dafür,
dafs wir sie in entlegene Gegenden senden, wo sie ihr Leben
endigen mögen . . . . Es ist sonst nicht zu verhindern, dafs sie
hier und da mit Leuten von Hitu und Leitimor in Berührung
kommen. . . . .
Wir haben auch zur Sicherung die Bewohner aus den aufgehobenen Negereien nicht wieder beieinander wohnen lassen,
sondern jede neue Niederlassung aus etwa 8—10 verschiedenen
Landarten zusammengesetzt, damit sie ihre alten Namen und ihr
altes Wesen gänzlich verlieren . . . . . .
Mit besonderer Vorsicht ist auf Hitu und Leitimor zu Werke
gegangen. . . . Weil die Bewohner von Hitu so oft durch ihre
Leichtfertigkeit der Kompanie grofse Kosten verursacht haben,
so schien es nun, um sie künftig gehörig im Zaume zu halten,
zweckmafsig, auf Hitu einen eigenen Landrat von zwolf Mitgliedern aus ihren vornehmsten Orangkajas zu bilden, den Sekretär
und einen Boten müssen sie von ihren Nelken bezahlen . . . .
Von diesen zwolf Mitgliedern müssen fortab sechs mit ihren
Frauen und Kindern im Kastell residieren. . . Sie sind er-
mächtigt, alles mit dem Gouverneur abzumachen, und halten alle

14 Tage eine Sitzung ab, wobei der Gouverneur stets prasidiert
Die beiden Parteien, aus je sechs Mitgliedern, lösen sich nun
alle Jahre in Victoria ab, und wenn dem Gouverneur es gut
dunkt, setzt er die Halften anders zusammen. . . . . .
Auch die Orangkajas der Landschaft Warnula, deren Bewohner auf Hitu versetzt sind, sind mit ihren Familien in Ge-
wahrsam genommen, sodafs wir glauben, der Besitzstand der
Kompanie in diesen Landern ist jetzt so gesichert, wie er es zuvor noch niemals gewesen ist   . Die Grofsen sind durch die
Waffen im letzten Kriege oder durch Todesurteil beseitigt, nichts
mehr ist zu furchten, nur der Makassare ist noch ein mächtiger
Gegner   . .   .   . . .
    Buru und Amblau haben sich noch nicht völlig unterworfen.
. . Jedoch Kodiah, der voinehmste Orangkaja, hat bereits einen
Diamantring zum Verkauf uberschickt und um Kleider gebeten,
um in anständiger Tracht vor uns erscheinen zu können.   . . .
    Die Lander sind so verwüstet, dafs wir statt des Friedens
noch besser eine kurze Weile, wenn es so geschehen mufste, den
Krieg fortsetzen   . . . .
    Am 7. April ist Cos zur Ablosung Hustards nach den Mo-
lukken gesandt, und Hustard am 17. Mai in Amboina angekommen. . . .   Ich bin über Timor gegangen . . .   Auf Solor
und Timor lagen die Dinge ganz anders, als wir sie zu finden
hofften, mit einem Sprungzuge und einem fliegenden Angriff ist
es dort nicht gethan   Timor ist zu grofs und zu wust. . . .

.   57

*Die Indische Regierung an die Siebzehner. Batavia 19. Marz
1683.*

    . . . Wir sind dahin beraten, dafs die verfallenen Sachen
in Ternate nur gebessert werden können, wenn bestimmte Personen auf die Seite geschafft werden. . . . .   Es empfiehlt sich,
dafs alle Bruder, welche die nachsten zur Krone sind, von Ternate entfernt werden. . . . .   Diese Brüder sind funf an der Zahl,
Dyenal, Rotterdam, Hukom, Taluko und Maleyo. . . .   Seine
Schwestern sind Gamalama, Frau des Erbprinzen von Gilolo,
nach dessen Flucht aber mit Ceram, dem Prinzen von Tidor, ver-
mahlt, sie lebt gegenwärtig auf Tidor .   Die zweite Schwester
ist Neonluda, an Pankola, den fruhern Kapitanlaut, verheiratet,
lebt gleichfalls nach dessen Flucht auf Tidor . . . .   Sarabu ist

noch ungetraut ... Gugu, Witwe von Djujo, getraut mit dem Sengadji Molukko . Also zusammen auch funf Schwestern ... Alles sind Kinder von Konig Mandersaha, aber von verschiedenen Frauen. . . . . Die Ungereimtheit und Frivolität der Klagen der Ternater verdient keine Widerlegung . . . Wir bestehen auf unsern Rechten, deren wir nicht unkundig sind, und die nur zu oft von ihren Voreltern aufs schandlichste verletzt wurden. . . . .

Mit Konig Amsterdam und seinen Bobatis wurde im Jahre 1676 verhandelt und ihnen die Artikel 7 und 8 des Vertrages vom Jahre 1607 vorgelesen, welche lauten.

Artikel 7 Die Unkosten, welche gethan sind und noch gethan werden im Kriege, mussen die Ternater bezahlen, sobald sie dazu das Vermogen haben, woruber die Entscheidung den Herren Staaten zustehen soll

Artikel 8 Die Garnisonen, welche hier gelassen werden, sollen aus den Zollen von den Ternatern oder in den Landen von der Krone Ternate bezahlt werden

Wir stellten dem Konige ferner vor, dafs hieraus folge, dafs die den Ternatern fruher zugebilligten 4000 Realen jahrlich mit Unrecht gezahlt seien. . Es kam zu Hin- und Herreden hieruber. . . . .

In Gegenwart des Gouverneurs Hurdt von Amboina, der expiefs herubergekommen war, wurde dann am 11 November 1677 ein Vertrag gezeichnet, worin Gorontalo und Limbotto, so als Tabukan an uns abgetreten ward . . . . . .

Wir haben dem Konige vorgehalten, wie die Christen verfolgt wurden Eine mohammedanische Frau, welche mit einem Christen zusammengelebt hatte, und welcher von ihm Kinder erweckt waren, wurde zum Spott des Christentums am 20. Mai 1679 verbrannt . . . .

Da nun in allem das Recht auf unserer Seite ist, so haben wir in der Ratsversammlung am 29. Januar 1682 uberlegt, ob es nicht im Dienste von Euer Edlen am besten gehandelt ware, wenn wir das Konigtum in Ternate ganzlich beseitigten und durch einen Rat von Orangkajas, in dem der Gouverneur prasidieren wurde, die Lande regierten; jedoch wurde wegen des grossen Ansehens, welches das ternatische Konigreich durch die ganze Welt geniefst, beschlossen, dasselbe bestehen zu lassen.....

Am 17 Februar haben wir daruber beraten, wer von den Prinzen aus dem Hause des Konigs Mandersaha angestellt werden soll. Amsterdam wurde am tauglichsten befunden, er empfangt jedoch die Krone jetzt als ein Lehn, das jederzeit widerrufen werden kann, und er soll jahrlich den Eid der Treue erneuern. Zu diesem Ende sollte der Konig heruberkommen

Am 18 Februar wurde dann noch beschlossen, dafs die

Sangunseln dem Konige zu nehmen seien, weil die Bewohner
meistens Christen geworden sind   Die mohammedanischen Bewohner mag er nach Ternate bringen, wo die Bevolkerung in
letzter Zeit sehr dezimiert wurde. .   Ebenso sollen die ternatischen Anspruche auf Solor und die Sahjerinseln beseitigt
werden.   .   .   .   .
Was nun die jahrlichen Rekognitionsgelder fur die Nelken
betrifft, so sind diese verfallen   Wir wollen dem Konige jahrlich jedoch so viel zugestehen, als notig geurteilt wird, und zwar
unter dem Titel von Pension oder anders, und ohne bindende
Verpflichtung der Kompanie . .   Ferner ist notig befunden,
die bosartigen Elemente hersenden zu lassen, damit sie zum Beispiel fur andere gestraft werden   Die minder strafbaren Reichsgrofsen kommen mit dem Konige hierher, um den neuen Vertrag
zu beschworen .   .   .   .
Fur seinen redlichen Eifer haben wir an Padbrugge Euer
Edlen teuerste (dierbaarste) Besitzung, das Gouvernement Amboina, gegeben, und als Gouverneur uber die kostlichen Inseln
von Banda den Kommandeur Jakob Lobs gesetzt .   .   .   .

58.

*Die Indische Regierung an die Siebzehner. Batavia, im Ja-
nuar 1684.*

Es wird in Beratung daruber getreten, ob wir den Konig
mit den wenigen bei ihm befindlichen Bobatis wieder nach den
Molukken senden . . . .   Der neue Kontrakt hat im Jahre 1683
seinen Anfang genommen, wonach die alten Rekognitionsgelder
als verfallen erklart sind   Der neue Vertrag ist hier am 7. Juli
(1683) geschlossen worden   Konig Sibori Amsterdam, der Gugugu
Alam, der Kapitanlaut Riti haben ihn beschworen; ferner zwei
Hukoms, die Kimelahas Marasolis, sechs vornehmste Stande des
Reichs (Soasivas), neben zwei Sengadji von Makjan und Motir;
alle diese haben geschworen   Sechs andere vornehme Standemitglieder sind zu gleichem Zwecke noch aus Ternate her entboten
worden.   .   .   .   .
Der Vertrag bestimmt·

Artikel 1   Der Konig bekennt, dafs er ungerechten Krieg angefangen habe
Artikel 2.   Die Geldverpflichtungen der Kompanie an   den

König und seine Grofsen sind dadurch verfallen; indes der König noch 13 955 Realen (41 865 Fl) schuldig ist.

Artikel 3. Der König thut generellen und speziellen Abstand auf alle seine Lande

Artikel 4. Dem König wird alles vergeben· er und seine Grofsen erhalten die Lande als Lehn von der Kompanie zurück, damit er sie nach Landesweise regiere

Artikel 5 Der König leistet den Eid der Treue, wie auch seine Grofseh, bei der Anstellung, und dieser Eid wird jedes Jahr wiederholt

Artikel 6 Des Königs Regierung dehnt sich über alle Lande aus, welche der Abstand in sich begreift

Artikel 7 Freie Religionsausübung

Artikel 8. Der König und die Grofsen behalten ihre alte Justizgewalt. der Gouverneur kann aber von allen Sachen, die im Rat von Ternate vorkommen, Kenntnis nehmen

Artikel 9 Hilfe an schiffbrüchige Niederländer

Artikel 10 Ausrottung der Nelkenbäume.

Artikel 11 Die Feinde der Kompanie sind ihre Feinde, unsere Freunde auch ihre Freunde

Artikel 12 Die Makjaner bleiben unter der Regierung von Ternate; ihre Orangkajas werden vom Könige, dessen Rat und dem Gouverneur ernannt

Artikel 13 Betrifft in gleicher Weise Motir

Artikel 14 Die Rebellen des letzten Aufstandes, welche noch flüchtig sind, sollen später gestraft werden

Artikel 15 Inländische Festungen werden nur mit der Erlaubnis des Gouverneurs zugebilligt.

Artikel 16 Ausrüstungen werden nur mit der Erlaubnis des Gouverneurs gestattet

Artikel 17 Die jährliche Erkennung des Königs betragt fortab, und zwar unter dem Titel „Unterstützung für den königlichen Haushalt", nicht als Entschädigung aus Zöllen u. s. w.

Der König	6400 Realen
Seine Räte	600 „
Makjan . .	2000 „
Motir .	150 „
Zusammen	9150 Realen (27 450 Fl)

Des Königs Brüder bleiben in Batavia, weil sie nur Unzufriedenheit in Ternate erwecken

Druck von F. A. Brockhaus in Leipzig

1430792R00282

Printed in Germany
by Amazon Distribution
GmbH, Leipzig